Byzantinische Rechtsgeschichte im internationalen Kontext

Byzantinische Rechtsgeschichte im internationalen Kontext

Akten einer Tagung der Akademien der Wissenschaften zu Göttingen und Sofia (28.9.–1.10.2021)

Herausgegeben von
Peter Schreiner, Jens Peter Laut und Ivan Biliarsky

Unter Mitarbeit von
Isabel Grimm-Stadelmann

DE GRUYTER

Niedersächsische Akademie
der Wissenschaften zu Göttingen

Българска Академия на науките
Bulgarian Academy of Sciences

ISBN 978-3-11-132992-5
e-ISBN (PDF) 978-3-11-133112-6
DOI https://doi.org/10.1515/9783111331126

Library of Congress Control Number: 2024937891

Bibliografische Information der Deutschen Nationalbibliothek
Die Deutsche Nationalbibliothek verzeichnet diese Publikation in der Deutschen Nationalbibliografie; detaillierte bibliografische Daten sind im Internet über http://dnb.dnb.de abrufbar.

Einbandabbildung: Leo VI. zeigt seinem Vater Basileios I. das Messer und wird des Mordes beschuldigt. Cod. Vitr. 26-2, fol. 105 der Biblioteca Nacional de Espana (Ioannis Scylitzae synopsis historiarum, rec. Ioannes Thurn). http://bdh.bne.es/bnesearch/detalle/bdh0000022766
Satz: epline, Bodelshausen
Druck und Bindung: CPI books GmbH, Leck

MIX
Papier | Fördert gute Waldnutzung
FSC www.fsc.org FSC® C083411

www.degruyter.com

ΕΙΣ ΜΝΗΜΗΝ ΣΠΥΡΙΔΩΝΟΣ Ν. ΤΡΩΙΑΝΟΥ

Vorwort

Die Vorgeschichte dieser Publikation ist lang und komplex, denn sie schließt in gewissem Sinn ein einzigartiges Kapitel deutscher Wissenschaftsgeschichte ab, das im Jahre 1974 begann, als Dieter Simon am Frankfurter Lehrstuhl für Rechtsgeschichte mit Unterstützung der Deutschen Forschungsgemeinschaft das Projekt „Edition und Bearbeitung byzantinischer Rechtsquellen“ begründete. Er hat mit diesem Unternehmen die von Karl Eduard Zachariae von Lingenthal (1812–1894) begonnene Erforschung des griechisch-römischen Rechts, die über lange Jahrzehnte darniedergelegen war, zu neuem Leben erweckt. Auf Einzelheiten zu diesem Unternehmen, das ganz die Intentionen von Dieter Simon widerspiegelt, ist an dieser Stelle nicht einzugehen, da ihm im vorliegenden Band ein eigener Beitrag gewidmet ist (Wolfram Brandes). Als das Projekt 1990 im Rahmen des Akademienprogramms von der Akademie der Wissenschaften zu Göttingen (heute Niedersächsische Akademie) übernommen, aber mit dem bisherigen Sitz am Institut für Europäische Rechtsgeschichte weitergeführt wurde, war auch der Abschluss der Arbeiten definitiv auf den 31. Dezember 2020 festgelegt.

Als sich das festgelegte Ende des Projekts abzeichnete, entstand in den Leitungsgremien der Göttinger Akademie der Wunsch, den Abschluss mit einem Kolloquium im Ausland zu begehen, um so auch dem internationalen Charakter der Studien zum byzantinischen Recht sichtbaren Ausdruck zu verleihen. Man entschied sich für die Bulgarische Akademie der Wissenschaften in Sofia als Tagungsort, zumal auch die Deutsche Botschaft in Sofia vielfache logistische Unterstützung anbot, auf die im unten abgedruckten Grußwort (Jörg Schenk) hingewiesen ist. Die Vorbereitungen von Göttinger Seite übernahmen die stellvertretende Generalsekretärin der Akademie, Frau Marion Freerk, und das langjährige Mitglied der Leitungskommission des Projekts, Peter Schreiner, sowie von bulgarischer Seite Ivan Biliarsky, Professor für Geschichte an der Bulgarischen Akademie der Wissenschaften. Die wissenschaftliche Planung und die Wahl der Referenten dieses Kolloquiums, das ursprünglich ausschließlich speziellen Fragen der Quellenedition zum byzantinischen Recht gewidmet war, lag ganz in den Händen von Dieter Simon.

Alle Vorbereitungen zu der für Ende September 2020 geplanten Konferenz wurden durch die nationalen und internationalen Maßnahmen zur Eindämmung der Covid-Pandemie zunichte gemacht, so dass der ursprünglich geplante Termin abgesagt werden musste. Zum großen Bedauern der Akademie hat auch Dieter Simon jede weitere Mitwirkung an der Konferenz abgelehnt, weil seiner Meinung nach eine solche Veranstaltung in Zeiten der Pandemie nicht zu verantworten sei. Diesem Schritt folgten auch verschiedene Referenten, so dass eine Durchführung des Kolloquiums nicht mehr in Frage zu kommen schien. Es ist dem Interesse der Göttinger Akademie und insbesondere seinem Vizepräsidenten, dem Orientalisten Jens Peter Laut, aber auch dem Präsidenten der Bulgarischen Akademie der Wissenschaften, dem Mathematiker Julian Rewalski,

https://doi.org/10.1515/9783111331126-201

zu verdanken, dass das Projekt einer Abschlusskonferenz weitergeführt wurde. Ein neuer Termin zu Beginn des Monats April 2021 wurde von immer noch bestehenden Maßnahmen gegen die Pandemie erneut vereitelt, so dass die Konferenz ein weiteres Mal, nun auf Ende September 2021, verschoben werden musste, bis sie dann endlich stattfinden konnte.

Die Göttinger Akademie hat nach der Absage von Dieter Simon die Koordination in die Hände des Akademiemitglieds und Byzantinisten Peter Schreiner gelegt, der durch seine langjährige Tätigkeit in der Leitungskommission des Projekts mit der Arbeit zu rechtshistorischen Themen vertraut war. Ihm standen bei den Vorbereitungen Jens Peter Laut und Ivan Biliarsky zur Seite. Es galt nun in erster Linie, die Ausrichtung der Konferenz neu zu bestimmen, wobei die Betonung auf den einschlägigen Quellen und deren Edition bestehen bleiben sollte. Zudem sollten möglichst viele ehemalige Mitarbeiter des Projekts in die Konferenz miteingebunden werden. Im Rahmen der neuen Konzeption sollte auch dem Gesamtbereich der Byzantinistik stärkere Gewichtung zukommen, sowie Forschungen in anderen Bereichen der Rechtsgeschichte, die nicht Gegenstand des Göttinger Projekts waren, miteinbezogen werden. Hier war natürlich eine geeignete Auswahl nötig, da eine globale Behandlung der Rechtsgeschichte nie angestrebt war. Dem genius loci folgend sollten demzufolge mehrere Vorträge das slavische Recht vor dem Hintergrund der entsprechenden Entwicklung in Byzanz behandeln, aber auch der Bereich des arabischen Rechts sollte nicht fehlen, da Byzanz fast immer von muslimischen Staaten umgeben war, und während der osmanischen Herrschaft auf dem Balkan muslimisch-arabische Rechtsvorstellungen unmittelbar greifbar sind.

Von Anfang an stand fest, dass die vorgetragenen Forschungsergebnisse auch eine schriftliche Ausarbeitung ohne Einschränkungen im Umfang erfahren sollten. Die mehrmalige zeitliche Verlegung der Tagung führte zur Absage von Teilnehmern, denen es aber ermöglicht werden sollte, ihre Beiträge später schriftlich einzureichen, doch auch Anfragen neuer Interessenten wurden berücksichtigt. So konnten im vorliegenden Band auch Themen aufgenommen werden, die aus zeitlichen Gründen in der Tagung selbst keinen oder keinen ausreichenden Platz mehr hätten finden können (Azat Bozoyan, Carolina Cupane, Christian Gastgeber, Romain Goudjil). Für den Druck ist auf diese Weise eine Palette entstanden, die dem Titel der Publikation, der Bedeutung des byzantinischen Rechts und der in fast 50 Jahren geleisteten Arbeit auch in seiner Außenwirkung gerecht werden dürfte.

Die Tagung hat auch in der akademischen Öffentlichkeit Bulgariens Beachtung und Unterstützung gefunden, die im steten Interesse des Präsidenten der Bulgarischen Akademie der Wissenschaften ebenso ihren Ausdruck fand wie in der Bereitschaft renommierter Persönlichkeiten des bulgarischen Kultur- und Rechtslebens mit einem Grußwort hervorzutreten oder die Moderation von Sitzungen zu übernehmen: Boris Velchev, Präsident des bulgarischen Verfassungsgerichtshofes, Evdokia Pasheva, Vizepräsidentin der Bulgarischen Akademie der Wissenschaften, Irena Ilieva, Direktorin des Instituts für Staat und Recht an der Bulgarischen Akademie der Wissenschaften, Christo Popov, Direktor des Archäologischen Museums, Albena Milanova, Professorin für Archäologie an der Universität Sofia. Der große Sitzungssaal der Bulgarischen Akademie und der historische Ausstellungsraum des Archäologischen Museums in der ältesten Sofioter Moschee boten einen würdigen Rahmen für die Vorträge. Das Ivan-Dujčev-Institut für slavisch-byzantinische Studien an der Universität Sofia öffnete, dank des Entgegenkommens seiner Leiterin Vassja Velinova, den Teilnehmern seine Tore für einen unmittelbaren Kontakt mit den vielen griechischen juristischen Handschriften seiner Sammlung und gab zugleich Einblicke in Tätigkeitsbereiche bulgarischer Forschung, die im Ausland weitgehend unbekannt sind.

Die schwierigen Fragen, in Zeiten einer Pandemie einen Kongress im Ausland zu organisieren, konnten durch vielfältige Unterstützung, vor allem im Hinblick auf die Finanzierung, seitens der Akademie der Wissenschaften in Göttingen gelöst werden, für die an dieser Stelle der stellvertretenden Generalsekretärin Marion Freerk und Vizepräsidenten Jens Peter Laut besonders gedankt sei. Ivan Biliarsky hat in Sofia mit profunder Kenntnis der akademischen Bedürfnisse die ständigen Änderungen in Intention und Planung mit großer Geduld gemeistert, so dass die Konferenz inmitten einer noch von der Pandemie beherrschten Umgebung für einige Tage das normale menschliche Leben spüren ließ.

Die Verantwortung für die Drucklegung des Bandes lag in Händen der drei Organisatoren der Tagung und wäre ohne die finanzielle Hilfe der Göttinger Akademie nicht möglich gewesen. Das Erscheinen hat sich leider sehr verzögert, da auch den neuen Autoren, die nicht an der Tagung selbst teilgenommen hatten, hinreichend Zeit für die Abfassung ihrer Beiträge zugestanden werden musste. Die Publikation übernahm das Verlagshaus Walter de Gruyter, das mit der Göttinger Akademie eng verbunden ist. Hier gilt besonderer Dank Mirko Vonderstein, der die vielen Klippen der langen Vorbereitungszeit zu umschiffen wusste, sowie Jessica Bartz, die während der Publikationsphase mit sachkundiger Strenge die Fristen vorgab, so dass der Band nun, drei Jahre nach Ende der Tagung, tatsächlich erscheinen konnte.

Die insgesamt neunzehn, teilweise sehr fachspezifischen Beiträge in drei Sprachen bedurften besonderer Aufmerksamkeit in der Lektorierung. Es war ein Glücksfall für das Gelingen des Bandes, dass dafür Isabel Grimm-Stadelmann gewonnen werden konnte, die selbst Vortragende und Moderatorin im Rahmen der Tagung gewesen war. Sie hat, nach den äußerst präzisen Vorarbeiten der muttersprachlichen Lektoren der französischen und englischen Aufsätze (Alexandre Thiercelin, Carson Bay), dem Band jene Gestalt gegeben, die ihn zu einem würdigen Objekt des Austausches zweier traditionsreicher Akademien Europas macht.

Im Januar dieses Jahres verstarb Spyros Trojanos (1933–2024). Durch seine fundamentalen Beiträge zur byzantinischen Rechtsgeschichte und besonders zur Kanonistik gehörte er nicht nur zu den bedeutendsten Gelehrten seiner Disziplin im 20. Jahrhundert, sondern hat durch sein jahrelanges Mitwirken an der Edition und

Kommentierung von Rechtsquellen das Frankfurt-Göttinger Akademieunternehmen nicht nur entscheidend beeinflusst, sondern auch dessen Forschungen und Resultate mit einer eigenen Schriftenreihe in Griechenland verbreitet. Seinem Andenken sei der vorliegende Band gewidmet.

München, Göttingen und Sofia im Juni 2024
Peter Schreiner, Jens Peter Laut, Ivan Biliarsky

Предисловие*

Предисторията на тази публикация е дълга и комплексна, защото в известен смисъл тя затваря една уникална глава в историята на немската наука, започнала през 1974 г., когато Дитер Симон основава проекта «Edition und Bearbeitung byzantinischer Rechtsquellen» (Издаване и редактиране на византийски правни източници) в Катедрата по правна история във Франкфурт с подкрепата на Германската фондация за научни изследвания. С това начинание той възражда изследванията на гръко-римското право, започнати от Карл Едуард Захарий фон Лингентал (1812–1894 г.), които са преустановени в продължение на много десетилетия. Подробностите свързани с това начинание, което напълно отразява намеренията на Дитер Симон, няма да бъдат обсъждани тук, тъй като на него е посветена отделна статия в настоящия сборник (Волфрам Брандес).

През 1990 г., когато в рамките на програмата на академиите проектът бе поет от Академията на науките в Гьотинген (понастоящем Академия на Долна Саксония), но продължаваше да се реализира в Института за европейска правна история, окончателното приключване на работата бе фиксирано за 31 декември 2020 г. С наближаването на края на проекта управителните комитети на Гьотингенската академия изразиха желание да отбележат завършването му с колоквиум в чужбина, за да дадат израз на международния характер на изследванията върху византийското право. За място на провеждане на конференцията беше избрана Българската академия на науките в София, още повече че посолството на Германия в София също предложи голяма подкрепа за организацията, която е изтъкната в поздравлението, отпечатано по-долу (Йорг Шенк). От гьотингенска страна подготовката бе поета от заместник-генералния секретар на Академията, г-жа Марион Фрерк, и Петер Шрайнер, дългогодишен член на управителния комитет на проекта, а от българска страна от Иван Билярски, професор по история в Българската академия на науките. Научното планиране и изборът на докладчици за този колоквиум, който първоначално беше посветен изключително на специализирани въпроси, свързани с редактирането на извори за византийското право, бяха поети изцяло от Дитер Симон.

Подготовка за конференцията, която трябваше да се проведе в края на септември 2020 г., беше осуетена от националните и международните мерки за овладяване на пандемията Covid, което означава, че първоначално планираната дата трябваше да бъде отменена. За голямо съжаление на Академията Дитер Симон също отказа по-нататъшното си участие в конференцията, тъй като според него подобно събитие е неоправдано в условията на пандемия. Много участници последваха неговия пример, така че провеждането на колоквиума

* превод Галина Фингарова, Виена.

https://doi.org/10.1515/9783111331126-202

вече не изглеждаше възможно. Благодарение на интереса на Гьотингенската академия и по-специално на нейния вицепрезидент, ориенталиста Йенс Петер Лаут, както и на председателя на Българската академия на науките, математика Юлиан Ревалски, проектът за заключителна конференция беше продължен. Новоопределената дата в началото на април 2021 г. отново беше осуетена от все още действащите мерки срещу пандемията, така че конференцията трябваше да бъде отложена още веднъж, този път за края на септември 2021 г., когато най-накрая можеше да се осъществи.

След оттеглянето на Дитер Симон Академията в Гьотинген повери координацията на византиниста и член на Академията Петер Шрайнер, който беше запознат с работата по правно-исторически теми благодарение на дългогодишната си дейност в управителния комитет на проекта. Подготовката бе проведена с помощта на Йенс Петер Лаут и Иван Билярски. Първостепенна задача беше да се дефинира отново фокусът на конференцията, като се запази акцентът върху надлежните източници и тяхното редактиране. Освен това в конференцията трябваше се включат възможно най-много бивши сътрудници на проекта. Като част от новата концепция следваше да се обърне по-голямо внимание и на византологията в нейната цялост, както и да се включат изследвания от други области на правната история, които не бяха предмет на проекта в Гьотинген. Тук, разбира се, беше необходим подходящ подбор, тъй като никога не се е предвиждало глобално разглеждане на правната история. Следователно, съгласно genius loci, няколко доклада трябваше да третират славянското право на фона на съответното развитие във Византия, но не биваше да се пропуска и областта на арабското право, тъй като Византия почти винаги е била заобиколена от мюсюлмански държави, а мюсюлманско-арабските правни концепции са пряко осезаеми по време на османското управление на Балканите.

Още от самото начало беше ясно, че резултатите от изследванията ще бъдат представени в писмена разработка без ограничения в обхвата. Неколкократното отлагане на конференцията доведе до отказ от страна на участници, на които трябваше да се даде възможност да представят своите становища по-късно в писмен вид, но бяха взети под внимание и запитвания от нови заинтересовани лица. В резултат на това в сборника бяха включени и теми, които поради ограниченията във времето не бяха намерили място в самата конференция (Азат Бозоян, Каролина Купане, Кристиан Гастгебер, Ромен Гуджил). По този начин за публикацията се събра една широка палитра, която отговаря на заглавието на сборника, на значението на византийското право и на работата, извършена в продължение на почти 50 години, също и по отношение на външното ѝ въздействие.

Конференцията привлече вниманието и подкрепата и на българската академична общност, което пролича от постоянния интерес, проявяван от председателя на Българската академия на науките, както и от желанието на известни личности от българския културен и правен живот да излязат с поздрав или да модерират сесии: Борис Велчев, председател на Българския Конституционен съд; Евдокия Пашева, заместник-председател на Българската академия на науките; Ирена Илиева, директор на Института за държавата и правото при БАН; Христо Попов, директор на Археологическия музей; Албена Миланова, професор по археология в Софийския университет. Голямата заседателна зала на Българската академия и историческата изложбена зала на Археологическия музей в най-старата джамия в София осигуриха достойна обстановка за докладите. Институтът за славяно-византийски проучвания „Иван Дуйчев" към Софийския университет, благодарение на любезното съдействие на неговия директор Вася Велинова, отвори вратите си за участниците за пряк контакт с многобройните гръцки юридически ръкописи в колекция му и в същото време даде възможност да се надникне в области на българските изследвания, които до голяма степен са непознати в чужбина. Трудностите, свързани с организирането на конгрес в чужбина по време на пандемия, бяха превъзмогнати благодарение на широката подкрепа, особено по отношение на финансирането, от страна на Академията на науките в Гьотинген, за което тук се изказват специални благодарности на заместник-генералния секретар Марион Фрерк и вицепрезидента Йенс Петер Лаут. С дълбокото си познание на академичните нужди Иван Билярски овладя в София с голямо търпение постоянните промени в намеренията и планирането, така че конференцията за няколко дни се докосна до нормалния човешки живот в среда, все още доминирана от пандемията.

Отговорни за изданието на сборника бяха тримата организатори на конференцията и публикацията не би била възможна без финансовата подкрепа на Академията в Гьотинген. За съжаление, изданието се забави много, тъй като и на новите автори, които не взеха участие в самата конференция, трябваше да се даде достатъчно време, за да подготвят своите статии. Публикацията е дело на издателската къща Walter de Gruyter, която има тесни връзки с Гьотингенската академия. Специални благодарности дължим на Мирко Вандерщайн, който успя да се справи с многобройните трудности, свързани с дългото време за подготовка, както и на Джесика Барц, която по време на етапа на публикуване определяше крайните срокове с експертна строгост, така че три години след края на конференцията сборникът действително излезе от печат.

Общо деветнадесетте статии на три езика, някои от които са тясно специализирани, изискваха специално внимание в процеса на редактиране. За тази задача беше спечелена Изабел Грим-Стаделман, самата тя участник на конференцията като докладчик и модератор, която допринесе за успеха на сборника. След изключително прецизната подготвителна работа на редакторите на френските и английските есета (Александър Тиерселин, Карсън Бей), тя придаде на сборника форма, която го прави достоен обект на обмен между две европейски академии с богати традиции.

През януари тази година почина Спирос Троянос (1933–2024). С фундаменталните си приноси в областта на византийската правна история и особено на каноничното право той не само е един от най-значимите учени в своята дисциплина през XX век, но и с дългогодишното си участие в редактирането и коментирането на правни източници оказва решаващо влияние не само върху Франкфуртско-Гьотингенската академия, но и разпространява нейните изследвания и резултати в Гърция със собствена монографична поредица. Настоящият сборник е посветен на паметта му.

Мюнхен, Гьотинген и София, юни 2024 г.
Петер Шрайнер, Йенс Петер Лаут, Иван Билярски

Grußwort des Wissenschaftsreferenten der Deutschen Botschaft Sofia

Deutschland und Bulgarien erfreuen sich seit Jahrzehnten einer intensiven kulturellen und wissenschaftlichen Zusammenarbeit auf diversen Gebieten und Themenfeldern. So gibt es nicht nur einen regen Austausch von Vertretern aus Bildung und Wissenschaft beider Länder, sondern es studieren mehrere tausend junge Menschen aus Deutschland und Bulgarien im jeweils anderen Land. Dabei spielen deutsche Bildungs- und Wissenschaftsinstitutionen, z. B. die Alexander von Humboldt-Stiftung oder der DAAD, aber auch einzelne Akademien eine herausragende Förderrolle.

2021 behinderte die grassierende COVID-Pandemie allerdings weiterhin ganz erheblich die persönlichen Bildungs- und Forschungsbegegnungen. Umso erfreulicher und bemerkenswerter war daher die Tagung zu „Byzantinistik und byzantinische Rechtsgeschichte im Kontext der internationalen Rechtsgeschichte", die anlässlich des Abschlusses des Forschungsvorhabens aus dem Akademien-Programm der deutschen Akademien der Wissenschaften zu Edition und Bearbeitung byzantinischer Rechtsquellen im Herbst 2021 in Sofia stattfand. Sie wurde gemeinsam von der Göttinger und der Bulgarischen Akademie der Wissenschaften ausgerichtet. Beide Akademien arbeiten seit vielen Jahren gerade auch auf diesem Wissenschaftsgebiet eng zusammen, weshalb sich die Hauptstadt des heutigen Bulgarien, das seinerzeit Bestandteil des Byzantinischen Reiches war, als Veranstaltungsort anbot.

Namhafte Wissenschaftler aus diversen europäischen Ländern beteiligten sich mit einer Vielzahl von anspruchsvollen und interessanten Beiträgen an den Diskussionen zu insgesamt sieben Themenkomplexen zur byzantinischen Rechtsgeschichte.

Die Deutsche Botschaft begrüßt die Initiative zu dieser Tagung und ihre Durchführung außerordentlich. Für sie waren dieses Symposium und die sich aus den Beiträgen ergebenden wissenschaftlichen Erkenntnisse ein weiterer Beleg dafür, dass bilaterale Wissenschaftspolitik nicht nur aus der Wahrnehmung der „großen" Disziplinen besteht, sondern dass auch die weniger im Fokus der an Wissenschaft interessierten Öffentlichkeit stehenden Fächer Aufmerksamkeit verdienen, sich unbestreitbar in den Kanon der vielfältigen Kultur- und Wissenschaftsstimmen einfügen und zum gegenseitigen wie auch gemeinsamen Kulturverstehen beitragen.

Mit dem vorliegenden Sammelband stellt die Göttinger Akademie der Wissenschaften eine Tagungspublikation vor, die mit ihrem breit gefächerten Themenspektrum neues, interessantes Licht auf die Byzantinistik und byzantinische Rechtsgeschichte wirft und damit zudem auch denjenigen, die keine Gelegenheit zur Teilnahme hatten, die Möglichkeit gibt, die Tagungsarbeit zumindest in Teilen nachzuvollziehen.

https://doi.org/10.1515/9783111331126-203

Diesem Band ist eine für Forschungsfragen und neues Wissen aufgeschlossene Leserschaft zu wünschen, die dazu beitragen möge, die vorgestellten Erkenntnisse für ein Fortbestehen dieser anspruchsvollen Disziplin sorgen zu lassen und am Leben zu erhalten.

Sofia, im Herbst 2021
Dr. Jörg Schenk
Wissenschaftsreferent der Deutschen Botschaft

Inhalt

Jens Peter Laut

„Kleine Fächer“: Verblühende Orchideen?

Ich hätte meinen Vortrag[1] auch „Geliebt, geschätzt und doch vergessen?“ nennen können, und Sie sehen bereits an den beiden Titeln, dass ich Ihnen heute wahrscheinlich nur wenig Positives zur Zukunft der sog. Kleinen Fächer werde bieten können, zumindest aus meiner Sicht. „Aus meiner Sicht“ heißt auch, dass ich Ihnen im Folgenden meine subjektiven Eindrücke und Gedanken aus 40 Jahren universitärer Lehre und Forschung schildern werde, d. h. Überlegungen eines seit Mitte der 70er Jahre in diversen Kleinen Fächern tätigen oder an ihnen interessierten Orientalisten: Turkologie, Indologie, Tibetologie, Religionswissenschaft, Islamwissenschaft, Ostkirchengeschichte, Iranistik und Sinologie ... Dies alles sind Eindrücke, die natürlich nur einen bestimmten Teil des Themas umfassen können. Zudem gibt es wohl zu jeder Behauptung oder Einschätzung, die ich hier präsentieren werde, die berühmten und oft auch mir bekannten Ausnahmen. Sie sehen also, dass ich Ihnen heute keinen im strengen Sinne „wissenschaftlichen“ Vortrag bieten werde, aber wir alle freuen uns ja darauf, im Verlauf der Tagung davon viele erleben zu können!

Auf den ersten Blick steht es ja nicht schlecht um unsere Orchideen, gibt es doch ständig Tagungen, Workshops und Ähnliches zu ihnen mit so illustren Titeln wie „Kleine Fächer – Große Zukunft“, „Kleine Fächer – sichtbar innovativ“ etc. Und wie ich selber nach einem eigenen Vortrag im Niedersächsischen Landtag erleben durfte, fühlt sich auch die Politik bisweilen von uns „Kleinen“ hingerissen, und ich darf ganz unbescheiden Frau Dr. Gabriele Andretta, seinerzeit (2017) Niedersächsische Landtagspräsidentin zitieren: „Und, Herr Professor Laut, wenn ich das sagen darf: Sie sind ein wunderbarer Botschafter Ihres Orchideenfaches Turkologie. Sie dürfen sich versichert sein, dass wir Abgeordnete uns unserer Verantwortung für den Erhalt der ‚Kleinen Fächer‘ bewusst sind und sie auch wahrnehmen werden.“[2] Diese Ausführungen von Frau Andretta werden, wie das Protokoll vermerkt, mit Beifall aufgenommen ... Sind das alles nun positive und beruhigende Zeichen? Oder soll lediglich das Begräbnis verschönert oder kaschiert werden?

Gerade für das Fachgebiet „Byzantinische Rechtsgeschichte“ hat ja Dieter Simon in den Ludwig Burgmann (1948–2019) gewidmeten *Fontes Minores XIII* folgende düstere Prognose erstellt:

1 Der Vortragsduktus wurde in der schriftlichen, leicht überarbeiteten Ausführung weitgehend beibehalten. Manche Gedankengänge überschneiden sich mit meinen Ausführungen in: Laut (2013).

2 Die Präsidentin des Niedersächsischen Landtages in: Laut (2018) 28.

https://doi.org/10.1515/9783111331126-001

> Wir verabschieden uns also heute nicht nur von Ludwig Burgmann, sondern auch von einem kleinen Stück humanistischer Forschungskultur, die in dieser Form und dieser Rigidität an ihr geschichtliches Ende gekommen ist.[3]

Sollte das *cum grano salis* für viele andere der Kleinen Fächer auch gelten? Oder erkennen vielleicht viele von uns gar nicht, welche großartigen neuen Möglichkeiten die Digitalisierung auch für die Kleinen Fächer bietet? Wobei mir hier gleich einschränkend unser akademisches Mitglied Thomas Kaufmann in den Sinn kommt, der sinngemäß sagte, dass noch nie so viele lateinische, griechische oder hebräische Urkunden etc. durch die digitalen Möglichkeiten zugänglich, aber gleichzeitig immer weniger Personen vorhanden seien, die sie überhaupt lesen, geschweige denn bearbeiten könnten ...

Wie dem auch sei, es wird ja einiges getan für unsere „Kleinen", wie ich eingangs sagte, und vor allem werden sie kartiert und beschrieben, so in Mainz in der „Arbeitsstelle Kleine Fächer"[4], die uns mitteilt, dass es momentan ca. 160 dieser Fächer an deutschen Universitäten gibt, davon 55 % in den Geisteswissenschaften. Lösungswege zum Erhalt werden von der Arbeitsstelle so gut wie nicht geboten, dafür lesen wir ermunternde Worte der Hochschulrektorenkonferenz:

Ich zitiere aus den „Empfehlungen" der HRK aus dem Jahr 2007:[5]

> Die positive Entwicklung der ‚Kleinen Fächer' in Deutschland gehört zu den zentralen Anliegen der HRK.
>
> Die Kleinen Fächer sind ein spezifisches Merkmal der deutschen Hochschullandschaft. Sie zeichnen sich oftmals durch ein hohes internationales Renommee aus und tragen wesentlich zum wissenschaftlichen Profil und zur Wettbewerbsfähigkeit jener Hochschulen bei, in deren Disziplinenspektrum sie vertreten sind. Sie leisten darüber hinaus wichtigen Theorie- und Wissensexport in andere, ‚größere' Fächer. Außerdem erweisen sie sich angesichts der gewachsenen kulturellen, politischen und wirtschaftlichen Bedeutung der von Ihnen untersuchten Regionen als unverzichtbare Kompetenzressource. Schließlich dienen sie in entscheidender Weise der Erhaltung und Entwicklung des ‚kulturellen Gedächtnisses'.

Wir werden also durchaus geschätzt, aber spiegelt sich das auch in der Realität des universitären Daseins für unsere Fächer wider?

Aber was ist überhaupt ein sog. Kleines Fach? In der „Arbeitsstelle Kleine Fächer" finden wir folgende Angaben, die ich hier folgendermaßen paraphrasiere:[6]

Allen Kleinen Fächern ist gemeinsam, dass ihnen nur vergleichsweise geringe materielle und personelle Ressourcen zur Verfügung stehen. Die Zuordnung „klein" bezieht sich weder auf die Qualität noch auf die Breite des Untersuchungsgegenstandes, sondern ausschließlich auf die folgenden quantitativen Merkmale:

---

3 Simon (2021) XII.

4 https://www.zq.uni-mainz.de/mainzer-arbeitsstelle-kleine-faecher/ (Stand Juli 2021).

5 Veröffentlicht in: HRK (2008).

6 Vgl. Anm. 4.

1. Anzahl der Professuren (meistens 1, maximal 3)
2. Anzahl der Universitätsstandorte, an denen das Fach vertreten ist[7]
3. Studiengang (es muss ein eigener Studiengang vorhanden sein)
4. Ausbildung des wissenschaftlichen Nachwuchses: Die Voraussetzung für die Klassifizierung als ein eigenständiges Kleines Fach ist, so die Arbeitsstelle, dass es seinen wissenschaftlichen Nachwuchs selbständig ausbildet. Entscheidend ist ein klares Qualifikationsprofil (Sprachen, Methoden etc.), das ein anderes Fach so nicht gewährleisten kann.

Gefährlich für unsere Orchideen ist insbesondere Punkt 1, also die Anzahl der Professuren, doch dazu später. Meine größte Sorge um die „Kleinen Fächer» kann ich Ihnen vielleicht am besten an einem persönlichen Beispiel verdeutlichen:

Anfang der 2000er Jahre lief meine Bewerbung auf eine Stelle „Turkologie“ an einer norddeutschen Großstadt. Frage des Vorsitzenden der Berufungskommission: „Was glauben Sie eigentlich, Herr Laut, warum ausgerechnet die Turkologie an unserer Universität wiederbesetzt werden soll?“ Meine naive Antwort: „Große Tradition, bedeutende wissenschaftliche Leistungen, erstklassige Bibliothek etc.“ Es erfolgte folgende Belehrung des Vorsitzenden: „Vergessen Sie das bitte! Es sind rein politische Gründe, wir haben eine bedeutende türkische Minderheit in der Stadt, und wir planen eine universitäre Ausbildung von türkischen Religionslehrern.“ Sie werden sich jetzt schon vorstellen können, dass ich die Stelle nicht bekommen habe …, worüber ich bis heute froh bin …

Was soll Ihnen diese kleine Geschichte sagen? Für mich ist sie ein Sinnbild dessen, was ich als *Abkehr von der Grundlagenforschung* bezeichnen möchte, d. h. eine immer deutlichere Distanzierung von dem, was die Mehrzahl der Kleinen Fächer immer ausgezeichnet hat: Arbeit mit und an den Quellen. Typisch für die Entwicklung meines Fachs ist z. B. ein deutsch-türkischer sozialwissenschaftlicher Masterstudiengang, in dem ausschließlich auf Englisch (in Ankara, Middle East Technical University) bzw. auf Deutsch (in Berlin, Humboldt-Universität) unterrichtet wird, mit dem Ziel, „aktuelle Entwicklungen in Politik, Gesellschaft, Wirtschaft und Kultur beider Länder“[8] zu analysieren. Bei allem Respekt glaube ich, dass hier keine dringend benötigten Spezialisten, sondern vor allem „Ritter der Sekundärliteratur“ ausgebildet werden.

In jedem Fall ist festzustellen, dass Quellenarbeit und Grundlagenforschung weder bei der Mehrheit der Studentinnen und Studenten noch bei vielen Universitätsleitungen angesagt sind: Dieses Phänomen könnte man auch als die *Entphilologisierung* der in Frage kommenden Fächer, kleinen wie großen, bezeichnen. Ein schönes Beispiel dafür, auch universitär gewollt, sind Studiengänge, die eine möglichst große Zahl von

7 Ein Fach kann also als „klein“ gelten, wenn es an „relativ“ wenigen deutschen Universitäten vertreten ist …

8 Vgl. Laut (2013) 19–20.

Studierenden anlocken sollen, aber keine Quellenarbeit o. ä. voraussetzen. In meiner Lehrveranstaltung „Sprache und Literatur der Türkischen Republik“ habe ich in früheren Zeiten mit den Teilnehmern sowohl türkische Publikationen zur Sprachreform als auch türkische Romane durchgearbeitet: Dann musste ich Rücksicht auf diejenigen Studierenden nehmen, die im Rahmen eines neuen Studiengangs „Weltliteratur“ teilnahmen, ohne ein Wort Türkisch zu kennen und kennen zu wollen. Wir lasen also nur noch Texte auf Deutsch, denn auch das Englische lag bei den meisten brach.

Dass die genannten Studierenden, denen ich überhaupt nichts vorwerfe, an meinen Veranstaltungen teilnehmen können, ja, dass wir sie geradezu aufnehmen *müssen*, hat seinen Grund in den Kapazitätsberechnungen der Universitäten, also der vorgeschriebenen Mindestzahl von Studenten eines Fachs. Pro fehlendem Student muss die Universität eine erhebliche Summe, ca. 3000 €, „Strafe“ an das Land zahlen. Auch dies führt m. E. zu einem schleichenden Tod unserer Disziplinen: unsere Argumentation, dass Quantität wenig Sinn habe, wir also sinnvollerweise nicht 50–100 Turkologen, Byzantinisten oder Iranisten ausbilden sollten und die Fachfremden nur zu bestimmten Veranstaltungen, etwa Vorlesungen, zulassen sollten, zählt nicht in den oberen Etagen, wobei natürlich hier die Ministerien die Hauptverantwortung tragen ...

Ein großes Problem für fast alle „Kleinen Fächer» ist die geringe Anzahl der Professuren in den Instituten/Seminaren, d. h. die sog. Einmann/-frau-Betriebe. Trotz immer umfassenderer fachlicher Aufgaben findet eine personelle Aufstockung so gut wie nie statt, d. h. die meisten von uns stehen als Einzelkämpfer/innen einem immer größer werdenden wissenschaftlichen Aufgabenbereich gegenüber. Von den ständig zunehmenden Verwaltungsaufgaben und den Anforderungen im digitalen Bereich will ich hier gar nicht reden. Hinzu kommt, dass bei Neuberufungen die Professuren in den meisten Fällen herabgestuft werden, zumeist auf eine W2-Professur mit geringer Ausstattung, in Göttingen jetzt gerne auf W1 ...

Kommen wir nun zu derjenigen Gruppe, für deren Ausbildung wir verantwortlich sind: Unsere Studentinnen und Studenten. Ich möchte vorab betonen, dass es immer wieder löbliche Ausnahmen unter ihnen gibt, und dass ich die Probleme hier keinesfalls klischeehaft darstellen will: Es sind schlicht und einfach Beobachtungen aus der universitären Realität.

Zunächst einmal sind die neuen Studiengänge mit ihren starren Regularien sicher für die meisten von uns, sagen wir, gewöhnungsbedürftig gewesen und sind es in weiten Teilen immer noch. Ein für unsere Fächer, und ich spreche hier für die orientalistischen Fächer, ungeahnter negativer Nebeneffekt ist der, dass unsere früher sehr wichtige Klientel, nämlich die hochmotivierten Seiteneinsteiger, die ein für sie unbefriedigendes Massenfach verlassen hatten, um ihren Interessen gemäß zu studieren, so gut wie weggefallen sind. Stattdessen hat die Zahl von zumeist wenig motivierten Zufalls-Studenten zugenommen. Wenngleich es durchaus möglich ist, durch einen lebendigen Unterricht und gute Betreuung die Motivation zu steigern, erweist es sich als extrem schwierig, die in vieler Hinsicht mangelnden Grundlagenkenntnisse auf einen universitären Stand zu bringen. Ich möchte betonen, dass diese Mängel sowohl bei sog. Biodeutschen als auch bei Studierenden mit Migrationshintergrund gleichermaßen vorliegen können. Mit „Grundlagenkenntnissen“ meine ich nicht nur die z. T. verheerenden Unkenntnisse in Orthographie und Stilistik, sondern auch ein fehlendes gesellschaftlich-kulturelles Allgemeinwissen. Dies liegt m. E. nicht zuletzt daran, dass studentischerseits Informationen nur sehr selektiv und dann vor allem aus dem Internet wahrgenommen werden. Es erstaunt und bedrückt mich immer wieder, welch naive Internet-Gläubigkeit vorherrscht: Wie kann man auf dieser Basis quellenkritische Studien betreiben?

Speziell für die Orientalistik, und hier aus den bekannten Gründen besonders für die Turkologie hat sich zudem das Problem der Ethnisierung der studentischen Klientel aufgetan.

Hier haben wir es mit einer ganz neuen Herausforderung zu tun, die die Turkologie des 20. Jahrhunderts nicht voraussehen konnte. Mehr und mehr entscheiden sich Studierende, deren Eltern oder Großeltern aus der Türkei nach Deutschland kamen, für ein Studium der Turkologie, das heißt, in Göttingen und anderswo haben 80 % der vor allem weiblichen Studierenden einen türkischen Migrationshintergrund, die sogenannten Deutsch(land)-Türken (*Almanyalılar* oder *Almancılar*). Das ist zunächst eine erfreuliche Tatsache, aber man darf nicht übersehen, dass dies auch gewisse Konsequenzen hat. Zum einen muss der Türkischunterricht, der ursprünglich für Nichtmuttersprachler angelegt worden ist, in weiten Teilen neu konzipiert werden. Zum anderen haben wir es mit dem Phänomen zu tun, dass bei vielen – aber durchaus nicht bei allen – dieser Studierenden ein unreflektiertes romantizistisches Türkeibild vorherrscht, das als persönlicher Lebensentwurf legitim ist, aber in einem Fach Turkologie nach wissenschaftlichen Kriterien hinterfragt werden muss. Dies hat dazu geführt, dass heutzutage im Unterricht wesentlich stärker als früher Veranstaltungen zur «Landeskunde Türkei“, das heißt zum politischen und religiös-kulturellen Leben angeboten werden, die auch zur kritischen Diskussion herausfordern wollen und müssen. Die muttersprachlichen Studierenden müssen sich z. B. damit auseinandersetzen, dass die offenbar von vielen verehrte MHP, die „Partei der nationalistischen Bewegung“ geradezu klassisch-faschistoide Züge aufweist. Bei meiner Vorlesung zur Geschichte der Türken teilten mir einige Studierende mit, dass sie und ihre Familien den 29. Mai, also das Datum der Eroberung von Konstantinopel, zuhause feierlich begehen. Was jedenfalls mehr und mehr verlorengeht, ist ein möglichst neutraler Zugang auch zu strittigen Themen: Den Kurden in meinen Veranstaltungen sind meine Ausführungen zum Osmanischen Reich bisweilen zu „osmanenfreundlich“, den Deutschtürken zu „osmanenkritisch“ …

Wie dem auch sei: Es dürfte allen Beteiligten klar sein, dass die Existenz der Turkologie an den Universitäten weniger auf ihrem wissenschaftlichen Interesse am Fach selbst beruht, als vielmehr auf der quantitativ hohen Anzahl turkophoner Migranten in Deutschland und den politisch-wirtschaftlichen Verflechtungen zwischen der Türkei und Europa. Dagegen ist zunächst auch gar nicht viel zu sagen. Ich erinnere daran, dass letztlich die Flugzeug-Entführung 1977 in Mogadischu zur Gründung der Afrikanistik in Frankfurt geführt hat, oder dass die persönliche Freundschaft des seinerzeitigen hessischen Ministerpräsidenten Koch mit dem Dalai Lama die Schließung der Indologie/Tibetologie in Marburg verhindert hat.

Fest steht: Das Kapital unserer Wissenschaft, mit dem wir wuchern müssen, ist nach wie vor die Sprache und ihre philologisch-linguistische Untersuchung. Damit verbunden sind dann Quellenkritik und andere Methoden, die zu fundierten historischen, sprach- und literaturwissenschaftlichen oder kultur- und religionswissenschaftlichen Ergebnissen führen können. Auf diesen Ergebnissen wiederum können und sollen dann Disziplinen wie Politologie, Soziologie und Geschichtswissenschaft aufbauen. Wohlgemerkt: Die geisteswissenschaftlichen „Kleinen Fächer" müssen etwas bieten, was nur sie leisten können: Anderenfalls ist die Gefahr groß, dass sie zu einer Art – oft nicht ganz ernst genommener – Hilfswissenschaft für die sog. Großen Fächer werden!

Und damit kommen die Akademien ins Spiel: Nur hier ist in vielen Fällen noch Grundlagenforschung möglich. Nur hier sind Mitarbeiter tätig, die genau die Lücken ausfüllen könnten, die im universitären Lehrbetrieb fehlen oder fehlen werden. Die Akademien werden jedoch von den Universitäten kaum oder gar nicht in ihre Planungen miteinbezogen, oder anders ausgedrückt: Der Mainstream wird von den Universitäten und der DFG abgedeckt, die sog. elitäre Forschung findet im Bereich der Akademien statt. Zu dieser wissenschaftlich fragwürdigen Trennung kommt hinzu, dass Universität und Akademie in der Regel auch räumlich getrennt agieren: Vorbei die Zeiten, als Akademie-Mitarbeiter noch kostenfrei in Räumen der Uni arbeiten und am universitären Leben teilnehmen konnten! Es kann jedenfalls nicht sein, dass Leute an den Universitäten ausgebildet werden, die dann ohne nennenswerten Kontakt zu eben diesen Universitäten in Akademien-Projekten arbeiten. Deren Kompetenzen, die sie in Akademie-Projekten tagtäglich zeigen, müssen doch auch von den Universitäten genutzt werden, damit diese nicht zu einer Art Fachhochschulen mutieren!

Das Prinzip „Ausbildung bei den Universitäten und dann Tätigkeit in den Akademien" ist schon deshalb langfristig nicht lebensfähig, weil der Zug an den Unis ja eben in Richtung „neu/modern" geht, die historische Perspektive also immer mehr schwindet. Für die bisherige Konzeption der Langzeitprojekte der Akademien hieße das, dass in absehbarer Zeit kein Nachwuchs mehr da wäre. Als Lösung könnte man nun anbieten, dass die Akademien mehr und mehr „moderne" Themen aufnehmen, doch birgt dies viele Probleme. Zum einen müsste das Konzept der Langzeitprojekte überdacht werden, denn viele moderne Fragen („Schönheitschirurgie in Istanbul") lassen sich in relativ kurzer Zeit bearbeiten und wären eher als DFG-Projekte denkbar. Zum anderen wäre dann auch das Gesamtkonzept „Bewahrung des kulturellen Erbes" neu zu definieren. Ich sehe als eine langfristige Lösung eine wesentlich engere Zusammenarbeit der Universitäten mit den Akademien, dergestalt, dass Akademie-Mitarbeiter an den universitären Curricula beteiligt werden, um die Vermittlung derjenigen Themen zu garantieren, die die Unis offensichtlich nicht mehr leisten können und wollen. Dies müsste natürlich arbeitsrechtlich usw. alles geklärt werden, und die Akademie-Mitarbeiter sollten sich keinesfalls als billige Lückenbüßer empfinden dürfen.

Unabdingbar für ein Gelingen einer Balance von „alt“ und „neu“ an den Universitäten ist natürlich auch ein größeres Selbstbewusstsein der Vertreter der sog. Kleinen Fächer, denen häufig suggeriert wird, dass sie ja dankbar sein könnten, überhaupt an den Universitäten angesiedelt zu sein. Schon die Bezeichnung „Kleine Fächer“ drückt, gewollt oder ungewollt, eine gewisse Geringschätzung aus, und ich frage mich, ob in Zeiten der Globalisierung Fächer wie die unseren tatsächlich „kleiner“ sind als Professuren für „Lyrik des Barock im Hildesheimer Raum“ …

Ich möchte meine Ausführungen mit einem Zitat aus dem Festvortrag des Münchener Sinologen Hans van Ess anlässlich des XXX. Deutschen Orientalistentags der *Deutschen Morgenländischen Gesellschaft* in Freiburg schließen,[9] zu dem meine Kollegen und ich ihn eingeladen hatten:

> Wir sollten nicht das übliche – von der Öffentlichkeit nur als wehleidig wahrgenommene – Lied von den vernachlässigten Geisteswissenschaften anstimmen. Bekämpfen wir den Minderwertigkeitskomplex, der manche in unseren Fächern dazu verleitet hat, mit wohlfeilen Angeboten nach außen die eigentlichen Fragen zu vernachlässigen! Drehen wir den Spieß um. Wir waren doch an den Universitäten die einzigen, die die Bedeutung der Globalisierung kannten, noch lange bevor diejenigen, die das Wort heute ständig im Munde herumführen, wußten, wie es buchstabiert wird – und eigentlich wissen es die meisten bis heute nicht, weil sie sich vor dem, was Globalisierung wirklich bedeutet, noch immer drücken: Andere Kulturen und Traditionen aus sich selbst heraus zu verstehen und nicht nur auf der Basis westlicher Theorie. Verteidigen wir unsere Wissenschaftstradition gegen wohlfeile, aber falsche Modernisierungsversuche!

Literaturverzeichnis

van Ess (2007): Hans van Ess, „Festvortrag“, in: Rainer Brunner, Jens Peter Laut und Maurus Reinkowski (Hgg.), *XXX. Deutscher Orientalistentag, Freiburg, 24.–28.9.2007. Ausgewählte Vorträge*, herausgegeben im Auftrag der Deutschen Morgenländischen Gesellschaft. https://menadoc.bibliothek.uni-halle.de/menalib/content/pageview/4124805 (Stand 02.04.2023).

HRK (2008): Hochschulrektorenkonferenz: *Die Kleinen Fächer an den deutschen Universitäten. Bestandsaufnahme und Kartierung* (Beiträge zur Hochschulpolitik 4).

Laut (2013): Jens Peter Laut, „Was ist Turkologie? Überlegungen zu einem sogenannten Orchideenfach“ (Pera-Blätter 24), Bonn. https://perspectivia.net/publikationen/pera-blaetter/24/laut_turkologie (Stand 21.02.2024).

Laut (2018): Jens Peter Laut, „Die Türkei: Geschichte, Gegenwart und Perspektiven“. Veranstaltung mit der Akademie der Wissenschaften zu Göttingen am 27. November 2017 im Interims-Plenarsaal des Niedersächsischen Landtages (Schriftenreihe des Niedersächsischen Landtages 58). https://www.uni-goettingen.de/de/document/download/4409a2c61c7e963199dc33a862583d86.pdf/T%C3%BCrkei_Vortrag_Laut.pdf [hier S. 20] (Stand 04.03.2024).

Simon (2021): Dieter Simon, „Ludwig Burgmann (14.4.1948–28.8.2019)“, in: Wolfram Brandes (Hg.), *Fontes Minores XIII* (Forschungen zur byzantinischen Rechtsgeschichte, Neue Folge 3), Berlin/Boston, IX–XII.

9 van Ess (2007).

Peter Schreiner

Zur Bedeutung der Grundlagenforschung in der Byzantinistik und die Rolle der Rechtsgeschichte

Der vorangehende Beitrag untersucht, am Beispiel orientalischer Disziplinen, den Stellenwert der kleinen Fächer, die – liebevoll oder kritisch – auch ‚Orchideenfächer' genannt werden, und im Ruf des ästhetisch Schönen, aber leider allzu oft des auch durchaus Entbehrlichen stehen. In der öffentlichen Meinung gehört in diese Reihe zweifellos auch die Byzantinistik, der unter dem besonderen Aspekt der Rechtsgeschichte das ganze Colloquium gewidmet ist. Da die Rechtsgeschichte sich aber mit dem Recht beschäftigt, das niemand als ‚entbehrlich', und kaum nur als ‚ästhetisch schön' bezeichnen würde, kann vielleicht auch die Byzantinistik als ganzes von dieser öffentlichen Aufwertung profitieren, die wir natürlich auch allen „kleinen" Fächern wünschen.

I. Aufgaben und Methoden der Byzantinistik

Die Byzantinistik beschäftigt sich, um eine knappe Definition zu geben, mit allen Erscheinungsformen des öffentlichen und privaten Lebens innerhalb der jeweiligen zeitlichen und geographischen Grenzen des Oströmischen Reiches. Sie besteht aus einer ganzen Reihe unterschiedlich gewichteter Teildisziplinen, die sich auch chronologisch ganz verschieden entwickelt und erst seit Beginn des vergangenen Jahrhunderts zunehmend eine einheitliche Zusammenschau erfahren haben. Jede einzelne dieser Disziplinen, von denen gleich zu sprechen sein wird, bildet einen mehr oder weniger wichtigen Stein in ihrem Gebäude und aus der Summierung dieser Grundlagen entsteht unsere Kenntnis von Staat, Gesellschaft und Kultur im byzantinischen Reich.

Unser Byzanzbild basiert in erster Linie auf Texten, oder allgemeiner: auf schriftlichen Zeugnissen. Eine wichtige Ergänzung stellen realienkundliche Objekte wie Siegel und Münzen dar, während die für das Gesamtbild wichtige Einordnung archäologischer Befunde zusätzlich schriftlicher Anhaltspunkte (besonders epigraphischer) bedarf, um allgemein verständlich zu werden.

Das historische Interesse am byzantinischen Staat, das Bewusstsein für die Einzigartigkeit seiner wirtschaftlichen und gesellschaftlichen Formen sowie für seine weitreichenden Wurzeln in der antiken Welt, ist in Europa erst nach seinem politischen Untergang 1453 entstanden und beruht vor allem auf dem Studium der Historiker. Allein die Besonderheiten in Glauben und religiösen Praktiken waren in weiteren Kreisen der westlichen Welt bereits früher bekannt und führten zu erheblichen Anfeindungen, bis hin zu kriegerischen Auseinandersetzungen. Die Beschäftigung mit den byzantinischen

https://doi.org/10.1515/9783111331126-002

Geschichtsschreibern setzt daher erst am Ende des 15. Jh. ein und schreitet in raschen Schritten voran. Sie ist aber nur möglich auf Basis von Editionen und Übersetzungen sowie deren Verbreitung als gedrucktes Buch. Die Philologie, gleich welchem Objekt sie sich widmet, stellt also in unserem Kontext immer die erste Grundlagenwissenschaft dar. Sie wird später von der Kodikologie und der Paläographie flankiert, als seit dem 17. Jh. die Frage der kodikologischen Qualität und Herkunft als Basis der philologischen Bearbeitung einer Handschrift zunehmend relevant wird. Diese Disziplinen treten als neue Elemente der Grundlagenforschung in das heranwachsende Gebäude der Byzantinistik ein. Weitere Stockwerke dieses Baues füllten sich mit der schönen Literatur, Dichtung und Prosa, den philologischen Lehrschriften, die der Erlernung der klassischen Sprache dienten, aber auch mit den Fachwissenschaften wie der Medizin und Alchemie, der Mathematik, Astronomie oder Physik. Nicht zu vergessen ist auch die aufgrund der Anzahl überlieferter Texte und Handschriften umfangreichste literarische Disziplin, nämlich die theologische Literatur, also die vielen homiletischen, dogmatischen und asketischen Traktate, zu denen auch die Predigten zu zählen sind. Sie stellen neben ihrer individuellen und punktuellen Bedeutung den Ausgangspunkt und die Grundlage für zusammenfassende Untersuchungen der byzantinischen Epoche als gesamtkulturelles Phänomen dar. Die hier genannten und auf schriftlichen Überlieferungen basierenden Disziplinen werden ergänzt durch konkrete Gegenstände wie archäologische Funde (besonders Münzen, Siegel, Inschriften) und natürlich Baukörper unterschiedlichster Form. Sie alle tragen dazu bei, dass wir überhaupt byzantinistische Forschung betreiben können, und übergreifende Thematiken, auf die sich die heutige Forschung überwiegend konzentriert, sind nur auf dieser Basis möglich, obwohl viele modern klingende Projekte vermitteln wollen, dass sie auch ohne Kenntnis der Grundlagen erfolgreich sein können.

II. Die Rolle der Rechtsgeschichte im Rahmen des Fächerkanons der Byzantinistik

Wir haben bei der oben erfolgten Aufzählung der byzantinistischen Disziplinen Rechtswissenschaften und Rechtsgeschichte bewusst unerwähnt gelassen, weil sie, gemäß dem Anlass, im Zentrum des Vortrags und des Colloquiums überhaupt stehen. Nicht allen Bereichen, die oben erwähnt wurden, kommt für das Verstehen der byzantinischen Kultur die gleiche Bedeutung zu. Es besteht aber kein Zweifel, dass die Rechtsgeschichte im Rahmen der Erforschung jeglicher auf schriftlichen Quellen basierender Kultur (nicht nur in Byzanz) eine herausragende Stelle einnimmt, da sie mit einer ganzen Fülle von Lebensbereichen verbunden ist. Diese Funktion soll später an Beispielen verschiedener Rechtstexte gezeigt werden. Im römischen Reich nach Justinian, das meist, aber nicht korrekt, als byzantinisch (statt oströmisch) bezeichnet wird,[1] hat der Vorrang der Schriftlichkeit in allen Lebensbereichen, besonders aber in den verschiedenen Formen des Rechts, noch mehr Gültigkeit besessen als im römischen Reich der Antike. Daher ist die Basis der Beschäftigung mit „byzantinischem“ Recht, wie wir verkürzt sagen, immer die philologische Sorge um die Erschließung des Textes.

Aus diesem Bewusstsein heraus ist jenes rechtshistorische Projekt ins Leben gerufen worden, dessen formalem Abschluss dieses Colloquium gewidmet ist. Zunächst ein ganz kurzer historischer Rückblick: Die Anfänge einer Edition von Geschichtswerken aus den byzantinischen Jahrhunderten, die im Westen unmittelbar nach dem Fall Konstantinopels einsetzte, liegen fast zeitgleich mit den Arbeiten von Johannes Löwenklau, latinisiert Leunclavius (1541–1594), zur Publikation byzantinischer Rechtstexte und zeigen, wie eng die historische Forschung zum byzantinischen Reich mit der Struktur des Rechts und dessen gesellschaftlichen Auswirkungen verbunden ist. Wie wichtig für Leunclavius das Zusammenwirken von historischer Forschung und staatsrechtlichen Grundlagen war, beweist sein editorisches Interesse für byzantinische Historiker, aber auch seine eigenen Werke zur Geschichte der Osmanen.[2] Trotzdem blieb die Wirkung seiner rechtshistorischen Editionstätigkeit, die in erster Linie den Basiliken und den Novellen galt, auf die Juristen beschränkt, und hat keinen Einfluss ausgeübt auf die großen historischen Darstellungen zum Byzantinischen Reich, die im 18. Jh. in Frankreich (Claude Lebeau) und England (Edward Gibbon) entstanden sind. Eine Wende trat erst im 19. Jhd. ein, als Karl Eduard Zachariae von Lingenthal (1812–1894) viele byzantinische Rechtstexte nach der philologischen Methode, die seine Zeit bei der philologischen und editorischen Behandlung klassischer Autoren entwickelt hatte, neu (oder erstmals) herausgab. Vor allem aber hat er in seiner „Geschichte des Griechisch-Römischen Rechts“ die Bedeutung des Rechts für Verständnis und Struktur des byzantinischen Staates klar gemacht, und dies in einer Weise, die bis heute unerreicht ist. Zachariae von Lingenthal war darüber hinaus auch der Begründer einer juristischen Grundlagenforschung und, mit den bescheidenen Mitteln seiner Zeit, ein unermüdlicher Erforscher der Handschriften. Ein Jahrhundert nach Zachariae von Lingenthal hat Dieter Simon im Jahr 1996, auf der Basis 20jähriger Vorarbeiten, ein neues Unternehmen zur Zusammenfassung der byzantinischen Rechtsliteratur begründet, dessen administrativ, aber nicht inhaltlich bedingtem und daher „vorläufigen“ Abschluss die im Rahmen dieses Bandes publizierte Veranstaltung gewidmet war. Das Projekt trägt den Titel „Edition und Bearbeitung byzantinischer Rechtsquellen“ und ist, wie sich aus dem mir vorliegenden Antragsschreiben ergibt, folgendermaßen definiert:

> Ziele des Forschungsvorhabens sind die Bestandsaufnahme der Überlieferung des byzantinischen Rechts, die Vorlage noch nicht oder nur unzureichend publizierter Texte in kritischen Editionen,

1 Aschenbrenner/Ransohoff (2021) 1–23; Preiser-Kapeller (2023).

2 Die Persönlichkeit von Johannes Löwenklau ist biographisch und bibliographisch sehr vernachlässigt worden, vgl. Babinger (1944) 165–174 und Fögen (1994) 197–201.

die Erstellung von Hilfsmitteln (Repertorien, Indices, u. ä.) sowie die Durchführung literaturgeschichtlich, sprachlich und inhaltlich orientierter Untersuchungen zum byzantinischen Recht.

Das Projekt knüpft unmittelbar an den Forschungsstand beim Tode Zachariae von Lingenthals (1894) an und zeigt indirekt, dass in den dazwischenliegenden 100 Jahren kein wesentlicher Fortschritt zu vermelden war.

Es ist bemerkenswert für das Selbstverständnis der neuen byzantinischen Rechtsgeschichte, dass sie an den Anfang die Eruierung von Rechtshandschriften als Grundlagen der Forschung setzt, wie dies auch Zachariae von Lingenthal, freilich unter weit ungünstigeren Voraussetzungen, tat.[3]

Planung und Ergebnisse des Projekts sind an anderer Stelle dargelegt.[4] An dieser Stelle soll nur unterstrichen werden, in wie hohem Maße die Bearbeitung rechtswissenschaftlicher Quellen Grundlagenforschung bedeutet, und dass diese bereits bei der einzelnen Handschrift, ihrer Geschichte, stemmatologischen Einordnung oder textuell freien Gestaltung beginnt, da nur auf dieser Basis sichere und vielseitig verwendbare Forschungsergebnisse möglich sind, die sowohl der Geschichte der Einzelhandschrift entsprechend Raum geben wie auch spätere Zusätze oder Paratexte als historisch wichtige Elemente deutlich machen und adäquat berücksichtigen.

Grundlagenforschung, wie hier am Beispiel der Rechtstexte, kann aber nicht Selbstzweck sein. Jeder Text, nicht nur der juristische, ist immer auch Spiegelbild von Staat und Gesellschaft, und dies umso mehr im oströmischen Reich, das als „römisches" Reich mit einem Kaiser an der Spitze alle Lebensnormen im zivilen wie im religiösen Bereich geregelt hat.

Das Studium der Rechtsquellen hat eine doppelte Aufgabe. Es untersucht auf der einen Seite die Entwicklung des Rechts, eine Aufgabe, die der bereits zitierte Antrag an die Göttinger Akademie folgendermaßen umreißt:

> Das Interesse (s. c. an der Auswertung der Quellen) richtet sich heute in erster Linie darauf, sowohl für sich als auch im Kontrast zur westlichen Entwicklung zu untersuchen, wie die Byzantiner mit dem tradierten kaiserlichen und kanonischen Recht umgingen, welche Funktion sie ihm in ihrer Weltsicht zuwiesen, in welchem Umfang und auf welche Weise sie es an die sich ändernden wirtschaftlichen und gesellschaftlichen Verhältnisse anpassten. Daraus ergeben sich komparative Einsichten, die sowohl für die historisch oder vergleichend arbeitende Rechtswissenschaft als auch

---

3 Die Methodik der Eruierung juristischer Texte und Form der Beschreibung, die ein essentieller Bestandteil des Projekts war, dieses aber, angesichts der Forderungen der modernen Paläographie und Kodikologie und den unterschiedlichen Wünschen hinsichtlich der Ausführlichkeit, bisweilen vor harte Belastungsproben stellte, würde an dieser Stelle eine eigene Darstellung erfordern. Voraussetzung war die Lektüre von Katalogen griechischer Handschriften, um Texte überhaupt erst zu ermitteln, die zur Abfassung eines dreibändigen „Repertorium der Handschriften des byzantinischen Rechts" (mit 527 ausgewählten Handschriften, publiziert 1995, 2010 und 2017; der letzte Band III 2020 auch digital) geführt hatte.

4 Vgl. Brandes in diesem Band S. 217–236, hier: 220.

für die politische Deutung der Verhältnisse im betroffenen geographischen Raum von erheblicher Bedeutung sind.

Dieser Teil des Umgangs mit den Rechtsquellen bleibt im Wesentlichen dem juristisch Geschulten vorbehalten. Auf der anderen Seite sind Rechtsquellen auch Zeugnisse für die allgemeine historische Entwicklung und daher Forschungsgegenstand für den Historiker, mehr noch, sie sind Grundlagen für die Untersuchung der staatlichen und gesellschaftlichen Ordnung. Dabei spielt es in der historischen Betrachtung keine primäre Rolle, ob eine Rechtsquelle formell Gesetzeskraft hatte (also vom Kaiser promulgiert worden war) oder nur einen Entwurf oder Vorschlag darstellte (wie etwa im Fall von Photios' Εἰσαγωγή). Auch das gefälschte Dokument (als solches oft erst von der modernen juristischen Forschung erkannt) ist im historischen Sinne eine Rechtsquelle, wie viele gefälschte kaiserliche Urkunden zeigen, denen oft eine erhebliche politische oder wirtschaftliche Bedeutung zukam.

III. Rechtstexte als tragender Faktor unserer Kenntnisse über das byzantinische Reich

Wir wollen in diesem Kontext sowohl auf einige einzelne wie auch auf Gruppen von Rechtsquellen hinweisen, die ihrerseits wiederum eine Grundlage für unser Wissen über Staat und Gesellschaft im byzantinischen Reich bilden. Ihr Fehlen würde eine fühlbare Lücke im Verständnis der byzantinischen Welt ausmachen, wie etwa die großen Gesamtdarstellungen zur Geschichte des oströmischen Reiches aus dem 18. Jh. (Claude Lebeau, Edward Gibbon) zeigen, denen diese Quellen entweder noch unbekannt waren oder die sie nicht herangezogen haben, wodurch ein falsches oder tendenziöses Byzanzbild entstanden ist, das vielfach bis heute weiterlebt.

III.1. Kaiser und Kaiseridee

In der Person des Kaisers flossen bis zum Untergang des Reiches alle Maßnahmen zusammen, die dem Erhalt des Staates dienten. Wir lassen hier die schwierige Frage beiseite, inwieweit auch der Kaiser selbst dem Gesetz unterworfen war,[5] und halten in unserem Zusammenhang nur fest, dass er sowohl oberster Gesetzgeber wie auch oberster Richter war, und dass ihm diese Position die Möglichkeit gab, weit in alle Belange von Kirche und Religion, wenigstens indirekt, einzugreifen. Praktische Beispiele bringen die chronographischen Texte; der juristische Hintergrund ergibt sich jedoch

5 Simon (1984) 449–492.

allein aus den entsprechenden Rechtsquellen. Hier sind es in erster Linie die Proömien zu Gesetzen und kaiserlichen Urkunden, welche die Macht des Kaisers hervorheben, auch wenn sie in der Realität nicht immer durchsetzbar war.[6] Im Besonderen weisen die vom Kaiser unterzeichneten Urkunden auf sein Interesse und Eingreifen in sämtliche Bereiche des Staates hin. Dies gilt zunächst für die Vertretung der Staatsbelange, repräsentiert in der Person des Kaisers, gegenüber auswärtigen Herrschern und fremden Staaten. Der hochrhetorische Charakter solcher „Vorreden" zu Gesetzen und Urkunden ist stets an der praktischen Durchführung zu messen, und die Verschleierung des Konkreten ist an der Tagesordnung. Dies zeigen besonders die Verträge mit westlichen Staaten, die zuletzt Daphne Penna behandelt hat,[7] wo der Schein der absoluten Souveränität gewahrt bleiben muss, auch wenn es sich in Wirklichkeit um Zugeständnisse des Kaisers handelt. Auch die (nicht sehr zahlreichen) Listen und Traktate zur byzantinischen Staatsverwaltung sind in diesem Zusammenhang zu erwähnen, da ihnen ein kaiserlicher Auftrag zugrunde liegt.[8]

III.2. Das Eparchenbuch

Das Eparchenbuch, das die Aufgaben der Eparchen von Konstantinopel im 10. Jhd. beschreibt und gesetzlich festlegt, kann als die wichtigste wirtschaftsgeschichtliche Einzelquelle des byzantinischen Reiches betrachtet werden, auch wenn seine Verwendung zeitlich und örtlich beschränkt war.[9] Ohne diese Rechtsquelle bliebe die Struktur von Handel und Handwerk in Konstantinopel weitgehend unbekannt. Das Eparchenbuch vermittelt aber auch Hinweise zu einem juristischen Bereich, den wir heute als Arbeitsrecht bezeichnen würden, und deutet auf Verordnungen hin, die heute im Rahmen des Umweltschutzes wieder begegnen. Diese Quelle erlaubt Überlegungen zur Kontinuität von Wirtschaft und Gesellschaft seit der Spätantike, aber auch zu den überwiegend unterschiedlichen Strukturen im zeitgleichen Westen. Allgemeine Bedeutung, Reichweite und Gültigkeit des Eparchenbuches sind öfter verallgemeinernd und über die engen räumlichen (Konstantinopel) und zeitlichen (10. Jh.) Grenzen hinaus als verbindlich dargestellt worden, gewissermaßen als Verordnung über die Jahrhunderte hin. Auch wenn das Eparchenbuch eine durchaus zeitgebundene, für das 10. Jh. maßgebliche Quelle darstellt, ist trotzdem festzuhalten, dass wegen der Vielfalt der darin behandelten Gegenstände eine Lücke geschlossen wird, die von anderen Texten in keiner Weise ausgeglichen werden kann.

6 Hunger (1964).

7 Penna (2012).

8 Oikonomides (1972); Moravcsik/Jenkins (1967); Pertusi (1952).

9 Kritische Edition und (deutsche) Übersetzung: Koder (1991). Die Bedeutung des Textes, die ihm in der Forschung seit der Erstveröffentlichung 1893 beigemessen wurde, zeigt sich in der umfangreichen Forschungsliteratur (vgl. die Auswahl in der Edition Koders).

III.3. Steuerrecht

Man darf es nicht als neue Erkenntnis betrachten, dass der Bestand des byzantinischen Staates ganz auf seinem Steuersystem und natürlich den Steuern selbst basierte,[10] im Besonderen auf den Einnahmen aus den ländlichen Lebensräumen, die den überwiegenden Teil des Staates ausmachten. Die großen Gesetzessammlungen lassen uns jedoch hinsichtlich der Praxis im Stich: welche Arten von Steuern gab es, wie waren sie definiert und wie wurden sie berechnet? Diese Lücke schließt ein im 9. Jh. entstandener Text, der keinen Gesamttitel trägt, dessen Titelüberschriften aber den Kontext erkennen lassen: „(1) Über die öffentlichen Steuern, (2) Über Steuereinnahmen und Kommerkiarier, (3) Über die Aufteilung des Geländes, (4) Über die Aufteilung von Grenzzeichen, (5) Über die Aufteilung des Wassers".[11] Dieser Text ist gleichzeitig ein beredtes Beispiel für die Arbeitsweise und -schritte einer gewissermaßen ‚doppelten' Grundlagenforschung: der Text ist in einer einzigen Handschrift im Nikanou-Kloster in Zavordas in Nordgriechenland erhalten und musste in der wirren Handschrift erst kodikologisch geordnet werden, ehe im Rahmen des (späteren) Göttinger Projekts seine Edition durchgeführt werden konnte. Dort hat der Text dann eine juristische Interpretation erfahren, doch fand er bislang noch keine Beachtung seitens der historischen Forschung. Die genannte Quelle, die kein Gesetz darstellt, sondern ein Rechtsbuch ist, hat, überliefert im selben Codex, einen Steuerbeamten zu eigenen Aufzeichnungen angeregt.[12] In diesem Zusammenhang soll auch eine weitere, schon lange bekannte Quelle zum byzantinischen Steuerrecht in der Handschrift gr. Z 173 (Diktyon 69644) der Biblioteca Marciana in Venedig erwähnt werden, die bereits von drei großen Gelehrten untersucht wurde: William Ashburner, Georg Ostrogorsky und Franz Dölger.[13] Die erwähnten Texte zur Grundlegung der Steuern, die nur durch einen Zufall erhalten sind und ebenso zufällig entdeckt wurden, sind lediglich *membra disjecta*, die den Umgang mit Steuern und Steuereinnahmen erahnen lassen, da wir eigentliche Steuergesetze nicht kennen und diese vielleicht gar nicht existierten.[14] Diese für den Steuereinnehmer bestimmten Traktate basieren in ihren Berechnungen (die oft gefälscht und dementsprechend vor Gericht angefochten wurden) auf in großer Zahl überlieferten metrologischen Listen, die (in unserem Zusammenhang) als Hilfsmaterial zur Abfassung juristischer Texte zu betrachten sind.[15] Steuertraktate und Hilfsmaterialien zur Berechnung müssen in großer Zahl und über alle Jahrhunderte hin existiert haben,

10 Schreiner (1986).

11 Burgmann/Simon (1996).

12 Karayannopulos (1966).

13 Ashburner (1915); Dölger (1927); Ostrogorsky (1927).

14 In diesem Zusammenhang ist auch auf das fragmentarische Kataster von Theben aus dem 11. Jh. hinzuweisen, das die Anwendung von steuerlichen Berechnungen in der lokalen Landwirtschaft zeigt: Svoronos (1959).

15 Schilbach (1982).

da sie für die Abfassung sämtlicher privater und öffentlicher Urkunden unerlässlich waren, sofern es um Besitzverhältnisse ging.

III.4. Juristische Lichtblicke in den „Dunklen Jahrhunderten“

Wie zutreffend auch immer die Bezeichnung „dunkle Jahrhunderte“ für das 7. und 8. Jh. sein mag, so bleibt doch das Faktum der Armut an schriftlichen Quellen. Hier bilden Rechtsquellen eine wichtige Ergänzung und sind in einigen Bereichen sogar die einzigen schriftlichen Zeugnisse für historische Abläufe und deren Hintergründe. An erster Stelle ist hier die Ecloga Leons III. aus dem Jahr 741 zu nennen.[16] Sie wendet sich hauptsächlich einem Sektor zu, über den andere Quellen in diesem Zeitraum schweigen: Familienrecht, Verkaufsrecht und Strafrecht. Die genannten Fälle lassen Rückschlüsse auf die Struktur der Bevölkerung und deren sozialen und wirtschaftlichen Status zu. Das Ackerbaugesetz, das eher ein Rechtsbuch als ein Gesetz darstellt, ist etwas früher als die Ecloga zu datieren und behandelt im Wesentlichen Probleme der Bevölkerung außerhalb der Städte.[17] Es weist auf die Besiedelung des Landes hin und auf den Wunsch der Kaiser, die dörfliche Gemeinschaft zu schützen. Das Soldatengesetz (oder besser: dessen verschiedene Varianten), dessen Kern ebenfalls dem 8. Jh. zuzuschreiben ist, zeigen *in summa* die Bedeutung, die in dieser Zeit der Verteidung des Reiches und Abwehr externer Bedrohungen dem Heer beigemessen wurde.[18] Zuletzt ist noch das Seegesetz (νόμος Ρωδίων ναυτικός) zu erwähnen, das als letztes Rechtsbuch der „dunklen Jahrhunderte“ entstanden ist und durch viele Zusätze und Ergänzungen aus späterer Zeit von dauerhafter Aktualität zeugt.[19] Es berichtet über Bereiche, die wegen ihrer Nähe zu realen Gegenständen nur selten oder überhaupt nicht in der hochsprachlichen Literatur erwähnt bzw. ausführlicher behandelt werden.

IV. Defizite der vorliegenden summarischen Darstellung

Es konnten an dieser Stelle längst nicht alle, oder auch nur alle jene Rechtsquellen genannt werden, denen ein historisch und nicht nur juristisch relevanter Informationsgehalt zukommt. Einer gesonderten und differenzierten Darstellung hätten die vielen

16 Burgmann (1983).

17 Zakon (1984).

18 Ashburner (1915). Das Soldatengesetz bedarf noch einer Neubearbeitung, die einer vertieften historischen Interpretation als Basis dienen kann, da eine solche bis jetzt fehlt.

19 Letsios (1996).

Tausend – im Verhältnis zum europäischen Westen eine durchaus geringe Anzahl – Urkunden verdient, die seit dem 10. Jh. in Originalen vorliegend die Geschichte einzelner Regionen des Reiches wenigstens teilweise beleuchten und Hinweise auf das materielle Leben und die Sozialgeschichte geben. Man hätte noch die „Peira" erwähnen müssen, die einen Einblick in die juristischen Probleme des Alltags (und damit in den „Alltag" selbst) gewährt,[20] zudem auch die Sammlung juristischer Entscheidungen des hochgelehrten Ohrider Erzbischofs Demetrios Chomatenos im 13. Jh., die wichtige Einzelheiten zum Leben in Epiros beinhaltet.[21] Im Rahmen der Rechtsgeschichte darf auch die juristische Ausbildung nicht unerwähnt bleiben, die von der allgemeinen Bildungsgeschichte der *Enkyklios Paideia* nicht zu trennen ist, an welcher der Jurist vollen Anteil hatte.

Auf eine große Lücke in der vorliegenden Darstellung sollte jedoch ausdrücklich hingewiesen werden, nämlich auf die Bedeutung der vielen kirchenrechtlichen (kanonistischen) Quellen für unsere Kenntnisse über das kirchliche Leben im oströmischen Reich, etwa Ranglisten der Kirchensitze, Regelungen für die Ehe oder das mönchische Leben, und nicht zuletzt die Akten der verschiedenen Synoden, insbesondere, soweit erhalten, jene der ständigen Synode (*endemousa*) in Konstantinopel.

In diesem summarischen Überblick ging es darum, die spezielle Bedeutung der unterschiedlichen Rechtstexte für das Verständnis und unsere Kenntnisse von Staat und Gesellschaft im Allgemeinen zu unterstreichen, die Unverzichtbarkeit ihrer philologisch-kodikologischen Erschließung hervorzuheben und auf die Notwendigkeit hinzuweisen, die Bemühungen um sachgemäße Editionen und angemessene Erschließung dieser komplexen Quellentexte nicht ruhen zu lassen.

Literaturverzeichnis

Aschenbrenner/Ransohoff (2021): Nathaniel Aschenbrenner und Jake Ransohoff, "Introduction. The Invention of Byzantium in Early Modern Europe", in: Nathaniel Aschenbrenner und Jake Ransohoff (Hgg.), *The Invention of Byzantium in Early Modern Europe*, Washington.

Ashburner (1915): William Ashburner, „A byzantine treatise on taxation", in: *Journal of Hellenic Studies* 35, 76–84.

Ashburner (1926): William Ashburner, „The Byzantine Mutiny Act", in: *Journal of Hellenic Studies* 46, 80–109.

20 Simon/Reinsch (2023). Dieses juristische Handbuch (der Herausgeber sagt „Lehrbuch"), dessen persönliche Zusammenstellung die Bedürfnisse eines byzantinischen Richters des 11. Jh. widerspiegelt, erschien in kritischer Ausgabe erst während der Vorbereitung zur Sammlung der Konferenzakten, beschäftigte aber immer wieder die Forschung des 19. und 20. Jahrhunderts. Neben seiner juristischen Bedeutung stellt der Text eine unerschöpfliche kulturgeschichtliche Quelle zum 11. Jh. dar und ist ein exzellentes Beispiel für Kenntnisse zum byzantinischen Leben, die wir allein den Rechtstexten verdanken.

21 Prinzing (2002). Die hier gesammelten juristischen Entscheidungen geben vielfältige Einblicke in das Leben in Epiros im frühen 13. Jh. und lassen sich mutatis mutandis mit der „Peira" vergleichen.

Babinger (1944/45): Franz Babinger, „Herkunft und Jugend Johann Lewenklau's", in: *Südostforschungen* 9/10, 165–174.

Burgmann (1983): Ludwig Burgmann, *Das Gesetzbuch Leons III. und Konstantins V.*, Frankfurt a. Main.

Burgmann/Simon (1976): Ludwig Burgmann und Dieter Simon, „Ein unbekanntes Rechtsbuch", in: *Fontes Minores* I, Frankfurt a. Main, 73–101.

Dölger (1927): Franz Dölger, *Beiträge zur Geschichte der byzantinischen Finanzverwaltung besonders des 10. und 11. Jahrhunderts*, Leipzig (Nachdruck Darmstadt 1960).

Fögen (1994): Marie Theres Fögen, „Johannes Löwenklau", in: *Rechtshistorisches Journal* 13, 197–201.

Hunger (1964): Herbert Hunger, *Prooimion. Elemente der byzantinischen Kaiseridee in den Arengen der Urkunden*, Wien.

Karayannopulos (1966): Johannes Karayannopulos, „Fragmente aus dem Vademecum eines byzantinischen Finanzbeamten", in: Peter Wirth (Hg.), *Polychronion. Festschrift Franz Dölger zum 75. Geburtstag*, Heidelberg, 318–334.

Koder (1991): Johannes Koder (ed.), *Das Eparchenbuch Leons des Weisen. Einführung, Edition, Übersetzung und Indices*, Wien.

Letsios (1997): Dimitrios G. Letsios, *Νόμος Ροδίων Ναυτικός. Das Seegesetz der Rhodier. Untersuchung zu Seerecht und Handelsschiffahrt*, Rhodos.

Moravcsik/Jenkins (1967): Gyula Moravcsik, *Constantine Porphyrogenitus De administrando imperio*, engl. transl. Romuald Jenkins, Washington.

Oikonomides (1972): Nicolas Oikonomidès, *Les listes de préséances des IXe et Xe siècles*, Paris.

Ostrogorsky (1927): Georg Ostrogorsky, „Die ländliche Steuergemeinde des Byzantinischen Reiches", in: *Vierteljahresschrift für Sozial- und Wirtschaftsgeschichte* 20, 1–120 (Nachdruck Amsterdam 1969).

Penna (2012): Dafni Penna, *The Byzantine Imperial Acts to Venice, Pisa and Genoa, 10th–12th centuries, A Comparative Legal Study* (Thesis fully internal [DIV], University of Groningen), Groningen.

Pertusi (1952): Agostino Pertusi (ed.), *Costantino Porfirogeneto De Thematibus: introduzione, testo critico, commento* (Studi e testi 160), Città del Vaticano.

Preiser-Kapeller (2023): Johannes Preiser-Kapeller, *Byzanz. Das Neue Rom und die Welt des Mittelalters* (C. H. Beck Geschichte der Antike), München.

Prinzing (2002): Günter Prinzing (ed.), *Demetrii Chomateni Ponemata Diaphora* (Corpus Fontium Historiae Byzantinae 38), Berlin.

Repertorium: *Repertorium der Handschriften des byzantinischen Rechts*. 3 Teile.

- I: Ludwig Burgmann, Marie Theres Fögen, Andreas Schmink und Dieter Simon (Hgg.), *Die Handschriften des weltlichen Rechts (Nr. 1–327)* (Forschungen zur byzantinischen Rechtsgeschichte 20), Frankfurt a. Main 1995.
- II: Andreas Schminck und Dorotei Getov (Hgg.), *Die Handschriften des kirchlichen Rechts I (Nr. 328–427)* (Forschungen zur byzantinischen Rechtsgeschichte 28), Frankfurt a. Main 2010.
- III: Andreas Schminck und Dorotei Getov (Hgg.), *Die Handschriften des kirchlichen Rechts II (Nr. 428–527)* (Forschungen zur byzantinischen Rechtsgeschichte 34), Frankfurt a. Main 2017 (digital 2020).

Schilbach (1982): Erich Schilbach, *Byzantinische metrologische Quellen*, Thessalonike.

Schreiner (1986): Peter Schreiner, „Zentralmacht und Steuerhölle. Die Steuerlast im Byzantinischen Reich", in: Uwe Schulz (Hg.), *Mit dem Zehnten fing es an. Eine Kulturgeschichte der Steuer*, München, 64–73.

Simon (1984): Dieter Simon, „Princeps legibus solutus. Die Stellung des byzantinischen Kaisers zum Gesetz", in: Dieter Nörr und Dieter Simon (Hgg.), *Gedächtnisschrift für Wolfgang Kunkel*, Frankfurt, 445–492.

Simon/Reinsch (2023): Dieter Simon und Diether R. Reinsch (eds.), *Ἡ Πεῖρα – Die Peira. Ein juristisches Lehrbuch des 11. Jahrhunderts aus Konstantinopel. Text, Übersetzung, Kommentar, Glossar*, 2 Bde., Berlin.

Svoronos 1959: Nikos G. Svoronos, *Recherches sur le cadastre byzantin et la fiscalité aux XIe et XIIe siècles: Le cadastre de Thèbes*, Athen/Paris.

Zakon (1984): Medvedev Igor (ed.), *Византийский Земледельческий Закон*, Leningrad.

Ivan Biliarsky

EMPHYTEUSIS : quelques remarques sur l' « implantation » du droit byzantin en Bulgarie

A la mémoire de Constantin G. Pitsakis,
un grand savant et un grand ami

1 *L'implantation* du droit byzantin en Bulgarie, son développement durant l'Époque de Tanzimat dans l'Empire ottoman et son influence sur l'historiographie nationale

Cet article[1] ne sera pas destiné à l'étude de l'*emphyteusis* (ou bien « emphytéose ») qui a une longue histoire et une certaine importance économique et sociale, mais à la résolution d'un problème fondamental concernant l'application du droit écrit en Bulgarie médiévale. Néanmoins, l'institution juridique susmentionnée sera au centre de notre attention car il nous donne un exemple sur lequel nous allons mener notre recherche actuelle. La citation du terme dans le titre suggère plutôt l'implantation (ce qui est le sens originel du mot grec « ἐμφύτευσις/*emphyteusis* ») du droit byzantin en Bulgarie médiévale que l'emphytéose elle-même.

Les traductions des lois byzantines, rédigées en Grande Moravie et puis en Bulgarie, ainsi que la diffusion des textes traduits dans d'autres pays slaves, menaient vers les problèmes que la réception du droit lors de l'affiliation générale des Slaves orthodoxes à la civilisation byzantine, pouvait générer. Cette situation culturelle était directement liée à l'application des textes légaux traduits dans les pays de la *Slavia Orthodoxa*. On devrait s'attendre à avoir la réponse à ces questions de la part de l'historiographie juridique nationale, formée au cours du XIXe siècle, au temps de la formation des nations dans les Balkans. Ainsi, en raison des évènements politiques et ecclésiastiques de cette époque, cette historiographie nationale cherchait des moyens soit de nier l'influence étrangère grecque, soit de réduire son importance. Comme la première démarche aurait pu s'avérer trop radicale, on s'est orienté vers la seconde. Hélas, les résultats ne furent pas moins dommageables.

Note: Cette étude est supportée par le programme de recherche de l'Université d'économie nationale et mondiale (UNWE) (Research Grant No 16/2021).

https://doi.org/10.1515/9783111331126-003

Au cours des réformes dans l'Empire ottoman pendant ladite Époque de Tanzimat, les peuples chrétiens des Balkans formaient leurs consciences nationales, engageant des mouvements révolutionnaires ayant pour résultat l'apparition des États nationaux. Le processus s'est déroulé de manière différente avec les différents peuples et les différentes étapes de leur histoire. Le système ottoman organisait les minorités en *millets*, formés à partir de l'affiliation confessionnelle, ce qui consistait en une sorte d'institutionnalisation des dénominations. Les Bulgares faisaient partie de *millet-i Rûm* (alors « les Romains »), réunissant les Chrétiens orthodoxes sous l'autorité du Patriarche œcuménique. Pour des raisons logiques, les Grecs étaient le groupe dominant dans ce *millet*. Au cours de Tanzimat et des réformes dans l'Empire, les Bulgares voulaient s'émanciper et ils commençaient à lutter pour une église nationale. La conception de l'hérésie phylétique s'est formée dans le contexte de ce litige et a contribué au schisme de l'Exarchat bulgare a continué pendant presque cent ans. Ceci sous-entendait un combat pour l'institutionnalisation de la nation en formation. Suite à cela, les relations avec les Grecs sont devenues très mauvaises, ce qui influençait aussi bien l'appréciation de la culture hellénique en général que le souvenir de Byzance. Ces évènements laissèrent leur empreinte sur la culture bulgare et évidemment sur l'historiographie. Le rôle de Byzance était présenté pendant plus d'un siècle non pas dans le contexte de l'héritage commun mais dans celui d'une rivalité et d'une oppression de la part de Constantinople.

La tendance persistante à nier l'importance de l'influence byzantine en Bulgarie s'est fortement développée. Le domaine du droit et des institutions n'échappa pas à ce phénomène. Le problème concernant l'emphytéose est étroitement lié au désir de prouver l'autonomie du droit bulgare par rapport au droit de l'Empire d'Orient.

Ici, il faudrait noter que la traduction d'une loi étrangère témoigne de son existence dans un milieu différent, dans un autre État, mais non pas obligatoirement de la réception et de l'application de ses normes.[1] Les lois peuvent être traduites pour des raisons différentes. Évidemment, une telle traduction influence la culture juridique, la formation du langage spécialisé et les conceptions juridiques, mais la vigueur effective des lois n'est pas forcément assurée. Or, ce n'est point facile dans un contexte où les sources manquent. Les chercheurs ne disposent d'aucun acte de promulgation d'une quelconque loi en Bulgarie médiévale, d'aucun acte privé ni d'acte judiciaire. Nous ne connaissons qu'une dizaine de chartes impériales des tsars. Nous sommes obligés de compter sur celles-ci, sur les sources byzantines et sur les sources littéraires.

Comme nous l'avons déjà dit, l'emphytéose ne sera pas au centre de notre recherche mais elle aura une place centrale pour notre conclusion. Il s'agit de l'idée bien établie dans l'historiographie juridique bulgare que lors de la traduction du code byzantin, appelé Ecloga, le titre (chapitre) sur l'emphytéose fut omis consciemment pour des raisons dues aux conditions économiques et sociales en Bulgarie. C'est la raison pour

1 Ščapov (2011) 5.

laquelle on a accordé au bail emphytéotique une attention particulière qui nous aidera à continuer notre recherche.

2 L'emphytéose

L'emphytéose comprend un droit réel d' sur une terre, le plus souvent publique, qui n'était pas (suffisamment) cultivée, étant louée à vie ou pour une longue période par une personne (dite « emphytéote ») avec une rente réduite sous condition qu'il la cultive.[2] Elle continue d'exister dans certains systèmes juridiques contemporains. L'emphytéose est alors un droit réel sur un immeuble (une terre), appartenant à une autre personne (dans ce cas appelé « δεσπότης », « *dominus* »). La relation juridique donne de grands pouvoirs de à l'emphytéote dont la position est fortement garantie. Ce droit réel n'est pas une servitude ni de type foncier car il ne sert pas à l'utilisation d'un autre domaine, ni de type personnel car il ne s'agit pas de servir une personne. C'était un droit réel héritable, qui provenait soit d'un acte du pouvoir du domaine du droit public, soit d'un contrat et d'une affaire du type obligation.[3] Le droit réel possède un engagement de défense plus fort que celui de l'obligation. Le but semble clair : éviter la désolation des terres qui devraient être cultivées. Les origines de l'emphytéose ne sont pas indiscutables mais elle fut probablement liée au régime d'*ager vectigalis* avec une imposition de travail sur le sol et l'implantation de cultures durables.

La datation de l'apparition de l'emphytéose pose question. D'habitude, elle est présentée comme une création du Droit romain postclassique.[4] Les premières mentions datent du IIIe siècle : dans un commentaire d'Ulpien dans les Digestes sur un édit prétorien du début du siècle et dans une constitution de l'empereur Dioclétien, datée de la fin dudit centenaire. Une partie des chercheurs considèrent ces données comme des insertions tardives.[5] En tout cas, il faut faire une distinction entre l'apparition de la pratique d'un côté et la conceptualisation de l'affaire à travers la création d'un terme particulier de l'autre.[6]

La discussion continue mais sans doute le terme même d'origine grecque n'est pas mentionné avant le IIIe siècle, ce qui n'exclut pas l'existence de relations de ce type.

---

2 Baijdri [Baudry] (1892) 605–609 ; Konidares (1979), 196 note 1 ; Papagianni (1992) 255–256 ; Papagianni (2002) 1061–1062 note 13 ; Blagoev (1932) 104–105 ; Novkiriška-Stojanova (2000) 67 ; Tsibranska-Kostova (2021) 48.

3 Cette forme d'instauration d'une affaire emphytéotique est étudiée récemment par Malina Novkiriška-Stojanova avec un accent spécial sur les conséquences économiques et politiques de la pratique liée à l'emphytéose : Novkiriška-Stojanova (2021) 341–372.

4 Novkiriška-Stojanova (2000) 68–70.

5 Vuy (1838) 2 ; Novkiriška-Stojanova (2000) 73.

6 Novkiriška-Stojanova (2021) 346–348.

Avant la création de l'*emphyteusis*, des relations de location durable de terres, dues au développement de l'agriculture, existaient. Ce n'était pas une emphytéose à proprement parler, mais des relations semblables dont la règlementation était subsidiaire pour les cas de ce type. La pratique imposait la création de l'institution de l'emphytéose mais, toutefois, il fallait tenir compte que le terme grec était propre à une pratique développée sur les territoires de la Méditerranée orientale. Il est même plus important de souligner la liaison avec la règlementation concernant la terre publique et la possibilité de la louer comme *ager vectigalis.*[7] On peut dire, avec toutes les réserves de la simplification, que l'emphytéose provient dans un certain sens du régime de l'*ager vectigalis* qui disparut à l'époque de Justinien pour être remplacé par celui de l'emphytéose.

On pourrait dire que ce régime d'utilisation des terres publiques et plus tard des terres privées fut créé pour mieux assurer le développement de la cultivation de la terre, la production des cultures supérieures ainsi que dans un sens politique, pour la colonisation des pays conquis. Pendant les dernières années Malina Novkirishka a consacré une série d'études sur l'emphytéose, ciblées surtout sur les questions du droit romain et sur la période de l'Antiquité tardive. Dans son dernier article, elle insiste sur les effets sociaux économiques et sur les reflets politiques de la pratique emphytéotique romaine. Il est à noter que l'auteur suggère que l'emphytéose pourrait être liée à l'origine du féodalisme et surtout de la propriété divisée. Cela pourrait être compris dans le cadre du Moyen âge en Europe d'Occident (encore plus du fait que notre collègue citait les glossateurs et post-glossateurs)[8] mais non pas à Byzance où il n'y avait pas un véritable féodalisme et encore moins en Bulgarie. Bien évidemment, l'existence de l'emphytéose suppose une jurisprudence bien développée et approfondie, qui existait, sans doute, dans l'Etat et la société romaines. Par contre, elle n'a jamais existé dans l'Etat et la société bulgares médiévaux. Nous voudrions souligner ce fait car il est important pour notre recherche actuelle, surtout à cause de son utilisation abusive par l'historiographie juridique de la période post ottomane.

D'où provient le problème ? Dans la première publication (et l'unique jusqu'à 2011) de la traduction slave du code byzantin, dit Ecloga, dans la *Kr'mčaya* imprimée à Moscou en 1653, le titre XII/XIII (selon la numération dans le texte grec et certaines copies slaves) est omis. C'est le titre qui concerne les normes de l'emphytéose. Ce fait donnait raison aux chercheurs bulgares qui considéraient que cette omission était le résultat d'une intervention consciente des interprètes bulgares, qui visait à adapter le texte normatif grec aux conditions bulgares. La base de cette conclusion fautive est claire – l'ignorance de la source – mais il y a aussi une autre raison, liée à la situation politico-culturelle au temps de la naissance des recherches académiques dans les Balkans.

7 Humbert (1877a) 133–138 ; Humbert (1877b) 140 ; Blagoev (1932) 104–105.

8 Novkiriška-Stojanova (2021) 372.

3 La réception du droit byzantin et sa présentation dans l'historiographie juridique bulgare

Le XIXe siècle était l'âge de la formation des nations. Dans les Balkans c'était le temps de leur apparition, accompagnée par leur consolidation, parfois à travers des formes agressives. À cette situation devons-nous ajouter également l'élan des historiens pour créer un récit historique centré sur la nation ? Cela justifia certaines habitudes bien ancrées, concernant l'estimation de la réception et l'acculturation du droit byzantin en Bulgarie que l'on découvre dans l'historiographie juridique bulgare de l'époque moderne. La méthode de l'interprétation de l'influence de la culture byzantine sur la bulgare est similaire. Évidemment, cette influence ne pourrait pas être niée. Tout au contraire, elle était toujours confirmée par les chercheurs mais avec la réserve et l'éclaircissement qu'il s'agit d'une influence externe et donc négative qui demeura toujours en contradiction avec « l'esprit national bulgare », issus du droit coutumier et s'opposant aux influences extérieures. C'est une construction idéologique qui est basée plutôt sur des thèses idéologiques que sur des recherches académiques.

L'autre méthode de la conceptualisation de la réception du droit byzantin en Bulgarie, c'était de confirmer sa présence mais en soulignant plutôt les changements et les adaptations, survenus au cours de sa transplantation. Pour être honnête, nous devons dire que des chercheurs étrangers adoptaient parfois une attitude semblable.[9] Les changements, disait-on, ont été imposés par la nécessité d'accommoder du point de vue social et économique les normes dans un milieu différent du milieu byzantin. Ce cas est évident en ce qui concerne l'emphytéose. D'habitude, on reconnaissait que la société byzantine était beaucoup plus développée mais en signalant la supériorité de la société bulgare/slave dans un sens moral par son empathie et par l'inexistence de l'inégalité entre les classes, et donc par son caractère plus progressiste. Certes, ces prétentions nationales et sociales étaient typiques de l'historiographie après la Seconde guerre mondiale mais leurs racines pourraient être trouvées même à l'aube des recherches de l'histoire du droit en Bulgarie. Nous pouvons essayer de suivre les recherches et les manuels les plus importants de l'époque.

Dans son cours sur l'histoire du droit médiéval bulgare, Stéphane Savov Bobčev qui pourrait être appelé le patriarche des études de l'histoire du droit en Bulgarie, néglige pratiquement l'Ecloga lors de sa présentation des sources. Pour la présentation de ce code byzantin, il n'y a de place que dans la section sur ladite *Loi de jugement des gens*, compilée à partir de l'Ecloga. Dans ce cas, l'auteur déclare explicitement qu'il utilise le texte de l'Ecloga tel qu'il est imprimé dans l'édition moscovite de *Kr'mčaya* de l'an 1653, dans laquelle le titre XII/XIII de l'Ecloga n'est pas inclu.[10] Dans une autre étude

9 Ščapov (2011) 6–7.
10 Bobčev (1910) 158.

plus large, sur le droit romain et byzantin en Bulgarie, Stéphane Savov Bobčev poursuit l'histoire de la réception du code byzantin des iconoclastes.[11] La portée scientifique de ce travail est aujourd'hui insignifiante. La valeur principale du texte est historiographique et consiste dans le fait qu'il présente une thèse purement idéologique : à savoir, le remaniement du droit byzantin introduit en Bulgarie par le droit coutumier pour devenir conforme à « l'esprit national » du peuple.[12]

La brochure de Stéphane Savov Bobčev, publiée en français[13] et intitulée *Byzance et Bulgarie. La lutte du droit populaire bulgare contre l'influence byzantine* a une signification particulière pour notre recherche. Encore une fois, très peu d'attention a été accordée à l'Ecloga : le code fut présenté uniquement comme une partie intégrale du Nomocanon. L'auteur élabora une opinion selon laquelle la loi byzantine, officiellement introduite en Bulgarie, n'affectait pas du tout la *conscience juridique du peuple* (la cursive est par I. B.), qui était d'ailleurs (selon lui) la véritable source du droit qui préserve un certain code coutumier non écrit et complètement imaginaire. Ces thèses ne correspondent qu'aux vues nationales de l'époque et ne peuvent que contribuer à l'interprétation des thèses de Stéphane Savov Bobčev en vue de la glorification de la nation.

Vladislav Alexiev, un autre chercheur éminent de l'histoire du droit, traitait, également, de la question de l'application de la loi byzantine introduite en Bulgarie médiévale.[14] Il n'y a rien de précis dans cette étude sur la question du règlement de l'emphytéose dans le titre XII de l'Ecloga. L'auteur se basait sur la thèse, assez populaire à l'époque, qui voyait la conscience juridique du peuple comme la source générale, la plus importante du droit. L'accent principal, posé par Vladislav Alexiev, est que les Bulgares ont adopté le droit byzantin après l'évangélisation du pays, mais qu'ils l'ont eux-mêmes influencé. On peut considérer cela comme une variante de la thèse déjà évoquée qui présente les relations entre la Bulgarie et l'Empire pour tenter d'établir une spécificité nationale.

L'autre professeur d'histoire du droit à l'Université de Sofia d'avant la Seconde guerre mondiale, Nikola Blagoev, a publié un livre entier sur l'Ecloga mais il n'y traitait que du code originel byzantin.[15]

Après la Seconde guerre mondiale et l'instauration du régime totalitaire, les recherches sur la réception du droit byzantin en Bulgarie se sont poursuivies dans une direction très proche de celle d'avant. La figure principale pendant cette période fut

---

11 Bobčev (1926) 1–122.

12 En suivant les mots de Stéphane Savov Bobčev, on peut découvrir des institutions juridiques du droit romain parmi les coutumes et pratiques du droit coutumier bulgare (Bobčev [1926] 81–91). Il trouve aussi un type de « bulgarisation » des normes et termes du droit romain dans le droit coutumier bulgare (Bobčev [1926] 92–100).

13 Bobčev (1934).

14 Alexiev (1930) 1–11.

15 Blagoev (1932) 103–110.

Mikhail N. Andreev, qui abordait la question dans plusieurs de ses recherches. Dans son manuel d'histoire du droit « féodal » (comme l'auteur, lui-même, l'a écrit) bulgare, il classait l'absence du Titre XII de l'Ecloga byzantine dans la traduction slave comme une méthode de réception qui écartait les éléments qui ne convenaient pas au développement rudimentaire des relations économiques et sociales en Bulgarie.[16] En général, il confirmait la réception du droit romain/byzantin par l'État bulgare médiéval et ne remettait pas sérieusement en doute son application réelle en faveur d'une domination complète de l'esprit national par le droit coutumier. Néanmoins, il insistait toujours aussi clairement que les auteurs sus-cités insistèrent sur la « bulgarisation » des textes juridiques venus de Constantinople. Ce processus est vu comme une adaptation des normes introduites aux exigences locales. En ce sens, il a donné son opinion sur l'emphytéose dans le cadre de la présentation de l'Ecloga. M. Andreev l'a considéré comme omise délibérément dans la traduction du texte du code byzantin en Bulgarie, en raison de l'incohérence des conditions locales due au développement insuffisant des relations économiques et juridiques dans le pays.[17]

Au cours des vingt dernières années Malina Novkirishka a publié une série de recherches sur l'emphytéose mais elles sont toujours centrées sur le droit romain.[18] La question de son existence en Bulgarie n'est qu'abordée sans dévier jamais de la thèse principale de l'historiographie juridique bulgare.[19] Quant aux autres collègues, eux aussi, tous restent fidèles aux idées déjà lancées par Mikhail Andreev et d'autres auteurs.[20]

À notre avis, il est évident que non seulement l'emphytéose, mais aussi d'autres types d'affaires économiques et d'échanges (comme, bien sûr, dans d'autres sphères juridiques) ne pouvaient pas trouver une application adéquate dans le milieu bulgare du Xe siècle avec son développement rudimentaire. Nous l'avons déjà démontré dans la brève revue du bail emphytéotique, proposée plus haut. Cependant, la question générale est complètement différente et change radicalement nos conclusions : on peut se demander s'il y avait, à Preslav ou ailleurs, suffisamment de juristes formés pour pouvoir évaluer et proposer une solution à cette situation et pouvoir formuler la futilité de l'existence d'un tel texte dans les lois appliquées en Bulgarie. La réponse est évidemment négative, une telle corporation de spécialistes en Droit n'existait pas en Bulgarie du Xe siècle et peut-être pendant toute la période médiévale. Alors comment s'est passé l'« abandon » du titre XII de l'Ecloga ? En fait, avait-il été abandonné ?

---

16 Andreev/Angelov (1968) 26–27, 161 note 6.

17 Andreev (1972) 55–62 ; Andreev (2013) 321–372 ; Andreev/Angelov (1968) 161 note 6.

18 Novkiriška-Stojanova (2000a) ; Novkiriška-Stojanova (2000b).

19 Novkiriška-Stojanova (2021) 344.

20 Petrova (2009) 31 ; Tokušev (2009) 51.

4 Le texte slavon de l'Ecloga et l'existence du titre XII dans la traduction

Pour répondre à cette question nous devons suivre l'histoire de l'étude et de la publication du texte de l'Ecloga et particulièrement de sa traduction slave.

L'original grec du texte était publié depuis longtemps, ce qui formait la base des recherches sur ce code byzantin. La première publication date encore du temps d'Ioannes Leunclavius/Hans Löwenklau (1541–1594) qui nous a laissé deux éditions des années 1575 (à Bâle)[21] et 1596 (à Francfort)[22]. L'édition suivante est très importante et fut préparée par Carl Edouard Zachariä von Lingenthal à Leipzig vers le milieu du XIXe siècle.[23] Cette dernière est suivie par quelques éditions qui la reprenaient comportant ou non la traduction du texte. Parmi elles, on pourrait mentionner la traduction bulgare de Nikola Blagoev[24] de 1932 ainsi que celle de 1929 par Constantin A. Spulber,[25] publiée à Czernowitz/Cernăuţi en Bucovine du Nord, alors en Roumanie, où à cette époque s'est formé un important centre des études sur l'histoire du droit. Le texte critique du code des empereurs iconoclastes est publié par le feu collègue allemand Ludwig Burgmann en 1983.[26] Sans doute, tout cela, témoigne du grand intérêt que la source et les publications avaient suscité, et plus particulièrement la publication de Ludwig Burgmann. Ceci a eu comme résultat des recherches et des conclusions adéquates et correctes.

Ce n'est pas exactement le cas avec la traduction slave de l'Ecloga. Il a été imprimé pour la première fois, mais non pas à des fins de recherche, à Moscou au milieu du XVIIe siècle dans le corpus juridique dit *Kormčaya*. Ce paléotype est l'œuvre du patriarche Nikon et il est apparu en 1653.[27] Pour une raison ou une autre,[28] les écritures légales y sont fournies avec des abréviations et des modifications. Ceci, bien sûr, influence ses interprétations et les recherches basées sur cette édition. Nous avons actuellement l'édition critique de Yaroslav Ščapov de 2011,[29] qui donne déjà un aperçu de la tradition

21 Leunclavius (1575).
22 Leunclavius (1596).
23 Zachariae von Lingenthal (1852).
24 Blagoev (1932).
25 Spulber (1929).
26 Burgmann (1983).
27 En effet, avant cette édition il y en avait une presque identique de l'an 1650, liée au nom du patriarche Joseph, mais elle n'avait pas de diffusion considérable.
28 L'omission de certains textes dans la Kormčaya imprimée pourrait être objet d'une recherche à part mais cela n'entre pas parmi nos thèmes dans l'étude actuelle. Nous nous limiterons seulement à noter que l'institution de l'emphytéose n'était pas inconnue dans les pays de l'Europe de l'Est ou du Sud-Est comme dans les principautés roumaines – v. Cotovanu (2020) 241–272.
29 Ščapov (2011) ; Burgmann/Ščapov (2011).

manuscrite de l'Ecloga slave et nous permet de répondre à certaines questions qui auparavant ne pouvaient pas être posées.

L'une de ces questions porte sur l'absence prétendue du titre XII sur l'emphytéose dans la traduction slave de l'Ecloga. C'est un exemple parfait où l'utilisation d'une source erronément publiée mène à de fausses conclusions. En effet, le titre XII, celle sur l'emphytéose, ne fut pas omis dans la traduction. Tout au contraire, il fut traduit et existait dans les textes manuscrits du code. On le trouve dans l'édition critique par Yaroslav N. Ščapov. Il couvre aussi bien le matériel de l'emphytéose héréditaire que la temporaire : **Зачатокъ҃гі. Имѣꙗ главы ҃г ҃а О насажeньихъ соущихъ вѡинноу и о възвращeньи винною насаднвшихъ.** (« Titre XIII couvre trois chapitres. 1) Sur les emphytéoses perpétuelles et temporaires »)[30] Yaroslav Ščapov présente la tradition manuscrite de la traduction du code byzantin en slavon non seulement dans son édition mais aussi dans un article, publié plusieurs années auparavant. Il confirme l'idée que le texte du titre sur l'emphytéose est omis dans la *Kr'mčaya* imprimée ainsi que dans le manuscrit qui servit de base pour la préparation du livre imprimé et pour les notes de rédaction lors des travaux préparatifs de l'impression du futur livre.[31] Le but du savant russe n'était pas de pousser le titre XII/XIII du code jusqu'au but, et il ne nous indique pas où il est présent, dans quels manuscrits. Dans ses notes de bas de page de l'édition il marque seulement que le titre n'est pas présent dans le livre imprimé ainsi que dans le manuscrit originel (celui sur lequel on préparait l'impression).[32] Si le cas s'avérait comme tel, le texte qui nous intéresse est bien présent dans la tradition manuscrite de l'Ecloga dite « complète ». Par contre, dans la « rédaction réduite ou abrégée » du texte, il n'est pas présent.[33] Selon l'éditeur, ce texte abrégé fut préparé en Rhôs, comme l'œuvre des lettrés slaves orientaux et n'a rien à voir avec les Slaves méridionaux.[34] La version abrégée fut préparée à partir du texte complet, qui est plus proche de l'original.[35] Cela confirme que l'omission du titre XII/XIII sur l'emphytéose n'est pas liée au travail de certains « traducteurs ou rédacteurs bulgares ». Nous pensons qu'il serait intéressant de juxtaposer les textes grec et slave et de suggérer certaines observations sur la traduction mais ceci ne fait pas partie des objectifs de cette recherche. Ce qui importe dans le contexte de notre article actuel, c'est le fait que le titre XII/XIII était traduit et au moins le terme-appellation de l'emphytéose existait en slavon et plus probablement encore dans la traduction primitive des Slaves du Sud.

La thèse de l'absence du titre XII de l'Ecloga et de la réglementation de l'emphytéose dans la traduction slave du code repose sur une ignorance du texte de la source

30 Ščapov (2011) 42. Le titre 13 est publié sur les pp. 42–43.

31 Ščapov (1993) 95, 96–97 ; Ščapov (2011) 127.

32 Ščapov (2011) 42 note 1.

33 Ščapov (1993) 100.

34 Ščapov (1993) 101–102.

35 Ščapov (1993) 97, 100.

et obéit à une interprétation intentionnellement préconçue. Si l'on devait chercher des excuses on pourrait les trouver partiellement dans la méthode de recherches, basée uniquement sur l'édition moscovite de 1653 alors que les textes manuscrits étaient accessibles. Néanmoins, il est à noter que l'emphytéose est présente aussi dans d'autres textes juridiques byzantins, traduits en slavon. Un exemple c'est le *Procheiron*, un texte légal byzantin, traduit en slavon comme **Законъ градьскïи** (*Zakon gradski* = *La loi urbaine*) où ce qui nous intéresse est présenté dans le titre XV « Sur l'emphytéose » (**Грань. єі҃. Ѿ насажденïи**).[36] Dans le cadre de notre étude actuelle, nous n'envisageons pas d'approfondir nos investigations sur l'emphytéose elle-même, ni sur son application en Bulgarie médiévale, mais surtout sur son interprétation dans l'historiographie juridique bulgare. Cependant, nous ne voulons pas omettre de signaler quelques traits qui pourraient nous suggérer des pistes dans cette direction. Dans les deux lois traduites – l'Ecloga et le *Procheiron* – l'interprète slave utilise un seul et même terme : « implantation » (**насажденïє**) qui s'avère un calque du terme grec « ἐμφύτευσις » ; les termes qui en dérivent suivent la même voie : **насаждньвъıи** (= « ἐμφυτευτής », « emphytéote ») et **насадити** (« ἐμφυτεύω », l'action d'implanter elle-même), **господьство** (« δεσποτεία », « dominium », la propriété de la terre, donnée sous emphytéose), **господинъ** (« δεσπότης », « dominus », le propriétaire de la terre).[37] Cette répétitivité de l'usage est significative et pourrait être à la base d'une continuation de la recherche actuelle. Ici nous ne nous permettrons que de suggérer une thèse que nous avons déjà proposée : à savoir que l'utilisation des termes traduits ou calqués témoigne en faveur d'une affiliation forte du système d'où proviennent les originaux, même plus solide que l'utilisation des mots adoptés et seulement translittérés. Bien sûr, c'est un sujet pour une recherche future mais au moins ces observations témoignent que l'emphytéose n'était pas inconnue des slaves orthodoxes des Balkans.

Comme nous l'avons vu, l'historiographie juridique bulgare ancienne touchait le problème de l'emphytéose sans lui accorder une grande importance. Plus tard, dans les recherches juridiques et historiques après la Seconde guerre mondiale, on a avancé la thèse que le titre respectif de l'Ecloga avait été omis de la traduction en raison de l'incohérence des conditions économiques bulgares et des exigences de l'échange, ainsi que de la culture juridique. Cette dernière thèse est très discutable, car pour qu'une telle révision du texte puisse être effectuée, il faudrait, comme on l'a déjà noté, disposer dans le pays de juristes bien formés, ou au moins de personnes maîtrisant la matière juridique. Sans aucun doute, il n'y en avait pas, et donc il n'y avait personne qui pouvait réviser la loi byzantine, adoptée en Bulgarie, et l'adapter aux conditions locales.

Cela abolissait en soi la thèse de l'adaptation du texte, car l'édition critique du texte du code des empereurs iconoclastes indique, comme nous l'avons déjà démontré, qu'en réalité le titre a été traduit. Il n'est pas présent dans la *Kr'mčaya* imprimée, ce qui a

---

36 Cibranska-Kostova (2021) 164–165, 249–250.
37 Ščapov (2011) 42–43, 127–128 ; Cibranska-Kostova (2021) 48, 79.

conduit au malentendu mentionné dans la recherche mais il existait dans la tradition manuscrite. En ce sens, les autres arguments contre la thèse en question s'avèrent superflus. Cependant, on peut se demander où, en dehors du manque d'information, il convient de chercher les raisons d'une telle confusion dans les interprétations. À notre avis, elles devraient être cherchées dans la situation culturelle et politique particulière des Balkans au XIXe et au début du XXe siècle. Les évènements liés à l'établissement de l'Exarchat bulgare en 1870 et au conflit avec le Patriarcat œcuménique conduisaient à des spécificités particulières dans la construction des vues des Bulgares sur l'héritage byzantin.

5 Conclusion

En conclusion, nous dirons que la construction de l'avis scientifique sur le titre XII/XIII de l'Ecloga et sa (non) traduction et (non) présence dans le code slave reposent sur deux groupes de facteurs : l'un est lié au niveau des connaissances basiques des sources et spécialement concernant la publication des textes juridiques médiévaux bulgares, l'autre est purement idéologique. Nous pensons qu'ils ont procédé de pair. D'une part, le niveau de connaissance des sources était faible en raison du manque de publication scientifique critique du texte. En utilisant uniquement (ou presque) le *Kormčaya* imprimé de 1653,[38] où le titre XII (ou quel que soit le numéro) sur l'emphytéose fut omis, les chercheurs ont été contraints de le considérer comme absent, comme ce fut le cas dans cette collection. Pourquoi il n'a pas été inclu, c'est une autre question. D'autre part, l'interprétation de cette absence repose entièrement sur l'idée d'un certain degré de différence entre le droit bulgare et son original byzantin. Cette idée n'existe pas uniquement dans la recherche sur le droit : on la retrouve aussi dans la compréhension globale du rôle de l'alphabet cyrillique et du slavon écrit, dans les études sur la littérature, sur les institutions, sur l'art et sur d'autres sujets. Nous pensons que ce point de vue devrait être dépassée par l'historiographie contemporaine. Néanmoins, il est toujours possible de voir ressurgir des revenants du passé.

38 Ščapov (2011) 9.

Bibliographie

Alexiev (1930): Vladislav Nikolov Aleksiev, „Византийското право в съзнанието на югоизточните славянски народи (Встъпителна лекция, четена от редовния доцент д-р Владислав Алексиев на 18.3.1929)" (Godišnik na Sofijskija universitet. Juridicheski fakultet 25), Sofia, 1–11.

Andreev/Angelov (1968): Michail N. Andreev et Dimitŭr Angelov, *История на българската феодална държава и право*, Sofia.

Andreev (1972): Michail N. Andreev, „Византийското право в балканските държави през Средновековието – заемки и отклонения", in: *Pravna Misŭl* 1, 55–63.

Andreev (2013): Michail N. Andreev, „Римското право и славянската Еклога (За някои отклонения на Славянската Еклога от Римското право)" и „Римското право в България", in: Michail N. Andreev (éd.), *Избрани трудове*, Sofia, 321–372.

Baijdri [Baudry] (1892): F. Baijdri [Baudry], „Emphyteusis", in: Charles Daremberg et Edmond Saglio (éds.), *Le Dictionnaire des antiquités grecques et romaines* (…) II/1. Paris, 605–609 https://dagr.univ-tlse2.fr/consulter/1332/EMPHYTEUSIS/texte (consulté le 11 juillet 2022).

Blagoev (1932): Nikola P. Blagoev, *Еклога* (Universitetska bibliotheka 122), Sofia.

Bobčev (1910): Stefan Savov Bobčev, *История на старобългарското право*, Sofia.

Bobčev (1926): Stefan Savov Bobčev, „Римско и византийско право в старовремска България (Правноисторически етюд)" (Godišnik na Sofijskija universitet. Juridicheski fakultet 21/3), Sofia, 1–122.

Bobčev (1934): Stefan Savov Bobčev, *Byzance et Bulgarie. La lutte du droit populaire bulgare contre l'influence byzantine (extrait de "La Bulgarie", novembre 1934)*, Sofia.

Burgmann (1983): Ludwig Burgmann (éd.), *Ecloga. Das Gesetzbuch Leons III. und Konstantinos' V.* (Forschungen zur byzantinischen Rechtsgeschichte 10), Frankfurt a. Main.

Burgmann/Ščapov (2011): Ludwig Burgmann et Yaroslav Nikolaevič Ščapov, *Die Slavische Ecloga* (Forschungen zur byzantinischen Rechtsgeschichte 23), Frankfurt a. Main.

Cibranska-Kostova (2021): Marijana Cibranska-Kostova, *Прохирон/Закон градски (Юридическото наследство на православното славянство)*, Sofia.

Cotovanu (2020): Lidia Cotovanu, „Le κτιτορικόν δικεῖον, les patriarches grecs et les limites du pouvoir absolu des princes valaques. Autour de la prétendue réforme monastique de Matei Basarab (1632–1654)", in: Ivan Biliarksy, Mihail Mitrea et Andrei Timotin (éds.), *Religious Rhetoric of Power in Byzantium and South-Eastern Europe* (Proceedings of the Session held at the 12th International Congress of South-East European Studies, Bucharest, 2–6 September 2019) (Bibliothèque de l'Institut d'Études Sud-Est Européennes 15), Brăila, 241–272.

Humbert (1877a): G. Humbert, „Ager publicus", in: Charles Daremberg et Edmond Saglio (éds.), *Le Dictionnaire des antiquités grecques et romaines* (…) I. Paris, 133–138. http://dagr.univ-tlse2.fr/consulter/139/AGER%20PUBLICUS/texte (consulté le 16 juin 2022).

Humbert (1877b): G. Humbert, „Ager vectilalis", in: Charles Daremberg et Edmond Saglio (éds.), *Le Dictionnaire des antiquités grecques et romaines* (…) I. Paris, 140. http://dagr.univ-tlse2.fr/consulter/141/AGER%20VECTIGALIS/texte (consulté le 16 juin 2022).

Konidares (1979): Ioannes M. Konidares, *Τὸ δίκαιον τῆς μοναστηριακῆς περιουσίας ἀπὸ τοῦ 9ου μεχρὶ καὶ τοῦ 12ου αἰῶνος*, Athènes.

Leunclavius (1575): Ioannes Leunclavius (éd.), *LX librorum Βασιλικῶν, id est universi iuris Romani, auctoritatem principum Romanorum Graecam in linguam traducti, Ecloga sive Synopsis, hactenus desiderata, nunc edita*, Basel.

Leunclavius (1596): Ioannes Leunclavius (éd.), *Iuris Graeco-Romani tam canonici quam civilistomi duo* […], Frankfurt a. Main.

Novkiriška-Stojanova (2000): Malina Novkiriška-Stojanova, „Правната регламентация на емфитевзата в Дигестите", in: *Pravna Misŭl* 3, 67–78.

Novkiriška-Stojanova (2000a) : Malina Novkiriška-Stojanova, *Дългосрочните поземлени отношения в Римското право*, Sofia.
Novkiriška-Stojanova (2000b) : Malina Novkiriška-Stojanova, *Правната регламентация на емфитевзата в римското право*, Sofia.
Novkiriška-Stojanova (2021) : Malina Novkiriška-Stojanova, „Emphyteuseos contractus", in : *Ius Romanum* 1, 341–372.
Papagianni (1992) : Eleutheria Papagianni, *Ἡ νομολογία τῶν ἐκκλησιαστικῶν δικαστιρίων τῆς βυζαντινῆς καὶ μεταβυζαντινῆς περιόδου σέ θέματα περιουσιαστικοῦ δικαίου*, Athènes.
Papagianni (2002) : Eleutheria Papagianni, "Legal Institutions and Practice in Matter of Ecclesiastical Property", in : Angeliki E. Laiou (éd.), *The Economic History of Byzantium : From the Seventh through the Fifteenth Century*, Washington, D. C., 1059–1069.
Petrova (2009) : Gŭlŭbina Petrova, *История на българската държава и право (681–1944)*, Sofia.
Ščapov (1993) : Yaroslav N. Ščapov, „Эклога законов в русской письменной традиции", in : *Vizantijski Vremmenik* 54, 93–104.
Ščapov (2011) : Yaroslav N. Ščapov, *Византийская „Эклога законов" в русской письменной традиции, Исследование, издание текстов и комментарии*, St.-Petersburg.
Spulber (1929) : Constantin A. Spulber, *L'Eclogue des Isauriens. Texte-Traduction-Histoire*, Cernautzi [Czernowitz].
Tokušev (2009) : Dimitŭr Tokušev, *История на българската средновековна държава и право*, Sofia.
Vuy (1838) : C. F.-Alphons Vuy, *De origine et natura iuris emphyteutici Romanorum*, Heidelberg.
Zachariae von Lingenthal (1852) : Carolus Eduardus Zachariae von Lingenthal, *Collection librorum iuris Graeco-Romani ineditorum: Epanagoge Basilii, Leonis et Alexandri*, Leipzig.

Konstantin Tanev

The Impact of the Byzantine *Ecloga* on the Slav Legal Monuments through the Prism of XIX Century Positivism in the Studies of Stefan Bobchev

The first official legal reform of the ancient Roman normative regime after the Justinian law

The law of the Isaurians had quite a different historical context than the Justinian Corpus. This first official legal reform of ancient Roman law evolves under the influence of multiple factors that provoked a profound ideological shift in the Eastern Empire. The text of the Eclogue itself show the Isaurians to carry out the government of the empire according to the principles corresponding with the biblical past, rather than being the main source of justice and legality itself. The emperor applied justice not merely as a repetition of Justinian's law, but making it more human.[1] The dynasty restored the authority of Byzantium after serious turbulence as Leo III and Konstantin V had succeeded in diminishing the severe military crisis of VII century – when the Empire had lost territories after its mighty clash with the Islamic Caliphate. Their rule overcomes the consequences of the civil war, the demographic problem, the confessional turbulence, the degrading of legal education etc. Besides, the East Empire already existed within a changed cultural and language environment, where the population outside Constantinople mostly had spoken Greek, unlike in the capital, where the emperor, the court, and the citizens were still using Latin. Thus, the difficulties in implementing the voluminous Latin legislation of Justinian, compounded by social instability, made the Byzantine emperors continue to apply a simpler and more effective Greek Civil law instrument for the legal practice. Some private legal collections had already been circulating in the East for practical use in canon law related for scholastic purposes and to Civil law (like Johannes Scholasticus, the *Συναγωγή κανόνων*, Theophilus, the *Paraphrases*, the *Summae* of Anonymous or of Cyrillos).[2] There was a special commission appointed to prepare the new instrument on the model of post-Justinianic legal scripts, compiling

1 Humphreys (2015) 16.

2 The forms of legal education were already quite different than in the Justinian plan and teaching was private and practice oriented. There were two groups that taught law. The first, so-called *antecessores* – stressing the legal text and its linguistic interpretation – and the second, *scholasticoi*, who emphasised the *Codex*, the *Novellae* and the actual versions of the Institutes, but paid most of their attention to

https://doi.org/10.1515/9783111331126-004

fragments of Justinian legislation and adding some new norms within a shorter corpus designed for practical use, systematising the most important civil regulations, without aiming to replace the sixth-century law books.

The date of issue of the *Ecloga's* main text is still debated; it was probably either ca. 736 or 741.[3] The *Ecloga* has a complex structure, as Leo III (717–741) in 741 initiated the main body and Constantin V (741–775) the appendixes.[4] The emperor stated in the text's prologue (the *prooimion*) an ideology different from the earlier enactments – i. e. from the sixth century – linking him and his deeds with the characters and events of the Old Testament and structuring the law according to the principles of Christianity, an echo of the period of Iconoclasm. Thus, the emperor could justify striving to reformulate some elements of the ancient heritage. The name of the text's main body, *Ecloga*, means "Selection" and its norms derive from Justinian law, though it was compiled following or reworking the model of the so-called *Antecessores*. Nonetheless, the compendium never substituted nor abrogated, but rather necessarily omitted many earlier norms and changed some elements of its precursor texts. In general, it stood close to the Justinian law (whether the *Digests*, the *Institutes*, the *Code*, and the *Novels*).

The text embraces the usual matters of private law (marriage, inheritance, property, contracts). In fact, the Isaurians reformed mostly matrimonial matters, limiting the grounds for divorce, along with placing an increased emphasis on criminal law. This law regulated the separate penalties for treason, murder, theft, sexual immorality (bigamy, incest, homosexuality). Bestiality, for instance, was an innovation, coming most probably from the Old Testament rather than the Roman law. The forms of corporal punishment prescribed again differ from Justinian norms. The *Ecloga* introduces specific corporal mutilation, like cutting off the nose and tongue, beheading the hand, blinding, cutting, burning hair etc, some of which substitute for capital punishment. Such practices resemble again the biblical tradition. Chapter XVII of the *Ecloga*, on penal law, is significant as an example of the changes made by Leo III. Nonetheless, some suggestions were made in the mid-twentieth century regarding the penal reform vis-à-vis the forgery of coins and seals, which could have happened already in the time of Heraclius (610–641).[5] It was found (Lopez) that during the late-seventh century and the beginning of the eighth in Islamic law there is a similar development. Some Islamic rulers and lawyers like this Byzantine tradition insisted on keeping the cutting off hands as punishment for forgery, while the jurists, *fukaha*, at Mecca still supported the practice of fustigation or prescribed no punishment at all. The criminalisation of such deeds was a recent development of the Caliphate that had begun after that of Omar I

the Greek *summae* of the Justinian texts, trying to identify normative dispositions therein. Cfr. Penna/ Meijering (2022) 84.

3 Burgmann (1983) 10–13.

4 Humphreys (2015).

5 Lopez (1942–1943) 445–461; Lipšic (1963) 13, no. 20.

(a contemporary of Heraclius). The mutilation punishment was not typical for classical Roman law either, except for the tribunal practice in later empire to implement cutting off hands as substitution for capital punishment. Thus, the Byzantine law itself was the first to implement this penalty for nearly all crimes. The Justinian law implies as a practise the hand-cutting, although in its norms the corporal mutilation holds no direct regulation about it. The mitigation of capital punishment during the seventh century could result from the influence of customary law. Overall, this is the first legal monument that links punishment to its purpose of being retribution for the harm caused.[6]

The Slavonic adepts of the *Ecloga*

The *Ecloga*, the first official legislative act after the Justinian code, held a considerable importance not only in the Empire but also in the countries of its cultural realm. There is a certain variation in the historiography about the form the *Ecloga*'s adepts: does it represent imitation,[7] or reception.[8] We know that the Arabic, Slavic, and Coptic law codes, and even the Greek heirs from the times of the Macedonian dynasty – the *Prochiron* and the *Eisagoge* – were designed to restate Isaurian law. Burgmann writes about its "meta-Byzantine survival" (Metabzyantinisches Fortleben) in Italy in the regions where the Eastern Empire kept its power, while "reception" was the definition he preferred to describe the foreign language versions (the Slavonic, Armenian and Arabic-Coptic). Another group of scholars define these acts as *Ecloga*-Derivates.[9]

The earliest monument related to these collections is the *Zakon Sudnyi Lyudem* (Law for Judging the People). It is known from the manuscripts[10] in three different redactions – the Short, the Long and the Consolidated. The oldest was the so-called Short Redaction. At the end of the thirteenth century (the date of the *Novogorod Kórmčaya*, the oldest known version of it, was 1280) it was already too archaic, and it had previously appeared in Russia before the Mongolian plunders of 1237. Eleven of its articles (11, 13, 14, 15, 17, 18, 20, 21, 23, 25, 30) are a direct translation of the *Ecloga*, though in article 13 there are substantial differences due to some adaptations of legislated forms of punishment to local conditions.

6 Recently, Igor Medvedev, cfr. Medvedev (2001) 142, comes back to this traditional view, referring to Troianos (1986) 106. However, Medvedev supposes that, according to the "legal thought" of the people, corporal mutilation stood for a lower risk to the potential trespasser. This point assumes the existence of a developed penal system in the tradition of the people, but only developed so that new penalties would be less terrifying to perpetrators.

7 Humphreys (2015) 128–129.

8 Burgmann (1983) 23–27.

9 Minale (2012) 563, who refers to Pieler (1978) 458–459.

10 For the history of manuscripts cfr. Tichomirov/Milov (1961).

The Slavonic translation of the whole monument exists within the *Kórmchaia Kniga* and the *Merílo Právednoye* (thirteenth-century compilations). The *Ecloga* influenced the fourteenth-century *Syntagma* of Mathew Blastares. Its heritage among the Slavs, together with the Farmers' Law, refers to other medieval law monuments like the Serbian Law of King Justinian. Besides, the *Russkaya Pravda* (Rus' Justice) corresponded to the Isaurian law in some of its articles – through the influence of the *Zakon Sudnyi Lyudem*.[11] The text itself had adapted the *Ecloga*'s original text according to the widespread tradition of medieval penitentials (mixing juridical and moral penal norms).

The accent of the *Zakon Sudnyi Lyudem* on penal dispositions appeared in the context of specific normative traditions attested either in the west or in the east already from the sixth century onwards as a form of innovation of the Roman legal tradition. It is about a specific group of normative collections, mostly of private origin, regulating religious and moral discipline through specific set of penitent norms. These regulations gave a measure of the approach of local priests towards members of their congregations and so the clerics had received the sinner, heard confession, and administered penance. The scholars are discussing the penetration of the so-called Penance Nomocanone of Ioannes the Faster (*Ιωάννης Νηστευτής*) into the Oriental Churches,[12] which had mitigated the severity of penitential law just as the later canon 102 of the Fifth/Sixth Council of Trullo (691/692). The idea of penance was to cure the sinner like the doctor cures disease. This was an ancient tradition going back to the practices of church fathers like Saint Basil, Saint Gregory of Nyssa, Saint John Chrysostom etc. Scholars have found some traces of the penance literature in the Slav world in the *Zakon Sudnyi Lyudem* and in the Orders of the Holy Fathers (*Zapovědi Svyatych Otec*).[13] Already at the beginning of the twentieth century scholarship mentions *Zapovědi*'s version in the *Ustyuzhkaya Kórmčaya* or in its later derivate, the *Joasafovskaya Kórmchaia*, as the earliest Paleoslavic translation of this nomocanone. However, there are several references to the Merseburg penitential (*Poenitentiale Merseburgense*) A (PM-a)[14] as a western source of influence on the *Zapovědi Svyatych Otec*. These normative models in the east and the west had been significant for the formation of the cultural environment of the *Zakon Sudnyi Lyudem*.[15]

11 Cfr. Lipšic (1963) 23.

12 The sources refer to this monument as the Kanonarion of John the Faster or the Penance Nomocanone. The date of its compilation is doubtful (546–630), and later there were supplements and corrections. It is still uncertain who the author was, whether the monk John or the Patriarch of Constantinople with same name, John the Faster, 582–595, who inherited the chair from the well-known contemporary of Justinian I, John the Scholastic – the one who compiled the Nomocanone in 50 Titles. The Kanonarion is a complex code of two parts and the source of a Slav monument with similar content. Cfr. Cibranska-Kostova (2011) 151–251; Minale (2012) 566, n. 13. Herman (1953) 71–127.

13 Tsibranska-Kostova (2004) 243–258; Cibranska-Kostova (2007a) 91–113; Cibranska-Kostova (2007) 3–26; Maksimovič (2008); Maksimovič (2006) 125–152; Maksimovič (2006a) 246–256.

14 Kottje *et al.* (1994).

15 The similarity of the *Zakon Sudnyi Liudem* and the *Zapovědi Svyatych Otec* not only cover a common

Stephan Bobchev and early studies on the influence of the *Ecloga* on the Slavonic normative literature in revived Bulgaria

The earliest local academic curricula list roman law, Byzantine law, canon law, and the History of Bulgarian (Slav) legal monuments already at the start of law education in the recently revived Bulgarian state after its liberation from the Ottoman Empire in 1878. Studies of legal history developed together with the commencing of academic education at Sofia University (named at the beginning the Bulgarian University Brothers Christo and Evlogi Georgievi from Karlovo) and later the Free University (formerly the Balkan Institute for Political Sciences). At that time research focused on the preparation of academic literature like manuals, sources' anthologies etc, where professors covered different disciplines and few of them had as their primary research and teaching interests the historical disciplines.

Stephan Bobchev dedicated much of his work to history of the old Bulgarian and Slav legal documents, to canon law and to legal anthropology. Thus, he founded in many ways the modern attitude toward legal history in the academic institutions in Bulgaria. Sofia University appointed him as a privatdozent in Canon Law, and he gave classes on the history of Bulgarian law as well, though his career was mostly related to founding and managing the Free University of Sofia.[16]

Here we discus two of his studies: *History of the Old Bulgarian Law*, published in 1910 and, earlier,[17] *The Old Bulgarian Legal Monuments*, published in 1903.[18] These works are remarkable for their consistency of method and the honesty of the systematic conclusions that Bobchev offers to his readers (and listeners, as these works initially had in-person university audiences).

---

cultural and normative context, but in the coincidence in some of the penances they regulate as well. This holds true for some specific regulations in the codes; for instance, the penance formula coming from PM-a about the fast "on bread and water". It has a Slav correlative in *Zapovědi* canon 13 and in the *Zakon Sudnyi Liudem* Short Redaction. According to Cibranska-Kostova (2011) 56–145 (esp. 84, 87, 89), this could prove a certain "integrity of the language model" that is valid for the later redactions of the Slav penances. Such a decisive argument could attribute the *Zakon Sudnyi Liudem* and the *Zapovědi Svyatych Otec* directly to circles around SS. Cyril and Methodius, who had prepared the texts for implementation in a mixed language environment with a strong Frank influence. Similar conclusions about the origin of the *Zakon*, linking the monument with the circle of Saint Methodius, have been made by Desislava Najdenova, Ivan Biliarsky, Marijana Cibranska-Kostova, *cfr.* Najdenova (2007) 76–93; Biliarsky/Tsibranska-Kostova (2013/4) 41–63; Cibranska-Kostova (2013).

16 Părvanov (2019) 207–244.

17 Bobčev (1910) 191.

18 Bobčev (1903).

History of the Old Bulgarian Law (Lectures and Studies) – method of legal research and education

This book follows the typical pandect scheme, offering texts together with a general overview of the sources of law (Krum's legislation, the *Responsae Papae Nicolai primae*, the Old Bulgarian *Kórmčaya*, the *Zakon Sudnyi Lyudem*, Chrysobulls, Treaties, Chronicles, Vitae, Letters, Records, Inscriptions). The study applies a positivistic approach to the discussion of the sources, considering the law according to some abstract system of institutions valid for any kind of society, since it follows the emergence and development of the state, the territory, the population, the clergy, and the power of the state before tackling judiciary, criminal law, and civil law (laws of persons, of family, of inheritance, of things and of contracts). So, the influence of the German Historical School, and particularly of Savigny and Puchta, concerning the role of Völkerrecht is clear already in the structure of the proposed material, whether the sources or their corresponding commentaries. However, further details of its methodology are still necessary to recount.

In his preliminary notes, Bobchev proposes a broad philosophical frame of the scientific theory for his studies of legal history, using the principle of description as a criterion for the critical evaluation of the historical material. Bobchev links conclusions about the existence of general legal institutions to certain empirical knowledge, the result of the descriptive analysis. Thus, the legal norm reflects "positive reality" – a positivist view, ascending to Bacon, Leibniz, etc – and the basis of legal research is the comparative method. While he criticizes the Hegelians[19] for searching for "the legal genius of mankind" as a common objective-idealistic premise of history, he still stays close to Freeman and his comparative approach.[20] Bobchev links his own understanding of law as an empirical fact to the legal anthropology and positivism of Kovalevsky, Sergeevich, Korkunov, Ziber, Leontovich, Thaine, Compte, Muromtsev, Ihering, Windscheid.[21] His theoretical knowledge came from Russian literary sources or from Russian translations of western literature, especially the legal anthropology represented by works like *Cooperative-Communal Character of the Political Life of Ancient Russia* (Leontovich). This understanding of the law as an empirical phenomenon, germinating from the social experience of the people, is the theoretical argument by which Bobchev justifies the Greek *Ecloga*'s implementation and adaptation by Slav communities. The

19 Bobčev (1910) 14.

20 Freeman (1872); Bobchev has quoted the work according to the translation of Korkunov, cfr. Freeman (1880).

21 Kovalevskij (1878) 3–23; Sergeevič (1871); Sergeevič (1879) 27–46; Sergeevič (1882) 159–194; Ziber (1884) 3–73; 17, 11 (1884) 385–411; Leontovič (1874) 225 (1874) 174, 120 and 194, http://www.runivers.ru/lib/book7643 (seen 17.11.2023); Thaine (1864); Compte (1869); Muromcev (1878); Ihering (1883); Windscheid (1884).

roots of this Russian current in Bobchev's work collects the fruits of the German Historical School, and we often find quotations from Ihering or Windscheid. The connection of Russian civil law with German legal scholarship in the nineteenth century was a result of intentional policy that adopted the method of Savigny or Ihering into Russian academic institutions and legal research.[22]

Savigny pointed out that the rejection of the plain positive nature of the law means rejecting any documentary evidence of its origin. Thus, any legal relationship appears by chance or by human will from earlier norms and creates the so-called "common law" (Allgemeines Recht), which has entered the minds of people through language and thus constitutes the positive law (positives Recht) or the "people's law" (Volksrecht).[23] Bobchev is not far from such understanding, and for him to deny racial and tribal kinship as a possible reason for the homogeneity of the legal institutions of different people means imagining a way of gaining law from our common human ancestry apart from conscious adoption – that is, random adoption. Bobchev cannot accept that the development of law is not a systematic but a fortuitous process. Its origins depend on the inheritance of culture through language. Bobchev follows Freeman in explaining the similarities in laws with reference to borrowings between cultures (direct or reciprocal) – combining the results of comparative philology, mythology, and the study of sociological and anthropological kinship within history. Despite his criticism of the Hegelian theory, he does not leave significantly from one of its manifestations – the theory of an ethnic or racial carrier of the law. Bobchev emphasizes the racial source of legal institutions – they come from our human ancestors. The correct characterization of the phenomenon of law cannot be articulated via simple comparison, but should reference a common historical root, supported by "ethnological, comparative, philosophical, logical (legal-linguistic), mythological and archaeological methods." This was the direction of linguistic research in the late-nineteenth and early-twentieth centuries, when Saussure,[24] e. g., criticized comparative grammar for being in fact historical grammar. Obviously, this understanding comes close to the roots of the Historical School. Bobchev often quotes Savigny's disciples, the brothers Wilhelm and Jacob Grimm, and especially the words of Jacob: "unsere Sprache ist auch unsere Geschichte".[25] Another scholar, the Swiss Pictet,[26] also quoted by Bobchev, attempted to restore the traditions and language of the proto nation of the Aryans. In fact, it was Pictet who was the first teacher of Saussure, who emphasized the line of continuity of method in historical comparison.

22 The pupil of Savigny, Nikita Krylov, was a Professor of Muromtsev, who gave lectures to Bobchev on Roman law, cfr. Rudokvas (2003) 12.

23 Savigny (1840) 13–18.

24 Saussure (1971) 16.

25 Grimm (1851) 275.

26 Pictet (1859). Bobchev wrongfully wrote that he was French.

The Old Bulgarian Legal Monuments

In this book Bobchev proposed to his students a source study of Old Bulgarian law – the necessary minimum – the short and the comprehensive revision of the *Zakon Sudnyi Lyudem* (according to the text in the Rumyantsev Museum and on the Printed *Kórmčaya*), the *Ecloga* (in the Printed *Kórmčaia*), and the seven known Chrysobulls of the Bulgarian kings. He stresses Old Bulgarian law's Greek origin (the Roman-Byzantine basis), and some of the relevant normative texts have been translated into Old Bulgarian (that is, the Paleoslavic used in the territories where the proto-bulgars founded their state together with the Slav peoples). His discussion tackles canonical and secular monuments, tracing the normative tradition back to fourth- and fifth-century synods, the *Oroi*, of Ankara and Neo-Caesarea, the Canonical Synopsis of Stephen of Ephesus, the Nomocanone of John the Scholastic (556–578) in 50 titles, and the Anonymous Nomocanone of the Fourteenth Titles, supplemented at the time by Patriarch Photius in 888. He notes that the Old Bulgarian monuments' design did not focus especially on the Bulgarian kingdom, but on the Slavic world in general. Thus, for him "Old Bulgarian" was a language-oriented concept, rather than state or national symbol. It pointed to the tongue of the Slavs living around the city of Thessaloniki (the base of the holy brothers Cyril and Methodius). Nonetheless, Bobchev believed in the Bulgarian origin of the *Zakon Sudnyi Lyudem*. For him, the Isaurian *Ecloga* was a suitable model for Slavic ecclesiastical and secular law, and the people preferred it over the later and more comprehensive Macedonian legislation, because Slav customs of law imbued the *Ecloga*. Bobchev recognised in it the positive basis of Medieval law in the region, a method that aligned with then-popular legal anthropology, wherefore he referred to the method of Henry Maine for reconstructing antiquity on the basis of anthropology.[27]

No doubt the Slav documents (whether the Nomocanone or the *Zakon Sudnyi Lyudem*) differ from the Greek original (the *Ecloga*). According to Bobchev, this was again the result of the Slav background in which Greek norms had functioned. To support this argument, Bobchev refers to the Russian scientist Uspensky.[28] Thus, for him, the Slav normative custom has its origin in the Roman Byzantine context of the Isaurian law. According to Bobchev, arguments from legal anthropology should answer the questions related to the gaps in historical memory, allowing us to reconstruct the pre-modern realities.

27 Henry Sumner Maine influenced these views, whose works Bobchev used in Russian translations. *Cfr.* Maine (1861), translation Belozarskaja (1873); Maine (1886) Ammon/Derjužinskij (translation); Kovalevskij (editor) Maine (1871), translation Kutejnikov.

28 Uspenskij (1886) 700–713.

The Customary Law

Henry Maine[29] has identified custom *a priori* as a notion preceding judicial codification and has underlined that systems of justice must affirm it or punish its breach. So, for him, this was the historical order of appearance of these phenomena. He referred to Homeric terminology to prove this finding, where in his view the embryo for "custom" was sometimes "*themis*" – more often "*dikē*" – which fluctuated in meaning between "judgement" and "custom" or "usage", whereas "*nomos*" – the famous term of later Greek society for "law" – did not occur so early. Although Bobchev never entered into such profound discussions about the historical sources of "law" per se, he by instinct stuck to the idea that local custom will have determined the deviations in the forms of punishments that are codified in the very *Ecloga* and its Slavonic derivates. Moreover, according to Maine, the collective entities were the material carrier of the social and legal constructions of the Indo-Europeans, including the Slavs. Particularly important for Ancient Roman society was the family and the power (*potestas*) of the *pater familias*. Contemplating this, Bobchev transfers Maine's conclusions about ancient law onto the soil of what he calls the "Slav Race", insisting on the role of custom in the development of Isaurian legislation.

Such findings, based on the priority of his study method, are not without historical merit for scholarship at the end of the nineteenth century and the beginning of the twentieth, when the problem of the "rural community" in the Eastern Roman Empire was quite popular in the historiography, which often referred to the populous Slavic rural communities either in the Balkans (Macedonia) or in the Minor Asia. Studies since then have focused more on the gradual change of the rural economy from communities of small landowners to those of bigger plots of land belonging to large landowners overseeing a serfdom form of production. Zachariä von Lingenthal[30] has already discussed the problem of rural communities. Later, a series of Russian researchers like Vasily Vasilievsky and Fyodor Uspensky returned to the topic of the structure of the rural population in Byzantium and especially in the Balkans. They differentiate between independent (*ἔποικοι*) and the dependent (*πάροικοι*). Uspensky has agreed with Vasilievsky that the landed aristocracy had tried to suppress free peasants (mostly of Slav origin). However, he has maintained that the Slav rural community still existed at the end of the Byzantine Empire, when the tendency was to enlarge the scope of dependant villagers. The studies of Timofiej Fłorinsky[31] on the relations of South Slavs and the Byzantine Empire from 1882 onward and on the legislation of the Serbian king Stefan Dušan (including the Serbian Code, Chrysobulls and the Compilations of Byzantine laws) from 1888 onward are remarkable as well. Fłorinsky has also tackled the prob-

29 Maine (1861) 861.
30 Zachariä von Lingenthal (1877) 234.
31 Fłorinsky (1888) 413.

lems of Dušan's Code and the transformation of Slav communities from groups of small free land-owners into large, landed properties employing a serfdom model. The Slav colonisation of the Eastern Empire became even more attractive to Russian and other East-European scholars from Soviet times like Yelena Lipschitz,[32] who emphasised the trend of feudalisation among Slav colonies and saw in the farmers' law a product of legal customs of the Slavs on the grounds of a multi-layer structure in one its versions preserved in a manuscript in the State History Museum in Moscow, No. 318/467.

It seems that studies from the late-nineteenth to mid-twentieth century, especially those coming from or related to the Russian Byzantinist school, have dedicated much effort to decoding the development of Slav communities (sometimes called colonies), presuming their domination in the Balkans. On this basis it was easy to deduce some role for their legal traditions in the formation of the Byzantine legal monuments. Thus, any diversion of the original Greek monument could derive from forms of local Slav practice. The findings of Bobchev adhere to the same trend.

However, in current studies scholars usually see no sufficient evidence to prove that such influence was indeed decisive for the formation of the Byzantine legal monuments and their Slavonic versions, especially the most early ones like the *Zakon Sudnyi Lyudem*, the *Zapovědi Svyatych Otec*, or the Slav Nomocanone. The investigation of Jacques Lefort,[33] for instance, points out the old idea (sustained by Ostrogorsky) about the constant decline of the Eastern Empire, understanding rural life as its dramatic representation in line with "feudalism" – the submission of the free peasants to the landlords, increased exploitation and respective decline. Scholars from the 1950s, according to Lefort,[34] already adopt a less pessimistic view, sustaining different understandings about the demographic evolution of the Empire, the condition of peasant holdings, and the definition of peasant social status. In fact, there are no sufficient data about the genesis of Byzantine villages,[35] population and the agricultural yields on fourth- through sixth-century except for some north Syrian settlements. Similar establishments occur in Bithynia and Macedonia earlier than southern Italy. More archive information comes for Macedonia and Athos from the tenth century onwards. Period which was significant with its demographic rise. Despite the general perception of a lack of population mobility, it has been a relatively common and constant phenomenon. In this connection, the tax administration turned back those who tried to avoid paying their debts by leaving the territories until they had paid them. The sources confirm the existence of *paroikoi*, though this term has no univocal meaning regarding the general

32 Lipšic (1947) 154–155; Lipšic (1945) 135; Každan (1949) 215–244.
33 Lefort (1993) 101–113. He refers to George Ostrogorsky concerning the theory that rural life is representative for the development of feudalism and the decline of the Eastern Empire after the eleventh century, *v.* Ostrogorskij (1948) 203–306; Ostrogorskij (1954); Ostrogorskij (1956); Ostrogorskij (1962) 139–166.
34 For the opposition to the so-called Ostrogorskian current Lefort (1993) 101–113 quotes Lemerle (1958) 33–74, 254–284; Lemerle (1979); Každan (1952) 215–244.
35 Lefort (1993) 101–113.

subjection of the peasant class, according to which the "feudalist" perspective would explain things. From the tenth century onwards, the state increased the attribution of the tax revenue of certain villages to civil servants or beneficiaries, and even while eleventh-century sources start to call the actual taxpayers *paroikoi*, they still owned their lands.[36]

This remarkable development in the research shows that there is not a necessary link between the Slav rural communities, the supposed existence of solid customary law in their groups and the content of Byzantine legislation. However, the studies of Bobchev exemplify the "positivist" approach to history, structuring the society around universal, and the natural laws of its development, which he has followed. In fact, the variations of Slav legal documents vis-à-vis their common Greek ancestors could be due to earlier models or practical tools for everyday law, which were popular after the production of the great Justinian code, rather than a reflection of local rural custom.

Acknowledgments

The author would like to thank Carson Bay and Isabel Grimm-Stadelmann for their help with careful reading, comments, and editorial suggestions.

Bibliography

Ammon *et al.* (1884): Aleksandr G. Ammon, Vladimir F. Derjužinskij (translation from English), and Maksím M. Kovalévskij (eds.), *Г.-С. Мэн* [G.-S. Mėn/H. S. Maine], *Древний закон и обычай: исслед. по истории древнего права*, Moscow.

Belozerskaja (1873): Nadežda A. Belozerskaja (Перевод с 4-го английского издания), Г. С. Мэн [G. S. Mėn/H. S. Maine], *Древнее право, его связь с древней историей общества и его отношение к новейшим идеям*, St.-Petersburg.

Biliarsky/Tsibranska-Kostova (2013/4): Ivan Biliarsky and Mariyana Tsibranska-Kostova, "Legatum iuridicum Sancti Methodii et les Balkans", in: *Études Balkaniques. Cahiers Pierre Belon* 19/20, 41–63.

Bobčev (1903): Stephan Bobčev, *Старобългарските правни паметници*, Sofia.

Bobčev (1910): Stefan Bobčev, *Историята на старобългарското право (лекции и изследвания)*, Sofia. http://194.141.32.15/DWWebClient/(X(1)S(twh0gxnmsimayv45ngxmiwqd))/ViewerWindow.ashx?WebpartKey=Viewer_Viewer_4483&v=1229 (seen 06.11.2023), the last pages, 554–569, are typewritten.

Burgmann (1983): Ludwig Burgmann (ed.), *Ecloga, Das Gesetzbuch Leons III und Konstantinos V.* (Forschungen zur byzantinischen Rechtsgeschichte 10), Frankfurt a. Main.

Cibranska-Kostova (2007): Mariyana P. Cibranska-Kostova, "Заповеди на светите отци" в южнославянската кирилска традиция", in: *Palaeobulgarica* 31/4, 3–26.

36 Lefort (1993) refers to Oikonomides (1991) 321–337, esp. 332–333.

Cibranska-Kostova (2007a): Mariyana P. Cibranska-Kostova, "Заповеди на светите отци" в Синайския евхологий и западноевропейските пенитенциали", in: *Starobulgarska Literatura* 37/38, 91–113.

Cibranska-Kostova (2011): Mariyana P. Cibranska-Kostova, *Покайната книжнина на Българското средновековие IX-XIII век. Езиково-текстологични и културни аспекти*, Sofia.

Cibranska-Kostova (2013): Mariyana P. Cibranska-Kostova, "Законодателната дейност на св. Методий и неговият номоканон: 1130 години по-късно", in: *Dzialo* 1, https://abcdar.com/magazine_I.php (seen 06.11.2023).

Compte (1869): Auguste Compte, *Cours de philosophie positive 1 et 2*, Paris.

Fłorinskij (1888): Timofej Dmitrievič Fłorinskij, *Памятники законодательной деятельности Душана, царя сербов и греков*, Kiev.

Freeman (1873): Edward Augustus Freeman, *Comparative Politics. Six Lectures Read Before the Royal Institution in January and February 1873, with the Unity of History* (The Rede Lecture Read Before the University of Cambridge, May 29, 1872), London.

Grimm (1851): Jacob Grimm, *Über den Ursprung der Sprache*, Berlin.

Herman (1953): Emil Herman, "Il più antico penitenziale greco", in: *Orientalia Christiana Periodica* 19, 71–127.

Humphreys (2015): Michael T. G. Humphreys, Law, Power, and Imperial Ideology in the Iconoclast Era century c. 680–850, Oxford.

Ihering (1883): Rudolf v. Ihering, *Geist des römischen Rechts auf den verschiedenen Stufen seiner Entwicklung*, Leipzig.

Každan (1949): Aleksandr P. Každan, "Византийское сельское поселение", in: *Vizantijski Vremmenik* 2/27, 215–244.

Každan (1952): Aleksandr P. Každan, *Аграрные отношения в Византии XIII–XV вв.*, Moscow.

Korkunov (1879): Nikolaj M. Korkunov, *Наука права и естествознание (Вступительная лекция в курсе энциклопедии права, читанная в Петербургском университете 30 ноября 1878 года)*, St.-Petersburg.

Korkunov (1879a): Nikolaj M. Korkunov, "Наука права и естествознание", in: *Zurnal grazdanskogo i ugolovnogo prava*, 9/2 (March–April), 27–47.

Korkunov (1880): Nikolaj M. Korkunov (пер. с англ.), *Э. Фриман* [E. Freeman]. *Сравнительная политика (шесть лекций, читанных в Королевском институте в январе и феврале 1873 года) и Единство истории (лекция, читанная в Кембриджском университете 29 мая 1873 года)*, St.-Petersburg.

Korkunov (1882): Nikolaj M. Korkunov, "О научном изучении права", in: *Žurnal graždanskogo i ugolnogo prava* 19/5 (May), 159–194.

Kottje *et al.* (1994): Raymund Kottje, Ludger Körntgen, and Ulrike Spengler-Reffgen (eds.), *Paenitentialia minora Franciae et Italiae saeculi VIII–IX* (Corpus Christianorum Series Latina 156), Turnhout.

Kovalevskij (1878): Maksim M. Kovalevskij, *О методологических пріемах при изученіи раннего періода в исторіи учрежденій (Вступ. лекция к курсу сравнительной истории права)*, Moscow.

Kutejnikov (1874): Nikolaj S. Kutejnikov (пер. с англ., ред.), *Г. С. Мэн* [G.-S. Mėn/H.-S. Maine], *Деревенские общины на востоке и западе (шесть лекций: с прил. статьи Джона Стюарта Милля)*, Moscow.

Lefort (1993): Jacques Lefort, "Rural Economy and Social Relations in the Countryside", in: *Dumbarton Oaks Papers* 47, 101–113.

Lemerle (1958): Paul Lemerle, "Esquisse pour une histoire agraire de Byzance: Les sources et les problèmes", in: *Revue Historique* 219, 33–74; 254–284.

Lemerle (1958a): Paul Lemerle, «Esquisse pour une histoire agraire de Byzance: Les sources et les problèmes», in: *Revue Historique* 220, 43–94.

Lemerle (1979): Paul Lemerle, *The Agrarian History of Byzantium, from the Origins to the Twelfth Century*, Galway.

Leontovič (1874): Fëdor I. Leontovič, "О методе научных исследований и о главнейших направлениях в науке истории русского права (Задружно-общиный характер политического быта древней России)", in: *Žurnal Ministerstva narodnogo prosveščenija* 173, 225; 174, 120 and 194. http://www.runivers.ru/lib/book7643 (seen 17.11.2023).

Leontovič (1874): Fëdor I. Leontovič, *История русского право*, Warsaw.

Lipšic (1945): Elena È. Lipšic, “Византийское крестьянство и славянская колонизация”, in: *Vizantijskij sbornik* 135, 96–143.

Lipšic (1947): Elena È. Lipšic, “Славянская община и её роль в формировании византийского феодализма”, in: *Vizantijskij vremennik* 1, 154–155.

Lipšic (1963): Elena È. Lipšic (вступительная статья, перевод, комментарий), *Эклога, византийский законодательной свод VIII века. Памятники средневековой истории народов Центральной и Восточной Европы*, Moscow.

Lopez (1942/3): Roberto Sabatino Lopez, “Byzantine Law in the Seventh Century and Its Reception by The Germans and the Arabs”, in: *Byzantion* 16/2, 445–461.

Maine (1861): Henry S. Maine, *Ancient Law. Its Connection with the Early History of Society, and its Relation to Modern Ideas*, London.

Maine (1871): Henry S. Maine, *Village – Communities in the East and West (Six Lectures Delivered at Oxford)*, London.

Maine (1886): Henry S. Maine, *Dissertations on Early Law and Custom 1822–1888*, London.

Maksimovič (2006): Kiril A. Maksimovič, “Техника ранних славянских переводов с латыни (на материале пенитенциала ‘Заповеди святых отец’)”, in: *Byzantinoslavica* 64, 125–152.

Maksimovič (2006a): Kiril A. Maksimovič, “К изучению региональных архаизмов старославянского языка: союз толи”, in: *Russkij jazyk v naučnom osveŝenii* 1/11, 246–256.

Maksimovič (2008): Kiril A. Maksimovič, *Заповэди свѧтыхъ отьць. Латинский пенитенциал VIII века в церковнославянском переводе*, Moscow.

Medvedev (2001): Igor' P. Medvedev, *Правовая культура Византийской империи. Византийская библиотека*, St.-Petersburg.

Minale (2012): Valerio Massimo Minale, “L'Ekloge isaurica e il mondo slavo: riflessioni sulla continuità in Russia”, in: *Studia et documenta historiae et iuris* 78, 563–576.

Muromcev (1878): Sergej A. Muromcev, *Очерки общей теории гражданского права*. Moscow.

Najdenova (2007): Desislava T. Najdenova, “Cyrillo-Methodian Juridical Heritage in Mediaeval Bulgaria”, in: *Poznávanie kultúrneho dedičstva sv. Cyrila a Metoda* (Monografia príspekov z medzinárodnej konferencii Nitra, 3 júl 2007), Nitra, 76–93.

Oikonomides (1991): Nicolas A. Oikonomidès, “Terres du fisc et revenu de la terre aux Xe–XIe siècles”, in: Vassiliki Kravari, Jacques Lefort and Cécile Morrisson (eds.), *Hommes et richesses dans l'Empire byzantin, vol. 2: VIIIe–XVe siècle* (Réalités byzantines 3), Paris, 321–337.

Ostrogorskij (1948): Georgij A. Ostrogorskij “Византийские писцовые кнги”, in: *Byzantinoslavica* 9, 203–306.

Ostrogorskij (1954): Georgij A. Ostrogorskij, *Pour l'histoire de la féodalité byzantine*, Brussels.

Ostrogorskij (1956): Georgij A. Ostrogorskij, *Quelques problèmes d'histoire de la paysannerie byzantine*, Brussels.

Ostrogorskij (1962): Georgij A. Ostrogorskij, «La commune rurale byzantine: Loi agraire – Traité fiscal – Cadastre de Thèbes», in: *Byzantion* 32, 139–166.

Pŭrvanov (2019): Petŭr Pŭrvanov, *Славянин в родината си, българин в чужбина. Биография на Стефан Бобчев*, Sofia.

Penna/Meijering (2022): Daphne Penna and Roos Meijering, *A Sourcebook on Byzantine Law Illustrating Byzantine Law through the Sources* (Medieval Law and Its Practice 34), Leiden/Boston.

Pictet (1859): Adolphe Pictet, *Les origines indo-européennes, ou, les Aryas primitifs: essai de paléontologie linguistique*, Paris.

Pieler (1978): Peter E. Pieler, “Byzantinische Rechtsliteratur”, in: Herbert Hunger (ed.), *Die hochsprachliche profane Literatur der Byzantiner* 2 (Byzantinisches Handbuch. Handbuch der Altertumswissenschaft V/2), Munich, 343–480.

Rudokvas (2003): Anton R. Rudokvas, *Сергей Андреевич Муромцев и его книга “Гражданское право, Древнего Рима”, предисловие, Муромцев, С. А. Гражданское право, Древнего Рима, Москва. 1886*, Moscow.

Saussure (1971): Ferdinand de Saussure, *Cours de linguistique générale*, Paris.

Savigny (1840): Friedrich Carl v. Savigny, *System des heutigen römischen Rechts* I, Berlin. http://www.deutschestextarchiv.de/book/view/savigny_system01_1840?p=70 (seen 06.11.2023).

Sergeevič (1871): Vasilij I. Sergeevič, *Задача и метода государственных наук*, Moscow.

Thaine (1864): Hippolyte Thaine, *Le positivisme anglais. Étude sur Stuart Mill*, Bristol.

Tichomirov/Milóv (1961): Leonid V. Milov (press preparation), Michail N. Tichomirov (ed.), *Закон соудный людем – краткой редакции*, Moscow.

Troianos (1986): Spyros Troianos, “Bemerkungen zum Strafrecht der Ecloga”, in: Vasilis Kremmydas, Chrysa Maltezou, and Nikolaos M. Panagiotakis (eds.), *Αφιέρωμα στον Νίκο Σβορώνο I*, Rethymno.

Tsibranska-Kostova (2004): Mariyana P. Tsibranska-Kostova, “Le premier pénitentiel vieux slave ‘Zapovedi svetich otec’ en tant que modèle de texte”, in: *Scripta and @Scripta* 2, 243–258.

Uspenskij (1886): Fjodor I. Uspenskij, “Древнейший памятник славянского право”, in: *Juridičeskij věstnik* 4, 700–713.

Windscheid (1884): Bernhard Windscheid, *Die Aufgaben der Rechtswissenschaft, Leipziger Rektoratsrede*. Printed in: Paul Oertmann (ed.), *B. Windscheid. Gesammelte Reden und Abhandlungen*, Leipzig 2014, 106.

Zachariä v. Lingenthal (1877): Karl Eduard Zachariä v. Lingenthal, *Geschichte des griechisch-römischen Rechts*. 2. verb. erw. Aufl., Berlin.

Ziber (1884): N. G. Ziber, “Сравнительное изучение первобытного права”, in: *Juridičeskij věstnik* 16 (5/6 May/June), 3–73.

Mariyana Tsibranska-Kostova

Prochiron-Zakon gradskiy: Roman and Byzantine Legacy in the 13th Century Slavonic Juridical Translations

General statement

The reception of the Byzantine “Πρόχειρος νόμος”[1] ranks among the most remarkable legal translations of the Slavic Middle Ages, having relevance to a wide geographical and chronological range of Greek-Slavic literary interactions, to the adoption of Byzantine political theory in Orthodox Slavic states, to the creation of a newly Christian identity, and to the construction of new social concepts. Starting from the center of the Byzantine empire, this compendium of secular law spread to various points of the Empire’s periphery: in the original Greek and in translation to the Slavia Orthodoxa area and to the Copts and the Arabic-speaking world (Pahlitzsch [2007]). Nowadays, the Greek manuscript tradition extends to more than 50 codices (Medvedev [2001] 25–29; Chitwood [2017] 179–182). To better understand the historical context of the Slavic translation’s appearance, let us begin by recalling a few, at first glance antinomic, features of the Byzantine original relevant to this development.

The Byzantine *Prochiron* represented a vivid reflection of imperial power, but its adaptations were provincial.[2] It was used as an official reflection of imperial policy, but also served the practical function of a guide, a textbook for the judiciary, and hence for juridical training, by covering the requirements for a full and comprehensive legal education in Byzantium. It is considered a manifestation of so-called “legal classicism”, the “Macedonian renaissance”, and “a large-scale government initiative in the field of law” (Medvedev [2001]186), and is credited with the prestige of the imperial legislative

1 Hereafter *Prochiron*. The question of dating remains controversial in Byzantine studies, being disputed mainly between two hypotheses: the traditional, dating is between 870 and 879, in the time of the co-rule of the Emperor Basil I the Macedonian and his sons Constantine (died 879), but also possible is the time Leo, the future Emperor Leo VI the Wise (died 912). The legal compendium was almost contemporaneous with *Isagog (Epanagog)*, also issued on behalf of the founder of the Macedonian dynasty, Basil I, around 879/885–886, with the participation of Patriarch Photius, and preceding the *Basilicas*, the most important work of the emperor legislator, which was continued and completed by his son Leo the Wise – Schminck (1986) 55–107; Schminck (2015) 275–290; Van Bochove (1996) 33–34; Chitwood (2017) 32–39.

2 Regarding the proliferation of legal compilations such as the *Ecloga ad Procheiron mutata* (9th–10th century) see Freshfield (1928) 8; Lipšic (1965) 25; Burgmann (1983) 59–80; Rognoni (2021) 760–796. An analogy can be made with the spread of adaptations of the *Ecloga* in the periphery of the Empire and territories outside it, such as southern Italy, Sicily under Norman rule, Calabria.

https://doi.org/10.1515/9783111331126-005

program that restored and applied the ancient laws of Corpus Juris Civilis (Medvedev [2001]186).[3] Later, however, especially by the time the Slavic translation appeared, the situation had changed. A scholia in *Hexabiblos* by Constantine Harmenopoulos reveals that, in January 1395, the whole city of Constantinople had to be searched extensively for copies of the *Prochiron* or for even a single copy of any larger collection. The *Basilicas,* and even the *Synopsis major,* were not mentioned at all (Troianos [2017] 307). Some attempts to renew the legislative tradition were made in the 13th century under the first Palaeologus when, following the reign of the Latins in Constantinople (1205–1261), the law and the judicial system were among the active factors vital to restoring the integrity and foundations of Byzantium.[4]

The *Prochiron* in the South Slavic environment

The Slavic translation of the *Prochiron* is distinguished by several significant historical and textual features. Some questions regarding its origin and localization still need to be studied in depth. In the Slavic environment, the *Prochiron* shares main typological feature with a number of other important translated Byzantine texts of secular law in that it gave rise to an independent translation tradition and an independent textual history. Similar developments can be observed in regard to the Slavic reception of the *Ecloga* and the *Farmer's Law*. However, some other compendia of Byzantine secular law, such as the *Sea Law,* the *Isagog,* and the *Basilicas,* were never translated into Slavonic. The most important particularities of the *Prochiron*'s textual reception can be summarized as follows:

1. The Byzantine compendium became first known to Slavia Orthodoxa as early as the 10th century, in the form of excerpts within the translated *Slavonic nomocanon of 14 titles without commentaries*. Given the source evidence, there is no reason to claim that a full body of the text existed before the 13th century either in the Slavic South or in the Russian tradition, as M. Korogodina (2017) has demonstrated in her remarkable study on *Kormchaia Kniga* (the *Pilot's Book*). The *Efrem Pilot's Book*, dating from the beginning of the 12th century, parchment manuscript № 227 in the Synodal Collection at the State Historical Museum in Moscow (Beneševič [1906]), is the earliest preserved example of this type of Slavonic nomocanon. The prevalent scholarly tradition considers it a Russian copy based on an Old Bulgarian translation dating from the reign of Tsar Symeon the

3 The key expression in the Preface to *Prochiron*, namely ἀνακάθαρσις τῶν παλαιῶν νόμων, is understood to mean the purification of the good old laws from the corruption of the Isaurian iconoclast emperors (Schminck [1986] 61).

4 For a summary of the scholarly literature on Byzantine law between 1204 and 1453, see Pieler (1978) 473–480; Troianos (2017) 306–309; Fögen (1982) 215–280.

Great (893–927) and the Preslav literary school, probably in the 910s–920s. The *Efrem Pilot's Book* attests to the inclusion of only three chapters from the *Prochiron*: chapter VII, on forbidden marriages, and parts of XXIV and XXVIII, concerning the property of ecclesiastics and the ordination of bishops and priests. The interest implied by the inclusion of precisely these chapters of the *Prochiron* during the First Bulgarian Kingdom was not a purposeful choice on the part of the Slavic compilers, but rather was based on the Greek protograph used for the translation. The Repertorium of Greek law books provides scholars with a valuable indication that the mentioned excerpts from the *Prochiron* had been attached as an appendix to some Greek manuscripts (Repertorium [2010] 190, 199). Since they were inscribed with tables of contents for each respective chapter, they did not even contain the name of the legal codex and did not distinguish it as an independent text unit. The full translation of the Iconoclast emperors' *Ecloga* (726 or 741) was probably made during the reign of Tsar Symeon (Ščapov [2011]; Burgmann/Ščapov [2011]). This choice of text for translation has not been accounted for in a satisfactory way, and there is a wide range of possible explanations for it. Firstly, in spite of being an authoritative law book, the *Ecloga* was discarded and prohibited in Byzantium mostly because of the eikonomache controversy connected with political reforms and the establishment of iconodulism, as opposed to iconoclasm, at the so-called post-Justinian apogee, 850–1050 (Chitwood [2012] 18). However, it is not to be supposed that prohibitions of that kind were applied in the peripheral areas of the Empire and outside it. Secondly, from a philological viewpoint, with its declared intention to provide the basic framework of law (πλάτος τῶν νόμων) and its adherence to the value standard of Justinian legislation, the *Prochiron* was considerably more complex in terms of legal topics and language, and thereby exceeded the specific proselytizing needs of the newly Christianized Slavic society. Thirdly, and as a consequence of this, the shorter and concise *Ecloga* proved easier to apply. According to M. Benemanskij, the great influence of the *Ecloga* was the main reason for the weaker relevance of the *Prochiron* in the 9th–10th century (Benemanskij [1906] 56). A few other facts can be used to support this hypothesis. The first 9th-century juridical compilation among Slavs – the *Law for Judging the People,* based upon the 17th title of the *Ecloga* – provides convincing evidence of the great influence of this Byzantine law source in a Slavic environment (Vašica [1971] 178–198). The Preamble to the *Ecloga* was disseminated separately in some Slavic legal compilations, while the Preamble to the *Prochiron* was never translated (Schminck [2015]). The ideological expositions in the Preamble to the *Ecloga* became a basic and definitive expression of the political program for legitimization of the ruler's power: God awards power to the Emperor, who needs the law to fulfil his obligations (Najdenova [2014]; Angelini [2015]). An additional consideration is the similarity between the *Prochiron* and the *Ecloga* with regard to certain thematic areas and their positions in the text, especially matters of matrimonial law, criminal law, and the distribution of spoils of war. As A. Schminck has emphasized, by its socio-economic significance, the *Ecloga* was not addressed to the jurist, but to the individual subject of the Empire (Schminck [2005] 310).

2. The Slavonic translation of the complete *Prochiron*, in 40 chapters, appeared across the wide range of four centuries in the South Slavonic *Kormchaia* (*Book of the Pilot*) *with Commentaries* (also called the Nomocanon with commentaries), where it occupies the 55th of 64 chapters (Petrović [1991; 2002]). This legal work was a new phenomenon in translated legal literature among the Slavs. According to the widespread opinion in Slavic studies, it originated around 1219–1220 in connection with the establishment of an independent Serbian archbishopric and with the active participation of Saint Sava of Serbia (c. 1175–1236; Archbishop starting from 1219). Serbian historiography asserts that St. Sava was the compiler and translator and qualifies the translation of the *Pilot's Book* as a crowning achievement in the life of the patron saint of the Serbian Orthodox Church. The final approval of the Book was given at the Council in Žiča at the same time as the autocephaly of the Serbian archbishopric was proclaimed. In comparison with the previous Slavonic nomocanons, the textual features of the new legal code include a detailed interpretation of the heritage of canon law, a large corpus of anti-Latin and anti-heretical writings, and a greater number of secular law texts. The *Prochiron* falls within this context. The relevant literature shows that no other Greek manuscript to date is known to have exactly the same composition as the *St. Sava Nomocanon;* scholars therefore assumed it was an original Slavonic compilation. A serious reassessment of this view was provoked by a late 13th/early 14th-century Greek codex discovered by Ludwig Burgmann in the Vatican Library, BAV, *Vat. Gr. 1167*, which is very close in terms of composition and sequence of texts to the *Nomocanon of Saint Sava* (Burgmann [1995]). The contents of *Cod. Vat. Gr. 1167* correspond to articles 1–49, 53, 54, 57, 58, and 60 of the Slavonic collection. This partly supports Burgmann's view as to the existence of a well-defined Byzantine prototype. Substantiated for numerous textual units, as has been shown, this view nevertheless finds no confirmation with regard to the *Prochiron*, which is missing in the mentioned Greek source. Thus, from what the secular legal code was borrowed remains an open question. The question is relevant to the scholarly discussion concerning whether there existed a previous Russian translation of the *Prochiron.* The hypothesis that Russian monks had translated legal texts at Mount Athos prior to the activity of St. Sava has supporters like Sergej Troicki and Vladimir Mošin. In his study on the Slavic *Pilot's Book*, Ivan Žužek also recalls the unproven data that, as early as 1142, Russian monks from the monastery of Xilurgu at Mount Athos managed to translate the *Nomocanon with commentaries* (Žužek [1964] 33–35). Furthermore, the localization of the new translation was not specified before its official announcement at the Council of Žiča. An Athonite origin seems probable, which would be consistent with St. Sava's long stay in the monasteries of Panteleimon, Hilandar and Vatopedi and his communication with monks of different ethnicities (Athanasiadis [2017]). Preliminary observations on the interactions between the *Prochiron* and other parts of the South Slavic *Pilot's Book* strongly confirm their close connection (Cibranska-Kostova [2021]). It is likely that translators specializing in legal matters were entrusted with translating the *Prochiron*, and the result of their teamwork was based on the outstanding early achievements of Slavic legal literature. Continuity with the Roman-Byzantine legal her-

itage and flexible adaptation to the realities of the 13th century served social, political and literary purposes, enhanced the prestige of the Christian ruler, and united the Orthodox Slavs.

No Bulgarian copy of the Nomocanon of Saint Sava has been preserved. A letter from the Russian despot Jacob Svetoslav (?–1275) to Cyril III, Metropolitan of Kiev (ca. 1242–1282), provides indirect evidence, however, that in the mid-13th century the Patriarchate of Tarnovo had a copy of the Saint Sava Nomocanon. The Russian despot wrote to the Metropolitan that he had sent him "a Zonaras". There is also an earlier marginal note written by the scribe John Dragoslav, who had completed copying the Nomocanon on January 7, 1262, during the reign of the Bulgarian tsar Constantine Tikh Asen (1257–1277) (Christova *et al.* [2003] 29–30 edition, 92–93 translation). Both the letter and the marginal note can be found in some of the Russian copies of the Kormchaia. The earliest of these is the so-called Ryazan copy, dating from 1284.[5]

The association of the Nomocanon of Saint Sava with the Patriarchate of Tarnovo, and the fact that almost all early Serbian copies were connected with hierarchs of the Serbian Church or representatives of the Nemanjič dynasty, show that the work might have served as a "true constitution" for medieval Bulgaria and Serbia. The Nomocanon of Saint Sava attests to the ideological and religious self-determination of these countries in that dynamic and turbulent age, and to support for the strong Eastern Orthodox tradition that existed during the time of Latin rule over Constantinople. The Slavonic translation of the *Prochiron*'s full text was also related to these trends.

3. The Byzantine *Procheiros nomos* was given a specific Slavic title, first attested in the earliest extant copy of St. Sava's Nomocanon. A key source is the so-called Ilovitsa copy, a parchment double-columned codex of 398 leaves, originating from the Monastery of St. Michael the Archangel in Ilovitsa, on the coast of the Bay of Kotor, the center of the diocese of Zeta. The manuscript dates to exactly 1262 (6770) according to the marginal note left by "the hand of the much-sinful" copyist Bogdan, which also testifies to the name of the guarantor, Neophyte, Metropolitan of Zeta. Since its discovery, the manuscript has been kept in Zagreb (Ms. Slav. III-c-9, in the Library of the Yugoslav Academy of Sciences, renamed after the political changes as the Archive of the Croatian Academy of Sciences). The incipit of the 55th chapter is "Various chapters of the *City Law* in 40 titles, including the 28th, on the Ordination of Bishops and Priests": **н҃є. ЗАКОНА ГРАДЬСКАГО. главы разлнчны. в҆ четырехь десетехь гранехь. ѿ нихже два десете ѡсмаıа. ѿ поставленнı еп҃пь н презвутерь ıесть** (f. 267v). The main idea of the exhaustive composition can be found at the end: "Here the 40 titles of the Law of the City end with God's help": **Коньчаше се сь бм҃ь граны градьскаго закона. чнсломь четыре десете·:·** (f. 327v). Subordinating the particular to the general, the Slavonic translator

5 Manuscript F. n.II.1., 1284, from the Russian National Library in Saint-Petersburg, digitalized at http://nlr.ru/manuscripts/RA1527/elektronnyiy-katalog?ab=533F481D-676A-4220-B45E (seen 29.04.2022).

has introduced the terms грань (title) and глава (chapter, i. e. the internal numbering of each title). The term *glava* has no Greek equivalent, as in the Greek copies of the *Prochiron* the paragraphs were preferably marked by numerals. This indicates that the Slavic translators had found a working solution for the task of achieving a concise and comprehensive structure.

The expression *City Law* does not correspond to Πρόχειρος νόμος. As the title of a work always has informative value, it can be assumed that the codex was labelled in this way in order to emphasize that it was part of the official laws of the Byzantine government related to the capital, containing the urban characteristics of power and of imperial rule. Many expressions in the Slavic *Prochiron* testify to the relationship between the concepts of *law-ruler-city*. In the glosses there are mentions of Constantinople and the Great Church of the city-kingdom; some linguistic formulas emphasize the official nature of legal norms: "therefore, our serenity with a merciful and pitiful eye" refers to the emperor himself. The notion of secular, or urban, civil laws was associated with the concept of citizenship and with the basic dichotomy of Law and Canon, which, among its many differentiating characteristics, has a philosophical meaning: the state unites the citizens, while the Church unites the faithful. In this way, the *Prochiron* fulfilled its main function of strengthening Orthodoxy and eradicating heresies, including the Latin ones. An important feature of the Slavonic title is the emphasis on the 28th title, which regulates the ordination of bishops and priests. At the beginning of the thirteenth century, this content covered the needs of law enforcement related to church dioceses. It is well known that the *Prochiron* comprises relatively few cases dealing with the church and clergy. Such are the 15th title, on the emphyteusis; the 24th, on the wills of the clergy; and the 28th, mentioned above, on the ordination of bishops and priests. This title therefore is related to the tasks that faced the Serbian Church, which, having acquired autocephaly, had to constitute its dioceses. Prior to the Council of Žiča, the three main dioceses, Raška, Prizren and Lipljan, had been subjected to the authority of the Archbishopric of Ohrid. With the acquisition of autocephaly, Serbian jurisdiction was extended to Hum and Zeta, which had previously been under authority of Rome. The creation of new dioceses was coupled with an effort to eradicate the strong trend toward Hellenization, as well as heresies. The new Nomocanon with commentaries thus became the indispensable episcopal book that every ecclesiastical diocese had to possess. The afterword to the Ilovitza copy notes that, if bishops and priests do not know the Nomocanon, they do not know themselves. The Balkans during this period became a crossroads of interaction between Western and Eastern Christianity (Stanković [2013]). The facts are well known: Sava crowned his brother Stefan I Nemanja as king of Serbia; Stefan later received the royal title personally from Pope Honorius II and married the granddaughter of the Doge of Venice, Enrico Dandolo. Scholars interpret these actions as diplomatic decisions on the part of Stefan rather than representing a retreat from Orthodoxy. In this connection, Ivan Dujčev wrote: "... St. Sava is the one who contributed most to the penetration of the strong influence of Byzantine civilization in medieval Serbia; his entire activity bears the traces of the Byzantine influence" (Dujčev [1998]

115). The Orthodox character of the new type of *Pilot's Book* is attested to by certain liturgical features. Reproduced in the adjacent chapter 54th of the Ilovitsa copy is an archaic Byzantine – or more precisely, Constantinopolitan – *Taxis of the proscomidia*, dating from before the 12th century and showing possible Palestinian-Sinaitic influence; it is based on the work of the Constantinopolitan patriarch Germanos I († 733), with interpolations. The text on pp. 266b–267b of the Ilovitsa copy has been published and commented on by N. Glibetić (2014).

4. The *Prochiron* long enjoyed strong interest after its appearance in the Slavic world. Archaeographical data from the area of Slavia Balcanica indicate a preference for the full 40-title text in the translation of the South Slavonic Pilot's Book with commentaries. It is spread in all branches of the so-called first group, which rises directly to the Ilovitsa copy. This group consists of 11 South Slavic copies described by Alexander Solovjev ([1932] 28–29; see also Beljakova *et al.* [2017] 42). Particularly noteworthy is the parchment copy from Sarajevo, dating from the middle of the 14th century, around or before 1371 (Dučić [1895] 250–414; Ščapov [1978] 262; Troicki [1955] 41–42; Žužek [1964] 31).[6] The copies from the second group testify to additions but preserve a close connection with the South Slavic archetype: for example, the *Raška copy* of 1305 (Ščapov [1978] 261–262); the *Dečani copy* from the last quarter of the 13th or early 14th century; and some later ones, such as those in the Moračka *Pilot's Book* of 1614–1615, lost to scholars, but of which separate parts were printed by Nikola Dučič as early as 1877, including the *Prohiron* (reprinted in the collected works of Dučić [1895]). Comprehensive graphic information about these copies can be found in the above-cited works by Ivan Žužek, Jaroslav N. Ščapov, and Sergej Troicki. According to the most recent Russian study of the *Pilot's Book*, the *Prochiron* remains characteristic of the Russian redactions, functioning both as a complete unit and as separate titles derived from the whole. The fate of the *Prochiron* in Russia represents a specific topic of study requiring separate research. Maria Korogodina suggests the text of the *Prochiron* in Russia was edited based on a southern protograph no later than 1270 (Korogodina [2017] 223).

The *Prochiron* upheld the line of secular imperial legislation in Byzantium. Along with its main dissemination in the Slavonic *Pilot's Book*, it is rare for the complete *Prochiron* to be included in other types of mixed legal collections. There is an interesting example in the South Slavic tradition: miscellany *HM. SMS 466*, a collection of legal and dogmatic-polemical works consisting of 358 folia written in semi-uncial script and with mixed Raška-Resava orthography (Matejić/Thomas [1991] 556). On the official site of the Hilandar Research Library at the Ohio State University we find the most comprehensive

6 Issued in phototype by the Museum of the Old Serbian Orthodox Church in Sarajevo in 2013, where it is preserved under № 222 (for this, see Beljakova/Turilov [2015]). Issued in typesetting reproduction and Serbian translation by the brotherhood of the Dobrunska rjeka monastery (Zakonopravilo [2019]).

description of the text units to date, which thus give a fuller picture of the manuscript.[7] The manuscript's special value resides in the fact that no other written evidence of the combined presence of the *Farmer's Law* and the *Prochiron* in one and the same manuscript has so far been recorded in the South Slavic tradition of legal literature. The *Prochiron* was entirely reproduced from St. Sava's Nomocanon. Further contemporary descriptions justify the claim that this combination was intentional. Indeed, after the *Farmer's Law*, placed first (1r–5v), the following textual units were included: the Heading of St. Sava's Nomocanon; the Exposition about the Seven Ecumenical Councils; Interpretations of the Lord's Prayer; the Symbol of the Faith; and the Prologue or Preface to the rules of the Holy Orthodox Church in 14 titles with commentaries (6r–42r). Immediately following is the *Prochiron*, in its full text of 40 titles (42v–147v), along with chapter 55 of Saint Sava's Nomocanon. Then follows the tomos of patriarch Sisinnios II on forbidden marriages up to the seventh degree. It was promulgated on February 21, 997 [39, 66]. The date is indicated in the table of contents of the Slavic text: **ѿ беззаконныⷯ браⷱѣ....въ, к҃а. феврꙋарїа мц҃а. въ лѣ҃ ѕфе** (6505–5508, 147r–156v). The next unit is the disposition of the same council concerning marriage with the daughter of a second cousin (156v–157v). Following from there in the manuscript are dogmatic, anti-heretical (especially anti-Catholic, anti-Jewish and anti-Monothelite) texts, parts of older florilegia, sermons and various speeches of the Holy Fathers. The strong anti-heretical line in Hil. 466 may be considered a continuation of the dogmatic controversy and the hesychast struggle against heresies at Mount Athos in the 14th century, when the Massalians, together with their new branches, were identified as extremely dangerous because, seemingly for the sake of constant prayer and in opposition to true hesychia, they renounced manual labor and cultivation of the land [45, 189]. Hence, the anti-heretical line in Hil. 466 goes hand in hand with socially significant issues of an economic nature, as well as with legal matters related to the family, inheritance and criminal law. Such a combination reflects strong interest in the legal heritage and the internal connection between two monuments of secular jurisdiction. At the dramatic time when the Balkans were being threatened by the Ottomans, this translation was the monastic brotherhood's spiritual response, contextualized to achieve the consolidation of Orthodoxy through the legacy of fundament texts. Legal texts were also used for this purpose. Areas of strong Athonian influence emerged around Kratovo, Kosovo, Morava, the lands north of Skopje, the monasteries of Resava and Ravanitsa, and the dioceses of the Ohrid Archbishopric, which defended Slavic-Byzantine interactions and the influence of Byzantine culture. While in the 10th–11th century, in the earliest Greek manuscripts, the *Farmer's Law* was combined with the Byzantine *Sea Law* (Νόμος Ναυτικός) and *Military Law* (Νόμος στρατιωτικός), integration with the *Prochiron* was

7 Incipitaria of Hilandar Miscellanies. Hilandar Research Library. The Ohio State University. University Libraries [Electronic resources]: https://library.osu.edu/hrl/incipitaria (seen 21.01.2022). The text of and a study on the copy of the *Farmer's Law* appear in Blagojević (2007).

attested from the 11th–12th century onwards and became more frequent in the 13th–14th century (Repertorium [1995] 24–25). Some well-known 15th-century manuscripts reflect the Greek legacy in the Athonian monasteries Vatopedi and Iviron; in addition to the *Farmer's Law* and the *Prochiron*, they comprise the *Syntagma of Matthew Blastares*, parts of the *Ecloga*, legal glosses, and excerpts from the *Hexabiblos* of Constantine Harmenopoulos (Repertorium [1995] 10–11, 25). The frequent joining of legal secular texts in the Greek tradition gave impetus to the compilations of translated juridical works among the South Slavs.

The inclusion of excerpts from the *Prochiron* was another form of dissemination of translated Byzantine work among the South Slavs in the Late Middle Ages. A vivid example of this are the so-called "Knigi Zakonnye" (*Law Books*). In scholarly literature, this designation refers to the compilation of Byzantine secular legislation in four parts: 1. The *Farmer's Law*; 2. The 39th title of the *Prochiron*, on punishments; 3. The 11th title of the *Prochiron*, on prohibited marriages; 4. The 27th title of the *Prochiron*, on witnesses; 5. The excerpts in the 14th title of the *Ecloga*. All of these where united into an integrated whole through a revised and abridged version of the Foreword to the *Ecloga*. The compilation "Knigi Zakonnye" was disseminated in manuscript copies starting from the 15th century; all the copies derive from a common archetype – whether it was of Southern Slavic or Russian origin is a topic of scholarly debate.

The second case, relatively recently confirmed, is that parts of the *Prochiron* were included also in the most popular collection of rules and laws among the Balkan Slavs, in Walachia, and in territories of southeastern Europe; the collection in question is known as the *Nomocanon of Pseudo-Zonaras*, the *Nomocanon of Cotelerius*, or even the Penitential nomocanon of Slavia Orthodoxa. The large number of its numerous Bulgarian, Serbian, Moldavian, Wallachian, East Slavic and Ruthenian copies, appearing across a wide span of time (from the 14th to the 17th century), demonstrates the popularity of Pseudo-Zonaras' *Nomocanon* (Žeňuch *et al.* [2018]). The Slavonic text was based on a translation of the anonymous collection of *epitimia* known among Byzantine scholars as the *Nomocanon Cotelerii* (Cotelier [1677]), after its publisher, the Provençal classicist and theologian Jean-Baptiste Cotelier (1629–86). The new legal collection in Slavonic contains excerpts from the *Prochiron* on prohibited marriages (title 7) and some additional cases related to criminal and inheritance law. The new translation appears to be independent of the complete *Prochiron* in the framework of the Slavonic *Pilot's Book*. The copies from the fourteenth century onwards reveal a shift of interest to penal provisions, while provisions on forbidden marriages recur persistently in the Slavic written tradition from the beginning until the Ottoman period, when marriages and distant kinship ties helped strengthen the Christian identity of the Slavic population.

5. The *Prochiron* marked a new stage in Slavic legal terminology. The Byzantine *Procheiros nomos* was the fruit of the Macedonian dynasty's value orientation towards the restoration of the classical legal culture of the time of Justinian I the Great (527–565) and his Corpus iuris civilis. This refers to Roman and Byzantine law terminology. From

antiquity to the present day, this terminology has been a benchmark of high legal erudition, and every literate jurist and translator was expected to master it. The Slavonic translators of the *Prochiron* faced the difficult task of translating it adequately. From the linguistic point of view, various relations arise between the original and translated terms, mainly divided into three processes, which are comprehensively recorded with examples: dropping; preservation of the foreign word in its original form; and translation with an appropriate Slavic word. Generally speaking, the words of foreign origin do not predominate in accordance with the ideological program of the Ilovitsa copy, clarified in the paratext preceding the note of the main scribe. The copyist Bogdan has provided valuable information on the purpose of the new translation of the Nomocanon. In his afterword, we come across a remarkable metaphor: "The Book of the Nomocanon has hitherto been obscured by the clouds of the Hellenic language, and it is the new translation with interpretations in *our Slavonic language* that is called upon to give clarity, to enlighten the mind, and to deliver from sins" (f. 396r). The translation of the *Prochiron* testifies to the high intellectualization and terminological development of Old Slavonic's literary vocabulary and the continuity of the stages of development of the legal culture. We shall limit ourselves to just a few examples.

Codicillus > κωδίκελλος, кодикелло (29:1) remains an untranslated term in Roman and Byzantine law.

Emphyteusis > ἐμφυτεύσις, насаждение forms a stable derivational group насадивъıи, насадити, ἐμφυτευτής, ἐμφυτεύω (title 15). The Greek term emphyteusis, ἐμφυτεύσις, interpreted as a long-term lease, right of possession and use of property or land in exchange for the obligation to cultivate it and pay rent, was consistently translated in this way in the Slavonic *Ecloga*. It is one of the few matching terms in the terminological apparatus of the *Ecloga* (Ščapov [2011] 43, 128) and the *Prochiron*, while the differences between these two documents are substantial.

Fideicommissum > φιδικόμισσα. The Roman institute of inheritance law denotes a form of generosity – the giving of an inheritance on the occasion of death, whereby a private person benefits and a private succession arises. The term was omitted from its context in the Slavonic translation of the *Prochiron* title, 21, paragraph 12, which stipulates how a testator must make a will in order to benefit a private person of his choice by leaving *legacies, fidei commissa and freedom* (emancipation of slaves): λεγάτα ἤ φιδικόμισσα ἤ ἐλευθερίας (Procheiros Nomos [1962] 169; Freshfield [1928] 109), in Slavonic only дары людьскыѥ или свобожение.

Lex Falcidia > φαλκίδιον, раздѣлиение (32.1). The Slavonic translation offers a very successful semantic solution to the corresponding term in Roman law. It is worth noting that in the Slavonic *Ecloga*, where the legal share of the children was calculated on the basis of net assets minus estate debts and other expenses, the relevant term does not exist (Burgmann [1983] 92–197; Freshfield [1928] 127).

Peculium > τό πεκούλιον, особное имѣние. In this case, the Roman legal term is replaced by a collocation with a technical meaning. It denotes the property of a legal dependent under a power or trustee, whereby the trustee manages and uses the property without possessing ownership rights. In other parts of the Slavonic translation, the adjective особьнъ "private, personal, own", is used to translate ἴδιος and can be applied independently.

Among the rich semantic group related to legal functionaries, the following Slavic equivalents should be listed. The officials responsible for the preparation of private legal acts, such as the *tabellarius, notarius*, have been given the well-established Slavic designations граматнкъ, пнсьць, памѧтопнсьць (a calque from χαρτουλαρίος); the first two often refer to any literate person, not necessarily connected to the legal field. The common Slavonic name for the profession of judge, сѫднн – δικαστής, predominated and even replaced the Latin term *praetor* > πραίτορας, designating a person in charge of civil matters in the city court system. Common categories in judicial proceedings were the съглагольникъ, συνήγορος "advocate in court proceedings, pleading for the defendant" (26.16), and the съпьрьннкъ, ἀντίδικος "opponent in litigation" (28.3 et al.; in 26.14 for ὁ ἐνάγων "accuser, prosecutor").

Прнставьннкъ, ἐπίτροπος, occurs in two principal meanings: "a minor's guardian who manages the minor's property" (1:3, 1:4, 2:2, 4:16, 13:8, 31:4 etc.); and in the colloquation на цр҇евѣхь прнставннцѣхь, ἐπὶ τοῦ προκουράτορος τοῦ βασιλέως (13. 2), from the Latin *procurator,* i. e., "manager of the imperial revenues in the province". The same Slavonic word was used to translate a Greek and a Latin term that had separate legal meanings.

Some interesting synonymous substitutions are attested around administrative titles, which can be interpreted as problematic as regards the actual existence of different institutional positions and the need to exercise their respective functions. For example, more often than not across 16 cases, приставьникъ stands opposite to ἐπίτροπος, and there is no case in which the original Greek term is retained. The frequency of the term прнставьннкъ is evidenced by the use of that word ten times in the heading of the 36th chapter. Прнставьннкъ, however, could also be translated as "curator" (2:2, 2:4, 2:6); in 31:4 we find the translation прнставьннкъ for κηδεμών, "guardian, protector, and patron". The specific synonymy created by the Slavic translator regarding прнставьннкъ and its relation to the Greek terms which it replaces, such as ἐπίτροπος, κουράτωρ, προκουράτωρ, is evident in 14:8, where all three replacements occur: Прнставьннкь не можеть ѿ снротнꙗго нмѣнꙗ коупнтн что. то же н ѡ п҇дбныхь прнставннцѣхь н ѡ прьвыхь прнставннцѣхь // ὁ ἐπίτροπος οὐ δύναται ὀρφανικὸν πρᾶγμα ἀγοράσαι. τὸ αὐτὸ καὶ ἐπὶ τῶν ὁμωοίων, κουράτορος καὶ προκουράτορος (Procheiros Nomos [1962] 153, i. e. only прнставьннкъ is used for three different terms in the original Greek). Together with the choices made by the Slavic translators based on their linguistic knowledge and cultural skills, the complex relationship between the Greek original and the Slavic translation illustrates not only the linguistic challenges the translators faced, but also how an authoritative text of Byzantine imperial law assumed new ideological functions in a Slavic environment. The main function was to highlight the ability of the Slavic language to serve political, identity-related and cultural needs even by replacing or simplifying the terminological and stylistic richness of the original.

Conclusion

All the forms of the Byzantine compendium's presence in a South Slavic environment prove that, starting from its earliest appearance, its main characteristics carried ideological rather than actual legal functions and included the affirmation and support of the Orthodox faith in the era of the Latin Empire in Constantinople. There is no evidence that the compendium was used for professional training; thus, its function of *procheiros* (a handy guide) in Byzantium shifted to a completely different historical, social and cultural context. However, it must be admitted that the Slavonic translation of the *City Law* embodied the development of terminological resources of the Old Slavonic language and, indirectly through the prism of Slavonic literary traditions, contributed to the conceptualization of so-called *romanitas*, the mastery of the Roman legal heritage. In Slavia Orthodoxa, the ideological and power-legitimizing functions of literary translations were crucial and predominant factors of the assimilation of Byzantine legal texts. This means that translations developed legal-political concepts and revealed the history of institutions. This aspect of the reception of medieval legal texts is widely recognized and demonstrated in many studies (Laiou/Simon [1994]).

The revival of the Roman-Byzantine secular legal heritage in the Balkans during the glorious reign of Stefan Dušan (1331–1355) created conditions for the *Prochiron* to be translated as a new Slavic monument of Byzantine legislative thought. The most important, largest and richest in content legal compilation made during the Slavic Middle Ages was the *Syntagma canonum* by Matthew Blastares, dating from 1335. This most indisputably Palaeologan monument, widespread among the South Slavs, was composed during the reign of Andronicus III Palaeologus (Alexandrov [2012]). Mathew Blastares was familiar with the primary sources and referred to the *Prochiron* in his Alphabetic Syntagma, consisting of 24 sections designated by the letters of the Greek alphabet. Like the Nomocanon of Saint Sava, most copies of Matthew Blastares' Syntagma were connected with large ecclesiastical administrative centers. After the late 16th century, these two canonical compendia almost disappeared from the South Slavic manuscript tradition, replaced by penal compilations of a different type. The historical trends determined the appearance of separate provisions on criminal and inheritance law, taken from the *Prochiron*, in the South Slavic collections of penal regulations. In later periods, especially in Wallachia and Moldova, where strong institutions of rule had been established, the *Prochiron* enjoyed great popularity. The so-called Romanian textbook, commissioned by the Moldavian prince Vasilie Lupu (1634–1653) and printed in 1646, consists of the Romanian translation of the *Farmer's Law* and the *City Law*, together with excerpts from the *Basilicas* (Royal Laws). The return to the foundations of the Roman-Byzantine legal heritage served political, social and legal purposes, which were always decisive for the fate of the Byzantine secular legal code in different historical periods and different areas of its reception. With its value orientation to Roman law and its projections into Byzantine jurisprudence, the *Prochiron* in the Slavic world represented a veritable encyclopedia of the achievements of ancient and medieval legal thought, a manifestation of the concept of the "*Roman Identity of the Byzantine Empire*".

Bibliography

Alexandrov (2012): Viktor Alexandrov, *The Syntagma of Matthew Blastares: the destiny of a Byzantine legal code among the Orthodox Slavs and Romanians, 14–17 centuries* (Forschungen zur byzantinischen Rechtsgeschichte 29), Frankfurt a. Main.

Angelini (2015): Paolo Angelini, "Byzantine Law among the Slav Populations: A Comparative Perspective", in: *Cyril and Methodius: Byzantium and the World of the Slavs* (Thessaloniki, 28–30 November 2015), Thessaloniki, 414–424.

Athanasiadis (2017): Athanasios Athanasiadis, "Saint Sava Nemanjić as a Messenger and Founder of the Eastern Church Tradition in the Serbian Church", in: *Fragmenta Hellenoslavica* 4, 9–26.

Beljakova/Turilov (2015): Elena Vl. Beljakova and Anatolij A. Turilov, "Кормчая книга" [The *Pilot's Book*], in: *Pravoslavnaja enciklopedija* 38, 52–58.

Beljakova *et al.* (2017): Elena Vl. Beljakova, Ljudmila V. Moškova, and Tatjana A. Oparina (eds.), *Кормчая книга, от рукописной традиции к первому печатному изданию* [The *Pilot's Book*. From the Manuscript Tradition to the First Printed Edition], Moscow/St.-Petersburg.

Benemanskij (1906): Michail Benemanskij, *Ὁ Πρόχειρος νόμος императора Василия Македонянина* [The Procheiros nomos of Emperor Basil the Macedonian] 1, Sergiev Posad.

Beneševič (1906): Vladimir Beneševič, *Древнеславянская кормчая XIV титулов без толкований* [The Old Slavonic *Pilot book* of 14 titles without commentaries] 1, St.-Petersburg.

Blagojević (2007): Miloš Blagojević, *Земљораднички закон. Средњовековни рукопис. Извори српског права XIV в.* [The Agricultural Law. The Medieval manuscript. Sources of Serbian Law in XIV c.], Beograd.

Burgmann (1983): Ludwig Burgmann (ed.), *Ecloga. Das Gesetzbuch Leons III. und Konstantinos' V.* (Forschungen zur byzantinischen Rechtsgeschichte 10), Frankfurt a. Main.

Burgmann (1995): Ludwig Burgmann, "Der Codex Vaticanus graecus 1167 und der serbische Nomokanon", in: *Zbornik radova Vizantološkog instituta* 34, 91 106.

Burgmann/Ščapov (2011): Ludwig Burgmann and Jaroslav Ščapov (eds.), *Die Slavische Ecloga* (Forschungen zur byzantinischen Rechtsgeschichte 23), Frankfurt a. Main.

Chitwood (2017): Zachary Chitwood, *Byzantine Legal Culture and Roman Legal Tradition, 867–1056*, Cambridge.

Christova *et al.* (2003): Borjana Christova, Darinka Karadžova, and Elena Uzunova, *Бележки на българските книжовници X–XVIII в.*, 1. X–XV v. [Marginal notes of the Bulgarian scribes from the 10th to the 18th century, 1: 10th–15th century], Sofia.

Dučić (1895): Nikola Dučić, *Књижевни радови* [Literary works] 4, Beograd.

Cibranska-Kostova (2021): Marijana Cibranska-Kostova, *Прохирон/Закон градски. Юридическото наследство на православното славянство.* [Prochiron/Law of the City. The juridical legacy of the Orthodox Slavs], Sofia.

Cotelier (1677): Jean-Baptiste Cotelier, *Ecclesiae graecae monumenta* 1, Paris, 68–158.

Dujčev (1998): Ivan Dujčev, *Избрани произведения. Т.1. Византия и славянския свят.* [Selected works 1: Byzantium and the Slavic world], Sofia.

Fögen (1982): Marie-Theres Fögen, "Zeugnisse byzantinischer Rechtspraxis im 14. Jahrhundert", in: *Fontes Minores* V, 215–280.

Freshfield (1927): Edwin Freshfield, *A Manual of Later Roman Law. The Ecloga ad Procheiron mutate*, Cambridge.

Freshfield (1928): Edwin Freshfield, *A Manual of Eastern Roman law. The Procheiros nomos. Published by the Emperor Basil I at Constantinople between 867 and 879*, Cambridge.

Glibetić (2014): Nina Glibetić, "An Early Balkan Testimony of the Byzantine Prothesis Rite: the Nomocanon of St. Sava of Serbia (+1236)", in: Diliana Atanassova and Tinatin Chronz (eds.), *Synaxis katolike. Beiträge zu Gottesdienst und Geschichte der fünf altkirchlichen Patriarchate für Heinzgerd Brakmann zum 70. Geburtstag*, Teilband 1, Vienna/Berlin, 239–248.

Koder (2020): Johannes Koder, *Nomos Georgikos. Das byzantinische Landwirtschaftsgesetz. Überlegungen zur inhaltlichen und zeitlichen Einordnung*, deutsche Übers., Vienna.

Korogodina (2017): Marija Korogodina, *Кормчие книги XIV – первой половины XVII века*, 1: Issledovanie. [*Pilot's books* from the 14th – the first half of the 17th c., 1: Study], Moscow/St.-Petersburg.

Lipšic (1965), Elena Lipšic (ed.), *Ekloga. Византийский законодательный свод VIII в.* [Ecloga. Byzantine legal code of the 8th century], Moscow.

Matejić/Thomas (1992): Predrag Matejić and Hana Thomas, *Catalog. Manuscripts on Microform of the Hilandar Research Library (The Ohio State University)*, 2 vols, Columbus, Ohio.

Medvedev (2001): Igor Medvedev, *Православная культура Византийской империи*. [The Legal culture of the Byzantine Empire], St.-Petersburg.

Najdenova (2014): Desislava Najdenova, "Cyrillo-Methodian Legal Heritage and Political Ideology in the Medieval Slavic States", in: *Papers of Bulgarian Academy of Sciences* 1/№ 1, 3–16.

Pahlitzsch (2007): Johannes Pahlitzsch, "The translation of the Byzantine Procheiros Nomos into Arabic. Techniques and Cultural Context", in: *Byzantinoslavica* 65, 19–29.

Petrović (1991): Miodrag Petrović, *Законоправило или номоканон светога Саве. Иловички препис 1262 г.* [The nomocanon of Saint Sava. Ilovitsa copy from 1262], Gornji Milanovać.

Petrović (2002): Miodrag Petrović, "Свети Сава као састављач и преводилац Законоправила – српског Номоканона" [St. Sava as a compiler and translator of the Serbian nomocanon], in: *Istorijski časopis* 49, 27–45.

Pieler (1978): Peter Pieler, "Byzantinische Rechtsliteratur", in: Herbert Hunger (ed.), *Die hochsprachliche profane Literatur der Byzantiner* 2: Philologie, Profandichtung, Musik, Mathematik und Astronomie, Naturwissenschaften, Medizin, Kriegswissenschaft, Rechtsliteratur (Byzantinisches Handbuch. Handbuch der Altertumswissenschaft V/2), Munich, 473–480.

Procheiros Nomos (1962): Ioannes D. Zepos and Panagiotes I. Zepos (eds.), *Jus Graecoromanum*, 8 vols. 2: *Leges imperatorum Isaurorum et Macedonum*, Athens 1931 [Repr. Aalen], 107–228.

Repertorium (1995): Ludwig Burgmann, Marie Theres Fögen, Andreas Schminck, and Dieter Simon, "Die Handschriften des weltlichen Rechts (Nr. 1–327)", in: Ludwig Burgmann, Marie Theres Fögen, Andreas Schminck, and Dorotej Getov (eds.), *Repertorium der Handschriften des byzantinischen Rechts* 1, Frankfurt a. Main.

Repertorium (2010): Andreas Schminck and Dorotej Getov, "Die Handschriften kirchlichen Rechts I", in: Ludwig Burgmann, Marie Theres Fögen, Andreas Schminck, and Dorotej Getov (eds.), *Repertorium der Handschriften des byzantinischen Rechts* 2, Frankfurt a. Main.

Rognoni (2021): Christina Rognoni, "Texts and Juridical Practice in Byzantine Italy", in: Salvatore Cosentino (ed.), *A Companion to Byzantine Italy* (Brill's Companions to the Byzantine World 8), Leiden/Boston, 760–796.

Ščapov (1978): Jaroslav Ščapov, *Византийское и южнославянское правовое наследие на Руси в XI–XIII вв.* [Byzantine and Southern Slavic juridical heritage in Russia in the 11th –13th cc.], Moscow.

Ščapov (2011): Jaroslav Ščapov (ed.), *Византийская „Эклога законов" в русской письменной традиции. Исследование, издание текстов и коментарий*. [The Byzantine Ekloge ton nomon in the Russian written tradition. Study, critical text and commentary], St.-Petersburg.

Schminck (1986): Andreas Schminck, "Das Prooimion des Procheiron", in: Andreas Schminck, *Studien zu mittelbyzantinischen Rechtsbüchern* (Forschungen zur Byzantinischen Rechtsgeschichte 13), Frankfurt a. Main, 55–62.

Schminck (2005): Andreas Schminck, "Leges ou nomoi? Le choix des princes slaves à l'époque de Photius et les débuts de l' Ανακάθαρσις τῶν παλαιῶν νόμων", in: Spyridon Flogaïtis and Antoine M. Pantélis (eds.), *The Eastern Roman Empire and the Birth of the Idea of State in Europe* (European Public Law, Series 80), London, 309–316.

Schminck (2015): Andreas Schminck, "Die Titelrubriken der Ecloga, der Eusagoge und des Prochiron", in: *Annali del Seminario Giuridico del Università degli studi di Palermo* 58, 275–290.

Solovjev (1932): Alexander Solovjev, *Светосавски номоканон и његови нови преписи* [Saint Sava's Nomocanon and its new copies], Beograd.

Stanković (2013): Vlada Stanković, "The Character und Nature of Byzantine Influence in Serbia (from the End of the Eleventh to the End of the Thirteenth Century): Reality – Policy – Ideology", in: Mabi Angar and Claudia Sode (eds.), *Serbia and Byzantium.* Proceedings of the International Conference held on 15 December 2008 at the University of Cologne (Studien und Texte zur Byzantinistik 8), Frankfurt a. Main, 75–93.

Troianos (2017): Spiros Troianos, *Die Quellen des byzantinischen Rechts*, Berlin.

Troicki (1955): Sergej Troicki, "Da li je slovenski nomokanon sa tumačenjima postojao pre svetog Save?" [Was there a Slavonic Nomocanon with interpretations before Saint Sava], in: *Slovo* 3, 111–122.

van Bochove (1996): Thomas van Bochove, *To Date and Not To Date. On the Date and Status of Byzantine Law Books*, Groningen.

Vašica (1971): Josef Vašica, "Закон судный людьмъ" [Law for judging the people], in: Dagmar Bartonková, Lubomír Havlík, Jaroslav Ludvíkovský, and Radoslav Vecerka (eds.), *Magnae Moraviae fontes historici IV: Leges, textus iuridici, supplementa* (Opera Universitatis Purkynianae Brunensis, Facultas Philosophica 154), Praha *et al.*, 178–198.

Zakonopravilo (2019): *Законоправило Светог Саве. Превод Сарајевског преписа* [The Nomocanon of Saint Sava. Translation of the Sarayevo copy], Dobrunska rjeka.

Žeňuch *et al.* (2018): Peter Žeňuch, Elena Beljakova, Desislava Najdenova, Peter Zubko, and Šimon Marinčak (eds.), *Užhorodsky rukopisny Pseudozonar:Pravidla mnišskeho a svetskeho života z prelomu 16.–17. storočia* [Uzhorodksi manuscript nomocanon Pseudozonar: Rules for monastic and civil life on the border between the 16th and the 17th cc.] (Monumenta byzantino-slavica et Latina slovaciae 5), Bratislava.

Žužek (1964): Ivan Žužek, *Kormčaja Kniga. Studies on the Chief Code of Russian Canon Law.* (Orientalia Christiana Analecta 168), Rome.

Azat Bozoyan

The Isaurian *Nomos Stratiotikos* in the Legal System of Cilician Armenia

To the blessed memory of Ludwig Burgmann, Byzantine scholar[1]

Introduction: Two Drivers of 12th Century Armenian Law

The second half of the 12th century is marked by the appearance of two great personalities shining in the firmament of Armenian literature and legal thinking. Each of them served the Armenian Church and made a huge contribution to the development of Armenian public thought. These two near-contemporary authors are Nerses of Lambron (1150–1198)[2] and Mxitar Goš (1130/40s?–1213).[3] Both were ministers of Armenian Church who shone as authors and cressets of legal thought in the second half of the 12th century. The former passed his short life in Cilicia and North Syria, received education at the spiritual centres of the Skevra monastery situated near the fortress of Lambron in the Taurus Mountains and later at the Holy See of Hromkla, reached the highest holy orders of archbishop of Tarse in Armenian Church hierarchy, and was sent to Constantinople as an envoy;[4] the latter was born and received primary education in the city of Gandzak, Shakashen district of Utik (Gandzak) province of Greater Armenia (presently Ghyanja, Azerbaijan), continued his education in Cilicia and Trans-Euphratia, then passed into spiritual and religious work in Gandzak under direction of Steṕׅanos, Catholicos of Albania (Ałuank' oder Arćax), before later serving in Desert of Dasn under the patronage of Vaxt́ang, prince of Hat́erk. At the end of the 1180s he moved to the monastery of Getik[5]

1 I followed the scholarly activity of Ludwig Burgmann with admiration. Beginning in 1987 I participated in the conferences dedicated to the reception of Byzantine law organized by Ludwig Burgmann and Dieter Simon in Yerevan, Tbilisi and Bavaria. In the 1990s I was invited several times by Ludwig Burgmann for visits of several months at the Institute of the History of Medieval European Law in Frankfurt am Main, preparing the critical edition of the Armenian translation of the byzantine "Military Constitution". I also participated in the publication of the "Bibliographie zur Rezeption des byzantinischen Rechts im alten Russland sowie zur Geschichte des armenischen und georgischen Rechts" by Ludwig Burgmann and Hubert Kaufhold (Burgmann/Kaufhold [1992] 89–185). I also enjoyed the warm hospitality of Ludwig and his family. Those memories accompany me to this day.

2 In more detail see Akinean (1956).

3 In more detail see Voskean (1926) 123–192; comp. Mxitar (1975) VII–XLII, Mxitar (2000) 16–20.

4 Augé (2011) 257–267.

5 Location unknown.

https://doi.org/10.1515/9783111331126-006

and, after the disastrous earthquake of 1191, he founded the monastery of Nor Getik (presently Gošavank̔) in Kayen (presently Tavuš) province and was the prior of that hermitage to the end of his life.[6]

It is worth noting that the forefather of Nerses of Lambron, Oshin – ancestor of the Hetumyan princely family – moved to Cilicia in the 70s of the 11th century, most probably from his estate of Mayreać ǰurk̔ (or Mayrēǰur), located in the district of Vaykunik̔ (according to "Ašxarhaćuyć"), Arćax province of Great Armenia, which is mentioned both in Armenian annals[7] and in epigraphy.[8]

We should also emphasize that the spiritual and literary activities of Nerses of Lambron greatly contributed to the international recognition of Cilician Armenian statehood, while Mxit̔ar Goš contributed to the formation of the Zakarian principality within the boundaries of the Georgian kingdom and to the strengthening of the hierarchical structure of the Armenian Church in Eastern Sides. Both Nerses of Lambron and Mxit̔ar Goš are known in Armenian Literature as authors of programmatic literary works of different genres (history, commentarie, interpretation, apology, epistle, ecclesiastical canons, fable, homilie, etc.).[9] Both authors made a huge contribution in the development of legal thought in Armenia. The most important contribution of Nerses of Lambron were his translations of Byzantine (*Ecloga privata* with its addenda *Nomos stratiotikos, Nomos Mosaikos*, etc), Syriac (*Syrian-Roman Code Book, Sententiae Syriacae [Kurze Sammlung]*) and Latin (*Procedure of the King's Anointment, Benedictine Rule*, etc.) secular and canonic legal treatises, which he methodically made with the assistance of the native clergymen – Syrian (Bar Vahbun), Greek (Constantin of Hierapolis) and Latin (Kilam).[10] One of the most important motives for translating these works was creating equal legal conditions for the main Christian groups within the multinational Cilician Armenian state.

The most important accomplishment of Mxit̔ar Goš in the field of law was his compendium *The Book of Law*, representing a generalization of the centennial Armenian legal thought in the field of canonical and secular jurisprudence.[11] Both Nerses's translations of legal treatises and *The Book of Law* by Mxit̔ar were copied in numerous manuscripts, this being the best proof of demand in the Armenian milieu. Appearance of the mentioned works by both authors was connected with the orders of the Catholicos of

6 See the biography of Mxit̔ar Gosh in Bozoyan (2014) 63–68.

7 See Samouel (2014) 195.

8 For a comprehensive examination of all sources mentioning the place name, see Hakobyan (2020) 263–266, 269–270.

9 On the literary heritage of Nerses of Lambron, see Akinean (1956). The literary heritage of Mxit̔ar Goš is published under my editorship in two volumes of the "Matenagirk̔ Hayoć" series (Mxitar [2014]).

10 See Akinean (1956) 247, 265, 269, 287; Bozoyan (2010) 278–280.

11 See Mxitar (2014). See the English translation of the *Book of Law* in Mxitar (2000).

All Armenians Grigor IV Tła and the Catholicos of Albania Stepanos.[12] This means that creation and development of legal treatises in Armenian was from the very beginning a matter of national importance for the Church. *The Book of Law*, being the most complete compilation of the Armenian legal thought, was built into the basis of the court procedures everywhere in Armenia and, after being redacted by Smbat Sparapet (the Constable) 1260s, constituted the foundation of the official jurisprudence in the Cilician Armenian state. Nerses's translations, for their part, were used as addenda, which often expanded the boundaries of *The Book of Law*'s applicability. This is why the *Ecloga* by Nerses and *The Book of Law* by Mxitar were permanently copied into a number of versatile legal compendia[13] and completely translated during the Late Medieval or New period into Kipchak, Latin, Polish, Georgian and Russian. Together, these writings comprise an instrument that governed the administration of justice in the Armenian colonies on the one side, and the Code of Law officially recognized as governing legal procedures in the Armenian communities of Genoan Crimea, Rzech Rzeczpospolita, Poland, Georgia and Russia on the other.[14]

The Holy See of Hṙomkla and the Military

After the fall of the Bagratid Kingdom, the Byzantine Empire spared no efforts to make the Armenian nobles with their regiments and the Holy See with its Patriarch move away from the borders of the invaded Armenian state.[15] A significant number of princely families and their regiments resettled in Cappadocia, North Syria and Cilicia, while the Catholicosate that had initially moved to Sebastia continued looking for a better residence, moving then to Tavblur, Camndav, Honi, Maraš, and later to Karmir Vanḱ of Ḱesun, the fortress of Cov, before finally establishing itself in Hṙomkla.[16] The patriarchs of the Pahlavuni dynasty, who took the patriarchal power in their hands in these troublesome times, with the support of other noble families managed to overcome numerous hardships and build a rather dynamic hierarchical system. Armenian clergy headed by the Armenian Patriarchy assumed responsibility for coordinating the national institutions and the role of arbiter in sharpening disputes between various

12 Nerses of Lambron translated these legal treatises by order of Catholicos Grigor IV Tła (see Kaufhold [1997] 7–8), while the customers of Mxit́ar Goš were the Catholicos of Albania Stephanos and the Catholicos of All Armenia Grigor IV Tła (see Mxitar [2014] 96–99, 134–135).

13 On the main manuscripts of the Book of Law, see Bozoyan (2014) 71–79; and on compendia of Nerses's translations of legal treatises, see Kaufhold (1997) 20–72.

14 See the bibliography of translations of these works and their public significance in the mentioned countries in Burgmann/Kaufhold (1992) 162–171; Bozoyan (2020) 176–177; Haroutyunyan (2020) 321–342.

15 See Juzbašjan (1988) 117–174.

16 See Ormanean (1912) col. 1245, 1263, 1277–1278, 1296–1299, 1311–1316, 1327, 1335, 1349–1350, 1355–1357, 1374–1376.

principalities, and insofar as in the 12th century the Catholicosate was located in the castle of Hṙomkla in TransEuphratia, adjacent to Cilicia, the initiatives aimed at solving the problems most important for the spiritual and cultural life of the Armenian population came from there.[17] Such a mighty signal was the Universal Letter [Ṫułṫ ĕndhanrakan] of Nerses Šnorhali, sent to all congregations, in which the Armenian Catholicos admonished

> … nous soyons guéris de nos maladies spirituelles et que nos sens affaiblis soient fortifiés. S'il y a une poutre devant nos yeux qui nous aveugle, que nous la retirions d'abord pour être capable de voir la paille des autres et l'enlever ![18]

Applying to all classes of the population – the priesthood (monks, priors, bishops and priests), princes, farmers, merchants, artisans and women – after admonishing the princes, the Catholicos of All Armenians addressed separately the military and its role in the society: "To the military estate: riders and infantry", soldiers who were at the disposal of the princely states in Armenia Proper, Cilicia, North Syria and Egypt.[19] By placing the military after the princes and before officials (governors, agents, landlords – *tanuters*), Nerses Šnorhali emphasized their importance in the life of Armenian society.[20]

In both Proper Armenia and in Cilicia the military was one of the most honoured social estates. According to Šnorhali's social scale, the military came third after clergy and aristocracy. By applying in turns to all mentioned estates of Armenian society, Šnorhali set appropriate rules for moral and spiritual behavior. The mentioned epistle of Nerses Šnorhali contains his vision for the structure of the Armenian society, where the Armenian Catholicos reserved a special place for a) the clergy (black and white); b) princes, high ranking officials and the military; and c) merchants, artisans (urban population) and farmers.[21]

The Catholicos urged the servicemen to obey their master even if they were not fully repaid by the latter, because they would be rewarded by God for their merit. He urged that they not conspire whether by word or deed against their master, his fortress or property, as this would be perceived by God as injury done against himself, because those who do wrong have no faith and represent more evil than the faithless who are

17 See Bozoyan (1988) 219–220.

18 Nerses (1995) 72, comp. Vanérian (2007) 284.

19 Nerses (1995) 53, 153–155. It should be emphasized that, as a public institution, the Holy See in Hṙomkla had its own military garrison (see Danielyan [2019] 184–199, 199–266; Danielyan [2020] 34–35).

20 Nerses (1995) 53.

21 Interesting parallels to such a perception of society in Cilician Armenia are found in popular literature of the 11th to 12th centuries in France and Europe, which were thoroughly and consistently investigated by French medievist and historian George Duby in his famous monograph *The Three Orders: Feudal Society Imagined* (1978). See Duby (1978) 277–298. Notably, Nerses Šnorhali marks out women as a separate order, which is unparalleled in Western European or Byzantine thought. See Nerses (1995) 161–162, comp. also with Winkelmann (1978) 161–224.

obedient and loyal to their masters even though they err in true faith and divine laws.[22] The abovementioned referred not only to Christians but also to the faithless (= Muslims) under whose command (the Fatimids and the Seljuks) the Armenian military served at the time:

> Mais si un chrétien est sous la souveraineté d'un musulman (= aylazgwoy) et qu'il se nourrit et s'habille de ce qu'il reçoit de lui, il faut qu'il lui montre la même fidélitéet qu'il le serve sanshypocrisie.[23]

Šnorhali corroborated this postulate by quoting St. Paul's: "Slaves, obey your masters" (Colossians 3, 22). Here the Catholicos commented upon the Apostle's words, saying: "... the masters of the servants were not Christians, but idolaters."[24] According to Šnorhali, the Apostle had tried to show the pagans the truth of Christian faith, since Christians hate guile before the Lord and love being faithful to him. According to Šnorhali, the Apostle said this so that the pagans could not abuse the Christian religion, as they could whenever they found a Christian in a state of treachery against them.[25] In this section, the Catholicos equated pagans and Muslims, thus re-directing St Paul's admonition to the Muslims. Reference to this postulate was dictated by the abundance of Armenian servicemen in Byzantine, Georgian, Seljuk and Fatimid armies. The best example of it comes from Fatimid Egypt of the 11th to 12th centuries, where Catholicos Grigor Vkayaser founded an Armenian diocese headed by bishops and the commander of the Armenian forces, Vahram, achieved the highest rank.[26] No such attitude towards Muslims existed in Armenian literature until Šnorhali. This change was connected to the role the Armenian military played in foreign armies, which helped the Catholicosate occupy a relatively stable place in international relations.

Catholicos Nerses also called upon the senior servicemen to be just towards their subordinates, that they not mercilessly oppress the poor, be satisfied with whatever was due to them, and be compassionate and loving towards everybody. He admonished them not to neglect God's Commandments, not to breach the holy fast by the unlawful appropriation of paupers' property and by shedding the blood of innocents. According to Catholicos Nerses, a soldier may kill only during war, by king's order, since on the Day of Judgment God will judge the deeds of each soldier without favoritism, and each soldier will answer for any illegal confiscation from the poor and for property stolen from his master.[27] According to Catholicos, the soldiers of all believers should be most afraid

22 See Nerses (1995) 53, 153–155.
23 Nerses (1995) 154; Vanérian (2007) 341.
24 Nerses (1995) 154; Vanérian (2007) 341.
25 Nerses (1995) 154.
26 On the history of the Armenian colony in Egypt see: Dadoyan (1997) 80–178, comp. Dadoyan (2013) 65–143; Danielyan (2020) 160–161.
27 Nerses (1995) 155.

of the wrath of God and should therefore keep the commandments, since they could any time face the unsheathed swords of the enemy. For that very reason, he advised the military to be guided by godliness, justice, piety, fasts, prayers and mercy rather than by earthly arms, so that God could forestall and prevent and force the enemy to retreat.[28]

With such fighting squads the Zakaride princes led their subordinates to war by the order of the Georgian king. In Armenia too the feods of Armenian princes were defended by fighting forces of the local princes. On the other hand, while trying to accommodate to the political power of the Seljuks that occupied their land, the Armenian principalities preserved at the territory of the Bagratid kingdom collaborated with the Georgian kingdom to strengthen their own sovereignty.

No matter how hard Nerses Šnorhali tried to consolidate the legal field, the conceptions of the Catholicos when looking at the Armenian world through the windows of Hṙomkla could not be the same as those of the Armenian clergy and ruling order in Proper Armenia, which came to discord year after year. A witness to this was the long-lasting dispute between the priesthoods of North Armenia and Cilicia continuing throughout the 12th and 13th centuries, accompanied by exchange of correspondence and councils convened in Cilicia and Ani.[29] This discord, and differing concepts of the North Armenian archimandrites, were mentioned in Lambronaci's letter addressed to prince Levon Rubinean in 1193/4 AD, where he warned:

> Les gens de Tzoro'ked nous détournent des Latins, et vous aussi, et ne veulent pas que nous adoptions leurs coutumes, mais celles des Perses, au' milieu desquels ils vivent et don't ils vivent et don't ils ont pris les usages.[30]

The Dzoragetians mentioned by Nerses of Lambron comprised the Armenian clergy of the Gugarḱ region bordering Georgia, the center of which was the monastery of Hałpat.

Reference to the Military's Problems in the *Book of Law* by Mxit̔ar Goš

The first ever Armenian compendium of civic law – the *Book of Law* by Mxit̔ar Goš – was created in Northern Armenia under the auspices of the Zaḱaride princedom, most probably in 1184.[31] Of special importance is the preamble of that code, where the author discusses the issues of legal theory and practical enforcement of the laws, which set

28 Nerses (1995) 155.

29 On the importance of these letters, see: Mnac'Akanyan (1972) 50–52, comp. also with Muradyan (2011); Melikset-Bek (2016); Bozoyan (2021) 73–78.

30 RHC (1869) 597.

31 Mxitar (2014) 70–71.

the comprehensive basis for Armenian law.[32] Reminding the reader that, according to the church canon, ecclesiastical councils should be convened twice a year in all congregations and catholicosates, Mxit̔ar Goš suggested putting the acts of such councils into circulation, thus expanding his Code.[33]

In his *Book of Law*, Mxit̔ar Goš dealt with the military and military sciences in 11 articles. Some of these articles (Redaction A, Ch. 2) referred to the problem of distributing the trophies and prisoners of war following battle, according to which, if the king was personally participating in the hostilities, both the trophies and prisoners belonged to him, but if he did not participate, the king should be given only gold and the tenth part of the trophies and prisoners. A ninth part of the trophies should go to church.[34] Money and standards should be given to the master of the district and fortress, silver to princes, copper and iron to their troops. Brocade and silk should go to king, smart wool and fine linen to princes, rug and denim to the troops.[35] If the troops attacked the enemy or his property by order of the commander, they should give half of the loot to the commander, but if they acted on their own, they were not obliged to share their trophies with anyone.[36] The commander was not responsible for the death of a soldier during the war (Redaction A, 222). The soldier should not buy arms at his own expense, just as clergy eat gratis from the Church table (Ch. 40).[37] It is worth noting that the commander could not take newlywed men to war (Ch. 123).[38] Following John the Baptist, the legislator recommended the soldiers do no more than ordered (Ch. 220).[39] In Article 225, Mxit̔ar Goš refers to the Byzantine Kliterologion and lists several types of guards at the royal court (*vestitor, kantitor, proxetor, eskopotir, strator, decanion, kyrsor,* etc).[40] Chapter 220 of the Book of Law provides information about the social status of soldiers, establishing that the *azats* (freeborn) cannot exhort the soldiers but can only remove them from their ranks. Likewise, the soldiers cannot exile or scold the villagers (*shinakan*), etc. The abovementioned shows that Mxit̔ar did not take into consideration numerous peculiarities connected with soldiering. Although the military was referred to in a number of articles, the Book of Law contained no specific articles concerning their status, rights and responsibilities.

32 Mxitar (2014) 89–135.
33 Mxitar (2014) 131–132.
34 Mxitar (2014) 140–152, especially 147.
35 Mxitar (2014) 148.
36 Mxitar (2014) 147.
37 Mxitar (2014) 189.
38 Mxitar (2014) 248.
39 Comp. Luke 3, 13.
40 See Mxitar (2014) 343–352; Bartikjan (1989) 201; Bartikjan (1991) 255–257, comp. Bury (1911) 20–23.

As earlier in the case of Canon law, Mxit̔ar Goš called for filling this gap in his Code:

> Accordingly, it is fitting for the same to happen to the details of this lawcode, that as often as some new situation occurs, it too should be scrutinised and included in the lawcode, after the laws have been made and studied. If anyone were to consider this, he would find all the books gradually coming to completion at various times, whether by one person or by many – just as the Book of Genesis was written by Moses not all at once and not at a single time; and the [book] of the twelve prophets not by one person and not at one time.

Thus, Mxit̔ar did not consider his work fully completed:

> In accordance with the model of these just demonstrated, so too should be the undertaking of this text. Whether by us and not at one time, or by many and at various different times, let there be authority to complete only what is lacking, by accurate examination and irreproachable laws.[41]

So, delivering his book to the favour of All Armenian Catholicos Grigor Tła, Mxit'ar Goš acknowledged that it was not complete and called for its completion with new articles by any interested persons, and especially ecclesiastical councils yet to be convened.[42] As we see, the amendments should also refer to the secular or civil legislation to be completed by further judicial acts in the course of time. It was that very important message of Mxit'ar, which Nerses of Lambron tried to follow by means of translation, that expanded the legal field of Cilician Armenia.

The Significance of Translating the Monuments of Isaurian Legislation for Strengthening the Role of the Military

The importance of the military, strongly emphasized by Nerses Šnorhali, motivated Nerses of Lambron, who, at the end of the 12th century undertook to translate the monument of the 8th century Byzantine law – the *Ecloga* and its Addenda, specifically *Nomos Stratiotikos* ("The Military Law"), from Greek to Armenian.

By this translation, Nerses of Lambron attempted to complete the Armenian *Book of Law* and the legal landscape of Cilicia with Byzantine laws and regulations governing military behavior that were missed in the *Book of Law* by Mxit'ar Goš.

These products of Nerses Lambronaci's legal activity were directly connected to the law of the Isaurian dynasty period. Lambronaci's Armenian translation of one of

41 Mxitar (2014) 343–352; comp. Mxitar (2000) 103–104. Continuing his idea, the author refers to the Bible, specifically the Gospels and the letters of St. Paul, which are the base of the dogma.
42 See on it in Mxitar (1975) XLVI–XLVIII; See Mxitar (2014) 132; comp. Mxitar (2000) 104.

the redactions of the Byzantine *Ecloga private*,[43] along with a number of its Addenda (*Nomos Mosaikos*, novels of Emperor Justinian and Queen Irene, Relation Degrees Kinship with its explanation)[44], was made in 1196–1198 from a worn Greek manuscript kept at the fortress of Lulua. The *Ecloga* included articles referring to civil, judicial and criminal law as well as some notable articles concerning the military.[45] Numerous Greek manuscripts of that redaction, dating back to the 11th–13th centuries, prove that in the Komnenos period this redaction was the most important instrument governing the settlement of legal disputes within the boundaries of the Byzantine Empire.[46]

Most probably this group of documents had long been in circulation in the region of Cilicia and other Armenian principalities in the region subjected to the Byzantine Empire, where it served as a guide for such principalities as well as for the princes of the Rubenid and Hetumid dynasties. A witness to the application of these treatises in the Armenian milieu are the preserved Armenian manuscripts, many of which bear the traces of later redactions or commentaries aimed at facilitating Late Medieval readers' understanding of obscure expressions and foreign concepts and terms unintelligible or strange to Armenians.

In the 12th century, the military became one of the most important estates both in Cilicia and in Proper Armenia. This social stratum, alongside the aristocracy, had a special place in the life of Armenian society. The military was the main fighting force, organized in squads that were mobilized by Armenian nobility far from their homeland to defend the interests of the Armenian population living in Cappadocia, Cilicia and North Syria. Armenian military forces in these regions had been gradually consolidating around the Rubinide principality, which succeeded by the 1170s in establishing dominance over the main feudal families in Cilicia and North Syria. In case of war, these families with their squads had to appear before the Prince of Cilicia Levon Rubinide (1185–1198). The feudal state emerging in Cilicia tried to imitate a number of functions of the Byzantine and the crusader system of state governance, where the most important role was assigned to the army and the armed forces were the integral part of the nobility. By translating the Byzantine eclogue and its addendum, Nerses of Lambron attempted to complete the Armenian Book of Laws, as well as to create rules for the Armenian nobility to manage the defense structures of the Cilician state. His translation included 56 articles regulating army relations as shown in table 1, the Armenian translation of the 12th century did not quite correspond to any of the three published Greek redactions of *Nomos Stratiotikos* known to us until present. Partial correspondence of Lambronaci's translation to the structure and subject of articles contained in the original Byzantine legal texts suggests

43 Ecloga (1983); comp. Martin-Hisard (1988–1989) 146–148; Humphreys (2015) 81–93. See also Humphreys (2015) 125–127; Ecloga (2017) 13–21.
44 Kaufhold (1997) 16–19.
45 See also Humphreys (2015) 125–127; Ecloga (2017) 13–21.
46 Ecloga (1983).

that Lambronaci's translation was made either from some unknown Greek version of *Nomos Stratiotikos*, or was subject to processing by Nerses of Lambron for adapting it to Armenian reality. However, to resolve this riddle we would need a close scrutiny of all available Armenian and Byzantine legal manuscripts in total.

Table 1: The table illustrates that the Armenian translation of the 12th century did not quite correspond to any of the three published Greek redactions of the *Nomos Stratiotikos* known to us until present.

Armenian text[47]	Zachariä v. Lingenthal 1894[48]	Ashburner 1926[49]	Korzenszky 1931[50]
1	1	41	5
2	2	42+43	6
3	3	44	7
4	4	45	–
5	5	46	11
6	6	47	8
7	7	48	9
8	8	49	10
9	9	13	12
10	10	50	13
11	11	8	14
12	12	9	15
13	13a	10a	16a
14	13b	10b	16b
15	14	12	17
16	15	11	18
17	25a (?)	1(?)	19(?)
18	25b (?)	2(?)	20(?)
19	–	3	21
20	30(?)	4(?)	22(?)
21	31	5	23
22	32	6	24(?)
23	–	7(?)	–
24	17(?)	–	–
25	33(?)	15	–
26	–	16	27
27	–	18	29
28	–	–	–
29	34, 35(?)	20	30(?)
30	–	21	31
31	36	22	32
32	37	23	33

47 See Basmajean (1902) 321–323.
48 See Zachariä von Lingenthal (1894) 450–453, Russian translation cf. Kučma (1971) c. 276–283.
49 See Ashburner (1926) 75–79.
50 See Korzenszky (1931) II, 80–879.

Armenian text	Zachariä v. Lingenthal 1894	Ashburner 1926	Korzenszky 1931
33	–	24	34(?)
34	–	25	35
35	–	26[a]	36
36	–	27[a]	–
37	–	27[b]	–
38	–	27[c]	–
39	–	28	37
40	38	30	38
41	39	31	39
42	–	32	40
43	40	33	41
44	41(?)	34	42
45	16	35	43
46	18(?)	36(?)	–
47	19	29	–
48	20	17	44
49	21	37	–
50	22	–	45
51	23	38	46
52	–	39	–
53	24	40	–
54	25[a]	–	47
55	26	26[b], 52	–
56	27	54	–

Summary

The study of the *Military Law* and the *Book of Law* by Mxit'ar Goš, along with other monuments of Armenian Law, may enable the Armenologists to make an in-depth analysis of the role the military played in Medieval Armenian society, picking out peculiarities specific to Armenian military service in various countries of the Near East. Such studies are extremely important for clarifying and investigating their role in medieval feudal society of Armenia.

Acknowledgments

The research was performed within the auspices of research project 21T-6A286, approved by the Science Committee of the Republic of Armenia.

Bibliography

Akinean (1956): P. Nerses Akinean, *Ներսէս Լամբրոնացի արքեպիսկոպոս Տարսոնի. կեանքն եւ գրական վաստակները, հանդերձ ազգաբանութեամբ Պահլաւունեաց եւ Լամբրոնի Հեթմեանց, Վիեննա, Մխիթարեան տպարան* [Archbishop of Tarson Nerses of Lambron: life and literary legacy, together with a geniology of the Hetumids and Pahlavids of Lambron] (National Library 179), Vienna.

Ashburner (1926): William Ashburner, "The Byzantine Mutiny Act", in: *The Journal of Hellenic Studies* 46/1 80–109. (repr. in: Ioannes and Panagiotes Zepos [eds.], *Περὶ στρατιωτικῶν ἐπιτιμιῶν. Leges imperatorum Isaurorum et Macedonum* II.A [Jus Graecoromanum], Aalen 1962, 75–79).

Augé (2011): Isabelle Augé, *Églises en dialogue: Arméniens et Byzantins dans la seconde moitié du XII*[e] *siècle* (Corpus scriptorum christianorum orientalium 633 – Subsidia 124), Louvain.

Bartikjan (1989): Hrach Bartikjan, "О византийском клиторологии в Судебнике Мхитара Гоша и его армянском переводе [On the Byzantine clitorology in Mkhitar Gosh's Trial and its Armenian translation]", in: *Journal of History and Philology* 3, 197–204.

Bartikjan (1991): Hrach Bartikjan, "Βυζάντινο κλητορλόγιο στὸν Κώδικα τοῦ Ἀρμενίου νομικοῦ Mkhithar Goš (†1213)", in: Nikolaos Oikonomides (ed.), *Το Βυζάντιο κατά τον 12*[ο] *Αιώνα: Κανονικό Δίκαιο, Κράτος καί Κοινωνία* (Diptycha Etaireias Byzantinon kai Metabyzantinon Meleton 3), Athens, 239–259.

Basmajean (1902): Karapet Basmajean, "Զինուարական օրէնք Ներսիսի Լամբրոնացւոյ [*Military law book of Nersis of Lambron*]", in: *Banaser* 4/11, 321–323.

Bozoyan (1988): Azat Bozoyan, *Բյուզանդիայի արևելյան քաղաքականությունը և կիլիկյան Հայաստանը ԺԲ դարի 30–70-ական թվականներին* [Eastern policy of Byzantium and Cilician Armenia in the 30s–70s of the 12th century], Yerevan.

Bozoyan (1997): Azat Bozoyan, "Древнеармянский перевод византийского 'Воинского закона' [Ancient Armenian translation of the Byzantine 'Military Law']", in: *Herald of Social Sciences* 3, 108–116.

Bozoyan (2010): Azat Bozoyan, "Այլազգի թարգմանիչները հայ մատենագրության մեջ [Foreign translators in Armenian Literature]", in: Gagik Ter-Vardanyan (ed.), *Levon Khatchikyan: 90 Materials of the International Conference dedicated to the ninetieth Anniversy of the founding director of Matenadaran* (Yerevan, October 9–11, 2008), Yerevan, 273–282.

Bozoyan (2014): Azat Bozoyan, "Մխիթար Գոշը և նրա տեղը Հայոց մատենագրության մեջ" [Mxit'ar Goš and his Place in Armenian Literature], in: Azat Bozoyan (ed.), *Armenian Classical Authors* XIX, Book 1, Yerevan, 47–85.

Bozoyan (2020): Azat Bozoyan, "Հայ իրավունքի պատմության միջնադարյան հուշարձանները" [Medieval monuments of the history of Armenian law], in: Vahan Ter-Gevondyan (ed.) *Matenadaran. Medieval and Early Modern Armenian Studies, Issues on History and Culture*, Yerevan, 152–179.

Bozoyan (2021): Azat Bozoyan, "Հայոց եկեղեցու նվիրապետական համակարգն ու Զաքարյանների հովանու ներքո ԺԳ դարի սկզբին տեղի ունեցած ժողովները" [The System of the order in the Armenian Church and Councils held in the early 12th century under the patronage of the Zakarids], in: Vahan Ter-Gevondyan (ed.), *Festschrift in honor of Levon Ter-Petrosyan's 75*[th] *Anniversary*, Yerevan, 55–83.

Burgmann/Kaufhold (1992): Ludwig Burgmann and Hubert Kaufhold, *Bibliographie zur Rezeption des byzantinischen Rechts im alten Rußland sowie zur Geschichte des armenischen und georgischen Rechts*, unter Mitwirkung von Azat Bozoyan, Igor' Čičurov, Sulchan Goginava, Kirill Maksimovič und Jaroslav Ščapov, Frankfurt a. Main.

Burgmann (2009): Ludwig Burgmann, "Die Nomoi Stratiotikos, Georgikos und Nautikos", in: *Zbornik Radova Vizantološkog Instituta* 46, 53–64 (repr. in: Ludwig Burgmann, *Ausgewählte Aufsätze zur byzantinischen Rechtgeschichte*, Frankfurt a. Main 2015, 455–466).

Bury (1911): John B. Bury, *The Imperial Administrative System in the Ninth Century, with a revised Text of the Kletorologion of Philotheos* (British Academy Supplemental Papers 1), London.

Dadoyan (1997): Seta B. Dadoyan, *The Fatimid Armenians: Cultural and Political Interaction in the Near East* (Islamic History and Civilization, Studies and Text 18), Leiden *et al.*

Dadoyan (2013): Seta B. Dadoyan, *The Armenians in the Medieval Islamic World: Paradigms of Interaction Seventh to Fourteenth Centuries*, 1 (2011): *The Arab Period in Armīnyah Seventh to Eleventh Centuries*, 2 (2013): *Armenian Realpolitik in the Islamic World and Diverging Paradigms – Case of Cilicia Eleventh to Fourteenth Centuries*, 3 (2014): *Medieval Cosmopolitanism and Images of Islam Thirteenth to Fourteenth Centuries*, New Brunswick/London.

Danielyan (2019): Gagik Danielyan, "Arabic Sources on the History of the Armenian Catholicosate of Hṙomkla", in: Azat A. Bozoyan (ed.), *Cilikian Armenia in the Perceptions of Adjacent Political Entities* (Historical-Philological Essays), 184–266.

Danielyan (2020): Gagik Danielyan, *Հայերը ԺԴ դարի մամլուքյան Կահիրեում. Խիզանաթ ալ-Բունուդ (Ḫizānat al-Bunūd) հայաբնակ թաղամասը* [Armenians in 14th century Mamluk Cairo. Ḫizānat al-Bunūd], in: *Studies in Oriental Sources* 2, 160–197.

Danielyan (2021): Gagik Danielyan (ed.), *Կիլիկյան Հայաստանի պատմության մամլուքյան սկզբնաղբյուրները* (I). *Իբն աբդ ալ-Զահիր* [The Mamluk sources of the history of Cilician Armenia (I). Ibn Abd al-Zahir] (Arab Sources IV: Foreign sources about Armenia and Armenians 20), Yerevan.

Duby (1978): Georges Duby, *Les trois ordres ou l'imaginaire du féodalisme* (Bibliothèque des Histoires), Paris. http://tankona.free.fr/duby1978.pdf (seen 14.03.2024)

Ecloga (1983): Ludwig Burgmann (ed.), *Ekloga. Das Gesetzbuch Leons III. und Konstantinos' V.*, Frankfurt a. Main.

Ecloga (2017): Mike Humphreys, *The Laws of the Isaurian Era. The Ecloga and its Appendices*. Translated with introduction and commentary, Liverpool.

Hakobyan (2020): Aleksan Hakobyan, *Արքայատոհմերն ու իշխանատոհմերը Բուն Աղուանքում եւ Հայոց Արեւելից կողմանքում Անտիկից մինչեւ ԺԳ դար* (պատմա-աղբիւրագիտական քննութիւն) [The Royal and Princely Houses of Proper Albania and Eastern Regions of Armenia from Antiquity to the 13th century (historical and source study examination)], Yerevan.

Haldon (1995): John Haldon, *State, Army and Society in Byzantium. Approaches to Military, Social and Administrative History, 6th–12th Centuries* (Variorum, Collected Studies Series CS 504), London.

Haroutyunyan (2020): Gagik Haroutyunyan (ed.), *Սահմանադրական մշակույթի արժեքանական ակունքները հայ ժողովրդի հազարամյա տարեգրության ծալքերում* [The value-based origins of the constitutional culture in the folds of the thousand-year chronicle of the Armenian people], Etchmiadzin.

Humphreys (2015): Michael T. G. Humphreys, *Law, Power, and Imperial Ideology in the Iconoloclast Era, c. 680–850*, Oxford.

Juzbašjan (1988): Karen Juzbašjan, *Армянские государства Эпохи Багратидов и Византия IX–XI вв.* [Armenian States of the Age of Bagratids and Byzantium of the IX–XI centuries], Moscow.

Kaplan (1992): Michel Kaplan, *Les Hommes et la terre à Byzance du VIe au XIe siècle. Propriété et exploration du sol* (Byzantina Sorbonensia 10), Paris.

Kapoïan-Kouyoumjian (1988): Angèle Kapoïan-Kouyoumjian, *L'Égypte vue par des Arméniens* (XI–XVII), Paris.

Kaufhold (1997): Hubert Kaufhold (ed.), *Die armenischen Übersetzungen byzantinischer Rechtsbücher, Erster Teil: Allgemeines, Zweiter Teil: Die "Kurze Sammlung" (Sententiae Syriacae)*, hrsg., übers. u. erläutert (Forschungen zur Byzantinischen Rechtsgeschichte 21), Frankfurt a. Main.

Korzenszky (1931): Eleonóra Korzenszky (ed.), *Leges poenales militares e codice Laurentiano LXXV, 6 primum ed.*, Budapest (repr. in: Ioannes Zepos and Panagiotes Zepos [eds.], Ποιναλιὸς Νόμος στρατιωτικός. *Leges imperatorum Isaurorum et Macedonum* II.A [Jus Graecoromanum], Aalen 1962, 75–79).

Kučma (1971): Vladimir Kučma, "Νόμος στρατιωτικός (К вопросу о связи трех памятников византийского воинского права [On the question of the connection of three monuments of Byzantine military law])", in: *Vizantijski Vremmenik* 32, 276–283.

Martin-Hisard (1988–1989): Bernadette Martin-Hisard, "La version Arménienne de l'Ecloga de Léon III.", in: *Revue des Études Arméniennes* 21, 145–158.

Melikset-Bek (2016): Leon Melikset-Bek, *‘Վարդապետք Հայոց Հիւսիսային կողմանց’ եւ նրանց ինքնութիւնը. Հայ-վրացական հարաբերություններ* (պատմագրական հետազոտության փորձ) [Armenian scholars of the nordern Regions and their Identity. Historical-Philological Researches, transl. from the Georgian by R. Bayramyan], Etchmiadzin.

Mnaċakanyan (1972): Asatur Mnaċakanyan (ed.), *Գրիգոր Տղա, Բանաստեղծություններ և պոեմներ* [*Grigor Tła, Verses and Poems*], Yerevan.

Muradyan (2011): Muradyan, *ԺԱ – ԺԳ դարերի հայ-վրացական դավանական խնդիրները և Մխիթար Գոշի ‘Առ վրացիսն’ թուղթը. Աղբյուրագիտական քննություն և բնագրեր* [The Armenian-Georgian theological issues of the 11th–13th centuries and Mkhitar Ghosh’s letter ‘On the Georgians’. Source study and texts], Etchmiadzin.

Mxitar (1975): Xosrov T’orosyan (ed.), *Մխիթար Գոշ, Գիրք Դատաստանի* [Mxitar Goš, Law Book], Yerevan.

Mxitar (2000): Robert W. Thomson, *The Lawcode [Datastanagirk’] of Mxit’ar Goš*, transl. with commentary and indices (Dutch Studies in Armenian Language and Literature 6), Amsterdam/Atlanta GA.

Mxitar (2014): Azat Bozoyan (ed.), *Մատենագիրք Հայոց, հտ. ԺԹ. Մխիթար Գոշ* [Mxit’ar Goš, *Book of Law*] (Armenian Classical Authors XIX/1), Yerevan, 87–922.

Nerses (1871): Armenian Patriarchate (ed.), *Ընդհանրական թուղթք սրբոյն Ներսիսի Շնորհալւոյ* [General Epistles of Nerses Šnorhali (the Gifted)], Jerusalem.

Nerses (1995): Edouard Baghdasaryan (ed.), *Ներսես Շնորհալի, Թուղթ Ընդհանրական* [Nerses Šnorhali, General Epistle], Yerevan.

Ormanean (1912): Malachia Ormanean, *Ազգապատում. Հայ ուղղափառ եկեղեցւոյ անցքերը սկզբէն մինչեւ մեր օրերը, յարակից ազգային պարագաներով պատմուած* [Azgapatoum: Happenings of the Armenian Orthodox Church from the Beginning to the Present Day, told with Concornitant National Circumstances], Constantinople.

RHC Doc. Arm. (1869): Académie des Inscriptions et Belles-Lettres (ed.), *Recueil des Historiens des croisades, Documents arméniens* (1869–1906), 1, Paris.

Samouel (2014): Karen Mat’evosyan, *Սամուէլ Անեցի եւ շարունակողներ, ժամանակագրութիւն Ադամից մինչեւ 1776* [Samuel Aneci and his successors, Chronology from Adam to 1776], Yerevan.

TIB 2 (1981): Friedrich Hild and Marcell Restle (eds.), *Kappadokien (Kappadokia, Charsianon, Sebasteia und Lykandos)* (Tabula Imperii Byzantini 2. Österreichische Akademie der Wissenschaften, Denkschriften der phil.-hist. Klasse 149), Vienna.

Vanérian (2007): M. Mariam Vanérian, *La correspondance de Saint Nersês Chnorhali avec les Arméniens* (Thèse Doctorat de l’Université Paul Valéry, Montpellier III: Histoire et civilisation, Juin 2007).

Voskean (1926): P. Hamazasp Voskean, *Մատենագրական քննութիւններ, III: Գ. Մխիթար Գոշ* [Literary Studies III: Mxitar Goš] (National Library 112), Vienna, 123–192.

Winkelmann (1978): Friedhelm Winkelmann, “Zum byzantinischen Staat (Kaiser, Aristokratie, Heer)”, in: Friedhelm Winkelmann, Helga Köpstein, Hans Ditten, and Ilse Rochow (eds.), *Byzanz im 7. Jahrhundert: Untersuchungen zur Herausbildung des Feudalismus* (Berliner byzantinische Arbeiten 48), Berlin, 161–224.

Zachariä von Lingenthal (1894): Karl Eduard Zachariä von Lingenthal, “Wissenschaft und Recht für das Heer vom 6. bis zum Anfang des 10. Jahrhunderts”, in: *Byzantinische Zeitschrift* 3, 450–453.

Ulrich Rebstock

Alter und neuer Streit um die byzantinischen Einflüsse auf die Herausbildung des islamischen Rechts

> ... das Gebiet, um das es geht, ist an ein gemächliches Tempo gewohnt; die Forschungstätigkeit ist dort fast zum Erliegen gekommen. Das hat viel damit zu tun, daß kaum noch jemand die erforderlichen Sprachkenntnisse mitbringt. Althistoriker können kein Arabisch, die Arabisten kaum noch Griechisch, und selbst einen Orientalisten, der neben dem Arabischen noch mit dem Syrischen umgehen kann, muß man in der jüngeren Generation mit der Lupe suchen. In Deutschland kann von einem wissenschaftlichen Gespräch über das in Frage stehende Thema längst keine Rede mehr sein; Byzantinisten und Arabisten gehen sich aus dem Wege. (S. 181) ... Den Althistorikern und Byzantinisten tut es gut, zu sehen, wie selbständig der Beitrag der Araber auch in den dunklen Jahrhunderten war. Der Arabist und Islamist wird erneut daran erinnert, daß das Christentum nicht nur in Palästina oder im Irak, sondern auch auf der Arabischen Halbinsel eine prägende Kraft war; das wird im Lichte dessen, was später kam, gerne übersehen.[1]
>
> Josef van Ess (1994)

Gegen diese pessimistische Diagnose islamwissenschaftlicher Byzanzforschung schrieb der aus Palästina stammende Byzantinist Irfan Shahîd (st. 2016) ein Leben lang an. Neben seinen frühen Hauptwerken zum Thema – „Byzantium in South Arabia“ (1979) und *Byzantium and the Arabs* in drei Bänden (1984–1995) – befasste er sich in „Islam and Oriens Christianus: Makka 610–622 AD“ (2006) und in seinem sechsbändigen *œuvre majeure, Byzantium and the Arabs* (1984–2010) verstärkt mit der hier im Mittelpunkt stehenden Phase der frühesten Kontakte der jungen islamischen Gesellschaft mit ihren christlichen Nachbarn. Vielleicht gibt es ja nun jetzt Anlass, der skeptischen Kritik van Ess' am Weitblick der beteiligten Fachdisziplinen Paroli zu bieten.

Die Frage nach der Herkunft und Entstehung des islamischen Rechts ist eine akademische Frage. Darüber sind sich zumindest die islamischen Traditionswissenschaften einig – und das geschieht selten: Mit der Offenbarung der Sure 5 (*al-Māʾida*, Der Tisch), der letzten der 114 Suren, starb am 8. Juni 632 in Medina, im Innern Arabiens, weitab der zivilisierten Welt, ihr Adressat, ein gewisser Abū l-Qāsim Muḥammad b. ʿAbdallāh b. ʿAbdalmuṭṭalib b. Hāšim. Begonnen hatte diese Offenbarung, des *Qurʾān*, ar. für die Lesung, 22 Jahre zuvor in der Stadt Mekka mit den ersten Worten der Sure 96: *„iqraʾ bi-smi rabbika iqraʾ“*, Lies, im Namen Deines Herrn, lies! Was Muḥammad da verlesen sollte, heißt Arabisch genauer *al-furqān*, „die Scheidung“, die Trennung des Alten vom Neuen. Sie wird offenbart, inmitten polytheistischer arabischer Stammesreligionen, als eine abrahamitische Botschaft, als eine letzte Botschaft von Gott an diesen Propheten

1 van Ess (1994) 181–184, hier 184.

https://doi.org/10.1515/9783111331126-007

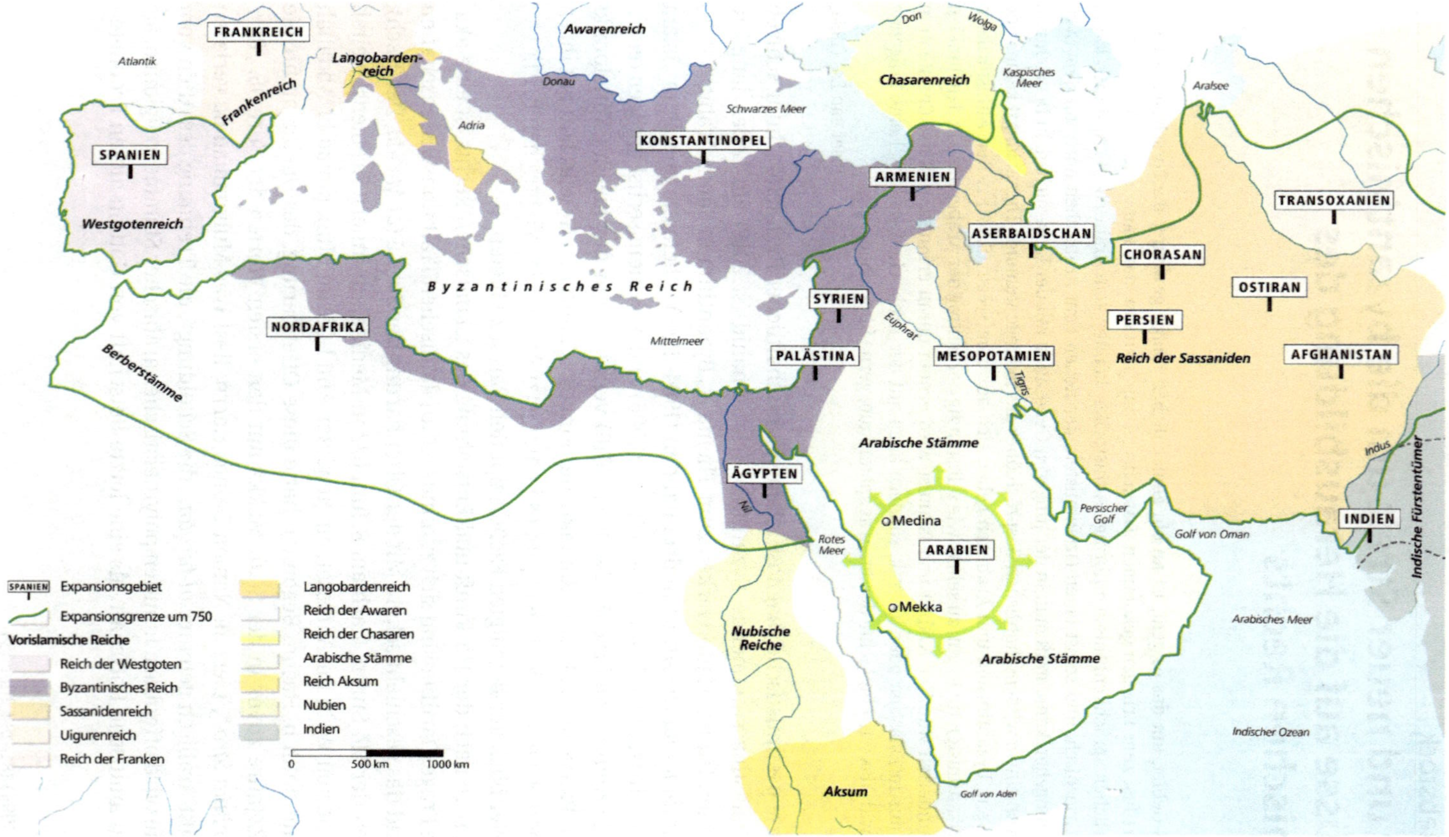

Abb. 1: Der Expansionsraum zur Zeit Mohammeds. Quelle: Kettermann (2001) 20.

Muḥammad, der mit ihr die monotheistisch überhöhte Schlussetappe der semitisch-orientalischen Offenbarungsreligionen, den Islam, begründet (Abb. 1). Ich möchte an dieser Stelle gleich vorausschicken, dass ich mich nicht zu jenen Radikalrevisionisten zähle, deren Skepsis neuerdings gegenüber der islamischen Historiographie so weit geht, dass sie nicht nur den Offenbarungscharakter des Koran anzweifeln, sondern dazu auch gleich seinen Adressaten, die Person des Propheten Muḥammad, in den Orkus des Zweifels hinterherschicken.

Was somit die islamische Theologie ihren eigenen Traditionswissenschaften versperrte, bescherte dafür der vergleichenden Islamwissenschaft seit ihren Anfängen ein virulentes Thema: Wie konnte sich innerhalb so kurzer Zeit in einem so multikulturellen Gebiet wie dem (zuerst umaiyadischen 656–750, dann ʿabbāsidischen 750–1268) Kalifatsterritorium ein Rechtssystem wie das islamische entwickeln und sich dabei von so unterschiedlichen Vorgängersystemen absetzen wie dem römisch-byzantinisch christlichen und dem sāsānidisch zoroastrischen Staatsrecht, als auch von der im gesamten Orient diffus verbreiteten jüdischen *Halacha* (etwa den *Halachot Gedolot* und den *Halachot Pesuqot*), dem praktischen jüdischen Religionsrecht?[2]

Die Umstände der Entstehung der islamischen Glaubensgemeinschaft, der *umma*, und ihrer ersten politischen Ausdrucksformen im Kalifat der vier rechtgeleiteten Kalifen führen schon nach wenigen Jahren aus dem beduinischen Arabien hinaus, mitten hinein in die Macht- und Kulturräume der beiden Imperien, deren Nachfolger sie im Vorderen Orient in kürzester Zeit werden sollten: Byzanz und das Sāsānidenreich. Vorbedingung dafür war der letzte der „Perserkriege", in welchen die beiden Großmächte fast über ein halbes Jahrtausend hinweg um die Vorherrschaft in Vorderasien gerungen hatten: Nachdem die Perser unter Ḫusrāw II. (reg. 591–628) große Teile des byzantinischen Orients erobert und 613 das „Kreuz der Christenheit" aus der Jerusalemer Grabeskirche nach Ktesiphon, der sāsānidischen Hauptstadt, verbracht hatten, schien die Reformpolitik Kaiser Heraklios' Früchte zu tragen. 629 marschieren griechische Truppen in Ktesiphon ein – Ardašīr (reg. 628–632) war gerade Qubāḏ II. (reg. 628) auf den Pfauenthron gefolgt –, requirieren das entführte Heilige Kreuz und reinstallieren es triumphal am 19.9. in der Grabeskirche zu Jerusalem. Für die leid- und kriegsgeprüften Bevölkerungen – gleich welcher kulturellen Zugehörigkeit – schien nun ein Ende dieses langen Kulturkampfes in Sicht.

Wenige Jahre später zeigt ein Blick auf die von nun an islamische Karte des Orients (Abb. 1), wie trügerisch dieser Eindruck gewesen war. Entlang der Veränderung der Flächenfarbe von Dunkel-Türkis bis zu hellem Lindgrün ist die ungeheure Expansionsdynamik der arabischen Truppen seit der Hiǧra des Propheten und dem Kalifat der vier rechtgeleiteten Kalifen, während gerade 29 Jahren, von 632 bis 661, nach Norden, Osten und Westen zu verfolgen, hinein in die Peripherie der beiden Großmächte und

2 Zu einer allgemeinen Einschätzung dieses Einflusses vgl. Jokisch (2007) 61–62, 71–75, 107–109 und 522–523.

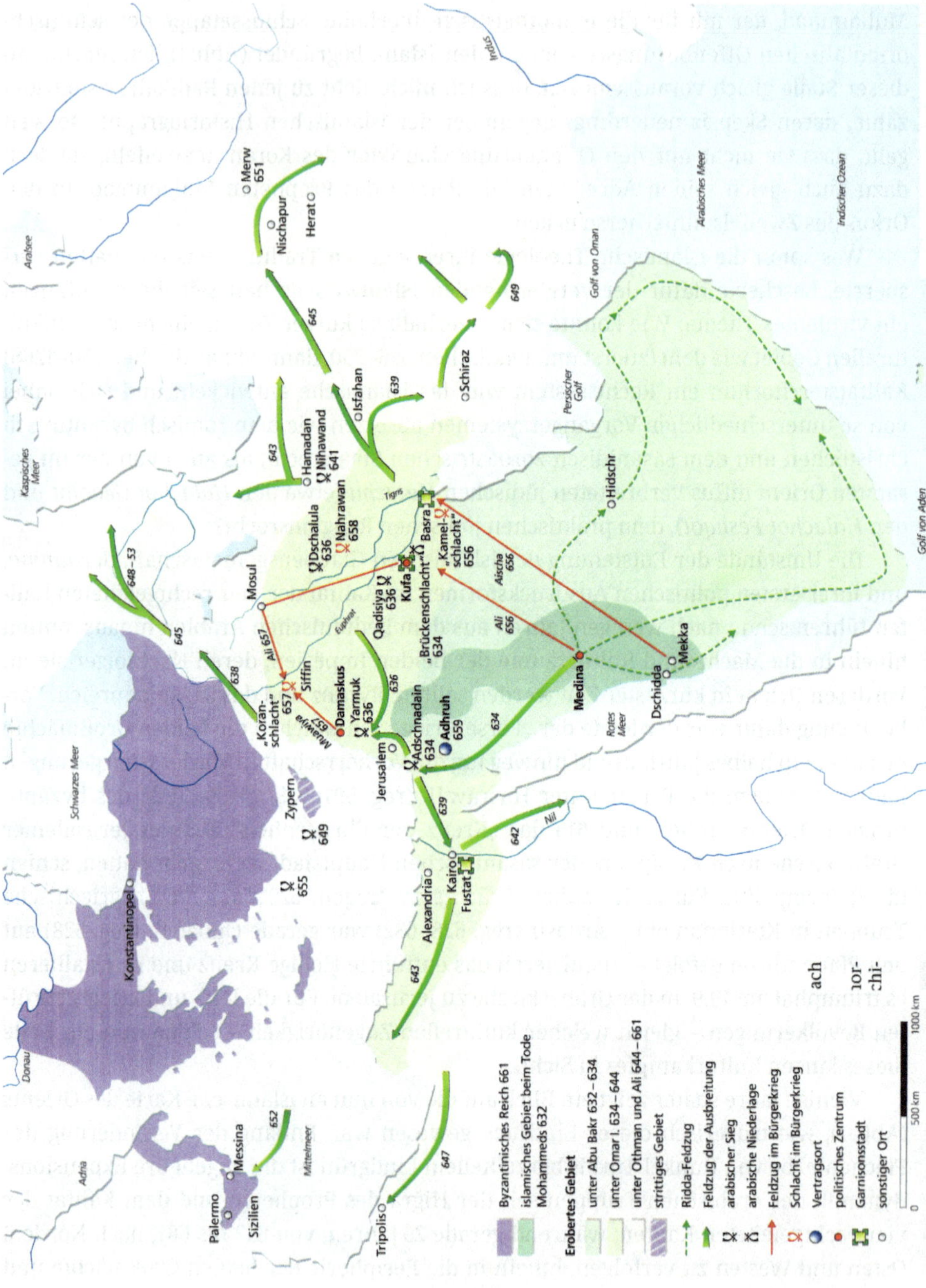

bald auch in ihre Zentren (Abb. 2). Wenig später verlagern sich die politischen und militärischen Schwerpunkte des Kalifats aus dem Innern Arabiens nach Norden, in das

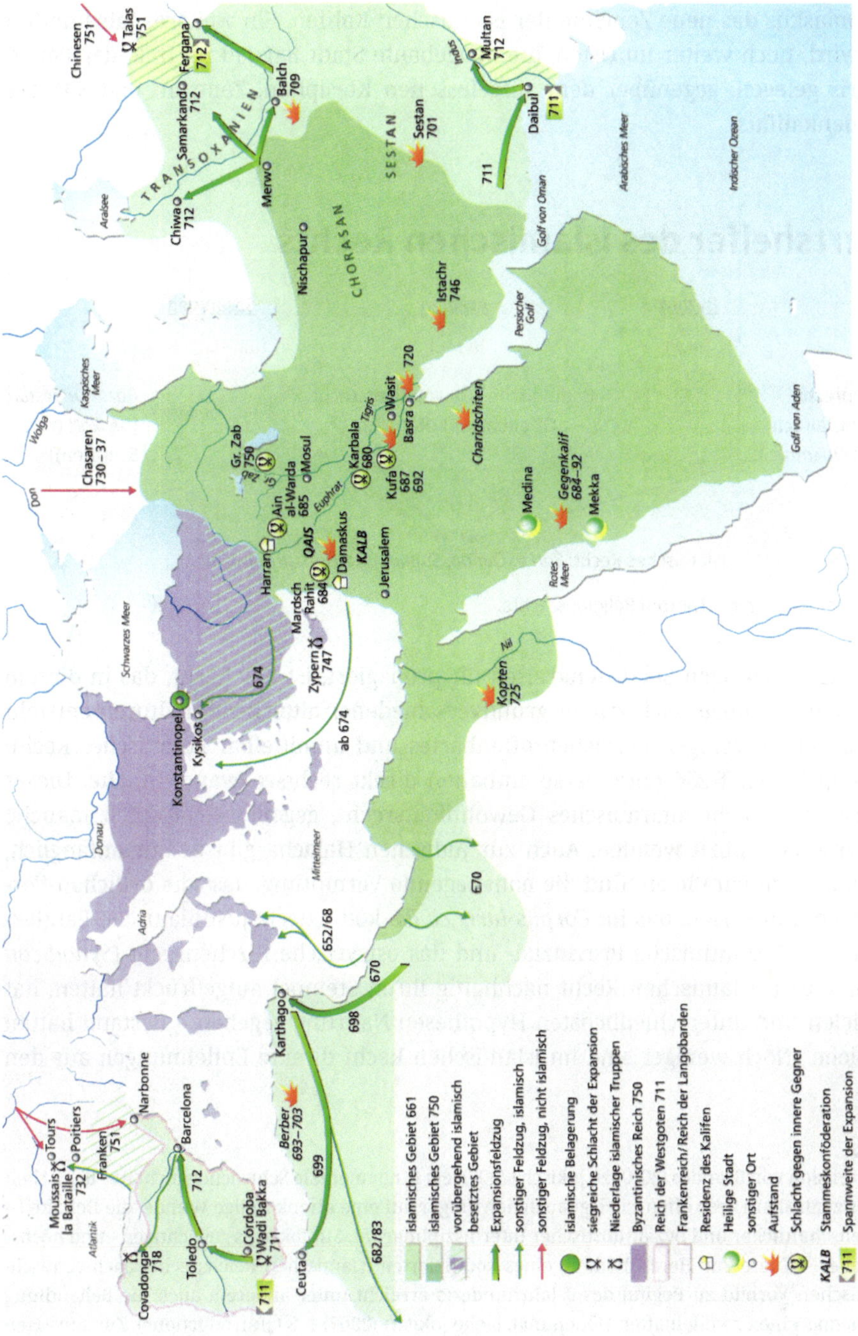

Abb. 3: Die Verlagerung der Expansionsschwerpunkte des islamischen Reichs. Quelle: Kettermann (2001) 27.

alte Kulturgebiet zwischen Euphrat und Jordan (Abb. 3). In *Šām* – so heißt nun Syrien, das Gebiet der ehemaligen römischen Provinzen Syrien und Arabien, und bis heute –

wird Damaskus das neue Zentrum der islamischen Kalifen. Ein weiteres Jahrhundert später wird, noch weiter im Osten, die neugebaute Stadt Baġdād im Irak, der Persis, am Tigris gelegen, gegenüber dem aufgelassenen Ktesiphon, Zentrum und Sitz des ʿAbbāsidenkalifats.

Geburtshelfer des islamischen Rechts

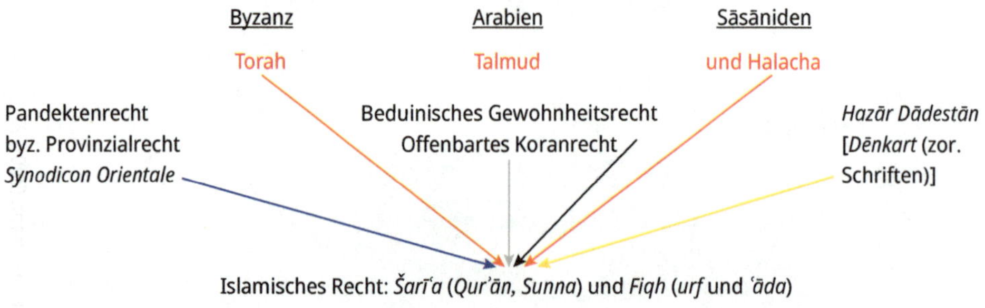

Abb. 4: Typologie der involvierten Religionsrechte.

Anders als in heutigen Salafistenkreisen oft propagiert, ist das Recht, das in diesem islamischen Nachfolgereich zweier grundverschiedener alter Reichskulturen entsteht (Abb. 4), nur in wenigen Bereichen offenbartes und unmittelbar koranisches Recht: nur knapp 50 der 6.236 Koranverse enthalten direkt rechtsrelevante Inhalte. Dieses Recht ist auch nicht altarabisches Gewohnheitsrecht, gegen welches sich manche Koranverse ja explizit wenden. Auch zur jüdischen Halacha gibt es nur anfänglich, in Medina, noch Parallelen. Und die naheliegende Vermutung, dass die örtlichen Vorgängerrechte in Syrien, das im *Corpus iuris civilis* kodifizierte justinianische Pandektenrecht, das byzantinische Provinzial- und das ostsyrische Kirchenrecht (*Synodicon Orientale*), dem islamischen Recht nachhaltig ihren Stempel aufgedrückt hätten, hat zwar vielen und unterschiedlichsten Hypothesen Nahrung gegeben – Bestand hatten diese nicht.[3] Noch weniger sind im islamischen Recht direkte Entlehnungen aus den

3 Die Rezension von Brandes (2010) zu Jokisch (2007) legt fundamentale Schwächen nicht nur der Arbeit und ihrer zentralen These offen, sie legt auch den Finger auf eine offenkundige Wunde: die Defizite islamwissenschaftlicher und byzantinistischer Interdisziplinarität. Mit Jokischs gewichtiger – und höchst umstrittener – These zur Herausbildung eines kodifizierten islamischen Reichsrechts nach römisch-byzantinischen Vorbild zu Beginn des 9. Jahrhunderts erreicht unter anderem auch die Behandlung dieses Themas einen zweifelhaften Höhepunkt, siehe Jokisch (2007) 1–8 („Introduction"). Zur sonstigen spärlichen byzantinistischen Wahrnehmung, siehe Sypiański (2013) 456–478, hier 467, der nur (und ungenau) aus Jokisch 2007) 333–334 auf private religiöse Beziehungen der Kalifen zu Byzanz verweist. In Gutas u. a. (2017) 79–98 wird Jokisch überhaupt nicht erwähnt. Unmissverständlich, aber wohlbegründet knapp ist die islamwissenschaftliche Einschätzung von Peters (2009) 529–530, hier 530: „Islamic

Hazār Dadestān auszumachen, den *1.000 Rechtsentscheidungen*, einem sehr spät, kurz nach 600 verfassten Konvolut zoroastrisch-sāsānidischen Staatsrechts. Und doch kann, wie wir sehen werden, keiner dieser Rechtsquellen ihre Rolle als Geburtshelfer der *šarīʿa* und des *fiqh*, des islamischen Traditionsrechts und der Jurisprudenz, ganz abgesprochen werden.[4]

Entwicklung in der Islamwissenschaft

- Ignaz Goldziher (1850–1921)
- Snouck Hurgronje (1857–1936)
- Carl-Heinrich Becker (1876–1933)
- Gotthilf Bergsträsser (1886–1933)
- Joseph Schacht (1902–1969)
- Georges-Henry Bousquet (1900–1978)
- John Wansbrough (1928–2002)

- Edward Said (1935–2003), Wael Hallaq (geb. 1955)
- Patricia Crone (1945–2015), Michael Cook (geb. 1940) = *„Banū Wansbrough"*

- Benjamin Jokisch (2007)

Die Meinungen über Ausmaß und Eigenart dieser Geburtshelferrolle gehen weit auseinander: Ignaz Goldziher (1850–1921 Budapest), den man getrost als einen der Begründer der Islamwissenschaft bezeichnen kann, wurde von dem Anspruch angetrieben, einen Islam zu erforschen und der wissenschaftlichen Öffentlichkeit zu eröffnen, in dessen abstrakter Rechtswissenschaft er die ideale Vervollkommnung des jüdischen

Imperial Law is not a serious contribution to the debate on the origins of Islamic law and is, therefore, a great disappointment." Rüdiger Lohlkers Rezension schließt rätselhaft trivial: „Ein scheinbar obskures Thema gewinnt so an unvermuteter Brisanz in Zeiten des Versuches der Konstruktion europäischer Exklusivität" (Lohlker [2009] 487).

4 Stellvertretend für die sichtbaren Beispiele dieser komplexen Erbfolge mag die Kreuzigung als Kapitalstrafmaß dienen: Durch die Römer gelangte die Kreuzigung in die orientalischen Provinzen des Römischen Reiches. Sie wurde zwar von der Konstantinischen Gesetzgebung abgeschafft, blieb aber im Sāsānidenreich stets im Gebrauch. Im Koran wird sie unter anderem in der Sure *al-Māʾida* (Der Tisch) 5:33 behandelt: „Die Vergeltung für die, die gegen Gott Krieg führen ... soll dies sein, dass sie getötet oder gekreuzigt werden, oder dass ihnen Hände und Füße wechelseitig abgehackt werden, oder dass sie aus dem Land verbannt werden." (Khoury [2004]). Letztere Alternative der Verbannung realisiert sich bei den beiden größten islamischen Rechtsschulen, den Ḥanafiten und den Mālikiten, in Form einer Gefängnisstrafe. Zu einer rechtsverbindlichen Strafform ist die Kreuzigung im islamischen Recht nie und nirgendwo geworden. Mehr dazu bei Spies (1967) 143–156.

und christlichen Monotheismus erkannte.[5] Sein niederländischer Kollege Snouck Hurgronje (1857–1936 Leiden), Theologe, Arabist und lebenslang in niederländischen Kolonialdiensten, – er war einer der ganz wenigen Islamwissenschaftler, die längere Zeit und als Christ unerkannt in Mekka arbeiten durften – wiederum votierte gerade wegen dieses theoretisch-abstrakten Charakters des islamischen Rechts aus politischen Gründen dafür, europäisches Recht im islamischen Indonesien einzuführen. Anders dagegen Carl-Heinrich Becker (1876–1933), ein Schüler Goldzihers, wie auch Gotthelf Bergsträsser (obwohl Pfarrersohn, jedoch auch Watzmannbezwinger, 1886–1933) und oben genannter Joseph Schacht (1902–1969): Sie alle drei näherten sich ihrem Fachgebiet Semitistik und Islamwissenschaft ohne betonte politische oder theologische Ambitionen. Insbesondere Joseph Schacht gelang ein neuer und ganzheitlicher Blick auf die Entwicklungsgeschichte des islamischen Rechts. Mit seinen beiden Büchern (*The Origins of Muhammadan Jurisprudence,* Oxford 1950, wo er ab 1946 im Exil lehrte, und *An Introduction to Islamic Law,* Oxford 1964) begründete er in den 50er Jahren eine Schule, die mit ihren wesentlichen Grundthesen bis in die 90er Jahre Bestand hatte, die dann aber in einer fast revolutionsartigen Welle und von den verschiedensten Kräften aus dem internationalen islamwissenschaftlichen Lehrbetrieb verbannt wurde. Nun wurde der britische Historiker John Wansbrough zum Hauptvertreter einer neuen Schule, die die Authentizität der islamischen Primärquellen als solche anzweifelte und ihre Entstehung ins späte zweite islamische Jahrhundert verlegte.[6]

Josef Schacht hatte sich der Frage der Herkunft und den möglichen exogenen Einflüssen auf die Genese des islamischen Rechts gesondert angenommen, in einem kurzen Aufsatz *Foreign Elements in Ancient Islamic Law* von 1950.[7] Anders als sein französischer Freund und Kollege Georges-Henry Bousquet,[8] der gar von einem „Wunder" bei der Herausbildung des islamischen Rechts sprach, betrachtete dort Schacht, als Historiker, seinen Untersuchungsgegenstand konsequent unter dem Blickwinkel der vier zeitgenössischen Rechtssysteme, denen er eine Möglichkeit der Einflussnahme zusprach: das sāsānidische Recht, das römische Recht (einschließlich des syrischen Landrechts), das kanonische Recht der Ostkirchen und das Talmudische Recht. Schacht betonte dabei, dass die Einflüsse *jenseits* des eigentlichen Rechts *mit* berücksichtigt werden müssten, etwa die weitreichenden jüdischen und christlichen Einflüsse auf die Entwicklung des islamischen Rituals und Kultus, aber auch die administrativen Nachwirkungen der rö-

---

5 Goldzihers Grundposition zum Thema ist in seinem Artikel zum *fiqh* in der *Enzyklopädie des Islam* (Goldziher [1927] 101) angedeutet: „Der in der Gestaltung und Entwicklung des Islams vorherrschende rezeptive Charakter hat sich, selbstverständlich zuerst in rituellen Sachen [...], auch in Entlehnungen aus dem jüdischen Gesetz bekundet."

6 Mittlerweile wird für diese historisch-kritische Welle in einem speziellen Wikipedia-Artikel der schon erwähnte irreführende Begriff des „Revisionismus" verwendet: https://de.wikipedia.org/w/index.php?title=Revisionistische_Schule_der_Islamwissenschaft&action=history (Stand 24.02.2024).

7 Schacht (1950a) 3–4; 9–17.

8 Bousquet (1947) 66–81.

misch-byzantinischen und persisch-sāsānidischen Einrichtungen, sogar, dass diese als so nachhaltig betrachtet werden müssten, dass ihre originären Spuren deshalb kaum mehr zu identifizieren seien.[9] Schachts „Lehre“ und Vorgehensweise wurde bald schon von zwei völlig verschiedenen Seiten massiv kritisiert. Die beiden Protagonisten der Kritik an Schacht, die dänische Islamwissenschaftlerin Patricia Crone (1945–2015), die in Oxford, Cambridge und Princeton lehrte,[10] und der 10 Jahre jüngere palästinastämmige US-Amerikaner Wael Hallaq von der McGill University in Toronto, gerieten dabei scharf aneinander.[11]

Crones Kritik an Schacht war und blieb epistemologischer Natur. Ein Schlüsselsatz aus Crones Buch *Roman, Provincial and Islamic Law* von 1987 bringt das auf den Punkt: „[not] a single item of Goldziher's and Schacht's list of Roman elements in Islamic law has been proved, and several are demonstrably wrong“.[12] Nicht weniger kompromisslos griff Hallaq seinerseits nun Crone auf breiter Front an. Das Zitat hier aus seiner oben genannten Rezension von 1990 ist unmissverständlich:

> Crone's **pre-Islamic Arabia** is „sparsely inhabited and uniformly impoverished,“ a place where the **miserable bedouin** goes „to battle for the sake of honour and excitement.“ This **Arabia**, which had no history but only primitive events to record, possessed no real culture, and **the Islam** that it produced makes for no more than a historical mischance. **The Muslims – or Arabs** for that matter – she declares, „might very well have stayed in their peninsula, and to this extent their conquest **was a formidable accident**.“[13]

Aus diesen Zeilen (und meinen Hervorhebungen) wird deutlich, dass Hallaqs Kritik von einer universalistischen Welle getragen wurde. Um Kollektivbegriffe wie „pre-Islamic Arabia“, „Islam“, „Muslims“ und „Arabs“ entzündet sich die Polemik, die dieser Welle einen Impetus verleiht, der bald auch die Crone'sche Methodenkritik erfasste und überrollte. Sie könnte als das Steinchen ausgemacht werden, welches eine von nun an stetig in Breite und Stärke wachsende Welle arabisch-islamischer kultureller und politischer Identitätssuche auslöste. Sie beförderte nämlich eine Historismus-Debatte, die weit über die vorausgegangene engere Debatte zur Authentizität der islamischen Primär-

9 Erinnert sei in diesem Zusammenhang noch an begriffliche Restzeugnisse, wie z. B. ar. *liṣṣ*, der Dieb, von gr. ληστής, oder ar. *tadlīs* (Betrug), von gr. δόλος, lat. *dolus*, abgeleitet, oder die Termini für Almosen-Steuerrecht (*zakāt*, *ṣadaqa*), beides Begriffe aus dem Aramäischen, und viele andere Bezeichnungen für Elemente aus den syrischen und irakischen Steuersystemen.

10 Die zusammen mit Michael Cook verfasste – und später von beiden Autoren in wichtigen Teilen revidierte – provokante Studie *Hagarism. The Making of the Islamic World* (Crone u. Cook [1977]) bedeutete in diesem islamwissenschaftlichen ‚Historikerstreit' einen Wendepunkt in der Auseinandersetzung mit den bisher etablierten Lehrpositionen zur Authentizität der islamischen Primärquellen und den auf ihnen begründeten Geschichtsrekonstruktionen.

11 Siehe dazu die ausführliche Rezension von Hallaq (1990) 79–91, hier 80b–81. Zu Hallaqs Kritik an Schacht wiederum siehe Powers (2010) 126–157.

12 Crone (1987) 11; vgl. auch 102–106.

13 Hallaq (1990) 80b–81.

quellen hinausging. Wie jene wird auch diese aktuelle Historismus-Debatte von einem nun aber deutlich zunehmenden ideologischen Unterton motiviert. Ihre vielleicht sichtbarste Ausdrucksform, wenn auch in einem eher unerwarteten Wissenschaftsbereich, hat sie mit der seit 2012 weltweit gezeigten Ausstellung und mehrfach aufgelegten Begleitpublikation von *1001 Inventions* bekommen (Abb. 5).[14] Hier ein Auszug aus der inoffiziell publizierten Rezension zur 2. Auflage von Sonja Brentjes, einer der führenden KennerInnen der islamischen Wissenschaftsgeschichte:

1001 Inventions: The Enduring Legacy of Muslim Civilization

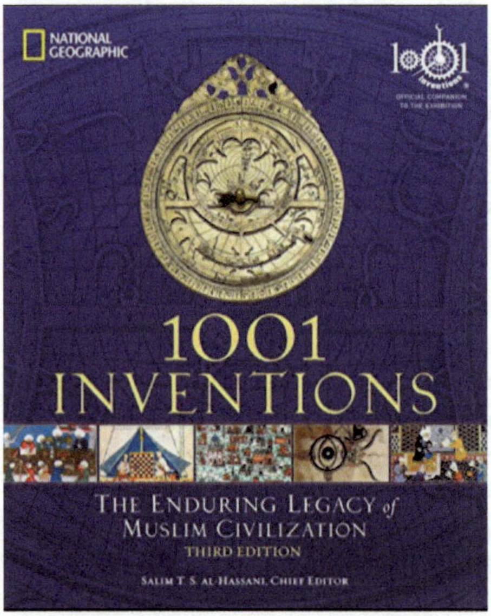

- **Muslims laid the foundations of modern science** and technology (Introduction, Chapter 1, Chapter 2, et al.)
- **Great Muslim men and women of the past** – mathematicians, astronomers, chemists, physicians, architects, engineers, economists, sociologists, artists, artisans, and educators – **expressed their religiosity through beneficial contributions to society and humanity**. (Preface by S. al-Hassani).
- **Muslims were the first to discover or invent many different things in the sciences**, technologies, industries and daily life (throughout the chapters).
- **If Muslims continued earlier scholarly projects they often revolutionized their treatmen**t (for instance in Chapter 1 and 2).

Abb. 5: Al-Hassani (2012), Titelblatt.

Der hier gezeigte Teil des Kommentars von Brentjes (vom 28.2.2012) nimmt die ‚Botschaft' der Ausstellung ins Visier. Wichtigster Teil dieser Botschaft ist der globale muslimische Führungsanspruch in der Wissenschaftsgeschichte. Vor diesem Hintergrund wird stellvertretend klar, dass auch die Frage nach der Herkunft des islamischen Rechts, sei sie ontologisch, epistemologisch, soziologisch oder historiographisch motiviert, sich nicht mehr ohne kulturpolitische Implikation behandeln lässt. Zugleich wird damit auch deutlich, warum ich mich einer ganzheitlichen Stellungnahme zur Frage nach der Ge-

14 Al-Hassani u. a. (2012).

nese des islamischen Rechts an dieser Stelle enthalten muss. Dieser Selbstbeschränkung bedarf es auch in der anderen Richtung, nämlich der Ausweitung der Fragestellung auf die Herausbildung des kodifizierten islamischen Rechts, also der Ähnlichkeiten und Abhängigkeiten der im 9. Jahrhundert kompilierten Codices der islamischen *Maḏāhib* (Rechtsschulen) und der von ihnen repräsentierten orthodoxen Rechtslehre von römischen, kanonischen und jüdischen Rechtscodici. Doch möchte ich – als Ausweg und Anregung – auf neuere ausgewählte Literatur verweisen, die vielleicht Wege dahin aufzeigt; zuerst kurz auf eine einschlägige, aber leider zu wenig beachtete Studie von 1999, und danach auf zwei jüngere Monographien, die beide jeweils eine ermutigende und eine verstörende Gemeinsamkeit besitzen.

Jüngere Einzelstudien zur islamischen Rechtsgenese

- **Irene Schneider (1999)**: *Kinderverkauf und Schuldknechtschaft*[15]: „vorliterarische Phase (bis Mitte 2. Jh.): ‚*islamischer*' Standpunkt"
- **Tobias Scheunchen (2019)**: *Cosmology, Law, and Elite in Late Antiquity. Marriage and Slavery in Zoroastrismus, Eastern Christianity, and Islam.*
- **Milka Levy-Rubin (2011)**: *Non-Muslims in the Early Islamic Empire. From Surrender to Coexistence.*

Verstörend, bei allen dreien, ist ihre stiefmütterliche Wahrnehmung von Seiten der wissenschaftlichen Literatur. Dies gilt ganz besonders für die 1999 erschienene Habilitationsschrift der in Göttingen lehrenden Irene Schneider mit dem Obertitel *Kinderverkauf und Schuldknechtschaft*, in der geradezu exemplarisch die Komplexität einer solchen Untersuchung gezeigt wird. Schneider stellt dort (S. 19) direkt die Frage, ob das islamische Recht in Parthenogenese oder als Konglomerat verschiedener vorislamischer Rechts*normen* und – dies zeichnet die Studie aus – Rechts*praktiken* entsteht. Zu diesem Zweck durchforstet sie ausgewählte Primär- und Sekundärliteratur der in Frage kommenden Vorgängerrechtskulturen (inklusive der sumerischen) nach vergleichbaren Rechtsvorschriften zu einem Schlüsselbereich des Personenstandsrecht: nämlich zu den verschiedenen Formen des Freiheitsverlusts, darunter auch die Versklavung, zu der wir gleich noch einmal zurückkommen werden. Schneider kommt in ihrem ausgewogenen und vorläufigen Untersuchungsergebnis zu dem Schluss, dass in der vorliterarischen Phase, den ersten 1½ islamischen Jahrhunderten der Entstehung des islamischen Rechts, ein „teilweise[s] Weiterleben vorislamischer Rechtsnormen" und die Entwicklung eines „‚islamischen' Standpunkts in spezifischen Fragen des Rechts zusammenwirkten".[16] Es sind genau diese islamisch modifizierten Standpunkte, die aus

15 Rezension: Rebstock (2000) 442b–447a.

16 Schneider (1999) 359.

der kritischen Auseinandersetzung muslimischer Gelehrter mit vorislamischen Rechtsnormen und konkreten Problemen der lokalen Rechtspraxen hervorgegangen waren.

Auch die beiden anderen Monographien greifen ein Thema auf, welches *sui generis* fachübergreifender Fähigkeiten – und karriereverachtender Wissenschaftscourage – bedarf. Im Falle der Masterarbeit von Tobias Scheunchen[17] ist aus zeitlichen Gründen nachvollziehbar, weshalb seine Resultate bisher noch nicht aufgegriffen wurden. Dies gilt aber nicht für die zweite Monographie, nämlich die von Milka Levy-Rubin[18] aus dem Jahre 2011, die – was ebenfalls bezeichnend ist – selbst von Scheunchen nicht genannt wird. Beide Arbeiten – und jetzt sind wir bei der ermutigenden Gemeinsamkeit – sind einschlägig wissenschaftlich akkreditiert, benutzen im Wesentlichen die gleichen Primärquellen und kommen zu Ergebnissen, die – zumindest teilweise – das Prädikat neu und verdienstvoll verdienen. Und doch muss an dieser Stelle an Josef van Ess erinnert werden: In keinem der drei Monographien wird auch nur einmal der Name Irfan Shahîd erwähnt!

Beginnen wir mit der älteren und umfassenderen der beiden Arbeiten: Levy-Rubin konzentriert sich auf die Frage, in welchem Maße die von den Muslimen eroberten Völker und religiösen Gemeinschaften ihre soziale, kulturelle und rechtliche Integration mitbestimmten. Anders als Jokisch und auch Scheunchen[19] betont sie nicht die jüdischen Einflüsse auf die beginnende islamische Rechtsmethodik, sondern verfolgt die noch aufzuspürenden jüdischen Rechtserfahrungen unter byzantinischer und sāsānidischer Herrschaft (siehe vor allem S. 116–120). Überraschendes Ergebnis ihrer Untersuchung ist insbesondere die Nachhaltigkeit, mit der sich vorislamisch byzantinische und sāsānidische Sitten und Bräuche in diesem Prozess behaupteten, in die islamische Gesellschaft hineingetragen wurden und dort weiterwirkten. Dazu erfasst sie zuerst die während der Perserkriege im Untersuchungsgebiet geläufigen Typen der Unterwerfungsabkommen, mit denen nun die islamischen Vertragsverhandlungen in Konkurrenz traten (S. 32–52).[20]

Gegenüber den vergangenen leidvollen Erfahrungen der Städte und Gebiete während der Perserkriege eröffneten die militärischen Konfrontationen mit den muslimischen Arabern während der Eroberungsphase eine zukunftsweisende Alternative der Unterwerfung: *ʿanwatan* oder *ṣulḥan*, die erstere bedingungslose Kapitulation oder die letztere, per Vertrag ausgehandelte, die von i. d. R. schriftlichen „Verträgen" (*kitāb*,

17 Scheunchen (2019).

18 Levy-Rubin (2011).

19 Jokisch (2007) beruft sich auf Wegner (1982) 25–71, wogegen Scheunchen (2019) sich auf János (2005) 291–332) bezieht.

20 Zu dieser Art von Vertrag sind im Übrigen – zumindest bislang – wenig bis gar keine Originaltexte oder Dokumente erhalten. Die Bedingungen müssen gänzlich aus sekundären Quellen erschlossen werden. Sie regelten meist nicht, wie bei den römisch-byzantinischen Verteidigungsallianzen, die Beziehungen zwischen etwa gleich großen Vertragspartnern, sondern zwischen größeren arabischen Machteinheiten und den kleineren Städten im sāsānidischen Reichsgebiet.

ʿahd, ʿaqd) begleitet war, im Geiste des arabischen vor-islamischen *ǧiwār*-Rechts:[21] der Fremden-Schutzgewähr durch den Gastgeber. Drei Gebietstypen wurden danach unterschieden: das Kriegsgebiet (*dār al-ḥarb*), das Vertragsgebiet (*ḏār aṣ-ṣulḥ*) und dessen Waffenstillstandsvariante (*dār al-ʿahd*).[22]

Unter diesen friedlichen vertraglichen *Ṣulḥ*-Einigungen lassen sich nun – und das ist neu und mühsam herausgearbeitet und sogar kartographiert, wie gleich zu sehen ist – zwei *verschiedene Ṣulḥ*-Vertragstypen unterscheiden: der Typ des „Kapitulations-" und der des „Vasallenvertrags". Der Kapitulations-Vertrag ist meist nach römisch-byzantinischem Vorbild ausgestaltet. Es überrascht deshalb nicht, dass in Levy-Rubins penibler Durchsicht der arabischen Historiker dieser Typus deutlich in den ehemals byzantinischen Regionen in Ägypten, Syrien und Mesopotamien vorherrscht. Hier boten die Muslime *ḏimma* (Schutz) der Bevölkerung gegen Entrichtung der *ǧizya*, der Individual- oder Kopfsteuer von 1 Golddīnār pro Mann und Jahr an. Die bilateral ausgehandelten Verträge betrafen ganze Städte, aber auch einzelne Volks-, Menschen- und Berufsgruppen (darunter auch Priester und Mönche), sie betrafen Eigentum wie Gebäude (etwa Mühlen und Kirchen), aber auch religiöse Bräuche und Feste, immer unter der Vorrausetzung, dass solche Vorrechte nicht mit islamischen Pendants kollidierten. Andererseits legt die unmittelbare Vorgeschichte auch persische Einflüsse auf diese postmilitärischen Vertragsregelungen und gegenseitigen Sicherheitsgarantien nahe: Immerhin hatte die persische Besatzung über Jahrzehnte hinweg weite Teile des byzantinischen Ostgebiets geprägt.

Levy-Rubin: Rechtsrahmen der vertraglichen Unterwerfung

ʿanwatan – „gewaltsam erzwungene" Kapitulation (ohne Vertrag)

→ **[1]** *dār al-ḥārb* (<= *dār ar-rūm*?, Kriegsgebiet), *ǧihād* …

ṣulḥan – friedliche vertragliche Einigung

→ **[2]** *dār aṣ-ṣulḥ* (Vertragsgebiet):

baqṭ (lat. *pactum*, gr. *πάκτον*), nubischer Tributvertrag (360 Sklaven)

21 Das *ǧiwār*-Recht ist übrigens wie *ʿahd* (Vertrag) und *ḏimma* (Schutz) koranisch, nicht aber *amān*. Die Dichotomie [1] (s. u.) mit *dār al-islām*, die quasi permanente Zweiteilung der Welt, wird bei verschiedenen Historikern (wie al-Balāḏurī, st. 279/892) und späteren juristischen Kodifizierungen (wie al-Māwardī, st. 450/1058) durch eine dritte Kategorie (s. u.) aufgeweicht, die zunehmend auch in der Gegenwart für die komplexen Außenbeziehungen der islamischen Welt Anwendung findet. Viel mehr und Neues dazu siehe Bork (2016) 215–270.

22 Diese Begriffsvarianten decken laut Levy-Rubin die Abkommenstypen ab – sie zählt hierzu *pistis* (gr.), *meltā* (syr.) und *fides* (*lat.*) auf –, mit denen in den ehemals byzantinischen und sāsānidischen Gebieten eine Sicherheitsgewährung (*ḏimma*) vertraglich geregelt wurde. Nur an der ägyptischen Grenze zu Nubien wurde dazu *baqṭ* (hellenisiert von lat. *pactum*) benutzt.

ǧiwār (altarabischer Fremdenschutz) => *amān* (Schutzvertrag)
ḏimma (Schutz) ~ *meltā* (syr.), *fides* (lat.), *πίστις* (gr.)
ahd (Vertrag), *kitāb* (Schriftstück), *ʿaqd* (Abkommen)
Ṣulḥ-**Typen**: **„Kapitulation“** (röm.) **„Vasallen“** (sāsān.)
ḏimma gegen *ǧizya* (Kopfsteuer) **eingeschränkte** Sicherheitsgewähr
individuell + kollektiv pointierte regionale Verpflichtung
→ **[3]** *dār al-ʿahd* (Vertrag)/*al- muwāḍaʿa* (Waffenstillstand)/*al-ḥiyāḍ* (Neutralität), z. B. Nubien, Zypern (648 byz.), *dār al-āmān* (Schutz)

Gerade zu diesen in beiden Richtungen verlaufenden Adaptions- und Assimilationstendenzen bleiben die Auskünfte von Levy-Rubin einsilbig und vor allem statisch und ohne zeitlichen Bezug. Den rechts- und sozialethischen Widerstreit christlicher und zoroastrischer Normen in reaktive Konflikt- und Kollisionsmuster zu übersetzen, gelingt Scheunchen sehr viel anschaulicher und plausibler.

Es fällt nun dagegen auf, dass der von Levy-Rubin genannte andere Vertragstyp, der Vasallen-Vertrag, überwiegend in dem ehemaligen sāsānidischen Kernreichsgebiet (unten auf der Karte, Abb. 6, mit schwarzen Dreiecken gekennzeichnet) in den Quellen auftaucht: Er zeichnet sich durch eine signifikant eingeschränkte Sicherheitsgewähr der Eroberer aus, bietet dafür aber den Eroberten Selbstverpflichtungen an, die zu mehr Souveränität verhelfen: etwa die Verpflichtung zu militärischer Beratung durch örtliche Eliten, meist christliche Konvertiten (*marzubān*, *aspār*), zu Loyalität, zur Beherbergung, zur Vermittlung von Ortskenntnissen und zum Erhalt der Infrastruktur (Brücken, Straßen).

Es waren gerade die militärischen Erfolge der Muslime, aus denen sich zwangsweise die ersten „rechtlichen“ Kontakte zwischen Eroberern und Eroberten ergaben. So erforderten Flucht und Zerstörung, Widerstand, aber auch Kooperation auf beiden Seiten ortsspezifische Regelungen u. a. zum Personenstandsrecht. Wer war Sklave, wer frei, wer Muslim, wer nicht? Auch das Eigentum musste zugeordnet und die Religionsausübung geregelt werden, ganz zu schweigen von solch elementaren Hoheitsrechten wie etwa der Veranlagung und Erhebung von Steuern. *Dazu* dienten diese anfänglichen lokalen *Ṣulḥ*-Vereinbarungen. Die soziale Dynamik verlangte ein Übriges. Die Muslime, ob als Soldaten oder Siedlungswillige, zogen ja überwiegend weiter. Die Einheimischen aber blieben vor Ort und mit ihnen blieben auch ihre spezifischen Vereinbarungen verwaltungsrechtlich über Jahrhunderte hinweg wirksam. Mit den anhaltenden muslimischen Vorstößen im Westen bis nach Andalusien, im Norden bis in den Kaukasus, und im Osten bis ins Industal, konsolidierte sich bald ein neues Neben- und Miteinander der Alt- und Neueingesessenen. Dieses Miteinander bedurfte einer ebenso einheitlichen wie dauerhaften Regelung solcher Anpassung. Die Araber hatten wenig Vorerfahrung mit solchen Aufgaben. Auf der arabischen Halbinsel hatte man sich zuvor mit beduinischen Methoden beholfen, nun aber mussten die Muslime ihre militärischen Erfolge administrativ und rechtlich verstetigen.

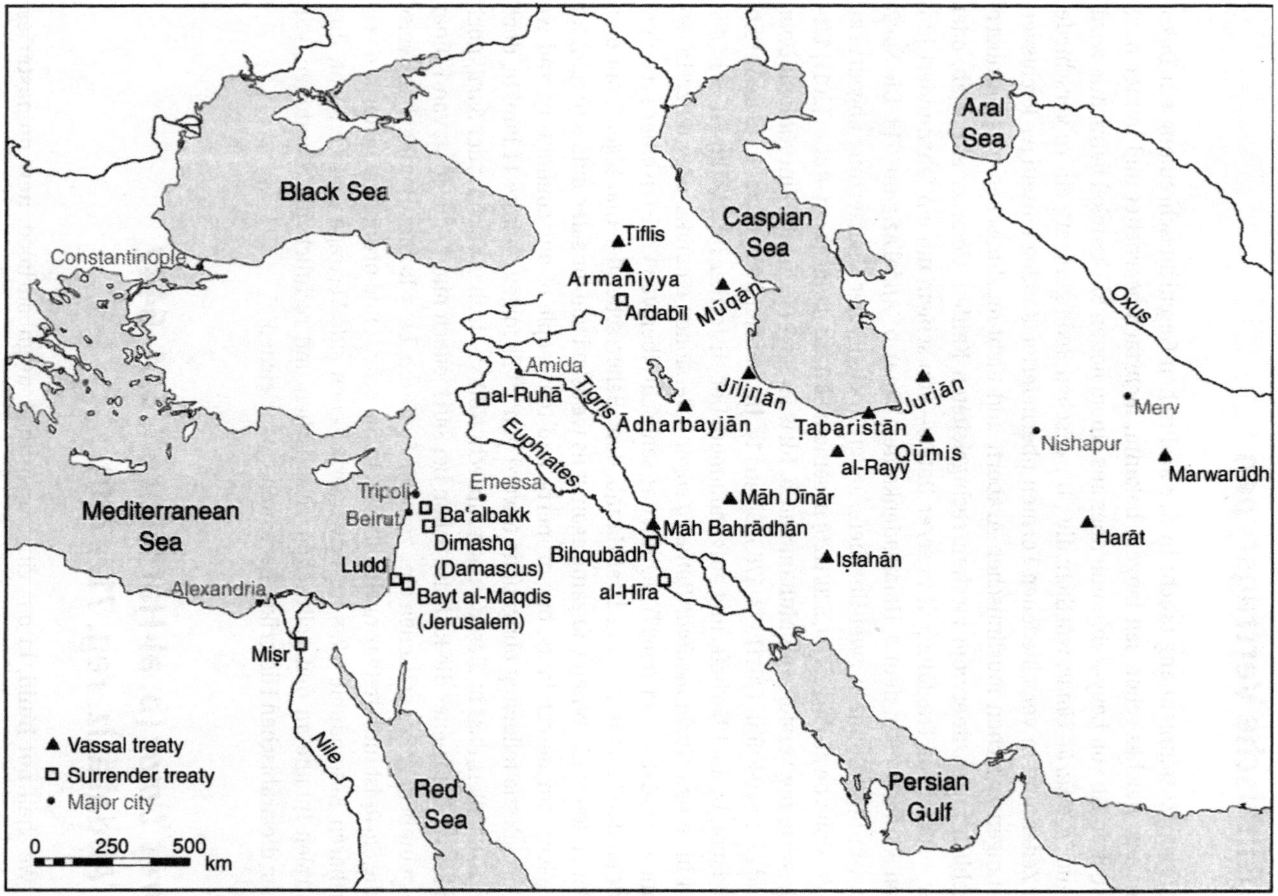

Abb. 6: Kartographie der islamischen Rechtsmethodik. Quelle: Levy-Rubin (2011) 46.

Muslimische Vertragstypen

In diesem Zusammenhang taucht in der arabischen Geschichtsschreibung ein Dokument auf, welches schon seit langem bekannt, mehrfach bearbeitet und immer noch umstritten ist, von Levy-Rubin nun aber aus einem neuen Blickwinkel betrachtet wird: nämlich die *Šurūṭ ʿUmar*, wörtlich: die „ʿUmar'schen Bedingungen", ein zu verschiedenen Zeiten und in verschiedenen Formen überlieferter Katalog einseitiger Rechtsverordnungen zwischen muslimischen Arabern und nicht-muslimischen Nicht-Arabern, angeblich angeordnet vom zweiten rechtgeleiteten Kalifen ʿUmar b. al-Ḫaṭṭāb, oder aber – soviel zur Tragfähigkeit unserer Daten – von seinem um ein Jahrhundert jüngeren Namensvetter, dem 8. Umaiyadenkalifen ʿUmar b. ʿAbdalʿazīz um 718. Die *Šurūṭ* sind von Levy-Rubin in zwei Überlieferungen in englischer Übersetzung abgedruckt: die Version von aṭ-Ṭurṭūšī (st. 520/1126) in seinem *Sirāǧ al-mulūk* (Levy-Rubin [2011] 171–172), sowie die Version von Muḥammad b. Idrīs aš-Šāfiʿī (st. 204/820) im *Kitāb al-Umm* (Band IV; Levy-Rubin [2011] 173–176.). Bis ins 14. Jh. werden immer wieder neue Versionen davon in die Überlieferung aufgenommen. Der Historiker Ibn ʿAsākir (st. 571/1176) stellt in seinem *Tārīḫ madīnat Dimashq* sogar 5 Versionen einander gegenüber. In der Grundversion (tradiert 78/697) beginnt das Sendschreiben von Christen einer syrischen Stadt an den 2. Kalifen ʿUmar b. al-Ḫaṭṭāb, den „Beherrscher der Gläubigen", mit dem einleitenden Satz: „When you came against us we asked you for safeconduct (*amān*) for ourselves, our descendants, our property, and the people of our community, and we undertook the following obligations toward you".[23] Es folgen weitere 14 Punkte, doch ist festzustellen, dass in dieser – nach Albrecht Noth[24] – frühen Fassung der *Šurūṭ* noch von keiner Kopfsteuer die Rede ist. Schon bei Šāfiʿī jedoch nimmt die *ǧizya* von 1 Dīnār pro männlichem Erwachsenen eine zentrale Stelle ein. Levy-Rubins Herangehensweise an die *Šurūṭ* ist unmittelbar nachvollziehbar: Sie erfasst und ordnet die historisch verwertbaren Bestandteile *aller* irgendwie erhaltenen *ṣulḥ*-Verträge und versucht, ihre zentralen Inhalte an den politischen, fiskalischen und rechtlichen Maßnahmen, von denen die arabischen Historiker berichten, abzugleichen.

Šurūṭ ʿUmar (b. al-Ḫaṭṭāb, reg. 634–644 / b. ʿAbdalʿazīz, reg. 717–720)

1. We shall **not build**, in our cities or in their neighbourhood, **new monasteries, churches**, convents, or monks' cells ...

23 Levy-Rubin (2011) 171.
24 Noth (1973) 292.

2. We shall **keep our gates open** wide for passersby and travellers, we **shall not give shelter** in our churches ...
3. We shall **not teach the Qur'ān** to our children.
4. We shall **not manifest our religion publicly** nor convert anyone to it ...
5. We shall **show respect towards the Muslims** and we shall rise from our seats when they wish to sit ...
6. We shall **not seek to resemble the Muslims** by imitating any of their garments, the qalansuwa, the **turban** (*'imma, ṭaylasān*) ...
7. We shall **not mount on saddles, nor shall we gird swords** nor bear any kind of arms ...
8. We shall **not engrave Arabic inscriptions** on our seals.
9. We shall **not sell fermented drinks, nor shall we keep pigs** in their vicinity ...
10. We shall **clip the fronts** of our heads (*muqaṣṣaṣ* = *ḏimmī*).
11. We shall **always dress in the same way** wherever we may be, and we shall bind the *zunnār* (<= gr. *zōnarion*/syr. *zūnārā*) ...
12. We shall **not display our crosses or our books** in the roads or markets of the Muslims
    a. We shall **not bury our dead near the Muslims.**
13. We shall **not take slaves** who have been allotted to the Muslims.
14. We shall **not build houses overtopping the houses** of the Muslims.

Zu den besonders ideologieträchtigen und zentralen Inhalten der vertraglichen Vereinbarungen zählen die sog. *ġiyār*-Edikte. *Ġiyār* bedeutet wörtlich „Verschiedensein" und davon abgeleitet „durch den Austausch eines Kleidungsstücks den Unterschied machend". Der NS-Judenstern ist nur *ein* später Nachfahre dieser Edikte. In der Farbvariante gelb taucht er erstmals unter dem fātimidischen Kalifen al-Ḥākim (reg. 386/996–411/1021) um das Jahr 1000 in Ägypten auf, noch ohne nationalsozialistische, aber bereits mit chiliastischer Begleitmusik. Levy-Rubin versteht diese *ġiyār* nun nicht als beliebige Vorschriften, sondern als einen „structured code or set of rules"[25], der sich als einheitlicher Restriktions-Code für *ḏimmī*-Nicht-Muslime über fast zwei Jahrhunderte hinweg verfolgen lässt, bis eben hin zu den ägyptischen Fāṭimiden und noch weit darüber hinaus bis in die Osmanenzeit.[26] Den entscheidenden Schritt vollzieht Levy-Rubin allerdings mit dem gelungenen Versuch, der Herkunft dieser diskriminierenden *ġiyār*-Modi in den Gesellschaften des Alten und des vorislamischen Orients nachzuspüren. Sie durchforstet die römisch-byzantinischen und die sāsānidischen Gesetze und Status-Regelungen für religiöse und soziale Minderheiten auf Ähnlichkeiten mit den *Šurūṭ 'Umar.* Ihre Ergebnisse gruppiert sie übersichtlich in eine 8-Punkte-Liste (hier schwarz eingefärbt) von byzantinischen *und* sāsānidischen Vorgängerregelungen

25 Levy-Rubin (2011) 88.
26 Levy-Rubin (2011) 94–95.

und eine 7-Punkte-Liste (hier rot eingefärbt: 5., 6.,7.,8., 10., 11., 12a.) islamischer ‚Alleinstellungsmerkmale', für welche sich dort also für die Behandlung von den *Ḏimmīs* vergleichbaren Minoritäten keine direkten Vorfänger finden.[27] Ausdrücklich und unterstützt von einer neuen Kollationierung ihrer mittelpersischen Pahlavi- und arabischen Quellen arbeitet sie dazu die von den Muslimen im *ġiyār*-Code transportierte indirekte Übernahme des sāsānidischen aristokratischen Ethos und des ihn tragenden iranischen Klassensystems heraus.

Mithilfe der selektiven Studie von Tobias Scheunchen (2019) wird zum Abschluss ein kurzer, aber konzentrierten Blick auf die Regelungen von zwei genau definierten Rechtsbereichen in den drei untersuchten Rechtssystemen möglich: auf die (kommensurablen) Bereiche des Eherechts und des Sklavenrechts.[28]

Tobias Scheunchen: (...) *Marriage and Slavery*

Die thematisch eng gefasste Fragestellung erlaubt dem Autor eine pointierte Quellenauswahl. Zur Kommentierung der maßgeblichen Primärquellen zieht er noch einschlägige sekundäre Fachliteratur zu Rate:

Ost-Syrien:

Primärliteratur: *Syrische Rechtsbücher* (Ishoʿbokht, Mâr Abhâ, ed. Sachau [1907–1914]; *Synodicon Orientale* (ed. Chabot [2010]);
Sekundärliteratur: Weitz (2013); Jokisch (2007) insbes. Kapitel 2.

Sāsānidenreich:

Primärliteratur: *Hazār Dādestān* (*Dēnkart)* von Farroḫmard i Wahrāmān. *Dēnkart*, pers. „Religions"-"Buch", 9.–11. Jh.: zorastr.-mazdaistische (Ohrmazd/Ahurā Mazdā, höchster zoroastrischer Schöpfergott) Enzyklopädie.
Sekundärliteratur: János (2005) 291–332; Maria Macuch („Inzest", „Zeitehe", „Familienrecht", ...). Maria Macuch hat in zahlreichen wissenschaftlichen Artikeln – beginnend 1985 mit einem Artikel zur sāsānidischen Zeitehe als Vorläufer der islamischen *mutʿa*-Ehe – und enzyklopädischen Beiträgen ein umfassendes Gesamtbild des sāsānidischen Familien-, Ehe- und Erbrecht erstellt.

27 Levy-Rubin (2011) 121–126. Die erste, hier jedoch fehlende, Regel betrifft die in beiden Reichen belegte Differenzierung der Bürger über ihre religiöse Identität. Levy-Rubin (2011) 121–122 vermutet, dass die in Byzanz praktizierte zusätzliche Unterscheidung zwischen Juden auf der einen und Heiden und Häretiker auf der anderen Seite Vorbild für die muslimische Priorisierung der „Buchbesitzer" auf der Seite der Nicht-Muslime gewesen sein dürfte.
28 Zum Eherecht siehe Scheunchen (2019) 41–89.

Islamisches Recht:
Primärliteratur: *ar-Risāla* von Šāfiʿī (st. 820), *al-Mudauwana al-kubrā* von Saḥnūn b. Saʿīd (st. 854);
Sekundärliteratur: Ali (2010); Salaymeh (2016).
Scheunchen benutzt im Großen und Ganzen dieselben Primärquellen wie Levy-Rubin.[29] Für seine spezifischen Fragestellungen zieht er aber ausgewählte Sekundärliteratur zu Rate (s. oben), mit deren Hilfe er zu detaillierten Schlussfolgerungen kommt. Sie beruhen auf einer entscheidenden Änderung der Fragestellung: Er fragt nicht mehr nach *Genese* oder *Herkunft* der rechtlichen Verhältnisse, wie das konzentriert von Benjamin Jokisch unternommen wurde, sondern deckt die interaktiven Muster der Rechtskulturen *untereinander* auf, über den Zeitraum von wenigstens zwei Jahrhunderten hinweg. Solange nämlich koexistierten regional die oben als „Geburtshelfer" bezeichneten Rechtssysteme mit dem entstehenden und erst in der Kodifizierung begriffenen islamischen Recht. In deren Übereinstimmungen, wie auch den Differenzen untereinander, spiegeln sich die Bedürfnisse und Notwendigkeiten der alten und neuen Eliten wie auch der Mehrheitsbevölkerung nach interkultureller Anpassung *und* gleichzeitiger Bewahrung eigener kultureller Identität.

So dominierte etwa im Material zum persisch-sāsānidischen Eherecht deutlich die mythologisch für die lokale Eliten zwingende Aufrechterhaltung der königlichen Erblinie und damit die notwendige Sanktionierung verschiedenster Ehetypen: von der von Bruder oder Vater autorisierten Vollehe (*pādiḫšāy*), über die Hilfsehe (*čagar*), die gezielt zur Erzeugung eines männlichen Nachfolgers eingegangen wird, bis hin zur Konsensehe (*ḫwasrāyēn*) und Zeitehe, die beide im sāsānidischen Recht zur Variierung aller anderen Ehetypen genutzt wurden. Die *mutʿa*-Zeitehe findet übrigens dann auch im islamischen Recht Anerkennung, regional und vor allem in der persisch dominierten Shīʿa. Insbesondere Typen von Behelfs- und Ersatzehen zur Aufrechterhaltung der genetischen und materiellen Vererbung beeinflussen in den ersten beiden islamischen Jahrhunderten die Lebenswirklichkeit vor allem in den Ostprovinzen des Kalifats.

In Ostsyrien waren es in erster Linie die von Eduard Sachau herausgegebenen *Syrische Rechtsbücher* von Ishoʿbokht und Mâr Abhâ (6. Jh.), sowie die von Jean-Baptiste Chabot edierten und übersetzten Protokolle im *Synodicon Orientale*, die das Eherecht regelten. Scheunchen fasst diese Regelungen in einem Satz zusammen: „The scriptural precepts of Christian religion largely conditioned the matrimonial legislation of the Church of the East."[30] Im Ostkirchenrecht in *Šām* dominieren deutlich zwei Prinzipien

29 Zum islamischen Recht konsultiert Scheunchen jedoch zusätzlich zum frühesten mālikitischen Rechtskompendium zum positiven Recht, der *Mudauwana* von Saḥnūn, eine maßgebliche Primärquelle zur Rechtstheorie (*uṣūl al-fiqh*), nämlich die *Risāla*, von M. b. Idrīs aš-Šāfiʿī.

30 Scheunchen (2019) 56 und 57–70, wo aus dem Isho'bokhts *Syrischen Rechtsbüchern* und *Corpus Juris* sowie dem nestorianischen *Synodicon Orientale* alle einschlägigen Gesetzesartikel zusammengestellt

das Eherecht: die Priorisierung der Fremdenehe (*masbā d-nukrāyātā*)[31] und die strikte Monogamie. Vor allem mit diesem letzteren Instrument hatten die Christen in mehreren Synoden im 5. Jh. (484, 486 und 497) ihr minoritäres Gemeinschaftsgefühl gegenüber der sāsānidischen Mehrheitsgesellschaft austariert. Der Bischof Ishoʿbokht greift dazu im *Corpus Juris* direkt die *close-kin* Ehe, also die inzestähnliche Ehe, an und benützt Adam und Eva als Urbild für die untrennbare Monogamie mit dem Motto, das wir heute mit ‚one woman for one man' – gendergerecht dann ‚one man for one woman' – umschreiben würden.

Die Quellen des frühislamischen Rechts, die von den islamischen Juristen Šāfiʿī und Saḥnūn in Form von Prinzipien ausgewertet und dann kodifiziert werden, diskutieren überwiegend Eheformen bzw. Eheverträge, die verboten sind, wie etwa die Über-Kreuz-Heirat und, bei den Sunniten, die Terminehe. Hauptkriterien sind die Einhaltung von Regeln wie die Wartezeit, die Vermeidung koranisch verbotener Ehepartner und die Heirat ohne Vormund und ohne Einverständnis der Gattin. All das immer unter dem Vorbehalt der Aushändigung der Mitgift.[32] Solche Verbote resultieren sämtlich aus ungültigen Eheverträgen. Koran und prophetische Praxis geben vor, was erlaubt ist. Die frühen Juristen gießen diese Vorgaben in Formen, die in den ethnisch und religiös heterogenen neuen Bevölkerungsgruppen Zustimmung und Anwendung finden konnten.

Tobias Scheunchen: Eherecht

Sāsānidisches Recht:
Vollehe (*pādiḫšāy*: Vormund; Ehegatte, Mitgift); Hilfsehe (*čagar*: männl. Linie); Konsensehe (*ḫwasrāyēn*: ohne Vormund) und **Zeitehe** (variieren alle Ehetypen; *ayōkēn*-[Behelfs-], *stūr*-[Ersatz-] *pater familias*)

Byzantinisch-ostsyr. Kirchenrecht: 2 Prinizipien:
Fremdheirat (*masbā d-nukrāyātā*) *vs* (böse) close kin/Inzest-Ehe (*masbā d-qaribātā*); Monogamie: Scheidungsrestriktion (absolut für Frauen)

sind. Mehr dazu in Weitz (2013) sowie Ali (2010).

31 Durch ihre scharfe Abgrenzung von der „bösen" – in mazdaeischer Tradition blieb dieses Attribut übrigens dem Analverkehr vorgesehen – Inzestehe (*masbā d-qaribātā*).

32 Dies ist genauer herausgearbeitet in Salaymeh (2016) 190: „Since the default Near Eastern norm was for husbands to pay dowers to their wives as part of the marriage process, they maintained stronger privileges to divorce, which also entailed payment of a divorce settlement to the wife. This is why women who divorced their husbands paid for this prerogative in nearly all late antique Near Eastern legal cultures – Jewish, Byzantine, and Islamic."

Frühislamisches Recht:
Ehebedingungen (*šurūṭ an-nikāḥ*): *ʿidda, muḥarramāt* [4:23–4]; verboten sind: Über-Kreuz-Heirat (*nikāḥ aš-šiġār*), ohne ihre Zustimmung (*bi-ġair riḍāhā*); ohne Vormund (*bi-ġair walī*), Terminehe (*ilā ağal, mutʿa*)
Grundsätzlich: Mitgift (*ṣadaqa, mahr*)
→ Synthese der beiden Rechtssysteme unter dem Regulativ: Was nicht verboten ist, ist erlaubt.

Auch im Sklavenrecht, dem zweiten von Scheunchen untersuchten Rechtsbereich,[33] lassen sich deutliche Synthesen der drei Rechtssysteme ausmachen: Im sāsānidischen Recht ist Sklaverei materielle Rechtssache. Das Recht schützt daher den volljährigen zoroastrischen Gläubigen *nicht* vor Versklavung. Umgekehrt erlangen aber vom Christentum zum Zoroastrismus konvertierende Sklaven ihre Freiheit. Auch dürfen zoroastrische Sklaven nicht an Christen verkauft werden. Ein Sklave kann kein Eigentum haben. Er kann aber mit Einverständnis seines Herrn Besitz von Dritten erwerben.

In der Ostkirche gilt die augustinische Lehre von der Sünde als Ursache der Sklaverei. Sie ist entsprechend ewig. Ein Sklave hat Eigentum (*peculium*), das er frei besitzen und vererben kann. Bei Freilassung kann es allerdings durch den Herrn requiriert werden. Diese Einschränkung bedeutet in letzter Konsequenz eine klare soziale Behinderung der Freilassung.

Im frühislamischen Recht finden wir Spuren beider Vorgängersysteme: Ein wichtiger Unterschied zu beiden ist beim islamischen *peculium* zu beobachten. In der Praxis existiert jederzeit eine Zugriffsmöglichkeit des Herrn auf das *peculium* seines Sklaven. Mit dem Grundsatz *aṣl an-nās al-ḥurrīya, aṣl ar-riqq huwa al-kufr* (der Urzustand des Menschen ist die Freiheit, die Ursache der Sklaverei ist der Unglaube) ist die koranische Grundhaltung (4:36, 92), die an die augustinische erinnert, ausgedrückt. Ein Sklave kann mit einem *kitāba*-Vertrag per Ratenzahlung Selbstfreikauf, inklusive seines *peculium*, fordern. Die kosmologische Einbettung des Sklavenrechts wird besonders deutlich im genau ausgearbeiteten Klientelsystem, dem *walāʾ al-islām*, über welches der ehemalige Sklave nun als Freier in die Glaubensgemeinschaft der *Umma* eingebunden wird.

Scheunchen: Sklavenrecht

Sāsānidisches Recht:
Sklave ist Sacheigentum (*bun* + *bar*/Körper + Frucht); jeder erwachsene Zoroastrier kann versklavt werden. Voll- und Teil-Freilassung: bei Konversion von christlichem Sklaven *ohne* Herr → Selbstfreikauf. Im Prinzip: Kein Besitzrecht.

33 Scheunchen (2019) 91–94.

Ostsyrisches Kirchenrecht:
Ursache der Sklaverei: Sünde (Augustinus) → ewig; Peculium (*Corpus Juris*): frei testierbar, bis Freilassung; Freiheitsgrad wird vererbt, auch bei Teil-Freilassung. Keine Zweitversklavung.

Frühislamisches Recht:
Urzustand des Menschen ist die Freiheit, Ursache von Sklaverei ist Unglaube; hist.: Gefangennahme; Konversion, Freikaufsrecht (*kitāba*) → Freilassung (ohne Kinder); dagegen wird Peculium (*mulk*) frei! Freilassung führt zu Klientenstatus (*walāʾ al-islām* → *maulā*).

Erlauben Sie mir noch eine kurze Zusammenfassung: Jede der drei Arbeiten befruchtet die Beantwortung der Frage nach der Herausbildung des islamischen Rechts auf eigene Weise. Alle drei sind sich zugleich auch darin einig, dass die literarische Kodifizierung, die im frühen 9. Jahrhundert einsetzt, in eine Phase gehört, die *nicht den Anfang, sondern die Ergebnisse* des komplexen Assimilations- und Syntheseprozesses markiert, den es in erster Linie zu verstehen gilt. Und alle drei Arbeiten machen zugleich deutlich, in welchem Ausmaß die Ausleuchtung und Auswertung dieser 1½ Jahrhunderte äußerst bewegter multikultureller Rechtsgeschichte einer interdisziplinär angelegten Forschung bedürfen und dabei – in besonderem Maße – der Mithilfe der Byzantinistik.

Literaturverzeichnis

Al-Hassani *u. a.* (2012): Salim T. Al-Hassani, Elizabeth Woodcock, u. Rabah Saoud, *1001 Inventions: The Enduring Legacy of Muslim Civilization. Official Companion to the 1001 Inventions Exhibition*, Washington D. C.

Ali (2010): Kecia Ali, *Marriage and Slavery in Early Islam*, Harvard.

Bork (2016): Johannes Bork, *Zum Konstrukt von Dār al-Islām und Dār al-Ḥarb. Die zeitgenössische Rezeption eines Konzepts des klassischen islamischen Rechts*, Berlin.

Bousquet (1947): Georges-Henry Bousquet, „Le mystère de la formation et des origines du fiqh", in: *Revue Algérienne, Tunisienne et Marocaine de Législation et de Jurisprudence*, 63/1, 66–81.

Brandes (2010): Wolfram Brandes, „Rezension zu Benjamin Jokisch, *Islamic Imperial Law. Harun-Al-Rashid's Codification Project* (Studien zur Geschichte und Kultur des islamischen Orients, NF 19), Berlin/New York", in: *Byzantinische Zeitschrift* 103/1, 22–36.

Chabot (2010): Jean-Baptiste Chabot (Hg.), *Synodicon Orientale: Recueil de synodes nestoriens*, repr. Piscataway, NJ.

Crone (1987): Patricia Crone, *Roman, Provincial and Islamic Law: The Origins of the Islamic Patronate* (Cambridge Studies in Islamic Civilization), Cambridge.

Crone u. Cook (1977): Patricia Crone und Michael Cook, *Hagarism. The Making of the Islamic World*, Cambridge.

Goldziher (1927): Ignaz Goldziher, „fiqh", in: Martijn Theodor Houtsma, Arent Jan Wensinck und Thomas Walker Arnold (Hgg.), *Die Enzyklopädie des Islam: Ein Wörterbuch der Geographie, Ethnographie und Biographie der mohammedanischen Völker*, vol. 2, Leiden.

Gutas *u. a.* (2017): Dimitri Gutas, Anthony Kaldellis und Brian Long, „Intellectual exchanges with the Arab World“, in: Anthony Kaldellis und Niketas Siniossoglou (Hgg.), *The Cambridge Intellectual History of Byzantium*, Cambridge.

Hallaq (1990): Wael Hallaq „The Use and Abuse of Evidence: The Question of Provincial and Roman Influences on Early Islamic Law“, in: *Journal of the American Oriental Society* 110/1, 79–91.

János (2005): Jany János, „The Four Sources of Law in Zoroastrian and Islamic Jurisprudence“, in: *Islamic Law and Society* 12.3, 291–332.

Jokisch (2007): Benjamin Jokisch, *Islamic Imperial Law. Harun-Al-Rashid's Codification Project* (Studien zur Geschichte und Kultur des islamischen Orients, NF 19), Berlin/New York.

Kettermann (2001): Günter Kettermann, *Atlas zur Geschichte des Islam*, Darmstadt.

Khoury (2004): Adel Theodor Khoury, *Der Koran. Arabisch – Deutsch* (übers. u. komm.), Gütersloh.

Levy-Rubin (2011): Milka Levy-Rubin, *Non-Muslims in the Early Islamic Empire. From Surrender to Coexistence*, Cambridge.

Lohlker (2009): Rüdiger Lohlker, „Rezension zu Benjamin Jokisch, *Islamic Imperial Law. Harun-Al-Rashid's Codification Project* (Studien zur Geschichte und Kultur des islamischen Orients, NF 19), Berlin/New York“, in: *Wiener Zeitschrift für die Kunde des Morgenlandes* 99, 486–487.

Macuch, Maria (1985): „Die Zeitehe im sasanidischen Recht – ein Vorläufer der šīʿitischen *mutʿa*-Ehe in Iran?“, in: *Archäologische Mitteilungen aus Iran* 18, 187–203.

Noth (1973): Albrecht Noth, „Die literarisch überlieferten Verträge der Eroberungszeit als historische Quellen für die Behandlung der unterworfenen Nicht-Muslime durch ihre neuen muslimischen Oberherren“, in: Tilman Nagel und Gerd-R. Puin (Hgg.), *Studien zum Minderheitenproblem im Islam 1* (Bonner Orientalische Studien, Neue Serie, 27/1), Bonn, 282–314.

Peters (2009): Rudolph Peters, „Rezension zu Benjamin Jokisch, *Islamic Imperial Law. Harun-Al-Rashid's Codification Project* (Studien zur Geschichte und Kultur des islamischen Orients, NF 19), Berlin/New York“, in: *Journal of the American Oriental Society* 12/.3, 529–530.

Powers (2010): David Powers: „Wael B. Hallaq on Origins of Islamic Law: A Review Essay“, in: *Islamic Law and Society* 17, 126–157.

Rebstock (1989): Ulrich Rebstock, *Das islamische Reich unter den ersten vier Kalifen* (632 bis 661 n. Chr./11 bis 40h), in: *Tübinger Atlas des Vorderen Orients*, Karte B VII 2.

Rebstock (2000): Ulrich Rebstock, „Rezension zu Irene Schneider, *Kinderverkauf und Schuldknechtschaft. Untersuchungen zur frühen Phase des islamischen Rechts*, Stuttgart/Beirut 1999“, in: *Bibliotheca Orientalis* 57/3–4, 442b–447a.

Sachau (1907–1914): Eduard Sachau (Hg./Übers.), *Syrische Rechtsbücher*, Berlin.

Salaymeh (2016): Lean Salaymeh, *The Beginnings of Islamic Law. Late Antique Islamicate Legal Traditions*, Cambridge.

Schacht (1964): Joseph Schacht, *An Introduction to Islamic Law*, Oxford.

Schacht (1950): Joseph Schacht, *The Origins of Muhammadan Jurisprudence*, Oxford.

Schacht (1950a): Joseph Schacht, “Foreign Elements in Ancient Islamic Law”, in: *Journal of Comparative Legislation and International Law* 32/3–4; 9–17.

Scheunchen (2019): Tobias Scheunchen, *Cosmology, Law, and Elite in Late Antiquity. Marriage and Slavery in Zoroastrismus, Eastern Christianity, and Islam* (Arbeitsmaterialien zum Orient 32), Würzburg [Diss. American University of Beirut, 2017].

Schneider (1999): Irene Schneider, *Kinderverkauf und Schuldknechtschaft. Untersuchungen zur frühen Phase des islamischen Rechts*, Stuttgart/Beirut.

Shahîd (1979): Irfan Shahîd, „Byzantium in South Arabia“, in: *Dumbarton Oaks Papers* 33, 23–94.

Shahîd (1984–1995): Irfan Shahîd, *Byzantium and the Arabs*, 3 vols., Washington D. C.

Shahîd (1984–2010): Irfan Shahîd, *Byzantium and the Arabs*, 6 vols., Washington D. C.

Neuauflage in 7 Bänden (2017): https://www.doaks.org/newsletter/news-archives/2017/byzantium-and-the-arabs (Stand 27.02.2024)

Shahîd (2006): Irfan Shahîd, „Islam and Oriens Christianus: Makka 610–622 AD“, in: Emmaouela Grypeou, Mark Swanson und David Thomas (Hgg.), *The Encounter of Eastern Christianity and Islam*, Leiden, 9–31.

Spies (1967): Otto Spies, „Über die Kreuzigung im Islam“, in: Thomas Rudolf (Hg.), *Religion und Religionen. Festschrift für Gustav Mensching zu seinem 65. Geburtstag (am 6. Mai 1966) dargebracht von Freunden und Kollegen*, Bonn, 143–156.

Sypiański (2013): Jakub Sypiański: "Arabo-Byzantine Relations in the 9th and 10th centuries as an Area of Cultural rivalry", in: Apostolos Kralides und Andreas Gkoutzioukostas (Hgg.), *Byzantium and The Arab World. Encounter of Civilizations* (Proceedings of the International Symposium Thessaloniki, 16–18 December 2011), Thessalonike, 456–478.

van Ess (1994): Josef van Ess, „Rezension zu Irfan Shahîd, *Byzantium and the Arabs*, 3 vols., Washington D. C. 1984–1995“, in: *Die Welt des Orients. Wissenschaftliche Beiträge zur Kunde des Morgenlandes* 25, 181–184.

Wegner (1982): Judith Romney Wegner, „Islamic and Talmudic jurisprudence: the four roots of Islamic law and their Talmudic counterparts“, in: *American Journal of Legal History* 26, 25–71.

Weitz (2013): Lev E. Weitz, *Syriac Christians in the Medieval Islamic World: Law, Family, and Society.* Diss. Princeton.

Andreas Rhoby

Indelible Archives: Law and Donation in Middle and Late Byzantine Inscriptions

Documents and Vocabulary

Introduction

The narthex of St. Sophia in Constantinople preserves casts of a famous edict by the Emperor Manuel I Komnenos. The lengthy inscription embodies the acts (*ekthesis*) of the Council of 1166, which discussed the Christological significance of the passage in John 14:38: 'The Father is greater than I'. The original marble slabs from which the casts were made have not been lost, but were reused in the ceiling of the entrance to the *türbe* ('tomb') of Suleiman the Magnificent, meaning that the inscription is only visible from the gallery and inaccessible to the public.[1] The edict is noteworthy as one of the few cases where a text has survived as both manuscript and inscription – even if the two versions of the text do not fully correspond.

A late twelfth-century epigram composed by Theodore Balsamon also mentions the inscription.[2] Balsamon, a church official and canonist, author of a renowned commentary on the so-called *Nomokanon of Fourteen Titles*, devoted a long epigram of 50 verses to the edict inscription.[3] From these verses, we learn that the inscribed slabs twice found themselves at risk of removal after the emperor Manuel's reign. First under Andronikos I, and later during the reign of Isaac II. Powerful voices argued that the misfortunes of the empire in the last decades of the twelfth century were consequences of Manuel's dogma, which had deemed unacceptable the negative doctrine that the Son could not be inferior to the Father.[4] Isaac, however, remained steadfast and preserved the inscribed plates, as Balsamon relates. The canonist highlights Isaac's fortitude by using martial imagery, calling the inscribed edict an 'eloquent sword of stone' (πέτρινον εὔστομον ξίφος) and a 'double-edged dagger' (μάχαιρα διστομουμένη).[5] Balsamon's verses may have been inscribed next to the edict; the poem also might have functioned

Note: Translations are my own unless otherwise indicated.

1 Mango (1963), Saccenti (2016), Stavropoulos (2021) 84–92; see also Dölger/Wirth (1995) no. 1469.
2 Further mentions of the inscription and the marble slabs are also found in Niketas Choniates, John Kinnamos and Eustathios of Thessalonika: see Mango (1963) 321, Grünbart (2021) 52 and Stavropoulos (2021) 92.
3 Horna (1903) no. 32.
4 Mango (1963) 321. See also Rhoby (2018) 136–138 and Stavropoulos (2021) 90–91.
5 The phrase μάχαιρα δίστομος appears, e. g., in *Pr.* 5:4 and *Ep. Hebr.* 4:12.

https://doi.org/10.1515/9783111331126-008

as a performative epigram, recited in front of the edict inscription on specific occasions. In order to ensure that the inscription's slabs remained firmly in place, Balsamon recounts that images of the apostles Peter and Paul were set up on either side, as guardians of the edict, as it were.[6]

This inscription stands as only one remarkable example in a long tradition of inscribed laws that reaches back to antiquity.

In the following essay, I will survey the extant examples of imperial and ecclesiastical donation and patronage visible in inscriptions from the middle and late Byzantine period, before turning to the legal vocabulary employed in imperial donor inscriptions. By viewing these examples of inscribed laws as part of a broader ancient tradition, we come to appreciate more fully the possible motivation of the Byzantines to preserve texts for future generations by recording them on solid walls, which are not as perishable as parchment or paper.

Inscribed legal texts of the middle and late Byzantine periods

Although the preserved evidence is rather limited, we can easily conjecture that inscribing legal texts was quite common in the middle and late Byzantine period; the edict of 1166 stands as just one example. A few other examples show the chronological and geographical range of this phenomenon. The famous donation charter of Justinian II of 688/89 in St. Demetrios, Thessaloniki provides a much earlier instance of inscribing legal texts in the middle Byzantine period.[7] The charter's self-designation is δωρεά ('donation'), which is more than a mere term for a gift or a grant, but rather is the official term for a legal donation instrument.[8] The Protobulgarian peace treatises of the ninth century,[9] which were inscribed on marble columns near Varna on the Danube, are another example. These show that the practice of inscribing legal texts to preserve them for later generations was widespread, apparently corresponding to a fundamental Byzantine impulse. Like Manuel's edict, two further imperial laws were inscribed in St. Sophia.[10] In 638, Emperor Herakleios had the so-called *Ekthesis*, the Creed after the Council of Chalcedon, inscribed in the narthex of the church,[11] and in 1065 emperor

---

6 Balsamon might have praised Isaac because, as an author on commission, he was hired to write encomiastic verses. However, praising the emperor for not having removed the edict inscription could also have been due to his own private interest as a legal scholar in preserving such texts.

7 For inscribed documents of the emperor Justinian I in the sixth century, see Amelotti/Luzzatto (^{2}1985).

8 Spieser (1973) no. 8.

9 Beševliev (1963) 55–58 and nos. 41–45.

10 Weiß (1996) 86.

11 Dölger/Müller (2009), no. 211.

Constantine X had the *prostagma*[12] on the seat order of the clergy at secular assemblies engraved on a stone tablet in Hagia Sophia.[13]

Justinian II's donation charter in St. Demetrios points to a practice that became more widespread later. The preserved evidence from the later centuries includes documents and especially *chrysobulloi logoi*,[14] which were often inscribed on church walls. The display of official documents on church walls seems to have been common already by the middle Byzantine period, as we discern from a passage in the so-called 'Narrative' (Διήγησις) of the tenth century. This text recounts the establishment of a group of churches at the famous *Pege tes Theotokou*, located outside Constantinople's Theodosian Walls. After her daughter Thekla had been cured by the spring's holy water, Theodora, wife of the emperor Theophilos, gave the monastery gifts of thanksgiving certified by documents with imperial signatures (ὑπογραφαί), calling these documents chrysobulls (χρυσοβούλλια).[15] In parenthesis, one has to mention that chrysobulls were originally documents bearing the emperor's *bulla*; only later (preserved originals are from the eleventh century onward) did they become documents for granting privileges.[16]

The famous account of the traveller Ruy Gonzalez de Clavijo,[17] part of a Spanish embassy to the court of Tamerlane in Samarkand in the early fifteenth century, illustrates that this practice endured to the end of the empire. De Clavijo tells us that he saw depicted on the walls of Constantinople's Peribleptos church paintings of the castles and towns that its founder, the emperor Romanos III Argyros (r. 1028–1034), had left to the church. He also mentions documents that were placed nearby. 'And they said that these towns and castles belonged to the domain of this church and had been granted to it by an emperor called Romanos ... Here are placed certain privileges on leather,[18] sealed with wax and lead seals, which are said to be the privileges received by this church over the aforesaid towns and castles.'[19] Here we see that the text was not inscribed on the church walls, as at St. Demetrios, but the original documents were hung close to the depictions of their respective cities and castles. This technique of preserving documents not in an archive, but on display, is not without parallel, but is reminiscent of the practice of so-called 'paper inscriptions' attached to walls in sacred spaces in Western Tibet.[20]

The oldest preserved inscribed *chrysoboullos logos*, although the term itself is used earlier, is a document confirming older rights and privileges granted to the metropolis,

12 On *prostagma*, see below p. 109.
13 Dölger/Wirth (1995), no. 961.
14 On *chrysobulloi logoi*, see below p. 104.
15 Talbot (2012) 225.
16 Oikonomides (1991a).
17 López Estrada (1943).
18 According to Cyril Mango (1972), presumably parchment.
19 Transl. by Mango (1972) 217.
20 Cf. Rhoby *et al.* (2019) 179.

which the despot of Epiros Theodore I Doukas Komnenos issued for the *metropolis* of Corfu in June 1228.[21] The inscribed marble is no longer *in situ* but is exhibited in the Museo di Roma, Palazzo Braschi, in Rome.[22] The inscription is not as monumental as Manuel's edict of 1166, but the plate is still large enough (120 × 66 cm) for the script to have been be read if the stone was originally located close to the church's entrance – or indeed in any other prominent place. The text mentions earlier documents (among them imperial *chrysoboulla*) dating from as long ago as the time of the emperors Alexios I and Manuel I Komnenos, reaffirming the metropolitan's rights and privileges.[23]

The best-known inscribed *chrysoboulloi logoi* are preserved in the southwestern chapel of the Hodegetria monastery church (Aphentiko) in Mystras, where the texts of the four documents and a fragment of a fifth are painted on the chapel's walls. Three of these were issued by Andronikos II in the years 1314/15, 1320 and 1322, and one by his son and co-emperor Michael IX in the year 1319.[24] The impressive arrangement of charters on the walls of the chapel is not merely a demonstration of imperial power: the inscriptions on the walls also guarantee the monastery that the privileges will be preserved, because – as already stated above – an inscription is far less perishable than a piece of parchment. In the chrysobulls, other imperial documents are also mentioned (another chrysobull and several *prostagmata*),[25] which are not preserved. Depicted above the chrysobulls' texts are four angels holding Christ's mandorla. Four rays emanate from the mandorla, each leading to an isolated hand; these hands in turn each hold one of the aforementioned *chrysoboulloi logoi*. This symbolic representation attributes the granting of privileges to the monastery to God himself, shifting the emperor from the role of benefactor to that of mediator. Below the angels' wings, four epigrams, each of three lines, are inscribed, referring to the chrysobulls' presence. One of them mentions that it was God who inspired the Palaiologoi to inscribe the documents,[26] while another one (only fragmentarily preserved) mentions the chrysobulls explicitly: 'In divine hands (rests) the heart of the emperor; to present these chrysobulls to the monastery, which are held by the hands of the ... angels.'[27]

These painted chrysobulls in the chapel of the Hodegetria Church in Mystras have parallels as well. In other churches, long inscriptions were attached to walls, official documents themselves or inscriptions that explicitly mention documents. A long in-

---

21 Stefec (2015a) 311–316 (no. 5). See also Stefec (2015b) 37–39 (no. 56).

22 Guillou (1996) no. 56.

23 Stefec (2015a) 311–312.

24 Millet (1899) 100–118 (nos. II–VI), cf. Dölger (1960) nos. 2341 (= no. II), 2347 (= no. VI), 2438 (= no. IV), 2485 (= no. V), 2633 (= no. III). Interestingly enough, the *chrysobulloi* were never republished after Millet's edition. The edition by Zepos/Zepos (1931 [1962]) 673–685 is only a reprint of the original edition. On the documents, see also Gerstel (2013) 337–348 and Melvani (2020) 269–270.

25 Dölger (1960) nos. 2340, 2437, 2483.

26 Rhoby (2009) no. 148.

27 Ibid., no. 147. There is a lacuna in the third verse.

scription, for example, carved into a pillar of the Metropolis church in Mystras mentions an imperial *horismos*,[28] by which the metropolitan Luke was appointed as bishop of Lacedaemonia before 1312.[29] In the church of Șt Sophia in Mystras, another long official inscription from the second half of the fourteenth century was once visible,[30] while in nearby Parori, the church of the Panagia held a late fourteenth-century inscription of 87 verses, primarily celebrating the despot Theodore I Palaiologos's[31] military and political successes.[32] Both inscriptions were composed in verse; neither is extant.

Inscribing chrysobulls and similar legal texts thus seems to have been rather common in the Palaiologan period. The inscribed documents formed not only an indelible archive for churches and monasteries but also contributed to the imperial propaganda of the ruling dynasty. The evidence is especially rich from the late thirteenth and the fourteenth centuries. Besides the inscriptions from Mystras, the important site of imperial propaganda after the Byzantine reconquest of the Peloponnese from the Latins, we find an inscribed (but only partly preserved) *chrysobullos logos* on the eastern wall of the atrium of the monastery church of the Theotokos in Apollonia (Albania). The text is accompanied by portraits, including those of the emperors Michael VIII, Andronikos II and Michael IX, suggesting a provenance from the early 14th c.[33] The inscription of the chrysobull was not only intended to secure the privileges, but also served – as such inscriptions did in the Morea – as imperial propaganda after the Palaiologoi had reconquered the territory from the Angevins.[34] Furthermore, the remains of an inscription on the southern façade of the church of St Nicholas in the village of Manastir in the Macedonian region of Mariovo have been interpreted as a chrysobull issued by the emperor Andronikos II around 1300.[35] The preserved traces of the inscription are to be found between the windows. Unless there was more text in other parts it appears that only a passage of the document was inscribed;[36] the same may have been true for a chrysobull inscription in the above mentioned church of the Theotokos in Apollonia.[37] Be that as it may, the mere presence of the text – complete or incomplete – would certainly have made an impression on visitors and beholders.

The case of the church of the Dormition in the town of Kalambaka in Thessaly, in close proximity to Meteora and the center of the skete of Stagoi, is exceptional insofar

28 On the term *horismos*, see below p. 109.
29 Millet (1899) 123 (no. XIV, 2); cf. Dölger (1960) no. 2339.
30 Rhoby (2014) no. GR88.
31 Theodore I Palaiologos reigned as despot in the Peloponnese from ca. 1382 until 1407.
32 Rhoby (2014) no. GR99.
33 Buschhausen (1976) 143–182, 239–241, cf. Dölger/Wirth (1977) no. 2058; see also Nicol (1984) 27, Kalopissi-Verti (2003) 80 and Fingarova (2014).
34 Buschhausen (1976) 18.
35 Miljković-Pepek (1973) 5–18, cf. Kalopissi-Verti (2003) 80.
36 Melvani (2020) 268.
37 Melvani (2020) 268.

as both an imperial and a patriarchal document are inscribed next to each other in the esonarthex, physically manifesting the two highest sources of authority in Byzantine society: a chrysobull by Andronikos III issued in 1336 and a *sigillion*, a solemn document validated with a seal, by the patriarch Anthony IV from 1393.[38] Both documents reconfirm the bishopric's property, which had already been mentioned in previous documents (by the emperors Nikephoros III and Alexios I).[39] Notably, neither document appears to have been inscribed contemporaneously with the issue of the privilege, but both were added only in the second half of the sixteenth century (a. 1573), when the church was renovated.[40] Whether they had already been inscribed after their publication in the fourteenth century is not known. According to Nicholas Melvani, who has recently investigated the site, it is unlikely that the 1573 addition replaced an original fourteenth-century inscription,[41] although paleographic similarities with other fourteenth-century inscriptions are recognizable. The patriarch's *sigillion* is also preserved as an original document on parchment, stored in the archives of the Barlaam Monastery of nearby Meteora.[42] The fact that the patriarch and not the emperor confirmed the church's privileges in 1393 suggests that, amid the Ottoman control over Thessaly in the late 14th c., the church believed a privilege from the patriarch would be more secure than one from the emperor.

The inscription (or re-inscription) of Byzantine legal documents in the second half of the sixteenth century also suggests a special interest in the Byzantine past in this period, as well as a desire to preserve and emphasize local Christian traditions, when many churches were being converted into mosques. This same interest, almost antiquarian in impulse, is, for example, also evident in the patriarchal scribe John Malaxos, who copied many Byzantine inscriptions from Constantinople and the provinces into blank spaces in his manuscripts.[43] We see a similar desire to codify and preserve such traditions in patriographic accounts narrating in the form of inscriptions the legendary origins of monasteries in the southern Balkans and in Greece in the late Byzantine and early Ottoman periods.[44]

The fact that the *sigillion* from the Stagoi *skete* is preserved both in a manuscript and as an inscription is a rare, but felicitous, accident of transmission. Although the extant evidence is scarce – consisting of this patriarchial *sigillion* and Manuel's edict of 1166 – we can safely assume that *all* imperial documents now preserved as inscriptions originated as documents, and that a handwritten version was also intended to be pre-

38 Sophianos (1993), cf. Dölger (1960) no. 2825 and Darrouzès (1979) no. 2919; see also Kalopissi-Verti (2003) 80.

39 Sophianos (1993) 67.

40 Sophianos (1993) 27–28.

41 Melvani (2020) 270–272, 274.

42 Sophianos (1993) 54–55.

43 Schreiner (2011), Rhoby/Schreiner (2018).

44 See Livanos (2012) and Stavrakos/Liakos (2022).

served in an archive.[45] This practice existed already in antiquity, especially in the later Roman Empire. As many (tomb) inscriptions attest, copies of the texts were kept in the archives of different *poleis* in Asia Minor. An inscription from (Julia) Gordus (near modern Gördes) from the year 230/31 explicitly states τῆς ἐπιγραφῆς ταύτης ἀντίγραφον ἀπε[τέθη] εἰς τὸ ἐν Ιουλίᾳ Γόρδῳ ἀρχεῖον ('a copy of this inscription was put into the archive in Julia Gordus').[46] Further use of this formula is attested in inscriptions of the imperial period from cities such as Ephesos, Milet, Aphrodisias, Hierapolis and many others.[47] It appears as well on an engraved column from Thessaly that is now exhibited in the Istanbul Archaeological Museum. Originally from Trikala and dating to 1372/73, the inscribed act confirms the rights to two villages (?) called Megalommatou and Monampelon and seems to reproduce a handwritten act issued by the metropolitan of Larisa, Neilos.[48]

The survey of evidence here suggests that inscribing legal documents must have been a widespread practice in the Palaiologan period.[49] Indeed, there is little reason to assume that such practices were not in use earlier, in Constantinople and elsewhere, though evidence for this has been destroyed in the course of time. Imperial documents as well as documents issued by the patriarch or local bishops might have been positioned next to each other more often than the preserved evidence demonstrates.

Most of the evidence thus far has come from churches, but secular buildings also seem to have had inscriptions attached to them, reproducing or publicizing legal texts. A long inscription dating to the year 1027, no longer preserved, was once inscribed on a column that stood on a bridge of the *kastron Lakedaimonos* in Sparta.[50] It recounts the erection of the bridge and a nearby church by a monk Nikodemos, who followed God's will (ll. 2, 8–9 *keleusis*).[51]

45 For a similar example, see the peace treaties between the Bulgarians and Byzantines from the 9th century (above, p. 102), which have been preserved as inscriptions, but which were also certainly kept in the (Proto)Bulgarian state's archive: Beševliev (1963) 55–56 and nos. 41–45; see also Ivanova (2019) 172 and n. 28. On archives in Byzantium (of which almost no material evidence still exists today), see briefly Grünbart (2018) 322–326.

46 Hermann (1981) no. 758.

47 See Wiedergut (2020) 81–95.

48 Avraméa/Feissel (1987) no. 24.

49 See Kalopissi-Verti (2003) *passim*, Gerstel (2013) *passim* and Melvani (2020) *passim*.

50 Feissel/Philippidis-Braat (1985) no. 43.

51 The formula κέλευσις Θεοῦ was widespread and already used in numerous literary texts, papyri and inscriptions in antiquity: cf. Liddell/Scott (9 1925–1940), *s. v.* κέλευσις. See also Feissel/Spieser (1979) 319–321. In addition, πρόσταγμα (τοῦ) Θεοῦ is attested, cf. https://inscriptions.packhum.org (accessed 26.06.2024).

Legal vocabulary in imperial donor inscriptions of the middle and late Byzantine period

A survey of 'law and inscriptions' enjoins not only a discussion of inscribed legal documents that are preserved *in situ*, but also those inscriptions that mention 'law', even if their contents are not of a legal nature at first sight.

For instance, the 1027 Sparta inscription uses a term, *diatyposis*, originally used for imperial instructions, called *mandata principis* in late antiquity.[52] By the middle Byzantine period, including in the current case and other instances,[53] it had come to mean 'testament', while in a reference to a monastery it had the sense of *typicon*, or foundation document.[54] Indeed, as other passages in the inscription indicate,[55] Nikodemos was inspired by the testament of the tenth-century Nikon 'Metanoeite'.[56] The same inscription also employs the term *keleusis*. While here it denotes God's demand,[57] the term, when used in official inscriptions in the early Byzantine period, also designated a imperial dispatch or rescript.[58] In later periods, the word became a synonym for terms such as *prostaxis*, *prostagma*, and *horismos* (see below, p. 109) along with the lexically related word *keleusma*.[59] The latter form was used in a now lost metrical inscription dated to after 1211, which originally seems to have been attached to the fortifications of Herakleia Pontike (in modern Karadeniz Ereğlisi). This inscription recounts Theodore I Laskaris's construction of a tower. Verse 3, which mentions *keleusma*, is unfortunately not fully preserved, but the context makes it clear that the emperor gave the official order for the building of the tower.[60]

Recognizing the legal valence of the term allows us to ask whether other *keleumata* or *keleuseis* might have been accompanied by official documents. John Kantakouzenos in his *Histories* describes the construction of new fortifications in Constantinople in these terms, employing the verb κελεύω (*keleuō*) in conjunction with the emperor's will: '(The emperor) had a deep ditch made from the Eugenius Gate to the Xyline Gate and ordered (κελεύσας) all dwellings to be moved within the walls'.[61] Such language might

52 Dölger/Karayannopulos (1968) 79.
53 Thomas/Constantinides Hero (2000) *passim*.
54 Hinterberger (1999) 185, 202.
55 Feissel/Philippidis-Braat (1985) 303.
56 *BHG* 1368; see also Hinterberger (1999) 241–246.
57 On the use of the word in this sense, see Lampe (1961) *s. v.* 1.
58 Lampe (1961) *s. v.* 2; see also Signes Codoñer *et al.* (2019) *s. v.*
59 Cf. Dölger/Karayannopulos (1968) 109, n. 3.
60 Rhoby (2014), no. TR44, vv. 4–6: κέλευσμα μικρὸν προσ[..................]/Κο⟨μν⟩ηνοφυοῦς Λασχάρ[ου] Θεοδώρου/αὐτοκρατοῦς τὸν πύργον ἤγε[ι]ρε, ξένε.
61 Schopen (1828–1832) III, 213, 2–5: Καὶ ἐκ τῶν Εὐγενίου πυλῶν ἄχρι τῆς Ξυλίνης λεγομένης πύλης τάφρον περιήλασε βαθεῖαν, πάσας τὰς οἰκίας κελεύσας εἰσάγειν ἐντὸς τειχῶν.

indicate that an imperial document entitled a *keleuma* or *keleusis* had been issued in this instance.

As mentioned, *prostaxis*, *prostagma*, and *horismos* are terms that are used for official 'orders'. In a short metrical inscription from 1186/87, still preserved on tower 13 of the Blachernae walls of Constantinople's fortifications, the term *prostaxis* appears: 'The tower was erected by command (*prostaxei*) of the emperor Isaac Angelus under the superintendence of Basil Dimenis'.[62] *Prostaxis* is not only to be understood as mere 'command' but is a legal term equivalent to the more widespread *prostagma*, which refers to an administrative order and indicates a short imperial document signed with the autograph red *menologem*.[63]

Although such terms are rare in similar inscriptions reporting imperial donations, we can assume that an imperial document (*prostagma*, *prostaxis* or similar) was issued before imperial orders were executed. The sea and land walls of Constantinople offer numerous examples of inscriptions that recount the construction and repair of the walls. Such inscriptions are also, of course, a means of self-promotion by the emperor, but the deeds they report were the product of official imperial documents. Kantakouzenos himself confirms the issue of imperial *prostagmata*[64] for the construction of city walls in his *Histories*, in which he mentions his *prostagma* of ca. 1345, issued for the reconstruction of the walls of Chora at the Propontis after his conquest of the city.[65]

A further term for an imperial decree mentioned in building inscriptions is *horismos*, and, like *prostaxis*, it is largely synonymous with *prostagma*.[66] At the north-eastern entrance to the city walls of Thessaloniki, a building inscription reports the construction of the door by Anne of Savoy, widow of Andronikos III, in 1355/56. The date corroborates her stay in Thessaloniki, otherwise attested between 1351 and her death in 1365/66.[67] The inscription reads: 'The present gate was built by the order (*horismos*) of our powerful and holy lady and empress Anne Palaiologina, while the quaestor John Chamaitos held the office of *kastrophylax*. In the year 6864, ninth indiction'.[68]

62 Rhoby (2014) no. TR86. The inscription is not mentioned in Dölger/Wirth (1995).

63 Dölger/Karayannopulos (1968) 109–112; Oikonomides (1991b). On *prostagma*, see also Signes Codoñer *et al.* (2019) *s. v.*

64 The term *prostagma* in the sense of '(written) command', equivalent of the Latin *edictum*, was already used in ancient inscriptions: cf. Liddell/Scott (⁹1925–1940) *s. v.* πρόσταγμα. Further attestations date to late Antiquity, e. g., an inscription from Sparta referring to the restoration of the theatre under the proconsul Ampelios begins Κατὰ πρόσταγμα [τ]οῦ λαμ(προτάτου) ἀνθ(υπάτου) Πουβλ(ίου) Ἀμπελίου, ed. Feissel/Philippidis-Braat (1985) no. 24. The formula Κατὰ πρόσταγμα prominently stands in a single line, emphasizing the authority of the command.

65 Schopen (1828–1832) II, 478, 11–19, not mentioned in Dölger/Wirth (1965). Cf. Külzer (2008) 314–315.

66 Dölger/Karayannopulos (1968) 109, 127–128; Kazhdan (1991) 946.

67 Trapp *et al.* (1976–1996) no. 21347.

68 Spieser (1973), no. 28: Ἀνηγέρθη{η} ἡ παροῦσα πύλη ὁρισμῷ τῆς κραταιᾶς καὶ ἁγίας ἡμ(ῶν) κυρᾶς Ἄννης τῆς Παλαιολογίνης, ὑπηρετήσαντος καστρ[ο]φύλακος Ἰω(άνν)ου Χαμαετ(οῦ) [τ]οῦ κοια[ίστορος

Much like *keleuo-keleusis*, the legal valence of the verb ὁρίζω (*horizō*) as used in context might also indicate the otherwise ephemeral existence of an imperial *horismos*. This term is, for example, used in a very fragmentary metrical inscription (now in the Epigraphic Museum, Athens), which was once placed on a tower of the fortification of Ainos (modern Enez). It is either Andronikos Palaiologos (probably Andronikos II) or his *gambros* who is the subject of the verb ὁρίζω, but due to the fragmented status of the inscription additional details are elusive.[69] A late attestation of the verb ὁρίζω is found in a (metrical) dedicatory inscription which is attached to the silver cover of an icon of the Mother of God now in the church of San Samuele in Venice.[70] Originally from the Peloponnesian monastery of Artokosta, the icon was equipped with the current cover around the year 1425, and its text reports the creation of the cover 'on the order' of the despot Theodore II Palaiologos and his brother Thomas. The passage ἐμελῶς ὁρίσαντα⟨ς⟩ μεταγενέσθαι σῆς εἰκόνας κόσμησιν ('that they have decreed that the decoration of your image, wholly undefiled, should be harmoniously transformed') may indicate the existence of an official *horismos* given by the despot and his brother.

As the above-surveyed evidence demonstrates, many inscriptions mentioning documentary imperial commands refer to the construction of fortifications. The building of walls, bridges, streets, and other facilities on the orders (*prostaxeis*) of the emperor and state officials respectively is also visible in legal texts themselves. In Justinian's novel book 24, chapter 3, a text compiled in the *Basilica* (book VI, 8, 3), we read of the duties of the praetor of Pisidia. 'He must also take care that the cities' supplies are adequate ... to superintend the cities' public works, not letting them deteriorate in this respect, but making a point of having aqueducts, bridges, walls and streets repaired; and not to permit tax agents, on their visitations there, to burden our subjects in any way, or make all these requisition that have been going on for wall building, street-surfacing or innumerable other purposes, on orders (*prostaxeis*) emanating from our excellency's offices, a dishonest practice'.[71]

τ]ῷ ʽςωξ[δ' ἔτει] ἰνδ(ικτιῶνι) θ'. See also Feissel/Spieser (1979) 338. The *horismos* is not mentioned in Dölger/Wirth (1965).

69 Rhoby (2014) no. GR13, v. 11.

70 Rhoby (2010) no. Ik45.

71 Schoell/Kroll ([6]1954), nov. 24, ch. 3: Δεῖ δὲ αὐτὸν μὴ μόνον τῶν ἔμπροσθεν ἡμῖν εἰρημένων προνοεῖν, ἀλλὰ καὶ αὐτῆς κήδεσθαι τῆς τῶν πόλεων ἀφθονίας καὶ τοῦ μηδὲν τοῖς πολίταις ἐκλείπειν, ἐπισκοπεῖν δὲ καὶ τὰ τῶν πόλεων ἔργα καὶ μὴ συγχωρεῖν μηδὲ κατὰ τοῦτο αὐτὰς ἑαυτῶν ἐλάττους γίνεσθαι, ἀλλὰ καὶ τοὺς τῶν ὑδάτων ὁλκοὺς καὶ γεφύρας καὶ τείχη καὶ ὁδοὺς σπεύδειν ἐπανορθοῦν, καὶ μὴ συγχωρεῖν τοῖς ἐκεῖσε φοιτῶσι πράκτορσιν τοὺς ἡμετέρους ὑπηκόους κατά τι βαρύνειν, μηδὲ ταύτας δὴ τὰς ἐξ ἔθους πονηροῦ γινομένας προστάξεις παραλαμβάνειν, ὅσαι περὶ τειχοποιΐας τε καὶ ὁδοστρωσίας καὶ ἄλλας μυρίας αἰτίας προΐασιν ἐκ τῶν θρόνων τῆς σῆς ὑπεροχῆς. English translation by Miller/Sarris (2018) I, 280.

Conclusion

As this survey has shown, inscribing laws in stone has a very long tradition in Greek that dates back to antiquity.[72] So too such legal inscriptions seem to have been common in Byzantium. Though more widespread in late antiquity, and one among many phenomena of Roman imperial communication that endured, the practice is also attested in the middle and late Byzantine period. Only rarely are both the handwritten and the epigraphic version of the very same text preserved, as in the case of the conciliar edict of Manuel I and *sigillion* of Stagoi; but I argue that we can assume from the existence of an epigraphic version of an imperial document that a handwritten original once existed in an archive somewhere. Such logic suggests that we should view these inscriptions as remnants of a kind of graven archive in themselves.

In addition, the legal terms existing in such imperial inscriptions, usually expressing an order for the construction of fortifications or similar monuments, point to lexical echoes elsewhere. The presence of key nouns such as *keleusma/keleusis, horismos, prostaxis/prostagma*, as well as verbs derived from these terms, offers tantalizing, if faint, traces of lost inscribed legal documents in literary sources.

Bibliography

Amelotti/Luzzatto (²1985): Mario Amelotti and Giuseppe Ignazio Luzzatto (eds.), *Le costituzione giustinianee nei papiri e nelle epigrafi*, Milan.

Avraméa/Feissel (1987): Anna Avraméa and Denis Feissel, "Inventaires en vue d'un recueil des inscriptions historiques de Byzance, IV: Inscriptions de Thessalie (à l'exception des Météores)", in: *Travaux et Mémoires* 10, 357–404.

Beševliev (1963): Veselin Beševliev, *Die protobulgarischen Inschriften*, Berlin.

Buschhausen (1976): Hans and Heide Buschhausen, *Die Marienkirche von Apollonia in Albanien*, Vienna.

Darrouzès (1979): Jean Darrouzès, *Les regestes des actes du Patriarcat de Constantinople*, vol. I/6 (1377–1410), Paris.

Dölger (1960): Franz Dölger, *Regesten der Kaiserurkunden des oströmischen Reiches von 565–1453.* 4. Teil: *Regesten von 1282–1341*, Munich/Berlin.

Dölger/Karayannopulos (1968): Franz Dölger and Johannes Karayannopulos, *Die byzantinische Urkundenlehre. Erster Abschnitt: Die Kaiserurkunden*, Munich.

Dölger/Müller (2009): Franz Dölger, *Regesten der Kaiserurkunden des oströmischen Reiches von 565–1453.* 1. Teil, 1. Halbband: *Regesten 565–867. Zweite Auflage, unter Mitarbeit von Johannes Preiser-Kapeller und Alexander Riehle besorgt von Andreas E. Müller*, Munich.

Dölger/Wirth (1965): Franz Dölger, *Regesten der Kaiserurkunden des oströmischen Reiches von 565–1453.* 5. Teil (Schluss): *Regesten von 1341–1453. Unter verantwortlicher Mitarbeit von Peter Wirth*, Munich.

Dölger/Wirth (1977): Franz Dölger, *Regesten der Kaiserurkunden des oströmischen Reiches von 565–1453.* 3. Teil: *Regesten von 1204–1282. Zweite, erweiterte und verbesserte Auflage bearbeitet von Peter Wirth*, Munich.

72 See, e.g., Lambert (2018).

Dölger/Wirth (1995): Franz Dölger, *Regesten der Kaiserurkunden des oströmischen Reiches von 565–1453. 2.* Teil: *Regesten von 1025–1204. Zweite, erweiterte und verbesserte Auflage bearbeitet von Peter Wirth mit Nachträgen zu Regesten Faszikel 3*, Munich.

Feissel/Philippidis-Braat (1985): Denis Feissel and Anne Philippidis-Braat, "Inventaires en vue d'un recueil des inscriptions historiques de Byzance, III: Inscriptions du Péloponnèse (à l'exception de Mistra)", in: *Travaux et Mémoires* 9, 267–395.

Feissel/Spieser (1979): Denis Feissel and Jean-Michel Spieser, "Inventaires en vue d'un recueil des inscriptions historiques de Byzance, II. Les inscriptions de Thessalonique. Supplément", in: *Travaux et Mémoires* 7, 303–348.

Fingarova (2014): Galina Fingarova, "Die Stifterin *par excellence*: Zur Deutung des Stifterbildes in der Marienkirche von Apollonia, Albanien", in: Lioba Theis, Margaret Mullett and Michael Grünbart (eds.), *Female Founders in Byzantium and Beyond*, Vienna *et al.*, 283–298.

Gerstel (2013): Sharon Gerstel, "Mapping the Boundaries of Church and Village. Ecclesiastical and Rural Landscapes in the Late Byzantine Peloponnese", in: Sharon Gerstel (ed.), *Viewing the Morea. Land and People in the Late Medieval Peloponnese*, Washington, DC, 335–368.

Grünbart (2018): Michael Grünbart, "Securing and Preserving Written Documents in Byzantium", in: Alessandro Bausi, Christian Brockmann, Michael Friedrich, and Sabine Kienitz (eds.), *Manuscripts and Archives. Comparative Views on Record-Keeping*, Berlin/Boston, 319–338.

Grünbart (2021): Michael Grünbart, *Macht und Präsenz der Buchstaben im byzantinischen Alltag. Zugänge zu den historischen Hilfswissenschaften des östlichen Mittelmeerraums*, Berlin.

Guillou (1996): André Guillou, *Recueil des inscriptions grecques médiévales d'Italie*, Rome.

Hermann (1981): Peter Hermann, *Tituli Asiae Minoris*, vol. V: *Tituli Lydiae linguis Graeca et Latina conscripti*, pt. 1: *nos. 1–825, Regio septentrionalis, ad orientem vergens*, Vienna.

Hinterberger (1999): Martin Hinterberger, *Autobiographische Traditionen in Byzanz*, Vienna.

Horna (1903): Konstantin Horna, "Die Epigramme des Theodoros Balsamon", in: *Wiener Studien* 25, 165–217.

Ivanova (2019): Mirela Ivanova, "The Madara Horseman and Triumphal Inscriptions in Krum's Early Medieval Bulgaria (c. 803–14)", in: Matthew Kinloch and Alex MacFarlane (eds.), *Trends and Turning Points. Constructing the Late Antique and Byzantine World*, Leiden/Boston, 166–184.

Kalopissi-Verti (2003): Sophia Kalopissi-Verti, "Church Inscriptions as Documents. Chrysobulls – Ecclesiastical Acts – Inventories – Donations – Wills", in: *Deltion tes Christianikes Archaeologikes Hetaireias IV* 24, 79–88.

Kazhdan (1991): Alexander P. Kazhdan, "Horismos", in: *Oxford Dictionary of Byzantium*, New York/Oxford, 946.

Külzer (2008): Andreas Külzer, *Ostthrakien (Eurōpē)* (Tabula Imperii Byzantini 12), Vienna.

Lambert (2018): Stephen D. Lambert, *Inscribed Athenian Laws and Decrees in the Age of Demosthenes*, Leiden/Boston.

Lampe (1961): Geoffrey William Hugo Lampe, *A Patristic Greek Lexicon*, Oxford.

Liddell/Scott ([9]1925–1940): Henry George Liddell, Robert Scott *et al.*, *A Greek-English Lexicon*, Oxford.

Livanos (2012): Nicholas Livanos, "Συμβολή στη μελέτη των αγιορειτικών πατριογραφικών παραδόσεων", in: *Το Άγιον Όρος στον 15ο και 16ο αιώνα* (Conference Proceedings), Thessalonica, 141–154.

López Estrada (1943): Francisco López Estrada, *Ruy González de Clavijo, Embajada a Tamorlán. Estudio y edición de un manuscrito del siglo XV*, Madrid.

Mango (1963): Cyril Mango, "The Conciliar Edict of 1166", in: *Dumbarton Oaks Papers* 17, 315–330.

Mango (1972): Cyril Mango, *The Art of the Byzantine Empire 312–1453. Sources and Documents*, Englewood Cliffs, NJ.

Melvani (2020): Nicolas Melvani, "Painted Chrysobulls in Byzantine Churches: Documents or Inscriptions? (or neither?)", in: Christian Brockmann, Daniel Deckers, Dieter Harlfinger, and Stefano Valente (eds.), *Griechisch-byzantinische Handschriftenforschung. Traditionen, Entwicklungen, neue Wege*, 2 vols., Berlin/Boston, I, 267–275.

Miljković-Pepek (1973): Petar Miljković-Pepek, *Novootkrieni arhitekturni i slikarski spomenici vo Makedonija od XI do XIV vek*, Skopje.

Miller/Sarris (2018): David J. D. Miller and Peter Sarris, *The Novels of Justinian. A Complete Annotated English Translation*, Cambridge.
Millet (1899): Gabriel Millet, "Inscriptions byzantines de Mistra", in: *Bulletin de Correspondance Hellénique* 23, 97–156.
Nicol (1984): Donald M. Nicol, *The Despotate of Epiros 1267–1479. A Contribution to the History of Greece in the Middle Ages*, Cambridge.
Oikonomides (1991a): Nicolas Oikonomides, "Chrysobull", in: *Oxford Dictionary of Byzantium*, New York/Oxford, 451–452.
Oikonomides (1991b): Nicolas Oikonomides, "Prostagma", in: *Oxford Dictionary of Byzantium*, New York/Oxford, 1740.
Rhoby (2009): Andreas Rhoby, *Byzantinische Epigramme auf Fresken und Mosaiken* (Byzantinische Epigramme in inschriftlicher Überlieferung 1), Vienna.
Rhoby (2010): Andreas Rhoby, *Byzantinische Epigramme auf Ikonen und Objekten der Kleinkunst* (Byzantinische Epigramme in inschriftlicher Überlieferung 2), Vienna.
Rhoby (2014): Andreas Rhoby, *Byzantinische Epigramme auf Stein* (Byzantinische Epigramme in inschriftlicher Überlieferung 3), Vienna.
Rhoby (2018): Andreas Rhoby, "The Poetry of Theodore Balsamon. Form and Function", in: Andreas Rhoby and Nikos Zagklas (eds.), *Middle and Late Byzantine Poetry. Texts and Contexts*, Turnhout, 111–145.
Rhoby/Schreiner (2018): Andreas Rhoby and Peter Schreiner, "*Antiquitates Constantinopolitanae* im Osmanischen Reich: Johannes Malaxos und seine Aufzeichnungen im Vat. Reg. gr. 166", in: *Miscellanea Bibliothecae Apostolicae Vaticanae* 24, 605–667.
Rhoby *et al.* (2019): Andreas Rhoby, Veronika Scheibelreiter-Gail and Andreas Zajic, "Global Epigraphy: The Scholarship on Inscriptions of Eurasia from Antiquity to the Early Modern Period", in: *Medieval Worlds* 10, 177–183 https://medievalworlds.net/0xc1aa5576_0x003b0d7a.pdf (seen 19.04.2024).
Saccenti (2016): Riccardo Saccenti, "Concilium Constantinopolitanum 1166/Synod of Constantinople 1166", in: Alberto Melloni *et al.* (eds.), *Conciliorum oecumenicorum generaliumque decreta. Editio critica*, vol. IV/1: *The Great Councils of the Orthodox Church. Decisions and Synodika. From Constantinople 861 to Constantinople 1872*, Turnhout, 85–101.
Schoell/Kroll (⁶1954): Rudolf Schoell and Wilhelm Kroll (eds.), *Corpus Iuris Civilis*, vol. III: *Novellae*, Berlin.
Schopen (1828–1832): Ludwig Schopen (ed.), *Ioannis Cantacuzeni Historiarum libri IV*, 3 vols., Bonn.
Schreiner (2011): Peter Schreiner, "John Malaxos (16th Century) and his Collection of *Antiquitates Constantinopolitanae*", in: Nevra Neçipoğlu (ed.), *Byzantine Constantinople. Monuments, Topography and Everyday Life*, Leiden, 203–214.
Signes Codoñer *et al.* (2019): Juan Signes Codoñer, José Domingo Rodríguez Martín and Francisco Javier Andrés Martin, *Diccionario jurídico bizantino griego-español. Sobre la base de la Introducción al derecho del patriarca Focio y de las Novelas de León VI el Sabio*, Granada.
Sophianos (1993): Demetrios Sophianos, "Acta Stagorum. Τὰ ὑπὲρ τῆς θεσσαλικῆς ἐπισκοπῆς Σταγῶν παλαιὰ βυζαντινὰ ἔγγραφα (τῶν ἐτῶν 1163, 1336 καὶ 1393)", in: *Trikalina* 13, 7–67.
Spieser (1973): Jean-Michel Spieser, "Inventaires en vue d'un recueil des inscriptions historiques de Byzance, I. Les inscriptions de Thessalonique", in: *Travaux et Mémoires* 5, 145–180.
Stavrakos/Liakos (2022): Christos Stavrakos and Dimitris Liakos, "Post-Byzantine Inscriptions, Traditions and Legends: Authentic or Fabricated?", in: Andreas Rhoby and Ida Toth (eds.), *Studies in Byzantine Epigraphy*, vol. 1, Turnhout, 251–267.
Stavropoulos (2021): Evangelos Stavropoulos, *Imperium et sacerdotium. Droit et Pouvoir sous l'Empereur Manuel Ier Comnène (1143–1180)*, Turnhout.
Stefec (2015a): Rudolf S. Stefec, "Beiträge zur Urkundentätigkeit epirotischer Herrscher in den Jahren 1205–1318", in: *Nea Rhome* 11, 249–370.
Stefec (2015b): Rudolf S. Stefec, "Die Regesten der Herrscher von Epeiros 1205–1318", in: *Römische Historische Mitteilungen* 57, 15–120.

Talbot (2012): Alice-Mary Talbot, "Anonymous Miracles of the Pege", in: Alice-Mary Talbot and Scott Fitzgerald Johnson (eds.), *Miracle Tales from Byzantium*, Cambridge, Mass./London, 203–297.

Thomas/Constantinides Hero (2000): John Thomas and Angela Constantinides Hero (eds.), *Byzantine Monastic Foundation Documents: A Complete Translation of the Surviving Founder's Typika and Testaments*, trans. Robert Allison *et al.*, 5 vols., Washington, D. C.

Trapp *et al.* (1976–1996): Erich Trapp *et al.*, *Prosopographisches Lexikon der Palaiologenzeit*, Vienna.

Weiß (1996): Günter Weiß, "Publizistik in Byzanz. Ein Beitrag zur Kommunikationsforschung in Byzanz", in: *Byzantinische Zeitschrift* 89, 79–93.

Wiedergut (2020): Karin Wiedergut, *Auf Amtswegen. Studien zu den kaiserlichen Polis-Archiven der Provinzen Asia und Lycia et Pamphylia*, Vienna (PhD thesis).

Zepos/Zepos (1931 [Repr. 1962]): Ioannes and Panagiotes Zepos, *Jus Graecoromanum*, vol. I, Athens (Aalen).

Marios Th. Tantalos

Towards an edition of the *Hexabiblos Aucta*

The aim of this contribution is to shed light on the forthcoming edition of an unpublished legal book, the *Hexabiblos Aucta*, which in turn is part of the preparation of a new edition of the *Hexabiblos*, a project funded by the Academy of Göttingen.

It seems proper and necessary at this point to say a few words about Harmenopoulos and his work, the so-called *Hexabiblos*, also known as the Handbook of Laws of Konstantinos Harmenopoulos.[1] Harmenopoulos was a judge who lived in Thessaloniki around the middle of the 14th century. We do not know much about his life. The year 1345 is the first time we encounter his name in the form of a signature on a judicial document. It was around the same period that Harmenopoulos compiled his *Hexabiblos*, a legal handbook consisting of six books, as the Greek word *Hexabiblos* implies ('ἕξ' = 'six', 'βιβλίον' = 'book'). Harmenopoulos based his compilation on the *Prochiron*, a lawbook of the time of the Macedonian emperors,[2] and he added excerpts from the *Synopsis Basilicorum Maior*,[3] the *Peira*,[4] the *Synopsis Minor*[5] and other Byzantine legal sources. His goal was to create a legal handbook, easy to use in legal practice. Contrary to what was the predominant opinion few years ago, it is now accepted that the *Hexabiblos* was quite popular – at least among the judges of the late Byzantine period.[6] What is most fascinating in the *Hexabiblos* is its modern structure. In fact, the division of the work, which is preceded by an extensive introduction, largely corresponds to the Pandectists' system developed in the 19th century: 'General Part' (Book 1), Property Law (Book 2), Law of Obligations (Book 3), Family Law (Book 4), Inheritance Law (Book 5) and Criminal Law (Book 6).[7] The *Hexabiblos* remained in use under Ottoman rule and received in 1835 legal force in the newly founded Kingdom of Greece. It was not until 1946 that it was replaced by the new Greek Civil Code that came into force at the time. The *Hexabiblos* was also translated into many languages, among others into

1 On Harmenopoulos and the *Hexabiblos* see Troianos (2017) 316–321.
2 For the *Prochiron* see Troianos (2017) 196–200.
3 For this one-volume abridged version of the sixty books of the *Basilica*, compiled in the second half of the 10th century, alphabetically arranged in 24 sections with key legal terms appearing in its headings for ease of use, see Troianos (2017) 222–224.
4 For the relationship between the *Hexabiblos* and the *Peira*, the well-known didactic collection of verdicts and legal opinions of the judge Eustathios Rhomaios and dated in the eleventh century, see Simon/Neye (2021) 179–237.
5 For this compilation of legal principles, arranged in alphabetical order and dating from the end of the 13th century, see Troianos (2017) 313–315.
6 Papagianni (2009) 105–111.
7 According to standard practice in Byzantium, the regulations of the Criminal Law are placed at the end of lawbooks and legal collections.

https://doi.org/10.1515/9783111331126-009

Bulgarian in an edition that, according to a report of Nikolai Todorov, was published in Petrogratza in 1775.[8]

The *Hexabiblos*' main derivate is the so-called *Hexabiblos Aucta*, upon which this paper will focus. The editorial work is still in its preliminary stage; hence it should be noted that the following remarks are by no means definitive. The text of *Hexabiblos Aucta* is transmitted in two manuscripts, written by the same hand, Vaticanus gr. 851 and Parisinus gr. 1355.[9] The unknown compiler used as a base text the *Hexabiblos*, just like Harmenopoulos based his compilation on the *Prochiron*. The text in Vaticanus gr. 851 represents the first edition of the compilation, with about 1065 additamenta from other legal sources, most of them in the margins of the manuscript. In the 'second edition' of his work, that is in the Parisinus gr. 1355, the compilator incorporates the vast majority of the additamenta in the text. In this way he gains space and adds a further 1200 fragments from various legal sources in the margins of the manuscript.[10]

Vaticanus graecus 851 contains only the *Hexabiblos* in its augmented version, whereas Parisinus gr. 1355 is divided into four major parts: a) the *Hexabiblos Aucta*, b) a collection of canonical texts, c) a collection of the Imperial Novels and d) a lexicon of Latin legal terms mentioned in the *Hexabiblos Aucta* at the end of the manuscript.[11] It should be noted here that the unknown compiler of the *Hexabiblos Aucta* does not follow the regular order of the fragments of the *Hexabiblos* but instead shuffles the deck, changing the position of many fragments of the *Hexabiblos*. In this way, he creates new thematic units within the books of the *Hexabiblos*. Additionally, he imitates Harmenopoulos by using the same symbols to note his sources, that is the symbol of the Saturn to indicate the fragments originating from the *Prochiron* and the solar symbol to demonstrate the other sources of the *Hexabiblos*. It is thanks to the fundamental studies of the late Marie Theres Fögen that this mode of composition of the *Hexabiblos Aucta* became clear. Unfortunately, she did not manage to edit the whole text of the *Hexabiblos Aucta*, nor has it been possible for us to locate her precious notes regarding the identification of the fragments of the text transmitted in the two aforementioned manuscripts.

But why is an edition of the *Hexabiblos Aucta* important? First of all, as I hope has become already crystal clear, the *Hexabiblos Aucta* is a unique legal book different from the *Hexabiblos*, which contains rich material, whether fragments of already edited texts or even totally unpublished excerpts. Furthermore, since the text is preserved in two different manuscripts that represent two consecutive editions of the same work,

8 On the diffusion of the *Hexabiblos* see Papastathis (1976). See also Pitsakis (1971) o', who mentions the report of Todorov.

9 On these manuscripts see Burgmann *et al.* (1995) 197–201, 262.

10 On the working method of the unknown compiler of the *Hexabiblos aucta* see Fögen (1986) 265–267, 278–292.

11 For the division of the *Hexabiblos aucta* see Fögen (1986) 296–317.

we have the unique opportunity to explore step by step the way the compiler structures and organizes his material. Last but not least, the text of the *Hexabiblos Aucta* is extremely important for the new critical edition of the *Hexabiblos* itself, which is under preparation. Apart from the fact that it transmits a whole text of the *Hexabiblos*, it seems that the text of the *Hexabiblos Aucta* is the ultimate source of many comments or even fragments of the text that Gustav Ernst Heimbach edited in the current "critical" edition of the *Hexabiblos*.[12] As is well known, the edition of Heimbach is largely based on the edition of the *Hexabiblos* published by Wilhelm Otto Reitz in 1780.[13] Although Reitz uses only two manuscripts of the *Hexabiblos*, he *does* take into account all kinds of other supplementary material, which he carefully enumerates in his preface: for example, annotated copies of earlier editions of the *Hexabiblos* that had belonged to humanists or comments on different fragments of the *Hexabiblos* by various scholars.[14] In this way the edition of the text of the *Hexabiblos* – both by Reitz and by Heimbach – provide many scholia on the text. In fact, their critical apparatus is full of rich scholia, which not only refer to the manuscripts they use (for example, if there are differences between them) but include all kinds of information, such as references to other legal sources and comparison to the annotations of previous scholars. I am more than convinced that many of these scholia were copied from humanists from the text of the *Hexabiblos Aucta* and found their way through the edition of Reitz in the current edition of Heimbach.[15]

As already mentioned, we shall concentrate on the way the compiler of the *Hexabiblos Aucta* organized his material, that is to say what kind of legal textbooks he had at his disposal, what sort of criteria he implemented in order to choose the sources he used and so on.

If we want to understand better the working method of the unknown author of the *Hexabiblos Aucta*, it is essential to have a look at how Harmenopoulos structures his own legal material while composing his *Hexabiblos*. As a base text he uses the *Prochiron*, but he changes the order of its chapters because he wants to categorize civil law in five preplanned sections. He actually starts from the fourth book, where he places the beginning of the *Prochiron*. The larger part of his additamenta to the text of the *Pro-*

12 Heimbach (1851).

13 Reitz (1780). On the editions and manuscripts of the *Hexabiblos* see Fögen (1981) 256–263.

14 For Reitz and his posthumous edition of the *Hexabiblos*, as well as for the Dutch school of elegant jurisprudence in general, see Penna (2015).

15 An example of this procedure has been analytically described by Fögen (1985) 213–242. A preliminary conclusion would be that the variae lectiones/scholia of Claudius Salmasius (1588–1653) that are transmitted in the edition of Heimbach derive from Vaticanus gr. 851, whereas those of Jacques Cujas from Parisinus gr. 1355. Salmasius (Claude de Saumaise) must have consulted Vaticanus gr. 851 at Heidelberg before its transfer to Vatican in 1622. Vaticanus gr. 851 must be therefore identified with *Palatinus Salmasii*. For Salmasius and his study at the University of Heidelberg in 1606 under the jurist Denis Godefroy, editor of the *Hexabiblos*, see Blok (1921). On Cujas see Prévost (2015).

chiron consists of chapters of the *Synopsis Basilicorum Maior*. He also makes extensive use of the *Peira* and the *Synopsis Minor*.[16]

Let us now examine the working method of the unknown compiler of the *Hexabiblos Aucta*. According to Fögen,[17] the sources that he uses are the following: a) *SBM Maior* with Appendix: 851 fragments, b) a *Basilica* text: 364 fragments,[18] c) Attaleiates' *Legal Textbook*: 340 fragments,[19] d) *Ecloga*: 99 fragments,[20] e) the *Eisagoge aucta*: 89 fragments,[21] f) *Basilica* scholia: 74 fragments, g) *Synopsis Pselli* + commentary: 73 fragments,[22] h) *Epitome*: 18 fragments,[23] i) *Epitome* of the *Novels* by Theodoros of Hermoupolis: 5 fragments,[24] j) *Collectio LXXXVII capitulorum*: 5 fragments,[25] k) of unknown origin: 360 fragments. It is evident that the compiler of the *Hexabiblos Aucta* could not use the sources already utilized by Harmenopoulos since they were part of *his* base text, the *Hexabiblos*. That is why he was obliged to resort to other sources such as the *Ecloga* or the commentary on *Synopsis Pselli*, or – as in the case of the *Synopsis Basilicorum Maior* – to make use of the parts from it that Harmenopoulos left aside. He does *not*, however, make *additional* use of the *Peira* or of the *Synopsis Minor*.

Some sources that the unknown compilator uses need further explanation, like the collection of about forty-five commentaries of the *Synopsis legum* spread throughout the manuscript. We have argued,[26] based on a heading of a manuscript, that they form part of a vast commentary on the *Synopsis legum*, written by Theodoros of Smyrna, a pupil of Psellos, around 1080, who just like his teacher was awarded the post of president of the philosophers (ὕπατος τῶν φιλοσόφων). Theodoros of Smyrna seems to have taught the didactic poem of Psellos to Nikephoros Porphyrogennitos, who was the son of Romanos Diogenes and Eudokia Makrembolitissa and half-brother of Michael Doukas, an excellent example of how the history of Byzantine law can shed light on Byzantine History and Byzantine Studies in general.

---

16 The sources of the *Hexabiblos* have been identified by Tantalos (2019) as an external contribution to the project 'Edition of Byzantine Legal Sources' (Edition und Bearbeitung byzantinischer Rechtsquellen), which was overseen by the Göttingen Academy of Sciences and Humanities.

17 Fögen (1986) 263–264.

18 For this massive compilation of laws consisting of 60 books that rendered in Greek the different parts of Justinian's legislation and the scholia that accompany them, see Troianos (2017) 202–211, 226–229.

19 For this legal manual composed around 1073/74 by the high-court judge Michael Attaleiates, see Troianos (2017) 232–233.

20 On this lawbook, promulgated by the initiators of the First Iconoclasm Leo III and Constantine the V, see Troianos (2017) 118–126.

21 For this derivative of *Eisagoge* see Troianos (2017) 218.

22 For this didactic poem, written for Psellos' pupil, the emperor Michael Dukas, see Troianos (2017) 229–231.

23 For this private lawbook compiled shortly after the death of Leo IV see Troianos (2017) 211–215.

24 For Theodoros' work on the *Novels* of Justinian see Troianos (2017) 115–116.

25 For this collection of canons, composed most probably by John Scholastikos in the sixth century, see Troianos (2017) 148–150.

26 Tantalos (2021) 265–277.

Another matter that requires further examination is the observation by Fögen that the *Hexabiblos Aucta* contains 364 excerpts from the *Basilica*. The problem with the *Basilica* text is that it is often used for other legal texts, like the legal textbook of Michael Attaleiates dated to 1073/74. It could of course be – especially in the case of the legal textbook of Attaleiates – the other way around: that is, some quotations from the *Basilica* may have have been erroneously edited as part of the legal textbook of Attaleiates. The edition of the *Hexabiblos Aucta* is thus a great opportunity to reevaluate editions of many legal texts and check out their readings and content.

Keeping this in mind, let us now examine a provisional part of the edition of the *Hexabiblos Aucta*,[27] that is chapter 2.2 of Parisinus graecus 1355, the 'second edition' of the *Hexabiblos Aucta*, entitled Περὶ ἀναργυρίας (Regarding unpaid money). We can determine from the symbols used to indicate the text of *Hexabiblos* that the compiler incorporates into the text these and other symbols used to note the additamenta of the *Synopsis Basilicorom Maior* and those of the poem of Psellos (Fig. 1). We read after the heading the note 'Περὶ τούτου τὸ μικρὸν κατὰ στοιχεῖον ἐν τῷ α' στοιχείῳ αὐτοῦ' (On this see the *Synopsis Minor* in its first chapter), which indicates the source of the first rule of the *Hexabiblos*. It originates indeed from *Synopsis Minor* A 23,[28] a source that we mention in brackets. Next in the *apparatus criticus* are the readings that diverge from the edition of Heimbach. Subsequently, we edit an unidentified fragment in the margins of Parisinus graecus 1355 that the compiler of the manuscript includes in his *Lexicon*.[29] Then follow fragments from the *Synopsis Basilicorum Maior* (SBM A XXXIX 8, SBM A XXXIX 5, SBM A XXXIX 8), alternated with fragments from the *Hexabiblos* (H. 2.2.2–4; we mention in brackets their source: the *Synopsis Basilicorum Maior*[30]) and, in this way, one can track down the working method of the compiler of the *Hexabiblos Aucta*. An unidentified excerpt intervenes (Δυνάμεθα ...),[31] which the compiler has placed in the margins of both manuscripts. Then follow verses from the already mentioned poem of Michael Psellos with their commentary,[32] which is not identical with the commentary

27 See Appendix.

28 Heimbach (1851) 225.

29 The form of unpaid money is twofold: a person makes a written acknowledgement either without receiving any money or after receiving less money than expected. The person who made the acknowledgement must raise his claim regarding the unpaid money within two years, and the creditor or the debtor must prove that he indeed paid out the money. See Fögen (1990) 162.

30 Heimbach (1851) 226.

31 This allows one within two years to bring suit for unpaid money either regarding the full amount of money not paid or a partial amount, and the creditor is obliged to prove that he paid out the money.

32 See Westerink (1992) $189^{316–321}$, commentary ad Syn. Ps. 953: Ἐάν τις ἄνθρωπος μὴ λαβὼν τὸ χρέος ἐποίησεν ἀπόδειξιν ὅτι 'ἔλαβον τὸ χρέος', καὶ ἔσωθεν τριάκοντα ἡμερῶν οὐ ζητήσει τὸ χρέος, οὐ δύναται ἔτι ζητῆσαι ἀναργυρίαν. εἰ δὲ ἐνάγει ἐντὸς τῶν λ' ἡμερῶν λέγων ὅτι 'ἀπόδειξίν σοι ἐποίησα καὶ οὐκ ἔδωκάς μοι τὸ χρέος δι' ὃ τὴν ἀπόδειξιν ἐποίησα'. κἀκεῖνος λέγει ὅτι 'ὅταν τὴν ἀπόδειξίν μοι ἐποίησας, καὶ τὸ χρέος ἔλαβες', ὀφείλει ἀποδεῖξαι μετὰ μαρτύρων ὡς τὸ χρέος ἔστρεψεν ὅταν τὴν ἀπόδειξιν ἔλαβε. (If a person, although he did not take the money of the debt, provided a receipt of payment [stating]

published in the edition of Westerink, as one would expect.[33] Are we dealing here with two different commentaries or with two versions of the same commentary? This kind of problem can only be solved *after* the edition of the text of the *Hexabiblos Aucta* is complete. Subsequently we find another fragment from the *Synopsis Basilicorum Maior* that in the edition of Heimbach appears as H. 2.2.8 but in the *Hexabiblos Aucta* is marked as an additamentum from the *Synopsis Basilicorum Maior*.[34] Is it a genuine part of the *Hexabiblos*? This is something for the future editor of the *Hexabiblos* to decide upon. Again follow verses from the poem of Michael Psellos with their commentary.[35] Then follows a scholion ad *Synopsis Basilicorum Maior*, which in the edition of Heimbach has been marked as a dubious H. 2.2.7,[36] H. 2.2.9 which originates from *Synopsis Basilicorum Maior*,[37] and a part of the commentary to verses 711–716 of the *Synopsis legum*[38] before an unidentified excerpt (Μετά ...),[39] and H. 2.2.10, which is part of *Rhopai* 11.4.[40] After H. 2.2.10 the compiler of Parisinus graecus has placed in textu an excerpt from the augmented version of the legal text of Attaleiates that he had at his disposal;[41] in

that 'I received the payment' and within thirty days does not ask for it, he is not entitled to bring a suit for unpaid money. But if he initiates the action [of unpaid money] within thirty days and he claims that 'I made you a receipt for you and you did not give me the payment for which I made the receipt' and the debtor claims that 'when you provided me the receipt of payment you also received the money owed', he [the debtor] is obliged to prove with the help of witnesses that he paid the debt when he received the receipt of payment).

33 Commentary ad Syn. Ps. 953–960: If a creditor provides a receipt of payment to the debtor [stating] that he [the debtor] indeed paid off his debt but he [the creditor] received no money, he can bring the suit for unpaid money within thirty days and claim that 'I wrote a receipt of payment that I did receive my money, but I did not in fact receive anything'. And in this case the debtor is obliged to prove with the help of witnesses that he repaid the debt. But if he does not bring (the suit) within thirty days, he cannot ask for the money.

34 The ultimate source is indeed SBM A XXXIX, 9. See Heimbach (1851) 228.

35 Commentary ad Syn. Ps. 693–695: If a man lives with his wife for two years and has children with her and dies and he has not brought the suit for an unpaid dowry, the children together with their guardians are entitled to bring the suit regarding the unpaid dowry of their mother against the one who did not pay, i. e. their grandfather, and claim it.

36 Heimbach (1851) 228.

37 Heimbach (1851) 228.

38 Commentary ad Syn. Ps. 711–716: If a man who had a wife and after marriage divorced her for some reasonable cause, or because his wife was a relative, or some other reasonable cause followed, and the man was asked to return the dowry, which he received from the woman, it is allowed for the man to raise the objection that he did not receive the dowry or part of it. And if the marriage was prolonged for ten years, three months are given to woman's to turn against the man according to this suit.

39 After the marriage has taken place, the dowry must be claimed; and if the dowry is not paid at the time of the marriage, the bridegroom can seek the non-payment of the dowry up to ten years.

40 The so-called *Rhopai*, a legal treatise about time limits, was probably first authored in the last decades of the 6th century and reworked in the following centuries. See Troianos (2017) 116–117.

41 For the one who admitted that he received a deposit and, against a receipt, made for public things or for a dowry given, the constitution orders that there is no possibility of a suit for non-payment. In the

the appendix and in the margins he placed once again verses of the *Synopsis legum*[42] accompanied by their commentary.[43] He then moved a scholion from the margins of Vaticanus in textu in the 'edition' of Parisinus (sch. 1 ad H. 2.2.11) and added a new excerpt in its margins.[44]

As a final remark, it is evident that the *Hexabiblos Aucta*, in its second edition, provides textual witnesses of the following legal texts that are transmitted almost in their entirety (either as parts of the *Hexabiblos* or as additamenta in the Parisinus gr. 1355): the *Hexabiblos*, the *Synopsis Basilicorum Maior*, the *Ecloga* (already taken account in L. Burgmann's edition)[45] and the legal textbook of Michael Attaleiates.[46] It contains also unidentified or unedited fragments. Most of them originate most probably from annotated manuscripts, perhaps an augmented version of the work of Michael Attaleiates.

It is not my intention to speculate on the identity of the unknown compiler of the *Hexabiblos Aucta* or to turn to contemporary literary theory to explain the effects of the text on the reader, however tempting that might be. It is in any case fascinating that such a work was conceived at the very end of the Byzantine Empire.

---

case of any other receipt, a claim for non-payment can be initiated within thirty days. And an oath after the thirty days, or for the other cases for which no action for non-payment is given, is not allowed at all.

42 Commentary ad Syn. Ps. 968–975: If someone has admitted that he owes a debt not because coins were paid to him and he owes them, but for another reason, e. g. because he bought a piece of land from someone and did not pay the debt, and then he is asked to pay the debt and he refuses because he neither confessed nor wrote that 'I do owe these things', but 'force was used against me' or 'I drew up the document by mistake', he therefore has the burden of proving that it was written by force or that 'I did not write the document'.

43 Commentary ad Syn. Ps. 964–967: If a person admitted that he had drawn up a document to his creditor that he had taken coins from him and did not receive them, a period of two years is fixed by the laws in which he is entitled to bring a suit for non-payment. And then the judge forces the creditor to prove the payment of the amount, that is to say that he gave the borrowed amount, as the document says.

44 If someone receives a dowry and makes a receipt according to the law and records the things in detail, that is, 'I received this and that', and everything is mentioned by name and he gets nothing, he cannot bring a suit for non-payment and claim that 'I made a receipt and I didn't get the things'.

45 Burgmann (1983) 66–67.

46 In fact, *Hexabiblos Aucta* is a mixed combination of these four legal works.

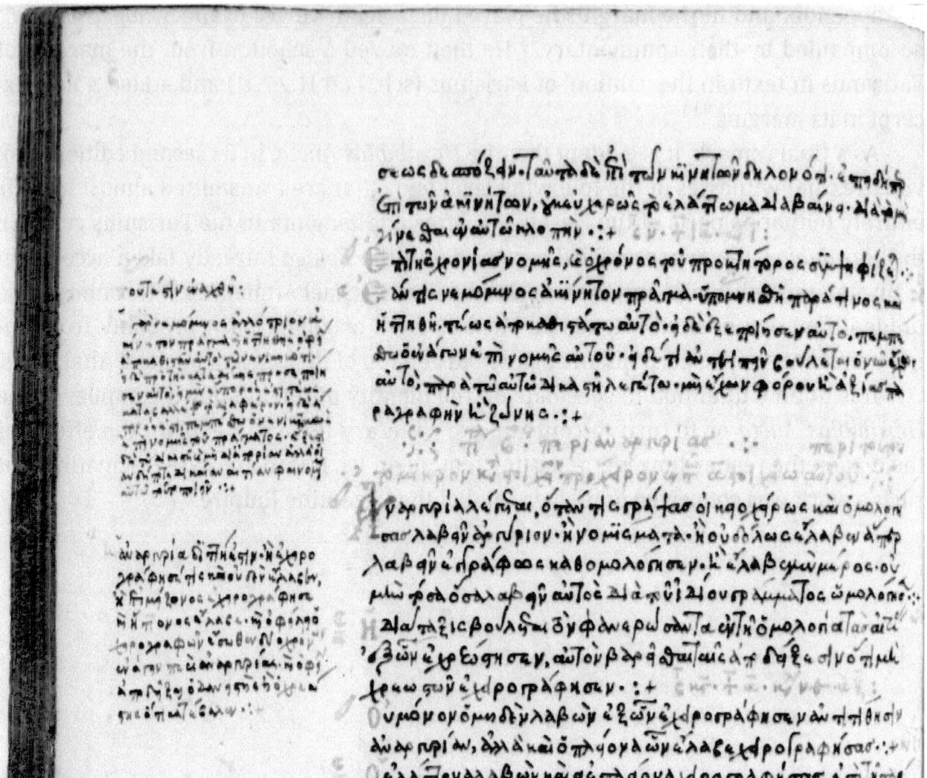

Fig. 1a: Paris gr. 1355 94v. © Bibliothèque Nationale de France.

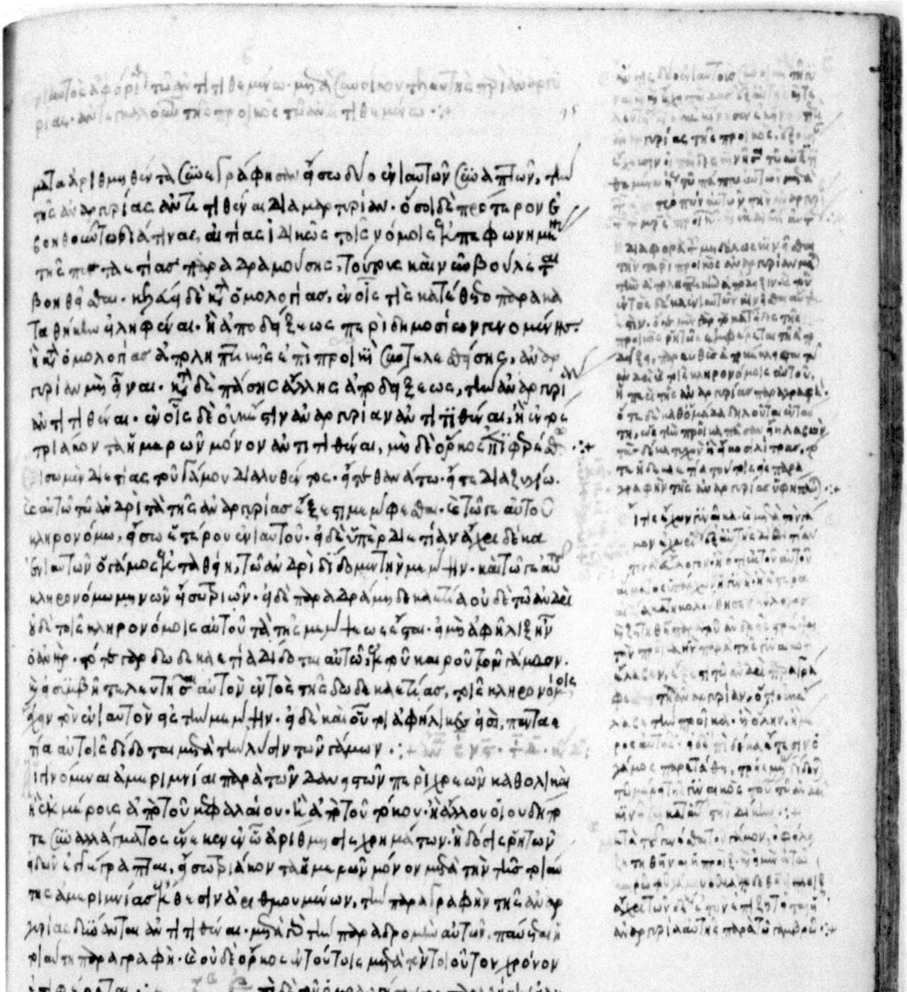

Fig. 1b: Paris gr. 1355 95r. © Bibliothèque Nationale de France.

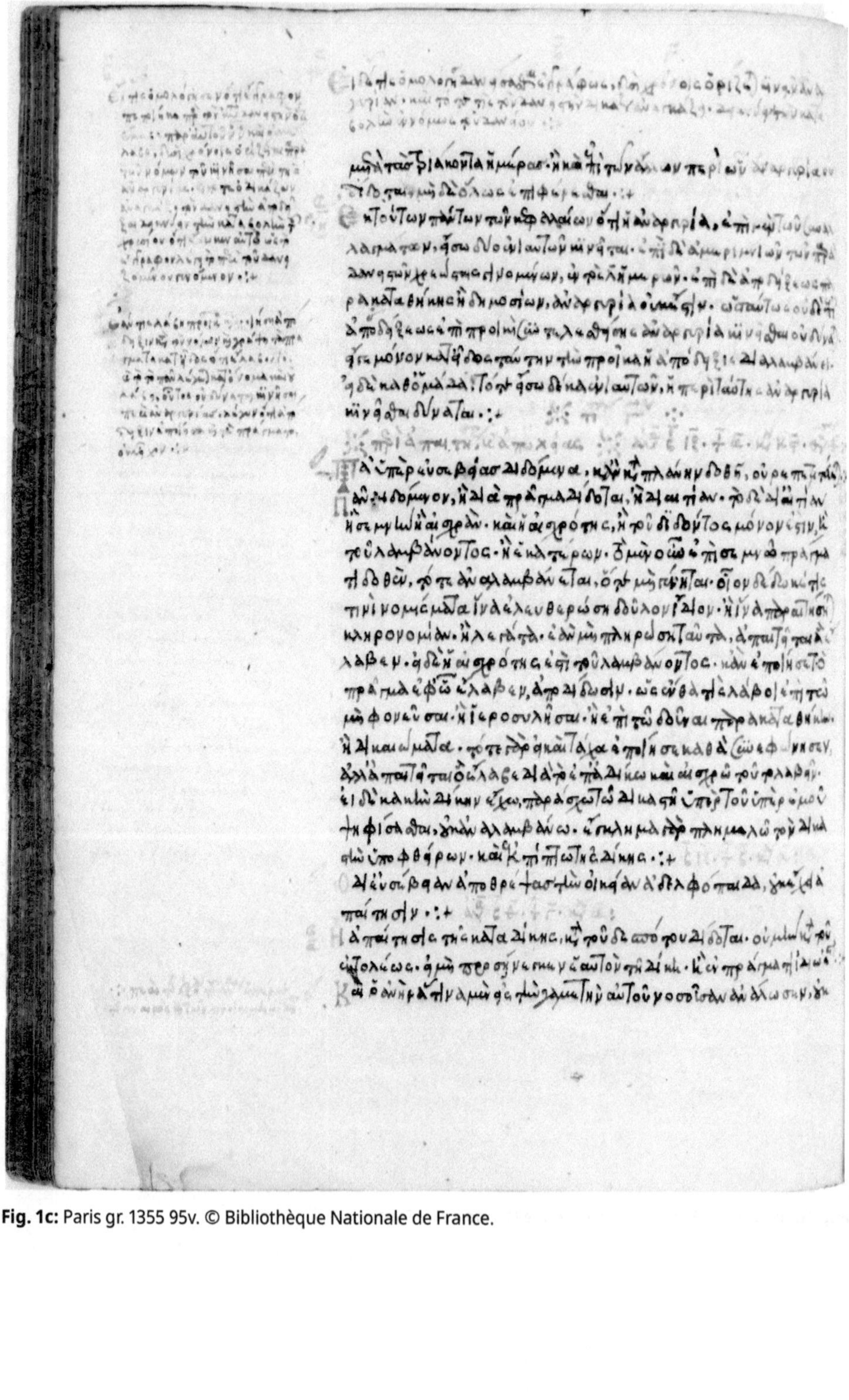

Fig. 1c: Paris gr. 1355 95v. © Bibliothèque Nationale de France.

Appendix

Abbreviaturae – Sigla

cf.	confer
corr.	correxit
H.	Constantini Harmenopuli Hexabiblos (ed. Heimbach [1851])
in app.	in apparatu
in marg.	in margine
Lex. H. Aucta	Lexikon Hexabiblos Aucta (ed. Fögen [1990] 162–214)
om.	omisit/omiserunt
P	codex Parisinus gr. 1355
part.	partim
Pits.	Constantini Harmenopuli Hexabiblos (ed. Pitsakis [1971])
Rhopai	Αἱ Ῥοπαί (Sitzia [1984])
SBM	Synopsis maior Basilicorum (ed. Zepoi V [1931])
S. Min	Synopsis minor Basilicorum (ed. Zepoi VI [1931] 321–547)
Syn. Ps.	Synopsis Pselli (ed. Westerink [1992] 123–190)
V	codex Vaticanus gr. 851
v.	versus
West.	Michaelis Pselli Poemata (ed. Westerink [1992])

Τίτλος Β'

Περὶ ἀναργυρίας

Περὶ τούτου τὸ μικρὸν κατὰ στοιχεῖον πρόχειρον ἐν τῷ α΄ στοιχείῳ αὐτοῦ

H. 2.2.1 (S.Min A 23, 1)

Ἡ ἀναργυρία διττή ἐστιν, ἢ ἐχειρογράφησέ τις καὶ οὐδὲν ἔλαβεν, ἢ ἐπὶ μείζονος ἐχειρογράφησε καὶ ἧττονος ἔλαβε· καὶ ὀφείλει ὁ χειρογραφῶν ἔσωθεν δύο χρόνων ἐνάγειν περὶ ἀναργυρίας· καὶ ὀφείλει ἀποδεῖξαι ὁ δανειστὴς ἢ ὁ χρεώστης ὅτι κατέβαλεν. [in marg. P]

SBM A XXXIX, 8 [in marg. V]

H. 2.2.2 (SBM A XXXIX, 2)

SBM A XXXIX, 5

H. 2.2.3 (SBM A XXXIX, 4)

H. 2.2.4 (SBM A XXXIX, 6)

Δυνάμεθα ἐντὸς διετίας κινεῖν περὶ ἀναργυρίας ἢ τοῦ παντὸς ἢ τοῦ μέρους, ἀναγκαζομένου τοῦ δανειστοῦ δεικνύειν ὅτι κατεβάλλετο. [in marg. P, V]

SBM A XXXIX, 7

Syn. Ps v. 953–960 [in app. P]

Scholia ad Syn. Ps. v. 953–960: Ἐάν τις δανειστὴς ποιήσῃ ἀπόδειξιν τῷ χρεώστῃ αὐτοῦ ὅτι ἔλαβε τὸ χρέος αὐτοῦ καὶ οὐδὲν ἔλαβε, δύναται ἔσωθεν τῶν λ' ἡμερῶν ἀντεγκαλεῖν ⟨τὴν⟩ περὶ ἀναργυρίας καὶ λέγειν ὅτι 'ἀπόδειξιν ἔγγραφον ἐποίησα ὅτι ἔλαβα τὸ χρυσίον μου, ἀλλ' οὐδὲν εἶχον ἐκ τοῦ ἐμοῦ'. Καὶ τότε ἀναγκάζεται ὁ χρεώστης ἀποδεικνύειν διὰ μάρτυρος ὅπως τὸ χρέος ἔδωκεν. Εἰ δ' οὐ κινήσει ἔσωθεν τῶν λ' ἡμερῶν, οὐ δύναται κινῆσαι μετὰ τέλος αὐτῶν. [in marg. P]

f. 95r SBM A XXXIX, 9 (**H. 2.2.8**)

Syn. Ps. v. 693–695 [in app. P]

---

1 Περὶ ἀναργυρίας V **2** Τίτλος B V **4** ὅταν τις H.] ὅτάν τις P, V ‖ ἀργυρίον H.] ἀργύριον P, V, corr. Pits.‖ οὐδὲ ὅλως H.] οὐδόλως P, V ‖ καθωμολόγησεν H.] καθομολόγησεν P; cf. Lex. H. Aucta A 14 **11** εἰσέτι SBM] εἰς ἔτι P **12** ἐπιγνοὺς H.] ἐπιγνοῦς P, V ‖ καταβάλλειν H.] καταβάλειν P, V **13** μὴ H.] μὲν P, V **17** ῥεύσουσι West.] ῥέουσι P ‖ τριάκοντα[1] West.] λ' P ‖ ἐναγάγῃ West.] ἐναγάγει P ‖ τὸ χρέος West.] τοῦ χρέους P **24** ᾗ SBM, H.] οἷς P ‖ τις SBM, H.] τὶς P ‖ μηδὲ H.] μὴδὲ P ἢ μερικῆς … ἔκθεσιν τῆς ἀποδείξεως om. P ‖ ἀντιτίθεσθαι SBM] ἀντιτιθέναι P ‖ ἔξεστι τὴν SBM] ἔστι P ‖ λ' SBM] τριάκοντα P **25** ἀφώρισται West.] ἀφόρισται P ‖ τελευτὴν West.] τελευτῆς P ‖ πρὸς τὸν κατηγοροῦντα West.] τῷ ἀντιτιθεμένῳ P

Scholia ad Syn. Ps. v. 693–695: Ἐάν τις δύο ἐνιαυτοὺς συνοικήσῃ τῇ γυναικὶ καὶ ἔχει παῖδας ἐξ αὐτῆς καὶ τελευτήσῃ καὶ οὐκ ἐκίνησεν ἐκεῖνος περὶ ἀναργυρίας τῆς προικός, ἐξουσίαν ἔχουσιν οἱ παῖδες κινῆσαι τῷ ἀντιτιθεμένῳ ἤγουν τῷ πάππῳ αὐτῶν μετὰ τῶν ἐπιτρόπων αὐτῶν τὴν ἀναργυρίαν τὴν τῆς μητρὸς προῖκα καὶ ἐκδικῆσαι αὐτήν. [in marg. P]

H. 2.2.7 (scholium g ad SBM A XXXIX, 11) [in marg. P]

H. 2.2.9 (SBM A XXXIX, 11)

Scholia ad Syn. Ps. v. 711–716: Εἴ τις ἔχων γυναῖκα καὶ μετὰ τὸν γάμον ἐχωρίσθη ἐξ αὐτῆς δι᾽ αἰτίαν τινὰ εὔλογον· ἢ ὅτι ἐκ τοῦ αὐτοῦ αἵματος ὑπάρχουσα ἡ γυνή· ἢ ἑτέρα αἰτία κατηκολούθησεν εὔλογος καὶ ζητηθῇ παρὰ τοῦ ἀνδρὸς στρέψαι τὴν προῖκα ἣν παρὰ τῆς γυναικὸς ἔλαβεν, ἔξεστι τῷ ἀνδρὶ παραγράφεσθαι τὴν ἀναργυρίαν, ὅτι οὐκ ἔλαβε τὴν προῖκα· ἢ ὅλην, ἢ μέρος αὐτῆς. Εἰ δὲ ἐπὶ δέκα ἔτεσιν ὁ γάμος παρετάθη, τρεῖς μῆνες δίδονται τῷ μέρει τῆς γυναικὸς τούτῳ τῷ ἀνδρὶ κινῆσαι κατ᾽ αὐτὴν τὴν δίκην.

Μετὰ τοῦ γενέσθαι τὸν γάμον, ὀφείλει ζητηθῆναι ἡ προίξ· καὶ εἰ μὲν ἐν τῷ καιρῷ τοῦ γάμου οὐκ ἀποδοθῇ ἡ προίξ, ἄχρι τῶν δέκα ἐτῶν ἐπιζητεῖται ἡ ἀναργυρία αὐτῆς παρὰ τῷ γαμβρῷ. [in marg. P]

H. 2.2.10 (Rhopai 11.4 part.)

Ἐπὶ δὲ τοῦ ὁμολογήσαντος παραθήκην εἰληφέναι καὶ κατὰ ἀποδείξεως περὶ δημοσίων γινομένης ἢ κατὰ ἀποληπτικῆς προικός, ἀναργυρίαν κελεύει μὴ εἶναι ἡ διάταξις· κατὰ δὲ ἄλλης πάσης ἀποδείξεως, μέχρι τριακονθημέρου κινεῖσθαι τὴν ἀναργυρίαν· f. 93v ὅρκον δὲ | μετὰ τὰς τριάκοντα ἡμέρας ἢ καὶ περὶ τῶν ἄλλων περὶ ὧν ἀναργυρία οὐ δίδοται, μηδὲ ὅλως ἐπιφέρεσθαι. [in marg. V]

Syn. Ps. v. 968–973, 975 [in app. P]

Scholia ad Syn. Ps. v. 968–975: Ἐάν τις ὁμολόγησε χρεωστεῖν χρέος οὐχὶ ὅτι ἠριθμήθησαν αὐτῷ νομίσματα καὶ χρεωστεῖ αὐτά, ἀλλ᾽ ἐξ ἄλλης αἰτίας τυχὸν ὅτι ἠγόρασε παρά τινος κλῆρον καὶ τὸ χρέος οὐ κατέβαλεν, ὕστερον ζητούμενον δοῦναι τὸ χρέος ἠρνήσατο ὅτι οὐκ ὁμολόγησε [[ἀλλ᾽]] οὔτε ἔγραψε ὅτι ‘χρεωστῶ αὐτά, ἀλλὰ βίᾳ ἢ πλάνη μοι ἐγένετο καὶ ἐποίησα τὸ ἔγγραφον’· βαρεῖται λοιπὸν ἀποδεικνύειν ὅτι ‘κατὰ βίαν ἐγράφη’, ἢ ‘ὅτι πλέον αὐτοῦ οὐδὲν ἑνὸς ἐποίησα τὸ ἔγγραφον’. [in marg. P]

---

31 μηδὲ ὅλως H.] μηδόλως P ‖ τῆς[1] H.] om. P **32** ἀφήλικές εἰσι H.] ἀφήλικες εἰσί P, V **34** ὑπάρχων P **43** ἀμερίμνιαι H.] ἀμεριμνίαι P, V, corr. Pits. ‖ δόσεως H.] δόσις P, V ‖ γέγραπται H.] ἐγγέγραπται P, V ‖ τοιαύτη H.] ἡ τοιαύτη P, V **47** περὶ[1] P] ἐπὶ V **49** ὡμολόγησεν West.] ὁμολόγησεν P ‖ γράμμασί τι West.] γράμμασι τὸ P ‖ φανερώσας West.] φανερώσει P ‖ ἀπαρνήσαιτο West.] ἀπαρνήσεται P ‖ ἐκθεῖναι West.] ἐκθῆναι P ‖ αὐτὸν West.] αὐτοῦ P ‖ ὁμολογίαν χρέους West.] ὁμολογίας χρόνους P

Syn. Ps. v. 964–967 [in app. P]

Scholia ad Syn. Ps. v. 964–967: Εἴ τις ὁμολόγησεν ὅτι ἔγγραφον πεποίηκε πρὸς τὸν αὐτοῦ δανειστὴν ὅτι ἔλαβε παρ' αὐτοῦ νομίσματα καὶ οὐκ ἔλαβε, δυσὶ χρόνοις ὁρίζεται παρὰ τῶν νόμων τοῦ κινῆσαι περὶ τῆς ἀναργυρίας. Καὶ τότε ὁ δικάζων ἀναγκάζει τὸν δανειστὴν ἀποδεῖξαι δεικνύειν τὴν καταβολὴν τοῦ χρυσίου, ὅτι ἔδωκεν αὐτὸ ὡς τὸ ἔγγραφον λέγει τὸ περὶ τοῦ δανειζομένου γενόμενον. [in marg. P]

Scholium 1 ad. **H. 2.2.11** [in marg. V]

Ἐάν τις λάβῃ προῖκα καὶ ποιήσῃ ἀπόδειξιν κατὰ τὸν νόμον καὶ γράψῃ τὰ πράγματα κατ' εἶδος ὅτι 'ἔλαβον τὸ καὶ τό', τὸ πᾶν λέγεται κατ' ὄνομα καὶ οὐ λάβει, οὗτος οὐ δύναται κινῆσαι περὶ ἀναργυρίας, λέγων ὅτι 'ἀπόδειξιν ἐποίησα, καὶ τὰ πράγματα οὐκ εἶχον'. [in marg. P]

57 ὡμολόγησε West.] ὁμολόγησε P ‖ δικάζων West.] δικάζειν P **63** εἰς τὸν περὶ ἀναργυρίας τίτλον γ' H.] om. P, V ‖ τῶν H.] τούτων πάντων τῶν P, τούτων πάντων V ‖ τοῦδε τοῦ τίτλου ταῦτα μὲν συνάγεται H.] om. V ‖ τῶν H.] om. P, V ‖ τριάκοντα H.] λ' P, V

Bibliography

Blok (1921): Petrus Blok, “Salmasius”, in: Philipp Molhuysen, Petrus Blok, and Laurentius Knappert (eds.), *Nieuw Nederlandsch Biografisch Woordenboek*, vol. 5, Leiden, 649–652.

Burgmann (1983): Ludwig Burgmann (ed.), *Ecloga. Das Gesetzbuch Leons III. und Konstantinos’ V.*, Frankfurt a. Main.

Burgmann *et al.* (1995): Ludwig Burgmann, Marie Theres Fögen, Andreas Schminck, and Dieter Simon, *Repertorium der Handschriften des byzantinischen Rechts. Teil I. Die Handschriften des weltlichen Rechts (Nr. 1–327)*, Frankfurt a. Main.

Fögen (1981): Marie Theres Fögen, “Die Scholien zur Hexabiblos im Codex vetustissimus Vaticanus Ottobonianus gr. 440”, in: *Fontes Minores* IV, 256–345.

Fögen (1985): Marie Theres Fögen, “Humanistische Adnotationes zur editio princeps der Hexabiblos”, in: *Ius Commune* 13, 213–242.

Fögen (1986): Marie Theres Fögen, “Hexabiblos aucta. Eine Kompilation der spätbyzantinischen Rechtswissenschaft”, in: *Fontes Minores* VII, 259–333.

Fögen (1990): Marie Theres Fögen, “Das Lexikon zur Hexabiblos aucta”, in: *Fontes Minores* VIII, 153–214.

Heimbach (1851): Gustav Heimbach (ed.), *Constantini Harmenopuli Manuale Legum sive Hexabiblos cum Appendicibus et Legibus Agrariis*, Leipzig.

Papagianni (2009): Eleftheria Papagianni, “Die Hexabiblos im Patriarchatsregister. Oder: Die Verdienste eines alten Aufsatzes von Peter E. Pieler”, in: Nikolaus Benke and Franz-Stefan Meissel (eds.), *Antike-Recht-Geschichte. Symposion zu Ehren von Peter E. Pieler*, Frankfurt a. Main, 105–111.

Papastathis (1976): Charalampos Papastathis, “Zur Verbreitung der ‘Hexabiblos’ des Harmenopoulos im slawischen Raum”, in: *Balkan Studies* 17, 67–78.

Penna (2015): Daphne Penna, “Dans la tradition d’Harmenopoulos … Some notes on the tradition of Harmenopoulos’ Hexabiblos in the Netherlands” in: *Groninger Opmerkingen en Mededelingen* 32, 93–110.

Pitsakis (1971): Konstantinos Pitsakis (ed.), *Κωνσταντίνου Αρμενοπούλου, Πρόχειρον Νόμων ἢ Ἑξάβιβλος*, Athens.

Prévost (2015): Xavier Prévost, *Jacques Cujas (1522–1590). Jurisconsulte humaniste*, Genève.

Reitz (1780): Wilhelm Reitz (ed.), *Constantini Harmenopuli Manuale Legum, item Leges Agrariae, ex variis codicibus manuscriptis, emendavit atque auxit, nova versione latina adornavit, notasque et observationes complurium eruditorum tam editas quam ineditas ut et suas adjecit, nec non Jo. G. Sammet diatribam de hypobolo subjunxit*, Hague.

Simon/Neye (2021): Dieter Simon and Silvia Neye, “Harmenopulos liest die Peira”, in: *Fontes Minores* XIII, 179–237.

Sitzia (1984): Francesco Sitzia, *Le Rhopai*, Naples.

Tantalos (2019): Marios Tantalos, *Identifikation aller von Harmenopoulos in der Hexabiblos (1345 p. C.) benutzten Quellen des byzantinischen Rechts. Grundlage: die Ausgabe von Heimbach 1851 (Ndr. Aalen 1969)*, Athens *et al.*

Tantalos (2021): Marios Tantalos, “Ein Kommentar zur *Synopsis Pselli* des elften Jahrhunderts und seine Spuren”, in: *Fontes Minores* XIII, 265–277.

Troianos (2017): Spyros Troianos, *Die Quellen des byzantinischen Rechts*, Berlin/Boston.

Westerink (1992): Leendert G. Westerink (ed.), *Michael Psellus: Poemata*, Stuttgart/Leipzig.

Zepoi (1931): Ioannes and Panagiotes Zepos (eds.), *Ius Graecoromanum*, vols. I–VIII, Athens.

Daphne Penna

Studying the 'new' *Basilica* scholia: a first evaluation

1 Introduction

The aim of the Macedonian emperors was the 'ἀνακάθαρσις τῶν νόμων', i. e. the 'purge' of the laws. This aim was embodied in the *Basilica*, 'the imperial laws' (τὰ Βασιλικὰ νόμιμα). The *Basilica* is a massive legal compilation consisting of sixty books rendering Justinianic law in Greek. The *Basilica* were issued during the reign of Leo VI the Wise, around 900. At a later stage, scholia were added to the text of the *Basilica*. The *Basilica* scholia are distinguished into 'old' and 'new'.[1] In reality, the 'old' scholia are not actual scholia on the *Basilica*. They date from the sixth century (and a few from the beginning of the seventh century) and derive mostly from the work of the antecessors (*antecessores*), the law professors at the time of Justinian. The 'old' scholia were added to the text of the *Basilica* most probably from the middle of the tenth century.

In the middle of the eleventh century Constantine IX Monomachos founded a law school in Constantinople. He appointed Ioannes Xiphilinos as the *nomophylax*, i. e. 'the guardian of the laws' of this school. Xiphilinos, as well as other Byzantine jurists of the eleventh and twelfth century, wrote scholia on the *Basilica*. These scholia are known as the 'new' scholia. The 'new' *Basilica* scholia thus date from the eleventh and twelfth century and are in contrast to the 'old' scholia – actual commentaries on the *Basilica*. The 'new' *Basilica* scholia are in fact some of the very few legal sources that can tell us something about legal thought and, in some cases, also about legal practice in the eleventh and twelfth century; and that makes them certainly worth studying.

As is known, few sources from the Byzantine middle period have survived that reflect legal practice. Such sources are, for example, the *Peira*, which is a unique collection of verdicts and statements of the high judge Rhomaios,[2] three treatises deriving from court practice[3] and the *Ecloga Basilicorum*, which is a commentary of the first ten *Basilica* books.[4] The problem of the lack of sources is also related to the question of the application of Byzantine law. There is some discussion on how and whether

1 For the distinction between 'old' and 'new' *Basilica* scholia, see, for example, van Bochove (2014) 543–545, Troianos (2017) 226–229 and more recently Penna/Meijering (2022) 137–143, 152–164 who give also examples of both 'old' and 'new' *Basilica* scholia with English translations.

2 On the *Peira*, see the new critical edition with German translation and commentary by Simon/Reinsch (2022).

3 For example, the *Meditatio de nudis pactis* (Μελέτη περὶ ψιλῶν συμφώνων), the *Tractatus de peculiis* (Περὶ πεκουλίων) and the *Tractatus de creditis* (Περὶ δανείου πλατύτερον). For these treatises and their editions, see Troianos (2017) 237–239.

4 Critical edition by Burgmann (1998).

https://doi.org/10.1515/9783111331126-010

Byzantine laws were actually applied in practice. Scholars tend to distinguish Byzantine legal sources into i. sources that reflect "the law in the books", mainly laws and legal collections on one hand, and ii. sources that are related to "the law in action", or real practice, on the other hand; for example, judicial decisions and texts related to the courtroom but also commentaries that deal with legal practice etc. A good example of such a legal commentary is the *Ecloga Basilicorum*. Its commentator must have been someone at home in the courtroom and someone who knew well the legal practice of the day.[5] Given the fact that the 'new' *Basilica* scholia were written by jurists of the eleventh and twelfth centuries, they can firmly contribute to our understanding of the legal training and legal reasoning of this period.

Regarding the distinction of the *Basilica* into 'old' and 'new', one has to consider the following. All scholia, that is, 'old' and 'new', are mixed up surrounding the *Basilica*'s primary text in the manuscripts. This means that we do not have manuscripts that contain only 'old' or only 'new' *Basilica* scholia, with one or two exceptions. There are, however, some elements that can help us identify whether a scholion is an 'old' or a 'new' one. For example, the name in the heading,[6] the references,[7] or even the personal style of the scholiast. Furthermore, although traditionally there is a distinction between 'old' and 'new' *Basilica* scholia, sometimes it is not easy to draw a clear line and make this distinction. The reason for this is that several of the 'new' scholia incorporate older material, or because *Basilica* scholia can consist of different layers. In order to understand this observation, one has to take into account the manuscripts. If there is an 'old' scholion written in the margin and a later jurist adds to that something new, can we speak then of an 'old' or a 'new' scholion? Whatever the case, when 'new' *Basilica* scholia incorporate older material, mainly from *antecessorian* works, it means that this older material is still important and relevant in later times, in the eleventh and twelfth century.

Modern scholars were for the most part interested in the 'old' *Basilica* scholia, and rightly so, since they derived from works of the antecessors. The 'old' scholia can help us understand not only the beginning of Byzantine law but Roman law as well. It is worth mentioning that some of the antecessors who wrote these scholia[8] had been members of the drafting committees of the different parts of Justinian's legislation. In other words, they were real experts in law; they knew about the legislation projects of Justinian and could point out, for example, differences with procedures of Roman law. Moreover, there are many more 'old' *Basilica* scholia preserved than 'new' *Basilica* scholia. For these reasons, the 'new' *Basilica* scholia remained neglected for a long time.

5 See on this, Burgmann (1982) 369–372, especially 370 and Macrides (1994) 117–129, especially 118–126 and Penna (2019) 154.

6 For example, if we see names of antecessors (of Stephanus, of Dorotheos, of Thalelaeus etc.) we can conclude in principal that these scholia are 'old' ones.

7 For example, if reference is made to the *Basilica* or a Novel of Leo VI the Wise, the scholion should be attributed to a scholiast from the younger generation.

8 Whether they wrote them themselves is questionable. Presumably their students wrote them down.

In search of a new research topic after the defense and publication of my doctoral thesis, I noticed – to my surprise – that the 'new' *Basilica* scholia were practically unexplored. There were only a few general references to some of the authors of the 'new' *Basilica* scholia.[9] With the exception of Ludwig Burgmann's article about Kalokyros in 1989,[10] there was practically no further study fully devoted to the 'new' *Basilica* scholia. In 1979 Wanda Wolska-Conus had also published a lengthy study on law teaching in eleventh-century Constantinople, and she referred in a part of this study to the scholia of Xiphilinos and presented some first remarks on these scholia.[11] Beginning in 2013, I started digging into the material of the 'new' *Basilica* scholia. The results of my research up to now have been four studies on *Basilica* scholiasts of the eleventh and twelfth centuries: two on Hagiotheodorites,[12] one on Nicaeus[13] and one on Xiphilinos.[14] The aim of this paper is not to contribute new material regarding these scholiasts but to present the main conclusions of these four studies regarding the aforementioned three *Basilica* scholiasts and to make a brief initial evaluation and comparison of their scholia based on the research I have conducted so far.

2 The scholia of Hagiotheodorites

Nearly two-hundred *Basilica* scholia have been preserved that contain the name Hagiotheodorites either in their heading or in their text. They never mention the first name of this jurist, which has led to some discussion about the identification of this *Basilica* scholiast. After all, the family of Hagiotheodorites (Ἁγιοθεοδωρίτης) had produced a few functionaries in the secular and ecclesiastical field in the twelfth century.[15] Scholars have suggested that the author of the *Basilica* scholia could have been either the *logothetes tou dromou* Michael Hagiotheodorites or the law teacher

---

9 See, for example, the references to a few scholia by Hagiotheodorites in Triantaphyllopulos (1946) 137–164 (repr. B2, no 60, 721–748); in Lawson/Markesinis (1982) II, 45 and in Turtoglu (2007) 159–164. More recently Massimo Miglietta discussed some comments of Hagiotheodorites related to the *lex Aquilia* in his study "'Il terzo capo della lex Aquilia è, ora, il secondo" (Miglietta [2012] 427–430); cf. also Miglietta (2013) 301–306, and Emanuel van Dongen refers to one scholion by Hagiotheodorites in his book *Contributory Negligence*: van Dongen (2014) 178–179.

10 Burgmann (1989) 11–21.

11 Wolska-Conus (1979) 1–107, and on pages 13–31 the author refers to the *Basilica* scholia that can be attributed to Xiphilinos.

12 Penna (2014) 399–427 and more recently, Penna (2022) 329–344.

13 Penna (2021) 111–131.

14 Penna (2021a) 1263–1302. Very recently I also published an article in Dutch in which I compare a few *Basilica* scholia of Hagiotheodorites about group liability to Western scholia (*glossae*) on the *Corpus Iuris Civilis*, see Penna (2023).

15 See on this, Madiaraga (2009) 147–181 and of the same author, Madiaraga (2015) 213–246.

and judge Nicholas Hagiotheodorites, who also served as metropolitan of Athens, or the jurist Constantine Hagiothedorites. I agree with Konstantinos Triantaphyllopulos and Andreas Schminck, who identify the author of these scholia with the jurist Constantine Hagiotheodorites.[16]

All scholia containing the name Hagiotheodorites have been preserved in one manuscript, the codex Parisinus graecus 1350, dated from the twelfth century. Hagiotheodorites provides a detailed commentary on the first eighteen titles of the sixtieth *Basilica* book. Some of the subjects he deals with concern, for example: civil penalties, liability including noxal liability, the *lex Aquilia* on damage, actions and their distinctions, negative loss (*lucrum cessans*) and how to estimate it, the protection of trees, theft and robbery. In other words, he is mainly interested in 'criminal law'.[17] Hagiotheodorites must have been a law teacher. This is confirmed, for example, from one *Basilica* scholion whose author mentions: "Ὁ μὲν διδάσκαλός μου Ἁγιοθεοδωρίτης ἔλεγεν …".[18] Most of the scholia of Hagiotheodorites are lengthy; the majority of them consist of at least ten lines. His scholia definitely reflect classroom teaching.[19] His style is elaborated but at the same time remains simple. There is a clear structure in his thoughts. He deals with complicated legal concepts, uses Latin terms, makes classifications and sharp distinctions and tries to harmonise apparent contradictions. In the following I give an example of his vivid speech. Hagiotheodorites' scholion refers to the concept of acquisitive prescription (*usucapio*). According to Roman law (and Byzantine law), even if the claimant was in good faith, stolen things (or things taken by force) could never be acquired by *usucapio*. This was a basic restrictive requirement for acquiring ownership by *usucapio*, and Hagiotheodorites reminds his pupils of this rule in characteristic way:

Πολλαχοῦ γὰρ τοῦτο ἔμαθες. Τὸ γὰρ φούρτιβον, κἂν εἰς μυρίους καλῇ πίστει νομεῖς περιέλθῃ, φούρτιβον μέν ἐστι καὶ ⟨οὐκ⟩ οὐσουκαπιτεύεται …[20]	You have learned this in many places. The stolen good, even if it comes to countless good faith possessors, is nevertheless a stolen good and cannot be acquired by *usucapio* …

By reading passages like this it is easy to imagine Hagiotheodorites teaching before a class.

He uses many elements from antecessorian teaching. Several scholia begin with advice for the student, for example a piece of advice that would help the student through his reading and make him understand and master better the material taught. The following lines form a typical beginning of his scholia: "take this (also) into consideration …" or "consider beforehand …", "do not think that this is contrary to what is said

16 For the arguments that I bring to support this opinion, see Penna (2014) 401–404.
17 In Roman and Byzantine law there was not always a clear distinction between civil and criminal law.
18 BS 3710/17 (sch. Pe 5 ad B. 60,37,29 = D. 48,5,30).
19 In detail, see Penna (2014) 416–422.
20 BS 3392/21–23 (sch. Pe 38 ad B. 60,12,48 = D. 47,2,48).

there and there ...", "do not be surprised that ...", "do not make the mistake ..." or "do not get confused and think that ..." and other similar expressions.[21] Following the antecessorian teaching method, he often uses fictitious cases in order to explain his difficult material. Characteristic is the word "θεματισμός", used here as a noun meaning "an imaginary, fictitious case" and as a verb in the imperative form, namely "θεμάτισον", meaning "imagine".[22]

Another element that we find in his scholia are scholia in the form of a question and an answer (ἐρωταπόκρισις). The question-answer type that we encounter in the scholia of Hagiotheodorites can be divided into two groups. In some cases the question is clearly asked by a pupil, since Hagiotheodorites mentions 'ἠρωτήθη' (= I was asked) or 'ἠρώτησε' (= he asked), after which follows the pupil's question and afterwards the answer, i. e. the solution by Hagiotheodorites. This proves once more that he was indeed a teacher of law. In the following I give a characteristic example of this type of question-answer in his scholia. The fragment is about the difference in liability between a loan in use (*commodatum*) and a deposit (*depositum*).

Τοῦ Ἁγιοθεοδωρίτου. **Ἠρωτήθη·** Τί δὲ οὐχὶ καὶ ἐπὶ τῆς παραθήκης τὴν αὐτὴν ἀμέλειαν ζητοῦμεν, ἀλλ' ἐπὶ μόνου τοῦ χρησθέντος πράγματος; **Λύσις**. Ναὶ ἐπὶ μόνου τοῦ χρησθέντος πράγματος εἰκός ἐστιν ὑπολαβεῖν τινὰ ἐπιτρέπειν τοῦτο τὸν δεσπότην. Εἰ γάρ τις χρήσει μοι ἵππον, ὥστε τούτῳ ἐποχηθῆναι, ἐγὼ δὲ τοῦτον ἐπιδώσω ἑτέρῳ ὑπολαβών, ὅτι τὸ αὐτό ἐστι καὶ οὐκ ἂν ὁ δεσπότης δυσχερανεῖ τοῦτο ἀκούσας, οὐκ ἀπιθάνως ἂν ἴσως ὑπολάβοιμι. Τί γὰρ τάχα τὸ διαφέρον, εἴτε ἐγὼ ἀναβήσομαι εἰς τὸν ἵππον, εἴθ' ἕτερος; Εἰ δὲ παραθήσεταί μοι τις πρᾶγμα, ὥστε τοῦτο φυλάττειν, δοκεῖ λαμπρᾷ τῇ φωνῇ παραγγέλειν ἐκ τούτου φυλάττειν τοῦτο τὸ πρᾶγμα καὶ μηδενὶ ἑτέρῳ τοῦτο διδόναι. Καὶ λοιπὸν ἐπὶ τούτου οὐδεμίαν ἄλλην ὑπόνοιαν παραδεχόμεθα οὔτε πιθανὴν οὔτε ἀπίθανον.[23]

Of Hagiotheodorites. I was asked. But why do we not require that same (grade of) negligence for deposit but only for a thing that has been borrowed (*commodatum*)? Answer. Indeed, (because) only for a borrowed thing is it reasonable to assume that the owner would allow someone (to use it). For if someone lends me a horse so that I can ride on it but I give it to someone else assuming that it is the same (situation) and that the owner will not be annoyed when he hears this, it is reasonable that I could perhaps assume that. For what is the difference if I myself ride the horse or someone else? If, however, someone gives a thing to me in order to guard it, it is obvious that he orders that I have to guard this thing and not give it to anyone. And that is why in this case we cannot accept any assumption, either possible one or impossible.

In other cases, Hagiotheodorites asks the question himself and then gives the 'lysis', as in the following example:

21 See the references in detail in Penna (2014) 416.

22 See the references in detail in Penna (2014) 416.

23 BS 3432/25–3433/2 (sch. 9 Pe ad B. 60,12,77 = D. 47,2,77).

Τοῦ Ἁγιοθεοδωρίτου.

Μεγάλην ἔχει ἔννοιαν τὸ δοκοῦν εὔλογον τοῦτο καὶ μεγάλην δυσκολίαν, εἰ μὴ προσέχομεν. Τίνα γὰρ λόγον ἔχει τὸ ὡς ληστὰς τιμωρεῖσθαι τοὺς τοιούτους; **Λύσις**. Τὸ εἰπεῖν ‘καὶ μάλιστα τὰς ἀμπέλους’ λύει τὴν ὅλην δυσκολίαν τοῦ κεφ.· **καὶ πῶς, ἄκουσον**.

Πρῶτον μὲν ἐδήλωσε περὶ φυτευομένων δένδρων ὁ λόγος ἐνταῦθα, ὡς καὶ θεμ. γ'., ὧν ἡ καταφύτευσις μέγας πόνος, ἀλλ' οὐχὶ περὶ τῶν γῆθεν φυομένων καὶ αὐτομάτως, εἶτα περὶ τῶν τοιούτων δένδρων, ὧν ὁ καρπὸς μεγάλα δύναται συντελεῖν εἰς σωτηρίαν καὶ ὑγείαν καὶ σύστασιν τῆς τῶν ἀνθρώπων ζωῆς. Ὁ γοῦν ἀφανίζων, φησί, τὰ τοιαῦτα δένδρα πολλαπλῶς τοὺς ἀνθρώπους φονεύει ...[24]

Of Hagiotheodorites.

There is a lot of thinking on what is considered reasonable here, and [it will cause] great difficulty if we do not pay attention. Because for what reason do we punish these as brigands? The answer. The saying “and in particular the vines” answers the whole difficulty of the chapter; and listen how.

In the first place: as in the third section, the text here dealt with planted trees, whose planting requires a great effort, not with those that spontaneously grow from the earth. Moreover, it dealt with trees whose fruit can greatly contribute to the preservation and health and formation of human life. Therefore, he says, he who destroys such trees kills people in many ways ...

This is a fragment of a rather extensive scholion in which Hagiotheodorites is trying to justify the reasoning behind a severe punishment for people who cut down trees.[25] The question made by Hagiotheodorites at this point helps to attract the attention of the pupils so that he can give the answer first in a brief form: the *lysis* is the actual wording of the law at this point according to him; and then he moves on to explain the wording with examples. From this fragment the oral element of teaching is also evident from the expression ‘and listen how.’

3 The scholia of Nicaeus

There are eighty-three *Basilica* scholia with the name Nicaeus in their heading, and two in which his name is mentioned not in the heading but in the scholion itself. Nicaeus was a jurist in the eleventh century about whom we do not know much. His scholia are spread throughout many *Basilica* books. He seems to have had an interest in the law of procedure, based on the material that is preserved. His scholia are in their majority not so long. There are many references to older material, for example the *Codex*, the *Digest* and the *Institutes*. Most probably Nicaeus came to this information by using antecessorian writings, especially the old scholia, which in their original forms were mostly *paragraphai*. The term *paragraphai* is related to the antecessorian way of teaching and means comments, mainly legal comments but also some of a linguistic nature on the laws.[26] The following fragment of Nicaeus' scholion confirms this practice:

---

24 BS 3470/7–29 (sch. 2 Pe ad B. 60,16,2 = D. 47,7,2).

25 For an analysis of this scholion, see Penna (2021b) 269–296, and Penna (2022) 337–341.

26 The *antecessorian* method of teaching has been examined in detail by Herman J. Scheltema in his

Τοῦ Νικαέως. [...] Εἰ δὲ ὡς κοινωνοί τι πράξουσιν οἱ τῶν κοινωνῶν κληρονόμοι, ὡς ἀπὸ νέας συναινέσεως χώρα τῇ περὶ κοινωνίας ἀγωγῇ. Ἀνάγνωθι καὶ τὴν ἐν τῷ λζ'. κεφ. παραγραφὴν λέγουσαν· ἐν ᾧ μὴ μετὰ πίστεως ἀγαθῆς ἀνεστράφη περὶ τὰ ἐπίκοινα πράγματα. Τίς οὖν ἡ διαφορά; Ὅτι ὁ μὲν κοινωνὸς ἐναχθεὶς ἀτιμοῦται, ὁ δὲ κληρονόμος τῇ προσοκίο καταδικασθεὶς οὐκ ἀτιμοῦται, καθὸ μὴ σουονόμινε ἀλλὰ γερμιταριονόμινε ὁ τοῦ κοινωνοῦ κληρονόμος ἐνάγεται. ὡς ἐν τῷ γ'. βιβ. τῶν Πρώτων τιτ. β'. διγ. ς'. φησὶν ὁ Οὐλπιανός, οὗπέρ ἐστι τὸ προκείμενον θέμα.[27]

Of Nicaeos. [...] If, however, the heirs of the partners will act as partners, the action of partnership is available upon new consent. Read also the *paragraphe* in the 37th chapter, which mentions: if he has not behaved with good faith with respect to common goods. Now what is the difference? That the partner on one hand becomes infamous when he is sued, whereas the heir on the other hand does not become infamous when he is condemned because of the *prosocio*, because the heir of the partner is sued not in his own name but in his capacity as heir, as Ulpian mentions in the third book of the *Prota*, second title, sixth fragment, where this subject is dealt with.

The legal problem discussed is about partnership and the suit that is brought when a partner has acted maliciously. A partnership (*societas*) was an agreement between two or more persons to co-operate for a common purpose. Each party would make some kind of contribution. Partnership in Roman (and consequently Byzantine) law was based on the mutual trust of the partners. The *actio pro socio* was the legal action that any partner could bring against his partners because of a breach of trust. By bringing this suit, the partnership was *de facto* dissolved. If a partner was condemned via the *actio pro socio*, he also became infamous.[28]

What is explained in this scholion is that, if such a suit is brought and the malicious partner has been condemned but in the meantime has died, then his heir does not become infamous because the heir does not act in his own name. Nicaeus advises his pupils/readers to read the relevant *paragraphe* here. The *paragraphe* to which Nicaeus refers here has been fortunately preserved. It derives from Stephanus and is preserved in another part of the *Basilica* scholia, in another book.[29] The text that I have underlined in the scholion is the same as in the *paragraphe* of Stephanus. In other words, it is clear that it is Stephanus who refers to the *Digest* and uses the term "Πρῶτα", as expected,[30] and Nicaeus quotes Stephanus' words at this point.

---

classic monograph and a series of articles; see Scheltema (1970), repr. *Opera Minora* (2004) A3, 58–110; in the *Opera Minora*, see also the many articles of Scheltema related to the subject, especially *Opera Minora* (2004) A3a–3r, 111–157. See also Penna/Meijering (2022) 40–65 who include examples of antecessorian teaching for every part of Justinian's legislation with English translations. See also the *Online Bibliography* by Thomas E. van Bochove, *part VII. Legal education and antecessores*.

27 BS 1297/30–1298/5–12 (sch. 27 Pa ad B. 21,2,6 = D. 3,2,6).

28 Infamy (*infamia*) meant diminution of the estimation of a person among his fellow citizens and produced certain legal disabilities, e. g. exclusion from some legal rights etc.

29 BS 468/11–15 (sch. CA 6 ad B. 12,1,35 = D. 17,2,35). On Stephanus see De Jong (2008). De Jong has also published many articles on Stephanus in English. See the *Online Bibliography* by Thomas E. van Bochove, part VII. *Legal education and antecessores*, s. v. Stephanus.

30 The word "Πρῶτα" was used by the *antecessors* to refer to the first four books of the *Digest*.

This is a typical example of a 'new' scholion that has incorporated 'old' material. In this case it is easy to conclude this because the *paragraphe* has been preserved and the scholiast mentions that he quotes the *paragraphe*. Even if it is obvious that Nicaeus uses here 'old' material, this does not do away with the fact that the reason that Nicaeus uses it must be that it is also useful to use this material in his time and that the rule applies also in his time.

4 The scholia of Xiphilinos

We do not encounter the name Xiphilinos in the *Basilica* scholia. There are, however, thirty-six scholia preserved with the name *nomophylax* either in the heading of the scholion or in its text, and these scholia can be safely attributed to Xiphilinos. Sometimes we do encounter scholia with the heading 'of Ioannes', but it is not certain whether they can all be attributed to Xiphilinos, because this name was common in Byzantium and can refer to another author. Moreover, some of the scholia with the heading 'of Ioannes' are attributed with certainty to the antecessor Ioannes Kobidas.[31] The majority of Xiphilinos' scholia are very short explanations of certain legal problems; for example, he will explain one word or add one comment to aid in interpretation and clarify a word. Noteworthy is that Xiphilinos – just as other *Basilica* scholiasts – often uses Latin legal terms transliterated into Greek letters.

What is interesting is that Xiphilinos in two of his scholia refers to the *rheton*. The term *rheton* (ῥητόν) is related to antecessorian teaching. The term was used by the antecessors to refer to the original text of Justinian's legislation, which was in Latin; for example, the *Digest*.[32] When reading the two *Basilica* scholia in which Xiphilinos makes a reference to the *rheton*, the first impression that one has is that he speaks as if he had actually read the *rheton*, the original text (the *Digest* in this case). Another possibility is that Xiphilinos has come to this information indirectly, that is via the writings of an antecessor, in this case Stephanus. As I have argued, there are some arguments to support the hypothesis that Xiphilinos consulted the *Digest* at this point.[33]

---

31 See in detail, Penna (2021a).

32 For the language problem that the antecessors had to tackle in their teaching method and the use of *rheton*, see Scheltema (1970), repr. *Opera Minora* (2004) A3, 58–110; in the *Opera Minora*, see also the many articles of Scheltema related to the subject, especially *Opera Minora* (2004) A3a–3r, 111–157. See also Penna/Meijering (2022) 40–65 who include examples of antecessorian teaching for every part of Justinian's legislation with English translations.

33 Penna (2021a) 1281–1284.

5 Comparing Xiphilinos, Nicaeus and Hagiotheodorites

All three *Basilica* scholiasts use older material and in particular material from the antecessorian teaching. Nicaeus and Hagiotheodorites advise their pupils to read the old *paragraphai*, i. e. the comments of the antecessors. In some cases the new scholiasts refer to the antecessors by name. For example, Nicaeus refers by name to Thalelaeus, to Stephanus, to Cyrillus and to the Anonymos. Hagiotheodorites refers by name to Stephanus and the Anonymos. Xiphilinos refers by name to Stephanus, Cyril and Theophilus and to the works of two lawyers who lived at the end of the sixth century, the *scholastikoi* Athanasius of Emesa and Theodorus of Hermoupolis. Nicaeus also refers to Theodorus. Xiphilinos also makes use of *kata podas* translation. The so-called *kata podas* translation (ἡ κατὰ πόδας ἑρμηνεία), meaning word-for-word translation, is related to the teaching of the antecessors and in particular to Thalaeleus' teaching on the *Codex*.

When these *Basilica* scholiasts refer to the Justinianic legislation they refer to it most probably indirectly, through the writings of the antecessors. This is clearly the case in the example of Nicaeus cited above.[34] Nicaeus in that scholion used Stephanus' words. However, in two scholia of Xiphilinos it is possible that Xiphilinos checked the original *Digest* text, as mentioned above.[35] All three sometimes use elements of antecessorian teaching. In comparing the three and based on the preserved scholia, my impression is that Hagiotheodorites is by far the most charismatic teacher. Despite the complexity of some of his topics, Hagiotheodorites successfully manages to convey material to pupils in a pleasant way, by using vivid examples and lively language. However, this observation is based on the preserved material. There are far more scholia preserved by Hagiotheodorites than by Nicaeus or Xiphilinos.

The 'new' *Basilica* scholia are some of the few sources of the eleventh and twelfth century that can give us information about the legal practice and the legal thinking of this period. Moreover, through the 'new' *Basilica* scholia, and the older material that they incorporate in some cases, we can learn more about the older jurists as well. In this paper I have summed up the elementary information concerning the three *Basilica* scholiasts based on the studies I have made so far on the *Basilica* scholia of Xiphilinos, Nicaeus and Hagiotheodorites. The three main published studies offer a first evaluation of each of these scholiasts. In a second stage I would like to elaborate on some of their scholia and ideally compare their scholia on a particular book and title of the *Basilica*, if they have all written scholia on the same book and title. What is in any case clear from the material examined up to now is that the scholia of Hagiotheodorites certainly deserve a better study for the following three reasons. Firstly, it is fortunate that many

34 See above, section *3: The scholia of Nicaeus.*
35 See above, section *4: The scholia of Xiphilinos.*

of his scholia have been preserved, compared to those of the other *Basilica* scholiasts.[36] Secondly, the scholia of Hagiotheodorites are lengthy and offer good material to study. Thirdly, his scholia reveal a relatively high legal standard. I hope in the following years to focus more on the scholia of Hagiotheodorites and to continue research on the 'new' *Basilica* scholia.

Abbreviations

B *Basilicorum libri LX*, ed. Herman J. Scheltema, Douwe Holwerda and Nicolaas van der Wal, Groningen 1953–1988 (Series A, Basilica text and Series B, Basilica scholia).

BS *Basilica scholia* (quoted after page and line in the Groningen edition).

D *Digesta*, ed. Theodor Mommsen, *Corpus Iuris Civilis*, vol. I, 12th ed., Berlin 1911.

Bibliography

Burgmann (1982): Ludwig Burgmann, "Vier Richter des 12. Jahrhunderts", in: *Jahrbuch der Österreichischen Byzantinistik* 32/2, 369–372.

Burgmann (1989): Ludwig Burgmann, "Kalokyros 'Sextos'. Anmerkungen zu einem Basiliken-Scholiasten", in: *Proceedings of the Symposium on the Occasion of the Completion of a New Edition of the Basilica* (Groningen, 1–4 June 1988) (Subseciva Groningana 3), Groningen, 11–21.

Burgmann (1998): Ludwig Burgmann (ed.), *Ecloga Basilicorum* (Forschungen zur byzantinischen Rechtsgeschichte 15), Frankfurt a. Main.

De Jong (2008): Hylkje De Jong, *Stephanus en zijn Digestenonderwijs*, Den Haag.

Lawson/Markesinis (1982): Frederick H. Lawson and Basil S. Markesinis, *Tortious Liability for Unintentional Harm in the Common Law and the Civil Law*, 2 vols. (Cambridge Studies in International and Comparative Law, New Series), Cambridge.

Macrides (1994): Ruth Macrides, "The competent court", in: Angeliki E. Laiou and Dieter Simon (eds.), *Law and Society in Byzantium: Ninth – Twelfth Centuries.* Proceedings of the Symposium on Law and Society in Byzantium, 9th - 12th Centuries (Dumbarton Oaks, May 1–3, 1992), Washington D. C., 117–129.

Madiaraga (2009): Elisabeth Madiaraga, "Η βυζαντινή οικογένεια των Αγιοθεοδωριτών (I): Νικόλαος Αγιοθεοδωρίτης, πανιερώτατος μητροπολίτης Αθηνών και υπέρτιμος", in: *Byzantina Symmeikta* 19, 147–181. https://doi.org/10.12681/byzsym.946.

Madiaraga (2015): Elisabeth Madiaraga, "Η Βυζαντινή οικογένεια των Αγιοθεοδωριτών II: Μιχαήλ Αγιοθεοδωρίτης, πρωτονωβελισσιμοϋπέρτατος λογοθέτης του δρόμου και ορφανοτρόφος", in: *Byzantina Symmeikta* 24/1, 213–246. https://doi.org/10.12681/byzsym.1043.

Miglietta (2012): Massimo Miglietta, "'Il terzo capo della lex Aquilia è, ora, il secondo'. Considerazioni sul testo del plebiscito aquiliano alla luce della tradizione giuridica bizantina", in: *Annali del Seminario Giuridico dell' Università degli Studi di Palermo* 55, 403–442.

36 As mentioned above, there are nearly two-hundred scholia by Hagiotheodorites, eighty-three by Nicaeus and only thirty-six by Xiphilinos.

Miglietta (2013): Massimo Miglietta, "Trasmissione del testo e giurispudenza bizantina: la tutela pretoria da Dig. 9.2 a Bas. 60.3 – Profili lessicali", in: *Seminarios Complutenses de Derecho Romano* 26, 273–326.

Online Bibliography: Thomas E. van Bochove, https://referenceworks.brillonline.com/browse/basilica-online (seen 16.05.2022).

Penna (2014): Daphne Penna, "Hagiotheodorites: the last antecessor? Some remarks on one of the 'new' *Basilica* scholiasts", in: *Subseciva Groningana* 9, 399–427.

Penna (2019): Daphne Penna, "A Witness of Byzantine Legal Practice in the Twelfth Century. Some remarks on the construction of the Ecloga Basilicorum", in: Daphne Penna, Frits Brandsma, and Thomas E. van Bochove (eds.), *Studies in Roman and Byzantine Law in Honour of Roos Meijering* (Subseciva Groningana 10), Groningen, 139–162.

Penna (2021): Daphne Penna, "The Eleventh-Century Byzantine Jurist Nicaeus. His Scholia on the *Basilica* Laws and his Connection to the Meditatio de nudis pactis", in: Wolfram Brandes (ed.), *Fontes Minores* XIII (Forschungen zur byzantinischen Rechtsgeschichte – Neue Folge 3), Frankfurt a. Main, 111–131.

Penna (2021a): Daphne Penna, "Of the nomophylax: John Xiphilinos' scholia on the *Basilica*", in: *Byzantinische Zeitschrift* 114/3, 1263–1302. https://doi.org/10.1515/bz-2021-0062.

Penna (2021b): Daphne Penna, "Some observations on tree protection in Roman and Byzantine law", in: *Revue des Études Byzantines* 79, 269–296.

Penna (2022): Daphne Penna, "Hagiotheodorites, once again. A few remarks on two of his *Basilica* scholia", in: *Epeteris* (Yearbook of the Research Centre for the History of Greek law, Ἐρεύνης τῆς Ἱστορίας τοῦ Ἑλληνικοῦ Δικαίου [EHHD]) 51, 329–344.

Penna/Meijering (2022): Daphne Penna and Roos Meijering, *A Sourcebook on Byzantine Law. Illustrating Byzantine Law through the Sources*, Leiden/Boston.

Penna (2023): Daphne Penna, "'Je was erbij, dus je bent erbij'. Groepsaansprakelijkheid van artikel 6:166 BW en het Byzantijns recht", in: *Ars Aequi* 8, 873–879.

Scheltema (1970): Herman J. Scheltema, *L'enseignement du droit des antécesseurs*, Leiden. [repr. in: *Opera Minora* (2004): Nicolaas van der Wal, Johannes H. A. Lokin, Bernard H. Stolte, and Roos Meijering (eds.), *H. J. Scheltema, Opera Minora ad iuris historiam pertinentia*, Groningen].

Simon/Reinsch (2022): Dieter Simon and Diether Roderich Reinsch (eds.), *Ἡ Πεῖρα – Die Peira. Ein juristisches Lehrbuch des 11. Jahrhunderts aus Konstantinopel – Text, Übersetzung, Kommentar, Glossar*, Berlin/Boston.

Turtoglu (2007): Menelaos Turtoglu, "Παρατηρήσεις αναφερόμενες στις διατάξεις του βυζαντινού δικαίου περί των τμηθέντων δένδρων", in: *Πρακτικά Ακαδημίας Αθηνών* (Proceedings of the Academy of Athens) 82, 159–164.

Triantaphyllopulos (1946): Konstantinos Triantaphyllopulos, "Περιορισμὸς διαφέροντος καὶ βυζαντιναὶ ἀντιλήψεις", in: *Ἀρχεῖον Ἰδιωτικοῦ Δικαίου* 13 (1946), 137–164 [repr. in: Panagiotes K. Tsukas (ed.), *Κωνταντίνου Τριανταφυλλοπούλου Ἅπαντα*, 5 vols., Athens 2008–2013, vol. B2, no. 60, 721–748].

Troianos (2017): Spiros Troianos, *Die Quellen des byzantinischen Rechts*, transl. by Dieter Simon and Silvia Neye, Berlin.

van Bochove (2014): Thomas Ernst van Bochove, "The Basilica between Quellenforschung and Textual Criticism", in: Juan Signes Codoñer and Inmaculada Pérez Martín (eds.), *Textual Transmission in Byzantium: Between Textual Criticism and Quellenforschung* (Lectio. Studies in the Transmission of Texts & Ideas 2], Turnhout, 539–575.

van Dongen (2014): Emanuel G. D. van Dongen, *Contributory Negligence: A Historical and Comparative Study*, Leiden/Boston.

Wolska-Conus (1979): Wanda Wolska-Conus, "L'école de droit et l'enseignement du droit à Byzance au XIe siècle: Xiphilin et Psellos", in: *Travaux et Mémoires* 7, 1–107.

Georgi Parpulov

A Byzantine Legal Compendium from AD 1040

When Archimandrite Antonin Kapustin (1817–1894) catalogued the Greek manuscripts at Mount Sinai in 1870, he ordered them by content and grouped under the heading *Historica* eleven codices which he numbered 1183 through 1193.[1] The third of these does begin with Patriarch Nicephorus' *Chronographia brevis*, but mostly contains legal texts. Had Antonin placed that codex in the *Nomica* section, it probably would have received greater notice[2] – as it is, Vladimir Beneševič (1874–1938) did not list it in his major study of the *Nomocanon of XIV Titles*,[3] and the comprehensive *Repertorium der Handschriften des byzantinischen Rechts* omits it.[4]

Sinait. gr. 1185 once had forty-four quires.[5] Seven have gone astray: the last two (nos. 42–44) are now in Cambridge (University Library, *Add. 1879.9*); four more (perhaps nos. 2–4) resurfaced at the Sinai Monastery in 1975 (*N. F. M 175*).[6] The first quire is fortunately intact and begins on ff. α′–γ′ with a table of contents. By way of introducing the manuscript, I print this table below[7] and refer at the same time to the corresponding leaves (numbered α′ though η′ and, after that, 1 through 288) in *Sinait. gr. 1185*, to items *a* through *g* in Panagiotis Nikolopoulos' description of the (unfoliated) fragment *Sinait. N. F. M 175*,[8] and to the leaves (numbered 1 through 10) in *Cantabr. Add. 1879.9*. I make occasional cross-references to the aforesaid *Repertorium*, which I cite with the abbreviation *RHBR* followed by a catalogue number in **bold** plus the number of a specific item. A number preceded by the acronyms BHG (*Bibliotheca Hagiographica Graeca*), CPG (*Clavis Patrum Graecorum*), or CPL (*Clavis Patrum Latinorum*) shows that the respective text is listed in the online database *Clavis Clavium*.[9]

Τάδε περιέχει ἡ παροῦσα βίβλος·[10]

§ 1. Τοῦ ἁγίου Νικηφόρου πατριάρχου Κωνσταντίνου πόλεως χρονογραφικὸν σύντομον, edd. Boor (1880) 79–101 and 112–120, Beneševič (1987) 210–229: *S 1185* ff. δ′–η′ and *M 175* g, f; cf. *RHBR* **148**.5 and **526**.20.

§ 2. Περὶ Κωνσταντίνου πατρὸς Κωνσταντίνου, BHG 365z: lost, cf. *RHBR* **526**.21.

---

1 This arrangement was faithfully adopted by Antonin's follower Gardthausen (1886).

2 The manuscript is mentioned most recently by Pahlitzsch (2014) 33.

3 Beneševič (1905).

4 Burgmann *et al.* (1995–2014).

5 Most – but not all – are numbered, by a hand different from that of the main scribe, in the upper right-hand corner of each quire's first page.

6 Parpulov (2022).

7 I have corrected all scribal mistakes and resolved the abbreviations found in the manuscript.

8 *New Finds* (1999) 184–185.

9 https://clavis.brepols.net/clacla/Default.aspx (seen 24.04.2024). Further bibliography can be found there.

10 This is a twelve-syllable verse.

https://doi.org/10.1515/9783111331126-011

§ 3. Σύγγραμμα ἐκκλησιαστικὸν περὶ τῶν ο´ μαθητῶν τοῦ Κυρίου, Δωροθέου ἐπισκόπου Τύρου ἀρχαίου ἀνδρὸς καὶ μάρτυρος γεγονότος ἐν τοῖς καιροῖς Ἰουλιανοῦ τοῦ Παραβάτου, BHG 151–152, extended with a list of the Patriarchs of Constantinople: *M 175* c and e; cf. *RHBR* **526**.22.

§ 4. Τάξεις ὀνομάτων τῶν ὁσίων μητροπολητῶν, ed. Beneševič (1905) suppl. 91–92: *M 175* d, cf. *RHBR* **148**.1 and **526**.25.

§ 5. Διδασκαλία τῶν ἁγίων ἀποστόλων περὶ χαρισμάτων, CPG 1741a: *M 175* b, cf. *RHBR* **148**.6.[11]

§ 6. Παύλου τοῦ ἁγίου ἀποστόλου διατάξεις περὶ κανόνων ἐκκλησιαστικῶν, CPG 1741c: *M 175* a, cf. *RHBR* **148**.6.[12]

§ 7. Πέτρου καὶ Παύλου τῶν ἁγίων ἀποστόλων διατάξεις ἐκ τῶν η´ βιβλίου, CPG 1741: lost.

§ 8. Σίμωνος τοῦ Καναναίου διατάξεις, CPG 1741b: lost, cf. *RHBR* **148**.6.[13]

§ 9. Ἐκ τῶν διατάξεων ἕτερον κεφάλαιον περὶ ἐπισκόπων, CPG 1741b: lost, cf. *RHBR* **148**.7.

§ 10. Περὶ τοῦ φυλάττειν ἕκαστον τὴν ἰδίαν τάξιν καὶ λειτουργίαν, CPG 1741d, ed. Pitra (1864) 67–69: lost, cf. *RHBR* **148**.6.[14]

§ 11. Περὶ τῶν τοπικῶν συνόδων τῆς ἐν Ἀντιοχείᾳ, τῆς ἐν Ἀγκύρᾳ καὶ τῶν λοιπῶν, ed. Beneševič (1905) 73–79: *S 1185* f. 1r (beginning lost), cf. *RHBR* **148**.2.

§ 12. Περὶ τῶν οἰκουμενικῶν συνόδων τὸ πότε καὶ διὰ τί καὶ ἐν ποίοις τόποις συνηθροίσθησαν καὶ τίνας ἀναθεμάτισαν, ed. Munitiz (1977) 253–257[15] and final section similar to Munitiz (1974) 178: *S 1185* ff. 1r–7v, cf. *RHBR* **148**.3.

§ 13.1. Πρόλογος κανονικοῦ συντάγματος τῶν ιδ´ τίτλων, edd. Pitra (1868) 445–447, Beneševič (1906) 1–4: *S 1185* ff. 7v–11r.

§ 13.2. Ἐκ ποίων συνόδων τε καὶ προσώπων καὶ πόσων κανόνων τὸ παρὸν ἠθροίσθη σύνταγμα τῶν ιδ´ τίτλων, edd. Pitra (1868) 450–451, Beneševič (1906) 57–60: *S 1185* ff. 11r–13r.

§ 13.3. [Τίτλοι τοῦ κανονικοῦ συντάγματος], edd. Pitra (1868) 458–636, Beneševič (1906) 5–56: *S 1185* ff. 13r–134r, cf. *RHBR* **148**.9.

§ 14. Τῶν ἁγίων ἀποστόλων διὰ Κλήμεντος κανόνες πε´, CPG 1740, ed. Beneševič (1906) 62–82: *S 1185* ff. 134r–150v, cf. *RHBR* **148**.10.

§ 15. Κανόνες τῶν τιη´ ἁγίων πατέρων τῶν ἐν Νικαίᾳ· κανόνες κ´, CPG 8513, ed. Beneševič (1906) 83–93: *S 1185* ff. 150v–160r, cf. *RHBR* **148**.11.

§ 16. Τῶν ἐν Ἀγκύρᾳ πατέρων κανόνες κε´, CPG 8501, ed. Beneševič (1906) 229–237: *S 1185* ff. 160r–167v, cf. *RHBR* **148**.12.

§ 17. Τῶν ἐν Νεοκεσαρείᾳ πατέρων κανόνες ιδ´, CPG 8504, ed. Beneševič (1906) 238–241: *S 1185* ff. 167v–170r, cf. *RHBR* **148**.13.

§ 18. Τῶν ἐν Γάγγρᾳ πατέρων κανόνες ζ´, CPG 8554, ed. Beneševič (1906) 242–250: *S 1185* ff. 170r–177r, cf. *RHBR* **148**.14.

§ 19. Τῶν ἐν Ἀντιοχείᾳ πατέρων κανόνες κε´, CPG 8536, ed. Beneševič (1906) 251–266: *S 1185* ff. 177r–189v, cf. *RHBR* **148**.15.

§ 20. Τῶν ἐν Λαοδικείᾳ πατέρων κανόνες νθ´, CPG 8607, ed. Beneševič (1906) 267–279: *S 1185* ff. 189v–198r, cf. *RHBR* **148**.16.

§ 21. Τῶν ἐν Κωνσταντίνου πόλει πατέρων κανόνες ζ´, CPG 8600, ed. Beneševič (1906) 94–101: *S 1185* ff. 198r–205r, cf. *RHBR* **148**.17.

---

11 Since the description in Burgmann *et al.* (1995–2014) is not differentiated, see further Coxe (1853) 520: no. 10.

12 Coxe (1853) 520: no. 6.

13 Coxe (1853) 520: no. 8.

14 Coxe (1853) 520: no. 7.

15 Cf. also Giannouli (2021).

§ 22. Τῶν ἐν Ἐφεσίῳ πατέρων κανόνες ζʹ, CPG 8800, ed. Beneševič (1906) 101–106: *S 1185* ff. 205v–211r, cf. *RHBR* **148**.18.

§ 23. Ψῆφος τῆς αὐτῆς συνόδου καὶ ἐπιστολὴ πρὸς τὴν ἐν Παμφύλιᾳ σύνοδον, CPG 8744 and 8747, ed. Beneševič (1906) 107–111: *S 1185* ff. 211r–213v.

§ 24. Τῶν ἐν Χαλκηδόνι πατέρων κανόνες κζʹ, CPG 9008, ed. Beneševič (1906) 112–124: *S 1185* ff. 213v–223v, cf. *RHBR* **148**.19.

§ 25. Ψῆφος τῆς αὐτῆς συνόδου, CPG 9015, ed. Beneševič (1906) 124–126: *S 1185* ff. 224r–225r.

§ 26. Ἕτερον, περὶ Φωτίου καὶ Εὐσταθίου, CPG 9004, ed. Beneševič (1906) 126–128: *S 1185* ff. 225r–226v.

§ 27. [Τῆς αὐτῆς συνόδου ἐκ τῆς τετάρτης πράξεως], CPG 9003, ed. Beneševič (1906) 128–129: *S 1185* ff. 226v–227v.

§ 28. Κανόνες τῶν ἐν Σαρδικῇ πατέρων κβʹ, CPG 8570, ed. Beneševič (1906) 280–298: *S 1185* ff. 227v–243v, cf. *RHBR* **148**.21.

§ 29. Ἐκ τῶν πραχθέντων ὑπομνημάτων ἐν Κωνσταντίνου πόλει περὶ Ἀγαπίου καὶ Βαγαδίου, CPG 8606, ed. Beneševič (1906) 456–459: *S 1185* ff. 243v–246r, cf. *RHBR* **148**.23.

§ 30. Τῶν ἐν Καρθαγέννῃ πατέρων κανόνες ρλγʹ, CPL 1765, ed. Beneševič (1906) 299–380, after Canon 84, the text printed ibid. 380–455 differs from the manuscript text: *S 1185* ff. 246r–288v and *C 1879.9* ff. 1r–10v, cf. *RHBR* **148**.22.

At this point a later hand has added: ἀρχὴ τοῦ βιβλίου τοῦ δευτέρου.

§ 31. Κανόνες τῶν ἐν Κωνσταντίνου πόλει ἐν τῷ τρούλλῳ τοῦ βασιλέως παλατίου συνελθόντων ἁγίων πατέρων· κανόνες ρβʹ, CPG 9444, ed. Beneševič (1906) 130–204: *RHBR* **521**.2, cf. **148**.24.

§ 32. Κανόνες τῶν ἐν Νικέᾳ πατέρων συνελθόντων τὸ δεύτερον· κανόνες κβʹ, ed. Beneševič (1906) 205–228: *RHBR* **521**.3–4, cf. **148**.26.

§ 33. Τοῦ μακαρίου Διονυσίου ἀρχιεπισκόπου Ἀλεξανδρείας πρὸς Βασιλίδην κεφάλαια δʹ, CPG 1569, ed. Beneševič (1906) 570–577: *RHBR* **521**.5, cf. **148**.27.

§ 34. Τοῦ ἁγίου Πέτρου ἀρχιεπισκόπου Ἀλεξανδρείας καὶ μάρτυρος ἐκ τοῦ περὶ μετανοίας λόγου κεφάλαια ιεʹ, CPG 1639, ed. Beneševič (1906) 578–596: *RHBR* **521**.6, cf. **148**.28.

§ 35. Ἐπιστολὴ κανονικὴ τοῦ ἁγίου Γρηγορίου ἀρχιεπισκόπου Νεοκαισαρείας τοῦ θαυματουργοῦ περὶ τῶν ἐν τῇ καταδρομῇ ἀνομισάντων, CPG 1765, ed. Beneševič (1906) 605–611: *RHBR* **521**.7, cf. **148**.29.

§ 36. Τοῦ ἁγίου Ἀθανασίου ἐπισκόπου πρὸς Ἀμμοῦν μοναχόν, CPG 2106, ed. Beneševič (1906) 547–553: *RHBR* **521**.8, cf. **148**.30.

§ 37. Ἀποκρίσεις κανονικαὶ Τιμοθέου ἀρχιεπισκόπου Ἀλεξανδρείας ἑνὸς τῶν ρηʹ ἁγίων πατέρων τῶν ἐν Κωνσταντίνου πόλει, CPG 2520, ed. Beneševič (1906) 541–546: *RHBR* **521**.9, cf. **148**.33.

§ 38. Ἀπόφασις ἐκ τῆς γενομένης συνόδου ἐπὶ Κυπριανοῦ τοῦ ἁγιωτάτου ἀρχιεπισκόπου Καρχηδόνος καὶ ἐπισκόπων πδʹ: *RHBR* **521**.10, cf. **148**.25.

§ 39. Ἐκ τῶν κανόνων τῶν ἁγίων πατέρων περὶ ψευδοκατηγόρων, edd. Pitra (1864) 514, Beneševič (1906) 61–62: *RHBR* **521**.11, cf. **148**.20.

§ 40. Γρηγορίου τοῦ θαυματουργοῦ ἀποκάλυψις περὶ τῆς ἁγίας Τριάδος, CPG 1764: *RHBR* **521**.12, cf. **148**.42.

§ 41. Τοῦ ἁγίου Ἀθανασίου ἀρχιεπισκόπου Ἀλεξανδρείας ἐπιστολὴ πρὸς Ῥουφηνιανόν, CPG 2107, ed. Beneševič (1906) 554–555: *RHBR* **521**.13.

§ 42. Κανόνες ἐκτιθέντες παρὰ τῆς ἁγίας μεγάλης ἐν Κωνσταντίνου πόλει αʹ καὶ βʹ συνόδου τῆς συστάσης ἐν τῷ ναῷ τῶν ἁγίων ἀποστόλων: *RHBR* **521.14**.

§ 43.1. Τοῦ ἁγίου Βασιλείου ἀρχιεπισκόπου Καισαρίας Καππαδοκίας πρὸς Ἀμφιλόχιον ἐπίσκοπον Ἰκονίου ἐπιστολὴ γʹ ἔχουσα κεφάλαια πδʹ, CPG 2901, ed. Beneševič (1906) 460–508: *RHBR* **521**.16, cf. **148**.31.

§ 43.2. Τοῦ αὐτοῦ ἐξ ἐπιστολῶν περὶ ἐγκρατιτῶν, CPG 2901, ed. Beneševič (1906) 524: *RHBR* **521**.16, cf. **148**.31.

§ 43.3. Τοῦ αὐτοῦ πρὸς Διόδωρον τὸν Τάρσου, CPG 2901, ed. Beneševič (1906) 517–523: *RHBR* **521**.16, cf. **148**.31.
§ 43.4. Τοῦ αὐτοῦ πρὸς Γρηγόριον πρεσβύτερον, CPG 2901, ed. Beneševič (1906) 515–516: *RHBR* **521**.16, cf. **148**.31.
§ 43.5. Τοῦ αὐτοῦ πρὸς τοὺς χωρεπισκόπους, CPG 2901, ed. Beneševič (1906) 512–514: *RHBR* **521**.16, cf. **148**.31.
§ 43.6. Τοῦ αὐτοῦ πρὸς τοὺς ὑφ' ἑαυτὸν ἐπισκόπους, CPG 2901, ed. Beneševič (1906) 509–511: *RHBR* **521**.16, cf. **148**.31.
§ 43.7. Τοῦ αὐτοῦ ἐκ τοῦ κζ´ κεφαλαίων τῶν περὶ τοῦ ἁγίου Πνεύματος πρὸς Ἀμφιλόχιον, CPG 2901, ed. Beneševič (1906) 525–529: *RHBR* **521**.16, cf. **148**.31.
§ 44. Ἐπιστολὴ κανονικὴ τοῦ ἁγίου Γρηγορίου ἐπισκόπου Νύσσης πρὸς Λητόιον ἐπίσκοπον, CPG 3148, ed. Beneševič (1906) 612–631: *RHBR* **521**.17, cf. **148**.32.
§ 45.1. Θεοφίλου προσφώνησις, CPG 2678.1, ed. Beneševič (1906) 532: *RHBR* **521**.18, cf. **148**.34.
§ 45.2. Τοῦ αὐτοῦ ὑπομνηστικὸν ὅπερ ἔλαβεν Ἀμμῶν· κεφάλαια ι´, CPG 2678.2, ed. Beneševič (1906) 533–537: *RHBR* **521**.18, cf. *RHBR* **148**.34.
§ 45.3. Τοῦ αὐτοῦ ἕτερα κεφάλαια γ´, CPG 2678.3–5, ed. Beneševič (1906) 538–540: *RHBR* **521**.18, cf. *RHBR* **148**.34.
§ 46.1. Τοῦ ἐν ἁγίοις Κυρίλλου ἀρχιεπισκόπου Ἀλεξανδρείας πρὸς Δόμον κεφάλαια γ´, CPG 5378, ed. Beneševič (1906) 564–567: *RHBR* **521**.19, cf. *RHBR* **148**.35.
§ 46.2. Τοῦ αὐτοῦ τοῖς κατὰ Λιβύνῃ καὶ Πενταπόλει κεφάλαια δ´, CPG 5379, ed. Beneševič (1906) 568–569: *RHBR* **521**.19, cf. **148**.35.
§ 47. Ἐγκύκλιος ἐπιστολὴ Γενναδίου πρὸς: πατριάρχου πρὸς ἅπαντας τοὺς μητροπολήτας, CPG 5977, ed. Beneševič (1906) 598–604: *RHBR* **521**.20.
At this point a later hand has added: ἀρχὴ τοῦ βιβλίου τοῦ τρίτου.
§ 48. Νόμος ἐκτεθεὶς παρὰ τῶν βασιλέων ἡμῶν Βασιλείου, Κωνσταντίνου, Λέοντος καὶ Ἀλεξάνδρου ἐκ τῶν διγεστῶν καὶ τῶν νεαρῶν καὶ τοῦ κώδικος· τίτλοι μ´: *RHBR* **276**.2–5, cf. **148**.43 and **280**.2.
§ 49. Νόμος ἕτερος περὶ τῶν ἀθεμίτων συναπτομένων ἀπὸ δευτέρου συνοικεσίου καὶ περὶ τῶν συναπτομένων ταῖς δούλαις αὐτοῦ: *RHBR* **276**.6.
§ 50. Νόμος γεωργικὸς κατ' ἐκλογὴν βιβλίου τοῦ τῆς θείας λήξεως Ἰουστινιανοῦ βασιλέως· κεφάλαια πδ´: *RHBR* **276**.11.
§ 51. Νόμος Ῥωδίων ναυτικὸς κατ' ἐκλογὴν ἐκ τοῦ ιδ´ βιβλίου τῶν διγεστῶν· κεφάλαια μς´: *RHBR* **276**.12, cf. **148**.45 and **280**.5.
§ 52. Νόμος στρατιωτικὸς καταστάσεως καὶ ἐπιτίμια ἐκ τοῦ Ῥούφου καὶ ἐκ τῶν τακτικῶν καὶ τῶν διγεστῶν: *RHBR* **276**.13, cf. **148**.46 and **280**.6.
Αὗται εἰσὶν οἱ πρόλογοι οἱ γεγραμμένοι ἐν τοῖς πίναξι ὑπὸ τοῦ νόμου καὶ τῶν ἁγίων πατέρων.

These are laws of church and state, including the *Nomocanon of XIV Titles* (§ 13), the *Prochiron* (§ 48), the *Farmer's Law* (§ 50), the *Rhodian Sea Law* (§ 51), and the *Soldier's Law* (§ 52). By way of introduction, Nicephorus's *Short Chronography* (§ 1) and two *Synodengeschichten* (§§ 11–12) briefly present the laws' historical background. Because the collection is bulky, *Sinait. gr. 1185* received two companion volumes: *Sinait. gr. 1114* (*RHBR* **521**) and *Sinait. gr. 1115* (*RHBR* **276**).[16] The three manuscripts are written by a single anonymous hand *A* – except that the outermost leaves in one (*Sinait. gr. 1114* ff. 1–2

16 For all its obviousness, this fact has not been expressly noted before. Gardthausen (1888) 227–228 and 240 observes that the three codices *1114*, *1115*, and *1185* were copied *eadem manu*. Pahlitzsch (2014) 33 surmises: "Vielleicht stellt der Sinaiticus gr. 1115 die Fortsetzung der Handschrift Nr. 1185 dar."

and 277–280) and the first leaf in another (*Sinait. gr. 1115* f. 1v) are by a supplementary hand *B*, also anonymous and certainly coeval with *A*.[17] It may have been *B* who added to the already completed text a couple of legal terms in garbled Latin (*Sinait. gr. 1185* ff. 131v–132r, *Sinait. gr. 1115* f. 74r).[18] *A*, the principal scribe, wrote (ξύω is the verb he uses as an expression of modesty) two short colophons marking the completion of Volume I on 3 January 1040 (Fig. 1) and of Volume III on Saturday 13 September, eve of the Feast of the Holy Cross (Fig. 2). The latter date falls still within the year 1040.[19] At some point over the next century or so, all three volumes were in the hands of a certain Ṣāʿid ibn Daniel ibn Bishr, who presented them to the Sinai Monastery.[20] Nothing more is known about him.

Ṣāʿid's tripartite codex has a very curious feature: "Es ist jeweils nur die linke Kolumne auf jeder Seite beschrieben, die rechte wurde offenbar für eine Übersetzung in eine andere Sprache freigelassen"[21] (Fig. 3). Little can be guessed about this intended translation, not a word of which was actually written down. Its likeliest vehicles are Arabic or Georgian[22] – yet no surviving manuscript in either language quite matches Ṣāʿid's corpus. Arabic versions exist for the *Prochiron* (§ 48), the *Rhodian Sea Law* (§ 51), and the *Soldier's Law* (§ 52)[23] – but not for the *Farmer's Law* (§ 50) and *Nomocanon of XIV Titles* (§ 13).[24] The Byzantine civil laws §§ 48–52 were never adopted in Georgia.[25] Arsen Iqaltoeli did translate the *Nomocanon of XIV Titles* at some point shortly before 1105; his Greek *Vorlage*, however, was arranged differently from the Greek text once in Ṣāʿid's possession (§ 13).[26]

17 Despite searching, I have not spotted either of those hands in another Greek manuscript.

18 I thank Francesco D'Aiuto for his help in identifying the Latin phrases.

19 The next time 13 September fell on a Saturday was in 1046. No matter how the scribe may have tarried, six years and eight months is just too long for copying 1054 pages (*Sinait. gr. 1114* ff. 4r–276v and *Sinait. gr. 1115* ff. 2v–256r) with 25 short lines of minuscule script on each. For comparison, it took thirty-four days to copy, in majuscule characters, a Gospel lectionary (London, British Library, *Harley 5787*) that had (its beginning is now lost) more than 450 pages of twenty-five text lines each. See also Hutter (1982) 28 (cat. 16).

20 Pahlitzsch (2014) 31–32 transcribes and translates the dedicatory note on f. 2r of *Sinait. gr. 1115*. There are similar entries on f. 4r of *Sinait. gr. 1114* and on f. α'r of *Sinait. gr. 1185*. Further manuscripts once owned by Ṣāʿid ibn Daniel ibn Bishr are listed in Géhin/Frøyshov (2000) 172n.18; Kurysheva (2017). These include yet another volume with Greek legal texts, *Sinait. N. F. M 153* (*RHBR* **280**), which closely matches the particular version of the *Prochiron* found in *Sinait. gr. 1115* (§ 48): *New Finds* (1999) pl. 140. Umberto Bongianino (Oxford) kindly informs me that the handwriting in Ṣāʿid's dedicatory notes can be dated to the later eleventh or the twelfth century.

21 Burgmann *et al.* (1995–2014) I:312; also Pahlitzsch (2014) 32–33.

22 Cf. the fourteenth-century canonical collection Paris, Bibliothèque nationale de France, *Arabe 236*, which contains some bilingual text in Greek and Arabic. I know of no similar Georgian manuscript.

23 Pahlitzsch (2014); Chitwood (2017) 127.

24 Kaufhold (2012) 238; Nasrallah (1983) 354–355.

25 Chitwood (2017) 126.

26 Gabizašvili (1975) 93–99; Kaufhold (2012) 335–337.

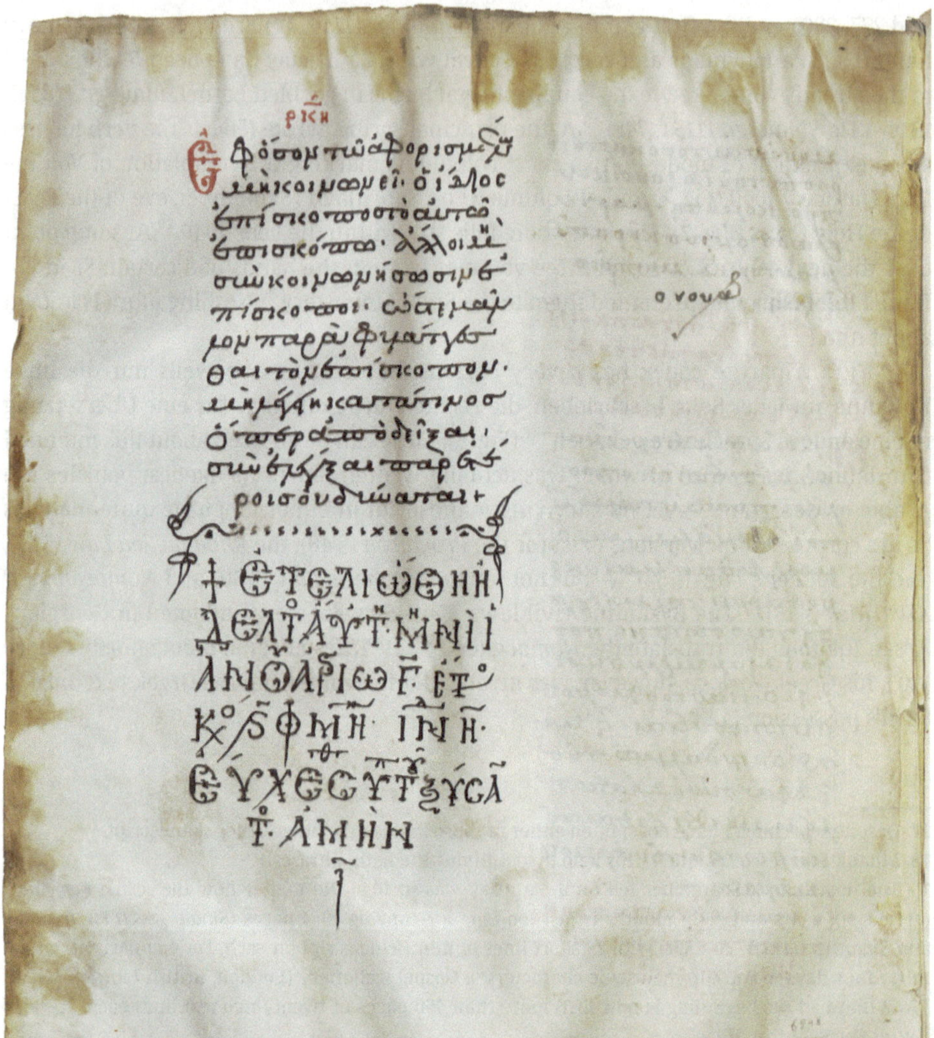

Fig. 1. Cambridge, University Library, *Add. 1879.9*, f. 10v, 268 × 214 mm.
Photo: © Cambridge University Library, CC BY-NC 3.0.

Fig. 2. Mount Sinai, Monastery of Saint Catherine, *Greek 1115*, f. 256r, 265 × 215 mm.
Photo: Library of Congress Collection of Manuscripts in St. Catherine's Monastery, Mt. Sinai, public domain.

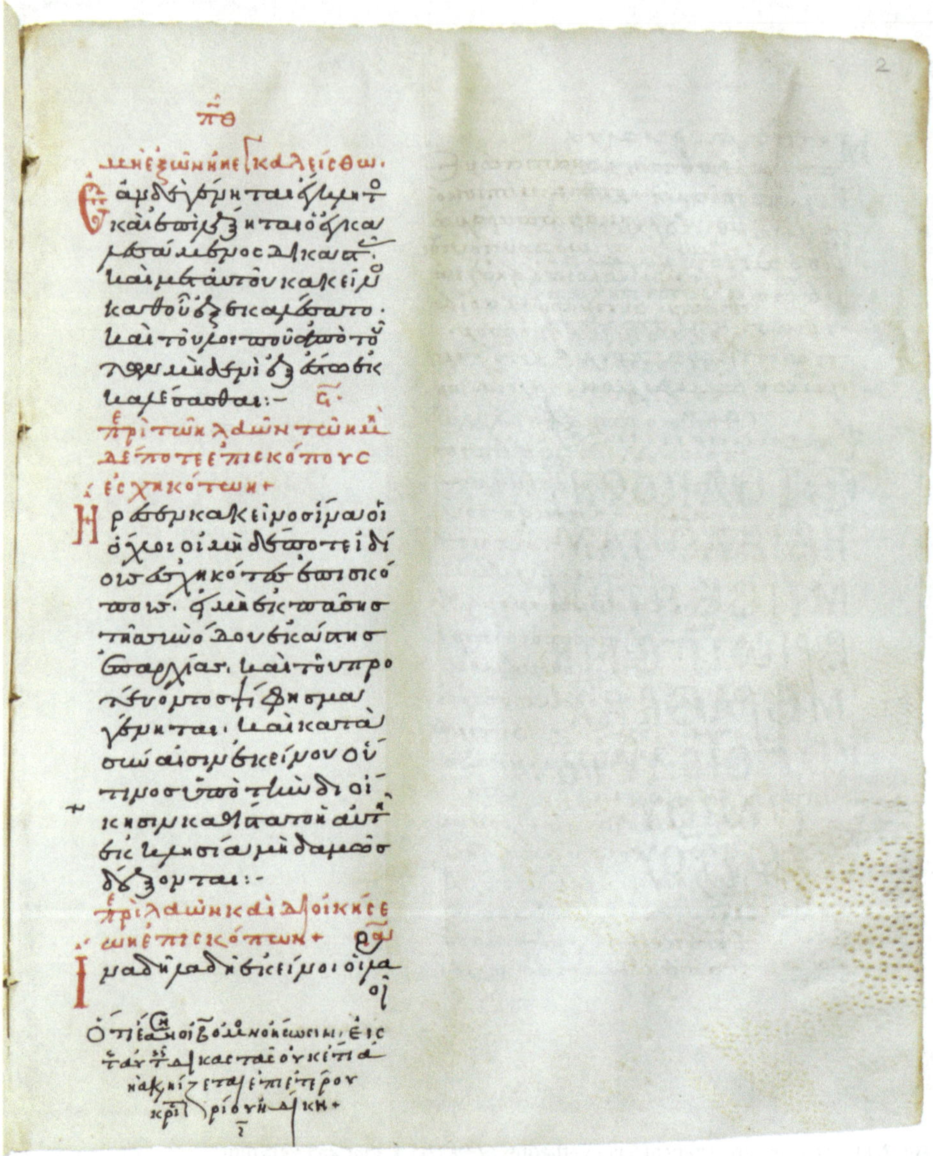

Fig. 3. Cambridge, University Library, *Add. 1879.9*, f. 2r, 268 × 214 mm.
Photo: © Cambridge University Library, CC BY-NC 3.0.

A possible way of localising our unfinished bilingual manuscript is to look at the texts assembled in it for translation. Including as it does acts of the Council of Chalcedon (§ 24–27), of the Seventh Ecumenical Council (§ 32), and of the Constantinopolitan councils in AD 861 and AD 879 (§ 42), their choice is manifestly Orthodox. It is also manifestly imperial: the *notitia* of bishops (§ 4) only covers dioceses that are subject to Constantinople, and the chronology at the end of § 3 lists just patriarchs of that city, omitting those of Alexandria, Antioch, and Jerusalem. Since the last prelate on the list is Stephen (*PmbZ* 27245), whose time in office is given as two years and eleven months,[27] the exemplar from which the Sinai manuscript was copied must have been produced soon after his death on 18 July 928. Such an exemplar would have been over a century old by 1039, but no effort was made to update it with more recent names. This is enough to show that Ṣāʿid's three volumes cannot be of Constantinopolitan origin. Their exemplar(s) might have arrived in Jerusalem during the 930s, when communication with the eastern patriarchates was restored after a prolonged break:

> In the year 326 [i. e. A. D. 937] a gratifying peace came about between the Byzantines [and the Muslims]. And in that year, Theofilaks, patriarch of the city of Constantinople, sent a messenger to the patriarchs of Alexandria and Antioch asking them to mention his name in their prayers and in their liturgies because this had been cut off since the era of the Umayyads.[28]

In terms of content (see the table above), the closest relative to the Sinai collection is Oxford, Bodleian Library, *Laud. gr. 39* (*RHBR* **148**), followed at some distance by Vatican City, BAV, *Vat. gr. 1980–1981* (*RHBR* **525–526**). The former manuscript is of uncertain provenance, while the latter was copied in southern Italy.[29] Neither offers a clue as to where Ṣāʿid's tripartite collection could have been produced.

There is just one more possible indicator of origin. The collection's second colophon (Fig. 2) expressly mentions the Exaltation of the Holy Cross. That feast is celebrated universally but is particularly important in Jerusalem.[30] Our legal compendium *could perhaps* have been copied there.[31]

So what was happening in that city round the year 1040? In the first decade of the eleventh century, the Fatimid caliph al-Hakim took repressive measures against

27 *New Finds* (1999) pl. 148. The abbreviation *PmbZ* refers to the online database *Prosopographie der mittelbyzantinischen Zeit*: https://doi.org/10.1515/pmbz.

28 Cheikho (1909) 87–88; tr. Griffith (1985) 26. Theophylact (*PmbZ* 28192) was patriarch from 933 to 956.

29 Morton (2021) 264–265 and 88–90, 239.

30 Gil (1992) 465. It is worth noting, however, that the colophon does not mention the characteristically Jerusalem feast of the Dedication (ἐγκαίνια) of the Holy Sepulchre on 13 September. In the eleventh century it was being eclipsed by the Exaltation of the Cross, celebrated on 14 September: Galadza (2017) 244–245.

31 Antioch is a far less likely possibility: in 1040, that city was under Byzantine rule, its administrative language was Greek, and a bilingual law-book would have been unnecessary there.

Christians and ordered that the Holy Sepulchre be razed.[32] Some ten years later he relented, permitting its reconstruction.[33] This change of heart was encouraged by Nicephorus (*PmbZ* 25674), a Christian palace servant whom al-Hakim had made Patriarch of Jerusalem.[34] That prelate visited Constantinople in 1022–1024 as the Fatimids' envoy.[35] Repairs to the Holy Sepulchre were carried out in 1012–1015 with the help of the caliph's mother Maryam (Mary).[36] An earthquake in 1033 may well have caused new damage to the building,[37] but a Fatimid-Byzantine agreement allowed the emperor to restore it – as well as to appoint future Patriarchs of Jerusalem.[38] The city's Christians then sent delegates to the imperial capital:

> In charge of this embassy was a certain John, surnamed Carianis [Carianitis]. He was a native of Constantinople, noble according to the flesh but still more noble in character. He had laid aside the honors of the world to follow Christ and put on the habit of religion and was then living at Jerusalem, a poor man for Christ's sake. He was sent on this mission and, with all due persistence and energy, faithfully presented the matter to the lord emperor, beloved of God. He succeeded in obtaining from Constantine [Monomachus] the promise that sufficient money to carry on the work of restoration should be taken from the emperor's own fiscal purse .... When the news was received that his journey had been successful and his petition granted, the spirits of the clergy and people revived ... At this time the Patriarch Nicephorus was presiding over that church.[39]

By 1047, a new Holy Sepulchre had been erected.[40] Not too far from it, a monk named Prochorus had begun rebuilding the Monastery of the Holy Cross as a Georgian foundation.[41] From 1040 onward, a number of Georgian manuscripts were copied in Jerusalem, some under Prochorus' personal auspices.[42]

In 1122, the archivist (*chartophylax*) of the Greek Patriarchate in Jerusalem is known to have acted as judge (*krites*)[43] – an office that most probably went back to the pre-Crusader period when Christian communities enjoyed judicial autonomy under

---

32 Gil (1992) 373–374; Krönung (2011); Pruitt (2013); Walker (2015).

33 Yaḥyā of Antioch (1997) 69–71; Gil (1992) 463–464, 510 n.19.

34 Yaḥyā of Antioch (1997) 65, 69; Pahlitzsch (2015) 487. Another influence on al-Hakim was Solomon, abbot of Sinai (*PmbZ* 26968): Yaḥyā of Antioch (1997) 65–69, 71–75, 83; cf. Treiger (2020) 60, 64.

35 Yaḥyā of Antioch (1997) 101–103; Beihammer (2011) 190–191; Pahlitzsch (2015) 488–489; Krönung (2019) 75–76.

36 Pringle (2007) 11.

37 Yaḥyā of Antioch (1997) 167; Alfonsi *et al.* (2013).

38 Yaḥyā of Antioch (1997) 165; Pringle (2007) 11; Pahlitzsch (2015) 489–490.

39 William of Tyre (1943) 69–70. On the chronology cf. Gil (1992) 480; Pringle (2007) 11; Pahlitzsch (2015) 493–494.

40 Pringle (2007) 12; cf. Galadza (2017) 119–122.

41 Esbroeck (2000) 140–142, 147.

42 Chronz *et al.* (2022) 31–32, 40–42, 52–54; Pataridze (2019); Otkhmezuri (2018) 32–49; Linder (1999) 149–150.

43 Pahlitzsch (2016) 43.

Muslim rule.[44] It is *perhaps* against this background that the production of Ṣāʿid's legal compendium can be placed. In 1039–1040, when its three volumes were copied, the Christians of Jerusalem maintained regular ties with Constantinople. Imperial sponsorship would have encouraged them to view themselves as members of a 'Byzantine Commonwealth'[45] and to use Byzantine law in regulating their internal affairs. Many of these Christians were non-Greek speaking and may well have wished for the Byzantine law books to be rendered into their native language. The half-empty pages of the three Sinai volumes bear mute witness to a translation project that was planned but never finished.

Manuscripts cited

Cambridge, University Library, *Add. 1879.9*, on-line at https://cudl.lib.cam.ac.uk/view/MS-ADD-01879-00009/1 (seen 14.03.2024)

London, British Library, *Harley 5787*, on-line at http://www.bl.uk/manuscripts/FullDisplay.aspx?ref=Harley_MS_5787 (seen 16.01.2023)

Mount Sinai, Monastery of Saint Catherine, *Greek 1114*, on-line at https://www.loc.gov/item/00271075133-ms (seen 16.01.2023)

Mount Sinai, Monastery of Saint Catherine, *Greek 1115*, on-line at https://www.loc.gov/item/00271075121-ms (seen 16.01.2023)

Mount Sinai, Monastery of Saint Catherine, *Greek 1185*, on-line at https://www.loc.gov/item/00271076654-ms (seen 16.01.2023)

Mount Sinai, Monastery of Saint Catherine, *New Finds M 153*

Mount Sinai, Monastery of Saint Catherine, *New Finds M 175*

Oxford, Bodleian Library, *Georg. b. 1*, on-line at https://digital.bodleian.ox.ac.uk/objects/e4c98007-81c8-4670-ad42-777faa2987e5 (seen 16.01.2023)

Oxford, Bodleian Library, *Laud. gr. 39* (Diktyon 48261)

Paris, Bibliothèque nationale de France, *Arabe 236*, on-line at https://gallica.bnf.fr/ark:/12148/btv1b11004210f (seen 16.01.2023)

Vatican City, Biblioteca Apostolica Vaticana, *Vat. gr. 1980*

Vatican City, Biblioteca Apostolica Vaticana, *Vat. gr. 1980*, on-line at https://digi.vatlib.it/view/MSS_Vat.gr.1981 (seen 16.01.2023)

44 About this judicial autonomy see in general Pahlitzsch (2016).
45 Runciman (1948).

Bibliography

Alfonsi *et al.* (2013): Laura Alfonsi, Francesca Cinti and Guido Ventura, "The Kinematics of the 1033 A. D. Earthquake Revealed by the Damage at Hisham Palace", in: *Seismological Research Letters* 84, 997–1003.

Beihammer (2011): Alexander Beihammer, "Byzanz und die islamische Staatenwelt im Zeitalter Kaiser Basileios' II. und des Kalifen al-Ḥākim", in: Thomas Pratsch (ed.), *Konflikt und Bewältigung: Die Zerstörung der Grabeskirche zu Jerusalem im Jahre 1009*, Berlin, 173–194.

Beneševič (1905): Vladimir N. Beneševič, *Канонический сборник XIV титулов со второй четверти VII века до 883 г.*, St.-Petersburg.

Beneševič (1906): Vladimir N. Beneševič, *Древнеславянская кормчая XIV титулов без толкований*, I, St.-Petersburg.

Beneševič (1987): Vladimir N. Beneševič, *Древнеславянская кормчая XIV титулов без толкований*, II, Sofia.

Boor (1880): Carl de Boor (ed.), *Nicephori archiepiscopi Constantinopolitani opuscula historica*, Leipzig.

Burgmann *et al.* (1995–2014): Ludwig Burgmann, Andreas Schminck, Dorotei Getov *et al.*, *Repertorium der Handschriften des byzantinischen Rechts*, 4 vols, Frankfurt a. Main.

Cheikho *et al.* (1909): Louis Cheikho, Bernard Carra de Vaux and Habib Zayyat (eds.), *Eutychii Patriarchae Alexandrini Annales*, II, Beirut.

Chitwood (2017): Zachary Chitwood, *Byzantine Legal Culture and the Roman Legal Tradition, 867–1056*, Cambridge.

Chronz *et al.* (2022): Tinatin Chronz, Anna Kharanauli, Tamara Pataridze, and Tinatin Tseradze, "Palestine", in: Thamar Otkhmezuri (ed.), *Medieval Georgian Literary Culture and Book Production in the Christian Middle East and Byzantium*, Münster, 21–104.

Coxe (1853): Henry Octavius Coxe, *Catalogi codicum manuscriptorum Bibliothecae Bodleianae pars prima recensionem codicum Graecorum continens*, Oxford.

Esbroeck (2000): Michel van Esbroeck, "Le couvent de Sainte-Croix de Jérusalem selon les sources géorgiennes", in: *Studi sull'oriente cristiano* 4/2, 139–170.

Gabizašvili (1975): Enriko Gabizašvili (ed.), დიდი სჯულისკანონი [The Great Nomocanon], Tbilisi.

Galadza (2017): Daniel Galadza, *Liturgy and Byzantinization in Jerusalem*, Oxford.

Gardthausen (1886): Victor Gardthausen, *Catalogus codicum Graecorum Sinaiticorum*, Oxford.

Géhin/Frøyshov (2000): Paul Géhin and Stig S. Frøyshov, "Nouvelles découvertes sinaïtiques: À propos de la parution de l'inventaire des manuscrits grecs", in: *Revue des études byzantines* 58, 167–184.

Giannouli (2021): Antonia Giannouli, "The Synoptic Account of the Seven Ecumenical Councils: Revisiting Hoeschel's Version", in: Wolfram Brandes (ed.), *Fontes Minores XIII*, Berlin, 25–82.

Gil (1992): Moshe Gil, *A History of Palestine, 634–1099*, transl. by Ethel Broido, Cambridge.

Griffith (1985): Sidney H. Griffith, "Stephen of Ramlah and the Christian Kerygma in Arabic in Ninth-Century Palestine", in: *Journal of Ecclesiastical History* 36, 23–45.

Hutter (1982): Irmgard Hutter, *Corpus der byzantinischen Miniaturenhandschriften: Oxford Bodleian Library*, III.1, Stuttgart.

Kaufhold (2012): Hubert Kaufhold, "Sources of Canon Law in the Eastern Churches", in: Wilfried Hartmann and Kenneth Pennington (eds.), *The History of Byzantine and Eastern Canon Law to 1500*, Washington DC, 215–342.

Krönung (2011): Bettina Krönung, "Al-Ḥākim und die Zerstörung der Grabeskirche", in: Thomas Pratsch (ed.), *Konflikt und Bewältigung: Die Zerstörung der Grabeskirche zu Jerusalem im Jahre 1009*, Berlin, 139–158.

Krönung (2019): Bettina Krönung, "The Employment of Christian Mediators by Muslim Rulers in Arab-Byzantine Diplomatic Relations in the Tenth and Early Eleventh Centuries", in: Zachary Chitwood and Johannes Pahlitzsch (eds.), *Ambassadors, Artists, Theologians: Byzantine Relations with the Near East from the Ninth to the Thirteenth Centuries*, Mainz, 71–83.

Kurysheva (2017): Marina Kurysheva, “Библиотека греческих манускриптов Çā'ида ибн Даниила ибн Бишра XII века”, in: *Средние века* 78, 154–169.
Linder (1996): Amnon Linder, “Christian Communities in Jerusalem “, in: Joshua Prawer and Haggi Ben-Shammai (eds.), *The History of Jerusalem: The Early Muslim Period, 638–1099*, Jerusalem, 121–162.
Morton (2021): James Morton, *Byzantine Religious Law in Medieval Italy*, Oxford.
Munitiz (1974): Joseph Munitiz, “Synoptic Greek Accounts of the Seventh Council”, in: *Revue des études byzantines* 32, 147–186.
Munitiz (1977): Joseph Munitiz, “The Manuscripts of Justel’s *Anonymi tractatus de synodis*”, in: *Byzantion* 47, 239–257.
Nasrallah (1983): Joseph Nasrallah, *Histoire du mouvement littéraire dans l’Église Melchite du Ve au XXe siècle*, III, Louvain.
New Finds (1999): *The New Finds of Sinai*, Athens.
Otkhmezuri (2018): Thamar Otkhmezuri (ed.), *Georgian Manuscripts Copied Abroad in Libraries and Museums of Georgia*, Tbilisi.
Pahlitzsch (2014): Johannes Pahlitzsch (ed.), *Der arabische* Procheiros Nomos: *Untersuchung und Edition der Übersetzung eines byzantinischen Rechtstextes*, Frankfurt a. Main.
Pahlitzsch (2015): Johannes Pahlitzsch, “The Melkites in Fatimid Egypt and Syria (1021–1171)”, in: *Medieval Encounters* 21, 485–515.
Pahlitzsch (2016): Johannes Pahlitzsch, “The Melkites and Their Law: Between Autonomy and Assimilation”, in: Ana Echevarria, Juan Pedro Monferrer-Sala, and John Tolan (eds.), *Law and Religious Minorities in Medieval Societies: Between Theory and Praxis*, Turnhout, 35–46.
Parpulov (2022): Georgi Parpulov, “Membra disiecta Sinaitica Graeca”, *Fragmentology* 5, 79–85.
Pataridze (2019): Tamara Pataridze, “Manuscript ‘Georgian B.1’ of the Mid-Eleventh Century: At the Heart of Holy Land Christianity”, in: *Bodleian Library Record* 32, 11–45.
Pitra (1864): Jean-Baptiste Pitra, *Iuris ecclesiastici Graecorum historia et monumenta*, I, Rome.
Pitra (1868): Jean-Baptiste Pitra, *Iuris ecclesiastici Graecorum historia et monumenta*, II, Rome.
PmbZ: *Prosopographie der mittelbyzantinischen Zeit*: https://doi.org/10.1515/pmbz.
Pringle (2007): Denys Pringle, *The Churches of the Crusader Kingdom of Jerusalem: A Corpus*, III, Cambridge.
Pruitt (2013): Jennifer Pruitt, “Method in Madness: Recontextualizing the Destruction of Churches in the Fatimid Era”, in: *Muqarnas* 30, 119–139.
Runciman (1948): Steven Runciman, “The Byzantine ‘Protectorate’ in the Holy Land in the XI Century”, in: *Byzantion* 18, 207–215.
Treiger (2020): Alexander Treiger, “Sinaitica (2): Ioasaph of Rhodes’ Inventory of the Archbishops of Sinai”, in: *Journal of Eastern Christian Studies* 72, 33–70.
Walker (2015): Paul Walker, “Al-Ḥākim and the *Dhimmīs*”, in: *Medieval Encounters* 21, 345–363.
William of Tyre (1943): William of Tyre, *A History of Deeds Done Beyond the Sea*, tr. Emily A. Babcock and August C. Krey, New York.
Yaḥyā of Antioch (1997): *Histoire de Yaḥyā ibn Saʿīd d’Antioche*, III, ed. Ignace Kratchkovsky, tr. Françoise Michaeu and Gérard Troupeau, Turnhout.

Isabel Grimm-Stadelmann

Medizin und Recht in Byzanz

Einleitung

> Es erscheint mir fehl am Platz, dass die Juristen (ῥήτορας) Kompendien und Exzerptsammlungen benützen, die sie als ‚Handbücher für unterwegs' bezeichnen, worin die wichtigsten Gesetze zum sofortigen Gebrauch enthalten sind, wir aber derartige (Nachschlagewerke) entbehren. Hinzu kommt, dass jene bei ihren Fällen nicht nur eine kurze Bedenkzeit zur Verfügung haben, sondern sie sogar ausführlich prüfen und memorieren können, wir aber niemals oder nur ganz selten eine solche Möglichkeit haben. Bei manchen Krankheiten nämlich besteht oft unmittelbare Gefahr, was Hippokrates ganz zu Recht als ‚dringender Moment' (sc. unmittelbarer Handlungsbedarf) bezeichnet. Jene üben ihre nützliche Tätigkeit zudem nahezu ausschließlich in den Städten aus, wo problemlos Zugang zu den Büchern gewährleistet ist, die Ärzte aber sind nicht nur in Städten tätig, sondern sind auch auf dem Land, in Wüsteneien, und sogar auf dem Meer, auf Schiffen, mit Notfallsituationen durch plötzlich auftretende Krankheiten konfrontiert, wobei jegliche Verzögerung entweder den Tod (des Patienten) oder zumindest äußerste Gefahr nach sich zieht.
>
> (PaulAeg., *Prooimion*, Übers. d. Verf.)[1]

Bemerkenswert ist, dass der frühbyzantinische Arzt Paulos Aiginetes (7. Jhd., *floruit* um 642) im oben zitierten Prooimion zu seiner siebenteiligen *Epitome Iatrike* den Mangel an medizinischen Nachschlagewerken derart stark betont, obgleich zu seiner Zeit nicht nur die Kompendien (die große, heute nicht mehr erhaltene Galen-*Epitome* sowie die *Iatrikai Synagogai* in 70 Büchern) und die aus den *Iatrikai Synagogai* gezogenen beiden *Epitomai* des Oreibasios (4. Jhd.)[2], sondern auch der *Tetrabiblos* des Aëtios von Amida (6. Jhd.)[3] und die *Therapeutika* des Alexandros von Tralleis (6. Jhd.)[4] zur Verfügung standen. Diese Nachschlagewerke ergänzen die traditionelle antike und spätantike Quellengrundlage systematisch durch Exzerpte aus Spezialliteratur sowie anhand

1 PaulAeg, *Epitome Iatrike*, Prooimion (ed. Heiberg 3, 8–22); zur Übersetzung vgl. Adams (1844) XVII f. (engl. Übers.) und Berendes (1914) 1–2 (dt. Übers.); vgl. ferner *PaulAeg* VI (ed. Lamagna). Zu Johan Ludvig Heiberg (1854–1928) vgl. Gonetz (2023) 162–169, zu Julius Berendes (1837–1914) und seinem pharmaziehistorischen Schrifttum vgl. Gonetz (2023) 138–160, und speziell zu Paulos Aiginetes vgl. Gonetz (2023) 155–160. Zur Problematik der Verfügbarkeit von Fachliteratur vgl. den Beitrag von Kirill Maksimovič in diesem Band (S. 237–257).

2 Oreibasios, *Collectionum medicarum reliquiae* (ed. Raeder), *Coll.med.rel.* XXIV/XXV (ed. de Lucia); Oreibasios, *Synopsis ad Eustathium* (ed. Raeder); Oreibasios, *Libri ad Eunapium* (ed. Raeder).

3 *AetAmid* (ed. Olivieri): Diese Edition umfasst acht der insgesamt 16 Bücher des *Tetrabiblos*; zu Buch XVI vgl. *AetAmid* XVI (ed. Romano); kritische (Neu-)Editionen der Bücher I–II, IX, X, XIV sind derzeit im Rahmen des Corpus Medicorum Graecorum Projektes in Vorbereitung: https://cmg.bbaw.de/startseite/corpus-medicum/in-vorbereitung (Stand 24.04.2024).

4 *AlexTrall* (ed. Puschmann); AlexTrall, *Ther.* I (ed. Guardasole); vgl. Grimm-Stadelmann (2019a) 488–491; Grimm-Stadelmann (2020) 187–601; zu Theodor Puschmann (1844–1899) vgl. Gonetz (2023) 93–116.

https://doi.org/10.1515/9783111331126-012

von praktischen Erfahrungswerten der jeweiligen Verfasser bzw. Kompilatoren oder Redaktoren. Ihre jeweilige Aktualität aufgrund des durch profunde Quellenkritik und praxisorientierte Redaktion – Oreibasios' Konzept der *brachylogia* ist in diesem Zusammenhang bahnbrechend[5] – erzielten Wissenszugewinns entspräche somit durchaus Paulos' Forderung. Darüber hinaus wurden für den unmittelbaren Bedarf einzelner Benutzergruppen außerdem Auszüge aus den Primärkompendien angefertigt, die in Form von *Epitomai*, *Synopseis* und *Syntomoi* gezielt zum Einsatz kamen: so beispielsweise Oreibasios' neunteilige *Synopsis*, gewidmet seinem Sohn oder Schüler Eustathios, die zum Gebrauch im Rahmen der medizinischen Ausbildung bestimmt war, sowie seine vierteilige *Epitome* (als *Euporista* betitelt), die dem Sophisten Eunapios, einem Laienmediziner mit entsprechenden Grundkenntnissen (*philiatros*)[6], als Reisehandbuch dienen sollte, hauptsächlich zur Selbstbehandlung in Notfällen.[7]

Damit stellt sich die Frage, worauf genau Paulos Aiginetes mit seinem Vergleich abzielt, auf welche Desiderate der bereits existierenden medizinischen Fachliteratur er mit seinem Appell hinweisen möchte und, insbesondere, inwiefern die juristische Fachliteratur[8] zur Realisierung seiner genauen Vorstellungen Vorbildcharakter besitzt. Analog zur Entwicklung in Medizin und Gesundheitswesen basiert auch das byzantinische Rechtssystem und die einschlägige Fachliteratur auf einer profunden klassischen Quellengrundlage, dem römischen Recht.[9] Die traditionelle Grundlage wurde in beiden Fachdisziplinen seit der Spätantike kontinuierlich bearbeitet, aktualisiert und evaluiert, wobei der jeweilige Wissenszugewinn zumeist in Form von Ergänzungen und Kommentaren Eingang in die bestehende Textgrundlage fand. Im Unterschied zur Redaktionstätigkeit innerhalb der medizinischen Literatur, die gleichermaßen von entsprechenden kaiserlichen Aufträgen wie auch von privaten Initiativen einzelner Arztpersönlichkeiten oder Institutionen motiviert war, geschahen die maßgeblichen Reformen innerhalb der Rechtsliteratur nahezu ausschließlich auf kaiserliche Initiative hin und wurden von eigens zu diesem Zweck vom Kaiser berufenen Kommissionen durchgeführt. Der im Rahmen einer ersten Kodifizierungsinitiative in 16 Büchern publizierte *Codex Theodosianus* (438) bildete wiederum die Grundlage für die während

5 Bouras-Vallianatos (2019) 38–41; Bouras-Vallianatos (2020) 5, 115–116 mit Anm. 42; Grimm-Stadelmann (2019) 274; Grimm-Stadelmann (2020) 190 Anm. 12; Grimm-Stadelmann (2021) 204; Grimm-Stadelmann (2021b) 105–106.

6 Zur Definition des Terminus *philiatros* und seiner Tradition seit Dioskurides (1. Jhd.) vgl. Bouras-Vallianatos (2020) 106–110.

7 Dies steht am Anfang einer langanhaltenden und intensiven Tradition innerhalb der byzantinischen medizinischen Fachliteratur, die sich bis in die spätbyzantinische Zeit anhand der einschlägigen Quellen nachvollziehen lässt; der letzte bedeutende Vertreter dieser Gattung ist die dem *philiatros* Alexios Apokaukos (†1345) gewidmete *Epitome Iatrike* des *Aktuarios* Johannes Zacharias (ca. 1275–1330), als medizinischer Leitfaden zur Mitnahme auf eine Gesandtschaftsreise: vgl. Bouras-Vallianatos (2020) 105–138.

8 Konziser Überblick zu Definition und Funktion der Texte vgl. Pieler (1978) 343–365.

9 Papagianni (2016) 417–419, 433–435; Pieler (1978) 366–399.

der gesamten frühbyzantinischen Zeit verbindlichen justinianischen Rechtskodifikation, die auf Anordnung Kaiser Justinians I. (reg. 527–565) in drei Teilen, dem *Codex Justinianus* (12 Bücher), den *Digesten* oder *Pandekten* (50 Bücher) und den *Institutiones* bzw. *Eisegeseis* (4 Bücher) in den Jahren zwischen 529 und 534 unter Berücksichtigung der neuen Gesetzgebung erarbeitet, neu kodifiziert und promulgiert wurde.[10]

Um wieder zu Paulos Aiginetes und seiner Forderung nach „Kompendien und Exzerptsammlungen [...] als ‚Handbücher für unterwegs' [...]", zurückzukehren, so ist es kaum wahrscheinlich, dass sein Vorbild die zu seiner Zeit maßgebliche justinianische Rechtsliteratur war, die an Umfang und Ausführlichkeit den bereits existierenden medizinischen Kompendien in nichts nachstand. Vielmehr dürfte Paulos die Paraphrasen der nachjustinianischen Rechtsliteratur, die, basierend auf Vorlesungsmitschriften, im späten 6. und frühen 7. Jahrhundert[11] entstanden waren, vor Augen gehabt haben, so z. B. die Novellenepitomai der *Scholastikoi*, insbesondere aber Florilegien und Einzelwerke mit explizitem Praxisbezug (Handbücher), die im Original nicht erhalten, sondern nurmehr aus vereinzelten Exzerpten in der *Ekloge* (726)[12] nachvollziehbar sind.[13] Vor diesem Hintergrund ist somit auch das *Novum* der Schwerpunktsetzung der *Epitome Iatrike* zu verstehen, indem Paulos die Intensivierung des Praxisbezuges deutlich hervorhebt, medizintheoretische Ausführungen auf ein Mindestmaß reduziert und chirurgischen Maßnahmen einen zentralen Stellenwert einräumt. Gerade letzteres stellt in der byzantinischen medizinischen Fachliteratur nicht nur eine unbedingte Neuheit dar, sondern markiert auch eine ganz klare Intentionswende innerhalb der Disziplin: primärer Ansprechpartner ist nun ein professioneller Rezipientenkreis und nicht mehr, wie bislang üblich, ein gemischtes Publikum, bestehend aus Fachkollegen, ärztlichem Nachwuchs und *Philiatroi* gleichermaßen. Die intensive Rezeption der *Epitome Iatrike*, die bis weit in die spätbyzantinische Zeit[14] hinein zu beobachten ist, fand vornehmlich im professionellen Ambiente der byzantinischen Krankenhäuser (*Xenones*) und der dort zirkulierenden Fachliteratur[15] statt. Dies wiederum zeigt sehr deutlich, dass das im *Prooimion* der *Epitome Iatrike* geäußerte Postulat keinesfalls metaphorisch oder als literarischer Topos zu verstehen ist, sondern den dringenden Bedarf an professionellen Nachschlagewerken als Realität des ärztlichen Berufsalltags charakterisiert. Auf dieses

10 Papagianni (2016) 438–440; Pieler (1978) 438–440.

11 Pieler (1978) 434–438.

12 Papagianni (2016) 419–421, 435–441; Pieler (1978) 400–428.

13 Pieler (1978) 438 sowie 431 mit Anm. 20 unter Hinweis auf das *Prooimion* des Paulos Aiginetes; vgl. dazu auch Witt (2019) 144–145 mit Anm. 15.

14 Für zahlreiche Passagen in den medizinischen Werken des spätantiken *Aktuarios* Johannes Zacharias stellt Paulos Aiginetes eine wesentliche Hauptquelle dar, vgl. Bouras-Vallianatos (2020) 116–118, 128–137, 141–145, 200–201 mit Anm. 126.

15 Zu den *Xenonika Biblía* vgl. Bennett (2017); vgl. in diesem Kontext auch die *Epitome Iatrike* des Johannes Zacharias, insbesondere deren pharmakologischen Teil (Bücher 5 und 6) und dessen Quellensituation: Bouras-Vallianatos (2020) 115–176, bes. 139–176.

Anliegen reagiert Paulos nun mit der Orientierung seiner *Epitome Iatrike* an der juristischen Alltagspraxis, die diesen Schritt bereits vollzogen hatte.

Sowohl inhaltlich, hinsichtlich der Themenauswahl, wie auch strukturell unterscheidet sich die *Epitome Iatrike* somit ganz essentiell vom bisherigen kompilatorischen Ansatz in der medizinischen Literatur: das Werk gliedert sich in zwei Teile, einen ersten pathologischen (Buch 1–3) und einen zweiten, therapeutischen (Buch 4–6), denen sich alphabetisch geordnete Verzeichnisse (Buch 7) von Arzneimitteln, Maßen und Gewichten anschließen, welche klare Richtlinien zu Anwendung und Dosierung bieten. Der pathologische Abschnitt umfasst neben allgemeinen Aussagen (Buch 2) eine spezielle Pathologie *a capite ad calcem* (Buch 3), ergänzt um hygienische und diätetische Regeln (Buch 1) sowie einer konzisen Fieberlehre (Buch 2). Im Zentrum des therapeutischen Teils steht die Chirurgie[16], ebenfalls aufgeteilt in allgemeine (Buch 4: z. B. Lithotomie, Tracheotomie) und spezielle chirurgische Maßnahmen (Buch 6 mit Schwerpunkt Kriegschirurgie) sowie *a capite ad calcem* gegliedert, wobei noch zusätzlich zwischen Fleischwunden, Knochenbrüchen, Verrenkungen und Kriegsverletzungen unterschieden wird. Außerdem wird auch das chirurgische Instrumentarium eingehend erläutert, wobei Paulos die bereits existierende antike Instrumentenliste um einige weitere Instrumente ergänzt, die er im Rahmen seines laufenden Praxisbetriebes gezielt entwickeln bzw. weiterentwickeln konnte.[17] Darüber hinaus umfasst der zweite Teil der *Epitome Iatrike* Informationen zu dermatologischen Leiden (Buch 4) sowie eine umfassende Toxikologie mit ausführlichem Verzeichnis der unterschiedlichen pflanzlichen, tierischen und mineralischen Gifte (Buch 5). Die fundamentale Bedeutung der *Epitome Iatrike* wird durch ihre intensive Rezeption während der gesamten byzantinischen und postbyzantinischen Zeit[18] bestätigt, die sich sogar bis ins 19. Jahrhundert hinein erstreckt: in der englischen Übersetzung des schottischen Arztes Francis Adams of Banchory (1796–1861)[19] erlebte sie noch ein weiteres Mal genau die von Paulos intendierte Resonanz: die 1833 und 1844 publizierte Übersetzung, obgleich philologisch tadellos, war nämlich in erster Linie praktisch motiviert, da Francis Adams den profunden Praxisbezug der *Epitome Iatrike* nicht nur erkannt hatte, sondern auch für seine Zwecke – als Landarzt

16 Zur byzantinischen Chirurgie vgl. Marasles (1984) und Geroulanos (2007) 129–134; zur antiken und spätantiken Quellenbasis von Paulos' Chirurgie unter besonderer Berücksichtigung des chirurgischen Werkes des Antyllos vgl. Witt (2019) 141–174, bes. 146–172.

17 Zur konstanten Weiterentwicklung des chirurgischen Instrumentariums in der byzantinischen Zeit vgl. Bliquez (1984) 187–194, unter besonderer Bezugnahme auf den Laurentianus gr. plut. 74.2 (11. Jhd., diktyon 16657) auf den Seiten 191–193 sowie mit zwei detaillierten Instrumentenlisten in jeweils alphabetischer Ordnung auf den Seiten 195–204; ferner vgl. Bliquez (1999) 291–322 mit Schwerpunkt in der mittelbyzantinischen Zeit (Leon Iatrosophistes) sowie Bernabò (2010) unter Bezugnahme auf die von einem Niketas veranlasste Sammlung chirurgischer Schriften im Laurentianus gr. plut. 74.7 (10. Jhd., diktyon 16662); vgl. ferner Bouras-Vallianatos (2020) 128–132, bes. Anm. 75.

18 Vgl. Pinakes: https://pinakes.irht.cnrs.fr/recherche-generale/results/page (Stand 17.03.2024) mit einer Gesamtübersicht über die handschriftliche Überlieferung der *Epitome Iatrike*.

19 Adams (1844–7); vgl. dazu auch Gonetz (2023) 200–210.

im abgelegenen schottischen Banchory war er mit exakt derselben wie von Paulos in seinem *Prooimion* beschriebenen Situation konfrontiert – gezielt zu nutzen verstand.[20]

Ausgehend vom *Prooimion* der *Epitome Iatrike* des Paulos Aiginetes und der darin enthaltenen Gegenüberstellung von medizinischer und juristischer Fachliteratur möchte dieser Beitrag den Vergleich noch etwas weiter vertiefen, indem Gemeinsamkeiten zwischen den beiden Literaturgattungen erläutert sowie die Verankerung von Medizin und Pharmakologie, der Arztpersönlichkeit in seiner Berufsausübung als gesellschaftlichem Faktor und der Institutionen des Gesundheitswesens im byzantinischen Rechtswesen untersucht werden. Angesichts der großen Quellenvielfalt und -diversität – maßgeblich ist für eine solche Analyse zwar in erster Linie die Kontextualisierung der medizinischen und juristischen Literatur, doch finden sich ebenso auch zahlreiche Hinweise auf medizinisch-juristische Interaktion in historischen und literarischen Quellen, die allesamt noch nicht umfassend erfasst und aufgearbeitet sind – kann dieser Beitrag nur eine erste Übersicht über den Themenbereich bieten, ohne jedoch Anspruch auf Vollständigkeit zu erheben. Eine erschöpfende und systematische Bearbeitung der gesamten Thematik erfordert eine wesentlich intensivere Forschung, die bislang nach wie vor ein *Desideratum* bleibt.

Der aktuelle Forschungsstand

Abgesehen von vereinzelten Hinweisen auf die Kontextualisierung medizinischer und juristischer Quellen in Phaidon Kukules' Βυζαντινῶν Βίος καὶ Πολιτισμός[21] existieren bislang nur drei Studien, die sich mit Aspekten der Verankerung der Medizin, ihrer Protagonisten, den zahlreichen Facetten ärztlichen Handelns sowie den Institutionen des Gesundheitswesens und deren Organisation und Verwaltung im byzantinischen Rechtswesen befassen. Erste Forschungsergebnisse dazu, die im Wesentlichen auf den Quellen zum römischen Recht basieren, wurden in den 1920er Jahren in der medizinhistorischen Zeitschrift Ἰατρικὴ Πρόοδος[22] publiziert und stammen aus der Feder des berühmten Rechtswissenschaftlers und Redaktors von Gesetzen Nikolaos P. Demetrakopoulos (1864–1921)[23], der im Oktober 1910 durch die Regierung (1910–1915) von Eleutherios Venizelos zum Justizminister ernannt wurde und dieses Amt für 19 Monate bekleidete. Während seiner Amtsperiode setzte sich Demetrakopoulos mit einem sehr ehrgeizigen Programm für die Wiederherstellung und Stärkung der Justiz ein, aber

20 Vgl. Gonetz (2023) 201.

21 Kukules (1955) 9–43. Zur Bedeutung des „corps socialisé" sowohl als medizinische wie auch juristische Entität, basierend auf der Definition des Anastasios Sinaites vgl. Messis (2022) 44–48.

22 Für die liebenswürdige Unterstützung bei der Beschaffung der notwendigen Digitalisate danke ich Ilias D. Valiakos sehr herzlich.

23 Demetrakopoulos (1915) 352–355; Drandakes (1928–9) 113–114; Artemakes/Chatzephotes (1980).

insbesondere auch für deren Unabhängigkeit von jeglichen politischen Strömungen. Er erarbeitete grundlegende Gesetzesreformen mit dem Ziel einer radikalen Neuordnung der Gesetzgebung durch Einführung des Zivilgesetzbuches, Erneuerung der Zivilprozessordnung, Erneuerung und Änderung des Strafgesetzbuches und Einführung des Handelsgesetzbuches – ein ebenso umfangreiches wie ambitioniertes legislatives Programm, das er in einer namhaften Rede vor dem Parlament am 26. Januar 1911 präsentierte, und aufgrund dessen er als legendärer Reformator von Gesetzen hohes Ansehen genoss. Obgleich Nikolaos Demetrakopoulos neben seinen vielfältigen juristischen und politischen Aufgaben auch schriftstellerisch tätig war – überliefert sind die drei Werke *Kriegserinnerungen* (Πολεμικὰ Ἀπομνημονεύματα, 1898), *Juristische Aktivitäten* (Νομικαὶ ἐνασχολήσεις, 4 Bde, 1912) und ein Band *Politik* (Πολιτικά, 1915) – ist es doch weitgehend unbekannt, dass er auch der Verfasser der beiden äußerst profunden historischen Studien in der Zeitschrift Ἰατρικὴ Πρόοδος ist, die sich mit der Kontextualisierung von Medizin- und Rechtsgeschichte befassen.

Sein erster diesbezüglicher Beitrag wurde 1920 in Band 25 der besagten medizinhistorischen Zeitschrift unter dem Pseudonym „Hippokrates Gamaliel" publiziert und untersucht die Aussagen zu unterschiedlichen Krankheitsbildern in der römischen Gesetzgebung.[24] Mit dem gewählten zweiteiligen Pseudonym zeigt Nikolaos Demetrakopoulos nicht nur seine klassische Bildung, sondern verbindet darin die beiden Disziplinen, Medizin und Rechtswissenschaft zu einer Einheit, indem er dem „Vater der Medizin", Hippokrates, die führende Autorität des jüdischen Rechts, *Rabban* Gamaliel I. (hebr. *Rabbon Gamlīy'ēl haZāqēn*, griech. *Γαμαλιὴλ ὁ Πρεσβύτερος*, frühes 1. Jhd.) zur Seite stellt.[25] Gamaliel I., der im Talmud mit den Titeln *Nāśī'* (Fürst) und *Rabban* bezeichnet wird, präsidierte der großen Sanhedrin in Jerusalem und gilt als der bedeutendste Rechtsgelehrte der jüdischen Tradition. Er wird ebenfalls in der Apostelgeschichte des Neuen Testaments mehrfach (5, 34–40; 22,3) erwähnt,[26] unter anderem auch als Rechtslehrer des Apostels Paulus.[27]

In medizinhistorischer Hinsicht ist die von Demetrakopoulos gewählte Kombination aus Hippokrates und Gamaliel äußerst interessant, da eine handschriftliche Redak-

24 [Demetrakopoulos] (1920) 213–222, 249 (die Seite 249 und damit auch das Ende des Artikels ist in dem digitalisierten Zeitschriftenband leider nicht mehr erhalten, Anm. d. Verf.). Unter dem Pseudonym „Ἱπποκράτους Γαμαλιήλ" findet sich der Beitrag im Literaturverzeichnis der Monographie von Eutychiades (1983) 100 zitiert (korrekt, in *Katharevousa*), während er in der medizinhistorischen Bibliographie von Karamperopoulos (2009) 142 (1920/6) unter dem Verfasser „N. P. Demetrakopoulos", ohne Hinweis auf das Pseudonym und in *Monotoniko* geführt wird.

25 Schechter/Bacher (1901–1906) 558–560.

26 Vgl. dazu Hasluck (1929) 444 Anm. 4, mit Hinweis auf die christliche Legendenbildung, die, unter Bezugnahme auf die Apostelgeschichte, Gamaliel als „Kryptochristen" betrachtet; vgl. ferner Zwierlein (2018) 339–340 zum Gamaliel-*Topos*. Für diese bibliographischen Hinweise danke ich Alfred Grimm sehr herzlich.

27 Vajda (1953) 649 verweist auf eine christliche Legende, die von Ibn Abi Uṣaybiʿa (I, 72) überliefert wird, der zufolge der Apostel Paulus Galens Neffe gewesen sein soll.

tion[28] des hebräischen Kommentars des Dūnaš b. Tāmīm (redigiert um 955/956) zu der mystisch-kosmologischen Abhandlung *Sepher Yeṣirah*[29] einen Epilog (vielleicht eine Interpolation aus dem 12./13. Jhd.?) überliefert, in dem Galen mit eben diesem *Rabban* Gamaliel identifiziert wird:

> [...] Bref, j'ai vu trois hommes, sans d'ailleurs les avoir rencontrés ni aperçus en personne, mais j'ai vu leurs ouvrages. Le premier est Galien parmi les Grecs. Je dis qu'il était un Juif de la tribu de Juda, de la race de David, roi d'Israël; son nom était Gamaliel et il vécut pendant la période du Second Temple, alors que les Grecs régnaient sur la Palestine. Ce qui prouve l'exactitude de cette assertion, c'est que dans son livre sur les aliments, lorsqu'il en vient à parler du pain, de ce qui lui ressemble et de ses espèces, il fait mention du pain azyme et dit qu'il nous a été ordonné de le manger sept jours par an et qu'il faut le consommer de telle et telle manière. Il nous est aussi venu entre les mains un ouvrage médical dont la préface portait: „Livre de Gamaliel le Prince (*ha-nāsī*), nommé Galien chez les Grecs", traduit de l'hébreu en arabe. Dans ce livre, il fait remonter sa généalogie à Beṣalēl ben Ḥūr, de la tribu de Juda. Nous disons qu'il n'y a pas d'auteur plus prolixe que Galien; sa prolixité l'amène parfois à gâter complètement le fond (de son discours) et lui fait manquer le but qu'il s'est proposé. [...].[30]

Georges Vajda zufolge steht eine solche Identifikation in Zusammenhang mit einer jüdischen Pseudo-Tradition des 10. Jahrhunderts, die darauf abzielt, einen jüdischen Ursprung sämtlicher Wissenschaft zu postulieren,[31] wohl als Gegengewicht zur arabischen *Galenus Christianus*-Legende.[32] Konform zu diesen Bestrebungen steht eine weitere, spätere Legendenbildung mit der Tendenz einer Zuschreibung des gesamten Schrifttums Galens überhaupt an Gamaliel bzw. die Auffassung der Medizin als der „Wissenschaft des Gamaliel".[33] In diesen Kontext gehört auch eine unter dem Namen eines Elsässer Rabbis Joseph, Sohn des Rabbi Jonathan, überlieferte Glosse am Freirand von fol. 159v der Handschrift MS. Bodleian. hebr. 2134 (cat. Neubauer), die besagt, dass ein Komitee von Gelehrten unter Leitung Gamaliels ein medizinisches Werk im Auftrag des römischen Kaisers Titus verfasst hätte:

> Il (sc. Titus, Anm. d. Verf.) demanda donc aux sages d'Israël de rédiger pour lui un livre de médecine et de montrer (ainso) leur sagesse. Alors Rabban Gamliel et nos autres Docteurs se mirent à l'œuvre et composèrent sous le nom de Rabban Gamliel le livre qu'on appelle Galien à telle preuve que les Juifs des pays musulmans, lorsqu'ils parlent de médecine (en se fondant sur) le livre de Galien, appellent cet ouvrage „livre de médecine de Rabban Gamliel", de même que les Juifs des

28 Zur Überlieferungsgeschichte und Rezensio vgl. Vajda (1946–7) 100–103.
29 Hayman (2004).
30 Zum Epilog vgl. Vajda (1953) 641–642.
31 Vajda (1953) 643: „Il s'agit de prouver que les Juifs furent anciennement les dépositaires de tout le savoir humain [...] les grandes figures de la pensée et de la science grecques étaient en réalité des Juifs ou des disciples de Juifs."
32 Vajda (1953) 644–645; sehr detailliert zur arabischen Überlieferungssituation vgl. Gero (1990) 392–393, Anm. 63.
33 Vajda (1953) 646–647.

pays chrétiens appellent le livres d'Avicenne „Alfas" en disant que c'est Rabbi Isaac Alfas[i] qui l'a composé.[34]

Stephen Gero zufolge ist der Zusammenhang mit der arabischen *Galenus Christianus*-Tradition evident, und die jüdische Legende bezieht sich wohl auf die arabische Übersetzung eines ursprünglich in hebräischer Sprache verfassten medizinischen Werks, das den Titel „Buch des Fürsten (*Nāśī*) Gamaliel, genannt Galenos (*glynws*) bei den Griechen" trug, wobei die jüdische Überlieferung zwischen den Titelalternativen „Medizinbuch des Rabban Gamaliel" und „Buch namens Galenos (*glynws*)" divergiert.[35] Der von Georges Vajda übersetzte Passus legt jedoch nahe, dass es sich dabei vielmehr um eine Kompilation aus Galens Schrifttum handeln dürfte und, zumindest der Glosse des Rabbi Joseph zufolge, nicht (mehr) um die direkte Identifizierung der Personen Gamaliel und Galen: die Authentifizierung diverser medizinischer Kompilationen aufgrund Galens Autorität ist wiederum gängige Praxis in der gesamten mittelalterlichen medizinischen Literatur.[36] Ferner begegnet ein „Gamelielus patriarchas" bei Marcellus Empiricus (*floruit* um 400), als Referenz für ein Therapeutikum gegen Milzleiden.[37] Hier dürfte weniger die Legendenbildung um *Rabban* Gamaliels *Iatrosophistentum* als vielmehr ein konkreter Hinweis auf die historische Persönlichkeit des letzten jüdischen Patriarchen und obersten richterlichen Instanz Gamaliel VI. (400–415), dessen Amtsenthebung im *Codex Theodosianus* (XVI, 8, 22) verzeichnet ist, zugrunde liegen, wie Fridolf Kudlien überzeugend argumentiert hat.[38]

Wie gezeigt werden konnte, impliziert das überaus facettenreiche und gelehrte Pseudonym „Hippokrates Gamaliel" demnach nicht nur die Interaktion zwischen Medizin und Rechtswissenschaft, sondern zugleich auch eine reziproke Dialogsituation autoritativer Vertreter beider Disziplinen, deren Biographien, Traditionen und Schrifttum sich vielfältig überschneiden.

Postum und in mehreren Faszikeln erschien dann in Band 27 der Zeitschrift Ἰατρικὴ Πρόοδος die zweite medizin- und rechtshistorische Untersuchung von Demetrakopoulos mit Schwerpunkt auf der Differenzierung der unterschiedlichen ärztlichen Berufsgruppen sowie deren hierarchischer und gesellschaftlich-sozialer Verankerung, worin erstmals auch byzantinische Quellen ausgewertet wurden.[39] Dabei analysiert er ausführlich die Gruppe der Wanderärzte (ἰατροὶ περιοδευταί), deren Existenz er aus den vorhandenen Rechtsquellen bis weit in die byzantinische Epoche hinein nachvollziehen

---

34 Vajda (1953) 646–647.

35 Gero (1990) 393, Anm. 63.

36 Temkin (1973); *Theoph* 356; Bouras-Vallianatos (2019a) 86–110.

37 Marcellus, *De medic.* XXIII, 77; vgl. dazu auch Vajda (1953) 648; van der Horst (2002) 27–36 (cap. 2: The Last Jewish Patriarch[s] and Greaeco-Roman Medicine), bes. 27–29; Martelli (2017) 195–219, bes. 211.

38 Kudlien (1985) 49–50, allerdings ohne Hinweis auf Vajda; van der Horst (2002) 27–28.

39 Demetrakopoulos (1922) 113–116, 145–148, 169–172, 209–212, 242–252; vgl. auch Karamperopoulos (2009) 146 (1922/4).

kann;[40] ferner unterscheidet er Ärzte, die primär für physische Leiden zuständig waren (ἰατροὶ τῶν σωμάτων) von solchen, die sich auf psychische Erkrankungen konzentrierten (ἰατροὶ τῶν ψυχῶν).[41] Was die Rangfolge der klinisch tätigen Ärzte (πρακτικοί bzw. κλινικοὶ ἰατροί) – die er ganz klar von ihren rein mit der Medizintheorie und der Ausbildung des ärztlichen Nachwuchses befassten Kollegen (θεωρητικοὶ ἰατροί) differenzieren kann[42] – betrifft, so weist er mit Nachdruck auf deren Verpflichtung zum Nachweis eines „Diploms" (δίπλωμα) hin, vergleichbar in etwa mit der ärztlichen Approbation.[43] In seine Analyse des ärztlichen Spezialistentums schließt Demetrakopoulos auch die Veterinärmediziner mit ein, deren rechtliche Verankerung sich nicht wesentlich von derjenigen der praktischen Ärzte unterscheidet.[44] Zentraler Forschungsgegenstand war für Demetrakopoulos jedoch die Frage nach der gesetzlichen Regelung ärztlicher Verpflichtungen und Privilegien, da dieser Bereich sicherlich seiner eigenen juristischen Erfahrung am nächsten stand.

Demetrakopoulos' wegweisende Beiträge zur Kontextualisierung von Medizin und Recht in der antiken, spätantiken und byzantinischen Gesellschaft stellen eine profunde Grundlage zur Verfügung, worauf die in den 1980er Jahren entstandene Monographie des Arztes und Medizinhistorikers Aristoteles Chr. Eutychiades[45] aufbaut, unter konziser Weiterentwicklung einzelner Aspekte, die besonders das byzantinische Gesundheitswesen betreffen (z. B. hinsichtlich der Krankenhausorganisation oder pharmakologischer Fragestellungen). Der Piuniercharakter dieser Publikation wird noch verstärkt durch die Tatsache, dass es sich dabei nach wie vor um die einzige – und leider in der Forschung kaum rezipierte – quellenkritische Monographie zur Thematik handelt. Der Band ist strukturiert in insgesamt fünf Teile, die sich auf die hauptsächlichen Schwerpunkte des byzantinischen Gesundheitswesens konzentrieren: an erster Stelle stehen dabei selbstverständlich die Protagonisten, die Berufsgruppe der Ärzte, deren Nomenklatur, gesellschaftliche Stellung, Rangfolge und vielfältige berufliche Spezialisierungen, aber auch ihre weitreichenden Verpflichtungen eingehend erläutert werden (Κεφάλαιον Α', S. 13–44). Außerdem widmet sich auch Eutychiades ausführlich den Ärzteprivilegien, wobei er die Vorarbeiten von Demetrakopoulos noch um einige Aspekte ergänzen kann, insbesondere hinsichtlich der vielfältigen Ausnahmeregelungen, die nicht nur für die Ärzte selbst, sondern auch bis zu einem bestimmten Maß für deren Familien gelten. Besonderes Augenmerk legt Eutychiades auf die unterschiedlichen Formen der ärztlichen Expertise vor Gericht: so obliegt es den Ärzten, die Straf- oder Aussagefähigkeit von Personen vor Gericht festzustellen, Expertisen in Testaments- und

---

40 Demetrakopoulos (1922) 114–116, 145.
41 Demetrakopoulos (1922) 145.
42 Demetrakopoulos (1922) 114.
43 Demetrakopoulos (1922) 145.
44 Demetrakopoulos (1922) 148, 171.
45 Eutychiades (1983); vgl. Karamperopoulos (2009) 448 (1983/13).

Erbangelegenheiten sowie forensische Gutachten zu verfassen. Ein weiterer wichtiger Bereich ärztlichen Handelns, den Eutychiades betont, ist die Verantwortung der Ärzte im öffentlichen Gesundheitswesen, insbesondere unter dem Aspekt der Seuchenvermeidung. Der zweite Teil befasst sich sodann mit der juristischen Eingrenzung des Begriffs „Krankheit" (νόσος) und deren definitorischer Abtrennung von „Leiden" (πάθος) sowie deren konkrete Anwendung in Bereichen des Familien-, Kirchen-, Straf- und Individualrechts, unter besonderer Berücksichtigung von körperlichen und geistigen Behinderungen (Κεφάλαιον Β', S. 45–62). Unmittelbar daran schließt sich der dritte Teil des Buches an, in dem gynäkologische und obstetrische Spezialfälle diskutiert werden (Κεφάλαιον Γ', S. 63–70). Der vierte Teil wiederum ist der Pharmakologie und Arzneimittelkunde gewidmet, unter besonderer Berücksichtigung der mit Besitz, Vertrieb und Anwendung gefährlicher Drogen verbundenen strafrechtlichen Verantwortung und der entsprechenden Sanktionen (Κεφάλαιον Δ', S. 71–76). Der fünfte und letzte Teil des Buches befasst sich eingehend mit den Einrichtungen des Gesundheitswesens, deren administrativer Führung und professionellem Personal, ferner mit den unterschiedlichen Arten von wohltätigen Stiftungen und ihrer jeweiligen juristischen Verankerung sowie mit den Stifterpersönlichkeiten und deren rechtlicher und gesellschaftlicher Position (Κεφάλαιον Ε', S. 77–90). Für seine eingehende Untersuchung hat Eutychiades sämtliche in Editionen verfügbaren Quellen zum römischen und byzantinischen Recht (vgl. das sorgfältige Bibliographieverzeichnis auf S. 97–100) einer detaillierten Analyse unterzogen und äußerst akribisch sämtliche relevanten Aussagen zu Medizin, Arztberuf und Gesundheitswesen ausgewertet; die Kontextualisierung seiner Forschungsergebnisse mit der byzantinischen medizinischen Fachliteratur wäre nun Aufgabe eines separaten Forschungsprojektes auf der Grundlage moderner kritischer Editionen sowie insbesondere auch der relevanten handschriftlichen Textzeugen und unter zusätzlicher Berücksichtigung des Mehrwerts der paratextuellen Elemente in den einzelnen Handschriften. Da die byzantinische medizinische Fachliteratur eine Vielzahl völlig unterschiedlicher Textgruppen und -kategorien inkludiert, aber auch andere Zweige der byzantinischen Literatur (z. B. Hagiographie,[46] Chroniken, Briefe,[47] Romane) medizinische Informationen enthalten, wie z. B. exakte Beschreibungen einzelner Krankheitsbilder und -verläufe bis hin zu sehr konkreten Fallbeispielen, ist es unbedingt notwendig, präzise Fragestellungen zu formulieren und adäquate Analysemethoden zur Kontextualisierung von Medizin und Recht im byzantinischen Zeitalter zu erarbeiten.

46 Vgl. Magoulias (1964) 127–150; Pratsch (2005) 228–247 sowie die *Miracula St. Artemii* (ed. Crisafulli/Nesbitt 1997).
47 Vgl. Timplalexi (2002).

Medizinische und juristische Literatur des byzantinischen Zeitalters im Vergleich

Am Anfang einer Kontextualisierung muss ein eingehender Vergleich beider Literaturformen stehen, um Interferenzen festzustellen und daraus dann effiziente Analyseparameter zu entwickeln. Eine grundlegende intentionelle Übereinstimmung ist durch beider überwiegende Konzeption zum praktischen Gebrauch im aktiven Alltagsleben gegeben, obgleich ergänzend dazu auch ausführliche theoretische Schriften existieren, im Falle der medizinischen Literatur sogar komplex-elaborierte medizinphilosophische Abhandlungen.[48] Beide Fachliteraturen sind zudem traditionell verankert, indem die byzantinische Rechtsliteratur in der umfangreichen Quellenbasis des römischen Rechts wurzelt, von wo aus sie sich sukzessive und kontinuierlich weiterentwickelt, während die medizinische Literatur des byzantinischen Zeitalters gleichermaßen auf eine fundierte antike und spätantike Grundlage zurückgreifen kann, deren maßgeblichste Vertreter das *Corpus Hippocraticum*,[49] das Schrifttum Galens[50] und die Pharmakologie des Dioskurides[51] sind. Traditionelle Verankerung darf jedoch keinesfalls mit Stagnation verwechselt werden, denn jegliche Gebrauchsliteratur ist permanent einer kontinuierlichen und professionellen Evaluation unterworfen, verbunden mit entsprechenden Aktualisierungen, die sich am jeweiligen Bedarf orientieren, doch zugleich auch eine konstruktive fachliche Auseinandersetzung mit neuen Einflüssen und zeitspezifischen Trends wiederspiegeln. Gerade diese zeigt sich häufig nicht unbedingt immer nur in den Haupttexten selbst, sondern manifestiert sich oftmals in den reichhaltigen Marginalien, Annotationen und Scholien zu diesen, in denen zeitgenössische oder spätere Benutzer der Texte ihre Erfahrungen, Eindrücke, Zweifel und Fragestellungen formulieren und solcherart mit einer weitverzweigten Fachcommunity in Diskussion treten.[52] Derartige *paratextuelle Strukturen* enthalten in der medizinischen Literatur oftmals auch neuartige Therapiekonzepte, deren Wirksamkeit kontrovers diskutiert wird, zeigen pharmakologische Veränderungen und den daraus resultierenden Wissenszugewinn[53] ebenso an wie spezifische Fokussierungen, Tendenzen und den jeweils aktuellen

---

48 Zur christlichen Anthropologie im byzantinischen Zeitalter vgl. Grimm-Stadelmann (2021b) 108–109 mit ausführlicher Bibliographie zur Thematik in Anm. 45, 110–114, 116, 121–124; Erismann (2017) 38–43.

49 Fichtner (2022); Pormann (2018).

50 Fichtner (2019); Bouras-Vallianatos/Zipser (2019).

51 Edition: Dioskurides, Mat. med. (1907–1914); Übersetzung (dt.): Aufmesser (2002); linguistisch-etymologische Analyse: Aufmesser (2000). Zur transkulturellen Rezeption des Textes und dessen handschriftlicher Überlieferung vgl. Touwaide (2003) 27–39.

52 Vgl. dazu Tocci (2023) mit konziser Übersicht über den derzeitigen Forschungsstand und ausführlicher Bibliographie.

53 Zu veränderten Fokussierungen in der Pharmakologie vgl. Bouras-Vallianatos (2021) 973–996, hier speziell am Beispiel der Verbreitung von Arzneimitteln auf Zuckerbasis.

Wissenstand im Bereich der *materia medica.* Weiterhin bieten sie ein Forum zur Diskussion klinischer Fallbeispiele und den Resultaten eingehender Patientenbeobachtung sowie den sich daraus ergebenden Schlussfolgerungen für Behandlungsstrategien und Therapiekonzepte; insbesondere in diesem Kontext wird dann auch konstruktive Kritik an den traditionellen Überlieferungen geäußert (ohne jedoch deren Autorität in Frage zu stellen) und Behandlungsmethoden werden entsprechend modifiziert.[54] Derartige Evaluationsprozesse innerhalb der Gebrauchsliteratur beginnen zumeist *in margine*, als *paratextuelle Elemente*, und können zuweilen, in einem nächsten Schritt, in das Textcorpus integriert werden, häufig jedoch werden sie als Paratexte weitertradiert.[55] Eine wesentliche Rolle im Bereich der Gebrauchsliteratur spielen darüber hinaus auch die handschriftlichen Überlieferungen, d. h. der Kontext, in dem ein Text innerhalb eines Kodex überliefert wird;[56] der inhaltliche und textuelle Schwerpunkt der Sammlung stellt dabei substantielle Informationen zum Gebrauchsumfeld zur Verfügung: im Falle der medizinischen Literatur muss vor allem zwischen einem professionell-klinischen Ambiente, wie es die Krankhausinstitutionen (*Xenones*) bieten, und einem stärker individuell geprägten Milieu, das im Bereich der privaten Ordinationen, aber auch der *philiatroi* angesiedelt ist, differenziert werden. Neben der „offiziellen“ Textsammlung und den direkt textbezogenen Annotationen *in margine* beinhalten die handschriftlichen Überlieferungsgemeinschaften noch weitere *paratextuelle Elemente*, die als Notizen ohne direkte Textbindung auf Zwischenblättern und im Freirand der Handschrift in Erscheinung treten:[57] dabei handelt es sich zumeist um Rezeptniederschriften, Dosierungsanleitungen und Maßtabellen, gelegentlich auch um illustrative Diagramme[58] und terminologische Erläuterungen, gelegentlich jedoch auch um höchst informative Zeugnisse eines transkulturellen Fachdialoges.[59] Die noch zu leistende kulturhistorische Erschließung dieser Kategorie von Paratexten müsste in der Tat ein *Desideratum* für sämtliche Fachdisziplinen sein, da gerade die inhomogene Struktur dieser Textgruppe exemplarisch für die Dynamik und das Potential einer lebendigen

54 Grimm-Stadelmann (2020) 194–218.

55 Zur Bedeutung paratextueller Strukturen innerhalb der handschriftlichen Überlieferung zur zweiteiligen Abhandlung „Über das Seelenpneuma“ des Aktuarios Johannes Zacharias vgl. Grimm-Stadelmann, The Paratexts of the Manuscript Tradition of John Zacharias’ Treatise on Psychic Pneuma, i. Druck.

56 Dazu hat Alain Touwaide im Rahmen des 24. Internationalen Byzantinisten-Kongresses (Venedig/Padova) im August 2022 während einer gemeinsamen *Table Ronde* zu Editionsmethoden für byzantinische medizinische Literatur den Terminus „multitextual environment“ geprägt, der die Sachlage und Überlieferungssituation exakt beschreibt.

57 Diese zur Illustration kontinuierlich fortschreitender Entwicklungsprozesse innerhalb der Fachdisziplin äußerst bedeutsame Textzeugen sind weder kodikologisch noch bibliographisch oder gar editorisch jemals erfasst worden, in den einschlägigen Handschriftenkatalogen und -datenbanken sind sie, wenn überhaupt, ausschließlich unter Sammelbegriffen wie *Excerpta Varia* oder Ähnlichem vermerkt.

58 Bouras-Vallianatos (2022) 287–329.

59 Vgl. Grimm-Stadelmann (2021b) 129–131.

Disziplin ist, zudem aber auch wertvolle Informationen über transkulturelle Netzwerke und den daraus resultierenden Wissenszugewinn liefern kann.

Ein weiteres interessantes Phänomen innerhalb der Fachliteratur ist die Corpusbildung, wenn Einzeltexte entweder nach inhaltlichen bzw. thematischen Kriterien oder nach dem Namen ihrer Zuschreibung an einen mutmaßlichen Verfasser, Kompilator oder Redaktor zu einer übergeordneten Einheit, einem Textcorpus, zusammengefasst und – zwar nicht ausschließlich, aber doch in einem wesentlichen Anteil der handschriftlichen Überlieferungsgemeinschaften – in dieser Form tradiert werden.[60] Im Falle der medizinischen Fachliteratur begegnen solche Textcorpora hauptsächlich im institutionellen Rahmen des Krankenhauswesens, wo sie als Grundlage zur medizinischen Ausbildung dienen, oder indem sie Rezeptliteratur, Fachkommentare zu traditionellen Quellen (so z. B. die insbesondere in der mittelbyzantinischen Zeit florierende Kommentarliteratur zu Schriften des *Corpus Hippocraticum*) sowie diagnostische Schriften entsprechend zusammenfassen. Während in der byzantinischen Rechtsliteratur die Corpusbildung explizit definiert (z. B. *Corpus Juris Civilis*, *Basilika*) und auch dementsprechend in die Forschung integriert ist, fehlt im Bereich der byzantinischen Medizin eine vergleichbare Grundlagenforschung zur medizinischen Corpusbildung noch komplett. Eine adäquate Bestandsaufnahme der relevanten Textzeugen müsste zunächst von der Fragestellung ausgehen, ob, und, wenn ja, inwieweit die medizinische Fachliteratur Tendenzen erkennen lässt, sich an den für die juristische Corpusbildung maßgeblichen Parametern zu orientieren, oder ob es sich dabei um unabhängige Reformbewegungen handelt, die jede der beiden Fachwissenschaften separat voneinander vollzogen hat.

In der Folge soll nun, unter Verwendung der Monographie von Aristoteles Chr. Eutychiades sowie anhand einiger Beispiele aus den relevanten Quellen ein erster Schritt hin zu einer möglichen Kontextualisierung der beiden Fachliteraturen, der medizinischen und der juristischen, unternommen werden. Methodisch wird dabei von den Aussagen über medizinische Sachverhalte in den Rechtsquellen ausgegangen, deren Verifizierung in der medizinischen Literatur sodann versucht wird; bei einigen Fragestellungen wird die Quellenauswahl um entsprechende Passagen aus historischen und bzw. oder hagiographischen Quellen sowie aus Briefkorrespondenzen ergänzt. Aufgrund der oben bereits erwähnten Reichhaltigkeit und Inhomogenität der gesamten Quellensituation müssen die nachfolgenden Beispiele notgedrungen eine exemplarische Auswahl ohne Anspruch auf Vollständigkeit bleiben.

60 *Theoph.* 8–42 zum *Theophilos-Textcorpus*, doch auch bei den *Xenonika Biblía* dürfte es sich sicherlich um eine weitere Kategorie der medizinischen Corpusbildung handeln; eine diesbezügliche Analyse des einschlägigen Quellenmaterials ist nach wie vor ein *Desideratum*; vgl. Grimm-Stadelmann, Medical Epitomes in Byzantium, i. Druck.

Die Berufsgruppe der Ärzte: Definition und Abgrenzung

Aufbauend auf dem römischen Recht konzentrieren sich die Aussagen über Ärzte in der byzantinischen Rechtsliteratur in erster Linie auf die Definition des ärztlichen Berufsstandes im Unterschied zu anderen Heilberufen,[61] auf die gesellschaftliche Stellung der Ärzte sowie die damit verbundenen Verpflichtungen dieser Gesellschaft gegenüber sowie im öffentlichen Gesundheitswesen;[62] einen weiteren wesentlichen Aspekt bilden die speziellen Privilegien,[63] die den Vertretern der Ärzteberuf von staatlicher Seite her zugestanden werden sowie Honorarfragen[64] und die gesetzliche Regelung in Haftungsfragen.[65] Innerhalb des Berufsstandes existieren verschiedene Abstufungen der gesetzlich verankerten Differenzierung: zunächst wird der reguläre Arztberuf ganz eindeutig gegenüber anderen Heilberufen abgegrenzt, deren Vertreter sich nicht als „Ärzte“ bezeichnen dürfen,[66] darüber hinaus wird sowohl zwischen freien und unfreien (δοῦλοι ἰατροί)[67] Ärzten wie auch zwischen akademischen (ἐπιστήμονες ἰατροί) und praktisch-klinischen Ärzten (θεραπευταὶ ἰατροί)[68] unterschieden. In den medizinischen Quellen finden sich solche Hinweise nur vereinzelt; die Unterscheidung zwischen freien und unfreien Ärzten begegnet hier kaum, wohl aber die Abgrenzung gegenüber „irregulären“ Therapeuten und deren Verschreibungen:[69] bereits Dioskurides warnt

---

61 Eutychiades (1983) 13–18, 43–44.

62 Eutychiades (1983) 13–18, 23–30.

63 Eutychiades (1983) 18–23.

64 Eutychiades (1983) 30–33.

65 Eutychiades (1983) 34–42.

66 Eutychiades (1983) 43–44. Juristisch nicht als Ärzte gelten somit Personen, die iatromagische Praktiken, wie z. B. Exorzismen, ausführen, auch wenn sie damit Heilerfolge erzielen sollten, vgl. dazu z. B. *Basilika* 54, 14 (A VII, 2505 Scheltema/van der Wal): [...] μόνον τῶν ἐλευθερίων σπουδασμάτων, οἷον ῥήτορσι καὶ γραμματικοῖς καὶ γεωμέτραις καὶ ἰατροῖς καὶ ἰατρίναις, κἂν ἑνὸς μέλους ἰατρείαν ἐπίστανται, οὐ μὴν τοῖς ἐπικαλοῦσιν ἢ ἐξορκίζουσιν (οὗτοι γὰρ οὔκ εἰσιν ἰατροί, κἂν ὠφεληθῆναί τινες ἐξ αὐτῶν διαβεβαιῶνται) περὶ μισθῶν ἐξτραορδιναρίως ὁ ἄρχων δικαιοδοτεῖ; oder auch *Synopsis minor* Π, 44 (495 Zepos): [...] ἤγουν οἱ ταῖς γοητείαις καὶ ταῖς ἐπῳδαῖς χρώμενοι, οὔτε συναριθμοῦνται τοῖς ἰατροῖς, εἰ καὶ δοκοῦσί τινας ἐκ τῆς αὐτῶν μεταχειρίσεως ὠφελεῖν, οὔτε λαμβάνουσί τι. Vgl. den Beitrag von Christian Gastgeber in diesem Band (S. 291–374).

67 Eutychiades (1983) 16–17 mit ausführlicher Erörterung der verschiedenen Formen der Verpflichtung, welche diese Ärzte gegenüber ihrem Patron, aber auch gegenüber dessen Familie und sozialem Umfeld haben; vgl dazu auch Prinzing (2008) 663 und zur Terminologie Prinzing (2017).

68 Dazu vgl. Eutychiades (1983) 13 mit Hinweis auf einen Absatz aus den Novellen Kaiser Alexios' Komnenos (1082), *Novella* 22 (302 Zepos), der das Tätigkeitsfeld der ἰατροὶ θεραπευταί sehr eindeutig beschreibt: Οἱ πονήρως τοῦ σώματος ἔχοντες καὶ θεραπείας ἰασίμου δεόμενοι, αὐτὸ μὲν τοῦτο εἰδότες ὅτι κάμνουσι καὶ τῆς νόσου ἐπαισθανόμενοι, μᾶλλόν εἰσιν ἰάσιμοι τοῖς θεραπευταῖς· οἱ δὲ πρὸς τὸ μέγεθος τῆς νόσου ἀναισθητοῦντες καὶ οὐδ' ὅτι νοσοῦσι γινώσκοντες ἑαυτοῖς καὶ τοῖς ἰατροῖς παρέχουσι πράγματα.

69 Vgl. Dickie (2001) 304–321; Boudon (2003) 109–131; Troianos (1991) 37–51.

vor Arzneimittelfälschungen, insbesondere im Falles des nur unter höchsten Vorsichtsmaßnahmen anzuwendenden Opiums,[70] und vielfach dienen die von professionellen Ärzten für medizinische Laien (*philiatroi*) erstellten Handbücher genau diesem Zweck, nämlich die Benutzer vor Scharlatanen zu bewahren und ihnen einen gewissen, wissenschaftlich abgesicherten eigenen Handlungsrahmen zur Verfügung zu stellen. Insbesondere Aetios von Amida warnt in seinem *Tetrabiblos* wiederholt vor Betrügern und Quacksalbern, die sowohl die Notlage wie auch die Unkenntnis der Patienten zu ihrem finanziellen Vorteil ausnützen würden, ohne Rücksicht auf Begleit- oder Folgeschäden ihrer „Therapien". Gelegentlich jedoch musste auch er die bewährte Wirksamkeit einiger „Hausmittel" oder traditioneller alternativer Heilkonzepte anerkennen, jedoch nicht ohne sich sehr strikt gegen auch nur den leisesten Anschein von „Zauberei" oder „Schwarzmagie" (γοήτεια) zu verwahren, was sicherlich nicht nur der Distanzierung von einer strafbaren Handlung dient, sondern auch dazu, seinen Arztstatus im juristischen Sinne nicht zu gefährden.[71]

Weiterhin beschäftigt sich die Rechtsliteratur sehr ausführlich mit den unterschiedlichen Erscheinungsformen und Spezialisierungen innerhalb des Arztberufes, sowie mit deren gesellschaftlicher Verankerung, sozialer Stellung und den jeweils für sie geltenden Privilegien und Verpflichtungen. Die ärztliche Tätigkeit wurde entweder auf einzelne Städte fixiert (und eventuell in speziellen Korporationen[72] organisiert?) in individueller, privater Ordination (ἰατρεῖα),[73] oder mit institutioneller Verankerung und staatlicher Finanzierung ausgeführt; hinzukommen aber die seit der Antike bis weit in die byzantinische Zeit[74] hinein nachgewiesenen Wanderärzte (περι-

70 Dioskurides, *Mat. med.* IV, 64.

71 Vgl. AetAmid. II, 85 (I, 179,27–180,4 Olivieri); Grimm-Stadelmann (2020) 145, 153–159, 214 m. Anm. 90, 219, 229–230.

72 Vgl. Eutychiades (1983) 13–24, 30–32; Nutton (1977) 198–206; Nutton (1984) 1–14, bes. 11; Maniatis (2001) 349–351 (gestützt auf eine eingehende Analyse des Eparchenbuchs); Stathakopoulos (2013) 232–234. Zur Organisation einzelner Berufsgruppen in spezifischen Korporationen (συστήματα) vgl. Schreiner (1989) 53. Ob diese jedoch, wie von Maniatis (2001) 347–348 vorgeschlagen, tatsächlich eine byzantinische Entsprechung zu dem westlichen Zünfte- oder Gildenwesen darstellen, ist nach wie vor Gegenstand kontroverser Diskussion. Bemerkenswert ist in diesem Zusammenhang, dass das Eparchenbuch zwar die Berufsgruppe der Salben- bzw. Arzneimittelhändler nennt, die als μυρεψοί bezeichnet werden (Schreiner [1989] 51), doch keinerlei medizinischen Berufe erwähnt: bedeutet dies, dass jegliche Form der medizinischen (und pflegerischen?) Tätigkeiten und Dienstleistungen anderen Organisationsformen und Regeln unterworfen waren bzw. unter andere Zuständigkeitsbereiche als die eines Eparchen fielen?

73 Solche Privatpraxen, durchgehend als ἰατρεῖα bezeichnet, sind des Öfteren in den medizinischen Texten als Stätten der Konsultation und Therapie erwähnt, vgl. Bouras-Vallianatos (2020) 86, doch bedarf die Feststellung von deren exakter Verankerung innerhalb des Rechtssystems noch einer separaten ausführlichen Untersuchung.

74 *Johannes Archiatros*, 6–7: Barbara Zipser zufolge handelt es sich bei dem Text um ein „working manual designed to serve the basic needs of a practitioner away from the cultural centres of the Byzantine world", entspricht also durchaus den Anforderungen von Paulos Aiginetes (s. oben) und lässt die Ver-

οδευταί),[75] deren Aktionsradius und exakte soziale Anbindung nach wie vor noch unzureichend erforscht ist. Ihr Einfluss muss jedoch beachtlich gewesen sein, da sie gelegentlich sogar exemplarisch für die praktische (!) ärztliche Tätigkeit schlechthin galten, wie die recht häufige Gleichsetzung der Termini περιοδεύω und θεραπεύω deutlich macht.[76] Im Gegensatz zu den Wanderärzten sind seit der Antike in den Städten sesshafte Ärzte (ἰατροί, ἀρχιατροί) belegt, die nicht nur bestimmten (gesetzlichen) Regeln unterworfen sind, sondern die auch etliche Privilegien für sich beanspruchen können und innerhalb der Hierarchie und des Titelwesens eine Rolle spielen.[77] Die zahlenmäßige Begrenzung der in den Städten zugelassenen Ärzte (ἰατροί) richtet sich nach der Größe der Stadt: in kleinen Städten werden fünf Ärzte für ausreichend erachtet, in etwas größeren sieben und in großen Städten maximal zehn, wobei diese Anzahl nicht überschritten werden darf. Darüber hinaus lassen zumindest die *Basilika* vermuten, dass die zahlenmäßige Begrenzung innerhalb des Stadtgebietes wohl nur für akademisch ausgebildete Ärzte galt, da sie zusammen mit Sophisten, Grammatikern und Professoren gelistet werden.[78] Auf die hier erwähnte Ärzteschaft (und sehr wahrscheinlich auf diese ausschließlich) dürften sich dann auch die unter Kaiser Justinian (reg. 527–565) promulgierten Gesetzesänderungen hinsichtlich der *annona* und *roga* beziehen, die von Prokop vehement

---

mutung zu, dass der mutmaßliche Autor, Kompilator, Redaktor oder auch nur Besitzer bzw. Benutzer, Johannes Archiatros, als περιοδευτής tätig gewesen sein könnte.

75 Demetrakopoulos (1922) 116, 145; Kukules (1955) 9–10 mit Hinweis auf deren Erwähnung insbesondere in zahlreichen hagiographischen Quellen; Eutychiades (1983) 13.

76 Kukules (1955) 9–10.

77 Eutychiades (1983) 13–23. Deren Organisation in spezifischen „collegia" hat Vivian Nutton für die Spätantike und frühbyzantinische Zeit detailliert untersucht: Nutton (1984) 1–14, wobei er zu dem Ergebnis kam, dass in der Antike angelegte entsprechende Strukturen in dieser Zeit durchaus weitergeführt wurden. Ob diese Kontinuität allerdings auch für die gesamte byzantinische Zeit gelten kann, ist zwar als möglich anzunehmen, da die entsprechenden Grundlagen bereits seit der Antike bestehen, doch noch nicht hinreichend untersucht; zur Problematik von Kontinuität und Diskontinuität im byzantinischen Zeitalter vgl. Schreiner (1989) 46–48.

78 *Basilika* 38, 1, 6 (A V, 1683 Scheltema/van der Wal): Ἔχουσι δὲ αἱ μικραὶ πόλεις ἀτελεῖς ἰατροὺς πέντε, σοφιστὰς τρεῖς, γραμματικοὺς τρεῖς· αἱ δὲ μείζους ἑπτὰ ἰατρούς, τέσσαρας διδασκάλους ῥωμαϊκοὺς καὶ ἑλληνικοὺς καὶ τέσσαρας σοφιστάς· αἱ δὲ μέγισται ἰατροὺς δέκα, γραμματικοὺς καὶ σοφιστὰς ἀνὰ πέντε. Καὶ τὸν ἀριθμὸν τοῦτον οὐκ ἔστιν ὑπερβαίνειν [...]. Die *Basilika* führen damit Regelungen des *Corpus Juris Civilis* unverändert weiter (vgl. Eutychiades [1983] 21), wobei die Frage nach deren Aktualität noch einer gesonderten Untersuchung bedarf: inwieweit waren die *Basilika* und deren Übernahme durch *Harmenopoulos* für die gesamte byzantinische Zeit aktuell und verbindlich? Zitieren sie aus der spätantiken Gesetzgebung übernommene Richtlinien, von denen nicht sicher ist, ob sie während der byzantinischen Zeit überhaupt noch rechtsgültig waren? Wie hat die (juristische) Realität in dieser Epoche ausgesehen und gibt es Pendants? Für diese Fragestellung haben die *Typika* der byzantinischen Krankenhäuser (*Xenones*) nur eingeschränkte Aussagekraft, da sich diese ausschließlich auf das krankenhausinterne medizinische Personal beziehen, nicht hingegen auf die externe Ärzteschaft und entsprechende weitere medizinische Berufsgruppen.

kritisiert wurden.[79] Die für Ärzte und deren Familien geltenden Privilegien und die damit verbundene wirtschaftliche und berufliche Absicherung, z. B. durch Befreiung vom Militärdienst, von der Gerichtspflicht, von diversen Steuerleistungen und einer Anzahl weiteren Verpflichtungen, besaßen den Rechtsquellen zufolge ebenfalls nur Gültigkeit in den Städten; verließen die Ärzte diese, um einer Tätigkeit in einer anderen Stadt oder als Wanderarzt nachzugehen, verloren sie damit automatisch auch die damit verbundenen Privilegien.[80] Den *Pandekten* und *Basilika* zufolge galten bestimmte Ausnahmen für Militärärzte (οἱ τῶν στρατιωτῶν ἰατροί);[81] für die Angehörigen des Klerus und „Mönchsärzte" galt primär das kanonische Recht.[82]

Die Ausbildung des ärztlichen Nachwuchses

Bereits im *Codex Justinianus* und *Codex Theodosianus* nehmen die mit der Ausbildung des ärztlichen Nachwuchses betrauten Ärzte eine Sonderstellung ein: sie übten ihre Funktion im Kontext der *artes liberales* an speziellen Insitutionen (σχολαί) aus, die jedoch nicht näher bezeichnet werden.[83] Aus den *Typika* der byzantinischen Krankenhäuser[84] ist zu entnehmen, dass dort spezielle Medizinprofessoren (διδάσκαλοι

---

79 Prokop, *Anekd.* 26 (ed. Veh 216): Ἀλλὰ καὶ τοὺς ἰατρούς τε καὶ διδασκάλους τῶν ἐλευθερίων τῶν ἀναγκαίων ἀπορεῖσθαι πεποίηκε. τάς τε γὰρ σιτήσεις, ἃς οἱ πρότερον βεβασιλευκότες ἐκ τοῦ δημοσίου χορηγεῖσθαι τούτοις δὴ τοῖς ἐπιτηδεύμασιν ἔταξαν, ταύτας δὴ οὗτος ἀφείλετο πάσας. [...] καὶ οὔτε ἰατρῶν τις ἢ διδασκάλων τὸ λοιπὸν ἐγίνετο λόγος οὔτε δημοσίας τις ἔτι οἰκοδομίας προνοεῖν ἴσχυσεν οὔτε λύχνα ταῖς πόλεσιν ἐν δημοσίῳ ἐκάετο οὔτε τις ἦν ἄλλη παραψυχὴ τοῖς ταύτας οἰκοῦσι. Vgl. Brandes (2002) 88–90; Eutychiades (1983) 22–23; Horden (2007) 231.

80 Eutychiades (1983) 18–22, bes. 21. Hinsichtlich dieser Privilegien begegnen in den einschlägige Rechtsquellen zahlreiche Titel, die zwar in der Antike und Spätantike Berechtigung besaßen, so z. B. die Befreiung von der Verpflichtung zur Übernahme teurer Ämter im Staatsdienst bzw. zur Aufnahme und Bewirtung ausländischer Würdenträger, aber auch die Ausnahme von einer Versetzung in die Provinz, die allesamt in der byzantinischen Zeit nicht mehr relevante Obligationen betreffen. In diesem Zusammenhang stellt sich damit erneut die entscheidende Frage, inwieweit die überlieferten Rechtsquellen eine tatsächlich aktuelle Rechtspraxis widerspiegeln oder vielmehr, zumindest in den angesprochenen Bereichen, als rein historische Dokumente zu werten sind?

81 Eutychiades (1983) 21–22.

82 Eutychiades (1983) 16–17. Inwieweit die *Typika* der einzelnen Klöster und die darin enthaltenen, sowohl auf medizinische Verpflichtungen der Klosterinsassen wie auch auf Verwaltung und interne Abläufe der mit diesen Klöstern verbundenen *Xenones* bezogenen Paragraphen eine Sonderstellung innerhalb des allgemeinen Rechtssystems einnahmen, bedarf ebenfalls einer separaten detaillierten Untersuchung. Zur Integration ärztlicher Tätigkeit ins monastische Leben vgl. die Vita des Hlg. Sampson: Halkin (1977–9) 8–16; Constantelos (1966–7) 141–153; Volk 39–47; *Theoph.* 28–30.

83 Eutychiades (1983) 14–15: sowohl im *Corpus Juris Civilis* (Cod. Theodos. 13,3,1; Cod. Just. 10,66,1; 53) wie auch in den *Basilika* (54,6,8: A VII, 2493 Scheltema/van der Wal) ist der Lehrauftrag an die ἐπιστήμονες eindeutig formuliert.

84 Besonders aussagekräftig ist in diesem Zusammenhang das *Typikon* des Pantokrator-*Xenons*:

ἰατρῶν) wirkten, die wohl ausschließlich für die Lehrtätigkeit zuständig waren und keinerlei sonstige Verpflichtungen im ärztlichen Alltag zu erfüllen hatten; sie nahmen innerhalb der Ärztehierarchie einen hohen Rang ein und standen als *Protospatharioi*[85] und *Aktuarioi* ranghöher als die *Archiatroi* und *Iatroi*, deren Position und Rangfolge sowohl im *Corpus Juris Civilis* wie auch in den *Basilika* genau fixiert war.[86] Über Ausbildungssituation und Studienablauf finden sich vereinzelte Angaben in Briefen;[87] nach wie vor noch nicht ausreichend analysiert ist jedoch Ablauf und Regelung der klinisch-praktischen Ausbildung am Krankenbett, die wohl im Rahmen eines Tutorialsystems stattfand und mit dem Erwerb der für den endgültigen Studienabschluss erforderlichen *kerygmata* („öffentliche Verkündigung als bestätigende[r] Akt nach institutionellem Erwerb medizinischen Wissens“[88]) verbunden war.[89] Ebenfalls aus Korrespondenzen erfahren wir über die Abschlussprüfung, die unter Anwesenheit von institutionellen und staatlichen Vertretern stattfand und nach deren erfolgreichem Abschluss ein Diplom erteilt wurde.[90]

PantTyp. 1313–1323 (Gautier 107): Ἀλλὰ καὶ διδάσκαλον εἶναι τυποῦμεν ὀφείλοντα διδάσκειν τὰ τῆς ἰατρικῆς ἐπιστήμης, ὅστις καὶ λήψεται τὰ αὐτὰ τῷ νοσοκόμῳ ἐν ἅπασι. Διὰ τοῦτο δὲ τετύπωνται αὐτῷ τὰ ἀνωτέρω δηλωθέντα σιτηρέσια, ἵνα τοῦ ἔργου τῆς διδασκαλίας ἐπιμελῆται καὶ ἐκδιδάσκῃ τοὺς παῖδας τῶν ἰατρῶν τοῦ ξενῶνος τὰ τῆς ἰατρικῆς μαθήματα ἐπιμόνως καὶ μετά σπουδῆς· οὐ γὰρ ὡς ὀφφίκιον τυποῦται παρ' ἡμῶν τὸ διδασκαλίκιον ὥστε τὰ μὲν σιτηρέσια λαμβάνειν τὸν τῆς τοιαύτης προστασίας ἀξιούμενον, τῆς δὲ διδασκαλίας καταφρονεῖν, ἐπειδὴ ὁ φωραθησόμενος μὴ διακονεῖν τῷ τοιούτῳ λειτουργήματι τῆς τῶν σιτηρεσίων ἀπολήψεως στερηθήσεται, ἄλλου πάντως ἀντεισαχθησομένου τοῦ ἐκπληρώσοντος κατὰ τὰ διατεταγμένα παρ' ἡμῶν τὴν τῶν ἰατρικῶν μαθημάτων διδασκαλίαν.

85 Zur Übertragung des ursprünglich militärisch konnotierten *Protospatharios*-Titels in den zivilen Bereich unter besonderer Berücksichtigung der Ärztehierarchie vgl. *Theoph.* 30–35.

86 Eutychiades (1983) 13–14 mit detaillierter Übersicht über die Quellen; Bouras-Vallianatos (2020) 25–28 (zum Aktuarios-Titel); vgl. Philotheos, *Kleterologion*, 183, lin. 13 und 191, lin. 3 (Oikonomidès).

87 Hohlweg (1989) 165–188, bes. 171–172; Bouras-Vallianatos (2020) 20–24.

88 Kislinger (2016) 1020; vgl. Bouras-Vallianatos (2020) 22, der hinter *kerygmata* „a kind of medical licensing system“ vermutet, vergleichbar zu dem bei Leon Stypes erwähnten *symbolon*.

89 Nach wie vor viel diskutiert ist im Zusammenhang mit der medizinischen Ausbildung der Begriff des φροντιστήριον: worum handelt es sich dabei genau und wo war dieses angesiedelt? Bezeichnet der Terminus die Ausbildungsstätte, also eine Art klinisches Lehrkrankenhaus, in dem die praktische Unterweisung stattfand, oder vielmehr die Ausbildungsform selbst, also das „Klinikum“? Vgl. dazu Bouras-Vallianatos (2020) 20 mit Übersicht über den aktuellen Stand der Diskussion.

90 Stathakopoulos (2013) 228–231. Eine sorgfältige Aus- und Weiterbildung der Ärzte galt bis in postbyzantinische Zeit hinein nicht nur als wesentliche Voraussetzung für eine verantwortungsvolle und effektive Berufsausübung, sondern gleichzeitig aber auch zur Vermeidung von ärztlichen ‚Kunstfehlern‘, vgl. die Paraphrase zur *Synopsis minor* von Theodosios Zygomalas (1544–1607): Theod. Zygomalas, *Paraphrase* Z.7 (195 Perentidis): Ὁ ἰατρὸς ἢ τεχνικὰ ἢ ἄτεχνα ἔσκισε ἄνθρωπον, ἢ ἔκαυσε, διὰ νὰ τὸν ἰατρεύσῃ, εἶτα νὰ ἀμελήσῃ νὰ μὴν τὸν ἰατρεύσῃ τελείως, ἐνέχεται καὶ παιδεύεται.

Frauen im Gesundheitswesen: Ärztinnen und Hebammen

Frauen nehmen nicht erst im byzantinischen Gesundheitswesen eine ganz zentrale Rolle ein, denn bereits das römische Recht unterscheidet mehrere weibliche Berufsbezeichnungen, z. B. ἰάτραινα, ἰάτρινα, ἰατρίνη und ἰατρόμαια (Hebamme?), die auch in den byzantinischen Quellen begegnen. Weder aus der juristischen noch der medizinischen Literatur geht allerdings klar hervor, ob dies nur Varianten ein und derselben Berufsbezeichnung sind, oder ob sie verschiedene Berufsgruppen bzw. Rangstufen differenzieren. Die *Basilika* betonen außerdem, dass sowohl weibliche wie auch männliche Vertreter des Ärztestandes unterschiedslos die Lehrtätigkeit ausüben können,[91] doch auf eine tatsächliche Umsetzung in der Praxis gibt es weder in der medizinischen Fachliteratur noch in den *Typika* der einschlägigen *Xenones* irgendwelche Hinweise. Dies ist aber kein belastbares Argument *ex nihilo*, da weder die Lehrtätigkeit an sich noch der genaue Studien- und Ausbildungsablauf oder der verbindliche Lehrkanon, geschweige denn das verantwortliche Lehrpersonal in der medizinischen Literatur des byzantinischen Zeitalters eingehend erläutert wird. Was nun die Rolle der Frauen im byzantinischen Gesundheitswesen betrifft, so erfahren wir aus dem Pantokrator-*Typikon*, dass weibliches Personal (sowohl Ärztinnen wie auch Pflegepersonal) für die gynäkologische Abteilung zuständig war,[92] jedoch ohne nähere Spezifizierung nach deren Aufgaben- und Zuständigkeitsbereich oder Rangfolge. Zuschreibungen von Heilmitteln und Therapiekonzepten an Autoritäten der Frauenheilkunde wie Metrodora sind in der Rezeptliteratur nicht selten und in vielen Fällen auch in der entsprechenden Quellenbasis nachweisbar,[93] während Referenzen an „Kleopatra" für dermatologische und kosmetische Rezepturen[94] nicht direkt verifizierbar sind und die Zuschreibung in den meisten Fällen wohl eher Werbezwecken diente als auf eine reale therapeutische Verankerung hinweist. Die äußerst reichhaltige gynäkologische und obstetrische Fachliteratur, die im byzantinischen Zeitalter entweder als Teil größerer medizinischer Werke oder als Einzeltraktate vorliegt, konzentriert sich – im Unterschied zur Rechtsliteratur – weniger auf die Therapeutenpersönlichkeit und deren Handeln an sich, sondern nahezu ausschließlich auf die Diskussion unterschiedlicher gynäkologischer Symptome und Krankheitsbilder sowie der relevanten Therapiekonzepte und Behandlungsvorschläge, wobei der Geburtsvorgang mit sämtlichen Rahmenerscheinungen,

91 *Basilika* 54,14,1 (A VII, 2505 Scheltema/van der Wal); vgl. Eutychiades (1983) 14.

92 *PantTyp* 941–3 (Gautier 85): Τῷ δὲ τῶν γυναικῶν ὀρδίνῳ ἰατροὶ μὲν ἔσονται δύο, παρακολουθήσει δὲ καὶ ἰάτραινα μία καὶ ὑπούργισσαι ἔμβαθμοι τέσσαρες καὶ περισσαὶ δύο καὶ ὑπηρέτριαι δύο.

93 Ieraci Bio (2007) 294–301; Ieraci Bio (2017) 308–311; Totelin (2017) 110–114.

94 Galen, simpl. med. XX, 18 (XII, 290–291 Kühn); *AetAmid.* VI, 56 (II, 205,1–9 Olivieri), VIII, 6 (II, 408,18–21 Olivieri); Bennett (2017) 142–145; Totelin (2017) 114–118; Grimm-Stadelmann (2020) 76–77, 362.

auftretenden Komplikationen und den erforderlichen Gegenmaßnahmen, sowie Anleitungen zu Nachsorge und Primärversorgung der Wöchnerin und des Neugeborenen im Vordergrund stehen. Die einschlägigen Rechtsquellen wiederum sind primär an der Durchführung, dem Verlauf und den Folgen des ärztlichen Handelns interessiert, wobei insbesondere Medikationen und deren Folgen ausführlich diskutiert werden.[95] Die Berufsbezeichnungen ἰάτραινα (var. ἰατρίνα, ἰατρίνη) und ἰατρόμαια erscheinen dabei gleichgeordnet, ohne signifikante Rangunterschiede, doch bedarf die Analyse ihres exakten terminologischen Verhältnisses erst noch einer eingehenden Untersuchung, die unter Berücksichtigung unterschiedlicher Quellengruppen erfolgen muss. Ganz im Unterschied zu den medizinischen Quellen, die darüber keinerlei Aussagen enthalten, geht aus der Rechtsliteratur hervor, dass eine Art Vertragsverhältnis zwischen der ἰάτραινα oder ἰατρόμαια und der Familie der Gebärenden bestand, das im Falle des Todes der Frau während der Geburt oder im Wochenbett als gelöst betrachtet wurde.[96]

Gesellschaftliche Verpflichtungen der Ärzteschaft

Neben den rein therapeutischen Aufgaben sind aus der Rechtsliteratur eine Reihe weiterer ärztlicher Aufgaben und Verpflichtungen zu entnehmen, die in erster Linie das öffentliche Gesundheitswesen, aber auch die Präsenz der Ärzte als Fachgutachter vor Gericht betreffen. Die Ärzteschaft in den Städten ist nicht nur für die Beobachtung und Kontrolle der allgemeinen nosologischen Situation zuständig, sondern ebenfalls für die Überwachung der sanitären Anlagen und für die regelmäßige Überprüfung von deren Funktionalität.[97] Auch bei Baumaßnahmen innerhalb der Städte müssen Ärzte hinzugezogen werden, um die Einhaltung der im Sinne der Seuchenvermeidung notwendigen Abstandsregeln zwischen den Häusern zu überprüfen.[98] Die Rechtsquellen enthalten zahlreiche Verordnungen, die sich auf seuchenpolitische Maßnahmen beziehen, so können beispielsweise auf Anraten und Expertise der Ärzte hin Evakuierungen angeordnet werden.[99] Auffällig ist, dass dieser ärztliche Aufgabenbereich nahezu überhaupt keinen Niederschlag in der medizinischen Fachliteratur findet; zumindest in den bislang erschlossenen einschlägigen Quellen fehlen Hinweise auf seuchenpolitische

95 Eutychiades (1983) 26–27, 28–29, 40–42, 46–50, 63–70 jeweils mit Präsentation und Analyse der entsprechenden Rechtsquellen.

96 Vgl. z. B. *Synopsis minor* Δ, 43 (380 Zepos): (…) κἂν ἅμα τῷ πεσεῖν ἐν τῷ ἐδάφει ἐτελεύτησεν, ἢ ἐν ταῖς χερσὶ τῆς ἰατραίνης, ῥήγνυσι τὴν διαθήκην.

97 Eutychiades (1983) 29–30.

98 Eutychiades (1983) 30. Sicherlich sind diese Richtlinien orientiert an den Empfehlungen im *Corpus Hippocraticum*, wo die optimalen Rahmenbedingungen und Lebensumstände zur Erhaltung und Förderung der individuellen und kollektiven Gesundheit erläutert werden.

99 Eutychiades (1983) 29.

oder sanitäre Maßnahmen im Sinne eines organisierten öffentlichen Gesundheitswesens. Ratschläge zur Bekämpfung epidemischer Krankheiten oder zur Verbesserung der hygienischen Situation finden sich zwar durchaus innerhalb der Rezeptliteratur, doch bleiben sie auf individuelle Anwendungen in Einzelfällen, rein patienten- und fallbezogen, beschränkt, ohne kollektiven Anspruch zu erheben. In Prokops Bericht über die sog. „Justinianische Pest", die im Jahr 542 Konstantinopel heimsuchte,[100] werden zwar Ärzte erwähnt, doch nicht als offizielle Vertreter eines staatlichen ‚Seuchenmanagements', sondern vielmehr als ratlose, von der pandemischen Dynamik komplett überforderte Repräsentanten einer Fachdisziplin, die sich angesichts der gesundheitlichen und humanitären Katastrophe rein auf den Aspekt der Forschung zurückzog:

> In ihrer Ratlosigkeit und Unkenntnis der Krankheitserscheinungen meinten einige Ärzte, der Krankheitsherd müsse in den Geschwülsten liegen, und entschlossen sich daher, die Leichen zu untersuchen. Sie öffneten einige Geschwülste und fanden jeweils darin einen sehr großen Karbunkel. (Übers. Veh)[101]

Dennoch gelang es ihnen nicht, eine Systematik hinter den unterschiedlichen Formen des Krankheitsverlaufes zu erkennen, weshalb ihre Prognosen wertlos wurden:

> Darauf möchte ich indessen hinweisen, daß die angesehensten Ärzte vielen den Tod voraussagten, die kurz darauf wider Erwarten gesund wurden, während sie vielen die Gensung in sichere Aussicht stellten, die dann alsbald sterben sollten. So entzog sich die Ursache dieser Krankheit jeder menschlichen Berechnung [...].[102]

Die notwendigen gesundheitspolitischen Maßnahmen, insbesondere die Massenbestattungen, wurden hingegen von einem Verwaltungsbeamten durchgeführt, einem *Referendarius* der kaiserlichen Zivilverwaltung namens Theodoros, der im Auftrag des Kaisers und mit dessen finanzieller und personeller (durch Zurverfügungstellung der Palastgarde) Unterstützung agierte.[103]

Im Falle epidemischer oder anderer gravierender Krankheiten enthalten die Rechtsquellen aber wiederum, soweit bislang erforscht, keine Anordnungen bezüglich einer Meldepflicht, doch existiert ein deutlicher Hinweis auf eine solche in einer Sammlung von professionellen medizinischen Fachtexten (*ξενωνικὰ βιβλία*) aus dem Mangana-*Xe-*

100 Prokop, *Perserkriege* II, 22 (354–365 Veh); vgl. Stathakopoulos (2004) Nr. 102–118.

101 Prokop, *Perserkriege* II, 22, 29–30 (360–361 Veh): ἀπορούμενοι γοῦν τῶν τινες ἰατρῶν τῇ τῶν ξυμπιπτόντων ἀγνοίᾳ τό τε τῆς νόσου κεφάλαιον ἐν τοῖς βουβῶσιν ἀποκεκρίσθαι οἰόμενοι, διερευνᾶσθαι τῶν τετελευτηκότων τὰ σώματα ἔγνωσαν. καὶ διελόντες τῶν βουβώνων τινὰς ἄνθρακος δεινόν τι χρῆμα ἐμπεφυκὸς εὗρον.

102 Prokop, *Perserkriege* II, 22, 32–33 (362 Veh): ἐκεῖνο μέντοι ἀποφήνασθαι ἔχω, ὡς τῶν ἰατρῶν οἱ δοκιμώτατοι πολλοὺς μὲν τεθνήξεσθαι προηγόρευον, οἳ δὴ κακῶν ἀπαθεῖς ὀλίγῳ ὕστερον παρὰ δόξαν ἐγίνοντο, πολλοὺς δὲ ὅτι σωθήσονται ἰσχυρίζοντο, οἳ δὴ διαφθαρήσεσθαι ἔμελλον αὐτίκα δὴ μάλα. οὕτως αἰτία τις ἦν οὐδεμία ἐν ταύτῃ τῇ νόσῳ ἐς ἀνθρώπου λογισμὸν φέρουσα·

103 Prokop, *Perserkriege* II, 23, 5–8 (364–365 Veh).

non in Konstantinopel. Diese Texte sind in die Handschrift Vaticanus gr. 299 (14. Jhd.)[104] integriert, eine Überlieferungsgemeinschaft mit therapeutisch-diagnostischem Schwerpunkt, bestehend aus der für ein professionell-institutionelles Ambiente typischen Zusammensetzung aus zahlreichen Einzelschriften und Exzerpten aus einschlägigen arabisch-syrischen (z. B. Avicenna, Abu Gaafar Ahmed Bin Ibrahim Bin Abi Khaled al-Mutatabbib, Isaac Ninivita Syrus etc.) und griechisch-byzantinischen Werken (Corpus Hippocraticum, Galen, Aelius Promotus, Dioskurides, Oreibasios, Aetios, Alexander von Tralleis, Paulos Aiginetes, Theophanes Chrysobalantes). Ein Absatz auf fol. 344v dieser Handschrift – im Freirand von einer anderen Hand mit dem Vermerk *περὶ κυνάγχης* hervorgehoben – bezieht sich auf eine für den am Mangana-*Xenon* tätigen Arzt (ιατρός) Theodoros bestimmte Notiz aus Thessalonike, die dem *Kaisar* und *Despotes* Nikephoros Melissenos (1045–1104)[105] von einem Arzt namens Leon geschickt worden war. In dieser Notiz wird das Auftreten von κυνάγχη, einer durchaus gravierenden Halsentzündung (Angina oder sogar Diphterie?), angezeigt; die Meldung wurde in Kopie an die Ärzteschaft der Stadt Beroia in Zentralmakedonien (Βέρροια)[106] weitergegeben, damit diese entsprechende Gegenmassnahmen treffen konnten:

> Λέοντος ἰατροῦ πιττάκιν σταλὲν ἀπὸ Θεσσαλονίκης Νι|κηφόρω καίσαρι δεσπότη τῶ Μελισσηνῶ, πρὸς ἰατρὸν Θεόδωρον | περὶ κυνάγχης νόσου καὶ τοὺς ἰατροὺς Βερροίας | τὲ ὀφείλουσιν χάριν σωτηρίαν προσάγειν αὐτω μηνὶ δεκεμβρίω | εἰς τὴν κη΄ ἰνδικτιώνος δ^ου^: ἐὰν ὑπάρχη τὸ νόσημα κυνάγχη, πρὸ παν|τὸς ἄλλου, ποιεῖ τὰ ἐργαλεῖα καθεκάστην δριμύτερα·[...].[107]
>
> Notiz des Arztes Leon, geschickt aus Thessalonike an den Kaisar und Herrn Melissenos, zu Händen des Arztes Theodoros hinsichtlich einer entzündlichen Halskrankheit und zum Nutzen der Ärzteschaft von Beroia, um (entsprechende) therapeutische Maßnahmen vorzunehmen, am 28. Dezember, in der 4. Indiktion: wenn die Halsentzündung (κυνάγχη) auftritt, muss man vor allem zu schärferen (heftigeren) Gegenmaßnahmen greifen [...]. (Übers. d. Verf.)

Im Anschluss daran folgen detaillierte therapeutische Anweisungen, adressiert an einen Eustathios, der ebenfalls zur Ärzteschaft des Mangana-*Xenon* gehört,[108] zur gezielten Behandlung der κυνάγχη: nach einer einleitenden Phlebotomie wird eine Wärmetherapie mittels Wickel und Einreibungen empfohlen, gefolgt von Gurgelanwendungen, wobei explizit betont wird, dass die Wirksamkeit dieser Maßnahmen der eigenen Erfahrung des Schreibers zufolge, die mit derjenigen zahlreicher Fachkol-

---

104 Città del Vaticano, BAV, Vat. gr. 299 (Diktyon 66930); vgl. Bennett (2017) 112–113, 169, 200–207.

105 Vgl. Schreiner, *Kleinchroniken* I, 168, wo Melissenos' Erscheinen in Konstantinopel als καῖσαρ auf den 8. April 1081, während der 4. Indiktion, datiert wird. „Despotes" ist hier in der Bedeutung „Herr" (κύριος) gebraucht (ὁ δεσπότης ἡμῶν ὁ ἅγιος) und nicht als Titel.

106 Soustal (2022) 283–290.

107 Transkription d. Verf.; vgl. Bennett (2017) 112–113 mit abweichender Lesung der Datierung: „μηνὶ δεκεμβρίῳ εἰς τὴν ἡμέραν κη΄ ἰνδ. δ΄^ου^" und Bennett (2017) 202 (Transkription von Alain Touwaide): „μηνὶ δεκεμβρίῳ εἰς τὴν κη΄ ἔτους δ΄^ου^".

108 Bennett (2017) 112–113; Grimm-Stadelmann (2021) 249–251; Grimm-Stadelmann (2021b) 137–138.

legen übereinstimmt, bestätigt sei: εἶχον δὲ κἀγὼ Εὐ|στάθιε καὶ τούτου πεῖραν παρὰ πολλῶν ἰατρῶν.[109]

In einer Vielzahl unterschiedlicher Rechtsangelegenheiten ist eine ärztliche Expertise erforderlich und oftmals auch ausschlaggebend für den weiteren Verlauf der privat- und strafrechtlichen Verhandlungen: ein wesentlicher Aspekt dabei ist die Feststellung, inwieweit gesundheitliche Beeinträchtigungen Auswirkungen auf die Straf- und Aussagefähigkeit von Einzelpersonen haben können und welche Kriterien dafür gelten: so gilt beispielsweise jede Form von psychischen Leiden ebenso als hinreichender Entschuldigungsgrund vor Gericht wie bestimmte körperliche Behinderungen (Taubheit, Verlust des Sprachvermögens), aber auch das hohe Alter des Betroffenen, nicht hingegen arthritische Beschwerden, da diese nicht dauerhaft, sondern nur punktuell auftreten.[110] Bei zweifelhaften Todesfällen werden Ärzte als forensische Fachgutachter hinzugezogen, um die Todesursache, aber auch die Straffähigkeit der beklagten Person festzustellen. In der byzantinischen Rechtsliteratur ist die Rolle der Ärzte bei Gericht sowie die Wertschätzung ihrer Fachgutachten explizit und in allen Einzelheiten genauestens dargelegt, doch ohne zu spezifizieren, um welche Art von Ärzten es sich handelt: ist die Erteilung solcher Fachgutachten eine Verpflichtung der staatlich besoldeten Ärzte, oder, da zumindest in einigen Fällen die Gutachtertätigkeit separat entlohnt wurde,[111] vielmehr Aufgabe von ‚freiberuflich' tätigen Ärzten? Weder die von Aristoteles Eutychiades analysierten Rechtsquellen, noch die *Typika* der *Xenones* erwähnen eine solche Gutachtertätigkeit als obligatorisch für das ärztliche Personal der städtischen Krankenhäuser.

Die ärztliche Haftung

Vor Gericht begegnen Ärzte allerdings nicht nur als Fachgutachter, die mit ihrer Expertise aktiv auf den Verlauf einer Gerichtsverhandlung Einfluss nehmen können, sondern auf der anderen Seite auch als Beklagte, wenn der gewünschte Heilerfolg ausblieb, im Falle von „Kunstfehlern", dem Verdacht auf unautorisierten Gebrauch von Arzneimitteln, oder schlimmstenfalls auch als Beteiligte an Mordkomplotten. Die Verantwortungs- und Haftungsfrage bei therapeutischen Maßnahmen, bei denen es nicht

109 Cod. Vat. gr. 299, fol. 345r, Transkription d. Verf.; vgl. Bennett (2017) 203 (mit Transkription von Alain Touwaide).

110 Eutychiades (1983) 23–29 mit zahlreichen Quellenbeispielen aus der Rechtsliteratur zu Fragen des Straf-, Familien- und insbesondere des Erbrechts. Im Bereich des Familienrechts konzentriert sich die ärztliche Expertise vor allem auf die Feststellung gesundheitlich bedingter Ehehindernisse durch gravierende psychische oder sonstige Erkrankungen eines Partners (z. B. eine Leprainfektion), aber ebenso auch bei Geburtskomplikationen mit letalem Ausgang.

111 Eutychiades (1983) 32–33.

selten um Leben oder Tod der jeweiligen Patienten ging, ist stets eng verknüpft mit medizinethischen Normen und entsprechenden juristischen Vorgaben, insbesondere auf dem Gebiet der Gynäkologie und Obstetrik, bei chirurgischen Maßnahmen und im Umgang mit Arzneimitteln.

Der früheste Beleg für Regelungen zur ärztlichen Haftung stammt aus dem Alten Orient, aus der wohl ältesten Gesetzessammlung überhaupt, dem Codex Hammurapi (18. Jhd. v. Chr.), und bezieht sich rein auf den Erfolg bzw. Misserfolg chirurgischer Maßnahmen; darüber hinaus legt der Gesetzestext das dem Arzt zustehende Honorar orientiert an der gesellschaftlichen Stellung des Patienten fest:

> Wenn ein Arzt einem Bürger eine schwere Wunde mit einem Operationsmesser beibringt und den Bürger heilt, oder wenn er die Schläfe eines Bürgers mit dem Operationsmesser öffnet und das Auge des Bürgers erhält, so soll er 10 Scheqel Silber erhalten. Wenn es sich um einen Palastangehörigen handelt, so erhält er 5 Scheqel. Wenn es sich um den Sklaven eines Bürgers handelt, so soll der Eigentümer des Sklaven dem Arzt 2 Scheqel Silber geben.

Wenn ein Arzt einem Bürger eine schwere Wunde mit einem Operationsmesser beibringt und den Tod des Bürgers verursacht oder wenn er die Schläfe eines Bürgers mit dem Operationsmesser öffnet und das Auge des Bürgers zerstört, soll man ihm eine Hand abhacken.[112]

Überhaupt nicht differenziert wird im Codex Hammurapi die Ursache für das Scheitern der Operation: hatte sie der Arzt aufgrund von Unfähigkeit, mangelndem Fachwissen bzw. fehlender Erfahrung unsachgemäß ausgeführt, also einen klassischen ‚Kunstfehler' begangen, oder berechtigte bereits die Ausgangssituation, die Konstitution des Patienten und schlechte Rahmenbedingungen, zu wenig Hoffnung auf einen positiven Verlauf? Traten unvorhersehbare Entwicklungen oder Komplikationen während der Operation auf? Solche Fragen werden in der byzantinischen Rechtsprechung durchaus differenziert betrachtet und entsprechend gewichtet; die Hintergründe für Therapieschäden und deren Ursachen sowie letztendlich die rechtliche Beurteilung der Situation für Arzt und Patienten werden sehr genau reflektiert. Aristoteles Eutychiades hat die überlieferten Rechtsquellen sehr eingehend nach Hinweisen auf strafbare ärztliche Handlungen untersucht, mit dem Ergebnis, dass sich das jeweils geltende Strafmaß sowohl an der beteiligten Personengruppe wie auch an dem zugrundeliegenden Tatbestand orientiert.[113] Die rechtlichen Grundsätze gelten demzufolge gleichermaßen für sämtliche ärztliche Berufsgruppen, darunter auch Chirurgen sowie sämtliche Vertreter (männliche wie weibliche) des gynäkologisch-obstetrischen Fachbereichs inklusive der Hebammen. Was den Tatbestand betrifft, so spielt das Motiv eine zentrale Rolle, wobei

112 Cod. Hammurapi, zit. nach Schott (1993) 24. Die Hammurapi-Stele befindet sich heute in Paris, Musée de Louvre, Département des Antiquités orientales, Inv. Nr. SB 8/AS 6064: https://collections.louvre.fr/en/ark:/53355/cl010174436 (Stand 26.04.2023).

113 Eutychiades (1983) 34–42 mit deutlichem Schwerpunkt auf Chirurgie und Gynäkologie.

zwischen Vergehen aus Unkenntnis bzw. mangelnder Erfahrung, nachlässigem und vorsätzlichem Handeln, Gewalteinwirkung auf den Patienten mittels Zwang zur Einnahme bestimmter Medikamente oder Anwendung von Klistieren, bis hin zu bewusster und aktiver Beteiligung des Arztes an Konspirationen, Mordkomplotten oder strafbaren Handlungen wie z. B. Abtreibungen unterschieden wird. Die verhängten Sanktionen bestehen dementsprechend in Geldbußen, Haft oder Verbannung (bei Vergehen, die nicht in niederträchtiger Absicht begangen wurden) bis hin zur Hinrichtung des Arztes und, im Falle seiner Verwicklung in ein Mordkomplott, auch von dessen Auftraggebern.[114] Motiv und Grad des ärztlichen Verschuldens wurden in einem ordnungsgemäßen Gerichtsverfahren forensisch ermittelt, wobei auch die Möglichkeit zur Rehabilitation gegeben war, wenn den beklagten Ärzten kein entsprechendes Verschulden nachgewiesen werden konnte.[115]

Der Tatbestand der Nachlässigkeit (ῥαθυμία) wird nicht nur bei unsachgemäßer Durchführung einer chirurgischen oder medikamentösen Behandlung konstatiert, sondern auch, wenn Patienten aufgrund von fehlender oder mangelhafter Nachsorge seitens des Arztes zu Schaden kommen;[116] nicht erwähnt werden jedoch Folgeschäden aufgrund unzureichender oder fehlerhafter Pflege bzw. welchen Stellenwert der mit der Krankenpflege beauftragte Personenkreis innerhalb des Ärzterechts einnimmt. Generell ist dazu zu bemerken, dass das medizinische Pflegepersonal, über dessen Aktivitäten und Verantwortlichkeiten, Organisation, Hierarchie und Entlohnung die *Typika* der *Xenones* im Rahmen der institutionellen Einbindung dieses Personenkreises Auskunft geben, im Straf- und Haftungsrecht, soweit bislang erforscht, unerwähnt bleibt. War das medizinische Pflegepersonal autonom und damit auch haftungspflichtig oder war es den diensthabenden Ärzten bzw. der Krankenhausverwaltung unterstellt, so dass diese im Schadensfalle dann die Verantwortung trugen? Aus dem *Typikon* des Pantokrator-*Xenon* geht hervor, dass die Patienten während der täglichen ärztlichen

114 Eutychiades (1983) 35–36.

115 Eutychiades (1983) 42. Interessant ist in diesem Zusammenhang auch, dass die Ärzte bis zu einem gewissen Grade für ihre Patienten und deren Handlungen verantwortlich oder zumindest rechenschaftspflichtig waren, so im Falle von psychisch instabilen Patienten, bei Selbstmord oder bei krankheitsbedingt verschuldeten Unfällen: Eutychiades (1983) 53–62. Bei einer Sicherheitsverwahrung einzelner Patienten haften im Schadensfalle allerdings nicht die Ärzte, sondern das verantwortliche Aufsichtspersonal: Eutychiades (1983) 60–61.

116 Vgl. z. B. *Scholia in Basilicorum* 60, 3, 51, 12 (B VIII, 3163 Scheltema/van der Wal): Ἐὰν ἐκ τῶν ἐπενεχθεισῶν αὐτῷ πληγῶν ὁ οἰκέτης τελευτήσῃ καὶ μήτε παρὰ τὴν ἀπειρίαν τοῦ ἰατροῦ μήτε παρὰ τὴν ῥᾳθυμίαν τοῦ δεσπότου τοῦτο συνέβη, οἱ πλήξαντες αὐτὸν ὡς περὶ ἀναιρεθέντος καλῶς ἐνάγονται; *Basilika*, 60, 3, 8 (A VIII, 2751 Scheltema/van der Wal: καὶ ὁ προπετῶς δοὺς φάρμακον, καὶ ὁ καλῶς μὲν τεμών, καταλιπὼν δὲ τὴν ἰατρείαν (...); *Synopsis minor* Z, 8 (409 Zepos): Ὁ ἰατρὸς ἢ ἀπείρως τεμών, ἢ καλῶς μὲν τεμὼν τὴν δὲ ἰατρείαν καταλιπών, ἐνέχεται τῇ μισθώσει ἤγουν τῇ ζημίᾳ τοῦ τιμήματος τοῦ μέλλοντος εἰς μισθὸν δοθῆναι αὐτῷ; *Tipukeitos* 60, 3, 7–8 (145 Hoermann/Seidl): καὶ ὁ ἰατρὸς ἀπείρως τεμών τινα δοῦλον, ἢ τῇ μισθ(ώσει), ἢ τῷ Ἀκουλίῳ ἐνέχεται. Καὶ ὁ προπετῶς δοὺς φάρμακον ἤγουν ἀπείρως, καὶ ὁ καλῶς μὲν τεμών, καταλιπὼν δὲ τὴν ἰατρείαν.

Visite die Möglichkeit hatten, sich über unzureichende Versorgung bzw. jegliche Art von Mängeln zu beschweren und diesen Beanstandungen dann auch entsprechend nachgegangen wurde.[117] Die Formulierung im Pantokrator-*Typikon* ist allerdings recht unspezifisch und ohne konkrete Zuordnung der Einwände zu den unterschiedlichen Gruppen der am *Xenon* Beschäftigten. Forschungsbedarf besteht darüber hinaus hinsichtlich der Organisationsformen privater Pflege und welche Rechtsnormen in diesem Bereich Gültigkeit besaßen.

Der Tatbestand der Unkenntnis oder mangelnden Berufserfahrung (ἀπειρία)[118] wirft erneut die Frage nach den unterschiedlichen Etappen des beruflichen Werdeganges innerhalb des byzantinischen Medizinalsystems auf: da das *Curriculum* sowohl theoretische wie auch praktisch-klinische Ausbildung vorsah, wäre zunächst die Verantwortlichkeit der Medizinprofessoren für ihre Studenten zu diskutieren, und innerhalb dieses Ausbildungsverhältnisses auch die rechtliche Stellung des Tutorialsystems: wie sind innerhalb dieses Rahmens die Verantwortlichkeiten verteilt? Liegen sie sämtlich bei dem Medizinprofessor, der ja auch die übergeordnete Kontrollinstanz innerhalb des Tutorialsystems darstellt, oder müssen auch die Tutoren einen Teil davon tragen? Die einschlägigen Rechtsquellen, die Aristoteles Eutychiades zum Tatbestand der ἀπειρία bzw. ἀμέλεια untersucht hat, beziehen sich ganz unspezifisch auf ἰατροί, ohne zwischen arrivierten Ärzten und Berufsanfängern zu differenzieren. Um dieser Frage auf den Grund zu gehen, müssten zusätzlich zur juristischen und medizinischen Fachliteratur auch andere Literaturgattungen, so z. B. die Historiographie, Hagiographie und insbesondere Briefkorrespondenzen[119], zum Vergleich herangezogen werden, um

---

117 *PantTyp* 965–970, ed. Gautier 87: Ἀλλὰ καὶ τῶν πριμμικηρίων ἕκαστος ἐναλλὰξ κατὰ μῆνα ἰδιαζόντως τὰς κλίνας ἁπάσας περιελεύσεται ἑκάστῃ ἡμέρᾳ καὶ ἐρωτήσει τῶν ἀρρώστων ἕκαστον ὅπως τε ἰατρεύεται καὶ εἰ μετὰ τῆς προσηκούσης ἐπιμελείας καὶ σπουδῆς ἐκδουλεύεται παρὰ τῶν εἰς τοῦτο τεταγμένων, καὶ σπουδάσει τὸ κακῶς γινόμενον διορθώσασθαι καὶ ἐπιστύψει τὸν ἀμελοῦντα καὶ μετὰ σφοδρότητος ἐκκόψει τὸ παρὰ τὸ προσῆκον τελούμενον· ἐπιτηρήσει δὲ καὶ τὸ διδόμενον τοῖς ἀρρώστοις ψωμίον καὶ εἴ τι ἄλλο τούτοις ἡμερησίως τετύπωται δίδοσθαι, καὶ πάντα μετ᾽ ἐπιμελείας κατασκοπήσει καὶ τῆς δεούσης ἀξιώσει φροντίδος καὶ διορθώσεως ἀντὶ παντὸς ἔργου τούτῳ ἀνακειμένης. Die Funktion der *primmikerioi* als eine Art übergeordneter Aufsichtsbehörde scheint orientiert an deren Aufgabenbereich in der Kongregation der Notare, vgl. Schreiner (1989) 53, womit sich eine Orientierung – auch in diesem Bereich ganz im Sinne von Paulos Aiginetes' Postulat – der medizinischen Administration, aber auch der einschlägigen Terminologie, an vergleichbaren Strukturen der juristischen Berufsgruppen zumindest vermuten lässt.

118 Eutychiades (1983) 34–35; vgl. *Scholia in Basilicorum* 60, 3, 7, 27 (B VIII, 3097 Scheltema/Holwerda/van der Wal): Ὁμοίως ἰνστιτ. δ΄. τιτ. γ΄. καὶ βιβ. δ΄. τιτ. ιβ΄. διγ. ϛ΄. περὶ τοῦ ἀπείρως ἰατράσαντος καὶ βιβ. β΄. τιτ. δ΄. διγ. β΄. περὶ ἀπειρίας συνέδρου καὶ βιβ. ιθ΄. τιτ. β΄. διγ. θ΄. περὶ ἀπειρίας ποιμένος καὶ ῥάπτου καὶ κναφέως; *Scholia in Basilicorum* 60, 3, 7, 30 (B VIII, 3098 Scheltema/Holwerda/van der Wal): Ἀπὸ ἀμελείας εἰς τὴν ἀργίαν καὶ τὴν ἰατρείαν τοῦ βλαβέντος; *Tipukeitos* 54, 14 (75 Hoermann/Seidl): Καὶ περὶ τοῦ κακῶς καὶ ἐπίτηδες ἰατρεύσαντος καὶ διὰ τούτ(ου) παρασκευάσαντος τὸν νοσοῦντα πωλῆσαι αὐτῷ πρᾶγμα.

119 Diese sind, wie das Beispiel des *Aktuarios* Johannes Zacharias zeigt, gerade für die Schilderung interner Abläufe und Etappen des ärztlichen Ausbildungswesens von besonderem Wert, vgl. Bourasein möglichst aussagekräftiges Bild des medizinischen Ausbildungswesens und seiner rechtlichen Verankerung gewinnen bzw. rekonstruieren zu können.

Die Verantwortung des Arztes für seine jeweiligen Patienten ist nicht nur gesetzlich geregelt, sondern darüber hinaus auch von medizinethischen Grundsätzen getragen, wobei beiderseitiges Vertrauen von fundamentaler Bedeutung nicht nur für den angestrebten Heilerfolg, sondern ebenso auch für die rechtliche Absicherung beider Parteien ist.[120] Der Patient muss sich darauf verlassen können, dass die Entscheidung seines Arztes für die erforderlichen therapeutischen Maßnahmen durch Fachwissen und Berufserfahrung abgesichert ist, während der Arzt, um die der Patientenkonstitution und dem diagnostizierten Krankheitsbild angemessenen Maßnahmen treffen zu können, einer möglichst vollständigen und wahrheitsgemäßen Berichterstattung des Patienten über dessen Gesundheitszustand, Vorerkrankungen und beobachtete Symptome bedarf, sowie von einer minutiösen Befolgung seiner Anordnungen ausgehen können muss. Darüber hinaus berichten die Quellen von weiteren Faktoren die zur beiderseitigen juristischen Absicherung beitragen können: den Patienten steht es frei, beliebig viele weitere Fachgutachten inklusive alternativer Therapievorschläge einzuholen, die Ärzte wiederum haben die Möglichkeit, komplexe Krankheitsbilder und verschiedene Therapiekonzepte mit Fachkollegen zu diskutieren und die Zustimmung der Patienten zu den empfohlenen Maßnahmen entsprechend zu dokumentieren, indem sie entweder die notwendigen chirurgischen Instrumente aus der Hand des Patienten empfangen,[121] oder indem dieser die verordneten Medikamente eigenhändig, ohne Zutun oder Unterstützung des Arztes einnimmt.[122] Die Entgegennahme des Operationswerkzeuges aus der Hand des Patienten, womit „[d]as im überlieferten klassischen Recht der Antike wie der Moderne erforderliche nachweisliche Einverständnis des Kranken zu einer Operation […] hier also (ergänzend) durch eine symbolische und ritualisierte Handlung ausgedrückt [wird]“, diente dazu, „jedwede privat und strafrechtliche Haftung [auszuschließen]“.[123] Wie Ewald Kislinger überzeugend nachweisen konnte,[124] blieb diese Praxis keineswegs auf das kaiserliche Umfeld beschränkt, sondern findet sich ebenfalls in hagiographischen Quellen, woraus zu folgern ist, dass es sich im Falle Kaiser Justins II. nicht um eine Ausnahme, sondern um eine wohl in Ärztekreisen gängige Absicherungspraxis gehandelt haben muss, die als fixer Rechtsgestus sehr wahrscheinlich an der vergleichbaren Regelung zur Medikamenteneinnahme orientiert ist.

Vallianatos (2020) 20–23; generell zu medizinischen Inhalten in der byzantinischen Epistolographie vgl. Timplalexi (2002).

120 Eutychiades (1983) 33–34, 53–55.

121 Kislinger (1986) 42–43 mit Belegen für ein entsprechendes Handeln der Hofärzte im Vorfeld der Operation Kaiser Justins II.

122 Zur entsprechenden gesetzlichen Vorschrift vgl. z. B. *Scholia in Basilicorum* 60,3,9,1 (B VIII, 3100 Scheltema/Holwerda/van der Wal): εἰ μὲν ταῖς ἰδίαις χερσὶν ὑπέθηκε τὸ βοήθημα.

123 Kislinger (1986) 42.

124 Kislinger (1986) 43–44 mit Beispielen aus den *Miracula Artemii* sowie aus der *Vita* des Styliten Lukas.

Weniger in der medizinischen und juristischen Fachliteratur, sondern weit häufiger in literarischen Quellen wird über die Präsenz mehrerer Ärzte am Krankenbett berichtet, die insbesondere im Falle prominenter Patienten, wie des Kaisers selbst oder Mitgliedern der kaiserlichen Familie, Anamnese und Prognose sowie verschiedene Therapiemöglichkeiten eingehend diskutierten, bevor dann über die tatsächlich zu ergreifenden Maßnahmen abgestimmt und schließlich verbindlich entschieden wurde. Die Kaisertochter Anna Komnene (1083–1153) beschreibt in ihrem Geschichtswerk *Alexias* (XV, 11, 2–3) sehr detailliert den Ablauf und die Beratungen eines solchen Ärztekollegiums sowie die von allen zu akzeptierende Verbindlichkeit der dabei getroffenen Mehrheitsentscheidung:

> Die meisten Ärzte erkannten nicht einmal die drohende Gefahr, die dadurch [sc. durch ‚rheumatische Schmerzen' in der Schulter infolge von Zugluft, Karolos Alexandrides zufolge vermutlich Anzeichen eines Myokardinfarktes,[125] Anm. d. Verf.], die dadurch für uns heraufzog. Nikolaos Kallikles jedoch (so nämlich lautete sein Name) prophezeite uns die bösen Folgen und äußerte die Befürchtung, dass das Rheuma, indem es sich aus den Extremitäten zurückziehe und einen anderen Weg einschlage, eine Gefahr für den Kranken bewirken könne, der nicht mehr zu begegnen sei. (3) Niemand außer Kallikles war zu diesem Zeitpunkt bereit, eine Entleerung durch Purgative herbeizuführen; denn sein Körper war die Anwendung von Purgativen nicht gewöhnt, es war ihm vielmehr völlig fremd, Medikamente einzunehmen. Aus diesem Grund schossen die meisten und vor allem Michael Pantechnes, der mit zu Rate gezogen wurde, die Anwendung von Abführmitteln völlig aus. Kallikles aber, der voraussah, was kommen würde, teilte ihnen seine Bedenken ausdrücklich mit: „Für dieses Mal hat der krankmachende Stoff die Extremitäten verlassen und die Schulter sowie den Nacken befallen; das nächste Mal aber kann er, wenn er nicht durch Purgative ausgeschieden wird, eines der lebenswichtigen Organe oder sogar das Herz selbst angreifen und eine Schädigung herbeiführen, die nicht mehr zu heilen ist." Ich war nämlich selbst anwesend im Auftrag meiner Herrin, um bei der Diskussion der Ärzte Schiedsrichter zu sein, und hörte, was gesprochen wurde. Und ich für meine Person stimmte den Argumenten des Kallikles zu, dennoch aber setzte sich die Meinung der Mehrheit durch. (Übers. Reinsch: *Alexias* 549)

Im weiteren Krankheitsverlauf wurde das Ärztekollegium in unterschiedlicher Zusammensetzung noch mehrfach einberufen, konnte sich aber weder auf eine einheitliche Diagnose noch ein entsprechendes Therapiekonzept einigen:

> Sämtliche Ärzte wurden nun gerufen, und die Krankheit des Autokrators war der Gegenstand ihrer Konsultationen. Sie waren jedoch verschiedener Meinung und uneinig untereinander; jeder diagnostizierte etwas anderes und versuchte, die Therapie nach seiner Diagnose auszurichten. (Übers. Reinsch: *Alexias* 550–551)

125 Alexandrides (1962) 72.

Anna berichtet weiterhin von unterschiedlichen Behandlungsversuchen mittels Aderlass, Kauterisation[126] und medikamentös, die aber sämtlich erfolglos blieben; sie selbst überwachte den Puls des Kranken bis zu seinem endgültigen Ableben.
Dass neben alternativen Fachgutachten auch die Expertise von Laienmedizinern (φιλίατροι) respektiert und gesucht wurde, ist aus der Kaisergeschichte (*Chronographia*) des byzantinischen Universalgelehrten Michael Psellos (1018–1078) zu erfahren, der während der Krankheit Kaiser Isaaks I. Komnenos (reg. 1057–1059) sehr zum Missfallen des behandelnden Arztes vom Kaiser um Rat gefragt wurde (Psellos, *Chronographia* VII, 74–75):

> Ich aber, der ich nichts davon [sc. von der Krankheit des Kaisers, Anm. d. Verf.] wusste, begab mich zu ihm hinaus, um ihn zu sehen und ihm, wie gewöhnlich, meine Aufwartung zu machen. Er jedoch begrüßte mich im Bett liegend. Nur eine kleine Leibwache war bei ihm, anwesend war aber auch der beste unter den Asklepiosjüngern. Nachdem er mich begrüßt und mir einen erfreuten Blick zugeworfen hatte, sagte er: „Du kommst gerade zur rechten Zeit", und dann gab er mir sogleich seinen Arm, damit ich eine Expertise zu seinem Pulsschlag abgäbe; er wusste nämlich, dass ich auch in der diesbezüglichen Kunst geübt war. (Übers. Reinsch: Psellos, *Chronographia* 679)

Weniger erfreut über Psellos Anwesenheit und über dessen von seinem Fachgutachten abweichende Meinung war der kaiserliche Leibarzt, der jedoch, wie die weitere Krankheitsentwicklung zeigte, in seinem Urteil Recht behalten sollte. Bei einem zweiten Besuch am Krankenbett Kaiser Isaaks I., nach gravierender Verschlechterung dessen Zustandes, tritt Psellos erneut in Widerstreit mit dem anwesenden Arzt (Psellos, *Chronographia* VII, 77–78):

> Doch bevor ich noch meine Finger an seine Handwurzel legen konnte, sagte der führende Arzt (es ist nicht nötig, seinen Namen zu nennen): „Du brauchst gar nicht erst die Arterie zu begutachten, denn der Pulsschlag ist bereits von mir geprüft worden, und zwar ist die kontinuierliche Abfolge der Schläge unterbrochen, nämlich der eine Schlag ist mit dem Finger deutlich zu fühlen, der nächste nur ganz schwach und wie der erste Schlag dem dritten entspricht, so der zweite dem vierten und so fort, ebenso wie bei den Schneideisen, die gezahnt sind." [78] Ich aber scherte mich wenig um diesen Mann und untersuchte eingehend die Bewegung der Arterie in jedem Intervall, doch konnte ich nicht feststellen, dass der Puls sägeartig ging, wohl aber, dass er schwächer ausschlug, und dass er nicht einem lahmen Fuß glich, sondern einem, der gefesselt ist und angestrengt versucht sich zu bewegen. (Übers. Reinsch: Psellos, *Chronographia* 680–681)

Obgleich Psellos die ärztliche Diagnose anzweifelt, ähnelt die geschilderte Konfrontation vielmehr einem intellektuellen Wettstreit als einer tatsächlichen Infragestellung des Fachgutachtens, denn die Argumentation des *philiatros* Psellos beschränkt sich auf reines Theoretisieren über die Pulsdiagnose, ohne jedoch dem Patienten das tatsächliche Risiko zuzumuten, den ärztlich verordneten Therapiemaßnahmen zu widerspre-

126 Unter Kauterisation versteht man einen operativen Eingriff, bei dem Gewebe mittels eines Brenneisens (Kauter) oder durch Ätzmittel (z. B. ungelöschtem Kalk) gezielt zerstört wird, vgl. Hau (2005) 730.

chen; die Auseinandersetzung mit dem Arzt bleibt auf der Ebene einer rein intellektuellen Kontroverse.

Weitere Expertisen, die zusätzliche Details zur Anamnese beitragen, und im Einvernehmen mit dem behandelnden Arzt eingeholt werden, dienen also nicht nur der juristischen Absicherung des Therapeuten, sondern, bestenfalls, als Korrektiv, auch der Optimierung der Therapie und damit der Verbesserung der Heilungschancen.[127] Anders verhält es sich allerdings im tatsächlichen Misstrauensfall, wenn der Patient das Vertrauen in den Arzt verliert oder sich von diesem, aus eigennützigen Motiven und Geldgier[128] übervorteilt glaubt und sich, um sich einer Über- oder Fehlbehandlung zu entziehen, iatromagischen Heilmethoden zuwendet, wie z. B. Exorzismen, rituellen Beschwörungen oder Amulettanwendungen.[129] Aus Rücksichtnahme auf die Skepsis mancher Patienten hat ein praktisch versierter und im Umgang mit unterschiedlichsten Patiententypen und -befindlichkeiten erfahrender Arzt wie Alexander von Tralleis (6. Jhd.) zahlreiche auf Sympathiewirkung beruhende und als „Naturheilmittel" (φυσικά) traditionell legitimierte Formen iatromagischer Heiltraditionen in seine Therapiekonzepte eingegliedert, da er es als medizinethische Verpflichtung eines seriösen Arztes betrachtete, die diversen Sorgen und Ängste – nicht nur die gesundheitlichen, sondern auch die vor finanzieller Übervorteilung – der Patienten ernst zu nehmen und entsprechend darauf einzugehen:[130]

> Ich weiss, dass man bei Anwendung der angegebenen Heilmethode keine weitere äussere Hilfe nöthig hat. Da aber viele Kranke, besonders wenn sie reich sind, weder Arzneien einnehmen, noch Klystiere anwenden lassen wollen und uns zwingen, durch wunderthätige Amulete den Schmerz zu beseitigen, so werde ich mich bemühen, auch hierüber mitzutheilen, was ich durch eigene Erfahrung und was ich durch glaubwürdige Freunde als nützlich kennen gelernt habe. (*AlexTrall.*, Ther. VIII, 2, Übers. Puschmann II, 374)

Der spätbyzantinische *Aktuarios* Johannes Zacharias (ca. 1275–1330) diskutiert im Rahmen seiner siebenteiligen Uroskopie (Περὶ οὔρων)[131] insgesamt elf klinische Fallbeispiele aus seiner eigenen Praxiserfahrung, die in sehr anschaulicher Weise sowohl das – nicht immer ungetrübte – Arzt-Patientenverhältnis zum Ausdruck bringen, wie auch auf eine offensichtliche Befreiung des behandelnden Arztes von der Haftungs-

---

127 Der Topos des „fremden", als zusätzliche Autorität hinzugezogenen Arztes behielt bis ins 15. Jhd. kontinuierlich Gültigkeit, vgl. Theod. Zygomalas, *Stephanitae et Inchnelatae metaphrasis* 65 (228 Stefou): Καὶ ἐκάλεσαν καὶ τὸν ξένον ἰατρὸν καὶ ἐρώτησάν τον ἐὰν ἡ ἰατρεία αὐτὴ χρησιμεύσῃ. Καὶ αὐτὸς θέλοντας νὰ φανῇ καλλίτερος, εἶπεν νὰ τὴν ἰατρεύσουν μὲ ἐντεριώνην καὶ ἄλλον ἐναντίον βοτάνι, ὅπερ, ἀφοῦ τὸ ἔπιεν ἡ ἀσθενημένη, ἀπέθανεν ἀπὸ λυσιντερίαν.

128 Die angebliche Geldgier der Ärzte ist ein sehr häufiger Topos, nicht nur in der medizinischen Literatur, vgl. Grimm-Stadelmann (2020) 7 mit etlichen Beispielen in Anm. 21.

129 Eutychiades (1983) 34; Grimm-Stadelmann (2020) 212–213.

130 *AlexTrall.*, Ther. VIII, 2 (II, 375 Puschmann; Guardasole 567).

131 JZA, *Ur.*: Ideler II (1842) 3–192.

pflicht hinweisen, wenn sich die Patienten den ärztlichen Anweisungen widersetzen oder wenn sie aufgrund fehlerhafter Expertisen anderer Ärzte zu Schaden kommen.[132] Auffällig ist bei diesen Fallbeispielen, dass sehr viele der genannten Patienten zunächst die verordneten Medikamente ablehnen und die Arzneimittel, vielfach wegen deren bitteren Geschmacks, nicht einnehmen wollen; im Zuge der anschließenden Diskussion mit dem behandelnden Arzt lassen sich manche schließlich überzeugen, den Anweisungen Folge zu leisten,[133] andere wiederum beharren auf ihrer Weigerung, einer der Patienten[134] allerdings äußert generelles Misstrauen gegenüber sämtlichen Ärzten. In immerhin drei Fällen[135] wird die Anwesenheit anderer Ärzte am Krankbett, die alternative oder ergänzende Behandlungsvorschläge (z. B. Phlebotomie, zusätzliche Purgative etc.) äußern, explizit betont. Der Fall einer Patientin ist besonders interessant:[136] sie klagt über starke Schmerzen im Bereich des Oberbauchs, unterhalb des Rippenbogens (*Regio hypochondriaca*), und Johannes Zacharias empfiehlt nach gründlicher Untersuchung des Urins eine purgierende Behandlung. Dies lehnt die Patientin zunächst ab, doch nachdem zwei weitere hinzugezogene Ärzte, ein syrischer Arzt und eine anerkannte medizinische Kapazität, die Richtigkeit der Therapie bestätigt haben, akzeptiert die Patientin schließlich und fügt sich in die Behandlung. Gerade dieses Beispiel zeigt einerseits, dass das byzantinische Gesundheitssystem gewisse Patientenrechte durchaus vorsah, wie z. B. das Recht, gegen therapeutische Maßnahmen Einspruch zu erheben und zusätzliche medizinische Gutachten zu fordern, was bedeutet, dass die behandelnden Ärzte ihre Therapiekonzepte stets entsprechend rechtfertigen mussten, andererseits zeigt es aber auch den Vorteil einer erfolgreichen Interaktion unterschiedlicher Expertisen zum Wohle beider Seiten, des Arztes und der Patienten.

132 Bouras-Vallianatos (2020) 74–103 mit detaillierter Analyse der einzelnen Fallbeispiele sowie Bouras-Vallianatos (2020) 70–74 zur Geschichte klinischer Fallbeispiele in der medizinischen Literatur, unter Hinweis auf die ausschließlich in arabischer Überlieferung erhaltenen Fallbeispiele bei Rufus von Ephesos, in denen bereits dieselben Ursachen, nämlich Widerstand gegen die ärztliche Verordnung und unzulängliche Empfehlungen anderer Ärzte, als Ursache für den letalen Ausgang in vier Fällen angeführt werden. Hier stellt sich allerdings die Frage, wie im konkreten Falle einer Gerichtsverhandlung dann die Entlastung des behandelnden Arztes gehandhabt wurde bzw. inwieweit Fremdverschulden seitens der Patienten oder anderer Ärzte nachgewiesen werden konnte.

133 JZA, *Ur.* VI, 12, 26–32 (Ideler II, 163,28–164,11); Bouras-Vallianatos (2020) 94–95.

134 JZA, *Ur.* VI, 7, 3–17 (Ideler II, 154,31–156,11).

135 JZA, *Ur.* VI, 12, 11–24 (Ideler II, 162,17–163,27); VI, 13, 5–14 (Ideler II, 165,9–166,16); VII, 13, 7–26 (Ideler II, 181,11–183,12).

136 JZA, *Ur.* VI, 13, 5–14 (Ideler II, 165,9–166,16).

Institutionen des Gesundheitswesens (*Xenones*) und deren Verankerung im Rechtssystem

Als Hauptstadt des byzantinischen Reiches war Konstantinopel auch ein bedeutendes medizinisches Zentrum, und zwar sowohl für die gesundheitliche Versorgung in den zahlreichen hauptstädtischen Krankenhäusern (*Xenones*)[137] wie in Hinblick auf die an diesen *Xenones* stattfindende Ausbildung des medizinischen Nachwuchses.[138] Obgleich einige dieser Krankenhäuser in der Rechtsliteratur sogar namentlich erwähnt werden – *Basilika* und *Tipukeitos*, aber auch eine Reihe westlicher Quellen, erwähnen explizit den Sampson-*Xenon*,[139] und der *Hexabiblos* des Harmenopoulos nennt diverse Krankenhäuser innerhalb und außerhalb des Stadtgebietes von Konstantinopel – sind die Hauptquelle für deren interne administrative und medizinische Organisation vielmehr die *Typika*.[140] Etliche davon[141] gewähren zwar sehr detaillierte Einblicke in Aufnahmeregelungen, administrative Zuständigkeiten und Verwaltungschargen, ärztliche Hierarchien und Ausbildungsstrukturen, Organisation der ärztlichen und pflegerischen Dienstpläne sowie Honorarregelungen, Verpflegung der Patienten, therapeutische Schwerpunkte, Regelungen bezüglich der Instandhaltung des chirurgischen Instrumentariums[142] und Zurverfügungstellung von medizinischem Verbrauchsmaterial, hygienische Bestimmungen sowie die Interaktion zwischen Ärzten und Pharmazeuten und generell den Umgang mit Arzneimitteln. Der nach wie vor kontrovers diskutierten

137 Vgl. Bennett (2017) 12–13 mit tabellarischer Gesamtaufstellung der im Stadtgebiet von Konstantinopel nachgewiesenen *Xenones*; Eutychiades (1983) 50; Horden (2007) 217–218, der darauf aufmerksam macht, dass nur für eine Minderheit dieser Einrichtungen ein fixes ärztliches Personal nachweisbar ist („doctored hospitals"): „How many of these actually admitted the sick and included medical facilities is, naturally, unknowable. But on any estimation it is clear that explicitly ‚doctored' hospitals were a minority." Ferner weist er auf den ephemeren Charakter von Krankenhausinstitutionen hin, weshalb auch keine verbindlichen Aussagen möglich seien, wann wie viele und welche Krankenhäuser über welchen Zeitraum hin tatsächlich in Funktion waren.

138 In Konstantinopel war, im Gegensatz zu anderen Städten des Byzantinischen Reiches, eine optimale Ausbildungssituation gewährleistet, vgl. das entsprechende Schreiben (Epist. 10) des Georgios Lakapenos an Johannes Zacharias: GeorgLakap, *Epist* 10 (80–82 Lindstam), Bouras-Vallianatos (2020) 20–23.

139 Vgl. dazu Stathakopoulos (2005) 147–149, 153–154.

140 Grundlegend dazu vgl. Volk (1983); vgl. auch Birchler-Argyros (1998).

141 Insbesondere das *Typikon* des Pantokrator-*Xenons*, das trotz all der damit verbundenen Problematik aufgrund seiner Ausführlichkeit und Detailtreue nach wie vor den Ausgangspunkt für sämtliche Überlegungen zur Organisation byzantinischer Krankenhäuser darstellt, vgl. Horden (2007) 219– 225 sowie Daskalakis *et al.* (2019). Zur Problematik vgl. Horden (2007) 219: „The obvious disadvantage of using this extensive text is that it tells us how things were intended to be, not how they were", wobei er die Rechtsverbindlichkeit der *Typika* als „no more than statements of intent" (a. a. O. 224) generell hinterfragt.

142 Eutychiades (1983) 39; Bliquez (1984) 187–204; Bliquez (1999) 291–322; *PantTyp* 1271–1279 (105 Gautier).

Frage, ob die überlieferten *Typika* tatsächlich die Organisation eines real existierenden Klinikalltags aufgezeichnet haben oder vielmehr eine vielleicht nur teilweise und zu bestimmten Zeiten realisierte Idealvorstellung solcher Versorgungsstrukturen wiedergeben,[143] verleiht Peregrine Horden mit seiner Vermutung islamischen Einflusses eine neue und gerade vor dem Hintergrund der *xenonika biblía* äußerst interessante Dimension.[144] Bei den *xenonika biblía* handelt es sich um Aufzeichnungen, welche in der handschriftlichen Überlieferung diversen im Stadtgebiet von Konstantinopel angesiedelten klinischen Institutionen zugewiesen sind.[145] Sie zeichnen sich durch eine mehr oder weniger betonte Mischung aus genuin griechisch-byzantinischen und arabisch-jüdischen Rezeptüberlieferungen und Therapiekonzepten aus, die eine transkulturelle Kooperation zwischen Ärzten aus unterschiedlichen Kulturkreisen vermuten lässt, im Sinne einer institutionell angebundenen multikulturellen ‚Fachcommunity'. Auf eine solche lassen darüber hinaus auch die namentlichen Zuweisungen der Rezepturen und Heilkonzepte an bestimmte Ärztepersönlichkeiten (Eustathios, Michael, Stephanos, Theodoros, aber auch Abram Sarakenos, Benjamin etc.) schließen, mit denen zwar keine historisch unmittelbar greifbaren Persönlichkeiten[146] in Verbindung gebracht werden können, die jedoch aufgrund ihrer hochrangigen Titel (v. a. *archiatros, basilikos archiatros, aktuarios*) im institutionellen Ambiente verankert scheinen. Auch die entsprechenden handschriftlichen Überlieferungsgemeinschaften, welche die *xenonika biblía* beinhalten, sind gleichermaßen multikulturell geprägt, indem sie neben den traditionellen griechischen Quellen auch Übersetzungen, Paraphrasen und Exzerpte arabischer, jüdischer, syrischer und persischer Fachliteratur einschließen.

Peregrine Hordens Einschätzung der *xenonika biblía* als Dokumentation einer medizinischen Tradition, an der „nothing distinctive about" sei bzw. die „no generic diffference between remedies and treatments ascribed to hospitals in the manuscripts and those which are either anonymous or appear under an illustrious name"

143 Ein detaillierter Überblick über die verschiedenen Positionen findet sich bei Horden (2007) 213–235.

144 Horden (2007) 225: „If the Pantokrator hospital was unique to Byzantium perhaps it reflected Islamic influence. [...] These (i. e. the Islamic hospitals, Anm. d. Verf.) were highly elaborate foundations, staffed by physicians, sometimes associated with medical education, prominent in the medical scholarship of their time – conforming in fact very nicely to the optimistic image of the byzantine hospital." Vgl. auch Horden (2013) 145–164.

145 Vgl. den Überblick über die Quellensituation bei Horden (2007) 229–230 sowie die ausführlichen Analysen der einzelnen Textgruppen in ihrem jeweiligen Umfeld von Bennett (2017); ein detaillierter Vergleich der *xenonika biblía* mit den arabischen *aqrabadhinat* anhand ausgewählter Textbeispiele findet sich bei Horden (2013) 149–164.

146 Dies ist ein ganz bedeutender Unterschied zu ihren Kollegen an den arabischen Krankenhäusern, die in den meisten Fällen als historische Persönlichkeiten in ganz konkreten Positionen an den jeweiligen *Bimaristan*-Institutionen fassbar sind, und deren Schriften in speziell für den Spitalsbedarf erstellten Redaktionen vorliegen: Horden (2013) 155. Von den byzantinischen (Spitals?-)Ärzten hingegen kennen wir ausschließlich Namen und Titel, gelegentlich noch einige wenige und zumeist recht spärliche Zusatzinformationen aus Siegeln.

erkennen lasse,[147] wäre vor diesem Hintergrund vielleicht doch etwas zu revidieren: die *xenonika biblía* spiegeln in besonderem Maße ein von transkultureller Kooperation, kontinuierlicher Evaluation und erfahrungsbasiertem Wissenszugewinn (διὰ πείρας) geprägtes professionell-klinisches und zugleich lebendiges Umfeld wieder, das sich in der Tat sehr deutlich von der viel stärker theoretisch orientierten Universitätsmedizin westlicher Prägung unterscheidet. Ein weiteres Alleinstellungsmerkmal der *xenonika biblía* liegt in deren impliziter professioneller Terminologie, die von zahlreichen Wortneuschöpfungen und *Hapax*-Formen gekennzeichnet ist, worauf David Bennett explizit hingewiesen hat.[148] Das autoritative Element der *xenonika biblía* wird demnach nicht durch Zuschreibung an eine (namentlich genannte) ärztliche Autorität konstituiert, sondern durch kontinuierliche Evaluation der Therapiekonzepte seitens einer ganz unterschiedlich fokussierten professionellen ‚Fachcommunity'. Bislang nach wie vor ungeklärt bleibt jedoch die Verankerung dieser Form eines Krankenhauswesens, das sicherlich als genuin byzantinisch anzusprechen ist, innerhalb der jeweils geltenden und epochenspezifischen Rechtsnormen: inwieweit waren die dort tätigen ausländischen Ärzte denselben rechtlichen und administrativen Strukturen unterworfen wie ihre griechischen Kollegen? Welche juristische Position hatten sie im Rahmen der jeweiligen Institutionen inne?[149] Das *Typikon* des Pantokrator-*Xenons* enthält einen Absatz, in dem den Spitalsärzten untersagt wird, einer Nebentätigkeit außerhalb des Krankenhauses nachzugehen, so dass ihre Tätigkeit ausschließlich auf dieses beschränkt bleiben sollte[150] – wobei unklar ist, ob und in welchem Maße diese Vorgaben *realiter* umgesetzt wurden.

Die zur Finanzierung solcher Einrichtungen notwendigen Mittel stammten zu einem großen Teil aus privaten, staatlichen und kirchlichen Stiftungen, deren Zuteilung gesetzlich genau geregelt war,[151] und die von wesentlicher Bedeutung für das byzantinische Gesundheitswesen waren. Private Stiftungen, die zumeist über Darlehen, Schenkungen und entsprechende testamentarische Regelungen finanziert wurden, beinhalteten in vielen Fällen auch einen Memorialaspekt für die Stifterpersönlichkeit bzw. deren Familien.[152] Als die vorrangigen Ziele privater Stifter verzeichnen die *Basilika*,

---

147 Horden (2007) 230.

148 Vgl. dazu z. B. Bennett (2017) 100 *et passim*. Besondere Beachtung verdienen darüber hinaus auch die zahlreichen, in den einschlägigen Handschriften enthaltenen Annotationen, welche diesen Fachdialog in hohem Maße widerspiegeln, doch nach wie vor der eingehenden editorischen und analytischen Bearbeitung bedürfen.

149 Vgl. dazu Bennett (2017) 108 mit Hinweis auf einen *aktouarios* und *basilikos archiatros* namens Abram Sarakenos, der offensichtlich, aufgrund seiner Titel, am Mangana-Xenon eine höhere Position als seine griechischen Kollegen Stephanos und Theodoros innehatte.

150 PantTyp. 1305–1312 (107 Gautier); Horden (2007) 221.

151 Eutychiades (1983) 82–90 mit Beispielen aus den *Basilika*, den *Novellen* Leons VI. sowie den Patriarchatsakten; Stathakopoulos (2005) 147–157.

152 Stathakopoulos (2005) 151–153 am Beispiel der kaiserlichen Stiftung des Lips-Spitals seitens der

die *Novellen* diverser Kaiser, die Patriarchatsakten sowie der *Hexabiblos* des Harmenopoulos und das *Syntagma* des Matthaios Blastares (14. Jhd.) kontinuierlich den Aspekt der Wohltätigkeit: „εἰς πτωχῶν ἀποτροφὰς καὶ εἰς εὐσεβεῖς αἰτίας“ sowie die Sorge um das persönliche Seelenheil.[153] Weitere Finanzmittel stammten aus Darlehen, Hypotheken, sowie, dem *Procheiros Nomos* (2, 15: 154 Zepos) zufolge, gelegentlich auch aus dem Immobilienhandel. Wohltätige Einrichtungen wurden darüber hinaus auch mittels wirtschaftlicher Privilegien und Steuerbegünstigungen gefördert.[154] Eine Sonderstellung inmitten des byzantinischen Krankenhauswesens nehmen die Leprosarien[155] als Spezialkliniken bzw. Asyle mit vorrangig palliativer Behandlung ein; sie befanden sich zumeist außerhalb der Städte oder auf die Inseln ausgelagert (wie später dann auch spezielle ‚Seuchenkliniken', und wurden, ebenso wie psychiatrische Spezialkliniken, nicht ausschließlich, aber zu einem großen Teil durch kirchliche Förderung finanziert, jedoch wurden auch die Familien der Insassen zu Unterhaltsbeiträgen verpflichtet.[156] Wie die entsprechenden Analysen von Timothy Miller und John Nesbitt deutlich zeigen, ist die Abgrenzung zwischen „Krankenhaus“ (*Xenon*) und Leprosarium in den byzantinischen Quellen nicht immer eindeutig, denn die Bezeichnung λωβοτροφεῖον erscheint nur recht selten. Aus diesem Grund vermuten Miller und Nesbitt, dass auch πτωχοτροφεία und γεροκομεία, als Institutionen zur palliativen Versorgung alter oder unheilbar kranker Menschen, Lepröse beherbergten. Den Rechtsquellen wiederum ist zu entnehmen, dass bereits in der justinianischen Gesetzgebung die kirchliche Autorität über wohltätige Einrichtungen zivilrechtlich bekräftigt wurde, zugleich aber auch wohlhabenden Privatpersonen ein Mitspracherecht bei der Aufsicht über die von ihnen finanzierten Einrichtungen eingeräumt wurde. Die Erweiterung, der Ausbau und, wenn notwendig, auch die Renovierung von wohltätigen Versorgungsanstalten, Krankenhäusern und Spezialkliniken gleichermaßen, wurde zunehmend von kaiserlicher Seite finanziert, entweder in Form von privaten Stiftungen einzelner Kaiser und deren Familienangehörigen, oder im Rahmen staatlicher Fördermaßnahmen.[157]

Kaiserinwitwe Theodora Doukaina Komnene Palaiologina. Daneben sind weitere wohltätige Stiftungen seitens Angehöriger der byzantinischen Oberschicht nachweisbar; interessant sind auch vergleichbare Stiftungen außerhalb Konstantinopels, in der Provinz: vgl. Stathakopoulos (2005) 153–154 zu einem Krankenhaus in Korinth. Seit Ende des 13. Jahrhunderts lassen sich zudem auch eine größere Anzahl Stiftungen ausländischer Fürsten, insbesondere der serbischen Nemanjiden, nachweisen, so beispielsweise etliche Zuwendungen an die Klöster auf dem Athos, aber auch eines der bedeutendsten Krankenhäuser in Konstantinopel, der Kral-*Xenon*, gestiftet von Stephan Uroš II. Milutin (1282–1321): vgl. Stathakopoulos (2005) 155–156 und, speziell zum Kral-*Xenon*, Birchler-Argyros (1988) 419–444 sowie Grimm-Stadelmann (2023) 1023–1040.

153 Eutychiades (1983) 83–84.

154 Eutychiades (1983) 86–87.

155 Miller/Nesbitt (2014) 72–95.

156 Eutychiades (1983) 88–89; Miller/Nesbitt (2014) 90–92.

157 Miller/Nesbitt (2014) 90.

Der ärztliche Alltag: Arzneimittel und Therapiekonzepte

Was den Umgang mit Arzneimitteln und generell der *materia medica* betrifft, so lässt sich, wie in der Folge erläutert wird, eine gewisse Diskrepanz zwischen den juristischen und den medizinischen Quellen feststellen. Die Rechtsquellen konzentrieren sich in erster Linie auf die eindeutige Zuweisung und Etikettierung der *materia medica*;[158] in ihrem Fokus stehen demzufolge eher die Apotheker und Salbenhändler, die unmittelbar äußerst strengen Kontrollen hinsichtlich Besitz, Vertrieb und Bepreisung der Arzneimittel unterworfen sind.[159] Dem Zeremonienbuch Kaiser Konstantinos VII. Porphyrogennetos ist eine sehr detaillierte Auflistung an Arzneimitteln und pharmakologischen Ingredienzien zu entnehmen,[160] die als notwendiger Inhalt einer ‚Reiseapotheke' zur Mitnahme bei diversen Expeditionen galten und deren Besitz als unbedenklich eingestuft wurde. Bei anderen Arten der *materia medica* wiederum, insbesondere Blut, das ein wesentlicher Bestandteil zahlreicher Therapiekonzepte war,[161] Narkotika (Opium, Mandragora, Schierling etc.), Theriak oder giftigen Pflanzen sowie als „gefährlich" eingestuften Tier- und Insektenarten[162] ist deren Besitz, Vertrieb und Anwendung sowohl im kanonischen wie auch im Zivilrecht (Pandekten, Basilika, Novellen) ausdrücklich verboten und unter Strafe gestellt:

> Κατέχεται τῷ περὶ ἀνδροφόνων νόμῳ καὶ ὁ πιμεντάριος προπετῶς διδούς τινι φάρμακον ἢ σαλαμάνδραν ἢ ἀκόνιτον ἢ πιτυοκάμπην ἢ βούβρωστιν ἢ μανδραγόραν ἢ κανθαρίδας [...].[163]
>
> Unter das Mordgesetz fällt auch der Apotheker, der jemandem vorsätzlich ein Gift gibt, sei es Salamander oder Eisenhut oder *Pityokampe*-Raupe (sc. die Raupe des Pinien-Prozessionsspinners [*Thaumetopoea pityocampa, Traumatocampa pityocampa*], Anm. d. Verf.) oder *Buprestis* (sc. wohl eine Ölkäferart [*Meloidae*] und von den heute als Buprestiden bezeichneten Prachtkäfern zu unterscheiden; die Etymologie bezieht sich auf den Tatbestand, dass sein versehentlicher Verzehr durch weidende Rinder bei diesen schwere, häufig tödliche Cantharidinvergiftungen auslöst, Anm. d. Verf.) oder Alraune (sc. Mandragora, Anm. d. Verf.) oder *Kanthariden* (sc. Ölkäfer [*Meloidae*] oder auch Blasenkäfer genannt, ‚Spanische Fliegen', die das Reizgift *Cantharidin* absondern, Anm. d. Verf.) [...]. (Übers. d. Verf.)

---

158 Eutychiades (1983) 71–72.

159 Eutychiades (1983) 72–76.

160 Const.Porphyr., Treatises C 205–223 (106–108 Haldon); Eutychiades (1983) 72.

161 Vgl. Grimm-Stadelmann (2020) 355 (Blut und Galle als Bestandteile in Augenrezepten), 372 (Rabenblut gegen Nasenpolypen), 417–420 (pulverisiertes Bocksblut gegen Nierensteine), 569–571 (Eigenbluttherapie bei Anfallsleiden), 571–573 (‚Gladiatorenbluttherapie', ebenfalls bei Anfallsleiden).

162 Zu „Insekten als *Materia Medica*" vgl. Grimm-Stadelmann, i. Druck.

163 *Basilika* 60,39,3 (A VIII, 3004–3005 Scheltema/van der Wal); vgl. auch mit derselben Auflistung verbotener *materia medica*: *Appendix Eclogae* V.1 (107–108 Burgmann/Troianos), *Prochiron* 39, 219 (302 Zepos); *Synopsis maior* Φ II,1 (565 Zepos); *Nomokanon* II, 91 (109 Stolte/van der Wal). Vgl. auch Eutychiades (1983) 74.

In der Fortsetzung der Passage wird im Todesfall nicht nur der die Arzneimittel verhandelnde Apotheker des Mordes für schuldig befunden, sondern auch der für die Therapie verantwortliche Arzt:

> ἀποθανόντος γὰρ τοῦ λαβόντος, κἂν μὴ ἐπὶ φόνῳ δέδωκεν, ὁ δοὺς ἰατρὸς ὡς ἀνδροφόνος κολάζεται ὡς τῆς τέχνης καταψευδόμενος.[164]
>
> Wenn nämlich der (Patient) nach Einnahme (des Arzneimittels) verstirbt, wird der Arzt, der es ihm verabreicht hat, als Mörder bestraft, auch wenn er nicht vorsätzlich gehandelt hat, da er sein Handwerk falsch ausgeübt hat. (Übers. d. Verf.)

An diesem Beispiel wird die Diskrepanz zwischen der Rechtskodifizierung und der tatsächlichen Praxis sehr deutlich, denn sämtliche der genannten pflanzlichen und tierischen *pharmaka*[165] und darüber hinaus noch etliche mehr, wie beispielsweise Arsen, Bilsenkraut, Nachtschatten, Helleborus, Hermodaktylen (sc. Herbstzeitlose, *Colchicum autumnale*), Opium und Schierling finden sich bereits bei Dioskurides als Bestandteile zahlreicher zusammengesetzter Arzneimittel, die, ebenso wie die unterschiedlichen Formen von Theriak, in der gesamten byzantinischen medizinischen Literatur regelmäßig beschrieben und im Rahmen unterschiedlichster Therapiekonzepte zur Anwendung empfohlen werden. Auch wenn Ärzte wie z. B. Alexander von Tralleis oder Paulos Aiginetes in ihren Schriften wiederholt zu einem verantwortungsbewussten Umgang mit Medikamenten und deren individuell angepasster Dosierung mahnen,[166] zeigt gerade die weitläufige Rezeptliteratur[167] des byzantinischen Zeitalters einen regulären Umgang mit sämtlichen Spielarten einer äußerst reichhaltigen *materia medica*. Im Rahmen dieses Beitrages kann nur darauf hingewiesen werden, dass gerade auf dem

---

164 *Basilika* 60, 39, 3 (A VIII, 3004–3005 Scheltema/van der Wal).

165 Zu unterschiedlichen Arten von Giften und deren Anwendung in nachweislich mörderischer Absicht vgl. Laskaratos (1994) mit detaillierter Analyse vornehmlich historischer Quellen.

166 *AlexTrall.*, Ther. XII (II, 561 Puschmann) im Falle von Opium und Hermodaktylen, vgl. Grimm-Stadelmann (2020) 432–433; ferner vgl. *PaulAeg.* III, 78 (zu Hermodaktylen). Hierzu vgl. auch einen Passus in der *Ekloga* B 2, 3, 67 (111 Burgmann), der besagt, dass die Ärzte aufgrund ihres Fachwissens für die therapeutisch erforderliche Medikation verantwortlich seien: τὰ γὰρ θεραπευτικὰ φάρμακα τῇ τῶν ἰατρῶν ἐπιστήμῃ μᾶλλον ἁρμόζουσιν. Demzufolge gilt das Fachwissen, die ἐπιστήμη, als Kriterium für die Qualitätsbeurteilung von Ärzten, nicht jedoch sein tatsächliches (praktisches) medizinisches Können: Eutychiades (1983) 17–18.

167 Vgl. das *Dynameron* des Nikolaos Myrepsos (ed. Valiakos 2019) als wohl umfangreichster Vertreter der byzantinischen Rezeptliteratur, daneben aber auch die Vielzahl an privaten Rezeptsammlungen, die sog. *Iatrosophia*, die bis weit in die postbyzantinische Zeit hinein in Gebrauch waren. Gerade in letzteren werden häufig ausgesprochen starke Medikamente für vergleichsweise geringfügige Beschwerden empfohlen, so z. B. stark quecksilberhaltige Salben bei dermatologischer Symptomatik oder die Verwendung von Opiaten und Seidelbastsamen in ‚Beruhigungsmitteln', die schreienden Kleinkindern verabreicht wurden: vgl. Grimm-Stadelmann (2021) 230–232. All diese Rezepturen waren sicherlich nicht unbedingt gesundheitsfördernd, doch lassen die bislang bekannten Quellen, zumindest gemäß dem aktuellen Forschungsstand, keine strafrechtliche Verfolgung ihres Gebrauchs erkennen.

Gebiet der Pharmakologie die Diskrepanz zwischen Theorie und Alltagspraxis äußerst evident ist, weshalb eine eingehende quellenkritische und komparative Untersuchung des gesamten Themenkreises unbedingt erforderlich ist.

Ein weiterer Bereich innerhalb der Pharmakologie, der nach wie vor der Forschung bedarf, ist derjenige der Arzneimittelfälschungen und deren strafrechtlicher Verfolgung. Etliche medizinische Schriften warnen nämlich eindringlich vor ge- bzw. verfälschten Arzneimitteln,[168] deren Anwendung nicht nur keinerlei Heilerfolg erzielt, sondern, schlimmstenfalls, den Patienten sogar gravierende Schäden zufügt. Damit in engem Zusammenhang steht die Frage nach Kommunikation und Interaktion zwischen Ärzten und Apothekern bzw. Arzneimittelhändlern sowie nach entsprechenden (gesetzlich vorgeschriebenen?) Prüf- bzw. Kontrollmechanismen.

Nicht nur die Arzneimittel selbst, deren Vertrieb seitens der Apotheker und ihre Verabreichung seitens der Ärzte, sondern auch die einzelnen Behandlungsformen und Therapieverläufe, insbesondere die Nachsorge nach operativen Eingriffen, finden in der Rechtsliteratur Erwähnung.[169] In kritischen Fällen, so z. B. bei Geburtskomplikationen, waren die Ärzte verpflichtet, Entscheidungen zu treffen, denen seitens der Angehörigen dann auch Folge geleistet werden musste, es sei denn, sie nahmen ihr Recht auf Einholung einer zweiten Expertise in Anspruch; zugleich waren aber auch die Grenzen der ärztlichen Fürsorgepflicht genau fixiert.[170] Die Behandlungskosten für reguläre Therapien trugen im Falle freischaffender Ärzte die Familien der Patienten, Spitalsangestellte wurden sämtlich aus dem Vermögen der einzelnen Krankenhäuser finanziert und staatlich angestellte Ärzte bezogen ein fixes Jahreshonorar, das sie mit Sondereinkünften aus Gutachtertätigkeiten ergänzen konnten,[171] jegliche Form von Bestechung galt im medizinischen Bereich als strikt verboten.[172] Aus den von Aristoteles Eutychiades untersuchten Quellen geht jedoch nicht hervor, inwieweit die Ärzte

168 Insbesondere *Dioskurides* II, 24 (Verfälschung von Biberhoden durch Ammoniak und Gummi); III, 51 (Fälschung des Berg-Laserkrautes durch ähnlich aussehende Samen, sowie mit Fenchel- und Zirmetsamen); III, 83 (Gummiwurzel, *Ferula galbaniflua*, wird verfälscht durch Harz, Bohnenmehl und Ammoniak); IV, 64 (Verfälschung von Mohnsaft durch Glaucium, Gummi und Saft von wildem Lattich); V, 126 (gefälschter Hämatit). Letzteres ist besonders interessant, da Dioskurides hier nicht nur das Ergebnis, sondern auch den Vorgang eingehend beschreibt: „Manche fälschen den in Rede stehenden (Stein) folgendermaßen: sie nehmen einen großen runden Klumpen Spaltstein – derartige Stücke nennt man Wurzeln – und graben ihn in heiße Asche, die sich in einem bauchigen Gefäß befindet; nach einer kurzen Wartezeit nehmen sie ihn heraus, rauen ihn mit einer Feile auf und prüfen, ob er die Farbe des Blutsteins angenommen hat." (Übers. Aufmesser 338). Zu weiteren Arzneimittelfälschungen vgl. z. B. Oreibasios, Coll. med. XI, M 12 (bzgl. Mohnsaft; 121 Raeder), XII, N 1 (bzgl. Narde; 125–126 Raeder), XII, O 17 (bzgl. Biberhoden; 130 Raeder), XIII, Λ, 5 (bzgl. Hämatit; 170 Raeder).

169 Eutychiades (1983) 38.

170 Eutychiades (1983) 26, 41–42, mit Beispielen, wo das Leben des Kindes gegen das der Mutter abgewogen wird.

171 Eutychiades (1983) 30–33, 74.

172 Eutychiades (1983) 78.

berechtigt waren, unbeglichene Honorarforderungen vor Gericht geltend zu machen, und welche juristischen Mittel ihnen zur Verfügung standen, offene Forderungen einzutreiben. Im Falle der Notwendigkeit einer ärztlichen Therapie bei aufgrund von Gewalttätigkeiten (Schlägereien etc.) verursachten gesundheitlichen (physischen und psychischen!) Schäden, oblag den Schadensverursachern die Pflicht, für die gesamten Behandlungskosten inklusive der medizinisch notwendigen Nachsorge aufzukommen.[173]

Ebenfalls eine Diskrepanz zwischen Rechtsvorschrift und Alltagspraxis herrscht im Falle von Verstümmelungen bzw. körperlichen Strafmaßnahmen, wie insbesondere Kastration und Blendung: einerseits galten solche Maßnahmen als strikt verbotene strafbare Handlungen,[174] andererseits waren Eunuchen in Byzanz keine Seltenheit und besetzten als „Hofeunuchen" sehr häufig hohe Ämter im Staatsdienst.[175] Die medizinische Literatur des byzantinischen Zeitalters beinhaltet zum Teil sehr detaillierte Hinweise zur professionellen Durchführung von Kastrationen gemäß zweier unterschiedlicher Methoden (Zerquetschen und Resektion der Hoden) sowie ausführliche Informationen zu Nachsorgemaßnahmen,[176] woraus zu schließen ist, dass Kastrationen in der Alltagspraxis von Ärzten fachmännisch durchgeführt wurden und in den meisten Fällen wohl auch nicht strafrechtlich verfolgt wurden. Ähnlich verhält es sich mit der Blendung, einer im byzantinischen Zeitalter weit verbreiteten Strafmaßnahme,[177] die allerdings zumeist nicht von einem Arzt, sondern von einem Henker (δήμιος) ausgeführt wurde, über dessen medizinische Kenntnisse (Grundwissen?) die Quellen keine weiterführenden Aussagen enthalten. Die (medizinisch-professionelle oder rein pflegerisch-palliative?) Nachsorge der Verletzungen des Geblendeten wurde, den historischen Quellen zufolge, zumeist im Familienkreis oder in Klöstern übernommen; die medizinische

173 Vgl. *Basilika* 12,1,50 (A II, 685 Scheltema/van der Wal): (...) εἰ μὴ διὰ τὴν ἐμπορίαν οὐκ ἐλάμβανε, τὸ μέρος τῆς ζημίας ἐπιγινώσκει ὁ κοινωνὸς καὶ τῶν περὶ τὴν ἰατρείαν δαπανῶν; *Basilika* 53 Appendix (restituta) 7 (A VII, 2469–2470 Scheltema/van der Wal): (...) καὶ πηρώσει ἢ λὰξ δώσει καὶ συμβῇ κήλην ποιῆσαι, δώσει ὁ κρούσας τὰ ἰατρεῖα καὶ ὑπὲρ μὲν τοῦ ὀφθαλμοῦ χρυσίνους δώδεκα, ὑπὲρ δὲ τῆς κήλης χρυσίνους δέκα· εἰ δὲ ὁ λὰξ κρουσθεὶς ἀποθάνῃ, ἔνοχος ἔσται ὁ κρούσας τῆς (...); vgl. ferner *Synopsis maior*, N I, 23 (438–439 Zepos).

174 Vgl. z. B. *Prochiron Legum* 40, 19 (322 Brandileone/Puntoni), worin die Kastration eines Sklaven mit der Todesstrafe geahndet wurde, und zwar sowohl für den Auftraggeber wie auch für den ausführenden Arzt: εἰ δὲ ὁ εὐνουχήσας ὑπάρχει δοῦλος, κεφαλικῶς τιμωρεῖται, καὶ ὁ ἰατρὸς ἐκτεμὼν καὶ ὁ ἑαυτὸν δεδωκὼς εἰς τομήν.

175 Dazu vgl. das aktuelle Dissertationsprojekt von Konstantinos Diados (Thessalonike), "Eunuchs and power in the byzantine Empire (867–1204)"; zu den Hofeunuchen vgl. Tougher (2016) 266–267 mit Bibl. auf 270–271.

176 Am detailliertesten beschrieben bei Paulos Aiginetes: *PaulAeg* VI, 68.

177 Zum byzantinischen Strafenkatalog vgl. Troianos (1992) 55–74; speziell zur Blendung vgl. Lampsides (1949) sowie Schreiner (2015) 173–177 mit Schilderung der drei gängigsten Blendungsmethoden, mittels einer heißen Flüssigkeit (siedendem Öl), durch Berührung mit einem glühenden Eisen oder durch Ausstechen der Augenlinse.

Literatur müsste nach dahingehenden Informationen erst noch eingehend überprüft werden. Peter Schreiner hat äußerst treffend auf das Phänomen hingewiesen, dass „die Blendung [...], wie viele andere körperliche Strafen in Byzanz, keine Wiederspiegelung in den Gesetzen [findet], sondern nur in der Praxis, die man aus den verschiedenen schriftlichen Quellen ermitteln muss."[178] Damit liegt auf der Hand, dass im Bereich des byzantinischen Rechtswesens ein ebensolche Diskrepanz zwischen schriftlich fixierter traditioneller Überlieferung und tatsächlicher Alltagspraxis vorliegt, wie, analog, in manchen Bereichen der byzantinischen Heilkunde.

Zusammenfassung und Ausblick

Der vorausgehende Abriss besitzt die Intention, ausgehend von dem Postulat des byzantinischen Arztes Paulos Aiginetes und strukturiert nach unterschiedlichen zentralen Themen des byzantinischen Gesundheitswesens, die von Aristoteles Eutychiades erbrachte Pionierleistung wiederaufzugreifen, neu zu fokussieren und entsprechend zu ergänzen. Im Verlauf der dafür notwendigen Recherchen konnte einerseits eine Vielzahl an Berührungspunkten zwischen den beiden Disziplinen Medizin und Recht im byzantinischen Zeitalter festgestellt werden, Gemeinsamkeiten, die keineswegs auf inhaltliche und thematische Aspekte beschränkt bleiben, sondern gleichermaßen intratextuelle Strukturen wie auch Überlieferungs- und Rezeptionsformen der einschlägigen Primärquellen miteinschließen. Bei dem Umfang des in beiden Disziplinen vorhandenen Quellenmaterials ist es plausibel, dass die damit verbundene Recherche ganz zwangsläufig nicht nur umfängliche, sondern auch äußerst komplexe neue Fragestellungen generieren musste, deren ausführliche Behandlung den Rahmen dieses Beitrages gewaltig sprengen würde. Hinzu kommt, dass die meisten dieser, im Kontext der einzelnen Kapitel des vorliegenden Beitrages entstandenen Fragen bereits selbst wieder Ausgangspunkte für weiterführende Forschungsarbeiten markieren und somit ein hoher Bedarf an entsprechenden transdisziplinären, quellenkritischen und komparatistischen Einzelanalysen besteht. Wie gezeigt, beinhaltet das vorhandene Quellenmaterial umfängliches Potential für eine Vielzahl spezifischer Studien. Primäres *Desideratum* einer komparatistischen Forschung, welche die Bereiche der byzantinischen Medizin und des byzantinischen Rechts verbindet, wäre demnach die eingehende Analyse von Kontinuität und Diskontinuität traditioneller schriftlicher Überlieferungen in beiden Disziplinen, verbunden mit der Erforschung offensichtlicher Diskrepanzen zwischen Aufzeichnungen und Alltagspraxis. Zu untersuchen wären weiterhin die vielfältigen Komponenten eines byzantinischen ‚Ärzterechts', so z. B. die rechtliche Positionierung der unterschiedlichen ärztlichen Individuen und Ärztegruppierungen,

178 Schreiner (2015) 174.

der Stellenwert von ‚Berufskongregationen' innerhalb des Medizinalwesens mit deren klarer Differenzierung vom westlich-abendländischen Zünfte- und Gildenwesen, sowie die Institutionen des byzantinischen Gesundheitswesens und deren Verankerung im gültigen Rechtssystem.

Vor diesem Hintergrund erfüllt der vorliegende Beitrag, als *work in progress*, den Zweck einer Bestandsaufnahme und Einführung in die Komplexität der Thematik, zugleich versteht er sich aber auch als Anstoß zu weiterführenden Forschungen zu den genannten Fragestellungen und darüber hinaus, im Sinne der von Ferdinand Sauerbruch (1875–1951), dem Pionier der neuzeitlichen Thoraxchirurgie, kulturgeschichtlich begründeten Interaktion von Medizin und Recht:

> Heilkunde und Rechtsprechung gehören zu den ursprünglichen Äußerungen menschlicher Gemeinschaft. Mit steigender kultureller Entwicklung haben beide breitere Berührungsflächen gewonnen. Für den Arzt sind Kenntnis und Beachtung gesetzlicher Verpflichtungen unerläßlich; der Richter, der Verstöße gegen sie zu beurteilen oder zu ahnden hat, muß andererseits Verständnis für die Eigenart ärztlicher Arbeit haben. Sie vollzieht sich nach den wechselnden Richtlinien, die sich aus den ewigen Normen der Heilkunde ableiten. (Ferdinand Sauerbruch, Leipzig 1937)

Literaturverzeichnis

Adams (1844–1847): Francis Adams, *The seven books of Paulus Aegineta translated from the Greek, with a commentary embracing a complete view of the knowledge possessed by the Greeks, Romans and Arabians on all subjects connected with medicine and surgery*, 3 vols., London.

AetAmid: Alexander Olivieri (ed.), *Aetii Amideni Libri medicinales* I–VIII, 2 Bde (Corpus Medicorum Graecorum VIII, 1–2), Leipzig/Berlin 1935 und 1950.

AetAmid XVI: Roberto Romano (ed.), *Aezio Amideno libro XVI*, in: Antonio Garzya *et al.* (Hgg.), *Autori della tarda antichità e dell'età bizantina: Medici Bizantini*, Turin 2006, 255–553.

Alexandrides (1962): Karolos Alexandrides, „Über die Krankheiten des Kaisers Alexios I. Komnenos", in: *Byzantinische Zeitschrift* 55 (1962) 68–75.

Alexias: Diether Roderich Reinsch (ed.), *Anna Komnene: Alexias*, Köln 1996.

AlexTrall: Theodor Puschmann (ed.), *Alexander von Tralles, Original-Text und Übersetzung nebst einer einleitenden Abhandlung. Ein Beitrag zur Geschichte der Medicin*, 2 Bde, Wien 1878–1879.

AlexTrall, Ther. I: Alessia Guardasole (ed.), *Alessandro di Tralle, dal libro I dei Therapeutica*, in: Antonio Garzya *et al.* (Hgg.), *Autori della tarda antichità e dell'età bizantina: Medici Bizantini*, Turin 2006, 557–679.

Amundsen (1973): Darrel W. Amundsen, „The Liability of the Physician in Roman Law", in: Heinrich Karplus (Hg.), *International Symposium on Society, Medicine and Law* (Jerusalem, March 1972), Amsterdam *et al.*, 17–31.

Appendix Eclogae: Ludwig Burgmann und Spyros Troianos (eds.), *Appendix Eclogae* (Fontes Minores III. Forschungen zur byzantinischen Rechtsgeschichte 4), Frankfurt a. Main 1979.

Artemakes/Chatzephotes (1980): Stelios I. Artemakes und Ioannes M. Chatzephotes, *Νικόλαος Δημητρακόπουλος*, Athen.

Aufmesser (2000): Max Aufmesser, *Etymologische und wortgeschichtliche Erläuterungen zu De materia medica des Pedanius Dioscurides Anazarbeus* (Altertumswissenschaftliche Texte und Studien 34), Hildesheim *et al.*

Aufmesser (2002): Max Aufmesser (Übers.), *Pedanius Dioscurides aus Anazarba: Fünf Bücher über die Heilkunde* (Altertumswissenschaftliche Texte und Studien 37), Hildesheim *et al.*

Basilika: Herman Jan Scheltema, Nicolaas van der Wal und Douwe Holwerda (eds.), *Basilicorum libri LX.* A: Textus, 8 Bde, B: Scholia, 9 Bde, Groningen 1953–1988.

Below (1953): Karl-Heinz Below, *Der Arzt im römischen Recht* (Münchner Beiträge zur Papyrusforschung und antiken Rechtsgeschichte 37), München.

Bennett (2017): David Bennett, *Medicine and Pharmacy in Byzantine Hospitals. A study of the extant formularies* (Medicine in the Medieval Mediterranean 7), London/New York.

Berendes (1914): *Paulos' von Aegina des besten Arztes sieben Bücher,* übers. und mit Erläuterungen versehen von Julius Berendes mit einem Geleitwort von R. Kobert, nebst einem Anhang: die römischen Bäder, die bei Paulos vorkommenden aelteren Aerzte, und zwei Tafeln, Leiden.

Bernabò (2010): Massimo Bernabò (ed.), *La collezione di testi chirurgici di Niceta. Firenze, Biblioteca Medicea Laurenziana, Plut. 74.7. Tradizione medica classica a Bisanzio* (Folia Picta. Manoscritti miniati medievali 2), Rom.

Birchler-Argyros (1988): Urs Benno Birchler-Argyros, „Die Quellen zum Kral-Spital in Konstantinopel", in: *Gesnerus* 45, 419–444.

Birchler-Argyros (1998): Urs Benno Birchler-Argyros, *Quellen zur Spitalgeschichte im oströmischen Reich* (Studien zur Geschichte des Krankenhauswesens 39), Herzogenrath.

Bliquez (1984): Lawrence J. Bliquez, „Two Lists of Greek Surgical Instruments and the State of Surgery in Byzantine Times", in: John Scarborough (Hg.), *Symposium on Byzantine Medicine*, in: *Dumbarton Oaks Papers* 38, 187–204.

Bliquez (1999): Lawrence J. Bliquez, „The surgical instrumentarium of Leon Iatrosophistes", in: *Medicina nei Secoli. Arte e Scienze* 11/2, 291–322.

Boudon (2003): Véronique Boudon, „Aux marges de la médecine rationelle: médecins et charlatans à Rome au temps de Galien (IIe s. de notre ère)", in: *Revue des Études Grecques* 116, 109–131.

Bouras-Vallianatos (2019): Petros Bouras-Vallianatos, „Galen in Late Antique Medical Handbooks", in: Petros Bouras-Vallianatos und Barbara Zipser (Hgg.), *Brill's Companion to the Reception of Galen* (Brill's Companions to Classical Reception 17), Leiden/Boston, 38–61.

Bouras-Vallianatos (2019a): Petros Bouras-Vallianatos, „Galen in Byzantine Medical Literature", in: Petros Bouras-Vallianatos und Barbara Zipser (Hgg.), *Brill's Companion to the Reception of Galen* (Brill's Companions to Classical Reception 17), Leiden/Boston, 86–110.

Bouras-Vallianatos (2020): Petros Bouras-Vallianatos, *Innovation in Byzantine Medicine. The Writings of John Zacharias Aktouarios (c. 1275 – c. 1330)* (Oxford Studies in Byzantium), Oxford.

Bouras-Vallianatos (2021): Petros Bouras-Vallianatos, „Cross-cultural Transfer of Medical Knowledge in the Medieval Mediterranean: The Introduction and Dissemination of Sugar-based Potions from the Islamic World to Byzantium", in: *Speculum* 96/4, 963–1008.

Bouras-Vallianatos (2022): Petros Bouras-Vallianatos, „Diagrams in Greek Medical Manuscripts", in: Jeffrey F. Hamburger, David J. Roxburgh und Linda Safran (Hgg.), *The Diagram as Paradigm. Cross-Cultural Approaches* (Dumbarton Oaks Byzantine Symposia and Colloquia), Washington DC., 287–329.

Bouras-Vallianatos/Zipser (2019): Petros Bouras-Vallianatos und Barbara Zipser (Hgg.), *Brill's Companion to the Reception of Galen* (Brill's Companions to Classical Reception 17), Leiden/Boston.

Brandes (2002): Wolfram Brandes, *Finanzverwaltung in Krisenzeiten. Untersuchungen zur byzantinischen Administration im 6.–9. Jahrhundert* (Forschungen zur byzantinischen Rechtsgeschichte 25), Frankfurt a. Main.

Constantelos (1966/67): Demetrios John Constantelos, „Physician-Priests in the Medieval Greek Church", in: *The Greek Orthodox Theological Review* 12, 141–153.

Const.Porphyr., *Treatises*: John F. Haldon (ed.), *Constantine Porphyrogenitus: Three Treatises on Imperial Military Expeditions. Introduction, Edition, Translation and Commentary* (Corpus Fontium Historiae Byzantinae 28), Wien 1990.

Coureas (2002): Nicholas Coureas, *The Assizes of the Lusignan Kingdom of Cyprus*, Nicosia.

Daskalakis *et al.* (2019): Marinos Daskalakis, Alexandra Ntertzi und Eleni Strataki, *Το Νοσοκομείο της Αυτοκρατορικής Μονής του Παντοκράτορος Σωτήρος Χριστού στην Κωνσταντινούπολη* (15.10.1136–29.05.1453), Diss. Herakleion.

Demetrakopoulos (1915): Nikolaos Demetrakopoulos, *Πολιτικά*, vol. 1, Athen.

[Demetrakopoulos] (1920): ‚Ἱπποκράτους Γαμαλιήλ' [Nikolaos P. Demetrakopoulos], „Συμβολαὶ εἰς τὴν Ἱστορίαν τῆς ἰατρικῆς. Ἰατρικαὶ ἀντιλήψεις τῶν Ῥωμαίων Νομοδιδασκάλων", in: *Ἰατρικὴ Πρόοδος* 25, 213–222, 249.

Demetrakopoulos (1922): Nikolaos P. Demetrakopoulos, „Ἡ τάξις τῶν ἰατρῶν κατὰ τὸ Ρωμαϊκὸν καὶ Βυζαντινὸν δίκαιον", in: *Ἰατρικὴ Πρόοδος* 27, 113–116, 145–148, 169–172, 209–212, 242–252.

Dickie (2001): Matthew W. Dickie, *Magic and Magicians in the Greco-Roman World*, London/New York.

Dioskurides, *Mat. med.*: Max Wellmann (ed.), *Pedanii Dioscuridis Anazarbei De materia medica libri quinque*, 3 Bde, Berlin 1907–1914 (Ndr. 1958).

Drandakes (1928/29): Paulos Drandakes, „Δημητρακόπουλος, Νικόλαος", in: *Μεγάλη Ἑλληνικὴ Ἐγκυκλοπαίδεια* 9, 113–114.

Dynameron: Ilias D. Valiakos (ed.), *Das Dynameron des Nikolaos Myrepsos, Erstedition*, Heidelberg 2019.

Ekloga: Ludwig Burgmann (ed.), *Ecloga Basilicorum* (Forschungen zur byzantinischen Rechtsgeschichte 15), Frankfurt a. Main 1988.

Erismann (2017): Christophe Erismann, „Meletius Monachus on Individuality: a Ninth-century Byzantine Medical Reading of Porphyry's Logic", in: *Byzantinische Zeitschrift* 110/1, 37–60.

Eutychiades (1983): Aristoteles Chr. Eutychiades, *Ἡ ἄσκησις τῆς Βυζαντινῆς ἰατρικῆς ἐπιστήμης καὶ κοινωνικαὶ ἐφαρμογαὶ αὐτῆς κατὰ σχετικὰς διατάξεις*, Athen.

Fichtner (2019): Gerhard Fichtner†, *Corpus Galenicum: Bibliographie der galenischen und pseudogalenischen Werke*, weitergeführt durch die Arbeitsstelle „Galen als Vermittler, Interpret und Vollender der antiken Medizin (Corpus Medicorum Graecorum)" der Berlin-Brandenburgischen Akademie der Wissenschaften, erweiterte und verbesserte Ausgabe 2019/12. https://cmg.bbaw.de/epubl/online/online-publikationen/Galen-Bibliographie.pdf (Stand 15.04.2023).

Fichtner (2022): Gerhard Fichtner†, *Corpus Hippocraticum: Bibliographie der hippokratischen und pseudohippokratischen Werke*, weitergeführt durch die Arbeitsstelle „Galen als Vermittler, Interpret und Vollender der antiken Medizin (Corpus Medicorum Graecorum)" der Berlin-Brandenburgischen Akademie der Wissenschaften, erweiterte und verbesserte Ausgabe 2022/12. https://cmg.bbaw.de/epubl/online/online-publikationen/Hippokrates-Bibliographie.pdf (Stand 15.04.2023).

GeorgLakap, *Epist*: Sigfrid Lindstam (ed.), *Georgii Lacapeni et Andronici Zaridae epistulae XXII cum epimerismis Lacapeni. Accedunt duae epistulae Michaelis Gabrae ad Lacapenum* (Collectio scriptorum veterum upsaliensis), Göteborg 1924.

Gero (1990): Stephen Gero, „Galen on the Christians. A Reappraisal of the Arabic Evidence", in: *Orientalia Christiana Periodica* 56, 371–411.

Geroulanos (2007): Stefanos Geroulanos, „Surgery in Byzantium", in: Michael Grünbart, Ewald Kislinger, Anna Muthesius und Dionysios Stathakopoulos (Hgg.), *Material Culture and Well-Being in Byzantium (400–1453)* (Proceedings of the International Conference Cambridge, 8–10 September 2001) (ÖAW, Veröffentlichungen zur Byzanzforschung 11), Wien, 129–134.

Gonetz (2023): Paul Gonetz, *Antike und byzantinische Compendia Medica. Ihre Intention und Dimension für die Medizin- und Pharmaziegeschichtsschreibung* (Byzantinisches Archiv Series Medica 3), Berlin/Boston.

Grimm-Stadelmann (2019): Isabel Grimm-Stadelmann, „Byzantinische Arztgelehrte (Iatrosophisten) in postbyzantinischer Zeit", in: *Revue des études sud-est-européennes* 57/1–4, 273–299.

Grimm-Stadelmann (2019a): Isabel Grimm-Stadelmann, „Heilung im Kontext von Regeneration und Sympathielehre: Zur Rezeption ägyptischer Motive in der byzantinischen medizinischen Gebrauchsliteratur", in: Marie-Laure Monfort und Mathias Witt (Hgg.), *Quid est Modestia? Mélanges de Médecine Ancienne en l'Honneur de Klaus-Dietrich Fischer*, in: *Medicina nei Secoli. Arte e Scienze* 31/3 (2019) 485–522.

Grimm-Stadelmann (2020): Isabel Grimm-Stadelmann, *Untersuchungen zur Iatromagie in der byzantinischen Zeit. Zur Tradierung gräkoägyptischer und spätantiker iatromagischer Motive* (Byzantinisches Archiv Series Medica 1), Berlin/Boston.

Grimm-Stadelmann (2021): Isabel Grimm-Stadelmann, „Das Kind als Patient: Quellensituation und Forschungsfragen zur Kinderheilkunde im byzantinischen Zeitalter“, in: *L' Infanzia nell' Alto Medievo* (Settimane di Studio della Fondazione Centro Italiano di Studi sull' Alto Medioevo LXVIII), Spoleto, 199–257.

Grimm-Stadelmann (2021a): Isabel Grimm-Stadelmann, „‚... und mischt darein das Aug des Wiedehopfs ...‘: Merkwürdige Rezepturen und ihre byzantinische Kontextualisierung“, in: Martina Ullmann, Gabriele Pieke, Friedhelm Hoffmann und Christian Bayer (Hgg.), *Up and Down the Nile – ägyptologische Studien für Regine Schulz* (Ägypten und Altes Testament 97), Münster, 119–136.

Grimm-Stadelmann (2021b): Isabel Grimm-Stadelmann, „Byzanz und das Abendland – Heilkunde im Dialog. Byzantinische Medizin im Spannungsfeld zwischen Ost und West“, in: Erika Juhász (Hg.), *Byzanz und das Abendland VII* (Studia Byzantino-Occidentalia, Antiquitas, Byzantium, Renascentia 42), Budapest, 97–162.

Grimm-Stadelmann (2023): Isabel Grimm-Stadelmann, „Bekanntes und Unbekanntes zum Kral-Xenon in Konstantinopel“, in: *Zbornik Radova Vizantološkog Instituta* 60, 1023–1040.

Halkin (1977–1979): François Halkin, „Saint Sampson. Le xénodoque de Constantinople“, in: *Rivista di studi bizantini e neoellenici, n.* s. 14–16, 5–17.

Hasluck (1929): Frederick William Hasluck, *Christianity and Islam under the Sultans* II, Oxford.

Hau (2005): Friedrun R. Hau, „Kauterisation“, in: Werner E. Gerabek, Bernhard D. Haage, Gundolf Keil und Wolfgang Wegner (Hgg.), *Enzyklopädie Medizingeschichte*, Berlin/New York, 730.

Hayman (2004): A. Peter Hayman, *Sefer yeṣira. Edition, translation, and text-critical commentary* (Texte und Studien zum antiken Judentum 104), Tübingen.

Hohlweg (1989): Armin Hohlweg, „La formazione culturale e professionale del medico a Bisanzio“, in: *Koinonia* 13, 165–188.

Horden (2005): Peregrine Horden, „How Medicalised were Byzantine Hospitals?“, in: *Medicina e Storia* 10, 45–74.

Horden (2007): Peregrine Horden, „How Medicalised were Byzantine Hospitals?“, in: Neithard Bulst und Karl-Heinz Spieß (Hgg.), *Sozialgeschichte Mittelalterlicher Hospitäler* (Konstanzer Arbeitskreis für mittelalterliche Geschichte, Vorträge und Forschungen 65), Ostfildern, 213–235.

Horden (2013): Peregrine Horden, „Medieval hospital formularies: Byzantium and Islam compared“, in: Barbara Zipser (Hg.), *Medical Books in the Byzantine World* (Eikasmos: Quaderni Bolognesi di Filologia Classica, Studi Online 2), Bologna, 145–164.

van der Horst (2002): Pieter Willem van der Horst, *Japheth in the tents of Shem. Studies on Jewish Hellenism in Antiquity* (Contributions to biblical exegesis and theology 32), Leuven.

Ideler (1841/42): Julius Ludwig Ideler (ed.), *Physici et medici Graeci minores*, 2 Bde, Berlin.

Ieraci Bio (2007): Anna Maria Ieraci Bio, „Testi ginecologici tra oriente ed occidente 1. Metrodora ed il Dynameron di Nicola Mirepso 2. Una testiomianza italo-greca su une quaestio medicalis Salernitana“, in: Danielle Jacquart und Agostino Paravicini Bagliani (Hgg.), *La scuola medica Salernitana. Gli autori e i testi* (Convegno internazionale. Universita degli Studi di Salerno, 3–5 novembre 2004), Florenz, 283–314.

Ieraci Bio (2017): Anna Maria Ieraci Bio, „La sistematizzazione della farmacologia a Bisanzio. Il Dynameron di Nicola Mirepso e le fonti ‚occidentali‘“, in: Lennart Lehmhaus und Matteo Martelli (Hgg.), *Collecting Recipes. Byzantine and Jewish Pharmacology in Dialogue* (Science, Technology and Medicine in Ancient Cultures 4), Boston/Berlin, 301–314.

Johannes Archiatros: Barbara Zipser (ed.), *John the Physician's Therapeutics. A Medical Handbook in Vernacular Greek* (Studies in Ancient Medicine 37), Leiden/Boston 2009.

JZA [Johannes Zacharias Aktuarios], *Ur.*: Τὸ περὶ οὔρων τοῦ σοφωτάτου Ἀκτουαρίου, in: Julius Ludwig Ideler (ed.), *Physici et medici Graeci minores*, 2, Berlin 1842, 3–192.

Karamperopoulos (2009): Demetrios Ap. Karamperopoulos, *Ιστορία της Ιατρικής. Ελληνική Βιβλιογραφία 1750–2000, Συνοπτική Ανάγραφη* (Βιβλιοθήκη Ιστορίας της Ιατρικής 3), Athen.

Karplus (1973): Heinrich Karplus (Hg.), *International Symposium on Society, Medicine and Law* (Jerusalem, March 1972), Amsterdam *et al.*

Kislinger (1986): Ewald Kislinger, „Der kranke Justin II. und die ärztliche Haftung bei Operationen in Byzanz", in: *Jahrbuch der Österreichischen Byzantinistik* 36, 39–44.

Kislinger (2016): Ewald Kislinger, „Ärztestand (Kap. 13.1)", in: Falko Daim (Hg.), *Byzanz. Historisch-kulturwissenschaftliches Handbuch* (Der Neue Pauly Supplemente 11), Stuttgart, 1017–1022.

Kudlien (1985): Fridolf Kudlien, „Jüdische Ärzte im Römischen Reich", in: *Medizinhistorisches Journal* 20, 36–57.

Kukules (1955): Phaidon Kukules, *Βυζαντινών Βίος και Πολιτισμός* VI (Ιατρικά), Athen, 9–43.

Lampsides (1949): Odysseus Lampsides, *Ἡ ποινὴ τῆς τυφλώσεως παρὰ Βυζαντίνοις*, Athen.

Laskaratos (1994): Ioannes Laskaratos, *Κύλικες ζωής κατευναστρίαι. Ιστορική και ιατρική προσέγγιση στίς δηλητηριάσεις της βυζαντινής περιόδου*, Athen.

Magoulias (1964): Harry J. Magoulias, „The Lives of the Saints as Sources of Data for the History of Byzantine Medicine in the Sixth and Seventh Centuries", in: *Byzantinische Zeitschrift* 57, 127–150.

Maniatis (2001): George C. Maniatis, „The Domain of Private Guilds in the Byzantine Economy, Tenth to Fifteenth Century", in: *Dumbarton Oaks Papers* 55, 339–369.

Marasles (1984): Alekos An. Marasles, *Η χειρουργική στο Βυζάντιο*, Athen.

Marcellus, *De medic.*: *Marcelli De medicamentis liber*, post Maximilianum Niedermann iteratis curis ed. Eduard Liechtenhan, in ling. German. transt. Jutta Kollesch et Diethard Nickel, 2 Bde (Corpus Medicorum Latinorum V), Berlin 1968.

Martelli (2017): Matteo Martelli, „Recipes Ascribed to the Scribe and Prophet Ezra in the Byzantine and Syriac Tradition", in: Lennart Lehmhaus und Matteo Martelli (Hgg.), *Collecting Recipes. Byzantine and Jewish Pharmacology in Dialogue* (Science, Technology and Medicine in Ancient Cultures 4), Boston/Berlin, 195–219.

Messis (2022): Charis Messis, „Crime et châtiment à Byzance. Le corps humain comme espace public", in: Myrto Veikou und Ingela Nilsson (Hgg.), *Spatialities of Byzantine Culture from the human Body to the Universe* (The Medieval Mediterranean 133), Leiden/Boston, 44–71.

Miller/Nesbitt (2014): Timothy S. Miller und John W. Nesbitt, *Walking Corpses. Leprosy in Byzantium and the Medieval West*, Ithaca/London.

Miracula St. Artemii: Virgil S. Crisafulli und John W. Nesbitt (eds.), *The Miracles of St. Artemios. A Collection of Miracle Stories by an Anonymous Author of Seventh-Century Byzantium* (The Medieval Mediterranean. Peoples, Economies and Cultures 400–1453, 13), Leiden 1997.

Nomokanon: Bernard H. Stolte und Nicolaas van der Wal (eds.), *Collectio Tripartita: Justinian on Religions and Ecclesiastical Affairs*, Groningen 1994.

Novellae: Ioannes und Panagiotes Zepos (eds.), *Νεαραὶ καὶ Χρυσόβουλλα τῶν μετὰ τὸν Ἰουστινιανὸν Βυζαντινῶν Αὐτοκρατόρων* (Ius Graecoromanum 1), Aalen 1962 (Ndr.).

Nutton (1977): Vivian Nutton, „Archiatri and the Medical Profession in Antiquity", in: *Papers of the British School at Rome* 45, 191–226.

Nutton (1984): Vivian Nutton, „From Galen to Alexander. Aspects of medicine and medical practice in Late Antiquity", in: *Dumbarton Oaks Papers* 38, 1–14.

Oreibasios, *Coll. med. rel.*: Johannes Raeder (ed.), *Oribasii Collectionum medicarum reliquiae*, 2 Bde in 4 Teilen (Corpus Medicorum Graecorum VI, 1.1–2; 2.1–2), Leipzig/Berlin 1928–33.

Oreibasios, *Coll.med.rel.* XXIV/XXV: Roberto de Lucia (ed.), Oribasio di Pergamo, Collezioni Medici lib. XXIV/XXV, in: Antonio Garzya *et al.* (eds.), *Autori della tarda antichità e dell'età bizantina: Medici Bizantini*, Turin 2006, 21–251.

Oreibasios, *Syn.Eustath.*/Oreibasios, *Eunap.*: Johannes Raeder (ed.), *Oribasii Synopsis ad Eustathium. Libri ad Eunapium* (Corpus Medicorum Graecorum VI, 3), Leipzig/Berlin 1926.

PantTyp: Paul Gautier (ed.), „Le typikon du Christ Sauveur Pantocrator", in: *Revue des Études Byzantines* 32 (1974) 1–145.

Papagianni (2016): Eleftheria S. Papagianni, „Gesetzgebung und Rechtspraxis (Kap. 4)", in: Falko Daim (Hg.), *Byzanz. Historisch-kulturwissenschaftliches Handbuch* (Der Neue Pauly Supplemente 11), Stuttgart, 417–468.

PaulAeg: Johan Ludvig Heiberg (ed.), *Paulus Aegineta*, 2 Bde (Corpus Medicorum Graecorum IX, 1–2), Leipzig/Berlin 1921–1924.

PaulAeg VI: Mario Lamagna (ed.), *Paolo di Egina, Trattato, dal libro VI*, in: Antonio Garzya *et al.* (eds.), *Autori della tarda antichità e dell'età bizantina: Medici Bizantini*, Turin 2006, 683–783.

Philotheos, *Kleterologion*: Nicolas Oikonomidès (ed.), *Les Listes de Préséance Byzantines des IXe et Xe siècles* (Editions du Centre National de la Recherche Scientifique), Paris 1972.

Pieler (1978): Peter E. Pieler, „Byzantinische Rechtsliteratur", in: Herbert Hunger (Hg.), *Die hochsprachliche profane Literatur der Byzantiner* II, Kap. 13 (Byzantinisches Handbuch im Rahmen des Handbuchs der Altertumswissenschaft V/II), München, 343–480.

Pormann (2018): Peter Pormann (Hg.), *The Cambridge Companion to Hippocrates* (Cambridge Companions to Philosophy), Cambridge.

Pratsch (2005): Thomas Pratsch, *Der hagiographische Topos. Griechische Heiligenviten in mittelbyzantinischer Zeit* (Millennium-Studien zu Kultur und Geschichte des ersten Jahrtausends n.Chr. 6), Berlin/New York.

Prinzing (2008): Günter Prinzing, „Patronage and Retinues", in: Elizabeth Jeffreys, John Haldon und Robin Cormack (Hgg.), *The Oxford Handbook of Byzantine Studies*, Oxford, 661–668.

Prinzing (2017): Günter Prinzing, „Sklaven oder freie Diener im Spiegel der ‚Prosopographie der mittelbyzantinischen Zeit' (*PmbZ*)", in: Alexander Beihammer, Bettina Krönung und Claudia Ludwig (eds.), *Prosopon Rhomaikon. Ergänzende Studien zur Prosopographie der mittelbyzantinischen Zeit* (Millennium-Studien zu Kultur und Geschichte des ersten Jahrtausends n.Chr. 68), Berlin/Boston, 129–173.

Prochiron: Ioannes und Panagiotes Zepos (eds.), *Ὁ Πρόχειρος Νόμος* (Ius Graecoromanum 2), Aalen 1962 (Ndr.).

Prochiron auctum: Ioannes und Panagiotes Zepos (eds.), *Prochiron auctum* (Ius Graecoromanum 7), Aalen 1962 (Ndr.).

Prochiron Legum: Francesco Brandileone und Vittorio Puntoni (eds.), *Prochiron Legum*. Pubblicato secondo il Codice Vaticano Greco 845 (Fonti per la storia d'Italia), Rom 1895.

Prokop, *Anekd.*: Otto Veh (ed.), *Prokop, Anekdota* (griechisch/deutsch), München ^{3}1981.

Prokop, *Perserkriege*: Otto Veh (ed.), *Prokop, Perserkriege* (griechisch/deutsch), München 1970.

Psellos, *Chronographia*: *Michael Psellos, Leben der byzantinischen Kaiser (976–1075): Chronographia*. Eingeleitet, hrsg., übers., und m. Anm. versehen von Diether Roderich Reinsch, in Zusammenarb. m. Ljuba H. Reinsch-Werner, Berlin *et al.* 2015.

Schechter/Bacher (1901–1906): Solomon Schechter und Wilhelm Bacher, „Gamliel", in: *The Jewish Encyclopedia* V/5, 558–560, https://www.jewishencyclopedia.com/articles/6494-gamaliel-i (Stand 23.03.2023).

Schott (1993): Heinz Schott, *Die Chronik der Medizin*, Dortmund.

Schreiner, *Kleinchroniken*: Peter Schreiner (ed.), *Die byzantinischen Kleinchroniken*, 3 Bde (Corpus Fontium Historiae Byzantinae Series Vindobon. XII, 1–3), Wien 1975–1979.

Schreiner (1989): Peter Schreiner, „Die Organisation byzantinischer Kaufleute und Handwerker", in: Herbert Jahnkuhn und Else Ebel (Hgg.), *Untersuchungen zu Handel und Verkehr der vor- und frühgeschichtlichen Zeit in Mittel- und Nordeuropa* (Abhandlungen der Akademie der Wissenschaften in Göttingen, Phil.-Hist. Kl. III, 183), Göttingen, 44–61.

Schreiner (2015): Peter Schreiner, „Die vermeintliche Blendung. Zu den Ereignissen von Kleidion im Jahr 1014", in: Vasil T. Gjuzelev (Hg.), *South-Eastern Europe in the second half of 10th – the beginning of the 11th centuries: history and culture* (International conference, Sofia 6–8 october 2014), Sofia, 170–190.

Soustal (2022): Peter Soustal, *Makedonien: Südlicher Teil*. Mit Beiträgen von Andreas Pülz und unter Mitwirkung von Mihailo St. Popović, Bd. 1 (Lemmata A–K) (Tabula Imperii Byzantini 11), Wien.

Stathakopoulos (2004): Dionysios Ch. Stathakopoulos, *Famine and Pestilence in the Late Roman and Early Byzantine Empire. A Systematic Survey of Subsistence Crises and Epidemics* (Birmingham Byzantine and Ottoman Studies 9), Aldershot/Burlington.

Stathakopoulos (2005): Dionysios Ch. Stathakopoulos, „Stiftungen von Spitälern in spätbyzantinischer Zeit (1261–1453)", in: Michael Borgolte und Tillmann Lohse (Hgg.), *Stiftungen in Christentum, Judentum und Islam vor der Moderne: Auf der Suche nach ihren Gemeinsamkeiten und Unterschieden in religiösen Grundlagen, praktischen Zwecken und histroischen Transformationen*, Berlin, 147–157.

Stathakopoulos (2013): Dionysios Ch. Stathakopoulos, „On Whose Authority? Regulating Medical Practice in the Twelfth and Early Thirteenth Century", in: Pamela Armstrong (Hg.), *Authority in Byzantium*, Ashgate, 227–238.

Synopsis maior: Ioannes und Panagiotes Zepos (eds.), *Synopsis Basilicorum* (Ius Graecoromanum 5), Aalen 1962 (Ndr.).

Synopsis minor: Ioannes und Panagiotes Zepos (eds.), *Ecloga privata aucta. Epanagoge aucta, ecloga ad prochiron mutata, synopsis minor* (Ius Graecoromanum 6), Aalen 1962 (Ndr.).

Temkin (1973): Owsei Temkin, *Galenism: Rise and Decline of a Medical Philosophy*, Ithaca NY.

Timplalexi (2002): Paraskevi Timplalexi, *Medizinisches in der byzantinischen Epistolographie* (1100–1453) (Europäische Hochschulschriften Reihe VII Abt. B: Geschichte der Medizin 9), Frankfurt a. Main.

Tipukeitos: Stephania Hoermann und Erwin Seidl (eds.), *M. Κριτοῦ τοῦ Πάτζη, Τιπούκειτος*. Librorum LX Basilicorum Summarium Libri XLIX – LX (Studi e Testi 193), Città del Vaticano 1957.

Theod. Zygomalas, *Paraphrase*: Stavros Perentidis (ed.), *Théodose Zygomalas et sa Paraphrase de la Synopsis minor* (Forschungen zur byzantinischen Rechtsgeschichte 5), Athen 1994.

Theod. Zygomalas, *Stephanitae et Inchnelatae metaphrasis*: Loukia Stephou (ed.), *Die neugriechische Metaphrase von Stephanites und Ichnelates durch Theodosios Zygomalas* (Nueva Roma 35), Madrid 2011.

Theoph: Isabel Grimm-Stadelmann (ed.), *Theophilos Protospatharios: Der Aufbau des Menschen in fünf Büchern.* Kritische Edition des Textes mit Einleitung, Übersetzung und Kommentar. München 2008. https://doi.org/10.5282/edoc.9393.

Tocci (2023): Raimondo Tocci, „Lesen und Schreiben im Freirand: Die Patriarchen(angaben) im Kodex Vindobonensis historicus graecus 99", in: Isabel Grimm-Stadelmann, Alexander Riehle, Raimondo Tocci und Martin Vučetić (Hgg.), *Anekdota Byzantina: Studien zur byzantinischen Geschichte und Kultur. Festschrift für Albrecht Berger anlässlich seines 65. Geburtstages* (Byzantinisches Archiv 41), Berlin/Boston, 717–735.

Totelin (2017): Laurence Totelin, „The Third Way. Galen, Pseudo-Galen, Metrodora, Cleopatra and the Gynaecological Pharmacology of Byzantium", in: Lennart Lehmhaus und Matteo Martelli (Hgg.), *Collecting Recipes. Byzantine and Jewish Pharmacology in Dialogue* (Science, Technology and Medicine in Ancient Cultures 4), Boston/Berlin, 103–122.

Tougher (2016): Shaun Tougher, „Hofeunuchen", in: Falko Daim (Hg.), *Byzanz. Historisch-kulturwissenschaftliches Handbuch* (Der Neue Pauly Supplemente 11), Stuttgart, 266–271.

Touwaide (2003): Alain Touwaide, „Greek and Arabic Manuscripts of Dioscorides' De Materia Medica", in: Alain Touwaide, Natale Gaspare de Santo, Guido Bellinghieri und Vincenzo Savica (Hgg.), *Healing Kidney Diseases in Antiquity: Plants from Dioscorides "De materia medica"*, Cosenza, 27–39.

Troianos (1991): Spyros N. Troianos, „Zauberei und Giftmischerei in mittelbyzantinischer Zeit", in: Günter Prinzing und Dieter Simon (Hgg.), *Fest und Alltag in Byzanz*, München, 37–51.

Troianos (1992): Spyros N. Troianos, „Strafen im byzantinischen Recht, eine Übersicht", in: *Jahrbuch der Österreichischen Byzantinistik* 42, 55–74.

Vajda (1946/47): Georges Vajda, „Le commentaire kairouanais sur le ‚Livre de la Création'", in: *Revue des Études Juives* 107, 99–156.

Vajda (1953): Georges Vajda, „Galien-Gamaliel", in: *Annuaire de l'institut de philologie et d'histoire orientales et slaves* 13, 641–652.

Volk 1983: Robert Volk, *Gesundheitswesen und Wohltätigkeit im Spiegel der byzantinischen Klostertypika* (Miscellanea Byzantina Monacensia 28), München.

Witt (2018): Mathias Witt, „Surgery “, in: Peter Pormann (Hg.), *The Cambridge Companion to Hippocrates* (Cambridge Companions to Philosophy), Cambridge, 217–245.

Witt (2019): Mathias Witt, „‚Aus Antyllos und Heliodoros‘. Zum Problem der doppelten Autorenlemma-Angaben in den medizinischen Sammelwerken des Oreibasios und Aëtios von Amida“, in: *Sudhoffs Archiv* 103/2, 141–174.

Zwierlein (2018): Cornel Zwierlein, „French-Dutch Connections: The Transalpine Reception of Macchiavelli“, in: Cornel Zwierlein und Vincenzo Lavenia (Hgg.), *Fruits of Migration. Heterodox Italian Migrants and Central European Culture* 1550–1620 (Intersections: Interdisciplinary Studies in Early Modern Culture 57), Leiden/Boston, 320–361.

Frederick Lauritzen

Philosopher Emperors: Platonic legislation in Constantinople

Plato's *Republic* was not an abstract theory in the Byzantine Empire, but rather a concrete reality. In scholarship, such an idea may stretch the imagination, but we are not exploring our own opinions, but rather how writers in Constantinople viewed the question of Platonic legislation. One should keep in mind that Plato's dialogues constitute the only complete surviving corpus of a classical author. No other classical Greek writer has managed to transmit his entire oeuvre. This reveals a privileged position of Plato in Byzantine Constantinople. Moreover, Plato's academy in Athens seems to have existed for at least two centuries after Constantine moved the capital to Constantinople.[1]

Different thinkers and different ages have had particular platonic dialogues they preferred and focused on. This is our problem when looking at Byzantine attitudes, which often derive from Neoplatonic preferences. One may quote here John Stuart Mill, as an example of a different attitude:

> I have felt ever since that the title of Platonist belongs by far better right to those who have been nourished in, and have endeavoured to practise Plato's mode of investigation, than to those who are distinguished only by the adoption of certain dogmatical conclusions, drawn mostly from the least intelligible of his works, and which the character of his mind and writings makes it uncertain whether he himself regarded as anything more than poetic fancies, or philosophic conjectures. (John Stuart Mill, autobiography 1873)[2]

Karl Popper pointed to Plato and specifically his *Republic* as the root and cause of the enemies of the open society.[3] The Byzantines would have looked in bewilderment at such ideas, since reverence for the text of Plato was standard, as Psellos pointed out in the eleventh century:

> Οὐ δεῖ οὖν, κάλλιστέ μοι βασιλέων Ἀνδρόνικε, ἀνίπτοις χερσὶν ὅ φασιτὰ Πλάτωνος βιβλία μεταχειρίζεσθαι (Psell. *Phil. Min.* 2.106.27–28 O'Meara in O'Meara [1989])
> Andronicos, best of emperors, one should not handle Plato's books with unclean hands.

The fact that ancient ideas were not a problem in Constantinople is symbolized by the Obelisk erected by the emperor Theodosius in front of his official terrace. Its base depicts the emperor Theodosius and his court, but one sometimes forgets the importance of having an actual obelisk in front of the palace. It was erected by Proculus,

1 Lauritzen (2021).
2 Cockshut (1992) 12.
3 Popper (2013).

https://doi.org/10.1515/9783111331126-013

urban praefect of Constantinople (388–392),[4] who appears to be somehow related to the Neoplatonist Proclus (412–485).[5] Proclus, head of the Academy of Athens for over fifty years, is probably the most influential Platonist in Byzantine thought, and was in the privileged position to be the only one born in Constantinople itself.[6] He wrote the only surviving neoplatonic commentary on the *Republic* of Plato.[7] His works are full of insights and peculiar anecdotes; Proclus records that Plato went to Egypt to plagiarize the Egyptians for what concerned his 'ideal state'

> ὥσπερ ὁ πρῶτος τοῦ Πλάτωνος ἐξηγητὴς Κράντωρ· ὃς δὴ καὶ σκώπτεσθαι μέν φησιν αὐτὸν ὑπὸ τῶν τότε, ὡς οὐκ αὐτὸν ὄντα τῆς πολιτείας εὑρετήν, ἀλλὰ μεταγράψαντα τὰ Αἰγυπτίων· (Procl. In. Tim. 1.76.1–4 Diehl in Diehl [1906])
>
> As the first commentator of Plato Crantor: he said that Plato was derided by his contemporaries, who alleged he was not the inventor of the republic, but that he had transcribed Egyptian material.
>
> μαρτυροῦσι δὲ καὶ οἱ προφῆταί φησι τῶν Αἰγυπτίων ἐν στήλαις ταῖς ἔτι σῳζομέναις ταῦτα γεγράφθαι λέγοντες. (Procl. In. Tim. 1.76.8–10 Diehl)
>
> Even the Egyptian prophets testify saying that these things are written in stelae which still survive.

Crantor[8] was a disciple of Plato of the Old Academy, and this appears to be evidence of Platonic links between Egypt and Greece that predates Alexander the Great (336–323). The importance of this anecdote for us is that Proclus writes in the fifth century and was connected to the man who erected the obelisk in front of the terrace of the imperial palace. Julian the Apostate (361–363) wrote to the citizens of Alexandria saying it was a shame the obelisk had not reached Constantinople yet.[9] His interests before he was emperor, and when he succeeded, were platonic.[10] One may turn to him for a simple example of Platonic legislation.[11] He issued an edict that forbade Christians from teaching pagan literature. His concern was that form and content cannot be separated, as he says in his decree:

> Παιδείαν ὀρθὴν εἶναι νομίζομεν οὐ τὴν ἐν τοῖς ῥήμασιν καὶ τῇ γλώττῃ πολυτελῆ εὐρυθμίαν, ἀλλὰ διάθεσιν ὑγιῆ νοῦν ἐχούσης διανοίας, καὶ ἀληθεῖς δόξας ὑπέρ τε ἀγαθῶν καὶ κακῶν, καλῶν τε καὶ αἰσχρῶν· ὅστις οὖν ἕτερα μὲν φρονεῖ, διδάσκει δὲ ἕτερα τοὺς πλησιάζοντας, αὐτὸς ἀπολελεῖφθαι δοκεῖ τοσούτῳ παιδείας, ὅσῳ καὶ τοῦ χρηστὸς ἀνὴρ εἶναι. (Julian Ep. 61c1–7 Bidez in Bidez [1960])

---

4 PLRE I, s. v. Proculus 6. The erection of the obelisk is recorded at Anthologia Palatina 9.682.

5 Watts (2017).

6 ὑποδέχεται δὲ αὐτὸν καὶ οἱονεὶ μαιεύεται ἡ τοῦ Βυζαντίου πολιοῦχος (Marinus Vita Procli 151–152 Masullo in Masullo [1985]).

7 Kroll (1901); Baltzly *et al.* (2022).

8 Krämer (2004); Mette (1984).

9 Julian Ep. 59 Bidez in Bidez (1960).

10 Athanassiadi (1992).

11 Hardy (1968).

> We believe that correct education lies not in the varied harmony of words and language, but in the disposition of thought which has a sound mind, and true opinions concerning good and bad, beautiful, and shameful matters. Therefore, whoever thinks one way but teaches another to those who approach him, appears to be so far removed from culture as he is from being a good person.

This is a familiar strategy from Plato's *Republic* books 2, 3, and 10, where the Athenian philosopher argues that poetry which does not conform to truth should be banned from the Republic. Of course, what has often been pointed out is that Plato quotes and recites the verses to be banned, which shows his position as more nuanced than that of Julian (unless the edict referred only to publicly funded chairs).[12]

Gemistos Plethon[13] in 1415 and 1418 also proposed Platonic legislation in Mystras to the despot Theodore Palaeologus.[14] He advocated reforming the despotate according to the structures described in book 4 and 5 of Plato's *Republic*.[15] He also describes some of these reforms in the speech to the despot Theodore. One finds, then, in the fourth century and in the fifteenth century authors who advocate Plato's *Republic* as a model of Byzantine legislation. This was a Roman tradition. The emperor Galienus (253–268) had asked Plotinus to establish a platonic city in Campania in Italy.[16] No one doubts that such superficial connections may be found. Julian and Plethon, while typical of byzantine thought, were considered marginal because of peculiar positions they adopted, but one should not confuse this with esotericism. Julian was buried in the church of the Holy Apostles in Constantinople[17] and Plethon was an advisor at the council of Florence in 1438 –1439.[18] Their capacities of analysis were recognized, but their opinions were personal.

12 It is interesting that teaching was not only local but depended on the emperor, as Julian decided. Codex Theodosianus 13.3.5; Codex Justinianus 10.53.7.

13 Woodhouse (1986).

14 Burns (1991) 77–78.

15 Πολιτείαν δὲ Λακωνικήν, ἀφῃρημένου μὲν αὐτῆς τοῦ ἄγαν τῆς σκληραγωγίας καὶ τοῖς γε πολλοῖς οὐκ εὐπαραδέκτου, προστιθεμένης δὲ τῆς ἐν τοῖς ἄρχουσι μάλιστα φιλοσοφίας, τοῦ κρατίστου δὴ τούτου τῶν Πλατωνικῶν πολιτευμάτων· (Georgius Gemistus Plethon Nomon Syngrafe proem 10–14 Brague in Brague [1982]). "The spartan constitution having removed from it what is harsh and unacceptable for most people but having added philosophy among the rulers taken from the most powerful of the platonic societies."

16 Ἐτίμησαν δὲ τὸν Πλωτῖνον μάλιστα καὶ ἐσέφθησαν Γαλιῆνός τε ὁ αὐτοκράτωρ καὶ ἡ τούτου γυνὴ Σαλωνίνα. Ὁ δὲ τῇ φιλίᾳ τῇ τούτων καταχρώμενος φιλοσόφων τινὰ πόλιν κατὰ τὴν Καμπανίαν γεγενῆσθαι λεγομένην, ἄλλως δὲ κατηριπωμένην, ἠξίου ἀνεγείρειν καὶ τὴν πέριξ χώραν χαρίσασθαι οἰκισθείσῃ τῇ πόλει, νόμοις δὲ χρῆσθαι τοὺς κατοικεῖν μέλλοντας τοῖς Πλάτωνος καὶ τὴν προσηγορίαν αὐτῇ Πλατωνόπολιν θέσθαι, ἐκεῖ τε αὐτὸς μετὰ τῶν ἑταίρων ἀναχωρήσειν ὑπισχνεῖτο. (Porphyrius VP 12.1–9 Henry/Schwyzer in Henry/Schwyzer [1951]).

17 Στοὰ ἑτέρα τοῦ αὐτοῦ ναοῦ πρὸς ἄρκτον, ἐν ᾗ κεῖται λάρναξ ἀπὸ λίθου τιμίου Ῥωμαίου, ἐν ᾗ ἀπετέθη τὸ παμμίαρον σῶμα Ἰουλιανοῦ τοῦ παραβάτου. (Patria de sepulchris 207.4–6 Bekker in Bekker [1843]).

18 κέκληκέ τε πρὸ ἡμῶν τὸν Νικαίας, τὸν σοφὸν Γεμιστὸν καὶ τὸν Ἀμηρούτζην, καὶ ἐν τῷ ἀρίστῳ φιλόσοφα προβλήματα προέτεινε πρὸς τοὺς ἡμετέρους, οὗτοι ἀρκούντως τὰς λύσεις τούτων ἐπεξειργάζοντο. (Silv.

One of the problems with philosophical ideas, is that one forgets that they are personal opinions, famous or not. But Platonic thought plays an official role in Byzantine legal thought. It is not an intellectual exercise, but part of the legislative process in Constantinople. One of the most striking changes between Roman and Byzantine legislation is the adoption in the latter of coherence as an ideal. The Roman Republic had several laws to deal with the same problem, the frequent reissue of laws which were manifestly not working. One may think of the *lex de ambitu* (the law on corruption) in the late Republic.[19] This situation changed with the Codex of Justinian (527–565), where contradictory laws were eliminated. It had been attempted before (Codex Theodosianus), but it is striking that the most successful version was the Codex published in Constantinople in 533 under Justinian. Tribonian of Athens directed this process and seems to have been in direct contact with the Platonic thinkers in Plato's academy of Athens.[20] While this contact is anecdotal, one should not forget that this was a Greek philosophical principle which was introduced into Roman Law. The principle is known as the law of non-contradiction and is first described in Plato's Republic (436b9–c2).[21] One may object that Parmenides had already established the law of non-contradiction.[22] However, Parmenides' fragment is referred to in Proclus[23] and quoted in Simplicius.[24] It is not quoted in any earlier author and thus confirms that the application of the law of non-contradiction was rather important in the 5th and 6th century. Justinian's legal framework therefore was coherent: no law was meant to contradict another. One may draw a parallel with Proclus' notion of the non-contradictory nature of reality known as ἀλληλουχία,[25] clearly and succinctly defined by Dionysius the Areopagite.[26]

Setting a philosophical principle in legislation indicates dependence on a metaphysical principle. The Byzantines understood and endorsed it in Platonic language. Plato indicated that justice would be achieved when philosophers were the rulers of the city with this famous passage:

Syrop. Hist. 5.3.258.7–9 Laurent in Laurent [1971]).

19 Lex Baebia de Ambitu (181bc); Lex Acilia Calpurnia (67bc); Lex Tullia de Ambitu (63bc); Lex Pompeia de Ambitu (52bc).

20 The Suda describes him as atheist antichristian: Τριβωνιανός, Μακεδονιανοῦ, ἀπὸ δικηγόρων τῶν ὑπάρχων. οὗτος ὁ Τριβωνιανὸς Ἕλλην ὑπῆρχε καὶ ἄθεος, ἀλλότριος κατὰ πάντα τῆς τῶν Χριστιανῶν πίστεως· (Suda T.956.1–3 Adler in Adler [1935]).

21 Δῆλον ὅτι ταὐτὸν τἀναντία ποιεῖν ἢ πάσχειν κατὰ ταὐτόν γε καὶ πρὸς ταὐτὸν οὐκ ἐθελήσει ἅμα, ὥστε ἄν που εὑρίσκωμεν ἐν αὐτοῖς ταῦτα γιγνόμενα, εἰσόμεθα ὅτι οὐ ταὐτὸν ἦν ἀλλὰ πλείω. (Pl. R. 436b9–c2 Slings). "It is clear that he will not wish to do or suffer the same and the opposite in the same way in the relation to the same, so that we may find these things happening in them, but we will know that it was not the same but many."

22 Parmenides fragment 2 Diels/Kranz in Diels/Kranz (1951).

23 Procl. in Tim. 1.345.18 Diehl.

24 Simpl. Phys. 116.25 Diels.

25 Procl. ET 97 p. 86.16 Dodds.

26 Dion. A. 4.7. See commentary of Dodds on proposition 97.

Ἐὰν μή, ἦν δ' ἐγώ, ἢ οἱ φιλόσοφοι βασιλεύσωσιν ἐν ταῖς πόλεσιν ἢ οἱ βασιλῆς τε νῦν λεγόμενοι καὶ δυνάσται φιλοσοφήσωσι γνησίως τε καὶ ἱκανῶς, καὶ τοῦτο εἰς ταὐτὸν συμπέσῃ, δύναμίς τε πολιτικὴ καὶ φιλοσοφία, τῶν δὲ νῦν πορευομένων χωρὶς ἐφ' ἑκάτερον αἱ πολλαὶ φύσεις ἐξ ἀνάγκης ἀποκλεισθῶσιν, οὐκ ἔστι κακῶν παῦλα, ὦ φίλε Γλαύκων, ταῖς πόλεσι, δοκῶ δ' οὐδὲ τῷ ἀνθρωπίνῳ γένει· οὐδὲ αὕτη ἡ πολιτεία μή ποτε πρότερον φύῃ τε εἰς τὸ δυνατὸν καὶ φῶς ἡλίου ἴδῃ, ἣν νῦν λόγῳ διεληλύθαμεν. (Pl. R. VI.473.c11–e1 Slings in Slings [2003])

"Unless," said I, "either philosophers become kings in our states or those whom we now call our kings and rulers take to the pursuit of philosophy seriously and adequately, and there is a conjunction of these two things, political power and philosophic intelligence, while the motley horde of the natures who at present pursue either apart from the other are compulsorily excluded, there can be no cessation of troubles, dear Glaucon, for our states, nor, I fancy, for the human race either. Nor, until this happens, will this constitution which we have been expounding in theory ever be put into practice within the limits of possibility and see the light of the sun. (Transl. Shorey)

There are three points one may note in this passage: 1) the ruler should be a philosopher 2) society should be philosophical 3) the philosophical king and society can see the divine light. If one leaves aside the Platonic and specifically philosophical argument, a Byzantinist should be struck by the familiarity of these concepts, which regularly emerge in Byzantine texts. The sixth century Agapetus quotes this passage as an example of how to describe the emperor.

Ἐφ' ὑμῶν ἀνεδείχθη τῆς εὐζωΐας ὁ χρόνος, ὃν προεῖπέ τις τῶν παλαιῶν ἔσεσθαι, ὅταν ἢ φιλόσοφοι βασιλεύσωσιν ἢ βασιλεῖς φιλοσοφήσωσι· καὶ γὰρ φιλοσοφοῦντες ἠξιώθητε τῆς βασιλείας καὶ βασιλεύσαντες οὐκ ἀπέστητε τῆς φιλοσοφίας· εἰ γὰρ τὸ φιλεῖν σοφίαν ποιεῖ φιλοσοφίαν, ἀρχὴ δὲ σοφίας ὁ τοῦ θεοῦ φόβος, ὃν ἐν τοῖς στέρνοις ὑμῶν ἔχετε διαπαντός, εὔδηλον ὡς ἀληθὲς τὸ παρ' ἐμοῦ λεγόμενον. (Agapetos Capitula Admonitoria 17 Riedinger in Riedinger [1995])

Under your rule, the time of happiness was received which one of the ancients had predicted would occur when the philosophers would rule or the king would philosophize. For you as philosopher are deemed worthy *of* ruling and when you ruled you did not keep away *from* philosophy.

In the tenth century the emperor Constantine Porphyrogennetus refers to the same idea:

ὁ μὲν οὖν Πλάτων φησὶ τότε τἀνθρώπεια καλῶς ἕξειν, ὅταν ἢ οἱ φιλόσοφοι βασιλεύσωσιν ἢ οἱ βασιλεῖς φιλοσοφήσωσι· (Constantine VII Porphyrogenetus *De Insidiis* 163.26–27 Boissevain in Boissevain [1906])

So Plato said that humans will be well the moment when either philosophers rule or kings philosophize.

Arethas of Caesarea quotes this passage in a speech in the presence of the emperor Leo VI (886–912):

Ὁ μὲν οὖν Ἀρίστωνος Πλάτων ὀξύτητι διανοίας τὸ κοινῇ πᾶσιν ἀνθρώποις λυσιτελοῦν ἀναθεωρῶν ἕξειν ἄριστα τὸν βίον ἀπεφαίνετο τότε, ἐπειδὰν ἢ οἱ φιλόσοφοι βασιλεύσωσιν ἢ οἱ βασιλεῖς φιλοσοφήσωσι. (Areth. Caes. 61.24.27–30 Westerink in Westerink ([1972])

> Plato, son of Ariston, with sharpness of mind revealed that in order to benefit all men together life will be better when either philosophers rule or when rulers philosophize.

These direct quotations, outside of philosophical contexts, reveal the familiarity of the concept within Constantinople. One may go a step further: how does one become a philosopher? Plato gives one the answer in another dialogue, the *Theaetetus*:

> διὸ καὶ πειρᾶσθαι χρὴ ἐνθένδε ἐκεῖσε φεύγειν ὅτι τάχιστα. φυγὴ δὲ ὁμοίωσις θεῷ κατὰ τὸ δυνατόν· (Pl. Tht. 176a8–b2 Burnet in Burnet [1900]).
>
> Therefore, one should also cross from here to there as soon as possible. The flight is the assimilation to God, in so far as possible.

The notion that philosophy was an assimilation to God according to one's capacity is present everywhere. The orator Themistius describes the emperor Constantius II (337–361), in the second person, in the same terms.[27] Justinian uses it himself in the decree against Origen of 536.[28] Agapetus is once more useful when he says:

> Τιμῆς ἁπάσης ὑπέρτερον ἔχων ἀξίωμα, βασιλεῦ, τιμᾷς ὑπὲρ ἅπαντας τὸν τούτου σε ἀξιώσαντα θεόν, ὅτι καὶ καθ' ὁμοίωσιν τῆς ἐπουρανίου βασιλείας ἔδωκέ σοι τὸ σκῆπτρον τῆς ἐπιγείου δυναστείας (Agapetos *Capitula Admonitoria* 1.1–3 Riedinger)
>
> You hold a rank which is above all honour, emperor, you honour God who deemed you worthy of it above everyone, because he gave you the sceptre of earthly power in imitation of the heavenly kingdom.

Assimilation to God is in tune with the monastic view of the world. Indeed, John Climacus also quotes this platonic passage in the *Ladder of Divine Ascent*.[29]

So, going back to the passage in Plato's *Republic*: the monarch should be a philosopher, and being a philosopher means assimilating to the divine as far as possible. Plato explained how to achieve assimilation to God and the contemplation of the divine light in the same passage. So, a ruler needs to contemplate divine light, according to Plato. In other words, knowledge is not just a correct opinion, but something that has some link to what is divine. This brings us to a third treatise of Plato, the *Meno*. In this dialogue, Plato distinguishes between knowledge (ἐπιστήμη) and correct opinion (ὀρθὴ δόξα). At the end of the dialogue, he points out that the difference between the two is due to something divine, which is beyond the intellect.[30] It is in this dialogue that the notion

---

27 μηδὲν ἄλλο ἐστὶ φιλοσοφία ἢ ὁμοίωσις θεοῦ κατὰ τὸ δυνατὸν ἀνθρώπῳ (Themist. Const. 32d.5–6 Downey/Schenkel in Downey/Schenkl [1965]).

28 εὑρίσκεται κατὰ τοὺς ἐκείνου ματαίους λόγους σῶμα μόνον δίχα ψυχῆς κατ' εἰκόνα καὶ ὁμοίωσιν γενόμενον τοῦ θεοῦ (Justinianus Edictum Contra Origenem 72.19–20 Amelotti Zingale in Amelotti Zingale [1977]).

29 Ἁγνεία Θεοῦ οἰκείωσις καὶ ὁμοίωσις κατὰ τὸ δυνατὸν ἀνθρώποις. (John Climacus Scala Paradisi 15.23–24 Migne in Migne [1866]).

30 ἀρετὴ ἂν εἴη οὔτε φύσει οὔτε διδακτόν, ἀλλὰ θείᾳ μοίρᾳ παραγιγνομένη ἄνευ νοῦ οἷς ἂν παραγίγνηται of ὀρθὴ δόξα is defined, and consequently the term "orthodox". The term "orthodox" is employed regularly in the Basilica, in Byzantine legislation. Its counterpart is "heretic". This is defined in the first article of the Corpus Iuris Civilis and the Basilica. The emperor, for this reason, needs to be orthodox.[31]

To return once more to the *Republic*, the ruler needs to be a philosopher, which means that he needs to contemplate the divine light and be correct. In the *Republic* this same ruler has the duty to impart his understanding and mystic knowledge to his subjects. Once the philosopher has contemplated the divine light, his eyes are no longer accustomed to the darkness of the cave from which he emerged.[32] However, Plato indicates that it is important that this philosopher descend and help others with his knowledge. Plato uses the expression that the philosopher should pity the others.[33] Such a distinction between the prisoners of Plato's cave, confined to logical reasoning, and the philosopher, who has come back from contemplating the divine, is expressed in Byzantine law, with the concept of νόμος ἔμψυχος, *lex animata*.

> Πάντων δὲ δὴ τῶν εἰρημένων ἡμῖν ἡ βασιλέως ἐξῃρήσθω τύχη, ᾗ γε καὶ αὐτοὺς ὁ θεὸς τοὺς νόμους ὑπέθηκε νόμον αὐτὴν ἔμψυχον καταπέμψας ἀνθρώποις· (Novella 507.7–10 Kroll/Schöll in Kroll/Schöll [1895])
>
> The fate of the emperor is excluded from all that has been said, since God sent his fate as a living law and therefore established the laws.

The emperor Michael VIII (1261–1282) uses the expression about himself in a novella.[34] This notion had appeared in Diotogenes, but more importantly several times in Themistius in his encomia to different emperors.[35] Also Lampenos refers to Andronicos II Palaeologos (1282–1328) as a νόμος ἔμψυχος,[36] as does Chrysoloras of Manuel II (1391–1425).[37]

(Pl. Men. 99e5–a1 Burnet). The notion is repeated in Proclus: τὸ γοῦν αὐτὸ καὶ ὁ ἐπιστήμων οἶδε καὶ ὁ ὀρθοδοξαστικός, ἀλλ' ὁ μὲν κρεῖττον, ὁ δὲ καταδεέστερον· (Procl. In Prm. 4.924.16–18 Steel in Steel [2009]).

31 Ἐπισημότατος ἐν ὀρθοδοξίᾳ καὶ εὐσεβείᾳ ὀφείλει εἶναι ὁ βασιλεὺς καὶ ἐν ζήλῳ θείῳ διαβόητος (Epanagoge 2.5.1 Zepos in Zepos [1931]. Ecloga Basilica eis. 2.5.1 Burgmann in Burgmann [1988]).

32 εἰ πάλιν ὁ τοιοῦτος καταβὰς εἰς τὸν αὐτὸν θᾶκον καθίζοιτο, ἆρ' οὐ σκότους ἂν[α] πλέως σχοίη τοὺς ὀφθαλμούς, ἐξαίφνης ἥκων ἐκ τοῦ ἡλίου; (Pl. R. 516e3–5 Slings).

33 Τί οὖν; ἀναμιμνῃσκόμενον αὐτὸν τῆς πρώτης οἰκήσεως καὶ τῆς ἐκεῖ σοφίας καὶ τῶν τότε συνδεσμωτῶν οὐκ ἂν οἴει αὐτὸν μὲν εὐδαιμονίζειν τῆς μεταβολῆς, τοὺς δὲ ἐλεεῖν; (Pl. R. 516c4–6 Slings).

34 κατὰ ταῦτα καὶ ἡ βασιλεία μου τὸ παντὸς τιμώμενον τῆς βασιλείας χρῆμα λαβοῦσα παρὰ θεοῦ, ἣν ἔννομον ἀρχὴν οἱ πάλαι ὡρίσαντο, κἀντεῦθεν οὖσα νόμος ἔμψυχος ἀτεχνῶς (Novella 8.5–8 Zepi in Zepi [1962]).

35 Themistius Jovian 64b3–4 Downey/Schenkl in Downey/Schenkl (1965), Pentetericos 118d4 Downey/Schenkl, Chariterios 212d7 Downey/Schenkl, Philanthropia 228a4 Downey/Schenkl.

36 ἐννόμως τοῖς πράγμασιν ἐπεστάτησεν ἔμψυχος ὁρώμενος νόμος καὶ κοινὸν ἀγαθὸν ὤφθη τοῖς ὑπηκόοις, (Nic. Lampen. Laud. Andronic. II Palaeol. 52.29–31 Polemis in Polemis (1992).

37 Καὶ αὐτὸς δὲ ὁ ἄρχων τί ἄλλο ἢ νόμος ἔμψυχος; 9.92.28–29 Patrineles/Sophianos in Patrineles/Sophianos (2001).

One may imagine that the notion of νόμος ἔμψυχος to be wishful thinking on the side of Byzantine emperors. The reality is more platonic than it seems. Laws could be issued by the senate, as had been done since 509bc. However, since the time of Caesar, the statements of the emperor functioned as laws as well. This in Roman Law was the *ius edicendi*. Justinian's *Institutes* (533) give the clearest explanation:

> Sed et quod principi placuit, legis habet vigorem, cum lege regia, quae de imperio eius lata est, populus ei et in eum omne suum imperium et potestatem concessit. Quodcumque igitur imperator per epistulam constituit vel cognoscens decrevit vel edicto praecepit, legem esse constat: hae sunt, quae constitutiones appellantur.
> (Iustiniani *Institutiones* 1.2.6 Krüger in Mommsen [1872] 3)
>
> Moreover, what the emperor wished, has the strength of law, as an imperial law, which is brought concerning his power. The people granted him and in him all of his authority and power. Therefore whatever the emperor establishes by letter or decrees once he is informed, or prescribes by edict, is considered to be a law. These are what are called constitutions.

> νομοθετεῖ δὲ βασιλεὺς καὶ ἐν EDICTO. καὶ τί ἐστιν EDICTON; πᾶν ὅπερ ἐξ οἰκείας φύσεως κινηθεὶς ὁρίσει βασιλεὺς πρὸς τὴν τῶν ὑπηκόων εὐταξίαν καὶ λυσιτέλειαν. (Theophilos Antecessor Paraphrasis Institutionum 1.2.6.27–29 Lokin/Meijering in Lokin/Meijring [2010]).
> τὰ δὲ παρὰ τοῦ βασιλέως νομοθετούμενα ἰσοδυναμεῖν τῷ LEX τῶν ὡμολογημένων ἐστίν. (Theophilos Antecessor Paraphrasis Institutionum 1.2.6.36–37 Lokin/Meijering)
>
> The emperor legislated also by edict. And what is an edict? Everything which the emperor will define inspired by his own nature for the good governance and benefit of subjects.
> What is legislated by the emperor has the same power as a law, as is established.

This means that the emperor could issue a law simply by speaking or writing. This may also explain why the Byzantines referred to the emperor as a living law even in their legal enactments. This was a particular interest of the Byzantines. Indeed, the fragments of Diotogenes which refer to the concept of νόμος ἔμψυχος are quoted by Stobaeus, who lived in the fifth century.[38] It is tempting to see a connection between the Egyptian word for pharaoh, which means 'incarnation'[39], and the notion of ἔμψυχος. Moreover, the Egyptians refer to the pharaoh's word as being law (the great decree of Horemheb).[40] This is not an abstract question. The Codex Theodosianus is a collection of imperial constitutions. These are the texts issued by the emperor himself. One may note that this is different from Ancient Egypt, where the name of the pharaoh who enacted a law would

38 ὁ δὲ βασιλεὺς ἤτοι νόμος ἔμψυχός ἐντι ἤ νόμιμος ἄρχων· (Diotogenes Fragmenta 71.21–22 Thesleff in Thesleff [1965]).

39 In Middle Egyptian one of the most common expressions was ḥm, often transliterated as majesty. Starting from the time of Akhenaten one sees the use of the term pr ꜥꜣ from which pharaoh derives. See Gardiner (1957) 74. Allen argued that ḥm means 'incarnation'. Allen (2000) 31–32.

40 Decree of Horemheb l. 4 right quoted in note 106 of van den Boorn (1988). Otto (1956) 153 quotes two New Kingdom examples. See van den Boorn (1988) 166–169.

progressively disappear. The Codex instead gathers and systematizes the imperial decrees.

Like the platonic philosopher who descends back into the cave, the emperor was considered to have knowledge of the metaphysical principles which govern physical society. He could therefore legislate without need of a consultative body. He was νόμος ἔμψυχος.[41] Thus one sees that in Byzantine texts, the emperor is defined as a philosopher according to Plato's *Republic* book 6; he is also defined as being the living law, like the philosopher who descends back into Plato's cave in book 7 of the *Republic*. These platonic principles permeate Byzantine legislation. Plato's *Republic* showed how it was important to study previous texts and establish whether or not they represented acceptable principles. Here we make put forth two examples: Homer's *Odyssey* and Plato's *Laws*. The use of Homeric lines to extrapolate juridical principles can be found in the eleventh century manual called the *Peira* of Eustathios Rhomaeus.[42] The second case concerns the reading of Plato's *Laws*. Leo the Philosopher, sometimes identified as the emperor Leo VI, corrected the text of Plato's *Laws*, as is indicated in the margins of some manuscripts.

> (743b, bis) γένοιτ' ἄν. τέλος τῶν διορθωθέντων ὑπὸ τοῦ φιλοσόφου Λέοντος (O4) [par. gr. 1807 f. 200r.][vat.gr. 1 f. 48r]
>
> May it be. The end of what had been corrected by the philosopher Leo.

The question of a juridical principle is important. Indeed, according to the *Ecloga Basilicarum*,[43] the emperor was meant to decide according to scripture, church councils and Roman law. This may seem banal, but one should not forget that Roman law applied only to citizens; the emperor had to establish principles by which he would decide within *ius gentium*, the law which defined relations with foreign nations, citizens of which were not subject to Roman law. The first time this became apparent was in the house of Caesar, as recorded in Cicero's *Pro Rege Deiotaro* in 45 BCE, when Caesar had to pass judgement concerning a foreign ruler. The emperor had to understand the natural law,

41 Ὑπόκειται ἐκδικεῖν καὶ διατηρεῖν ὁ βασιλεὺς πρῶτον μὲν τὰ ἐν τῇ θείᾳ γραφῇ γεγραμμένα, ἔπειτα δὲ καὶ τὰ παρὰ τῶν ἑπτὰ ἁγίων συνόδων δογματισθέντα, ἔτι δὲ καὶ τοὺς ἐγκειμένους ῥωμαϊκοὺς νόμους. (Ecloga Basilicorum eis. 4 Burgmann in Burgmann [1988]).

42 καὶ ὅτι ἡ μὲν δευτερογαμοῦσα ἐλαττοῖ τοῖς παισὶ τὴν ἐκείνοις ὕπαρξιν τῇ ἐπιγεννήσει τῶν ὕστερον παίδων, ἡ δὲ πορνεύουσα αὔξει μᾶλλον τὴν οὐσίαν τούτοις. καὶ τέθεικεν τὸν τοῦ ὁμήρου στίχον τὸν ἐν ὁδῷ. τοῖος γὰρ νόος γυναικὸς | "κείνου βούλεται οἶκον ὀφέλλειν, ὅς κεν ὀπυίοι, | παίδων δὲ προτέρων καὶ κουριδίοιο φίλοιο | οὐκέτι μέμνεται [τεθνηότος] οὐδὲ μεταλλᾷ". | διὰ ταύτας οὖν τὰς ἐννοίας, καὶ τὸ μὴ φανερῶς κολάσαι τὸν νόμον τὴν πορνεύουσαν, ἐδικαίωσε τὴν γυναῖκα, καὶ ταύτην οὐκ ἀβα σανίστως. (Eustathius Rhomaeus Peira 25.25.8–18 Zepos in Zepos [1931a]).

43 Ὑπόκειται ἐκδικεῖν καὶ διατηρεῖν ὁ βασιλεὺς πρῶτον μὲν τὰ ἐν τῇ θείᾳ γραφῇ γεγραμμένα, ἔπειτα δὲ καὶ τὰ παρὰ τῶν ἑπτὰ ἁγίων συνόδων δογματισθέντα, ἔτι δὲ καὶ τοὺς ἐγκειμένους ῥωμαϊκοὺς νόμους. (Ecloga Basilicorum eis. 2.4 Burgmann).

which applied to all people, and apply it to his subjects and to relations with others. These principles were philosophical.

As someone who applied these laws and principles to real-world situations, Cecaumenos's understanding of this higher principle led him to formulate a philosophical interpretation of humankind:

> καὶ μὴ εἴπῃς ὅτι "ὁ δεῖνα ἀκολουθίαν ἐκκλησιαστικὴν οὐ ποιεῖ καὶ εὐημερεῖ"· οὐ γὰρ οἶδας τί ἐν κρυπτῷ ὁ τοιοῦτος ἐργάζεται. οὕτως γὰρ ἐν κρυπτῷ τινες ἀγαθὰ ἐργαζόμενοι ἔλαθον οὐ μόνον ἀνθρώπους, ἀλλὰ καὶ τὸν διάβολον. εἰ δὲ ἀμεληταί τινες καὶ κακοὶ προκόπτουσιν, οὐδὲν θαυμαστόν· Ἑβραῖοι γὰρ καὶ αἱρετικοὶ καὶ Σαρακηνοὶ καὶ ἁπλῶς ἄλλοι πολλοὶ οἱ μήτε πεῖραν δογμάτων ἔχοντες μήτε εἰς τὸν Κύριον ἡμῶν Ἰησοῦν Χριστὸν τὸν ἀληθινὸν Θεὸν ἐλπίζοντες ζῶσι, καὶ οἱ μὲν αὐτῶν καὶ εὐημεροῦσι καὶ ἐθνῶν ἄρχουσι καὶ τῆς τοῦ Θεοῦ ἀγαθότητος ἀπολαύουσι, καὶ οὐ ζηλοῦμεν αὐτῶν τὴν εὐημερίαν. ἡ γὰρ ἀγαθότητος αὐτοῦ οἷς κρίμασιν οἶδε διοικεῖ τὰ πάντα. (*Kekaumenos Strategikon* 3.93.16–28 Spadaro in Spadaro [1998])
>
> And do not say that 'someone is not doing the church akolouthia and is successful'. For you do not know what such a person is doing in secret. For some secretly do good and are not noticed only by persons but also by the devil. If some lazy and evil persons progress, no wonder. For Jews, heretics, Muslims and simply many others who do not have experience of the dogmas do not live hoping in our Lord Jesus Christ the true God, yet some of them are successful, rule peoples and taste the goodness of God. We do not envy their success. For his goodness knows by their judgements and governs everything.

Cecaumenos is here describing the idea that, regardless of religion or opinion, rulers participate in divine goodness, which governs all. The emperor was considered to have access to this goodness when he combined philosophy with politics, just like the Platonic philosopher who frees himself from his shackles and goes out of the cave to contemplate the Sun in Plato's *Republic*, book 7. This idea is important for the emperor, since he is the only figure who deals with *ius romanum* and *ius gentium*.

Platonic legislation permeated Byzantine society. The notion of a philosopher king was regularly repeated, even in front of the emperor himself. The philosophy with which he ruled was theoretically a theological one, resulting from prayer and contemplation and employed in the administration of politics and justice. The Byzantines, while accepting the failures and fallibility of the emperor and his deeds, nevertheless thought of the emperor as an ideal representing what Plato was describing in his *Republic*. For them, the key political masterpiece of Plato was not an abstract work of imagination but an ideal, towards which each ruler should strive.

Bibliography

Adler (1928–1935): Ada Adler, *Suidae lexicon*, 4 vols. (Lexicographi Graeci 1.1–1.4), Leipzig.
Allen (2000): James P. Allen, *Middle Egyptian: An Introduction to the Language and Culture of Hieroglyphs*, Cambridge.
Amelotti/Zingale (1977): Mario Amelotti and Livia Migliardi Zingale, *Scritti teologici ed ecclesiastici di Giustiniano*, Milan.
Athanassiadi (1992): Polymnia Athanassiadi, *Julian: An Intellectual Biography*. London.
Baltzly *et al.* (2018–2022): Dirk Baltzly, Graeme Miles and John Finamore (eds.), *Proclus: Commentary on Plato's Republic*, Cambridge.
Bekker (1843): Immanuel Bekker (ed.), *Georgii Codini excerpta de antiquitatibus Constantinopolitanis* (Corpus Scriptorum Historia Byzantinae 31), Bonn.
Bidez (1960): Joseph Bidez, *L'empereur Julien. Oeuvres complètes*, vol. 1.2, 2nd ed., Paris.
Boissevain (1906): Ursul Phillip Boissevain (ed.), *Excerpta historica iussu imp. Constantini Porphyrogeniti confecta*, vol. 4: excerpta de sententiis, Berlin.
Brague (1982): Rémi Brague, *Pléthon: Traité des Lois*, Paris.
Burgmann (1988): Ludwig Burgmann (ed.), *Ecloga Basilicorum* (Forschungen zur byzantinischen Rechtsgeschichte 15), Frankfurt a. Main.
Burnet (1900): Joannes Burnet, *Platonis opera*, vol. 1, Oxford (repr. 1967).
Burns (1991): James H. Burns (ed.), *The Cambridge History of Medieval Political Thought C. 350 – C. 1450*, Cambridge.
Cockshut (1992): Anthony O. J. Cockshut, *The autobiography of John Stuart Mill*, Halifax.
Diehl (1906): Ernst Diehl (ed.), *Procli Diadochi in Platonis Timaeum commentaria*, Leipzig.
Diels/Kranz (1951): Hermann Diels and Walther Kranz (eds.), *Die Fragmente der Vorsokratiker*, vol. 1, 6th ed., Berlin.
Dodds (1933): Eric R. Dodds, *Proclus Elements of Theology*, Oxford.
Downey/Schenkl (1965): Glanville Downey and Heinrich Schenkl, *Themistii orationes quae supersunt*, vol. 1, Leipzig.
Gardiner (1957): Alan Henderson Gardiner, *Egyptian Grammar: Being an Introduction to the Study of Hieroglyphs*, 3rd ed., Oxford.
Hardy (1968): B. Carmon Hardy, "The emperor Julian and His Law School", in: *Church History* 37/2, 131–143.
Henry/Schwyzer (1951): Paul Henry and Hans-Rudolph Schwyzer (eds.), *Plotini opera*, Leiden.
Krämer (2004): Hans Krämer, "Die Spätphase der Älteren Akademie", in: Hellmut Flashar (ed.), *Grundriss der Geschichte der Philosophie* (Die Philosophie der Antike 3), 2nd ed., Basel, 113–129.
Kroll (1901): Wilhelm Kroll, *Procli Diadochi in Platonis rem publicam commentarii*, Leipzig (repr. Amsterdam 1965).
Kroll/Schöll (1895): Wilhelm Kroll and Rudolf Schöll, *Corpus iuris civilis*, vol. 3, Berlin.
Laurent (1971): Vitalien Laurent, *Les 'Mémoires' du Grand Ecclésiarque de l'Église de Constantinople Sylvestre Syropoulos sur le concile de Florence (1438–1439)*, Paris.
Lauritzen (2021): Frederick Lauritzen, "Il Platone di San Zanipolo" in: *Schola* 1/1, 23–32.
Lokin *et al.* (2010): Johannes H. A. Lokin, Roos Meijering, Bernard H. Stolte, and Nicolaas van der Wal (eds.), *Theophili Antecessoris Paraphrasis Institutionum*, Groningen.
Masullo (1985): Rita Masullo, *Marino di Neapoli. Vita di Proclo*, Naples.
Mette (1984): Hans Joachim Mette, "Zwei Akademiker heute: Krantor von Soloi und Arkesilaos von Pitane", in: *Lustrum* 26, 8–40 (mit Zusammenstellung der Fragmente und Quellen).
Migne (1866): Jacques-Paul Migne (ed.), *Patrologiae cursus completus (series Graeca) (MPG)* 88, Paris.
Mommsen (1872): Theodor Mommsen, *Corpus Iuris Civilis, Institutiones*, Berlin.
O'Meara (1989): Dominic O'Meara, *Philosophica minora II*, Leipzig.

Otto (1956): Eberhard Otto, "Prolegomena zur Frage der Gesetzgebung und Rechtssprechung in Ägypten", in: *Mitteilungen des Deutschen Archäologischen Instituts Abteilung Kairo (MDAIK)* 14, 150–159.

Patrineles/Sophianos (2001): Christos G. Patrineles and Demetrios Z. Sophianos, *Manuel Chrysoloras and his Discourse Addressed to the Emperor Manuel II Palaeologus*, Athens.

PLRE: *Prosopography of the Later Roman Empire*, Cambridge 1971–1992.

Polemis (1992): Ioannes D. Polemis (ed.), *Ο λόγιος Νικόλαος Λαμπηνός καὶ τὸ ἐγκώμιον αὐτοῦ εἰς τὸν Ἀνδρόνικον Β' Παλαιολόγον* (Ἑταιρεία Βυζαντινῶν καὶ Μεταβυζαντινῶν Μελετῶν. Διπτύχων – Παράφυλλα 4), Athens.

Popper *et al.* (2013): Karl Popper, Alan Ryan, and Ernst H. Gombrich, *The Open Society and Its Enemies*, Princeton/Oxford.

Riedinger (1995): Rudolf Riedinger (ed.), *Agapetos Diakonos. Der Fürstenspiegel für Kaiser Iustinianos* (Ἑταιρεία Φίλων τοῦ Λαοῦ. Κέντρον Ἐρεύνης Βυζαντίου 4), Athens.

Slings (2003): Simon R. Slings (ed.), *Platonis Rempublicam*, Oxford.

Spadaro (1998): Maria Dora Spadaro, "Raccomandazioni e consigli di un galantuomo", in: *Hellenica* 2, 44–242.

Steel (2007–2009): Carlos Steel, *Procli in Platonis Parmenidem Commentaria*, Oxford.

Thesleff (1965): Holger Thesleff, *The Pythagorean texts of the Hellenistic period* (Acta Academiae Aboensis 30/1), Åbo.

van den Boorn (1988): Guido Petrus Firmin van den Boorn, *The Duties of the Vizier* (Studies in Egyptology Series), London.

Watts (2017): Edward Watts, "The Lycians are coming: The career of Patricius, the Father of Proclus", in: David D. Butorac and Danielle A. Layne (eds.), *Proclus and his legacy* (Millennium Studies 65), Berlin, 137–144.

Westerink (1972): Leendert G. Westerink (ed.), *Arethae archiepiscopi Caesariensis scripta minora*, 2 vols., Leipzig.

Woodhouse (1986): Christopher M. Woodhouse, *George Gemistos Plethon – The Last of the Hellenes*, Oxford.

Zepos (1931): Panagiotes J. Zepos (post Karl Eduard Zachariae von Lingenthal), *Leges Imperatorum Isaurorum et Macedonum*, (Jus Graecoromanum 2), Athens.

Zepos (1931a): Panagiotes J. Zepos (post Karl Eduard Zachariae von Lingenthal), *Πεῖρα Εὐσταθίου τοῦ Ρωμαίου*, Athens.

Zepi (1962): Ioannes and Panagiotes Zepos (post Karl Eduard Zachariae von Lingenthal), *Νεαραὶ καὶ Χρυσόβουλλα τῶν μετὰ τὸν Ἰουστινιανὸν Βυζαντινῶν Αὐτοκρατόρων* (Jus Graecoromanum 1), repr. Aalen.

Wolfram Brandes

Die Frankfurter Arbeitsstelle der Göttinger Akademie

Von 1974 bis zum 31.12.2020, also gut 46 Jahre lang (fast ein halbes Jahrhundert), wurde in Frankfurt am Main die Geschichte des byzantinischen Rechts und insbesondere seiner Quellen höchst erfolgreich erforscht.[1]

Dieter Simon konnte 1974 bei der Deutschen Forschungsgemeinschaft (DFG) ein Projekt zur „Edition und Bearbeitung byzantinischer Rechtsquellen" erfolgreich durchsetzen.

Er gründete 1976 die Reihe *Forschungen zur byzantinischen Rechtsgeschichte*, in der bis zum Ende des Projektes am 31.12.2020 fast alle Forschungsergebnisse publiziert wurden. Insbesondere die Unterreihe *Fontes Minores* (bis 2021 erschienen 13 Bände) sind hervorzuheben. Nachdem Simon (im Jahre 1980, bis 2003) Direktor des Max-Planck-Instituts für Europäische Rechtsgeschichte (jetzt: Max-Planck-Institut für Rechtsgeschichte und Rechtstheorie) wurde, konnte das DFG-Projekt „Byzantinisches Recht" in dieses Institut übersiedeln, das es bis zu seinem Ende am 31.12.2020 beherbergte.

Im Jahre 1990 wurde das Projekt als Arbeitsstelle („Edition und Bearbeitung byzantinischer Rechtsquellen") von der Akademie der Wissenschaften zu Göttingen mit Sitz im erwähnten Max-Planck-Institut übernommen. Dies erwies sich als ein Glücksfall im doppelten Sinne, denn einmal profitierte die Arbeitsstelle in erheblichem Maße von den Möglichkeiten eines Max-Planck-Instituts und auf der anderen Seite garantierte die Göttinger Akademie die Finanzierung.

Von 1990 bis 2006 amtierte Simon daneben als Arbeitsstellenleiter des Frankfurter Projektes „Edition und Bearbeitung byzantinischer Rechtsquellen". 2006 übernahm Marie Theres Fögen, die ursprünglich seit den 70er Jahren des 20. Jahrhunderts am Frankfurter Projekt beteiligt war, 1995 als Professorin für Römisches Recht, Privatrecht und Rechtsvergleichung an die Universität Zürich berufen worden war und seit 2001 außerdem als Direktorin am Max-Planck-Institut für Europäische Rechtsgeschichte in Frankfurt amtierte, die Funktion der Arbeitsstellenleiterin.

Seit 2012 war Dieter Simon erneut als Arbeitsstellenleiter (bis 2017) tätig. Er bewirkte eine (auch bibliographisch) sichtbare Intensivierung der Forschungstätigkeit. 2017 wurde er Vorsitzender der wissenschaftlichen Kommission der Akademie der Wissenschaften zu Göttingen, die die Arbeit der Frankfurter Arbeitsstelle leitete. Deshalb übernahm Bernard Stolte (Universität Groningen) für die Jahre 2017–2019 den Posten des Arbeitsstellenleiters. Die letzten beiden Jahre (2019–2020) übernahm Wolfram Brandes diese Aufgabe. Ihm oblag die „Abwicklung", eine nicht sehr angenehme Tätigkeit.

---

1 Dies ist die gekürzte Fassung des Artikels Brandes (2021) 70–89.

https://doi.org/10.1515/9783111331126-014

Die primären Ziele der Tätigkeit der Arbeitsstelle bestanden vor allem in (1) der Bestandsaufnahme der Überlieferung des byzantinischen Rechts, (2) den kritischen Editionen von einschlägigen Texten (Neueditionen oder Edition von bisher ungenügend edierten Texten), (3) der Erforschung und Beschreibung der Literatur- und Überlieferungsgeschichte des byzantinischen Rechts, (4) der Erstellung von Hilfsmitteln (Repertorien zur Erschließung des handschriftlichen Bestands), (5) der Durchführung von materiell orientierten Studien zum byzantinischen Recht (inkl. Verwaltungsrecht und praktischer Rechtsanwendung). An diesen Vorgaben orientierten sich stets die Aktivitäten der Frankfurter Arbeitsstelle.

Die Publikation der meisten Arbeitsergebnisse (Editionen, Einzeluntersuchungen u. a.) erfolgte in den *Forschungen zur byzantinischen Rechtsgeschichte* (36 Bände bis 2018).

Durch die Übersetzung von Spyros Troianos' fundamentalen Werk über die „Quellen des byzantinischen Rechts" (erschienen 2017) rüstete sich Dieter Simon, der, wie eben gesagt, 2012 erneut die direkte Leitung der Frankfurter Arbeitsstelle übernommen hatte, für die Rückkehr zur byzantinischen Rechtsgeschichte. Mehr als deutlich zeigt sich das in seiner intensiven Arbeit an der Neuedition (zusammen mit Diether Roderich Reinsch) der *Peira* des Eustathios Rhomaios, die 2023 erschien.

Die jahrzehntelange Arbeit der Frankfurter Arbeitsstelle „Edition und Bearbeitung byzantinischer Rechtsquellen" konzentrierte sich auf die im Folgenden genannten Komplexe. Neben diesen Schwerpunkten publizierten die Mitarbeiter natürlich auch zu einer Vielzahl weiterer Themen, die hier nicht alle erwähnt werden können.

Repertorium der Handschriften des byzantinischen Rechts

Sofort nach dem Beginn der Arbeiten in den 70er Jahren des 20. Jahrhunderts wurde intensiv begonnen, eine umfassende Sammlung der relevanten griechischen Handschriften (in Form von Mikrofilmen) anzulegen. Dies war eine ausgesprochen kluge Entscheidung, denn angesichts der aktuellen Preise, die die entsprechenden Bibliotheken heute verlangen, wäre das Anlegen einer derartigen Sammlung allein aus finanziellen Gründen mittlerweile unmöglich. Ziel war Vollständigkeit, was zu ca. 95 % auch erreicht wurde. Nahezu alle wichtigen Handschriften mit byzantinischen Rechtstexten standen nun zur Auswertung bereit. Alle diese Mikrofilme werden in einem klimatisierten Raum der Bibliothek des Max-Planck-Instituts aufbewahrt und stehen auch in Zukunft der Forschung zur Verfügung.

Schon früh wurde beschlossen, diese einzigartigen Handschriftenbestände in einem umfassenden Repertorium zu erschließen. Dies war eine sehr aufwendige Arbeit, nicht zuletzt deshalb, weil sehr viele dieser Handschriften bisher nur sehr ungenügend beschrieben und analysiert waren. Außerdem wurden zeitgleich andere Projekte der Arbeitsstelle betrieben. Der erste Band des Repertoriums der Handschriften des byzantinischen Rechts, der primär die Handschriften des weltlichen Rechts behandelte, erschien 1995. Da sehr oft keine klare Trennung zwischen weltlichem und kirchlichem Recht in den Handschriften vorgenommen wurde, enthält bereits dieser Band auch zahlreiche Angaben zu Texten des Kirchenrechts. Von Anfang an wurden (soweit möglich) die Rechtstexte, die bis zum Jahre 1204 entstanden sind, erfasst. Dies hatte in erster Linie pragmatische Gründe.

Nach der Forcierung der Arbeiten am Repertorium konnte der zweite Band (in zwei Teilen) in den Jahren 2010 und 2017 erscheinen. Damit war eines der Hauptziele der Tätigkeit der Frankfurter Arbeitsstelle erreicht worden.

Die *Peira* des Eustathios Rhomaios

Die aus der Zeit um das Jahr 1000 stammende Sammlung namens *Peira* von Entscheidungen des kaiserlichen Richters Eustathios Rhomaios, zusammengestellt von einem *syntaktes* genannten Kompilator, ist eine einzigartige (und auch die einzige) und außerordentlich bedeutende Quelle für die byzantinische Rechtspraxis. Schon sehr früh hatte sich Dieter Simon diesem Text zugewandt. Und dieser Text bzw. Eustathios Rhomaios und dessen weiteres Schrifttum war all die Jahre hindurch immer wieder Gegenstand der Arbeit der Frankfurter Forschungsstelle. Bereits 1979 edierte Andreas Schminck zwei eherechtliche Entscheidungen des Eustathios, 1993 edierte Ludwig Burgmann den *tractatus de creditis et de teste uno*, der ebenfalls Eustathios zugesprochen wird. Diether Roderich Reinsch, der einige Jahre für die Frankfurter Forschungsstelle arbeitete (bis er 1986 einen Ruf an die Universität Bochum erhielt) gab 1986 einen Text des Eustathios über das *Hobolon* heraus. Gäste des Projektes (wie Nikolas Oikonomides oder Helga Köpstein) wie auch Mitarbeiter trugen durch diverse Untersuchungen zur Erforschung der *Peira* bei. Hervorzuheben sind eindringliche Untersuchungen von Ludwig Burgmann.

Nach all diesen Bemühungen setzt die Edition (nebst Übersetzung und ausführlichem Kommentar) der *Peira* von Diether Roderich Reinsch und Dieter Simon, nunmehr basierend auf der Florentiner Handschrift, neue Maßstäbe für die Erforschung der byzantinischen Rechtsgeschichte. Inzwischen ist sie als Band VI der *Forschungen zur byzantinischen Rechtsgeschichte. Neue Folge* bei de Gruyter (2023) erschienen.

Edition und Erforschung der byzantinischen Rechtslexika

Die byzantinischen Juristen seit der sog. Makedonenzeit fanden, als die (griechischen) Texte der Antecessoren des 6. Jahrhunderts rezipiert wurden, in diesen griechischen Übersetzungen (hervorgegangen aus dem Rechtsunterricht) des justinianischen Rechts viele lateinische *termini technici*, die der Erklärung bedurften. Aus diesem Grunde fertigte man Lexika an, die sich regelmäßig in den juristischen Handschriften finden. Seit den 70er Jahren des 20. Jahrhunderts befasste sich Ludwig Burgmann mit diesen seit Jahrhunderten vernachlässigten Texten. Bereits 1977 behandelte er sie in einem umfassenden Überblick und edierte ein erstes Lexikon (aus dem Codex Scor. 173 (S) L II und L III). Dem folgte die Edition des sog. Lexikon ἄδετ.

Eine Zusammenfassung dieser Studien, nunmehr in engster Kooperation mit den Groninger Kollegen (insbesondere Roos Meijering und Bernard Stolte) erschien 1990 (als Band 17 der *Forschungen zur byzantinischen Rechtsgeschichte* = *Fontes Minores* VIII). Hier wurden weitere Rechtslexika ediert und einschlägige Untersuchungen vorgelegt.

Auch in den folgenden Jahren wurden in *Fontes Minores* Editionen derartige Lexika veröffentlich, ein Umstand, der reflektiert, wie groß die internationale Beachtung dieser Forschungen und Editionen ist.

Eherecht und Familiengut

Die eherechtliche Literatur der Byzantiner ist erstaunlich umfangreich und in den juristischen Handschriften außerordentlich oft vertreten. Mitarbeiter und Gäste der Arbeitsstellen edierten eine größere Anzahl dieser Texte (stets mit eingehender Analyse).

Besondere Aufmerksamkeit erhielten die Eherechtsnovellen des 8. Jahrhunderts oder das Ehegüterrecht in den Urteilen des Eustathios Rhomaios (in der *Peira*). Das Eherecht (sowie sog. Ehehindernisse) im 11./12. Jahrhundert war ebenfalls mehrfach Gegenstand verschiedener Abhandlungen.

Im Juli 1989 wurde zu dieser Thematik eine Tagung am Historischen Kolleg in München veranstaltet (die Tagungsbeiträge erschienen 1992).

Kanonistische Forschungen: Aristenos, Synopsen

Da eine Trennung von weltlichem und kirchlichem (kanonischem) Recht in Byzanz in der Praxis kaum möglich ist, was sich u. a. in sehr vielen juristischen Handschriften widerspiegelt, betraf die Forschungstätigkeit der Frankfurter Arbeitsstelle auch das kanonische Recht. Immer wieder wurde Studien aus diesem Forschungsbereich publiziert, etwa den großen Kanonisten Theodoros Balsamon aus dem Ende des 12. Jahrhunderts betreffend, oder das Prooimion zu einer Überarbeitung des Nomokanon in 14 Titeln.

Der wichtigste Beitrag zur Erforschung des kanonischen Rechts war die Edition des Kommentars des Aristenos – eines der drei großen Kanonisten des 12. Jahrhunderts – zur *Synopsis canonum*. Hier bewährte sich die enge Zusammenarbeit mit den griechischen Kollegen (Eleftheria Papagianni und Spyros Troianos). Nach langjährigen Arbeiten, was nicht zuletzt auf die sehr breite handschriftliche Überlieferung zurückzuführen ist, konnte dieser 2019 als Band 1 der *Forschungen zur byzantinischen Rechtsgeschichte. Neue Folge* erscheinen.

Ein weiterer Forschungsgegenstand betraf die sog. Konzilssynopsen, die historische Informationen über die Konzilien, die die Kanones erließen, bieten. Es gibt sie in (sehr) großer Anzahl und in sehr unterschiedlichem Umfang. In so gut wie jeder juristischen Handschrift findet sich mindestens einer (oft auch mehrere) dieser Texte. Sie bieten, vereinfacht gesagt, die historische Legitimierung des Kirchenrechts.

Im Jahre 2013 erschien die Edition (nebst Übersetzung und Kommentar) einer ausgesprochen umfangreichen Konzilssynopse aus dem Ende des 9. Jahrhunderts, die z. T. heute verlorene Quellen verwendete und (u. a.) wertvolles historisches Material enthält.

Die mit Abstand häufigste dieser Synopsen ist die sog. Hoeschelsche Konzilssynopse (nach David Hoeschel, der 1595 diesen Text [nach nur einer Handschrift] erstmals edierte). Im Auftrag der Frankfurter Arbeitsstelle edierte (und analysierte) Antonia Giannouli diesen so stark verbreiteten Text, so dass nunmehr eine aktuellen wissenschaftlichen Ansprüchen genügende Textausgabe der internationalen Forschung zur Verfügung steht.

Aus diesen Forschungen ging die Idee einer größeren Tagung (mit prominenten internationalen Teilnehmern) hervor, die im Oktober 2017 (*Konzilien und kanonisches Recht in Spätantike und frühem Mittelalter. Aspekte konziliarer Entscheidungsfindung*) stattfand und die konkreten Entstehungsbedingen von Kanones auf den lokalen und ökumenischen Konzilien untersuchte.

Auch die unten näher behandelten Patriarchalakte könnten auch in diesem Zusammenhang aufgeführt werden; ebenso die Forschungen zum Eherecht, das in starkem Maße von der kirchlichen Gesetzgebung dominiert wurde. Obwohl Ende 2020 die Arbeiten der Arbeitsstelle eingestellt wurde, wird Kirill Maksimovič einen bisher ungedruckten Kanoneskommentar (ca. 1200 entstanden), der sich im Codex Sinaiticus 1117 befindet, demnächst zum Druck befördern. Da er bereits geraume Zeit an diesem Projekt gearbeitet hat, sind die Arbeiten sehr weit fortgeschritten, so dass demnächst mit der Publikation (in den *Forschungen zur byzantinischen Rechtsgeschichte. Neue Folge*) gerechnet werden kann.

Rechtsbücher, Ecloga, Eisagoge, Prochiron

Die mustergültige Edition der Ecloga, des Rechtsbuchs der Kaiser Leon III. und dessen Sohn Konstantin V. durch Ludwig Burgmann stellt bis heute einen Meilenstein der byzantinistischen Rechtsgeschichte dar. Nicht nur die unübertroffene, auf einer sehr großen Anzahl herangezogener Handschriften basierende Textkonstituierung und die einfühlsame deutsche Übersetzung zeichnen dieses Buch aus. Auch die durch Burgmann gesicherte Datierung ins Jahr 741 hatte für die „allgemeine" historische Byzantinistik bzw. die in vielen Punkten unklare Geschichte der ersten Phase des sog. Byzantinischen Bilderstreits im 8. Jahrhundert erhebliche Auswirkungen. Auch die Edition der *Appendix Eclogae*, die eine erhebliche rechtsgeschichtliche Bedeutung hat, ist zu erwähnen. Diesem wichtigen Gesetzbuch wurden mehrere Studien gewidmet. Die *Ecloga* wurde ins Slavische und ins Arabische (bzw. Koptische) übersetzt. Stefan Leder edierte die arabische Übersetzung und Jaroslav Nikolaevič Ščapov und Ludwig Burgmann edierten die slavische Übersetzung. Letztere Edition ist angesichts der erheblichen Bedeutung der *Ecloga* für die Rechtsentwicklung in der Kiever Rus' besonders hervorzuheben.

Leider kamen die Arbeiten an der Edition des *Prochiron* und der *Eisagoge* wegen einer schleichenden Erkrankung von Ludwig Burgmann nicht voran. 1986 legte Andreas Schminck die kritischen Editionen der Proömien der Basiliken, der *Epitome legum* und der *Eisagoge* in einer stark beachteten Monographie vor. Leider verhinderten Krankheit und Tod Ludwig Burgmanns die Fertigstellung der Edition der *Eisagoge*. Diese Aufgabe haben Martin Marko Vučetić (Mitarbeiter 2016–2018) und Timo Christian (Mitarbeiter 2016–2019) seit dem Jahre 2016 übernommen. Obwohl beide neue Stellen in München und Frankfurt antraten, führten sie dieses Projekt fort. Die revidierte deutsche Übersetzung (Christian) ist bereits fertig und die Edition des griechischen Textes (Vučetić) steht vor der Fertigstellung, so dass demnächst mit der Publizierung gerechnet werden kann.

Bereits 2014 konnte die Edition der arabischen Übersetzung des *Prochiron* publiziert werden (Johannes Pahlitzsch). Ludwig Burgmann edierte außerdem die sog. *Ecloga Basilicorum* (im Jahre 1988), eine reich kommentierte Auswahl aus den ersten zehn Büchern der Basiliken.

Kaisergesetze, Patriarchal- und Synodalakte sowie kanonisches Recht

An erster Stelle ist hier die umfangreiche Edition (mit deutscher Übersetzung) des Novellensyntagma des Athanasios von Emesa zu nennen. Nach umfangreichen Vorarbeiten konnten Dieter Simon und Spyros Troianos diese im Jahre 1989 publizieren.

Die Rolle des Kaisers als Gesetzgeber in der Spätantike und in Byzanz war mehrfach Gegenstand der Forschungstätigkeit der Arbeitsstelle. Dies betraf sowohl die Rolle des

Kaisers (als Institution) in der byzantinischen Gesellschaft wie auch Untersuchungen zu einzelnen Gesetzen bzw. Novellen. Eine Zusammenschau lieferte Ludwig Burgmann. Er publizierte auch einen Überblick über die byzantinischen Rechtsbücher. Andere Editionen und Untersuchungen betrafen einzelne Novellen bestimmter Kaiser und bisher übersehene Kaisergesetze.

Umstritten waren die Datierungen verschiedener Rechtstexte, die in der Wissenschaft jeweils mit „Nomos" bezeichnet werden: *Nomos Mosaïkos, Nomos Rhodion nautikos, Nomos georgikos* und *Nomos stratiotikos*. Die von Andreas Schminck vertretenen Datierungen und Zuweisungen an den Patriarchen Photios widerlegte Ludwig Burgmann auf souveräne Weise. Überhaupt bietet sein 2009 erschienener Artikel eine grundlegende zeitliche und inhaltliche Einordnung dieser vier sog. „Gesetze", die in der aktuellen Forschung noch einer angemessenen Rezeption harren.

Die Analyse der gesammelten juristischen Handschriften führte zum Fund diverser Patriarchal- und Synodalakte, die entweder bisher unbekannt waren oder die nur ungenügend edierte worden waren. Andere Untersuchungen betrafen wichtige kanonistische Quellen (etwa die Konzilssynopsen), worauf bereits eingegangen wurde.

Byzantinischen Recht in der Rus', im Kaukasus und im Kalifat

Die Rezeption des byzantinischen Rechts in den slavischen Ländern (Kiever Rus', Bulgarien) war ein bevorzugtes Forschungsgebiet von Ludwig Burgmann. Insbesondere der slavischen Rezeption widmete er mehrere Abhandlungen. Hervorzuheben ist die wesentlich von ihm (zusammen mit Hubert Kaufhold und armenischen Kollegen) erarbeitete umfassende Bibliographie zu dieser Thematik. Dieser 1992 erschienene sehr nützliche Band müsste natürlich heute aktualisiert werden.

In diesem Kontext ist auch auf die bereits erwähnte Edition der slavischen Fassung der *Ecloga* zu verweisen. In Zusammenarbeit mit Kirill Maksimovič erarbeitete er (über viele Jahre) ein zweibändiges Wortverzeichnis (griechisch-altslavisch) zum *Syntagma in 14 Titeln*. Daneben untersuchte Ludwig Burgmann den Ursprung des serbischen Nomokanon.

Aus der Zusammenarbeit mit armenischen Kollegen und Kolleginnen ging ein Band hervor, der die armenische Übersetzung der altkirchlichen Kanones (nebst dazugehörigen Untersuchungen) erschließt. In diesem Zusammenhang wurde in den *Forschungen zur byzantinischen Rechtsgeschichte* ein wichtiger Band über die armenischen Übersetzungen byzantinischer Rechtsbücher publiziert.

Ein weiterer Bereich dieser Forschungen betraf die christlich-arabischen Übersetzungen byzantinischer Rechtstexte. Auf die arabische (koptische) Übersetzung der *Ecloga* wurde bereits verwiesen. Johannes Pahlitzsch edierte im Auftrag der Frankfurter Arbeitsstelle die arabische Übersetzung des *Prochiron*. Ludwig Burgmann publizierte einen Überblick über die Übersetzungen byzantinischer Rechtstexte in verschiedene Sprachen, auf den ausdrücklich hingewiesen sei.

Verwaltungsgeschichte, Hochverrat, Prozesse

Nach dem überraschenden und vorzeitigen Tod von Josef Sonderkamp 1990 trat Wolfram Brandes am Ende dieses Jahres in das Projekt ein. Als ausgebildeter Historiker widmete er sich – neben der jahrelangen Mitarbeit an den Handschriftenbeschreibungen, die in den drei Bänden des *Repertoriums der Handschriften des byzantinischen Rechts* publiziert wurden – dem Aspekt der Auswertung und Fruchtbarmachung der in der Arbeitsstelle gewonnen Sachkenntnis der byzantinischen Rechtsgeschichte. Es entstand eine umfassende Darstellung der byzantinischen Verwaltungsgeschichte (mit einem Schwerpunkt auf der Geschichte der Finanzverwaltung als *nervus rerum* der zivilen wie militärischen Strukturen des spätrömischen/byzantinischen Reiches) vom 5. bis zum 9. Jahrhundert, der Phase der byzantinischen Geschichte über die angesichts der eklatanten Quellenarmut am wenigsten bekannt ist. Es entstand eine umfangreiche Monographie zu diesem Thema.

Insbesondere wandte er sich dem Komplex der Hochverratsprozesse zu. Ausgangspunkt war der Hochverratsprozess gegen den noch heute als Heiligen verehrten Papst Martin I. im Jahre 653 (sowie den damit in Zusammenhang stehenden Prozess gegen Maximos Homologetes zwei Jahre später). Nach römischem Recht wurden beide als Hochverräter (*laesae majestatis*) verurteilt. Theologische Konflikte spielten kaum eine Rolle (bzw. wurden vom kaiserlichen Gericht vermieden). Weitere Fälle von derartigen Hochverratsprozessen vom 6. Bis zum 13. Jahrhundert wurden ausführlich analysiert und ihre erheblichen Auswirkungen auf historische Entwicklungen umfangreich untersucht.

In der Zeit zwischen dem Kaiser Herakleios (610–640) und der Kaiserin Eirene (780–802) sind keine kaiserlichen Novellen überliefert. Man meinte (bis heute), dass die Kaiser der Zwischenzeit eben keine Novellen erließen. Da aber gerade in dieser Zeit gravierende Umwandlungen des Staates und andere einschneidende Ereignisse als Ergebnisse von kaiserlichen politischen Entscheidungen stattfanden, die ohne gesetzliche Regelungen kaum denkbar sind, wurde nach Hinweisen in den relevanten Quellen gesucht. (nota bene: Die Quellensituation gerade in dieser Zeit ist notorisch schlecht). Insbesondere einschneidende Änderungen der kirchlichen Verwaltungsstruktur (zu Lasten des römischen Papsttums) am Ende des 7. Und in der Mitte des 8. Jahrhunderts wurden unter den genannten Annahmen untersucht (Schicksal des sog. Östlichen Illyrikum und der päpstlichen Patrimonien Unteritaliens und Siziliens). Dies mündete in eine Reihe (z. T. sehr umfangreicher) Abhandlungen.

Eine wichtige Abhandlung von Ludwig Burgmann betraf die Organisation der Rechtsprechung in der mittelbyzantinischen Zeit.

Harmenopoulos, Hexabiblos

Der bedeutende Jurist (*sebastos*, Richter in Thessaloniki, *nomophylax*, *krites katholikos*) Konstantin Harmenopoulos kompilierte im 14. Jahrhundert die sog. Hexabiblos (wohl 1345), ein Handbuch des weltlichen Rechts (in sechs Büchern; daher der Name). Dabei basierte er auf älteren Rechtsbüchern (*Procheiron*, Michael Attaleiates, *Synopsis Minor*, *Peira*, Julian von Askalon). Harmenopoulos organisierte das relevante Material so geschickt für den praktischen Gebrauch, dass sein Handbuch eine außerordentliche Verbreitung erlebte und bis ins 19. Jahrhundert in Griechenland geltendes Recht repräsentierte wie auch in mehreren Balkanstaaten. Diese Umstände erregten schon früh das Interesse von Marie Theres Fögen. Allein die außerordentliche Anzahl von erhaltenen Handschriften (bis ins frühe 19. Jahrhundert) erschwert bis heute eine regelgerechte neue Edition dieses wichtigen Textes. Leider konnte Frau Fögen ihre Pläne bezüglich der *Hexabiblos* des Harmenopoulos nicht weiterverfolgen, nachdem sie 1995 Professorin für Römisches Recht an der Universität Zürich wurde und 2001 außerdem von der Max-Planck-Gesellschaft als Direktorin an das Max-Planck-Instituts für Europäische Rechtsgeschichte in Frankfurt berufen wurde.

Erst in jüngster Zeit nahm Marios Tantalos (Athen/Groningen) die Arbeiten an der *Hexabiblos* im Auftrag der Frankfurter Arbeitsstelle (Werkverträge mit der Akademie der Wissenschaften zu Göttingen) wieder auf. Ziel ist eine heutigen Ansprüchen genügende wissenschaftliche Edition dieses so wichtigen Rechtsbuches, ein Vorhaben, das allgemein als eines der wichtigsten Desiderate der byzantinistischen Rechtsgeschichtsforschung angesehen wird. Er hat inzwischen bedeutende Fortschritte bei der Erfassung der relevanten Handschriften und der Benutzung älterer Rechtsbücher erreicht und arbeitet konsequent auf seine Edition hin.

Fast ein halbes Jahrhundert lang wurde in Frankfurt auf höchst produktive Weise die byzantinische Rechtsgeschichte erforscht. Zahlreiche Editionen und sehr viele Untersuchungen zu den verschiedensten Aspekten der Rechtsgeschichte (und darüber hinaus) wurden publiziert. In enger Kooperation und freundschaftlicher Zusammenarbeit mit den Kollegen in Athen und Groningen wurde eine byzantinistische Spezialdisziplin etabliert. Die internationale Resonanz war enorm, was sich nicht zuletzt durch die zahlreichen Gäste des Projektes und Stipendiaten (etwa der Humboldt-Stiftung) belegen lässt.

Dies alles hat nun ein Ende gefunden. In Deutschland ist die institutionalisierte byzantinische Rechtsgeschichte damit beendet. An keiner Universität oder Akademie wird dieses Fach weiterhin betrieben. Keine Stiftung oder die DFG fördern Projekte, die in irgendeiner Weise die byzantinische Rechtsgeschichte auch nur tangieren.

Es bleiben Publikationen, die in diesem kurzen Überblick dokumentiert werden, und es bleibt die umfangreiche Sammlung von verfilmten Handschriften des byzantinischen Rechts, die in der Bibliothek des Max-Planck-Instituts für Rechtsgeschichte und Rechtstheorie zugänglich bleiben.

Appendix

Abkürzungen

BZ	*Byzantinische Zeitschrift*
FBR	Forschungen zur byzantinischen Rechtsgeschichte
FBR NF	Forschungen zur byzantinischen Rechtsgeschichte. Neue Folge
FM	*Fontes Minores*
JÖB	*Jahrbuch der byzantinischen Byzantinistik*
ODB	*Oxford Dictionary of Byzantium*, ed. A. Kazdan et al.
RIDA	*Revue international des droits de l'antiquité*
Rh.-P.	Georgios A. Rhalles/Michael Potles, *Σύνταγμα τῶν θείων καὶ ἱερῶν κανόνων*, I–VI. Athen 1852/1859 (Nachdruck Athen 1966)
RJ	*Rechtshistorisches Journal*
TM	Travaux et Mémoires
ZRVI	*Zbornik radova vizantološkog instituta*
ZSSR RA	*Zeitschrift der Savigny-Stiftung für Rechtsgeschichte. Romanistische Abteilung*

Bibliographischer Anhang

Für die byzantinische Rechtsgeschichte relevante Publikationen von Dieter Simon (ohne Anspruch auf Vollständigkeit), die nicht in den *Fontes Minores* erschienen sind[2]:

1) Dieter Simon

Simon (1969): Dieter Simon, *Untersuchungen zum Justinianischen Zivilprozeß* (Münchener Beiträge zur Papyrusforschung und antiken Rechtsgeschichte 54), München.

Simon (1969): Dieter Simon, „Aus dem Codexunterricht des Thalelaios. 1. Abh.: Die Methode", in: *ZSSR RA* 86, 334–383.

Simon (1970): Dieter Simon, „Aus dem Codexunterricht des Thalelaios. 2. Abh.: Die Heroen", in: *ZSSR RA* 87, 315–394.

Simon (1969): Dieter Simon, „Aus dem Codexunterricht des Thalelaios. 3. Abh.: Interpolationsberichte", in: *RIDA* 16, 283–308.

Simon (1970): Dieter Simon, „Aus dem Codexunterricht des Thalelaios. 4. Abh.: Divergenzen zwischen Thalelaios-Kommentar und Codexüberlieferung", in: *RIDA* 17, 273–311.

Simon (1969): Dieter Simon, „Revocatio in duplum", in: *Tijdschrift voor Rechtsgeschiedenis* 37, 551–555.

Simon (1971): Dieter Simon, „Ein spätbyzantinisches Kaufformular", in: Robert Feenstra, Johannes Henricus Antonius Lokin und Nicolaas van der Wal (Hgg.), *Flores Legum H. J. Scheltema oblati*, Groningen, 155–181.

Simon (1971): Dieter Simon, „Zur Zivilgerichtsbarkeit im spätbyzantinischen Ägypten", in: *RIDA* 18, 623–657.

2 Weitere Publikationen sind seiner Homepage an der Humboldt-Universität zu Berlin zu entnehmen. Von den Veröffentlichungen im *RJ* wurden nur die im obigen Text erwähnten berücksichtigt. Gleiches gilt für Marie Theres Fögen.

Simon (1973): Dieter Simon, *Rechtsfindung am byzantinischen Reichsgericht* (Wissenschaft und Gegenwart. Jurist. Reihe 4), Frankfurt a. Main.

Simon (1973): Dieter Simon, *Zyprische Prozeßprogramme* (Münchener Beiträge zur Papyrusforschung und antiken Rechtsgeschichte 65), München.

Simon (1973): Dieter Simon, „Eine unbekannte Ecloga-Handschrift", in: *Επετηρίς τού Κέντρου Ερεύνης της Ιστορίας του Ελληνικού Δικαίου* 18, 145–178.

Simon/Waldstein (1974): Dieter Simon und Wolfgang Waldstein, „Neuentdeckte Bruchstücke der Epanagoge cum Prochiro composita. Eine Palimpsesthandschrift der Klosterbibliothek Lavra", in: *JÖB* 23, 145–178.

Simon (1975): Dieter Simon, „Die byzantinischen Seidenzünfte", in: *BZ* 68, 23–46.

Simon (1977): Dieter Simon, „Byzantinische Hausgemeinschaftsverträge", in: Fritz Baur und Karl Larenz (Hgg.), *Beiträge zur europäischen Rechtsgeschichte und zum geltenden Zivilrecht. Festgabe für Johannes Sontis*, München, 91–128.

Simon (1978): Dieter Simon, „Handschriftenstudien zur byzantinischen Rechtsgeschichte", in: *BZ* 71, 322–348.

Simon (1982): Dieter Simon, „Das frühbyzantinische Emphyteuserecht", in: *Symposion 1977. Vorträge zur griechischen und hellenistischen Rechtsgeschichte*, Köln/Wien, 365–422.

Simon (1984): Dieter Simon, „Princeps legibus solutus. Die Stellung des byzantinischen Kaisers zum Gesetz", in: Dieter Nörr und Dieter Simon (Hgg.), *Gedächtnisschrift für Wolfgang Kunkel*, Frankfurt a. Main, 449–492.

Simon (1984): Dieter Simon, „Gewissensbisse eines Kaisers", in: Gottfried Baumgärtel, Hans-Jürgen Becker, Ernst Klingmüller und Andreas Wacke (Hgg.), *Festschrift für Heinz Hübner zum 70. Geburtstag am 7. November 1984*, Berlin/New York, 263–271.

Simon (1985): Dieter Simon, „Balsamon zum Gewohnheitsrecht", in: Willem J. Aerts, Johannes Henricus Antonius Lokin, Stefan Lorenz Radt und Nicolaas van der Wal (Hgg.), *Scholia. Studia ad criticam interpretationemque textuum graecorum et ad historiam iuris graeco-romani pertinentia viro doctissimo D. Holwerda oblata*, Groningen, 119–133.

Simon (1985): Dieter Simon, „Νομοτριβούμενοι", in: Johan Albert Ankum *et al.* (Hgg.), *Satura Roberto Feenstra sexagesimum quintum annum aetatis complenti ab alumnis collegis amicis oblata*, Freiburg, 273–283.

Simon (1985): Dieter Simon, „Byzantinische Provinzialjustiz", in: *BZ* 79, 310–343.

Simon (1985): Dieter Simon, „Erbvertrag und Testament", in: *ZRVI* 24–25, 291–306.

Simon (1987): Dieter Simon, „Die Bußbescheide des Erzbischofs Chomatian von Ochrid", in: *JÖB* 37, 235–275.

Simon (1987): Dieter Simon, „Die Melete des Eustathios Rhomaios über die Befugnis der Witwe zur Mordanklage", in: *ZSSRG RA* 104, 559–595.

Simon (1988): Dieter Simon, „Die Epochen der byzantinischen Rechtsgeschichte", in: *Ius Commune* XV, 73–106.

Simon/Laiou (1992): Dieter Simon und Angeliki Laiou, „Eine Geschichte von Mühlen und Mönchen. Der Fall der Mühlen von Chantax", in: *Bulletino dell'Istituto di diritto romano Vittorio Scialoja* 30, 619–676 (englische Übersetzung: „Of Mills and Monks: the Case of the Mill of Chantax", in: Angeliki Laiou, *Economic Thought and Economic Life in Byzantium* [Variorum Collected Studies Series 1033], Farnham 2013, Nr. X).

Prinzing/Simon (1990): Günter Prinzing und Dieter Simon (Hgg.), *Fest und Alltag in Byzanz*, München.

Simon (1990): Dieter Simon, „Vom Wert des byzantinischen Rechts", in: *Byzantiaka* 10, 23–38.

Simon (1991): Dieter Simon, „Vertragliche Weitergabe des Familienvermögens in Byzanz", in: Vassiliki Kravari, Jacques Lefort und Cécile Morrison (Hgg.), *Hommes et richesses dans l'Empire byzantin*, II: VIIIe–XVe siècle (Réalités byzantines 3), Paris, 183–196.

Simon (1994): Dieter Simon, *Lob des Eunuchen* (Schriften des Historischen Kollegs. Vorträge 24), München.

Simon (1995): Dieter Simon, „L'Europe et le droit byzantin", in: *Cahiers de l'Ambassade de Grèce à Paris*, No II (Colloque Byzance et l'Europe, 22 Avril 1994, Maison de l'Europe), Paris, 35–39.

Simon (1995): Dieter Simon, „Gesetzgebung als Weltordnung und Rechtsordnung. Die Auffassungen der byzantinischen Kaiser von Justinian I. bis zu Leon VI. vom Zweck der Gesetze", in: *Επετηρίς τού Κέντρου Ερεύνης της Ιστορίας του Ελληνικού Δικαίου* 31, 23–50.

Simon (2018): Dieter Simon, „Eustathios Rhomaios, kaiserlicher Richter im Konstantinopel des XI. Jahrhunderts und das Gesetz“, in: *Constantinople réelle et imaginaire. Autour de l’œuvre di Gilbert Dagron* (TM 22/1), Paris, 481–496.

2) Publikationen von Marie Theres Fögen außerhalb der *Fontes Minores*

Fögen (1981): Marie Theres Fögen, „Rechtsunterricht des Michael Psellos“, in: *JÖB* 32, 291–302.

Fögen (1985): Marie Theres Fögen, „Humanistisches Adnotationen zur editio princeps der Hexabiblos“, in: *Ius Commune* XIII, 213–242.

Fögen (1987): Marie Theres Fögen, „Gesetz und Gesetzgebung in Byzanz. Versuch einer Funktionsanalyse“, in: *Ius Commune* 14, 137–158.

Fögen (1989): Marie Theres Fögen, „Legislation und Kodifikation des Kaisers Leon VI.“, in: *Subseciva Groningana* III, 23–35.

Fögen (1990): Marie Theres Fögen, „Rendezvous in Rom (Zum wissenschaftlichen Nachlaß K. E. Zachariae von Lingenthals)“, in: *RJ* 9, 278–286.

Fögen (1990): Marie Theres Fögen, „Leon liest Theophilos. Eine Exegese der Novellen 24–27 des Kaisers Leon VI.“, in: *Subseciva Groningana* IV, 83–97.

Fögen (1993): Marie Theres Fögen, „Das politische Denken der Byzantiner“, in: Iring Fetscher und Herfried Münkler (Hgg.), *Pipers Handbuch der politischen Ideen*, II, München/Zürich, 41–85.

Fögen (1993): Marie Theres Fögen, *Die Enteignung der Wahrsager. Studien zum kaiserlichen Wissensmonopol in der Spätantike*, Frankfurt.

Fögen (1994): Marie Theres Fögen, „Johannes Löwenklau“, in: *RJ* 13, 197–201.

Fögen (1995): Marie Theres Fögen, „Balsamon on Magic: From Roman Secular Law to Byzantine Canon Law“, in: Henry Maguire (Hg.)., *Byzantine Magic*, Washington DC, 99–115.

Fögen (1995): Marie Theres Fögen, „Rebellion und Exkommunikation in Byzanz“, in: Marie Theres Fögen (Hg.), *Ordnung und Aufruhr im Mittelalter* (Ius Commune Sonderheft 70), Frankfurt a. Main, 43–80.

Fögen (1995): Marie Theres Fögen, „Diritto bizantino in lingua latina“, in: *Index* 23, 251–259.

Fögen (1996): Marie Theres Fögen, „Modell und Mythos. Die Rechtsfakultäten von Konstantinopel, Neapel und Bologna im Mittelalter“, in: *RJ* 15, 181–204.

Fögen (1997): Marie Theres Fögen, „Kaiser unter Kirchenbann im östlichen und westlichen Mittelalter“, in: *RJ* 16, 527–549.

Fögen (1998): Marie Theres Fögen, „Reanimation of Roman Law in the Ninth Century: Remarks on Reason and Resulots“, in: Leslie Brubaker (Hg.), *Byzantium in the Ninth Century: Dead or Alive?*, Aldershot, 11–22.

Fögen (2005): Marie Theres Fögen, „Warum Canossa in Byzanz nur zur Parodie taugte“, in: Bernhard Jussen (Hg.), *Die Macht des Königs. Herrschaft in Europa vom Frühmittelalter bis in die Neuzeit*, München, 205–215.

Fögen (2007): Marie Theres Fögen, „Armis et legibus gubernare. Zur Codierung von politischer Macht in Byzanz“, in: Otto Gerhard Oexle und Michail A. Bojcov (Hgg.), *Bilder der Macht in Mittelalter und Neuzeit. Byzanz – Okzident – Russland*, Göttingen, 12–22.

3) Publikationen von Wolfram Brandes außerhalb der *Forschungen zur byzantinischen Rechtsgeschichte*

Brandes (2005): Wolfram Brandes, „Das Gold der Menia. Ein Beispiel transkulturellen Wissenstransfers“, in: *Millennium* 2, 175–226.

Brandes (2008): Wolfram Brandes, „Kaiserprophetien und Hochverrat. Apokalyptische Schriften und Kaiservaticinien als Medium antikaiserlicher Propaganda“, in: Wolfram Brandes und Felicitas Schmieder (Hgg.), *Endzeiten. Eschatologie in den monotheistischen Weltreligionen* (Millennium-Studien 16), Berlin/New York, 157–200.

Brandes (2013): Wolfram Brandes, „Anmerkungen zur Rolle der *argentarii*/ἀργυροπράται zur Zeit Justinians. Erfüllungsgehilfen kaiserlicher Finanzpolitik und Hochverräter“, in: Vasiliki A. Leontaritou, Kalliope A. Bourdara und Eleftheria Sp. Papagianni (Hgg.), *ΑΝΤΙΚΗΝΣΩΡ. Τιμητικός Τόμος Σπύρου Ν. Τρωιάνου γιὰ τὰ ὀγδοηκοστὰ γενέθλιά του*, Athen, 217–226.

Brandes (2014): Wolfram Brandes, „Der Nika-Aufstand, Senatorenfamilien und Justinians Bauprogramm“, in: Mischa Meier und Steffen Patzold (Hgg.), *Chlodwigs Welt. Organisation von Herrschaft um 500* (Roma Aeterna 3), Stuttgart, 239–265.

Brandes (2016): Wolfram Brandes, „ Grundzüge der Verwaltung (7. bis 15. Jahrhundert)“, in: Falko Daim (Hg.), *Byzanz. Historisch-kulturwissenschaftliches Handbuch* (Der Neue Pauly Supplemente 11), Stuttgart, 482–494.

Brandes (2017): Wolfram Brandes, „Eine Verschwörung gegen Justinian im Jahre 562 und Johannes Malalas“, in: Laura Carrara, Mischa Meier und Christine Radtki (Hgg.), *Die Weltchronik des Johannes Malalas. Quellenfragen* (Malalas-Studien 2), Stuttgart, 357–392.

Brandes (2017): Wolfram Brandes, „Byzantinischer Bilderstreit, das Papsttum und die Pippinsche Schenkung. Neue Forschungen zum Ost-West-Verhältnis im 8. Jahrhundert“, in: Falko Daim, Christian Gastgeber, Dominik Heher und Claudia Rapp (Hgg.), *Menschen, Bilder, Sprache, Dinge. Wege der Kommunikation zwischen Byzanz und dem Westen*, II: *Menschen und Worte. Studien zur Ausstellung »Byzanz & der Westen. 1000 vergessene Jahre«*, Mainz, 63–79.

Wolfram Brandes, „Clanstrukturen im Nahen Osten, 7.–11. Jahrhundert“, in: René Pfeilschifter, *Self-Governance in Antiquity. Local Groups, the City and the State*, (im Druck).

Brandes/Haldon (2008): Wolfram Brandes und John Haldon, „Revenues and Expenditure“, in: Elizabeth Jeffreys, John F. Haldon und Robin Cormack (Hgg.), *The Oxford Handbook of Byzantine Studies*, Oxford, 562–569.

Brandes *et al.* (2020): Wolfram Brandes, Alexandra Hasse-Ungeheuer und Hartmut Leppin (Hgg.), *Konzilien und kanonisches Recht in Spätantike und frühem Mittelalter. Aspekte konziliarer Entscheidungsfindung*, (FBR NF 2), Berlin/Boston.

4) *Forschungen zur byzantinischen Rechtsgeschichte* (FBR)

Bde. I–VI erschienen im Verlag Vittorio Klostermann (Frankfurt); Bde. VII–XXXVI im Verlag der Löwenklau-Gesellschaft (Frankfurt)

Bd. 1: *Fontes Minores* I, hg. von Dieter Simon. Frankfurt 1976, XI, 196 S.
- H. R. Lug, „Ein Bruchstück des Codex-Kommentars des Theodoros“, 1–15.
- D. Simon, „Zur Ehegesetzgebung der Isaurier“, 16–43.
- J. Maruhn, „Eine unbekannte Bearbeitung einer justinianischen Novelle“, 44–72.
- L. Burgmann/D. Simon, „Ein unbekanntes Rechtsbuch“, 73–101.
- D. Simon, „Provinzialrecht und Volksrecht“, 102–116.
- J. Maruhn, „Ein Beispiel einer schedographischen Bearbeitung eines juristischen Textes“, 117–122.
- D. Simon, „Ein Synodalakt aus dem Jahre 1166“, 123–125.
- A. Schminck, „Der Traktat Περὶ γάμων des Johannes Pediasimos“, 126–174.
- G. Weiss, „Kitantza: Zwei spätbyzantinische Dialysisformulare“, 175–186.

Bd. 2: Dietrich V. Simon, *Konstantinisches Kaiserrecht. Studien anhand der Reskriptenpraxis und des Schenkungsrechts*. Frankfurt 1977, XII, 128 S.

Bd. 3: *Fontes Minores* II, hg. von Dieter Simon. Frankfurt 1977, XIII, 312 S.
- D. Simon/Sp. Troianos/G. Weiss, „Zum griechischen Novellenindex des Antecessor Iulian", 1–29.
- Sp. Troianos, „Die Collectio Ambrosiana", 30–44.
- D. Simon/Sp. Troianos, „Eklogadion und Ecloga privata aucta", 45–86.
- L. Burgmann, „Byzantinische Rechtslexika", 87–146.
- G. Weiss, „Die ‚Synopsis legum' des Michael Psellos", 147–214.
- A. Schminck, „Kritik am Tomos des Sisinnios", 215–254.
- A. Schminck, „Eine γνώμη des Patriarchen Michael Autoreianos", 255–261.
- D. Simon/Sp. Troianos, „Dreizehn Geschäftsformulare", 262–295.

Bd. 4: *Fontes Minores* III, hg. von Dieter Simon. Frankfurt 1979, XVII, 374 S.
- D. Simon/A. Siphoniu-Karapa, „Eine Fragmentsammlung aus dem Baroccianus 173", 1–23.
- L. Burgmann/Sp. Troianos, „Appendix Eclogae", 24–125.
- L. Burgmann/Sp. Troianos, „Nomos Mosaïkos", 126–167.
- D. Simon/Sp. Troianos, „EPA Sinaitica", 168–177.
- M. Th. Fögen, „Zur Restitution von B. 37.1 und 2", 178–193.
- J. Maruhn, „Der Titel 50 der Epitome", 194–210.
- Sp. Troianos, „Ein Synodalakt des Sisinios zu den bischöflichen Einkünften", 211–220.
- A. Schminck, „Vier eherechtliche Entscheidungen aus dem 11. Jahrhundert", 221–279.
- D. Simon/Sp. Troianos, „Die Epitome des Novellensyntagma von Athanasios", 280–315.
- A. Schminck, „Ein Synodalakt vom 10. November 1167", 316–322.
- M. V. Strazzeri, „Drei Formulare aus dem Handbuch eines Provinzbistums", 323–351.
- D. Simon, „Eine Epitome der Rhopai", 352–359.

Bd 5: Fausto Goria, *Tradizione romana e innovazioni bizantine nel diritto privato dell'ecloga privata aucta. Diritto matrimoniale.* Frankfurt 1980, X, 155 S.

Bd. 6: Spyros N. Troianos, *Ὁ «Ποινάλιος» τοῦ Ἐκλογαδίου (Συμβολὴ εἰς τὴν ἱστορίαν τῆς ἐξελίξεως τοῦ ποινικοῦ δικαίου ἀπὸ τοῦ Corpus Iuris Civilis μέχρι τῶν Βασιλικῶν).* Frankfurt 1980, X, 135 S.

Bd. 7: *Fontes Minores* IV, hg. von Dieter Simon. Frankfurt 1981, X, 375 S.
- L. Burgmann, „Die Novellen der Kaiserin Eirene", 1–36.
- O. Kresten, „Datierungsprobleme ‚isaurischer' Eherechtsnovellen. I. Coll. I 26", 37–106.
- L. Burgmann, „Eine Novelle zum Scheidungsrecht", 107–118.
- A. Schminck/D. Simon, „Eine Synopsis der Novellen Justinians", 119–217.
- J. Maruhn, „Eine zyprische Fassung eherechtlicher Titel der Epitome", 218–255.
- M. Th. Fögen, „Die Scholien zur Hexabiblos im Codes vetustissimus Vaticanus Ottobonianus gr. 440", 256–345.
- J. Konidaris, „Ein ‚gramma' des Patriarchen Gregorios III. aus dem Jahre 1446", 346–356

Bd. 8: *Fontes Minores* V, hg. von Dieter Simon. Frankfurt 1982, XVI, 300 S.
- M. Th. Fögen, „Zur Einteilung der Digesten: Drei byzantinische Traktate", 1–26.
- J. Konidaris, „Die Epitome einer justinianischen Novelle aus dem Patmiacus 205", 27–32.
- J. Konidaris, „Die Novellen des Kaisers Herakleios", 33–106.
- L. Burgmann/M. Th. Fögen, „Florilegium Lesbiacum", 107–178.
- L. Burgmann, „Eine griechische Fassung der ‚Assisen von Ariano'", 179–192.
- A. Schminck, „Drei Patriarchalschreiben aus der ersten Hälfte des 13. Jahrhunderts", 193–214.
- M. Th. Fögen, „Zeugnisse byzantinischer Rechtspraxis im 14. Jahrhundert", 215–280.

Bd. 9: Wulf Eckart Voß, *Recht und Rhetorik in den Kaisergesetzen der Spätantike. Eine Untersuchung zum nachklassischen Kauf- und Übereignungsrecht.* Frankfurt 1982, XXIX, 272 S.

Bd. 10: *Ecloga. Das Gesetzbuch Leons III. und Konstantinos' V.*, hg. von Ludwig Burgmann. Frankfurt 1983, XVII, 282 S.

Bd. 11: *Fontes Minores* VI, hg. von Dieter Simon. Frankfurt 1984, XIV, 410 S.
- D. Simon, „Zitate im Syntagma des Athanasios", 1–18.

- L. Burgmann, „Das Lexikon ἄδετ – ein Theophilosglossar“, 19–62.
- M. Th. Fögen, „Original und Abbild. Ein byzantinischer Traktat zur juristischen Fiktion“, 63–86.
- E. Papagianni/Sp. Troianos, „Die Besetzung der Ämter im Großskeuophylakeion. Ein Synodalakt vom 19. November 1145“, 87–98.
- R. Macrides, “Justice under Manuel I Komnenos. Four Novels on Court Business and Murder”, 99–204.
- Sp. Troianos, „Ein Synodalakt Michaels III. zum Begnadigungsrecht“, 205–219.
- St. Perentidis, „Recherches sur le texte de la Synopsis minor“, 219–274.
- A. Laiou, „Contribution à l'étude de l'institution familiale en Épire au XIIIème siècle“, 275–324.
- D. Simon, „Witwe Sachlikina gegen Witwe Horaia“, 325–376.
- J. Burgmann/P. Magdalino, „Michael VIII on Maladministration. Un Unpublished Novel of the Early Palaiologan Period“, 377–390.

Bd. 12: *Die arabische Ecloga. Das vierte Buch der Kanones der Könige aus der Sammlung des Makarios*, hg. von Stefan Leder. Frankfurt 1985, IX, 142 S.

Bd. 13: Andreas Schminck, *Studien zu mittelbyzantinischen Rechtsbüchern*. Frankfurt 1986, XXXV, 152 S.

Bd. 14: *Fontes Minores* VII, hg. von Dieter Simon. Frankfurt 1986, XIV, 354 S.

- G. Prinzing, „Das Bild Justinians I. in der Überlieferung der Byzantiner vom 7.–15. Jahrhundert“, 1–100.
- L. Burgmann, „Neue Zeugnisse der Digestensumme des Anonymos“, 101–116.
- D. Simon, „Das Novellenexemplar des Athanasios“, 117–140.
- D. Simon, „Paratitla Athanasii“, 141–160.
- N. Oikonomides, „Das Verfallland im 10.–11. Jahrhundert. Verkauf und Besteuerung“, 161–169.
- N. Oikonomides, „The ‚Peira‘ of Eustathios Rhomaios. An Abortive Attempt to Innovate in Byzantine Law“, 169–192.
- D. Simon, „Das Ehegüterrecht der Peira. Ein systematischer Versuch“, 193–239.
- D. R. Reinsch, „Eustathios Rhomaios' Opusculum über das Hypobolon“, 239–252.
- St. Perentidis, „L'empereur né le jour de Pâques. Michael IX Paléologue et la date de la Synopsis minor“, 253–258.
- M. Th. Fögen, „Hexabiblos aucta. Eine Kompilation der spätbyzantinischen Rechtswissenschaft“, 259–334.

Bd. 15: *Ecloga Basilicorum*, hg. von Ludwig Burgmann. Frankfurt 1988, XXXIV, 622 S.

Bd. 16: *Das Novellensyntagma des Athanasios von Emesa*, hg. von Dieter Simon/Spyros Troianos. Frankfurt 1989, XXIV, 512 S.

Bd. 17: *Fontes Minores* VIII. *Lexica Iuridica Byzantina*, hg. von Ludwig Burgmann/Marie Theres Fögen/Roos Meijering/Bernard H. Stolte. Frankfurt 1990, X, 461 S.

- R. Meijering, „Ῥωμαϊκαὶ ἀγωγαί. Two Byzantine Treatises on Legal Actions”, 1–152.
- M. Th. Fögen, „Das Lexikon zur Hexabiblos aucta“, 153–214.
- M. Th. Fögen, „Byzantinische Kommentare zu römischen Aktionen“, 215–248.
- L. Burgmann, „Das Lexikon αὐσηθ“, 249–338.
- B. H. Stolte, „Das Lexikon Μαγκίπιουν“, 339–380.

Bd. 18: Ludwig Burgmann/Hubert Kaufhold, *Bibliographie zur Rezeption des byzantinischen Rechts im alten Rußland sowie zur Geschichte des armenischen und georgischen Rechts*. Frankfurt 1992, IX, 276 S.

Bd. 19: *Fontes Minores* IX, hg. von Ludwig Burgmann. Frankfurt 1993, XII, 367 S.

- H. Köpstein, „Sklaven in der ‚Peira‘“, 1–34.
- L. Burgmann, „Tractatus de creditiis et de teste uno“, 35–80.
- A. Schminck, „Ein rechtshistorischer ‚Traktat‘ im Cod. Mosqu. gr. 445“, 81–96.
- V. Tiftixoglu, Zum Mitkaisertum des Konstantin Dukas (1081–1087/88), 97–112.
- J. A. M. Sonderkamp, „Eine Textsammlung zum Kanonikon“, 113–136.
- V. Tiftixoglu/Sp. Troianos, „Unbekannte Kaiserurkunden und Basilikentestimonia aus dem Sinaiticus 1117“, 137–180.
- J. Dittrich, „Die Scholien des Cod. Taur. B. I.20 zum Erbrecht der Basiliken“, 181–298.

- O. Kresten, „Ein Indizienprozeß gegen die von Kaiser Andronikos III. Palaiologos eingesetzten καθολικοὶ κριταί“, 299–338.

Bd. 20: Ludwig Burgmann/Marie Theres Fögen/Andreas Schminck/Dieter Simon, *Repertorium der Handschriften des byzantinischen Rechts*, Teil I: *Die Handschriften des weltlichen Rechts*. Frankfurt 1995, XXIX, 466 S.

Bd. 21: Hubert Kaufhold, *Die armenischen Übersetzungen byzantinischer Rechtsbücher.* Frankfurt 1997, VI, 223 S.

Bd. 22: *Fontes Minores* X, hg. von Ludwig Burgmann. Frankfurt 1998, XII, 559 S.

- J. Beaucamp, „Le testament de Grégoire de Nazianze“, 1–100.
- G.Chr. Hansen, „Ein kurzer Bericht über das Konzil von Chalkedon“, 101–140.
- W. Brandes, „‚Juristische‘ Krisenbewältigung im 7. Jahrhundert? Die Prozesse gegen Martin I. und Maximos Homologetes“, 141–212.
- L. Burgmann/Chr. Gastgeber/J. Diethart, „Lexikographische Testimonia der Werke des Ioannes Lydos“, 213–238.
- D. M. Gorecki, „Fiscal Control of Unproductive Land in Tenth Century Byzantium: Policies and Politics“, 239–260.
- M. Th. Fögen/D. Simon, „Tractatus de peculiis“, 261–318.
- I. Čičurov, „Ein antilateinischer Traktat des Kiever Metropoliten Ephraim im Codex Vaticanus Graecus 828“, 319–356.
- A. Schminck, „Das Prooimion der Bearbeitung des Nomokanons in 14 Titeln durch Michael und Theodoros“, 357–386.
- L. Burgmann, „Zur Entstehung des Prochiron auctum, I: Das ‚Prochiron Stephani‘“, 387–444.
- Chr. Gastgeber/J. Diethart, „Λέξεις ῥωμαϊκῆς διαλέκτου. Ein byzantinisches Fremdwörterlexikon“, 445–476.
- K. Maksimóvič, „Aufbau und Quellen des altrussischen Ustjuger Nomokanons“, 477–508.
- E. Papagianni/Sp. Troianos, „Ein Patriarchalakt über die dritte Ehe“, 509–516.
- M. Černyševa, „Kormčaja“, 517–532.

Bd. 23: *Die slavische Ecloga*, hg. von Jaroslav Nikolaevič Ščapov/Ludwig Burgmann. Frankfurt 2012, 325 S.

Bd. 24: Manea Êṙna Shirinian/Gohar Muradyan/Aram Topchyan, *The Armenian Version of the Greek Ecclesiastical Canons*. Frankfurt 2010, XII, 254 S.

Bd. 25: Wolfram Brandes, *Finanzverwaltung in Krisenzeiten. Untersuchungen zur byzantinischen Administration im 6.–9. Jahrhundert*. Frankfurt 2002, XIV, 775 S.

Bd. 26: *Fontes Minores* XI, hg. von Ludwig Burgmann. Frankfurt (Löwenklau) 2005, XIII, 483 S.

- D. Simon, „Wozu?“, 1–4.
- J. Beaucamp, „L’histoire du droit byzantin face à la papyrologie juridique. Bilan et perspectives“, 5–56.
- B. H. Stolte, „Balancing Byzantine Law“, 57–76.
- L. Burgmann, „Die Gesetze der byzantinischen Kaiser“, 77–132.
- R. Macrides, „The Law Outside the Law Books: Law and Literature“, 144–146.
- F. Goria, „Il giurista nell’impero romano d’Oriente (da Giustiniano agli inizi del secolo XI)“, 147–212.
- E. Papagianni, „Un témoin de la réalité juridique byzantine: la jurisprudence patriarcale au XIVe siècle“, 213–228.
- W. Brandes, „Die τράπεζα/*arca* der *praefectura praetorio per Orientem* und die Datierung von Justinians Edikt 13“, 229–234.
- St. Efthymiadis, „*De debito bis soluto*: an Edifying Story on the Administered Oath (BHG *Novum Auctarium* 1317n)“, 235–248.
- A. Schminck, „Bemerkungen zum sog. ‚*Nomos Mosaïkos*‘“, 249–268.
- A. Schminck, „Zur Einzelgesetzgebung der ‚makedonischen‘ Kaiser“, 269–324.
- D. Getov, „Eine Scholiensammlung zur Synopsis Basilicorum maior“, 325–414.
- J. Signes Codoñer, „Das Prochironderivat auf den Palimpsestfolien des Esc. T.III. 13“, 415–426.
- S. Šarkić, „The Idea of the Will in Roman, Byzantine and Serbian Medieval Law“, 427–434.

Bd. 27/1–2: Ludwig Burgmann/Kirill Maksimovič, *Vizantijskaja Sintagma 14 titulov bez tolkovanij v drevnebolgarskom perevode: slavjansko-grečeskij, grečesko-slavjanskij i obratnyj (slavjanskij) slovoukazateli*, I–II. Frankfurt 2011, 584 S.

Bd. 28: Andreas Schminck/Dorotei Getov *et al.*, *Repertorium der Handschriften des byzantinischen Rechts*, Teil II: *Die Handschriften des kirchlichen Rechts* I. Frankfurt 2010, XXVI, 297 S.

Bd. 29: Victor Alexandrov, *The Syntagma of Matthew Blastares. The Destiny of a Byzantine Legal Code among the Orthodox Slavs and Romanians, 14–17 Centuries*. Frankfurt 2012, 247 S.

Bd. 30: Lars M. Hoffmann/Wolfram Brandes, *Eine unbekannte Konzilssynopse aus dem Ende des 9. Jahrhunderts.* Frankfurt 2013, 359 S.

Bd. 31: Johannes Pahlitzsch, *Der arabische Procheiros Nomos. Untersuchung und Edition der Übersetzung eines byzantinischen Rechtstextes*. Frankfurt 2014, VIII, 174*, 176 S.

Bd. 32: *Fontes Minores* XII, hg. von Wolfram Brandes/Lars M. Hoffmann/Kirill Maksimovič. Frankfurt (Löwenklau) 2014, XII, 346 S.

- L. Atzeri, „L'infamia nei rescritti di Diocleziano", 1–68.
- Th.E. van Bochove, "Tenth Century Constantinople: Centre of Legal Learning? Second Thoughts concerning the Addition of the Older Scholia to the Basilica Text", 69–96.
- W. Brandes, „Das Schweigen des Liber Pontificalis. Die ‚Enteignung' der päpstlichen Patrimonien Siziliens und Unteritaliens in den 50er Jahren des 8. Jahrhunderts", 97–204.
- A. Gkoutzioukostas, „The Dignity of *basile(i)opator*", 205–234.
- H. de Jong, „The *actio institoria utilis* and its Variants in Byzantine Law", 235–278.
- M. M. Vučetić, „Die Novelle des Kaisers Iōannēs I. Tzimiskēs über das auf versklavte Kriegsgefangene zu entrichtende Kommerkion", 279–328.

Bd. 33: Ludwig Burgmann, *Ausgewählte Aufsätze zur byzantinischen Rechtsgeschichte*. Frankfurt 2015, 466 S.

Bd. 34: Dorotei Getov/Andreas Schminck *et al.*, *Repertorium der Handschriften des byzantinischen Rechts*, Teil III: *Die Handschriften des kirchlichen Rechts* II. Frankfurt 2017, XXV, 334 S.

Bd. 35/1–2: Andreas Schminck, *Ausgewählte Schriften zur byzantinischen Rechtsgeschichte und Kulturgeschichte*, I–II. Frankfurt 2018, 841 S.

Bd. 36/1–2: Ludwig Burgmann, *Aufsätze zur byzantinischen Rechtsgeschichte*, I–II. Frankfurt (Löwenklau) 2018, IX, 350, IX, 403 S.

Die *Forschungen zur byzantinischen Rechtsgeschichte. Neue Folge* erscheinen ab 2019 im Verlag de Gruyter.

Bd. 1: *Alexios Aristenos, Kommentar zur Synopsis canonum*, hg. von Eleutheria Sp. Papagianni/Spyros N. Troianos/Ludwig Burgmann/Kirill Maksimovič. Berlin/Boston 2019, XLVI, 272 S.

Bd. 2: *Konzilien und kanonisches Recht in Spätantike und frühem Mittelalter. Aspekte konziliarer Entscheidungsfindung*, hg. von Wolfgang Brandes/Alexandra Hasse-Ungeheuer/Hartmut Leppin. Berlin/Boston 2020, XXI, 334 S.

- Th. Graumann, „Die Verschriftlichung synodaler Entscheidungen. Beobachtungen von den Synoden des östlichen Reichsteils", 1–24.
- Chr. Barthel, „Monastic Authority on Trials: The Synod of Latopolis", 25–39.
- V. Menze, „Das Konzil als Instrument imperialer Politik. Die Reorganisation der Konziliengeschichte und der Kirchenordnung durch Chalkedon", 41–55.
- Ph.M. Forness, „Representing Lay Involvement in the Christological Controversies. The *Acclamations of the People* and the Synod of Constantinople (518)", 57–80.
- M. Constantinou, „Synodal Decision-Making Based on Archieved Material. The Case of the *Endemousa* Synod of Constantinople 536", 81–105.
- H. Leppin, „Zwischen Bekennerstolz und Konsensfindung. Konzile und Konzilstheorie in der Geschichtsschreibung des ausgehenden sechsten Jahrhunderts", 107–132.
- H. Ohme, „Konziliare Entscheidungsfindung und das Problem der Rezeption: Das Concilium Quinisextum (691/2)", 133–149.

- C. Föller, „Die Irrelevanz der Eroberung. Bischöfliche Teilnehmer von italienischen Konzilien ca. 480 – ca. 780“, 151–168.
- F. Hartmann, „Auf dem Weg zur bischöflichen Dominanz? Entscheidungsfindung und leitende Akteure auf den Konzilien von Frankfurt 794 bis Paris 829“, 169–189.
- T. Geelhaar, „Das christliche Volk in den lateinischen Konzilstexten. Konzeptionalisierung und Reichweite einer Figur des großen Ganzen“, 191–221.
- A. Weckwerth, „Der Entstehungsprozess synodaler Kanones im Kontext westlicher Synoden“, 223–237.
- J. Haldon, „Monastic Politics and Vested Interests in the Inter-Iconoclastic Years. Myths and Realities“, 239–249.
- K. A. Maksimovič, „Die Synode von 843 als Wendepunkt in der Bekämpfung von Häresien in Byzanz. Der Fall des ‚Synodikons der Orthodoxie'“, 251–259.
- P. A. Agapitos, „Vom Dokument zum literarischen Werk. Philologisch-literarisches zur neuen Ausgabe der Akten des Nicaenum II von Erich Lamberz“, 263–278.
- W. Brandes, „Die neue Edition der Akten des Nicaenum II und einige historische Probleme“, 279–304.
- E. Lamberz, „Die neue Edition der Akten des Nicaenum II. Reflexionen des Editors“, 305–313.

Bd. 3: *Fontes Minores* XIII, hg. von Wolfram Brandes. Berlin/Boston 2021, XII, 368 S.

- D. Simon, „Ludwig Burgmann (14.4.1948–28.8.2019)“, IX–XII.
- D. Simon, „Anfang und Ende der byzantinischen Rechtsgeschichte“, 1–23.
- A. Giannouli, “The Synoptic Account of the Seven Ecumenical Councils: Revisiting Hoeschel's Version”, 25–81.
- A. Gkoutzioukostas, „The Conspiracy of Michael Traulos Against Leo V: A Critical Approach to the Primary Sources and Modern Interpretations“, 83–96.
- V. Massimo Minale, „Legal Elements in Digenis Akritas“, 97–109.
- D. Penna, „The Eleventh-Century Byzantin Jurist Nicaeus: His Scholia on the Basilica Laws and His Cennection to the *Meditatio de nudis pactis*“, 111–131.
- A. Schminck, „Thessalonizensische Jurisprudenz in der Palaiologenzeit“, 133–142.
- D. Simon, „Zachariae von Lingenthal bei Contardo Ferrini“, 143–166.
- D. Simon, „Antwort auf eine törichte Behauptung (Ἀπάντησις πρὸς τὸν λέγοντα κεκωλυμένον εἶναι τὸν ἐκ τριγενείας γάμον καὶ ἀσυγχώρητον)“, 167–177.
- D. Simon/S. Neye, „Harmenopulos liest die Peira“, 179–237.
- B. H. Stolte, „Praefatio to the Basilica On-Line“, 239–264.
- M. Th. Tantalos, „Ein Kommentar zur Synopsis Pselli des elften Jahrhunderts und seine Spuren“, 265–277.
- D. Simon, „Über einige Motive byzantinische Rechtsgeschichte zu studieren“, 279–288.
- P. Buongiorno/A. Cherchi, „Riflessioni sul senatus consultum Afinianum e sull'adoptio ex tribus maribus“, 289–322.
- D. Simon, „Die Peira“, 323–343.

Bd. 4/1–2: D. R. Simon/D. R. Reinsch, Η ΠΕΙΡΑ. Die Peira. Ein juristisches Lehrbuch des 11. Jahrhunderts aus Konstantinopel – Text, Übersetzung, Kommentar, Glossar. Berlin/Boston, 2023, XXXV, 1245 S.

3) Daneben erwuchsen folgende Bände aus den Tätigkeiten der Arbeitsstelle:

Cupido legum, hg. von Ludwig Burgmann/Marie Theres Fögen/Andreas Schminck. Frankfurt (Löwenklau) 1985, 244 S.

- G. Bender, „Der Weg zur legalen Befestigung der Gewerkschaften. Probleme der Koalitionsfreiheit in historischer Perspektive“, 1–17.
- L. Burgmann, „Palatium canonbibus solutum. Vier Texte zum byzantinischen Kirchen- und Verfassungsrecht“, 19–32.
- I. Čičurov, „Gesetz und Gerechtigkeit in den byzantinischen Fürstenspiegeln des 6.–9. Jahrhunderts“, 33–45.

- M. Th. Fögen, „Horror iuris. Byzantinische Rechtsgelehrte disziplinieren ihren Metropoliten“, 47–71.
- M. Herberger, „‚Et‘ oder ‚ou‘? Oder: Der Ausflug in eine deontische Welt“, 73–86.
- E. Koch, „Der nasciturus als Rechtsgut. Historische Lehren und Begründungen“, 87–98.
- L. Kuhlen, „Die Unterscheidung von Rechts- und Tatfrage und ihre Bedeutsamkeit für das Strafprozeßrecht“, 99–136.
- R. Macrides, „Poetic Justice in the Patriarchate. Murder and Cannibalism in the Provinces“, 137–168.
- P. Magdalino, „Die Jurisprudenz als Komponente der byzantinischen Gelehrtenkultur des 12. Jahrhunderts“, 169–177.
- G. Prinzing, „Eine kanonistische Quelle zur Geschichte Pelagoniens im 14. Jahrhundert“, 179–193.
- D. R. Reinsch, „Byzantinisches Herrscherlob für den türkischen Sultan. Ein bisher unbekanntes Gedicht des Georgios Amirutzes auf Mehmed den Eroberer“, 195–210.
- A. Schminck, „‚Rota tu volubilis‘. Kaisermacht und Patriarchenmacht in Mosaiken“, 211–234.
- Sp. Troianos, „Zum Aufbau des Titels περὶ διαφόρων ἀναγνωσμάτων im Novellensyntagma des Athanasios“, 235–242.

Eherecht und Familiengut in Antike und Mittelalter, hg. von Dieter Simon (Schriften des Historischen Kollegs, 22). München (Oldenbourg) 1992, IX, 168 S.

- D. Simon, „Einleitung“, VII–VIII.
- W. Selb, „Zur Christianisierung des Eherechts“, 1–14.
- M. Th. Fögen, „Muttergut und Kindesvermögen bei Konstantin d. Gr., Justinian und Eustathios Rhomaios“, 15–27.
- L. Burgmann, „Reformation oder Restauration? Zum Ehegüterrecht der Ecloga“, 29–42.
- A. Schminck, „Zum 19. Titel der Eisagoge (‚Über Eheschenkungen‘)“, 43–59.
- J. Beaucamp, „L'Égypte byzantine: biens des parents, biens du couple?“, 61–76.
- V. Kravari, „Les actes privés des Monastères de l'Athos et l'unité du patrimoine familial“, 77–88.
- R. Macrides, „Dowry and Inheritance in the Late Period: some Cases from the Patriarchal Register“, 89–98.
- F. Goria, „Zur ehelichen Gütergemeinschaft im philosophischen Denken der Griechen von Xenophon bis Ioannes Stobaios“, 99–119.
- G. Thür, „Armut. Gedanken zu Ehegüterrecht und Familienvermögen in der griechischen Polis“, 121–132.
- Sp. Troianos, „Zölibat und Kirchenvermögen in der früh- und mittelbyzantinischen kanonischen Gesetzgebung“, 133–146.
- E. Papagianni, „Vorkaufsrecht und Verwandtschaft“, 146–160.

Law and Society in Byzantium. Ninth-Twelfth Centuries, ed. by Angeliki E. Laiou/Dieter Simon. Washington DC (Dumbarton Oaks Research Library and Collection) 1994, IX, 267 S.

- D. Simon, „Legislation as Both a World Order and a Legal order“, 1–25.
- G. Dagron, „Lawful Society and Legitimate Power: Ἔννομος πολιτεία ἀρχή“, 27–51.
- M. Th. Fögen, „Legislation in Byzantium: A Political and a Bureaucratic Technique“, 53–70.
- J. H. A. Lokin, „The Significance of Law and Legislation in the Law Books oft he Ninth to Eleventh Centuries“, 71–91.
- P. Magdalino, „Justice and Finance in the Byzantine State, Ninth to Twelfth Centuries“, 93–115.
- R. Macrides, „The Competent Court“, 117–129.
- I. M. Konidaris, „The Ubiquity of Canon Law“, 131–150.
- A. E. Laiou, „Law, Justice, and the Byzantine Historians: Ninth to Twelfth Centuries“, 151–185.
- G. T. Dennis, „A Rhetorican Practices Law: Michael Psellos“, 187–197.
- A. Kazhdan, „Some Observations on the Byzantine Concept of Law: Three Authors of the Ninth through the Zwelfth Centuries“, 199–216.
- H. Maguire, „From the Evil Eye to the Eye of Justice: The Saints, Art, and Justice in Byzantium“, 217–239.

- I. Kalavrezou, „Irregular Marriages in the Eleventh Century and the Zoe and Constantine Mosaic in Hagia Sophia“, 241–259.

Zahlreiche Beiträge, Artikel usw. der Mitarbeiter erschienen in Zeitschriften, Tagungsbänden, Festschriften usw., also außerhalb der *Forschungen zur byzantinischen Rechtsgeschichte*. Die von Burgmann und Schminck wurden in deren gesammelten Schriften (FBR 33; 35/1–2; 36/1–2) nachgedruckt. Fögens, Simons und Brandes' derartige Publikationen können den jeweiligen Homepages oder auch den einschlägigen Wikipedia-Artikeln entnommen werden.

Literaturverzeichnis

Brandes (2021): Wolfram Brandes, „Byzantinische Rechtsgeschichte in Frankfurt – eine Bilanz“, in: *Rechtsgeschichte – Legal History* 29, 70–89.

Kirill A. Maksimovič

Die anonyme Überarbeitung des Nomokanons in 14 Titeln im Codex Sinaiticus gr. 1117 (14. Jh.)

In der ersten Hälfte des 7. Jahrhunderts entstand in Konstantinopel unter Kaiser Herakleios (610–641) der sogenannte Nomokanon in 14 Titeln (weiterhin: Nom14). Dieser stellte ein Kirchengesetzbuch dar, in welchem mehrere frühbyzantinische Rechtssammlungen auszugsweise und in überarbeiteter Form vereint wurden. Dieser Erstfassung wurde ein programmatisches Vorwort vorangestellt (Τὰ μὲν σώματα).[1] Als Quellen des Nom14 kommen die erste (nicht erhaltene) Fassung des kirchenrechtlichen *Syntagma in 14 Titeln* und dessen Anhang *Collectio tripartita* in Frage sowie die kirchlichen Novellen des Justinian. Die weltliche Rechtsgrundlage des Nomokanons bildeten der justinianische Codex und die Digesten, zum Teil auch die Novellen Justinians. Von den Synoden- und Väterkanones wurde ebenfalls ausgiebig Gebrauch gemacht.[2]

Anfang der 80er Jahre des 9. Jahrhunderts fand in Konstantinopel unter Patriarch Photios (858–867; 877–886) eine Überarbeitung des Nomokanons statt,[3] bei welcher dieser um die Kanones des Quinisextum und des VII. Ökumenischen Konzils zu Nizäa sowie um die späteren Kaisernovellen erweitert und mit einem neuen Vorwort versehen wurde (Ὁ μὲν παρὼν πρόλογος).[4]

Das „photianische“ Vorwort zum Nom14 ist von Pitra und von Rhalles/Potles unterschiedlich ediert worden. Da der Prolog deutlich in zwei Teile zerfällt, deren Verfasser nicht eine und dieselbe Person war, machte Pitra zu Recht aus einem Prolog zwei, welche er, erstens, unter verschiedenen Überschriften abdruckte und zweitens, Photios’ Autorschaft mit keinem Wort erwähnte.[5]

Rhalles und Potles müssen hingegen die zweiteilige Gliederung des Prologs übersehen haben, sodass dieser bei ihnen zu Unrecht als einheitliches Werk erscheint und kurzerhand Photios zugeschrieben wird.[6]

1 Vgl. Pitra (1864) 445–447.

2 Vgl. Zachariä von Lingenthal (1885) 1–41 (Ndr.: Zachariä von Lingenthal [1973] II, 145–185]; Schminck (1991a) 480; Schminck (1991b) 1491; Stolte (2001) 183–194; Troianos (2017) 154–158.

3 Abgeschlossen 6391/883, vgl.: Rhalles/Potles (1852) I, 9.

4 *Nomocanon XIV titulorum*, in: Pitra (1868) 433–640 (hier 448–449). Zur Frage der Datierung und der Autorschaft des Prologs (und damit auch der „photianischen“ Bearbeitung des Nom 14) s. van Bochove (2011) 254–262 (Appendix I).

5 Vgl.: Pitra II (1868) 447–448 (diese Version auch bei Beneševič (1907) 1–4: I. *Πρόλογος τοῦ συνθέντος τοὺς κανόνας εἰς τίτλους δέκα καὶ τέσσαρας*. Τὰ μὲν σώματα … usw. II. *Τοῦ προσθέντος τὰ μετὰ τὴν πέμπτην*. Ὁ μὲν παρὼν πρόλογος, ἀφ’ οὗ τὸ τῶν χριστιανῶν δόγμα … usw.

6 Vgl. Rhalles/Potles (1852) I, 7: Φωτίου, πατριάρχου Κωνσταντινουπόλεως, εἰς τὸν νομοκανόνα πρόλογος. Τὰ μὲν σώματα … usw.

https://doi.org/10.1515/9783111331126-015

Pitra edierte ebenfalls ein weiteres Vorwort, in dem eine 207 Jahre später (also gegen 1090[7]) zustande gekommene Bearbeitung des Nomokanons durch den *Sebastos* und *Logothetes ton sekreton* Michael Dukas und seinen Mitarbeiter Theodoros Vestes erwähnt wird.[8] Laut Prolog oblag Michael Dukas die Leitung des Vorhabens, während Theodoros Vestes die eigentliche Arbeit geleistet hatte, nämlich den Bestimmungen des weltlichen Rechtes Verweise auf das *Corpus iuris* und die *Basiliken* (soviel bedeutet wohl die Definition τὸ πολυσχιδὲς τῶν νόμων σύνταγμα) und auf die späteren, im Laufe des 10. und 11. Jahrhunderts erschienenen Kaisernovellen und Patriarchalakte hinzuzufügen.[9]

Diese groß angelegte Bearbeitung (welche Pitra mit dem Kompliment versah, ein „herculeus labor" gewesen zu sein) zeigte zunächst, dass die Benutzung des photianischen Nomokanons nebst anderen Kirchenrechtssammlungen bei kirchlichen Gerichten und im Kirchenrechtsunterricht im 11. Jh. noch in vollem Gange war.[10] Aber die weltliche Rechtspraxis bediente sich damals der großen Kodifikation des ausgehenden 9. Jahrhunderts, der *Basiliken*. Da sich der Rechtsstoff in beiden Sammlungen weitgehend überschnitt, war es nur eine Frage der Zeit, dass die Juristen die frühere Sammlung, den Nomokanon, und die spätere, die *Basiliken*, nebeneinander legen, mit Kreuzverweisen versehen, durch Kommentare ergänzen und neu edieren.

Dennoch blieb die ausführliche Kommentierung des Nomokanons anhand der *Basiliken* bis in die zweite Hälfte des 12. Jahrhunderts ein Desiderat. So eine große Zeitspanne – fast drei Jahrhunderte lang – zwischen der erstmaligen Publikation der *Basiliken* und deren förmlicher Integration in das byzantinische Kirchenrecht in Form eines Kommentars – ist m. E. durch den Umstand zu erklären, dass die *Basiliken* in dieser Zeit nur von weltlichen Juristen angewendet wurden, ohne dass auch die Kirche die Gesamtfülle deren Rechtsmaterials auszuwerten vermochte. Für kirchliche Bedürfnisse waren wohl die früheren Versionen des Nomokanons (d. h. ohne Material aus den *Basiliken*) ausreichend. Die ersten Anzeichen des kirchlichen Interesses an einem „Update" des Nomokanons mittels seiner Ergänzung mit den Normen der *Basiliken* wies die eben erwähnte Bearbeitung des Jahres 1090 auf. Selbst wenn beide Redakteure, Michael Dukas und Theodoros Vestes, nicht dem Stand der Geistlichen angehört hatten, zeigt ihre Arbeit dennoch eine deutliche Verbindung zum kirchlichen Gerichtswesen – war doch der Nomokanon in erster Linie als juristisches Hilfsmittel für kirchliche Gerichte konzipiert und mit der Zeit immer wieder schrittweise durch Ergänzungen mit dem aktuell gewordenen kirchenrechtlichen Material modernisiert worden.

7 Pitra (1868) 440: fälschlich 1080.

8 Vgl. Pitra (1868) 449–450: Τοῦ προσθέντος τούς τε παραλειφθέντας κανόνας καὶ τὰ ζητούμενα κεφάλαια νόμιμα usw.

9 Pitra (1864) 440–441; Troianos (2017) 267–268. Die Version der *Basiliken* bei Vestes, laut Pitra, *Iuris ecclesiastici graecorum* I, 441, unterscheidet sich erheblich von den heute bekannten Editionen und geht womöglich auf die allererste Rezension unter Basileios I. zurück.

10 Darauf weist auch die Tatsache hin, dass Theodoros Vestes nach 1092 auch noch eine Kurzfassung seiner Nomokanon-Bearbeitung herstellte – wohl zum leichteren Gebrauch von Juristen oder zu Lehrzwecken, vgl. Troianos (2017) 268.

Wie nützlich und modern die Nomokanon-Bearbeitung des Vestes für seine Zeit auch gewesen sein mag, bedurfte man bei dessen praktischer Benutzung dennoch einer überdurchschnittlichen juristischen Ausbildung sowie eines Zugangs zu den Texten der kaiserlichen Novellen und der Patriarchalakten. Dies war offenbar nur in größeren Städten mit gut ausgerüsteten Bibliotheken und einem gebildeten Juristenstand denkbar. Die Bedürfnisse des kirchlichen Gerichtswesens reichten aber weit darüber hinaus, nur auf die Großstädte beschränkt zu sein. Aus diesem Grund kam man wohl auf die Idee, eine durchgehende Kommentierung des Nomokanons durchzuführen, sodass die relevanten Kirchen- und Staatsdokumente nicht bloß durch Verweise, sondern im Volltext, gegebenenfalls in Auszügen oder Paraphrasen den Eingang in den Nomokanon finden. Dadurch könnte eine substanzielle Vereinfachung und Beschleunigung des Gerichtsverfahrens erzielt werden, denn ein Richter brauchte nunmehr nicht die ganze Fülle von verschiedenen Rechtstexten vorliegen zu haben, sondern nur einen durchkommentierten Codex des Nomokanons, der allein eine ganze juristische Bibliothek ersetzen könnte.

Der Auftrag, diese gewaltige Kommentierungsarbeit zu leisten, erging von Kaiser Manuel I Komnenos (1143–1180) auf Geheiß des Patriarchen von Konstantinopel *Michael III. Anchialos* (1170–1178) an den größten und berühmtesten byzantinischen Rechtsgelehrten des 12. Jahrhunderts, Theodoros Balsamon[11] (um 1140[12] – nach 1195[13] oder nach 1198[14]). Geboren in Konstantinopel, hatte er unter Kaiser Manuel I. wichtige Kirchenwürden inne, fungierte zuerst ab Ende der 70er Jahre als *Nomophylax*[15] (wie auch sein berühmter älterer Zeitgenosse Alexios Aristenos)[16] und *Chartophylax*[17], dann (ab etwa 1185–1190[18] oder 1193[19]), schon unter Kaiser Isaak II. Angelos (1185–1195), als Patriarch von Antiochien (mit dem Sitz in Konstantinopel, da Antiochien damals von den Kreuzrittern besetzt war, die den Patriarchen Christophoros vergiftet haben sollen).

Wie nach der Regierungszeit des Kaisers Manuel I. und der Amtszeit des Patriarchen Michael zu schätzen ist, sollte sich Balsamon der Kommentierungsarbeit noch vor 1178 annehmen. Als Vorlage diente ihm die besagte Nomokanon-Bearbeitung des Theodoros Vestes aus dem Jahre 1090.[20]

11 Zu seiner Person und seinem Werk s. die älteren, aber noch immer durchaus nützlichen Abhandlungen: Narbekov (1889); Krasnožen (Moskau 1894; korrigierte und ergänzte Fassung: Jurjev 1911) 174–267 (auf Russisch); Stevens (1969) (auf Latein); Tiftixoglu (1991) 483–532; Meyendorff (1991) 533–541; jüngst: Troianos (2017) 293–297.

12 Troianos (2017) 293.

13 Kazhdan (1991) 249.

14 Tiftixoglu (1991) 493.

15 Darrouzès (1970) 314.

16 Troianos *et al.* (2019) Prolegomena, IX.

17 Sekretär und Archivar der Patriarchatskanzlei, vgl.: Krasnožen (1911) Anhang III, XXV–XXVI.

18 Kazhdan (1991) 249; Troianos (2017) 293.

19 Krasnožen (1911) 175.

20 Pitra (1864) 442; Troianos (2017) 294.

Der gesamte Kommentar wurde in zwei Etappen zu Stande gebracht:

1) die Kommentierung des Nomokanons, vollzogen wohl schon 1177[21] (das letzte Jahr des Patriarchen Michael von Anchialos), jedenfalls um 1180;
2) die Kommentierung des *Syntagma canonum*, die erste Fassung abgeschlossen vor 1180[22]; die zweite, dem ökumenischen Patriarch Georg II. Xiphilinos (1191–1198) gewidmete Fassung bereits in den 90er Jahren.[23]

Die Arbeit am Nomokanon zielte darauf ab, die Frage zu klären, ob die justinianischen Gesetze, welche in die *Basiliken* aufgenommen worden waren, den Vorrang hätten gegenüber denen (ebenfalls justinianischen) Normen, die im *Nomokanon in XIV Titeln* erfasst wurden. Es gab dazu verschiedene Meinungen in der damaligen byzantinischen Juristenwelt. Balsamon stellte fest, dass den Vorschriften des justinianischen Rechtes nur dann Folge zu leisten sei, wenn diese in den *Basiliken* zu finden sind, andernfalls sollen diese Normen als überholt gelten. Daher seine Tendenz, im Kommentar zum Nomokanon immer zwischen den in die *Basiliken* aufgenommenen Gesetzen des Justinian und den nicht aufgenommenen zu unterscheiden.

Im Vorwort zu seiner Edition des Nom14 listet Balsamon seine Leistungen wie folgt auf:[24]

1) Die Revision der Kirchenkanones, mit Klarstellung und Kommentierung (σαφηνίσαι καὶ ἑρμηνεῦσαι) unklarer Stellen sowie angeblicher Widersprüche mit den Nomoi;
2) Die Prüfung der durch Photios herangezogenen justinianischen Gesetze auf ihre Gültigkeit für die Zeit Balsamons, indem die noch aktuellen Normen (zu denen nur diejenigen zählten, welche in die Bearbeitung der *Basiliken* im 10. Jh. unter Konstantin VII. Eingang gefunden hatten) von den bereits überholten und außer Gebrauch geratenen unterschieden wurden (εις δύο διείλομεν – d. h. in die noch gültigen und die überholten);
3) Die Feststellung, welche Artikel aus den Digesten und dem Codex Justinianus in welche Kapitel der *Basiliken* gehören;
4) Anhand von „älteren Scholien“ (κατὰ τὰς παλαιὰς ἑρμηνείας) die Lösung angeblicher Widersprüche in den Nomoi;
5) Die Berücksichtigung neben der Basilikenfassung des 10. Jahrhunderts auch zahlreicher weltlicher und kirchlicher Rechtsdokumente, welche danach verabschiedet worden waren – wie z. B. der Novellen und Semeiomata der Kaiser aus der Komnenendynastie sowie diverser Patriarchalakten.

Allerdings, wie aus der in den letzten Jahrzehnten aktiv erforschten Handschriftentradition hervorgeht, stellte Balsamon die Ergänzung seines Werkes womöglich sein Leben lang nicht ein, denn es gibt in den Handschriften auch Zwischenformen des

21 Schminck (1991c) 555–587 (hier 584, Anm. 171); Troianos (2017) 294.
22 Tiftixoglu (1991) 494.
23 Meyendorff (1991) 534; Troianos (2012) 170–214 (hier 181); vgl. bereits Krasnožen (1911) 179–180.
24 Rhalles/Potles (1852) 31–33.

Kommentars, die Ergänzungen und Korrekturen aufweisen.[25] Man ging davon aus, dass es Mitte der 90er Jahre des 12. Jahrhunderts (wohl um 1195) eine zweite Auflage des Nomokanon-Kommentars gegeben haben muss;[26] in der neuesten Darlegung ist die Existenz einer zweiten Auflage jedoch nicht bestätigt.[27]

Die Entwicklung des Textes des Nom14 kann also im Großen und Ganzen wie folgt dargestellt werden:

– Die erste Hälfte des 7. Jahrhunderts – Entstehung der ursprünglichen Version mit den Kanones der ersten vier ökumenischen Synoden.
– 883 – die Überarbeitung unter (kaum durch)[28] Patriarch Photios: Ergänzung durch Kanones der späteren Synoden, inkl. der „photianischen" von 861 und 879.
– 1090 – Überarbeitung durch Michael Dukas und Theodoros Vestes: Zuweisung der Stellen aus dem Corpus iuris, den *Basiliken* und den späteren Kaisernovellen sowie Patriarchalakten und den entsprechenden Kapiteln des Nomokanons.
– Um 1093 – die Verkürzung dieser Version durch Theodoros Vestes.[29]
– Um 1180 – vermutlich anhand der Nomokanon-Verkürzung des Vestes die erste Auflage des Kommentars durch Balsamon.[30]
– Um 1195 – (vermutlich) eine zweite Auflage des Kommentars.

Diese letzte Fassung wurde dann neben dem Syntagma in XIV Titeln zur meistgebrauchten Kirchenrechtssammlung in Byzanz bis ins 16. Jahrhundert, als sie durch die monumentalen Nachschlagewerke von Matthaios Blastares und Konstantin Armenopulos sowie durch diverse spätere Nomokanones ersetzt und letztendlich verdrängt wurde.

Der Nomokanon-Kommentar des Anonymos Synaiticus aus dem Cod. Sin. gr. 1117 (14. Jh.)

Mit Balsamons Kommentar hat der Nomokanon[31] die höchste Stufe der Vollkommenheit erreicht – aber an dieser Stelle muss man dennoch den Konjunktiv gelten lassen: hätte die höchste Stufe erreichen können, wenn ein anonymer Bearbeiter noch zu Lebzeiten Balsamons (wohl sein Schüler, oder Rivale, oder beides) die Sache nicht wieder aufgegriffen hätte. Der Anonymos wollte weder seinen Namen verraten, noch ein weiteres (insgesamt fünftes in der Reihe) Vorwort verfassen, in dem seine Motive für die Fortsetzung des balsamonschen Werks zu Tage getreten wären. Ganz im Gegenteil, er ließ das

25 Näheres dazu vgl. Tiftixoglu (1991) 484–485; Troianos (2017) 295.
26 Tiftixoglu (1991) 494.
27 Troianos (2017) 294–295.
28 Troianos (2017) 267 (mit Literatur).
29 Troianos (2017) 268.
30 Troianos (2017) 268.
31 Die Zitierweise nach Pinakes: Mişr, Sīnā', Monê tês Hagias Aikaterinês, gr. 1117 (14. Jh., Diktyon 59492).

Kolophon des Nomokanons sowie das Vorwort des Balsamon unverändert, unterzog aber sowohl den Grundtext des Nomokanons als auch den Kommentar weitgehender Überarbeitung und stellenweise massiver Ergänzung.

Die Handschrift stellt vom Umfang her eine beinahe einzigartige Sammlung von diversen byzantinischen Rechtstexten dar; sie ist im Frankfurter Repertorium der Handschriften des byzantinischen Rechtes (*RHBR*) vorbildlich beschrieben worden.[32] Der Nomokanon-Kommentar nimmt die Folien 2r bis 67r, der übrige Kommentar die Folien 67v bis 203v ein.

Die wissenschaftliche Erforschung dieser wichtigen spätbyzantinischen Rechtsquelle blieb bislang auf die gemeinsame (mittlerweile schon 30 Jahre zurück liegende) Transkriptionsarbeit und Quellenuntersuchung durch Spyros Troianos und Viktor Tiftixoglu beschränkt.[33] Nach dem heutigen Forschungsstand, der seit den 90er Jahren (und insbesondere mit Viktor Tiftixoglus Tod 2018) unverändert geblieben ist, soll die Entstehung dieser anonymen Fassung des Nom14 in die Zeit kurz nach dem Abschluss des ursprünglichen Nomokanon-Kommentars durch Balsamon datiert werden, also in die Regierungszeit des Alexios II Komnenos (Sept. 1180 – Sept. 1183).[34]

Bei dieser Überarbeitung handelt es sich um die erste (also die um 1180 entstandene), aber wesentlich erweiterte Fassung des Nomokanon-Kommentars von Balsamon. Der namentlich unbekannte Jurist konnte den Nom14, der von Balsamon mit etwa 200 Zitaten aus den *Basiliken* bereichert worden war, um weitere etwa 1100 Zitate ergänzen – mehr noch, viele Exzerpte aus kaiserlichen Erlassen und Patriarchalakten hinzufügen, von denen viele bislang unbekannt geblieben sind.[35]

In den Jahren 2018–2020 im Rahmen des langjährigen (und 2020 abgeschlossenen) Projektes der Akademie der Wissenschaften zu Göttingen „Edition und Bearbeitung byzantinischer Rechtsquellen" unter der Leitung von Dieter Simon habe ich mich mit der Edition des Nomokanon-Kommentars des Anonymos befasst. Die Edition befindet sich noch immer in Vorbereitung. Hier möchte ich die Gelegenheit nutzen, ein Probestück meiner Arbeit zum Zweck wissenschaftlicher Evaluation und Auswertung zu präsentieren. Unten im Anhang wird der 10. Titel des Nom14 „Über die Verwaltung des Kirchenvermögens und über das Eigentum eines Bischofs" in der Fassung des Anonymus Sinaiticus abgedruckt. Dieser Titel ist einer der kürzesten in der Sammlung, enthält aber wertvolles Rechtsmaterial, das mit den vorhandenen Editionen des Kommentars von Balsamon bei Pitra und Rhalles/Potles leicht zu vergleichen ist. Dieser Vergleich ist von mir konsequent durchgeführt worden, was seinen Niederschlag im Apparat der *variae lectiones* gefunden hat. Im Quellenapparat sind die Quellen entsprechender Zitate nach den geläufigen Editionen angeführt. Um zwischen dem Kommentar des Balsamon und dem des Anonymos zu unterscheiden, sind die entsprechenden Textstellen mit den Vermerken BALS bzw. ANON versehen.

---

32 Schminck/Getov (2017) 229–239 (Nr. 521, mit weiterer Literatur).

33 Tiftixoglu (1991) 496–532; Tiftixoglu/Troianos (1993) 137–179; vgl. Troianos (2017) 297–299.

34 Tiftixoglu (1991) 502; Tiftixoglu/Troianos (1993) 137; Troianos (2017) 297.

35 Tiftixoglu (1991) 497; Tiftixoglu/Troianos (1993) 137; Troianos (2017) 298.

Anhang

[38r] /X./ ΤΙΤΛΟΣ Ι′. Περὶ διοικήσεως ἐκκλησιαστικῶν πραγμάτων, καὶ περὶ τῶν ἰδικῶν τοῦ ἐπισκόπου.

/X.1/ Κεφ. α′. Περὶ τοῦ χρῆναι τὸν οἰκονόμον ἐκ τοῦ κλήρου τῆς ἐκκλησίας εἶναι.

Συνόδου Χαλκηδόνος καν. κϛ′. Τῆς ἐν Νικαίᾳ τὸ δεύτερον συνόδου καν. ια′. Θεοφίλου τοῦ ὑπομνηστικοῦ καν. θ′.

Ὁ νόμος.

Ἡ λβ′ διάτ. τοῦ γ′ τίτ. τοῦ α′ βιβ. τοῦ Κώδικος λέγει τὸν οἰκονόμον χρῆναι παρὰ τοῦ ἐπισκόπου γίνεσθαι.

Καὶ ἡ μα′ διάτ. τοῦ αὐτοῦ τίτ., ὅτι κατὰ δοκιμασίαν γίνεται.

Ἡ δὲ κδ′ τοῦ β′ τίτ. αὐτοῦ, ὅτι δεῖ τοὺς οἰκονόμους κατὰ μῆνα, ἢ τὸ μήκιστον ὑπὲρ δύο, λογοποιεῖν πρὸς τοὺς ἀρκαρίους, ἐπεί κινδυνεύουσι· καὶ ὅτι ἕκαστος μὲν οἰκονόμος ζητεῖ τὰ τῆς ὑφ᾽ ἑαυτὸν διοικήσεως, οἱ δὲ λοιποὶ κατὰ πρόσταγμα ἄγραφον τοῦ πατριάρχου τοῖς λογισμοῖς ὑπογράφουσι τό· Ἀνέγνω⟨ν⟩, καὶ τὸ χωρὶς τῆς τοιαύτης παρατηρήσεως λογιζόμενον οἴκοθεν οἱ οἰκονόμοι διδόασι.

Καὶ ἡ μα′ τοῦ γ′ τίτ., ὅτι κατ᾽ ἐνιαυτὸν ὁ οἰκονόμος παρατίθεται λόγον τῆς αὐτοῦ διοικήσεως τῷ ἐπισκόπῳ καὶ ἀποδίδωσιν, εἴ τι φανῇ βλάψας ἢ κερδάνας. Εἰ δὲ τελευτήσει πρὸ τῶν λογισμῶν, ὑπόκεινται τούτοις οἱ κληρονόμοι αὐτοῦ· ὑπόκειται γὰρ καὶ ἀπὸ ῥαθυμίας, καὶ ἐν ἀπόροις ἐκδώσει.

Ἡ δὲ β′ διάτ. τοῦ β′ τίτ. τῶν νεαρῶν ἀπαγορεύει τοῖς οἰκονόμοις καὶ ὀρφανοτρόφοις καὶ διοικηταῖς τῶν λοιπῶν εὐαγῶν οἴκων, ἔτι μὴν καὶ τοῖς χαρτουλαρίοις καὶ τοῖς τούτων γονεῦσι καὶ παισὶ καὶ τοῖς κατὰ γένος ἢ γάμον αὐτοῖς συναπτομένοις, ἐμφυτεύσεις καὶ μισθώσεις καὶ ὑποθήκας πραγμάτων τῶν εὐαγῶν οἴκων, ἢ δι᾽ ἑαυτῶν, ἢ διὰ παρεν⟨θέτ⟩ων προσώπων λαμβάνειν, ἐπεὶ καὶ τὸ συνάλλαγμα ἀκυροῦται, καὶ πᾶσα ἡ περιουσία τῶν οἰκονόμων καὶ χαρτουλαρίων καὶ διοικητῶν, οἷς κατὰ τὸν εἰρημένον τρόπον συνάπτονται, εἰς τὸν εὐαγῆ οἶκον, ἐξ οὗ τὸ πρᾶγμα λαμβάνουσι, περιέρχεται μετὰ τὴν αὐτῶν τελευτήν.

---

tit. X,4 Chalc 26 | II Nic 11 **4–5** Theophil Alex 9 **7** cf. Cod. 1, 3, 32(33), 2 **9** Cod. 1, 3, 41(42), 10(5) **10** Cod. I, 2, 24, 16 et 15 **15** Cod. I, 3, 41(42), 10(5) **19** cf. Athan Emes Synt 2.2.8 = Nov. 120, c. 5.1

---

tit. X,3 Κεφ α′] in marg. cod. | ἐκ] καὶ Pi **4** Τῆς … 7 συνόδου] Συνόδου Νίκαιας τὸ β′ edd. | Θεοφίλου] ἐκ add. edd. **6** Ὁ νόμος] Κείμενον Rh.-P. **10** κδ′] κε′ edd. | αὐτοῦ] om. edd. **12** πρόσταγμα] πρόσταξιν edd.; ἔστιν err. add. cod. | ἄγραφον] ἔγγραφον Pi **13** Ἀνέγνων] complevi sec. edd. **15** μα′] correctum e μβ′ cod. **18** ἐν … ἐκδώσει] ἐὰν ἀπόροις ἐκδώσῃ edd. **20** Ἡ … β′¹] totum digestum om. Pi **21** τοῖς1] πάντων add. Rh.-P. **23** παρενθέτων] -θέντων err. cod., correxi sec. Rh.-P.

Σχόλιον.

BALS *Rh.-P.* 237, 12–13; 30–31 Ἡ λβʹ διάτ. τοῦ γʹ τίτ. τοῦ αʹ βιβ. τοῦ Κώδικος, ἡ μαʹ, ἡ κδʹ καὶ ἡ μβʹ οὐκ ἐτέθησαν εἰς τὰ Βασιλικά· ἡ δὲ βʹ διὰτ. τοῦ βʹ τίτ. τῶν νεαρῶν ἐστι νεαρὰ ἰουστινιάνειος ρκʹ, κεῖται δὲ ἐν βιβ. εʹ. τίτ. βʹ. κεφ. θʹ. θέμα βʹ λέγον·

ANON *B* V, 2, 5 (p. 132, 26–133, 9) = *Nov.* 120 c. 5.1. Τοῖς δὲ οἰκονόμοις καὶ ὀρφανοτρόφοις καὶ τοῖς τῶν λοιπῶν εὐαγῶν οἴκων διοικηταῖς, ἔτι γε μὴν καὶ τοῖς τούτων χαρτουλαρίοις καὶ τοῖς τοῦτων γονεῦσί τε καὶ παισὶ καὶ τοῖς ἄλλοις τοῖς κατὰ γένος αὐτοῖς ἢ ἐκ γαμικοῦ δικαίου συναπτομένοις ἀπαγορεύομεν ἐμφυτεύσεις τε καὶ μισθώσεις, ἤγουν ὑποθήκας πραγμάτων τοῖς αὐτοῖς εὐαγέσιν οἴκοις προσηκόντων δἰ ἑαυτῶν ἢ διὰ παρενθέτου προσώπου λαμβάνειν, γινωσκόντων αὐτῶν, ὡς εἰ τοιοῦτόν τι γένηται, καὶ τοῦτο ἀνίσχυρον ἔσται καὶ πᾶσαν τὴν περιουσίαν αὐτῶν τε τῶν λαμβανόντων καὶ τῶν οἰκονόμων καὶ χαρτουλαρίων καὶ διοικητῶν, οἷς κατὰ τὸν εἰρημένον τρόπον συνάπτονται, εἰς τὸν εὐαγῆ οἶκον, ἐξ οὗ τὸ πρᾶγμα λαμβάνουσι, μετὰ τὴν αὐτῶν τελευτὴν περιελθεῖν κελεύομεν.

ANON *B* V, 2, 6 (p. 133, 10–12) = *Nov.* 120 c. 6. Καὶ ταῦτα μὲν ἐπὶ τῆς ἁγιωτάτης μεγάλης ἐκκλησίας καὶ τῶν εἰρημένων εὐαγῶν οἴκων τῶν ἐν τῇ βασιλίδι πόλει καὶ τῇ αὐτῆς περιοικίδι τυγχανόντων διετυπώσαμεν.

ANON *B* V, 2, 9 (p. 137, 6–12) = *Nov.* 120 c. 7.1. Καὶ κεφ. αὐτοῦ ιζʹ· Τοῖς δὲ οἰκονόμοις καὶ διοικηταῖς καὶ χαρτουλαρίοις τῶν ὁπουδήποτε ὄντων εὐαγῶν οἴκων καὶ τοῖς αὐτῶν γονεῦσ⟨ί τε⟩ καὶ παισὶ καὶ τοῖς ἄλλοις ⟨τοῖς⟩ ἢ κατὰ γένος ἢ κατὰ γαμικὸν δίκαιον αὐτοῖς συναπτομένοις μισθώσεις ἢ ἐμφυτεύσεις ἢ ἀγορασίας ἢ ὑποθήκας πραγμάτων ἀκινήτων τοῖς αὐτοῖς εὐαγέσιν οἴκοις προσηκόντων ὑπεισιέναι ἢ δἰ ἑαυτῶν ἢ διὰ παρενθέτου προσώπου, καθὰ καὶ τοῖς ἐν τῇ βασιλίδι πόλει οὖσιν, ἐπὶ ταῖς αὐταῖς ποιναῖς ἀπαγορεύομεν.

BALS *Rh.-P.* 237, 13–29; *B* III, 2, 3, 107 = *Nov.* 3 c. 3. Ἀνάγνωθι καὶ τ⟨ὴν⟩ γʹ ἰουστινιάνειον νεαράν, ἤτοι κεφ. τελευταῖον τοῦ βʹ τίτ. τοῦ γʹ βιβ. τῶν Βασιλικῶν οὕτως ἔχον·

Ὥσπερ δὲ τὴν περὶ τούτων δαπάνην ὡρίσαμεν, οὕτω προσήκει τὸν κατὰ καιροὺς ἁγιώτατον πατριάρχην καὶ τοὺς εὐλαβεστάτους οἰκονόμους περισκοπεῖν τὸ καὶ τὰς ἄλλας δαπάνας τὰς γινομένας ἐκ τῶν ἐκκλησιαστικῶν πόρων περὶ εὐσεβεῖς δαπανᾶσθαι πράξεις καὶ θεῷ ἀρεσκούσας, καὶ εἰς ἐκείνους ταῦτα⟨ς⟩ χορηγεῖν τοὺς ταῖς ἀληθείαις

31–32 cf. Athan Emes Synt 2.2.8 **44** cf. Athan Emes Synt 2.2.15.

27 Σχόλιον] totum scholion om. Pi **28** Ἡ λβʹ] **28–29** ἡ[1]… μβʹ] om. Rh.-P. **29** ἐτέθησαν] ἐτέθη Rh.-P. | Βασιλικά] οὐδὲ ἡ μαʹ, οὐδὲ ἡ μβʹ add. Rh.-P. | ἡ] totam phrasin post περιποιήσουσιν ἐκκλησίᾳ (v. infra l. 62) transp. Rh.-P. | δὲ] om. Rh.-P. | ἐστι] ἔστι cod. **30** κεῖται … λέγον] ἤτοι θεμα βʹ τοῦ ζʹ κεφ. τοῦ βʹ τίτ. τοῦ εʹ βιβ. τῶν βασιλικῶν οὕτως ἔχον ὡς συνωψίσθη Rh.-P. **31** Τοῖς … οἰκονόμοις] totum digestum om. edd. **41** Καὶ … ταῦτα] totum digestum om. edd. **46** γονεῦσί τε] -σι τὲ cod. | καὶ[2] … ἄλλοις] totum digestum om. edd. **51** Ἀνάγνωθι] totum digestum om. Pi | καὶ] δὲ Rh.-P. | τὴν] τὸν err. cod. | ἰουστινιάνειον] Ἰουστινιανοῦ Rh.-P. **53** τούτων] τούτου Rh.-P. **54** τὸ] τοῦτο Rh.-P. **56** ταῦτας] complevi sec. Rh.-P.

δεομένους καὶ οὐκ ἔχοντας ἑτέρωθι τροφῆς ἀφορμήν (ταῦτα γὰρ τὸν δεσπότην θεὸν θεραπεύει), ἀλλὰ μὴ προστασίαις καὶ σπουδαῖς ἀνθρώπων τὰς ἐκκλησιαστικὰς δαπάνας εἰς ἀνθρώπους εὐποροῦντας ἐπιδίδοσθαι καὶ ἐντεῦθεν τοὺς ἀπορουμένους μὴ τυγχάνειν τῶν ἀναγκαίων. Ἴ⟨σ⟩τωσαν γὰρ οἱ θεοφιλέστατοι οἰκονόμοι, οἵ τε νῦν, οἵ τε κατὰ καιροὺς ἐσόμενοι, ὡς εἴ τι παρὰ ταῦτα πράξαιεν, ταῖς τε ἐκ θεοῦ ποιναῖς ὑποκείσονται καὶ ἐκ τῆς ἑαυτῶν οὐσίας τὸ ἀζήμιον τῇ ἁγιωτάτῃ περιποιήσουσιν ἐκκλησίᾳ.

/X.2/ Κεφ. β′. Περὶ διοικήσεως τῶν ἐκκλησιαστικῶν πραγμάτων.

Τῶν ἁγίων ἀποστόλων καν. λη′. μ′. μα′. Τῆς ἐν Ἀντιοχείᾳ συνόδου καν. κδ′. κε′. Κυρίλλου ἐκ τῆς πρὸς Δόμνον ἐπιστολῆς κεφ. β′. Θεοφίλου ἐκ τοῦ ὑπομνηστικοῦ κεφ. γ′ καὶ ι′.

Ὁ νόμος.

Πολλὰ μὲν εἴρηται ἐκ τῆς διοικήσεως τῶν ἐκκλησιαστικῶν πραγμάτων ἐν τῷ β′ τίτ. τοῦ α′ βιβ. τοῦ Κώδικος καὶ ἐν διαφόροις ⟨δια⟩τάξεσι τῶν νεαρῶν· καὶ ἀνάγνωθι τὸν β′ τίτ. τῶν νεαρῶν, καὶ μάλιστα τὴν β′ καὶ τὴν γ′ αὐτοῦ διατάξεις περιεχούσας πάντα τὰ περὶ ἐκκλησιαστικῶν διοικήσεων καὶ προνομίων.

Σχόλιον.

BALS *Rh.-P. 238, 19–24* Ὁ β′ τίτ. τοῦ α′ βιβ. τοῦ Κώδικος ἐτέθη ἐν βιβ. ε′ τῶν Βασιλικῶν τίτ. α′ ⟨ἀ⟩πὸ τοῦ α′ κεφ. μέχρι τοῦ ι′· ἡ δὲ β′ καὶ γ′ διάτ. τοῦ β′ τίτ. τῶν νεαρῶν εἰσ⟨ι⟩ νεαρὰ ἰουστινιάνειος ρκ′ καὶ ρλα′, ὧν ⟨ἡ⟩ μὲν κεῖται ἐν βιβ. ε′ τῶν Βασιλικῶν τίτ. β′, ἡ δὲ ἐν βιβ. τῷ αὐτῷ τίτ. [ι]γ′· καὶ ἀνάγνωθι τοὺς τοιούτους τίτλους.

ANON Ἀνάγνωθι τοῦτο ϛ′ κεφ.

/X.3/ Κεφ. γ′. Περὶ πραγμάτων καὶ προσόδων τῶν ἀνεπισκόπων ἐκκλησιῶν.

Τῆς ἐν Ἀγκύρᾳ συνόδου καν. ιε′. Τῆς ἐν Χαλκηδόνι συνόδου καν. κε′. Σύνοδος ϛ′ τῆς ἐν τῷ Τρούλλῳ καν. λε′.

---

64 Apost 38 | Apost 40 | Apost 41 | Ant 24 | Ant 25 **64–65** Cyr Alex Ep. ad Domnum 2 **65** Theophil Alex 3 | ι′] Theophil Alex 10 **67–68** Cod I, 2. **68–69** Athan Emes Synt 2.2 et 2.3 **72–73** Cod. I, 2 = B V, 1, 1–10 **73–75** Athan Emes Synt 2.2–3 = Nov. 120 et 131 = B V, 2 et 3 **78** Anc 15 | Chalc 25 **78–79** Trul 35

---

59 ἐπιδίδοσθαι] -διδόναι Rh.-P. **60** Ἴστωσαν] Ἴτωσαν err. cod. **62** ἑαυτῶν] αὐτῶν Rh.-P. **63** Κεφ β′] in marg. cod. **64** Τῶν ἁγίων] om. edd. | Τῆς … συνόδου] Συνόδου Ἀντιοχείας edd. **65** γ′ καὶ] ϛ′. edd. **66** Ὁ νόμος] Κείμενον Rh.-P. **67** ἐκ] περὶ edd. **68** διατάξεσι] δια- err. om. cod., complevi sec. edd. **69** τῶν] αὐτῶν add. Rh.-P. | αὐτοῦ] τίτ. add. Pi **71** Σχόλιον] totum comm. om. Pi **72** ἐν] εἰς Rh.-P. **73** ἀπὸ] ὑπὸ err. cod., correxi sec. Rh.-P. | ι′] ια′. Rh.-P. | εἰσι] εἰσὶ cod. **73–74** νεαρὰ ἰουστινιάνειος] -αὶ -οι Rh.-P. **74** ἡ] ὁ err. cod., correxi sec. Rh.-P. **75** ιγ′] γ′ recte Rh.-P. **77** Κεφ γ′] in marg. cod. **78** Τῆς[1] … συνόδου] Συνόδου Ἀγκύρας edd. | Τῆς[2] … συνόδου] Συνόδου Χαλκηδόνος edd. | Σύνοδος] Συνόδου edd. **78–79** τῆς … Τρούλλῳ] om. edd.

/X.4/ Κεφ. δʹ. Περὶ ἐκποιήσεως ἐκκλησιαστικῶν.

Τῶν ἁγίων ἀποστόλων καν. ληʹ καὶ ογʹ. Τῆς ἐν Ἀγκύρᾳ συνόδου καν. ιεʹ. Τῆς ἐν Καρθαγένῃ συνόδου καν. κϛʹ. Τῆς ἐν Νικαίᾳ τὸ βʹ καν. ιβʹ. Κυρίλλου ἐκ τῆς πρὸς Δόμνον ἐπιστολῆς κεφ. βʹ.

Ἀνάγνωθι τὰ παραγεγραμμένα ἐν τῷ βʹ κεφ. τοῦ παρόντος τίτλου.

/X.5/ ⟨Κεφ. εʹ.⟩ Περὶ τῶν μετὰ τὴν χειροτονίαν κτωμένων ἐπισκόπῳ ἢ κληρικῷ.

Τῆς ἐν Καρθαγένῃ συνόδου καν. λβʹ. Τῆς ἐν τῷ ναῷ τῶν ἁγίων ἀποστόλων συστάσης τῆς λεγομένης αʹ καὶ βʹ συνόδου καν. ζʹ.

Ὁ νόμος.

Ἡ λγʹ διάτ. τοῦ γʹ τίτ. τοῦ αʹ βιβ. τοῦ Κώδικός φησιν, ὅτι οἱ ὀρθόδοξοι ἐπίσκοποι καὶ κληρικοί, ὅταν ἂν ἐν τῷ καιρῷ τῆς ὑπεξουσιότητος κτήσωνται, καὶ ὑπεξούσιοι ὄντες ἴδιον **[38v]** ἔχουσι καὶ οὐ συνεισφέρουσιν αὐτά, ἀλλὰ ἄδειαν ἔχουσι καὶ ζῶντες ἐκποιεῖν, καὶ ἐπ᾽αὐτοῖς εἰς ἐξωτικοὺς διατίθεσθαι ἢ κατιοῦσιν αὐτὰ παραπέμπειν.

Καὶ ἡ μαʹ διάτ. τοῦ αὐτοῦ τίτ., ὅτι τὰ μετὰ τὴν ἐπισκοπὴν κτηθέντα ἐκποιεῖν ὁ ἐπίσκοπος οὐ δύναται, ἢ διατίθεσθαι ἐπ᾽αὐτοῖς, εἰ μὴ ἀπὸ γονέων ἢ θείων ἢ ἀδελφῶν εἰς αὐτ⟨ὸν⟩ περιῆλθον, ἀλλὰ τῇ κατ᾽ αὐτὸν ἐκκλησίᾳ διαφέρουσι, καὶ μετὰ τὴν αὐτῶν τελευτὴν λογισμοὺς τῶν τοιούτων πραγμάτων ὁ οἰκονόμος ἀπαιτεῖται. Τὰ δὲ πρὸ τῆς ἐπισκοπῆς κτηθέντα ἐκποιοῦσι καὶ διατίθενται ἐπ᾽αὐτοῖς.

Καὶ ἡ μθʹ, ὅτι οἱ ἐπίσκοποι καὶ πρεσβύτεροι καὶ διάκονοι κουάσι κα[ν]στρένσε ἔχουσι καὶ διατίθενται νομίμως ἐπ᾽αὐτῷ· καὶ οὐχ ὑπόκειται ἡ διαθήκη τῇ δεϊνοφικιόσο.

Ἡ δὲ γʹ διάτ. τοῦ βʹ τίτ. τῶν νεαρῶν φησιν, ὅτι οἱ ἐπίσκοποι τὰ μετὰ τὴν ἐπισκοπὴν αὐτοῖς κτηθέντα κινητὰ ἢ αὐτοκίνητα εἰς ἰδίους συγγενεῖς ἢ ἄλλους οἱῳδήποτε τρόπῳ οὐ μεταφέρουσιν, ἀλλὰ δαπανάτωσαν αὐτὰ εἰς λύσιν αἰχμαλώτων καὶ πτωχῶν ἀποτροφήν, ἢ εἰς συμφέρον τῆς ἰδίας ἐκκλησίας· τὰ δὲ μετὰ τὴν αὐτῶν τελευτὴν ἐκ τούτων περιττεύοντα ἡ κατ᾽αὐτοὺς ἐκκλησία οἰκειοῦται. Ἄδειαν δὲ ἔχουσιν ἐκποιεῖν ἅτινα πρὸ τῆς ἐπισκοπῆς ἐσχηκότες ἀποδειχθῶσι καὶ ὅσα μετὰ τὴν ἐπισκοπὴν εἰς αὐτοὺς περιέλθ(οι) ἀπὸ συγγενῶν, οὓς ἐξ ἀδιαθέτου μέχρι τετάρτου βαθμοῦ διαδέχεσθαι δύνανται. Ταῦτα δὲ κρατεῖ καὶ ἐπὶ ὀρφανοτροφείων καὶ πτωχοτροφείων καὶ νοσοκομείων

---

81 Apost 38 | Apost 73 | Anc 15 **81–82** Carth 26 **82** II Nic 12 **82–83** Cyr Alex Ep.ad Domnum 2 **86** Carth 32 **86–87** Protodeut 7 **89** Cod. I, 3, 33(34) **93** Cod. I, 3, 41(42), 5 **98** Cod. I, 3, 49(50) **100** cf. Athan Emes Synt 2.3.16 = Nov. 131 c. 13pr.+1+2

---

80 Κεφ δʹ] in marg. cod. | ἐκποιήσεως] τῶν πραγμάτων add. Pi **81** Τῶν ἁγίων] om. edd. | καὶ] om. edd. | Τῆς[1]...συνόδου] Συνόδου Ἀγκύρας edd. **81–82** Τῆς[2]...συνόδου] Συνόδου Καρδαγένης edd. **82** κϛʹ] κβʹ. κγʹ. edd. | Τῆς...Νικαίᾳ] Συνόδου Νικαίας edd. **85** Κεφ εʹ] om. cod. **86** Τῆς[1]...συνόδου] Συνόδου Καρδαγένης edd. **86–87** Τῆς[2]... συνόδου] Συνόδου αʹ. καὶ βʹ. ἐν τῷ ναῷ τῶν ἁγίων Ἀποστόλων edd. **88** Ὁ νόμος] Κείμενον Rh.-P. **90** ὅταν] ὅπερ edd. **95** αὐτὸν1] -ὰ err. cod., correxi sec. edd. **97** κτηθέντα] καὶ add. edd. **98** κουάσι κανστρένσε] quasi castrense Pi **99** δεϊνοφικιόσο] de inofficioso Pi **106** περιέλθοι] edd. **107** ὀρφανοτροφείων ... νοσοκομείων] -τρόφων... -τρόφων... -κόμων edd.

καὶ γεροντοκόμων καὶ ξενοδόχων καὶ πάντων τῶν ἄλλων διοικητῶν τῶν σεβασμίων οἴκων ἐπὶ τοῖς εἰς αὐτοὺς ἐν τῷ καιρῷ τῆς διοικήσεως αὐτῶν κατὰ τὸν εἰρημένον τρόπον περιελθοῦσιν.

Ἡ δὲ β′ διάτ. τοῦ α′ τίτ. τῶν νεαρῶν ἁπλούστερόν φησιν, ὅτι τὰ μετὰ τὴν χειροτονίαν κτηθέντα τοῖς ἐπισκόποις ταῖς αὐτῶν ἐκκλησίαις διαφέρει, ἥτις λέγει, ὅτι πάντες οἱ κληρικοί, τουτέστι πρεσβύτεροι, διάκονοι, ἀναγνῶσται, ψάλται τὰ ὁπωσοῦν αὐτοῖς κτηθέντα πράγματα, κἂν ὑπεξούσιοι ὦσιν, ἴδια ⟨ἔχουσι⟩ καὶ δωροῦνται καὶ διατίθενται ἐπ᾽ αὐτοῖς, οὕτω μέντοι, ὥστε τοὺς αὐτῶν παῖδας ἢ τούτων οὐχ ὑπόντων τοὺς γονεῖς αὐτῶν κομίζεσθαι τὸ νόμιμον μέρος.

Ἡ δὲ γ′ διάτ. τοῦ β′ τίτ. τῶν νεαρῶν φησιν, ὅτι ἐὰν ἐπίσκοπος ἢ κληρικὸς οἱουδήποτε βαθμοῦ ἢ ἐκκλησίας διακόνισσα τελευτήσῃ ἄνευ διαθήκης ἢ νομίμων διαδόχων, ἡ τούτων διαδοχὴ προσκυροῦται τῇ ἐκκλησίᾳ, ἐν ᾗ κεχειροτόνηται.

Σχόλιον.

BALS *Rh.-P. 240, 32–241, 6; B III, 3, 8 (p. 109.28–110.3)* = *Cod. I, 3, 33.* Ἡ λγ′ διάτ. τοῦ γ′ τίτ. τοῦ α′ βιβ. τοῦ Κώδικός ⟨ἐ⟩στι κεφ. η′ τοῦ γ′ τίτ. τοῦ γ′ βιβ. τῶν Βασιλικῶν οὕτως ἔχον·

Καὶ ὁ πρεσβύτερος καὶ διάκονος ὅσα κτήσηται καὶ ἐν ὑπεξουσιότητι ἐκποιείτω, καὶ διατιθέσθω ἐπ᾽ αὐτοῖς ἐφ᾽ οἷς βούλεται, καὶ μὴ ἐκδικείσθωσαν παρὰ τῶν ἐχόντων αὐτὸν ὑπεξούσιον ἢ συνεισφερέσθωσαν τοῖς ἀδελφοῖς ἢ τοῖς τέκνοις αὐτῶν, ἀλλ᾽ οἱ παῖδες αὐτοῦ λαμβανέτωσαν αὐτά, κἂν μὴ διαθέμενοι τελευτήσωσιν.

BALS *Rh.-P. 241, 8–9* Ἡ μα′ διάτ. τοῦ γ′ τίτ. τοῦ α′ βιβ. τοῦ Κώδικος καὶ ἡ μθ′ οὐκ ἐτέθη εἰς τὰ Βασιλικά.

BALS *Rh.-P. 241, 9–11* Ἡ γ′ διάτ. τοῦ β′ τίτ. τῶν νεαρῶν ⟨ἐ⟩στι νεαρὰ ἰουστινιάνειος ρλα′ κειμένη ἐν βιβ. ε′. τίτ. γ′, ἧς δὴ νεαρᾶς τὸ ι′ κεφ. φησι οὕτως·

ANON *B V, 3, 15 (p. 147.1–22)* = *Nov. 131 c. 13.* Ἀπαγορεύομεν δὲ τοῖς ὁσιωτάτοις ἐπισκόποις πράγματα κινητὰ ἢ ἀκίνητα ἢ αὐτοκίνητα, ὅσα μετὰ τὴν ἐπισκοπὴν εἰς αὐτοὺς οἱῳδήποτε τρόπῳ περιέλθῃ, εἰς οἰκείους συγγενεῖς ἢ ἄλλα οἱαδήποτε πρόσωπα οἱῳδήποτε τρόπῳ μεταφέρειν. Εἰς αἰχμαλώτων δὲ ἀνάρρυσιν καὶ πτωχῶν ἀποτροφὰς καὶ εἰς ἄλλας εὐσεβεῖς αἰτίας ἢ ὑπὲρ τοῦ συμφέροντος τῆς ἰδίας ἐκκλησίας ἐκ τούτων

111 cf. Athan Emes Synt 1.2.12 = Nov. 123 c. 4 **117** cf. Athan Emes Synt 2.3.17 = Nov. 131 c. 13.3

109 αὐτοὺς] αὐτοῖς edd. **114** ἔχουσι] om. cod., complevi sec. edd. **120** Σχόλιον] om. Pi **122** ἐστι] ἔστι cod. **123** καὶ[1]] ὁ add. Rh.-P. **124** ἐφ᾽οἷς] ὡς Rh.-P. **125** συνεισφερέσθωσαν] συνεισφερέσθω Rh.-P. **126** αὐτοῦ] αὐτῶν Rh.-P. **127** Ἡ μα′] totum comm. om. Pi | καὶ … μθ′] om. Rh.-P. **128** Βασιλικά] ὡσαύτως οὐδὲ ἡ μθ′ διάτ. τοῦ αὐτοῦ τίτ. καὶ βιβλ. add. Rh.-P. **129** Ἡ γ′] totum comm. om. Pi | ἐστι] ἔστι cod. **130** οὕτως] αὐτὰ ταῦτα διδάσκει, ὅσα καὶ συνωψίσθησαν, προστιθέμενον μόνην σημασίαν τῶν ἀκινήτων. Λέγει γὰρ μήτε κινητά, ἢ ἀκίνητα, ἢ αὐτοκίνητα, παρὰ τῶν ἐπισκόπων μετὰ τὴν ἐπισκοπὴν κτηθέντα ἐκποιεῖσθαι· ὁ δὲ τίτ. ι′. τῶν νεαρῶν, ὡς παρίσταται ἀπὸ τοῦ κειμένου, μόνων κινητῶν καὶ αὐτοκινήτων μέμνηται Rh.-P. **131** Ἀπαγορεύομεν δὲ] totum regestum om. edd.

δαπανᾶν ἄδειαν ἐχέτωσαν. Καὶ εἴ τι ἐκ τῶν τοιούτων πραγμάτων μετὰ τελευτὴν αὐτῶν εἰς τὴν αὐτῶν περιουσίαν μείνῃ, κελεύομεν τοῦτο τῇ δεσποτείᾳ τῶν ἁγιωτάτων ἐκκλησιῶν, ὧν τὴν ἱερωσύνην εἶχον, διαφέρειν. Ἐπ᾽ ἐκείνοις μὲν γὰρ μόνον τοῖς πράγμασιν ἄδειαν αὐτοῖς τοῦ ἐκποιεῖν ἢ καταλιμπάνειν οἷς ἂν βουληθείησαν συγχωροῦμεν, ἅπερ πρὸ τῆς ἐπισκοπῆς ἀποδειχθῶσιν ἐσχηκότες ⟨καὶ⟩ ὃ μετὰ τὴν ἐπισκοπὴν ἀπὸ τῶν κατὰ γένος αὐτοῖς συνημμένων εἰς αὐτοὺς περιέλθ(ῃ), οὓς ἐξ ἀδιαθέτου δύνανται μέχρι τετάρτου βαθμοῦ διαδέχεσθαι. Ταῦτα δὲ ἅπαντα, ἅπερ εἰρήκαμεν περὶ τῶν πραγμάτων τῶν μετὰ τὴν ἐπισκοπὴν περιερχομένων εἰς τοὺς ὁσιωτάτους ἐπισκόπους, καὶ ἐπὶ τῶν εὐλαβεστάτων ὀρφανοτρόφων καὶ πτωχοτρόφων καὶ νοσοκόμων καὶ γεροντοκόμων καὶ ξενοδόχων καὶ πάντων τῶν ἄλλων διοικητῶν τῶν σεβασμίων κρατεῖν θεσπίζομεν ἐπὶ τοῖς πράγμασι τοῖς ἐν τῷ καιρῷ τῆς οἰκείας διοικήσεως κατὰ τὸν εἰρημένον τρόπον εἰς αὐτοὺς περιερχομένοις. Εἰ δέ τις ἐπίσκοπος ἢ κληρικὸς ἢ οἱουδήποτε ἐκκλησιαστικοῦ βαθμοῦ ὑπηρέτης ἢ ἐκκλησίας διακόνισσα τελευτήσ(οι) ἄνευ διαθηκῶν καὶ νομίμων διαδόχων, ἡ τούτων διαδοχὴ τῇ ἐκκλησίᾳ διαφερέτω, ἐν ᾗ ἔτυχον κεχειροτονημένοι.

BALS *Rh.-P. 241, 16–18* Ἡ δὲ β′ διάτ. τοῦ α′ τίτ. τῶν νεαρῶν ⟨ἐ⟩στι νεαρὰ ἰουστινιάνειος ρκγ′ κειμένη ἐν βιβ. γ′ τῶν Βασιλικῶν τίτ. α′· κα⟨ί⟩ φησ⟨ι⟩ τὸ μβ′ κεφ. αὐτοῦ·

ANON *B III, 1, 35 (p. 96.15–22) = Nov. 123 c. 19.* Τοὺς δὲ πρεσβυτέρους καὶ διακόνους καὶ ὑποδιακόνους καὶ ψάλτας καὶ ἀναγνώστας, οὓς πάντας κληρικοὺς καλοῦμεν, τὰ πράγματα ⟨τὰ⟩ ἀφ᾽ οἱουδήποτε τρόπου εἰς τὴν αὐτῶν δεσποτείαν περιελθόντα ἔχειν ὑπὸ τὴν ἰδίαν ἐξουσίαν προστάττομεν καθ᾽ ὁμοιότητα τῶν στρατιωτικῶν πεκουλίων, ὥστε δύνασθαι αὐτοὺς καὶ δωρεῖσθαι κατὰ τοὺς νόμους καὶ ἐπ᾽ αὐτοῖς διατίθεσθαι, εἰ καὶ ὑπὸ τὴν τῶν γονέων εἰσὶν ἐξουσίαν· οὕτω μέντοιγε, ὥστε τοὺς τούτων παῖδας ἢ τούτων μὴ ὑπόντων τοὺς γονεῖς αὐτῶν τὸ νόμιμον μέρος κομίζεσθαι.

BALS *Rh.-P. 241, 19–20* Ἡ γ′ διάτ. τοῦ β′ τίτ. τῶν νεαρῶν ⟨ἐ⟩στι νεαρὰ ἰουστινιάνειος ρλα′ κειμένη ἐν βιβ. ε′ τῶν Βασιλικων τίτ. γ′· καὶ ἀνάγνωθι τὸ ι′ αὐτοῦ κεφ., ὃ κατεστρώθη ἀνωτέρω.

ANON Ἀνάγνωθι τὰ ἐν τῷ ιβ′ κανόνι τῆς ἐν Νικαίᾳ τὸ δεύτερον συνόδου παραγραφέντα παρὰ τοῦ Βαλσαμών.

159–160 cf. Athan Emes Synt 2.3.16 = Nov. 131 c. 13 = B V, 3, 15 **162–163** Bals comm. ad II Nic 12 (Rh.-P. II, 594–611)

---

150 Ἡ δὲ] totum comm. om. Pi | δὲ] om. Rh.-P. | ἐστι] ἔστι cod. **151** καί φησι] καὶ φησὶ cod. | κεφ … αὐτοῦ] αὐτῆς κεφ. ὅσα εἰς τὸ κείμενον ἐγράφησαν Rh.-P. **152** Τοὺς … πρεσβυτέρους] totum comm. om. edd. **159** Ἡ γ′] totum com. om. Pi | ἐστι] ἔστι cod. **160–161** ἀνάγνωθι … ἀνωτέρω] λέγουσα περὶ τὸ ι′ κεφ. κατὰ τὸ τέλος ὅσα συνωψίσθησαν εἰς τὸ κείμενον Rh.-P. **161** ἀνωτέρω] cf. l. ??? **162** Ἀνάγνωθι] totum comm. om. edd.

/X.6/ Κεφ. ϛʹ. Περὶ τῶν ἰδικῶν τοῦ ἐπισκόπου πραγμάτων, καὶ ὅτι οὐκ ὤφειλεν ἀδιάθετος τελευτᾶν.

Τῶν ἁγίων ἀποστόλων καν. μʹ. Τῆς ἐν Ἀντιοχείᾳ συνόδου καν. κδʹ. Τῆς ἐν Χαλκηδόνι συνόδου καν. κβʹ. Τῆς ἐν Σαρδικῇ καν. ιβʹ. Τῆς ἐν Καρθαγένῃ καν. κβʹ καὶ παʹ. Ἀνάγνωθι τὰ παραγεγραμμένα ἐν τῷ εʹ κεφ. τοῦ παρόντος τίτ.

/X.7/ Κεφ. ζʹ. Περὶ τοῦ τὰς ἐν τοῖς βαρβαρικοῖς ἔθνεσιν οὔσας τοῦ θεοῦ ἐκκλησίας κατὰ τὴν κρατήσασαν διοικεῖσθαι συνήθειαν.

Τῆς ἐν Κωνσταντινουπόλει συνόδου καν. βʹ. Τῆς ἐν Χαλκηδόνι συνόδου καν. κηʹ. Συνόδου ϛʹ τῆς ἐν τῷ Τρούλλῳ καν. λʹ. λζʹ. λθʹ.

/X.8/ Κεφ. ηʹ. Περὶ τοῦ μήτε ἐπίσκοπον, μήτε κληρικὸν διδόναι διὰ δωρεᾶς ἢ διαθήκης αἱρετικῷ, κἂν εἴη συγγενὴς αὐτῷ.

Τῆς ἐν Καρθαγένῃ συνόδου καν. κβʹ καὶ παʹ.

Ὁ νόμος.

[39r] Οὐ μόνον ἀπὸ τῶν ἐπισκόπων καὶ κληρικῶν κωλύονται λαμβάνειν οἱ αἱρετικοί, ἀλλὰ καὶ ἐκ τῶν ἑτέρων. Εἴρηται γὰρ ⟨εἰς⟩ βίβλον αʹ. τίτ. εʹ. διάτ. ιʹ, ὅτι οὔτε ὀρθόδοξος δύναται καθ ʼοἱονδήποτε τρόπον μεταφέρειν εἰς αἱρετικὸν ἀκίνητον πρᾶγμα ἔχον ὀρθόδοξον ἐκκλησίαν, ἐπεὶ φισκοῦται.

Ἡ μέντοι γʹ διάτ. τοῦ βʹ τίτ. τῶν νεαρῶν φησιν, ὅτι ἐὰν ὀρθόδοξος ἔχων κτῆσιν, ἐν ᾗ ἁγία ἐστὶν ἐκκλησία, ἐκποιήσῃ ἢ καταλίπῃ ἢ ἐμφυτεύσῃ ἢ μισθώσῃ ἢ καθ᾽ οἱανδήποτε διοίκησιν παράσχῃ Ἰουδαίῳ ἢ Σαμαρείτῃ ἢ Ἕλληνι ἢ Μοντανιστῇ ἢ Ἀρειανῷ ἢ ἁπλῶς ἄλλῳ αἱρετικῷ, ἡ ἐκκλησία τῆς αὐτῆς κώμης τὴν αὐτοῦ δεσποτείαν ἐκδικείτω.

Καὶ βιβ. αʹ. τίτ. εʹ. διάτ. ιηʹ· Ἐὰν αἱρετικὸς ὑπὲρ τοῦ τυχεῖν στρατείας ἢ ἀξίας, ἢ δημόσιον πρᾶξαι φρόντισμα, ἢ παιδεῦσαι, ἢ συνηγορῆσαι προσποιήσηται τὸν ὀρθόδοξον καὶ φανῇ γαμετὴν ἢ παῖδας ἔχειν αἱρετικούς, ἐκβάλλεται· εἰ δὲ καὶ λάθῃ, οὐ δύναταί τι τῶν αὐτοῦ δωρεισθαι ἢ ἄλλως ἐκποιεῖν αἱρετικῷ, ἀλλὰ ταῦτα καὶ τὴν αἱρετικῷ καταφερομένην αὐτοῦ κληρονομίαν ἐκδικεῖ τὸ δημόσιον. Καθόλου γὰρ οἱ μετασχόντες στρατείας ἢ ἀξίας ἢ συνηγορίας ἢ δημοσίας φιλοτιμίας ἢ συγκροτήσεως παρὰ μόνων

166 Apost 40 | Ant 24 **166–167** Chalc 22 **167** Sard 12 | Carth 22 | Carth 81 **171** Const 2 | Chalc 28 **172** Trul 30 | Trul 37 | Trul 39 **175** Carth 22 | Carth 81 **178** Cod. I, 5, 10 **181** cf. Athan Emes Synt 2.3.18–19 = Nov. 131 c. 14pr.+1 **185** Cod. I, 5, 18.5–6

164 Κεφ ϛʹ] in marg. cod. **166** Τῶν ἁγίων] om. edd. | Τῆς[1]...συνόδου] Συνόδου Ἀντιοχείας edd. **166–167** Τῆς[2]...συνόδου] Συνόδου Χαλκηδόνος edd. **167** Τῆς[1]...Σαρδικῇ] Συνόδου Σαρδικῆς edd. | Τῆς[2]...Καρθαγένῃ] Συνόδου Καρθαγένης edd. | καὶ] om. edd. **169** Κεφ ζʹ] in marg. cod. **171** Τῆς[1]...συνόδου[1]] Συνόδου Κωνσταντινουπόλεως edd. | Τῆς[2]...συνόδου[2]] Συνόδου Χαλκηδόνος edd. **172** τῆς...Τρούλλῳ] om. edd. **173** Κεφ ηʹ] in marg. cod. **175** Τῆς...συνόδου] Συνόδου Καρθαγένης edd. | καὶ] om. edd. **176** Ὁ νόμος] Κείμενον Rh.-P. **177** τῶν] om. edd. **178** βίβλον] βιβλίῳ Pi **183** Ἕλληνι] ἕλληνι Pi **185** Καὶ] om. edd. | Ἐὰν] ὁ add. Pi **187** ἔχειν] ἔχων edd. | λάθῃ] -οι Rh.-P.

ὀρθοδόξων κληρονομοῦνται, καὶ τὰ ἐξ αὐτῶν εἰς αἱρετικοὺς ὁπωσοῦν ἐρχόμενα τὸ δημόσιον ἀπαιτεῖ.

Ἡ δὲ αὐτὴ διάτ. φησιν, ὅτι ἐὰν τῶν παίδων οἱ μ⟨έν⟩ εἰσ⟨ι⟩ν αἱρετικοί, οἱ δὲ ὀρθόδοξοι, μόνοι κληρονομοῦσιν οἱ ὀρθόδοξοι. Εἰ δὲ πάντες εἰσὶν αἱρετικοί, συγγενεῖς ὀρθόδοξοι κληρονομοῦσιν, ἢ μὴ ὄντων ὁ φίσκος διαδέχεται.

Καὶ διάτ. ιθ'· Οἱ αἱρετικοὶ τοῦ αἱρετικοῦ παῖδες οὔτε δωρεάν, οὔτε κλῆρον αὐτοῦ λαμβάνουσι.

Διάτ. ἡ κβ'. Οὔτε ἀπὸ στρατιωτικῆς διαθήκης αἱρετικὸς κληρονομεῖ ἢ ληγάτον λαμβάνει.

⟨Ὁ νόμος.⟩

Ἡ δὲ τὰς αἰτίας τῶν ἐξ[ν]ερεδιτατιώνων τάττουσα ριε' νεαρά φησιν, ὅτι ἐὰν γονεὺς ὀρθόδοξος ὢν αἴσθηται τοὺς ἰδίους παῖδας μὴ ὄντας ὀρθοδόξους, ἄδειαν ἔχει αὐτοὺς ποιεῖν ἀποκληρονόμους. Εἰ δὲ τοὐναντίον ⟨ὁ⟩ γονεύς ἐστιν αἱρετικός, μὴ ἐχέτω ἄδειαν ἄλλους γράφειν κληρονόμους, εἰ μὴ τοὺς ὀρθοδόξους αὐτοῦ παῖδας ἤ, μὴ ὄντων τούτων, συγγενεῖς ὀρθοδόξους. Εἰ δέ ⟨τινες⟩ τῶν παίδων εἰσὶν ὀρθόδοξοι, τινὲς δὲ οὔ, ἡ οὐσία εἰς τοὺς ὀρθοδόξους ἔρχεται, κἂν ὁ πατὴρ ἄλλους ἔγραψε κληρονόμους· εἰ δὲ μετὰ ταῦτα οἱ αἱρετικοὶ ἀδελφοὶ ὀρθόδοξοι γένωνται, δίδοται αὐτοῖς τὸ αἱροῦν αὐτοῖς μέρος, οὐ μὴν καὶ οἱ προλαβόντες καρποί, οὔτε λόγους ἀπαιτοῦσι τῆς διοικήσεως· τέως δὲ τὰ πράγματα οἱ ὀρθόδοξοι ἐκποιεῖν οὐ δύνανται. Εἰ μέντοι μέχρι τελευτῆς ἐπιμείνωσι τῇ πλάνῃ, πλήρη τὴν δεσποτείαν κτῶνται οἱ ὀρθόδοξοι καὶ οἱ κληρονόμοι. Εἰ δὲ πάντες οἱ παῖδες αἱρετικοί εἰσι, συγγενεῖς ὀρθόδοξοι κληρονομοῦσιν. Εἰ δὲ μ⟨ή⟩ εἰσ⟨ιν⟩, τότε, εἰ μὲν κληρικο⟨ί⟩ εἰσ⟨ι⟩ν οἱ γονεῖς, ἡ ἐκκλησία τῆς πόλεως, ἐν ᾗ τὴν οἴκησιν εἶχ⟨ον⟩, λαμβάνει[ν] τὰ πράγματα· εἰ δὲ οἱ ἐκκλησιαστικοὶ ἀμελήσουσιν ἐνιαυτῷ ἐκδικῆσαι τὰ πράγματα, ὁ φίσκος αὐτὰ λαμβάνει· εἰ δὲ λαϊκοί εἰσιν, ὁ φίσκος αὐτὰ λαμβάνει, εἴτε διέθεντο, εἴτε μή. Τὰ αὐτὰ κρατεῖ, ἐὰν ὁ παῖς ὄρθόδοξος ὢν αἴσθηται τοὺς γονεῖς αἱρετικούς, ὅταν ὁ παῖς αὐτὸς διατίθεται ἢ κληρονομεῖται.

Ἡ α' περὶ Σαμαρειτῶν β' οὖσα τοῦ γ' τίτ. τῶν νεαρῶν συνεχώρησε τοὺς Σαμαρείτας λαμβάνειν δωρεὰς καὶ ἐκ διαθηκῶν καὶ παραπέμπειν καὶ διδόναι Σαμαρείταις αὐτῶν παισὶ καὶ γονεῦσι καὶ συγγενέσιν.

---

193 Cod. I, 5, 18.8–9 **196** Cod. I, 5, 19pr. **198** Cod. I, 5, 22 **201** Nov. 115 c. 14 **217** Athan Emes Synt 3.2 = Nov. 129

---

192 μέν…εἰσιν] μὲν (cum duplici accentu), εἰσὶν cod., μὲν εἰσὶν Pi | δὲ] cum duplici accentu cod. **194** αἱρετικοί] comma post συγγενεῖς err. cod., correxi sec. edd. **196** Καὶ] om. edd. **198** ἡ] om. Rh.-P. **200** Ὁ νόμος] om. cod. spatio relicto; Κείμενον Rh.-P. **201** τῶν] om. edd. | ἐξνερεδιτατιώνων] ἐξνερεδατιόνων hic et infra **202–203** αὐτοὺς…ποιεῖν] ποιεῖν αὐτοὺς transp. edd. **203** ὁ] complevi sec. edd. **205** τινες] τισι δὲ err. cod., correxi sec. edd. **209** μέντοι] μέν τοι Rh.-P. **211** μή εἰσιν] μὴ εἰσὶ cod. **212** κληρικοί εἰσιν] -κοὶ εἰσὶν Rh.-P. | εἶχον] εἶχε err. cod., correxi sec. edd. **213** οἱ] om. Pi | ἀμελήσουσιν ἐνιαυτῷ] δι᾽ ἐνιαυτοῦ ἀμελήσουσιν edd. **214** φίσκος] φίσκος, δημόσ(ιον) in marg. cod. **216** ὁ…αὐτὸς] αὐτὸς ὁ παῖς transp. edd. **218** καὶ] err. om. edd. | παραπέμπειν…διδόναι] διδόναι καὶ παραπέμπειν transp. edd.

Ἡ μέντοι τελευταία περὶ Σαμαρειτῶν τρίτη οὖσα τοῦ γʹ τίτ. τῶν νεαρῶν φησιν, ὅτι οἱ Σαμαρεῖται οὐ κληρονομοῦσιν ἐκ διαθήκης ἢ ἐξ ἀδιαθέτου, οὔτε ληγάτα ἢ δωρεὰς λαμβάνουσιν· ἀλλ᾽ οὔτε διαδόχους ἕξουσιν ἐξ ἀδιαθέτου Σαμαρείτας ἢ σχηματιζομένους μὲν τοὺς ὀρθοδόξους, οὐχ οὕτω δὲ φρονοῦντας· οὔτε δὲ διατίθεσθαι ἢ ληγατεύειν ἢ δωρεῖσθαι εἰ μὴ τοῖς ὀρθοδόξοις καὶ πίστει καὶ ἔργοις δύνανται. Τούτων δὲ μὴ ὄντων, αἱ οὐσίαι μετὰ θάνατον εἰς τὸν φίσκον ἔρχονται. Οἱ δὲ γήδια γεωργοῦντες Σαμαρεῖται δύνανται γράφειν κληρονόμους ἀνιόντας καὶ κατιόντας αὐτῶν καὶ ληγατεύειν αὐτοῖς καὶ τοῖς ἐκ πλαγίου, κἂν ὦσι Σαμαρεῖται· τούτων δὲ μὴ ὄντων ὁ τοῦ χωρίου δεσπότης, ἐν ᾧ ἐγεώργει ὁ τελευτήσας, τὴν οὐσίαν λαμβάνει τὸν τόπον ἐν τούτῳ τοῦ φίσκου ἐπέχων.

B V, 3, 16 (p. 147, 23–148, 5) = Nov. 131 c. 14pr Ἡ δὲ γʹ διάτ. τοῦ βʹ-τέρου τίτ. τῶν νεαρῶν λέγει· Μηδεὶς αἱρετικὸς μὴ κατὰ μίσθωσιν ἢ ἐμφύτευσιν ἢ ἀγορασίαν ἢ ἑτέρῳ τρόπῳ ἀκ⟨ίνητα⟩ πράγματα λαμβανέτω ἀπὸ ἐκκλησίας ἢ ἄλλου σεβασμίου τόπου· ἐπεὶ ὁ μὲν αἱρετικὸς τὰ παρ᾽ αὐτοῦ δοθέντα ἐπὶ τῇ τοιαύτῃ αἰτίᾳ ἀπολλύτω, τὸ δὲ πρᾶγμα ἐπανατρεχέτω εἰς τὸν τόπον, ἐξ οὗ ἐδόθη· ὁ δὲ δεδωκὼς διοικητὴς εἴρ⟨γε⟩ται τοῦ λοιποῦ πάσης διοικήσεως καὶ μοναστηρίῳ ἐμβάλλεται καὶ ἐπὶ ἐνιαυτὸν τῆς ἁγίας κοινωνίας χωρίζεται.

B V, 3, 16 (p. 148, 9–20) = Nov. 131 c. 14.2–3 Ἡ αὐτὴ δὲ διάτ. φησιν, ὅτι ἐάν τις τῶν αἱρετικῶν, οἷς συναριθμοῦνται Νεστοριανοὶ καὶ Εὐτυχιανισταὶ καὶ Ἀκέφαλοι, τολμήσῃ καταγώγιον τῆς οἰκείας θρησκείας ποιήσασθαι, ἢ Ἰουδαῖοι νέαν συναγωγὴν ποιήσασθαι, ἐκδικείτω αὐτὰ ἡ ἐκκλησία· εἰ δὲ ἐνεφύτευσεν ⟨ἢ⟩ ἐμίσθωσεν ἢ ὁπωσοῦν εἰς διοίκησιν δέδωκε τοιούτῳ προσώπῳ, εἰ μὲν εἰδὼς ὁ δεσπότης αἱρετικὸν αὐτὸν ἔπραξε τοῦτο, πάσας τὰς προσόδους τοῦ χ⟨ρόν⟩ου τοῦ συναλλάγματος ἡ ἐκκλησία τῆς πόλεως, ὑφ᾽ ἣν ἡ κτῆσις διάκειται, ἐκδικεῖ· ἀγνοοῦντι δὲ τῷ δεσπότῃ οὐδεμία προσγίνεται ζημία· ὁ δὲ αἱρετικὸς ἐφ᾽ ἑκατέρῳ θέματι καὶ τῆς κτήσεως ἀπελαύνεται καὶ δημεύεται.

Σχόλιον.

BALS *Rh.-P. 243, 16–20* Ἡ ιʹ διάτ. τοῦ εʹ τίτ. τοῦ αʹ βιβ. τοῦ Κώδικος οὐκ ἐτέθη εἰς τὰ Βασιλικά. Ἡ γʹ διάτ. του βʹ τίτ. τῶν νεαρῶν ⟨ἐ⟩στι νεαρὰ ἰουστινιάνειος ρλαʹ κειμένη ἐν βιβλ. εʹ τῶν Βασιλικῶν τίτ. γʹ· κα⟨ὶ⟩ φησ⟨ι⟩ τὸ γʹ θέμα τοῦ ιαʹ κεφ. τοῦ αὐτοῦ τίτ. οὕτως·

220 Athan Emes Synt 3.3.1–2. = Nov. 144.1–2pr **230–231** Athan Emes Synt 2.3.18 = Nov. 131.14pr **237** Athan Emes Synt 2.3.19–20 = Nov. 131.14.2–3 **247** Athan Emes Synt 2.3 deest

220 μέντοι] μέν τοι Rh.-P. | τελευταία] edd., cod. τε..τ.. – τε(τάρτ)η? **221** οἱ] om. Rh.-P. **227** ἐκ πλαγίου] ἐκπλαγίου Pi **231** μὴ] μηδὲ edd. **232** ἀκίνητα] ἀκινήτῳ err. cod., correxi sec. edd. **234** εἴργεται] εἴρηται err. cod., correxi sec. edd. **239** οἰκείας] ἰδίας edd. **240** ἢ] ὃ err. cod., correxi sec. edd. **242** χρόνου] χωρίου err. cod., correxi sec. edd. **243** οὐδεμία] οὐδὲ μία cod. **245** Σχόλιον] totum comm. om. Pi **247** ἐστι] ἔστι cod. **248** καί φησι] καὶ φησὶ cod. | τίτ] ὅσα εἰς τὸ κείμενον ἐγράφησαν Rh.-P.

ANON *B V, 3, 16 (p. 148, 5–9)* = *Nov. 131 c. 14.1* Εἰ δέ τις ὀρθόδοξος κτῆσιν ἔχων, ἐν ᾗ ἐστιν ἁγία ἐκκλησία, ἐκποιήσει ἢ καταλείψει ἢ κατ' ἐμφύτευσιν ἢ μίσθωσιν ἢ κατὰ οἱανδήποτε διοίκησιν ταύτην δέδωκεν Ἰουδαίῳ ἢ Σαμαρείτῃ ἢ Ἕλληνι ἢ Μοντανιστῇ ἢ Ἀρειανῷ ἢ ἄλλῳ αἱρετικῷ, ἡ ἁγιωτάτη ἐκκλησία τῆς αὐτῆς κώμης τὴν τούτων δεσποτείαν ἐκδικείτω.

BALS *Rh.-P. 243, 20–22* Ἡ δὲ ιη' διάτ. τοῦ ε' τίτ. τοῦ α' βιβ. τοῦ Κώδικος οὐκ ἐτέθη εἰς τὰ Βασιλικά, οὐδὲ ἡ ιθ', οὐδὲ ἡ κβ'.

BALS *Rh.-P. 245, 25–28* Ἡ ριε' ἰουστινιάνειος νεαρὰ κεῖται ἐν βιβ. λε'. τίτ. η'. κεφ. λη'· κα⟨ί⟩ φησ⟨ι⟩ τὸ ιδ' αὐτῆς κεφ. ταῦτα ῥητῶς· Εἴ τις ἐκ τῶν μνημονευθέντων γονέων ὀρθόδοξος ὑπάρχων αἴσθηται τὸν ἴδιον παῖδα ἢ παῖδας μὴ εἶναι τῆς καθολικῆς

ANON *B 35, 8, 14 (p. 1585, 28–30)* πίστεως μηδὲ τῇ ἁγιωτάτῃ ἐκκλησίᾳ κοινωνεῖν, ἐν ᾗ πάντες **[39v]** οἱ μακαριώτατοι πατριάρχαι μιᾷ συμπνοίᾳ καὶ ὁμονοίᾳ τὴν ὀρθοτάτην πίστιν κηρύττουσι,

ANON *Nov. 115 c. 14* καὶ τὰς ἁγίας *ἑπτὰ* **τέσσαρας Nov** συνόδους· τὴν ἐν Νικαίᾳ, καὶ add. Nov τὴν ἐν Κωνσταντινουπόλει, τὴν τε add. Nov ἐν Ἐφέσῳ πρώτην καὶ τὴν ἐν Χαλκηδόνι, *τὴν ἐν Κωνσταντινουπόλει τὸ δεύτερον, τὴν κατὰ ταύτην τὴν βασιλίδα πόλιν τὸ τρίτον ἀθροισθεῖσαν, τὴν ἐν Νικαίᾳ τὸ δεύτερον* περιπτύσσεσθαι ἤγουν ἀναφέρειν γινώσκονται, καὶ διαμείνωσιν οἱ τοιοῦτοι παῖδες ἐν τῇ αὐτῇ ἀπιστίᾳ, δίδομεν τοῖς αὐτῶν γονεῦσιν ἄδειαν ὑπὲρ ταύτης μάλιστα τῆς αἰτίας ἀχαρίστους αὐτοὺς καὶ ἀποκληρονόμους ἀπὸ κληρονόμων Nov τῇ ἰδίᾳ γράφειν διαθήκῃ. Καὶ τοῦτο μὲν ἐπὶ ἀχαριστίας αἰτίᾳ διετυπώσαμεν· γενικὴν δὲ πρόνοιαν τοῖς παισὶ τοῖς ὀρθοδόξοις παρέχοντες κελεύομεν σῴων φυλαττομένων τῶν νόμων τῶν ἤδη περὶ τῶν ἄλλων αἱρετικῶν προενεχθέντων καὶ περὶ τοὺς Νεστοριανοὺς καὶ τοὺς Ἀκεφάλους ταῦτα φυλάττεσθαι, ὥστε εἴ ποτε γονεῖς εὑρεθεῖεν εἴτε τῇ ἰουδαϊκῇ νεστορίᾳ **Νεστορίου Nov** μανίᾳ ἐκδεδομένοι, εἴτε τὴν τῶν Ἀκεφάλων ἄνοιαν περιπτυσσόμενοι καὶ διὰ τοῦτο ἐκ τῆς κοινωνίας τῆς καθολικῆς ἐκκλησίας κεχωρισμένοι, μὴ ἐξεῖναι αὐτοῖς ἄλλους κληρονόμους ἑαυτοῖς ἀνιστᾶν, ἐνιστᾶν Nov εἰ μὴ παῖδας ὀρθοδόξους καὶ τῇ καθολικῇ ἐκκλησίᾳ κοινωνοῦντας, ἢ παίδων μὴ ὑπόντων τοὺς ἐξ ἀρρενογονίας καὶ ἐκ θηλυγονίας συγγενεῖς, καθολικοὺς δηλαδὴ τυγχάνοντας. Εἰ δὲ ὡς εἰκὸς ἐκ τῶν παίδων τινὲς μ⟨ὲ⟩ν εἰσ⟨ι⟩ν sic Nov ὀρθόδοξοι καὶ τῇ καθολικῇ ἐκκλησίᾳ κοινωνοῦντες, ἄλλοι δὲ ἐκ ταύτης κεχωρισμένοι, πᾶσαν τὴν τῶν γονέων περιουσίαν εἰς τοὺς παῖδας καὶ μόνον τοὺς καθολικοὺς περιέρχεσθαι νομίζομεν, θεσπίζομεν Nov εἰ καὶ τελευταίας βουλήσεις τὰ

---

249 Εἰ … τις] totum comm. om. Pi; repetitur infra, l. 355–358 **254** Ἡ δὲ] totum comm. om. Pi | δὲ] om. Rh.-P. **256** Ἡ ριε'] totum comm. om. Pi | ἰουστινιάνειος … λη'] νεαρὰ τοῦ βασιλέως Ἰουστινιανοῦ ἐτέθη εἰς κεφ. λη' τοῦ η' τίτ. τοῦ λε' βιβ. τῶν Βασιλικῶν Rh.-P. **257** καί φησι] καὶ φησὶ cod., Λέγει δὲ Rh.-P. | αὐτῆς κεφ] κεφ. αὐτῆς transp. Rh.-P. | Εἴ τις] totum comm. om. Pi **258** καθολικῆς] ἐκκλησίας, καὶ τὰ ἑξῆς ὡς εἰς τὸ κείμενον συνωψίσθησαν add. et reliqua usque ad φυλαττομένων om. Rh.-P. **277–278** μέν … εἰσιν] μὲν εἰσὶν cod.

τοιαῦτα πρόσωπα ποιήσοιντο -σαιντο Nov παρὰ τὴν δύναμεν ταύτης ἡμῶν τῆς διατάξεως διατυπούσας. Εἰ δὲ μετὰ ταῦτα οἱ ἀδελφοὶ οἱ τῆς ἐκκλησίας κεχωρισμένοι ἐπὶ ταύτην ἀναστρέψουσι, τὸ ἁρμόζον αὐτοῖς μέρος ἐν **τῷ σχήματι ἐν add. Nov** ᾧ εὑρεθείη κατὰ τὸν χρόνον, καθ' ὃν ἀποδίδοται, τούτοις παρέχεσθαι, ὥστε μηδεμίαν περὶ τῶν καρπῶν ἢ τῆς διοικήσεως τοῦ μέσου χρόνου ὄχλησιν ἢ ἐπάχθειαν τοὺς καθολικοὺς ὑπομένειν τοὺς πρώην τὰ μνημονευθέντα πράγματα διακρατήσαντας, ἐπειδὴ τῶν τοιούτων πραγμάτων, ἅτινα ἐκ τῆς μοίρας τῶν ἀδελφῶν τῶν μὴ κοινωνούντων οἱ ὀρθόδοξοι ἐκτήσαντο, ὥσπερ τὴν ἐκποίησιν κωλύομεν, οὕτω καὶ τῶν παρελθόντων χρόνων τοὺς καρποὺς ἢ τὴν διοίκησιν οὐδαμῶς παρὰ τούτων, ὑφ' ὧν διεκρατήθη, εἰσπράττεσθαι ἢ ἀναψηλαφᾶσθαι κελεύομεν. Εἰ δὲ μέχρι τοῦ πέρατος τῆς ἰδίας ζωῆς ἐν τῇ αὐτῇ πλάνῃ οἱ μὴ κοινωνοῦντες διαμείνοιεν, -αιεν Nov τότε τοὺς ὀρθοδόξους ἀδελφοὺς ἢ κληρονόμους αὐτῶν πληρεστάτῳ δεσποτείας δικαίῳ τὰ αὐτὰ πράγματα κεκτῆσθαι θεσπίζομεν. Εἰ δὲ οἱ παῖδες μὲν πάντες διεστραμμένοι καὶ τῆς κοινωνίας τῆς καθολικῆς ἐκκλησίας ἀλλότριοι εὑρεθεῖεν, ἄλλοι δὲ **ἐνύστατοι (sic cod.) ἐγγύτατοι Nov** συγγενεῖς ἐξ ἀρρενογονίας ἢ ἐκ θηλυγονίας τὴν ὀρθόδοξον πίστιν τιμῶντες καὶ κοινωνικοὶ εἶναι ἀποδειχθεῖεν, τούτους τῶν παίδων τῶν αἱρετικῶν προτιμᾶσθαι καὶ τὴν αὐτῶν διαδέχεσθαι κληρονομίαν. Ἐὶ δὲ καὶ οἱ παῖδες καὶ οἱ ἐγγύτατοι συγγενεῖς **ἀδγνάτοι Nov** ἢ κογνάτοι τῆς κοινωνίας τῆς ὀρθοδόξου πίστεως ξένοι τυγχάνοιεν, τηνικαῦτα εἰ μὲν σχῆμα κληρικῶν οἱ γονεῖς αὐτῶν ἔχοιεν, τῇ ἐκκλησίᾳ τῆς πόλεως, ὅπου τὴν οἴκησιν εἶχον, τὰ αὐτῶν πράγματα βουλόμεθα διαφέρειν, οὕτω μέντοιγε, ὥστε εἰ οἱ ἐκκλησιαστικοί, ἐντὸς ἐνιαυτοῦ προθεσμίας τὰ τῶν τοιούτων προσώπων πράγματα διεκδικῆσαι ἀμελήσαιεν, τὴν αὐτῶν δεσποτείαν τῷ ἡμετέρῳ ταμείῳ **φίσκῳ Nov** ἐκδικεῖσθαι· εἰ δὲ λαϊκο⟨ί⟩ εἰσ⟨ι⟩, -οὶ ὦσι Nov δίχα τινὸς διακρίσεως τὰς αὐτῶν περουσίας εἰς τὰ θεῖα ἡμῶν ἰδιόκτητα **πριβάτα Nov** ὁμοίως περιέρχεσθαι. Ἅτινα κρατεῖν θεσπίζομεν, κἂν εἰ χωρὶς διαθήκης τὰ τοιαῦτα πρόσωπα τελευτήσοι. -σειε Nov Πάντων τῶν κατὰ τῶν λοιπῶν αἱρετικῶν ἐν ταῖς ἄλλαις διατάξεσι διατυπωθέντων καὶ κατὰ τῶν Νεστοριανῶν καὶ Ἀκεφάλων καὶ τῶν ἄλλων ἁπάντων τῶν μὴ κοινωνούντων τῇ καθολικῇ ἐκκλησίᾳ, ἐν ᾗ αἱ προλεχθεῖσαι ἅγιαι **τέσσαρες add. Nov** σύνοδοι καὶ πατριάρχαι ἀναφέρονται, καὶ κατὰ τῶν κληρονόμων αὐτῶν ὁμοίως φυλαττομένων.

BALS ***Rh.-P.* *245, 30–246, 2*** Ἡ περὶ τῶν Σαμαρειτῶν πρώτη διάτ. β' οὖσα τοῦ γ' τίτ. τῶν νεαρῶν ⟨ἐ⟩στι νεαρὰ ἰουστινιάνειος ρκθ'· οὐκ ἐτέθη δὲ εἰς τὰ Βασιλικά.

ANON ***B I, 1, 52 (p. 11, 1–29)*** = ***Nov. 144 c. 1*** Ἡ δὲ λς' περὶ Σαμαρειτῶν διάτ. νεαρὰ οὖσα ἰουστινιάνειος ρμδ' κεῖται ἐν βιβ. α'. κεφ. να', ὅ φησι· Θεσπίζομεν μὴ κληρονομεῖν Σαμαρείτας ἐκ διαθηκῶν ἢ τούτων χωρίς, μ⟨η⟩δὲ πρεσβεῖα λαμβάνειν ἢ κατὰ δωρεᾶς

---

296 κληρονομίαν] Καὶ τὴν αὐτῶν διαδέχεσθαι err. repet. cod. **302** λαϊκοί εἰσι] λαϊκοὶ εἰσὶ cod. **310** Ἡ περὶ] totum comm. om. Pi **311** ἐστι] ἔστι cod. | Βασιλικά] οὐδὲ ἡ γ' νεαρὰ οὖσα ἰουστινιάνειος ρμδ'. Ζήτει δὲ τὸ να' κεφ. τοῦ α' τίτ. τοῦ α' βιβ., καὶ ἀνάγνωθι τοῦτο, καὶ τὰ ἐφεξῆς κεφ. μέχρι τοῦ τέλους τοῦ τίτ. διαλαμβάνοντα ὅσα συνωψίσθησαν εἰς τὸ κείμενον, καὶ ἕτερα πολλὰ χρειώδη καὶ ἀναγκαῖα περὶ αἱρετικῶν add. ceteraque usque ad ὑπὲρ ἐκείνου πληροῦντα om. Rh.-P. **314** μηδὲ] μὴ δὲ cod.

τρόπον κομίζεσθαι πρᾶγμα· ἀλλὰ μ⟨η⟩δὲ κατὰ τὴν ἐξ ἀδιαθέτου κλῆσιν διαδόχους ἔχειν Σαμαρείτας ἢ ὅλους αἱρετικούς, μ⟨η⟩δὲ σχηματιζομένους μὲν τὴν ὀρθὴν τῶν Χριστιανῶν προσδέχεσθαι πίστιν, ταῖς δὲ ἀληθείαις οὐχ οὕτω φρονοῦντας ἢ πράττοντας τὰ αὐτῇ συμβαίνοντα, μ⟨η⟩δὲ μὴν διαθήκας αὐτοὺς γράφειν ἢ ληγάτα καταλιμπάνειν ἢ δωρεῖσθαι, πλὴν εἰ μὴ ὀρθόδοξοι εἶεν καὶ πίστει καὶ ἔργοις οἱ ταῦτα ληψόμενοι. Εἰ γὰρ μηδεὶς τούτων εἴη, τῷ ἱερωτάτῳ ταμείῳ τὰς τούτων περιουσίας μετὰ τελευτὴν προσήκειν κελεύομεν. Ὥστε καὶ ὁ πρώην φιλοτιμηθεὶς τούτοις παρὰ τοῦ ἡμετέρου πατρὸς θεῖος τύπος νόμου τάξιν ἐπέχων διδοὺς αὐτοῖς κληρονομεῖν τ⟨ε⟩ καὶ κληρονομεῖσθαι καὶ τιμᾶσθαι ληγάτοις ἢ καταλιμπάνειν πρεσβεῖα σχολάσοι τὸ λοιπὸν καὶ καθάπαξ ἰσχὺν οὐδεμίαν ἕξει. Τῆς γὰρ ἐκ τούτου φιλανθρωπίας ἀναξίους ἑαυτοὺς ἀποδείξαντας εἶναι οἱ τὰ Σαμαρειτῶν μαινόμενοι οὐχ ἑτέρ⟨ου⟩ς ἢ σφᾶς αὐτοὺς ἐπιμέμφονται, ἀλλοτριούμενοι μὲν τῆς ἐκ τοῦ μεγάλου θεοῦ καὶ Σωτῆρος ἡμῶν Ἰησοῦ Χριστοῦ φιλανθρωπίας, ἐκπίπτοντες δὲ καὶ τῶν πρώην αὐτοῖς ἐκ τῆς ἡμετέρας δοθεισῶν βασιλείας φιλοτιμιῶν πρὸς τὸ τῆς ἀμείνονος γενέσθαι γνώμης, οὐ μὴν ἵνα μέχρι παντὸς ἐπὶ τῆς οἰκείας μένοιεν κακοδοξίας.

ANON *B I, 1, 52 (p. 11, 18–29)* = *Nov. 144 c. 2pr* Καὶ κεφ. νβ'· Ἐξαιροῦμεν δὲ τοῦ παρόντος νόμου τοὺς τὰ Σαμαρειτῶν πρεσβεύοντας γεωργ⟨ούς⟩, οὐκ αὐτῶν χάριν, ἀλλὰ διὰ τὴν τῶν παρ' αὐτῶν γεωργουμένων χωρίων σύστασιν καὶ διὰ τὰς ἐκεῖθεν εἰσαγομένας τῷ δημοσίῳ προσόδους, διά τε τοὺς φόρους αὐτοὺς ἐξ ἀγροικίας τε πλανωμένους. Τούτοις γὰρ γράφειν ἐφίεμεν κληρονόμους τε καὶ ληγαταρίους τοὺς αὐτῶν ἀνιόντας τε καὶ κατιόντας καὶ τοὺς ἐκ πλαγίου αὐτῶν συγγενεῖς, κἂν Σαμαρειτικῇ πλάνῃ κρατοῖντο, **[40r]** γεωργοῦντας μέντοι τὰ γήδια, ὡς τῆς τὰς εὐπορίας εἰς τοὺς τὰ χωρία κεκτημένους φερομένης καὶ δι' αὐτῶν εἰς τὸν δημόσιον. Καὶ διαθηκῶν δὲ χωρὶς οἱ προρρηθέντες ἐπὶ τὸν ἀλλήλων ἥξουσι κλῆρον διὰ τὴν αὐτὴν πρόφασιν. Ἐπεὶ καὶ μηδενὸς τούτων εὑρισκομένου τὸν κύριον τοῦ χωρίου, ἐν ᾧ γεωργὸς ἦν ὁ τελευτήσας, τὰ παρ' ἐκείνου καταλειφθέντα λαμβάνειν καὶ τὴν τοῦ ταμείου τάξιν ἔχειν αὐτόν, οἷα δὴ καὶ τοὺς δημοσίους φόρους ὑπὲρ ἐκείνου πληροῦντα.

BALS *Rh.-P. 246, 6–10* Ἀπὸ τούτων, ὡς ἔοικεν, ἀκέραια κάστρα τ⟨ε⟩ καὶ χωρία Βωγομιλικὰ παραχωροῦμεν πλανᾶσθαι καὶ μετὰ τῆς ἰδίας ἀποθνῄσκειν αἱρέσεως· ἕνα δὲ καὶ τυχόντα τοιοῦτον αἱρετικὸν εὑρίσκοντες ἐν τῇ βασιλευούσῃ διατρίβοντα μεγάλως αὐτὸν κολάζομεν.

Ἡ γ' διάτ. τοῦ β' τίτ. τῶν νεαρῶν ⟨ἐ⟩στι νεαρὰ ἰουστινιάνειος ρλα' κειμένη ἐν βιβ. ε' τῶν Βασιλικῶν τίτ. γ'·

ANON *B V, 3, 16 (p. 147, 23–148, 20)* = *Nov. 131 c. 14.* κα⟨ὶ⟩ φησ⟨ὶ⟩ τὸ ια' αὐτοῦ κεφ. οὕτως· Κελεύομεν δὲ μηδένα αἱρετικὸν μηδὲ κατὰ μίσθωσιν μηδὲ κατὰ ἐμφύτευσιν μηδὲ

---

315 μηδὲ] μὴ δὲ cod. **316** μηδὲ] μὴ δὲ cod. **318** μηδὲ] μὴ δὲ cod. **322** τε] τὲ cod. **325** ἑτέρους] ἑτέρας err. cod. **330** γεωργούς] -γῶν err. cod. **341** Ἀπὸ] γὰρ add. Rh.-P. | Ἀπὸ τούτων] totum comm. om. Pi | τε] τὲ cod. **345** ἐστι] ἔστι cod. **347** ANON B] καὶ φη(σὶ) cod. | V…147] τὸ δὲ ια' κεφ. τοῦ τοιούτου τίτ. λέγει ὅσα συνωψίσθησαν εἰς τὸ κείμενον, καὶ ἀνάγνωθι τοῦτο μέχρι τοῦ ιβ'. κεφ.· τὰ γὰρ ὅλα θέματα τοῦ αὐτοῦ ια'. κεφ. περὶ τούτων διδάσκουσιν, reliqua usque ad tituli finem om. Rh.-P.

κατὰ ἀγορασίαν ἢ ἄλλῳ οἱῳδήποτε τρόπῳ πράγματα ἀκίνητα λαμβάνειν ἀφ᾽ οἱασδήποτε ἁγιωτάτης ἐκκλησίας ἢ ἄλλου σεβασμίου τόπου. Εἰ δέ τι τοιοῦτον ἁμαρτηθείη, ὁ μὲν αἱρετικὸς εἴ τι ὑπὲρ ταύτης τῆς αἰτίας παράσχοιτο, ἀπολέσει, τὰ δὲ τοιαῦτα πράγματα τῷ σεβασμίῳ τόπῳ ἀφ᾽ οὗ καὶ ἐδόθησαν, ἐκδικείσθωσαν, ὁ δὲ διοικητὴς τοῦ οἴκου ὁ τὰ αὐτὰ πράγματα τῷ αἱρετικῷ δεδωκὼς πάσης ἀποκινείσθω διοικήσεως καὶ εἰς μοναστήριον ἐμβαλέσθω, καὶ ἐπὶ ἕνα ἐνιαυτὸν τῆς ἁγίας κοινωνίας χωριζέσθω, ὅστις αἱρετικοῖς Χριστιανοὺς παρέδωκεν. Εἰ δέ τις ὀρθόδοξος κτῆσιν ἔχων, ἐν ᾗ ἐστιν ἁγία ἐκκλησία, ἐκποιήσει ἢ καταλείψει ἢ κατ᾽ ἐμφύτευσιν ἢ μίσθωσιν ἢ κατὰ οἱανδήποτε διοίκησιν ταύτην δέδωκεν Ἰουδαίῳ ἢ Σαμαρείτῃ ἢ Ἕλληνι ἢ Μοντανιστῇ ἢ Ἀρειανῷ ἢ ἄλλῳ αἱρετικῷ, ἡ ἁγιωτάτη ἐκκλησία τῆς αὐτῆς κώμης τὴν τούτων δεσποτείαν ἐκδικείτω. Εἰ δέ τις τῶν αἱρετικῶν, οἷς συναριθμοῦμεν καὶ τοὺς Νεστοριανοὺς καὶ τοὺς Ἀκεφάλους καὶ τοὺς Εὐτυχιανιστάς, τολμή(σοι) σπήλαιον τῆς ἰδίας πίστεως οἰκοδομῆσαι, ἢ Ἰουδαῖοι νέαν συναγωγὴν κατασκευάσαι, ἡ τῶν τόπων ἁγία ἐκκλησία τὰς οἰκοδομὰς τῇ ἰδίᾳ δεσποτείᾳ ἐκδικείτω. Εἰ δέ τις κατ᾽ ἐμφύτευσιν ἢ μίσθωσιν ἢ ἑτέραν οἱανδήποτε διοίκησιν τὴν ἰδίαν δέδωκε κτῆσιν τῷ τοιούτῳ προσώπῳ, εἰ μὲν ἐγίνωσκεν ὁ δεσπότης τῆς κτήσεως, ὅτι αἱρετικῷ ταύτην κατεπίστευσε, πάσας τὰς προσόδους ἐκείνου τοῦ χρόνου τοῦ περιεχομένου τῷ συναλλάγματι τὴν ἐκκλησίαν τῆς πόλεως, ὑφ᾽ ἣν ἡ κτῆσις διάκειται, ἐκδικεῖν· εἰ δὲ ἠγνόει ὁ δεσπότης τῆς κτήσεως, ὅτι αἱρετικὸς ἦν ὁ ταύτην ἐμπιστευθείς, αὐτὸν μὲν τὸν δεσπότην διὰ τὴν ἄγνοιαν ἀζήμιον φυλαχθῆναι, τὸν δὲ αἱρετικὸν ἐν ἑκατέρῳ θέματι καὶ ἐκβληθῆναι τῶν κτήσεων καὶ τὴν οὐσίαν αὐτοῦ τῷ δημοσίῳ προσκυρωθῆναι.

355 Εἰ … ὀρθόδοξος] Repetitio, cf. supra l. 249–253

Literaturverzeichnis

Beneševič (1907): Vladimir N. Beneševič, *Drevne-slav'anskaja kormčaja XIV titulov bez tolkovanij*, t. I, St-Petersburg (Ndr.: Subsidia Byzantina Lucis Ope Iterata, II b, Leipzig 1974).

Darrouzès (1970): Jean Darrouzès, *Recherches sur les OFFIKIA de l'église byzantine*, Paris.

Kazhdan (1991): Alexander Kazhdan, „Balsamon, Theodore", in: *Oxford Dictionary of Byzantium*, vol. I, Oxford, 249.

Krasnožen (1911): Michail E. Krasnožen, *Tolkovateli kanoničeskago kodeksa vostočnoj cerkvi: Aristin, Zonara i Valsamon* (Moskau 1894) (Učenyja zapiski Imperat. Moskovskago universiteta, fasc. 8); korrigierte und ergänzte Fassung: Jurjev.

Meyendorff (1991): John Meyendorff, „Balsamon, Empire and the Barbarians", in: Nicolas Oikonomides (Hg.), *Το Βυζάντιο κατά τον 12ο αιώνα. Κανονικό δίκαιο, κράτος και κοινωνία* (Εταιρεία Βυζαντινών και Μεταβυζαντινών Μελετών. Παράφυλλα 3), Athen, 533–541.

Narbekov (1889): Vasilij A. Narbekov, *Tolkovanie Valsamona na Nomokanon Fotija*, Kazan'.

Pitra (1864/1868): Jean Baptiste Pitra (Hg.), *Iuris ecclesiastici graecorum historia et monumenta*. Bd. I (1864) – II (1868), Rom.

Rhalles/Potles (1852): Georgios A. Rhalles und Michael Potles, *Σύνταγμα τῶν θείων καὶ ἱερῶν κανόνων τῶν τε ἁγίων καὶ πανευφήμων Ἀποστόλων, καὶ τῶν ἱερῶν οἰκουμενικῶν καὶ τοπικῶν συνόδων, καὶ τῶν κατὰ μέρος ἁγίων πατέρων* (Bd. I–VI), I, Athen.

Schminck (1991a): Andreas Schminck, „Collectio tripartita", in: *Oxford Dictionary of Byzantium* 1, Oxford, 480.

Schminck (1991b): Andreas Schminck, „Nomocanon of Fourteen Titles", in: *Oxford Dictionary of Byzantium* 3, Oxford, 1491.

Schminck (1991c): Andreas Schminck, „Zur Entwicklung des Eherechts in der Komnenenepoche", in: Nicolas Oikonomides (Hg.), *Το Βυζάντιο κατά τον 12ο αιώνα. Κανονικό δίκαιο, κράτος και κοινωνία* (Εταιρεία Βυζαντινών και Μεταβυζαντινών Μελετών. Παράφυλλα 3), Athen, 555–587.

Schminck/Getov (2017): Andreas Schminck und Dorotei Getov (Hgg.), *Repertorium der Handschriften des byzantinischen Rechts*, Teil 3: Die Handschriften des kirchlichen Rechts II (Nr. 428–527) (Forschungen zur byzantinischen Rechtsgeschichte 34), Frankfurt a. Main, 229–239.

Stevens (1969): Gerardus Petrus Stevens, *De Theodoro Balsamone. Analysis operum ac mentis iuridicae* (Corona Lateranensis 16), Rom.

Stolte (2001): Bernard H. Stolte, „In Search of the Origins of the Nomocanon of the Fourteen Titles", in: Charalampos Papastathis (Hg.), *Byzantine Law. Proceedings of the International Symposium of Jurists* (Thessaloniki, 10–13 December 1998), Thessaloniki, 183–194.

Tiftixoglu (1991): Viktor Tiftixoglu, „Zur Genese der Kommentare des Theodoros Balsamon. Mit einem Exkurs über die unbekannten Kommentare des Sinaiticus gr. 1117", in: Nicolas Oikonomides (Hg.), *Το Βυζάντιο κατά τον 12ο αιώνα. Κανονικό δίκαιο, κράτος και κοινωνία* (Εταιρεία Βυζαντινών και Μεταβυζαντινών Μελετών. Παράφυλλα 3), Athen, 483–532.

Tiftixoglu/Troianos (1993): Viktor Tiftixoglu und Spyros Troianos, „Unbekannte Kaiserurkunden und Basilikentestimonia aus dem Sinaiticus 1117", in: *Fontes Minores* IX. Frankfurt a. Main, 137–179.

Troianos (2012): Spyros Troianos, „Byzantine Canon Law from the Twelfth to the Fifteenth Centuries", in: Wilfried Hartmann und Kenneth Pennington (Hgg.), *The History of Byzantine and Eastern Canon Law to 1500*, Washington, DC, 170–214.

Troianos (2017): Spyros Troianos, *Die Quellen des byzantinischen Rechts*. Übers. v. Dieter Simon und Silvia Neye, Berlin/Boston.

Troianos *et al.* (2019): Spyros Troianos, Eleftheria Papagianni, Ludwig Burgmann und Kirill Maksimovič (Hgg.), *Alexios Aristenos. Kommentar zur „Synopsis canonum"*, Berlin/Boston.

van Bochove (2011): Thomas E. van Bochove, „Some Byzantine Law Books. Introducing the Continuous Debate Concerning Their Status and Their Date", in: Jan H. A. Lokin und Bernard H. Stolte (Hgg.), *Introduzione al diritto bizantino. Da Giustiniano ai Basilici*, Pavia, 241–266.

Zachariä von Lingenthal (1885): Karl Eduard Zachariä von Lingenthal, „Über den Verfasser und die Quellen des (Pseudo-Photianischen) Nomokanon in XIV Titeln“, in: *Mémoires de l'Académie impériale des sciences de Saint-Pétersbourg*, 7e série, XXXII, 16, St.-Petersburg, 1–41 [Ndr.: Karl Eduard Zachariä von Lingenthal, *Kleine Schriften zur römischen und byzantinischen Rechtsgeschichte*, Bd. I–II, Leipzig 1973, II, 145–185].

Lora Gerd

Revisiting Byzantine Canon Law

The Reports of Archimandrite Antonin Kapustin (1850–1865)

Russia and the Balkans in the mid-19th century: between Byzantine heritage and modern policy

In 1850, the church of Greece was finally recognized by Constantinople as autocephalous: in December 1850 Archimandrite Misail (the future Metropolitan of Athens, 1861–1862) travelled to St.-Petersburg to receive confirmation of the autocephalous status of the Greek church by the Russian Synod. The new period in inter-confessional relations brought with it new questions concerning differences in the application of canon law and church practice. As a European Orthodox kingdom, Greece was interested in the experience of the church administration in Russia, the only independent Orthodox state at that time. The Russian experience was especially important given the subordination of the church to the state since the establishment of the Holy Synod in 1721. The adaptation of Orthodox (i. e. Byzantine) church law to state institutions and administration in Russia followed the example of the Protestant countries of Western Europe, and this was what the Greek government was intending to realize.

As part of his direct diplomatic mission, the head of the Greek delegation was to gather information about different issues: the ordaining of priests in Russia; the sources of income for the clergy; the real estates of the monasteries; the number of bishops; the financing of the bishoprics; state control over church affairs; mixed marriages; and, finally, the implementation of canon law in the Russian church.[1] The answer of the Russian Synod was delivered to the Greek Ambassador Konstantinos Zographos on February 1, 1851.[2] In the course of discussions over church law in Greece on September 19, 1851 Zographos gave Ober-procurator Nikolai Protasov a new list of questions concerning the administration of the Russian Synod and its relations with the Emperor. Finally, on August 4, 1852 the ober-procurator received from the Russian Ambassador in Athens Emmanuel Persiani the new project on the Greek Synod, confirmed by the government.[3]

---

1 Rossiiskij Gosudarstvennyj Istoricheskij Archiv (furtherafter RGIA), fund 797, op. 20, 2 otd., 2 st., d. 45036, ff. 13–13v.

2 RGIA, fund 797, op. 20, 2 otd., 2 st., d. 45036, ff. 26–35.

3 RGIA, fund 797, op. 20, 2 otd., 2 st., d. 45036, ff. 71–78.

https://doi.org/10.1515/9783111331126-016

In September 1850 Archimandrite Antonin Kapustin, the new priest to the Russian embassy, arrived in Athens.[4] During the first years of his service in Athens, Antonin busied himself mainly with observing the local church traditions and restoring the Russian St. Trinity church. He made acquaintance with the educated Greek clergymen Konstantinos Oikonomos and Neophytos Vamvas.[5] Before the 1850s the discussion about church practice between Russia and the Greek world had just started. The first to examine these differences was the English deacon William Palmer, who visited Russia in the mid 1840s and later arrived in Constantinople, trying to negotiate a union of the Anglican and Orthodox churches.[6] His attempts were not welcomed in Russia, and especially while in Constantinople he edited a brochure stressing the difference between the Russian and the Eastern Orthodox churches in adopting non-Orthodox Christians. Another serious discussion on canon law arose after the Crimean war, between 1857 and 1860.

Traditionally conservative and not inclined to introduce any changes, Eastern Orthodoxy in the 19th century faced a serious problem: the growing nationalism in the Balkans and the Middle East.[7] Nationalism in its modern sense was unknown to the Byzantine world, where belonging to Orthodoxy was the main marker of identity and the usage of national languages was adopted κατ' οἰκονομίαν and regarded as a means of missionary work among non-Greek peoples. The domination of the Greek high clergy and the exceptional use of the Greek language in liturgy and education became a matter of controversy between the high church authorities and their vision of the Orthodox Οἰκουμένη on one side, and the ambitions of the new generation of educated people in the non-Greek provinces on the other. The splitting of Byzantium's heir, the Patriarchate of Constantinople, into autocephalous national churches in the 19th century was painful and created many controversies and discussions. The Greek high clergy of the Patriarchate was not ready to accept any other model of Orthodox polity than the universalist one with Constantinople at its head; practical reasons here were combined with extreme conservatism.[8]

---

4 Frazee (1969); on Antonin and his missions see Frary (2015). For the edition of his journals from the period 1850–1860 (his service in Athens) see Gerd/Vach (2013); Gerd/Vach (2015); Gerd/Vach (2017); Gerd (2018).

5 Oikonomos was the mouthpiece of conservatism in Greece in the 1830–1850s. See Sivinis (1857); Destunis (1860); Sathas (1868) 731–736; Balanos (1957); Frary (2015) 138–147. The collected works of Oikonomos were edited by his son: Oikonomos (1862–1866). The edition of the correspondence of Oikonomos: Lappas/Stamouli (1989, 2002 u. 2021).

6 Whiler (2006) 105–111, 118–127.

7 For a general overview of Balkan nationalism see: Kitromilides (1994); Hroch (2005); Mishkova (2018); Norris (1999).

8 On the primacy of Constantinople and Rome see: Dvornik (1945); Dvornik (1979); Dvornik (1966); Gastgeber *et al.* (2021). About the Pentarchie theory (the five Apostolic Patriarchates) see Gahbauer (1993).

The Russian church authorities, for their part, were not interested in splitting the Orthodox world and they defended the universalist model from their own point of view. During the 19th century, Russia combined two approaches to the problem of primacy in the Orthodox church. Within the Orthodox world, in the frames of the former or actual Ottoman territories, they were ready to recognize the first place of Constantinople, in case the Patriarch respected the rights of the non-Greek nations. Regarding the whole world of Orthodoxy, Russia, however, applied another model, where it claimed first place itself as the only mighty Empire with an Orthodox Emperor. Obviously, the second model resonated Russia's universalist imperial claims for unification following the Byzantine example.

In 1854 the church politician, historian and writer Andrei Muraviev wrote a note entitled "Concerning the importance of the Patriarchal see of Constantinople for the unity of the Orthodox church".[9] Here he opposed the independence of the Balkan nations. The primacy of Constantinople was important, he continued, not only vis-à-vis these nations, but also towards the other three ancient sees, of Jerusalem, Antioch and Alexandria. The unity of the Orthodox church in the East should be followed by future unification with the Western church. As for relations between Russia and the East, Muraviev found useful the appointment of a Russian representative at the Patriarchate, who could survey the course of events and influence, where possible, political affairs. The special place of Russia in the Orthodox world was for him obvious.

After the Crimean war, between 1856 and 1877, Russian imperial universalism developed in several main streams. The imperial Russocentric stream, based on the Uvarov triad, dominated. It looked back to the 16th century and revived theorie of the Third Rome, basing itself on the fact that Russia was the only Orthodox empire with a Christian Tsar. Next to it, a Grecophile line started, which coincided with the views of Constantinople, i. e. that the Second Rome and the Patriarchate should be the center of Orthodoxy, and Russia should agree to take her "daughter's" place. The Panslavist model, dominating in Russian political ideology in the 1850s to 1870s, aimed at the unification of all Slavonic Orthodox peoples under Russian guidance, was another variant of imperial universalism, though it could hardly be adjusted to the traditional supranational views.[10]

9 Archives of Foreign Policy of the Russian Empire, fund 151. Political Archive (1854) op. 482, d. 5297, ff. 1–16.
10 Vovchenko (2016).

Archimandrite Antonin Kapustin and Alexander Tolstoi: Byzantine canon law in modern Greece

Back to the period of the 1850s and early 1860s. Ober-procurator of the Russian Holy Synod at that time was Alexander Petrovich Tolstoi, who was personally interested in comparing the church practices of the Orthodox Orient with those of the Russian church. In the new political situation of the emergent Bulgarian question and the support of the Bulgarians by the Russian government, Tolstoi preferred to keep close to the Byzantine traditions and opposed any revolutionary methods. In the Greek-Bulgarian confrontation he was definitely on the side of the Greeks.

Much more flexible, Antonin Kapustin was, at least by the end of the 1850s, also a Grecophile, and respectful of the traditional church model.[11] The growing panhellenism that was ready to oppose panslavism and Russia saddened him, and at the same time prepared him for the extremely difficult and turbulent ecclesial situation in Constantinople, which he was to face a few years later. In fact, Antonin's ideas involved creating an Orthodox home by establishing closer contacts between the churches, spreading knowledge about the history and traditions of each among the others, and even undertaking some reforms in Russia in regard to the best examples of ecclesial practice in other churches. This was a kind of neo-byzantine universalist idea, where Russia, as the bigger Orthodox Empire, was meant to play the leading role.

A series of letters exchanged by Ober-procurator Tolstoi and Antonin in 1857–1859 are focused on the implementation of canon law in Greece and Russia. The correspondence started on the initiative of the ober-procurator, who addressed to Antonin a letter (dated June 17, 1857) with a list of questions concerning the difference between the practice of the Russian and the Greek church.[12] The first of them was about the re-baptism of Catholics by the Greeks – when was this practice adopted and for what reasons? The second question was close to the first: since when and why did the Greeks accept the clergymen of other Christian churches not only by re-ordination, but also by re-baptism? The third question was about the age of the ordination: 25 years for the deacons and 30 years for the priests – did the Greeks kept this rule strictly? The fourth: had priests in Greece to take an oath, and if yes, what was the difference between this oath and that taken in Russia? The fifth: whether marriages between second cousins in

11 Soon after his arrival in Greece he was strongly impressed by the poverty and simple habits of the Greek high clergy. "Could you think that such poor Bishops have recently revolted in Constantinople against the introduction of a fixed salaries for the clergy? ... Could you imagine that such a poor clergy would revolt against the organization of the Russian hierarchy, would speak and write that the Mother (the Greek church) does not need to be taught by the Daughter (the Russian church), that the Greek church has its Πηδάλιον and does not need the Regulament?" (Antonin Kapustin to Konstantin S. Serbinovich, November 21, 1851: Gerd [2018] 49).

12 Gerd (2018) 111–112.

Greece were possible (like in Russia). The sixth concerned lent and whether the laity and the clergy kept it strictly. The remaining two questions in this letter were related to liturgical practices. The questions, so cautiously pronounced by Tolstoi, reflected the dissatisfaction of part of the church in Russia with the Synod system and the rules set by the Spiritual regulation of Peter I.[13] Certainly this can be said with regard to the question of the oath, a very painful subject for the Russian clergy, as this oath lowered the clergy to the level of state employees.

At the same time, Tolstoi was surely aware of church reforms in Greece under the Bavarian rule and the laicization of church life in Greece. Despite the tensions between Greece and Russia during the 19th century, it was the Russian Synod system which was to a great extent implemented in Greece, with the secularization of the monasteries and the church properties, attempts to introduce a salary for priests, etc. Parallel phenomena occurred at the same time in Constantinople in the frames of the Tanzimat, though with different effect and under different conditions. Looking back in history, many of the questions posed by Tolstoi were quite burning during the Byzantine period, and in the centuries of Ottoman rule. The prohibition of marriages up to the seventh degree of kinship was adopted in Byzantium relatively late,[14] and up until the mid-18th century there was no general rule about the re-baptizing of Catholics – everything depended on region and period.

Antonin's answer followed on September 13, 1857.[15] Surprisingly, he did not give any historical information about the existing practice of the Greek church. He does not mention the turbulent events in Constantinople on the occasion of the dethronement of Patriarch Paisios in 1752 and the second enthronement of Cyril V (1757), who was almost forced to sign the decree ordering obligatory re-baptism of Catholics in 1756. Formally speaking, the reforms of Peter I were undertaken before these events; moreover, in the official letters addressed to the Tsar in 1718 and to the Russian Synod in 1723 the church of Constantinople quite officially stated that the non-Orthodox should be accepted only by anointing with the Holy Myrrh and after renouncing their heresies. The same narrative was given in 1852 by Patriarch Konstantios of Constantinople in a letter to Andrei Muraviev. The Patriarch stressed that the decision was made under pressure during the turbulence among the Christians of the capital. In his answer to Tolstoi, Antonin explained only that the reason for rebaptism was the method of the sacrament – in the Orthodox tradition it was done by immersion and not by affusion, as in the West. Concerning the priests, he noted, the question was different, because their re-ordination was linked to the "heresy" of Rome, and not only to the form of the sacrament. The permission given by the Patriarchate of Constantinople to the Russian church was given κατ' οἰκονομίαν, i. e. via condescension, the usual term explaining all

13 About the church reforms of Peter I and the relations with the Christian East see Pissis (2020) 237–388.
14 See Pitsakis (1985).
15 Gerd (2018) 115–118.

deviations from the rules. Finally, Antonin mentioned that he had discussed this issue with Konstantinos Oikonomos (who was known as being extremely conservative and rather strict on this point). Oikonomos explained this οἰκονομία by means of political explanations and with reference to the weakness of the Eastern church. Just a few years later, in 1861, the church of Constantinople agreed (under some pressure from the side of Russian diplomacy) to accept the Syrian Uniats (Melkites) into Orthodoxy without the re-baptism and re-ordination of their priests.[16]

Concerning the age of candidates for ordination, he said that in general the rule was kept firmly, especially for priests. In the monasteries, sometimes deacons were ordained earlier than the age of 25. Antonin did not comment here that the deacon's degree in Greece was rather rare, so this could not influence church life. There was no oath for priests, he continued, but only for Bishops. The Byzantine tradition prohibiting marriages up to the 6th degree was still kept by the Greeks; however, Antonin commented, discussions in the Greek Synod took place over permission to marry already in the 6th degree. Lent was equally obligatory for clergy and laity, and was kept more or less strictly, especially by the simple people. Here he saw no difference with the Russian traditions.

Tolstoi took Antonin's answer about the differences between church practices quite seriously. He paid special attention to the remark of Konstantinos Oikonomos to the effect that, if the Greeks had been strong enough, they would have stopped the permission they had once given to the Russians, to accept the non-Orthodox clergy without re-baptism and re-ordination. Tolstoi, however, seemed dissatisfied by Antonin's answer. In his next letter he presented three historical evidences: the council of 1484 in Constantinople, which allowed the acceptance of Catholics without baptism, and the Moscow council of 1667 where, with the participation of the Eastern Patriarchs, the practice of re-baptizing Catholics was condemned.[17] Tolstoi seemed unaware of the details of the Constantinople council of 1756, where such rebaptism was introduced by law.[18]

More detailed information was received from Antonin later, in his letter of May 9, 1859.[19] Obviously, Antonin was not aware of the 18th-century Greek theology and canon law. He requested the canons of the Constantinople Council of 1756 from Gerasimos

16 Gerd (2021) 134–157.

17 January 21, 1858. Gerd (2018) 124–125.

18 The question of the adoption of the non-Orthodox and the possibility of serving the Liturgy with them became a matter of great attention for the Russian Holy Synod after the journeys of William Palmer to Russia and the Orthodox East in the 1840s. In Russia before Peter I and in the East there was no unified system for adopting the non-Orthodox. The difference in practice between the Russian and the Greek Churches could be an obstacle for closer contact and could even lead to conflicts. On the adoption of the non-Orthodox before Peter I, see Oparina (2017). In 1859 this issue was discussed by Grand Duke Konstantin Nikolaevich and Patriarch Kirillos II of Jerusalem. The Grand Duke argued that Catholics could be received without rebaptism, while the Patriarch was adamant in his refusal of this position. See Vach (2009).

19 Gerd (2018) 172–176.

Rallis, professor of canon law and one of the two editors of the corpus of Byzantine canon law.[20] Rallis sent him back to the essay Ῥαντισμοῦ στηλίτευσις (Denunciation of Affusion) by Eustratios Argentis, which was used as a basis for the decision of 1756.[21] Another source of information for Antonin was the "Collection of the Divine dogmas of faith" by Athanasios Parios,[22] where the story was told in more detail. The Greeks of the 19th century rejected Palmer's arguments for non-rebaptism of Catholics, continued Antonin, and therefore strictly observed ἀκρίβεια in regard to this question. The Russian practice was recognized by them for the great benefit it bestowed upon the church and because Russia was a great Orthodox power with a strong Tsar. This practice, however, was not applicable in the East, the Greek theologians stressed. "It may seem strange," Antonin commented, "that the same consequence comes from different causes. About 50 years ago the οἰκονομία was regarded inappropriate, because Papism has lost its force, and now it is again inappropriate, because it is again strong! From this one can conclude that the Greeks *like* the rebaptism".[23]

Two years later, in his letter dated December 9, 1859, Antonin reported on a similar issue under discussion in the Greek Synod, concerning mixed marriages.[24] The Greek government was inclined to follow the example of Russia and allow them. The conservative clergy, however, was afraid to act against canon 72 of the Council of Troullos, strictly prohibiting the mixed marriages. Antonin supposed that these marriages would nevertheless be accepted in Greece, as happened in Russia. He wondered how to answer questions, and whether he should repeat the incorrect statement that in Russia the church was looking at them as pure civil law, or whether he should announce the appendix to the Regulations about the mixed marriages. Antonin had no information about the opinion of the Eastern Patriarchates concerning this Russian law of 1721. A special note was composed in St. Petersburg answering Antonin's query. Without issuing a general official approval, the Eastern Patriarchs, however, accepted mixed marriages in Russia (for example, Patriarch Jeremy gave Peter I permission to allow marriages between Orthodox and Lutherans without the latter having to adopt Orthodoxy).[25]

In October 1857 Antonin left for a journey to Palestine and Egypt. In December 1857, he addressed the ober-procurator back at Athens with a report.[26] He compared the two Ancient Patriarchates of the Orient, that of Jerusalem and that of Alexandria, with a ship in a thunderstorm and an oasis covered by sand respectively. Only thanks to the

---

20 Rallis/Potlis (1852–1859).

21 Argentis (1756).

22 Athanasios Parios is known as a conservative theologian and critic of Adamantios Korais. Close to the Athos tradition of the Kollivadoi movement, he cooperated with Nikodemos Agioreitis.

23 Gerd (2013) 175.

24 Gerd (2018) 186–187.

25 February 16, 1860. Gerd (2018) 188–189.

26 Archimandrite Antonin to Alexander P. Tolstoi, December 21, 1857. Gerd (2018) 119–123.

support from Constantinople, he stressed, did they survive till now. That is why, Antonin continued, it was important that Russia support the Great church without attempting to improve it. As for the church of Alexandria, Antonin supposed that the only way to save Orthodoxy in Egypt was to create an Arab Orthodox church. Here, as one may notice, the perspective of converting the Uniats and Copts to Orthodoxy and thus infusing them with Russian influence was combined with a rather modern idea of a national church – against all the traditionalism of Antonin's views.

The idea of supporting the church of Constantinople was immediately picked up by Tolstoi, who was constantly on the side of the Greeks and the Great church in the course of the Bulgarian question. Moreover, he shared with Antonin worries about the anti-Greek direction taken by Russian journalism at the end of the 1850s and asked him about the opinions among the free Greeks about the Greek Kingdom. In 1860 he wrote two texts on the Bulgarian question, which were criticized by Emperor Alexander II.[27] In his answer, dated February 2, 1859, Antonin commented that the Greeks showed less composure and impartiality on this question than the Bulgarians or the Russians. Though, he continued, they deserve more pity than enmity or persecution from Russian side.[28] As a whole, Antonin was rather pessimistic about the perspectives of the Greek-Bulgarian reconciliation.[29]

In the same letter of February 2, 1859, instead of answering Tolstoi's question about rebaptism and marriages in careful detail, Antonin presented a large-scale program of reforms for the Russian church with regard to the example of the Greek one. Most of the issues of the reform concerned liturgical questions and church practice. He proposed that regular councils be held by different churches, with discussion of their traditions and practices. In fact, his project was rather conservative and more similar to the reforms of Patriarch Nikon in the 17th century than to Luther's reforms or the attempts to modernize Orthodoxy in the 20th century. Probably among the motivations of these projects were the reforms in the Church of Constantinople in 1859–1860.[30] At that moment, Antonin, like some of the Russian diplomats, expressed sympathies to these reforms and may have been influenced by the projects of reform in Russia. He hoped that in this atmosphere a reform of the Russian church could take place. The traditions and customs of other churches should be tolerated; all measures should be undertaken for cultivating mutual information about the church life in different parts of the Orthodox world. "The measure to avoid a great temptation is spreading in time the idea that the Orthodox faith tolerates the differences and peculiarities in church services,

27 Gerd (2001).

28 Gerd (2018) 136.

29 Antonin expressed his worries about the Bulgarian movement in several reports from the end of the 1850s: To A. Tolstoi, October 29, 1859. Gerd (2018) 181–183.

30 On the reforms in the church of Constantinople in the course of the Tanzimat in the Ottoman empire see Stamatopoulos (2003).

which do not affect the dogmatic side, and that the church is not limited by a certain general form. Only by such wise preparation we can expect the union of different Orthodox churches, the reconciliation of the Armenians and Copts, and finally, the desired unification of the Eastern and Western churches".[31] This ecumenical project, or rather dream, of Antonin's was completely in line with the universalist ideas of a panorthodox house with Russia at its head, an important element of Russian imperial ideology in the 19th century. His ideas were, however, severely criticized by Metropolitan of Moscow Filaret Drozdov, the head of Russian church policy at that time.[32]

Archimandrite Antonin in Constantinople: 1860–1865

In 1860 Antonin was appointed priest of the Russian church in Constantinople. Here he faced the next phase of the Greek-Bulgarian church question and tried to work toward the reconciliation of the opposing sides. The task was practically unsolvable. At the Easter liturgy in April 1860 the Patriarch was not commemorated in the Bulgarian St. Stefan church in Constantinople. This demonstration was a complete rupture and was followed by further complications in ecclesial relations. In October 1860 Antonin had a rather difficult discussion with Patriarch Joachim II, who bitterly blamed the anti-canonical pretentions of the Bulgarians. Antonin tried to appeal to historical examples, to the existence of the Patriarchate of Ohrid, which was also abolished in 1767 against the canons. "I know that the 'Tyrnovo' side of the Bulgarian question is weaker than the 'Ohrid' one", commented Antonin in his report.[33] The Patriarch objected that the Great church did not have any written act recognizing the Archbishopric of the Justinian church of Achrida. The very fact of its abolishing was already a sign of recognition, remarked Antonin. In the 18th century it was joined to Constantinople voluntarily; now the same voluntary separation from Constantinople could occur. The following discussion hinged on the term "ἔθνος", the most controversial item in Orthodox canon law of the 19th century. Antonin remarked that this term was differently interpreted by the Greek church (which recognized it as the Greek-Orthodox nation), by the Sublime Porte (which also identified it with the Greek millet), and by the Bulgarians, who recognized the existence of different ἔθνη within the Orthodox church. The discussion was finally deadlocked, and we know that this controversial item became the main subject at the Synod of 1872: the Bulgarians were accused of the "heresy of ethnophiletism", a term

31 Antonin to Tolstoi, February 2, 1859. Gerd (2018) 137.
32 [Metropolitan Filaret of Moscow], "Concerning the letter of Archimandrit Antonin from February 2, 1859" (May 6, 1859). Gerd (2018) 158–171.
33 Gerd (2013) 67.

unknown to Byzanine law, and on this basis the condemnation of the Bulgarian autocephalous was pronounced.[34]

In his discussion with Patriarch Joachim II Antonin proposed that the Bulgarians could be offered the same model of church administration that had been given to the Ionian islands: of four Bishops, each functioned as the administrative for one year in turn.

Another series of discussions around canon law was initiated by the attempt to create a Bulgarian Unionist church in 1861. In order to legalize their actions (in fact of purely political origin), the unionist party appealed to the 3rd, 4th and 5th canons of the Serdica (Sofia) synod, when the supreme judgement in the Orthodox church was granted to the Bishop of Rome, and this Bishop in the present circumstances recognized the invalidity of the anathema pronounced by Constantinople over the Bulgarian union.[35] Antonin leaves this information without any comment. The manipulations of the Bulgarian Unionist party, however, had little effect: both the church of Constantinople and the church Russia severely opposed the Bulgarian union. The contest of Antonin's reports was sent to Metropolitan of Moscow Filaret Drozdov, who criticized it severely, especially the remarks on the canons of the Serdica council. Filaret referred to the commentaries of Nicodemus Agioritis (end of the 18th century) and the Byzantine lawyer and commentator Zonaras, who stressed that the Pope of Rome had the right of supreme judgment only in the provinces under his rule.

Discussions on the primacy in the Orthodox church in the 1880s to 1910s

In the period after 1880 the ideology of Panslavism in Russia shifted to imperial nationalism. Attempts to understand the Greek Orthodoxy as another equal tradition in the church were replaced by a Russocentric picture of the East Christian world where the non-Russian nations were to find their place in the strong fortress of Orthodoxy existing under Russian aegis. In the frames of the famous Uvarov triad (Orthodoxy, Autocracy, Nationality), a new bibliography on church history was written, combining deep research into primary sources with a definite ideological approach.[36] The question of primacy in the Orthodox church was again under discussion in the early 1890s, on the

34 See Markova (1989).

35 Antonin to Tolstoi, March 6, 1861. Gerd (2018) 87.

36 Most famous here are the books by Nikolai Kapterev, which remain the basic literature on the relations between Russia and the Greek world in the 16th and 17th centuries: *Kharakter otnoshenii Rossii k Pravoslavnomu Vostoku v XVI I XVII* stoletijach; *Snošeniia Ierusalimskich patriarhov s russkim pravitel'stvom*; *Snošeniia Ierusalimskogo patriarcha Dosifeia s russkim pravitel'stvom*. See a critical review of these in Chrissidis (2020) 72–98.

occasion of the celebration of the anniversary of Patriarch Photios of Constantinople. Tertii Filippov, a high official in Petersburg (State controller in 1889–1899), accused the Russian church of neglecting the historical date. Russia, he wrote in the journal *Grazhdanin*, should modestly agree to its "daughters'" place in the East Christian world and recognize the Great church as its Mother. Filippov's ideas met a severe critic in Ivan Troitskij, professor of Byzantine history at the Petersburg Theological Academy and advisor of Ober-procurator Konstantin Pobedonoscev. Filippov wanted to create a papacy that would be worse than Rome's, Troitskij stressed. "The church of Constantinople received the first place in the Orthodox world because it was the church of an empire. If Constantine the Great had not moved the capital to Byzantion, it would have been subordinated to the metropolitan of Heraclion. If Peter the Great had not abolished the Patriarchate in Russia, the Russian Patriarch would surely have received the first place. Every independent state should have an autocephalos church: this happened in medieval Bulgaria and Serbia, and now it happens in the Balkans. Our age is the age of separate autocephalous churches," Troitskij concluded.[37]

In 1908 the Russian churches in Athens and Constantinople were subordinated to the Russian Synod by an official decision. A vicar bishopric of Kronstadt was created for surveying all Russian churches outside of Russia. Bishop Vladimir Putiata was delegated to Athens for an inspection. His trip was cancelled, as it met resistance from the Greek clergy. They stressed that a Russian bishop had no right to interfere in the affairs of another Orthodox church. Their arguments were based on the 28th canon of the Fourth Ecumenical synod to the effect that only the Patriarch of Constantinople could send bishops to barbarian, i. e. non-Orthodox states. So, the delegation of Bishop Vladimir, they said, violated this canon in both parts. It was a violation of the 15th canon of the First Ecumenical synod, and of canon 35 of the canons of the Apostles forbidding clerics to move to other dioceses and interfere in the affairs of nother churches.

Another trip of Bishop Vladimir to Constantinople was planned in 1910. This time the question of whether he could serve in the church of the Russian embassy was a matter of great discussion in the Russian Synod, where professors, specialists in Byzantine law, took part. Formally speaking, no permission from the Patriarch of Constantinople was needed, as the church of the embassy was subordinated to the Russian foreign ministry and enjoyed the rights of ex-territory. Only one of the members of this commission insisted on this point of view. This term, his opponents stressed, was unknown to Byzantine canon law, and so was inapplicable. Moreover, though Patriarch Joachim III was favorable to the visit of Bishop Vladimir, the rest of the Greek high clergy would suspect that the Russians were aiming to create their own exarchate in Constantinople, similar to the Bulgarian one. In the end, this trip was also cancelled.

The last attempt to revise the primacy hierarchy was undertaken during the First World War. In 1915 the troops of the Allies were ready to enter the Ottoman capital,

37 Troitskij (1891).

and according to the treaty of March 1915 Russia was to receive Constantinople and the adjacent territory. On this occasion different notes were written, aiming to determine the new place of the Russian Church and the Patriarchate of Constantinople. The restoration of the Patriarchate in Russia was under discussion. The most extreme opinions were expressed in support of the subordination of the see of Constantinople to that of St. Petersburg (or Moscow). The historians of law, however, insisted on the preservation of the traditional model, though they proposed that the Russian Tsar could spend some time in Constantinople, as the Byzantine Emperors had. According to the traditionalists, Russia should recognize the primacy of the liberated Constantinople in Eastern Christianity. These political-ecclesial utopias were stopped by the events of the Russian revolution.[38]

Conclusion

In the 1850s and the beginning of the 1860s, first steps were taken to create a new dialogue in the Orthodox church, aiming at the unification of church practice. In the turbulent political events of that time, these attempts remained superficial, only enough to satisfy the interest of a few learned persons among church authorities but without any practical consequences. At the same time as the six-volume edition of canon law by Rallis and Potlis was published in Athens, other discussions were taking place in the Greek press. Serious studies of canon law were undertaken in the second half of the 19th century in the church of Rome; surely scholarly interests here were combined with practical aims.[39] The problem of adjusting Byzantine Canon law to the church and everyday practice was burning in the Orthodox countries up to the beginning of the 20th century. In Russia, church reforms were prepared through consultation with well-known byzantologists (for example, Ivan Sokolov, who wrote an extended text on the 12 reasons for divorce in Byzantium for the "Presynodal presence" on the reforms in 1906).

During the 19th century the Orthodox church faced the problem of adjusting Byzantine canon law to the political situation and everyday life (the decline of the Ottoman Empire, the Tanzimat in Turkey, the foundation of independent states and churches in the Balkans, contact with non-Orthodox Christians from Central and Western Europe). Attempts were undertaken to adjust nationalism to the system of Byzantine law. The Russian policy in the Balkans and the Middle East on one hand supported the separatist national movements, and on the other hand aimed to consolidate the Orthodox world under its guidance. The church became more than it had been before a tool of political

38 Lora Gerd (2019).

39 See Cardinal Pitra's editions: *Spicilegium Solesmense* (Paris, 1852–1860), *Juris ecclesiastici Graecorum historia et monumenta* (Roma, 1864); *Analecta sacra spicilegio solesmensi parata* (1876–83).

influence, and canon law had to be interpreted according the political requirements. The political concept of imperial nationalism caused a revision of the primacy in the Orthodox church: Russian imperial ambitions faced Pan-Hellenism.

Bibliography

Archives of Foreign Policy of the Russian Empire, fund 151. Political Archive (1854) op. 482, d. 5297, ff. 1–16.

Argentis (1756): Eustratios Argentis, Ἐγχειρίδιον περὶ βαπτίσματος, Constantinople.

Balanos (1957): Dimitrios S. Balanos, "Κωσταντίνος Οἰκονόμος ὁ ἐξ Οἰκονόμων", in: *Ekklesia* 34 (24), 491–498.

Chrissidis (2020): Nicolaos Chrissidis, "The Russian Holy Synod and the Greeks. Reconsidering Greek-Russian Relations in the Early Modern Period (16th–18th Centuries)", in: *Canadian-American Slavic Studies* 54, 72–98.

Destunis (1860): Gavriil S. Destunis, "О жизни и трудах Константина Экономоса" [About the life and works of Constantin Oikonomos], in: *Strannik* 3, 1–23.

Dvornik (1966): Francis Dvornik, *Early Christian and Byzantine Political Philosophy*, Washington, DC.

Dvornik (1945): Francis Dvornik, "National Churches and the Church Universal," in: *Eastern Churches Quarterly* 6, 17–36, 88.

Dvornik (1970): Francis Dvornik, *Byzantine Missions among the Slavs*, New York.

Dvornik (1979): Francis Dvornik, *Byzantium and the Roman Primacy*, New York.

Frary (2013): Lucien J. Frary, "Russian Missions to the Orthodox East: Antonin Kapustin (1817–1894) and his World", in: *Russian History* 40, 133–151.

Frary (2015): Lucien J. Frary, *Russia and the Making of Modern Greek Identity: 1821–1844*, Oxford.

Frazee (1969): Charles A. Frazee, *The Orthodox Church and Independent Greece, 1821–1852*, Cambridge.

Gahbauer (1993): Ferdinand R. Gahbauer, *Die Pentarchietheorie. Ein Modell der Kirchenleitung von den Anfängen bis zur Gegenwart*, Frankfurt a. Main.

Gastgeber *et al.* (2021): Christian Gastgeber, Ekaterini Mitsiou, Johannes Preiser-Kapeller and Vratislav Zervan (eds.), *A Companion to the Patriarchate of Constantinople* (Brill's Companions to the Byzantine World 9), Leiden/Boston.

Gerd (2001): Lora Gerd (ed.), *'В делах Востока первой заботой нашей должна быть Святая Церковь'. Две записки обер-прокурора Св. Синода А. П. Толстого по греко-болгарскому вопросу с комментариями императора Александра II. 1860 г.'* ['In the Eastern matters our first care must be the Saint Church'. Two notes of A. P. Tolstoi on the Greek-Bulgarian question with commentaries by the emperor Alexander the II. 1860]. (Istoricheskii Archiv), Moscow, 49–61.

Gerd (2013): Lora Gerd (ed.), *Антонин Капустин, Донесения из Константинополя* [Antonin Kapustin, Reports from Constantinople], Moscow.

Gerd/Vach (2013): Lora A. Gerd and Kirill A. Vach (eds.), *Архимандрит Антонин Капустин, Дневник. Год 1850* [Archimandrit Antonin Kapustin, Journals 1850], Moscow.

Gerd/Vach (2015): Lora A. Gerd and Kirill A. Vach (eds.), *Архимандрит Антонин Капустин, Дневник* [Archimandrit Antonin Kapustin, Journals] *1851–1855*, Moscow.

Gerd/Vach (2017): Lora A. Gerd and Kirill A. Vach (eds.), *Архимандрит Антонин Капустин, Дневник* [Archimandrit Antonin Kapustin, Journals] *1856–1860*, Moscow.

Gerd (2018): Lora A. Gerd (ed.), *Архимандрит Антонин Капустин, Донесения из Афин. 1851–1860* [Archimandrit Antonin Kapustin, Reports from Athens 1851–1860], Moscow.

Gerd (2021): Lora Gerd, "Russia and the Melkites of Syria: Attempts at Reconverting into Orthodoxy in the 1850s and 1860s", in: *Scrinium* 17, 134–157.

Gerd (2019): Lora Gerd, "Ρωσικά σχέδια για την Κωνσταντινούπολη στο 1915" [Russian Projects about Constantinople in 1915], in: Dimitrios Stamatopoulos (ed.), *Πόλεμος και επανάσταση στα οθωμανικά βαλκάνια (18ος–20ος αιώνα)*, Thessaloniki, 313–324.

Hroch (2005): Miroslav Hroch, *Das Europa der Nationen: Die moderne Nationbildung im europäischen Vergleich* (Synthesen. Probleme europäischer Geschichte 2), Göttingen.

Kapterev (1891): Nikolai Kapterev, *Сношения Иерусалимского патриарха Досифея с русским правительством* [The Relations between the Patriarch of Jerusalem Dosifeos and the Russian Government], Moscow.

Kapterev (1895): Nikolai Kapterev, *Сношения Иерусалимских патриархов с русским правительством с половины XVI до конца XVIII столетия* [The Relations of the Patriarchs of Jerusalem with the Russian Government from the second half of the 16th to the 18th Centuries], (Pravoslavnyi Palestinskii Sbornik XV/1), St. Petersburg.

Kapterev (1914): Nikolai Kapterev, *Характер отношений России к Православному Востоку в XVI и XVII столетиях* [The Character of the Relations of Russia towards the Christian East in the 16th and the 17th Centuries], 2nd ed., Sergiev Posad.

Kitromilides (1994): Paschalis M. Kitromelidis, "'Imagined Communities' and the Origins of the National Question in the Balkans", in: Paschalis M. Kitromilides, *Enlightenment, Nationalism, Orthodoxy. Studies in the Culture and Political Thought of Southeastern Europe* (Variorum Collected Studies), Ashgate.

Lappas/Stamouli (1989, 2002 and 2021): Konstantinos Lappas and Rodi Stamouli (eds.), *Κωνσταντίνος Οἰκονόμος ὁ ἐξ Οἰκονόμων, Ἀλληλογραφία*, vol. 1: 1802–1817 (1989), vol. 2: 1818–1822 (2002), vol. 3: 1823 (2021), Athens.

Markova (1989): Zina Markova, *Българската Екзархия* [The Bulgarian Ezarchy] *1870–1879.* (Bulgarian Academy of Sciences), Sofia.

Mishkova (2018): Diana Mishkova, *Beyond Balkanism: The Scholarly Politics of Region Making*, London/New York.

Norris (1999): David A. Norris, *In the Wake of the Balkan Myth: Questions of Identity and Modernity*, Basingstoke.

Oikonomos (1862–1866): Sofoklis Oikonomos (ed.), *Τὰ σωζομένα ἐκκλησιαστικὰ συγγράμματα Κωνσταντίνου πρεσβύτερου καὶ Οἰκονόμου τοῦ ἐξ Οἰκονόμων*, 3 vols., Athens.

Oparina (2017): Tatjana A. Oparina, "Изменение чинов принятия западных христиан в русской церковной традиции (до конца XVII века)" [The Changes in adoption of Western Christians in the Russian church tradition (till the end of the XVII century)], in: Elena Beljakova, Ljudmila Moškina and Tatjana Oparina (eds.), *Кормчая книга: от рукописной традиции к печатному изданию* [The Kormchaia kniga: from the manuscript tradition to the printed edition], Moscow/St.-Petersburg, 309–404.

Pissis (2020): Nikolaos Pissis, *Russland in den politischen Vorstellungen der griechischen Kulturwelt 1645–1725*, Göttingen.

Pitsakis (1985): Konstantinos Pitsakis, *Το Κόλυμα γάμου λόγο συγγένειας ἑβδομου βαθμού εξ αίματος στο Βυζαντινό δίκαιο*, Athens.

Rallis/Potlis (1852–1859): Georgios A. Rallis and Michael Potlis, *Σύνταγμα τῶν θείων καὶ ἱερῶν κανόνων τῶν τε ἁγίων καὶ πανευφήμων Ἀποστόλων, καὶ τῶν ἱερῶν οἰκουμενικῶν καὶ τοπικῶν συνόδων, καὶ τῶν κατὰ μέρος ἁγίων πατέρων*, vols. 1–6, Athens.

Rossiiskij Gosudarstvennyj Istoricheskij Archiv, fund 797. Historical Archive op. 20, 2 otd. 2 st., d. 45036.

Sathas (1868): Konstantinos Sathas, *Νεοελληνικὴ φιλολογία*, Athens.

Sivinis (1857): Konstantinos Sivinis, *Ὑπόμνημα αὐτοσχεδιῶν περὶ τοῦ αἰδησιμοτάτου πρεσβυτέρου καὶ οἰκονόμου Κωνσταντίνου τοῦ ἐξ Οἰκονόμων*, Triest.

Smirnova (2015): Irina Ju. Smirnova, *Россия и Англия в Святой Земле в канун Крымской войны* [Russia and England in the Holy Land on the Eve of the Crimean War], Moscow.

Stamatopoulos (2003): Dimitrios Stamatopoulos, Μεταρρύθμηση και εκκοσμήκευση. Πρός μία ανασύνθεση της ιστορίας του Οικουμενικού Πατριαρχείου των 19ος αιώνα, Athens.

Troitskij (1891): Ivan E. Troitskij, "Нечто по поводу статьи Гражданина (№ 38) по случаю памяти Патриарха Фотия в Славянском Благотворительном Обществе 6 февраля 1891 года" [Something about the ar-

ticle in "Grazhdanin" (No. 38) on the occasion of the commemoration of Patriarch Fotios in the Slavonic Benevolent Society on February 6, 1891], in: *Moskovskie vedomosti February* 17, No. 59.
Vach (2009): Kirill A. Vach (ed.), *Великий Князь Константин Николаевич на Святой Земле в 1859 году* [Grand Duke Konstantin Nikolaevich in the Holy Land in 1859], Moscow.
Vovchenko (2016): Denis Vovchenko, *Containing Balkan Nationalism: Imperial Russia and Ottoman Christians, 1856–1914*, Oxford.
Wheeler (2016): Robin Wheeler, *Palmer's Pilgrimage. The Life of William Palmer of Magdalen*, Oxford/Vienna.

Romain Goudjil

Le patriarche Germain II et les pouvoirs judiciaires de l’Église (XIIIe–XVe siècles)

Une influence juridique du Patriarcat de Constantinople sur l’Église de Kiev?

> Les plus grands dons que Dieu, dans sa céleste bienveillance, a accordés à l’humanité sont le sacerdoce et la royauté, l’un servant les affaires divines, l’autre menant les affaires humaines et les prenant en charge, chacun procédant du même et unique principe ordonnant la vie humaine.[1]

Le préambule de la novelle 6 de Justinien établit les fondements de la théorie de la symphonie byzantine des pouvoirs, régulant la relation entre le pouvoir impérial et l’Église.[2] Dans l’empire des Romains, cette théorie s’incarne différemment selon le caractère et la mentalité des individus tenant le titre impérial ou le trône patriarcal, et selon les relations qu’ils entretiennent. Loin d’être une simple idée rhétorique formulée dans des textes idéologiques purement programmatiques, elle a une influence réelle sur l’organisation de l’administration byzantine et ses équilibres institutionnels, notamment dans le domaine légal et judiciaire. La théorie de la symphonie des pouvoirs se perçoit ainsi matériellement dans la définition des compétences juridictionnelles des tribunaux de l’Église et des cours de justice dépendantes du pouvoir impérial, c’est-à-dire les cas et les individus que chaque instance a le droit de connaître et juger.[3] La théorie de la symphonie des pouvoirs, loin de se confiner aux frontières de l’empire, essaime avec succès dans sa sphère d’influence, aujourd’hui encore, au sein des entités politiques balkaniques, et plus loin des principautés roumaines et celle de Kiev.[4] La concrétisation judiciaire de cette relation harmonieuse entre Église et pouvoir séculier

---

1 Cet article est issu d’une présentation effectuée lors d’une session de communication libre au Congrès international des Études byzantines de Venise en août 2022. Je remercie le professeur I. Biliarsky et le professeur P. Schreiner qui ont très gentiment proposé et accepté d’intégrer cette étude dans ce volume. Je remercie également Sorbonne Université, Aix-Marseille Université, l’UMR 8167 Orient&Méditerranée et le Comité français des études byzantines, quatre institutions qui m’ont soutenu à différentes étapes de sa réalisation.
Schöll/Kroll (1895) 35–36: « Μέγιστα ἐν ἀνθρώποις ἐστὶ δῶρα θεοῦ παρὰ τῆς ἄνωθεν δεδομένα φιλανθωπίας ἱερωσύνη τε καὶ βασιλεία, ἡ μὲν τοῖς θείοις ὑπηρετουμένη, ἡ δὲ τῶν ἀνθρωπίνων ἐξάρχουσά τε καὶ ἐπιμελομένη, καὶ ἐκ μιᾶς τε καὶ τῆς αὐτῆς ἀρχης ἑκατέρα προϊοῦσα καὶ τὸν ἀνθρώπινον κατακοσμοῦσα βίον. »

2 Dvornik (1966); Meyendorff (1968); Meyendorff (1974) 213–217; Pitsakis (1994); Dagron (1996); Lauritzen (2016); Džalto (2021) 27–66.

3 J’ai consacré ma thèse, soutenue en novembre 2021, à la définition des compétences judiciaires entre le pouvoir impérial byzantin et de l’Église aux Xe–XVe siècles. Cet article se fonde en partie sur ses résultats. Goudjil (2024).

4 Voir par exemple Meyendorff (1981) 11–17 et 86–87; Leustean (2008); Hovorun (2016); Antonov (2020).

https://doi.org/10.1515/9783111331126-017

est ainsi le sujet d'un document byzantin du XIIIe siècle à destination de l'Église de Kiev. Il s'agit d'une missive,[5] datée de 1228, envoyée par le patriarche de Constantinople Germain II[6] et son synode au métropolite de Kiev, Cyrille Ier.[7] Le contenu de la lettre est segmenté en deux parties indépendantes. Germain II aborde, en premier lieu, dans un long développement, la question de l'ordination des esclaves et son interdiction.[8] Le patriarche inscrit alors une date, mai de la première indiction. L'inscription de la date au milieu d'une lettre est tout à fait inhabituelle. Ordinairement, la date figure en début de document ou est inscrite sous la forme d'une signature-ménologée, la signature patriarcale constituée de la date de composition de l'acte. En sus de sa fonction de datation, le ménologe sert aussi à certifier le document et indiquer le caractère complet et fini du texte.[9] Pourtant, la lettre se poursuit. La seconde partie est ainsi constituée de deux éléments tout aussi laconiques l'un que l'autre, une réaffirmation de l'obligation pour les princes de respecter les propriétés ecclésiastiques[10] et la définition en une phrase de ce que doit être le domaine réservé de la justice ecclésiastique. Germain II y affirmerait ainsi que les saints tribunaux ont l'exclusivité du jugement des cas de divorce, de viol et d'enlèvement d'épouse.[11] Il ajouterait que les ecclésiastiques doivent les juger en suivant les saints canons et les lois chrétiennes. Cet extrait sur la justice épiscopale dans la principauté de Kiev est celui sur lequel nous allons nous concentrer tant il est problématique. Il est en contradiction avec le droit et la pratique byzantine[12] et par ailleurs, sa place au sein même de la lettre interroge.

Le contenu de cette lettre soulève, en effet, de nombreuses questions et doutes. D'une part, la différence de traitement des trois sujets nous laisse perplexe. Pourquoi traiter de la question fondamentale de l'administration de la justice par l'Église en quelques lignes seulement après une longue lettre sur une question purement canonique? Pourquoi avancer des idées qui sont loin de correspondre à la pratique byzantine? Pourquoi enfin adresser une lettre pour dénoncer les abus des princes contre les biens de l'Église au métropolite de Kiev, qui n'a probablement pas besoin d'en être informé?

Par ailleurs la forme de la lettre renforce notre perplexité. Pourquoi le ménologe a-t-il été inscrit au milieu du document après l'évocation de la question de l'ordination des esclaves?[13] Pourquoi la lettre continue-t-elle sur une nouvelle réflexion sur l'im-

---

5 Pavlov (1908) 79–84; Bibikov (2018) 126–129.

6 Lagopatès (1913). Sur sa politique ecclésiale, voir Stavrou (2014).

7 Podskalsky (1996) 464–467.

8 Bibikov (2018) 127–128.

9 Kresten (1994) 10 et 38–42; Gastgeber (2021) 266–272.

10 Bibikov (2018) 128, l.37–39.

11 Bibikov (2018) 129, l.1–4: « ню подобает от святительских судов распустив яве, яко девотлениа, восхищения. Сия бо душевныя сущая соблазны. Архиереем единем повелеваем Божествьнии священнии канони и закон христианский сюдити и справляти. »

12 Goudjil (2022).

13 Bibikov (2018) 128, l.36.

munité des biens de l'Église et ses pouvoirs judiciaires exclusifs? Ne serait-ce pas là un faisceau d'indices remettant en question l'authenticité du document lui-même?

Dans sa regeste de la lettre, Vitalien Laurent formule deux hypothèses postulant toutes deux le caractère reconstruit du document.[14] Il considère la première partie du document, jusqu'à la date, comme en ensemble uniforme. La deuxième partie du document pourrait être, selon lui, une clause ajoutée *a posteriori* par la chancellerie patriarcale, avant l'envoi de la missive vers Kiev. Dans cette première hypothèse, la lettre, même modifiée, resterait un document patriarcal byzantin authentique. Dans sa deuxième hypothèse, Vitalien Laurent, défend l'idée que le document actuel serait, en réalité, une reconstruction. Il s'agirait en vérité de deux documents patriarcaux différents, envoyés séparément au métropolite de Kiev et qui au cours de l'histoire de leur conservation auraient été fusionnés. Dans ce cas aussi, malgré une modification liée à la conservation des hypothétiques lettres après réception, les deux documents seraient authentiquement byzantins.

Les hypothèses de Vitalien Laurent sur la nature même de ce document ne peuvent pas être confirmées ou infirmées par l'examen même du manuscrit. En effet, le ou les originaux grecs de la missive n'ont pas été conservés. La lettre nous est parvenue seulement dans, ce que l'on suppose être, une traduction en vieux russe. La copie la plus ancienne de cette traduction est contenue dans un manuscrit juridique daté de la fin du XVe siècle. Il se trouvait dans la bibliothèque moscovite du monastère de Chudov et est conservé à présent dans la collection du même nom au Musée historique d'État de Moscou.[15] Le manuscrit lui-même contient une *Kormchaia*, c'est-à-dire un nomocanon russe, une collection de lois russes et byzantines, civiles et ecclésiastiques. Au sein de ce nomocanon, la lettre a été placée au milieu d'extraits de deux compilations légales byzantines, l'*Ecloga* et le *Procheiron*. Le statut légal de cette lettre patriarcale, son intérêt normatif pour les compilateurs moscovites, interroge également. Le contenu de la lettre sert-il à légitimer l'organisation des pouvoirs judiciaires entre l'Église et les princes moscovites?

Le document soulève de très nombreuses interrogations sur son contenu, sa forme, les moyens et les buts de sa conservation. Pourtant, l'historiographie russe ne s'est pas emparée de la question de son authenticité.[16] Au XIXe siècle, l'archevêque Philaret, dans une notice sur la vie de Cyrille Ier de Kiev, mentionne la lettre en avançant qu'il s' agirait là d'une réponse patriarcale à plusieurs questions du métropolite.[17] Le métropolite de Moscou Macaire Ier, dans son histoire monumentale de l'Église russe, ne fait que mentionner le contenu de la lettre sans réfléchir plus avant sur la nature du document lui-même.[18]

---

14 Laurent (1971), no. 1247, 54–55.

15 GIM (Gosudarstvennyj Istoričeskij Musej/Musée historique d'État de Moscou), Chlud., no.167, fol. 415.

16 Pour les principales éditions anciennes du texte, voir Vostokov (1842) 304–305; Macaire Ier (1883) 597–598.

17 Filaret (1884) 46.

18 Macaire Ier (1883) III, 7.

Les travaux plus récents de Yaroslav N. Ščapov et Mikhail V. Bibikov reconnaissent comme Vitalien Laurent que cette lettre est peut-être un assemblage de plusieurs documents et qu'en tous les cas, elle mériterait une étude plus approfondie.[19] Gerhard Podskalsky, repris par d'autres, suggère que la lettre a été dictée par Cyrille au patriarche pour renforcer son autorité. Elle ne serait pas l'expression d'une vision byzantine du fonctionnement de l'Église, mais l'expression d'un besoin politique kiévien.[20] Cependant, si la lettre a été dictée ou demandée par le métropolite de Kiev, pourquoi nous arrive-t-elle sous cette forme si étrange? La chancellerie patriarcale aurait assurément composé une lettre correspondant à ses normes sans ajout de paragraphes déconnectés du sujet principal après la signature-ménologée. Celle-ci est le plus souvent rédigée en empiétant sur la fin du texte et sert de moyen d'authentification de la missive. Il est censé empêcher ainsi l'ajout de toute nouvelle ligne au sein du document. Le fait que le ménologe soit inscrit au milieu du texte qui nous est parvenu indique selon moi une modification du document après sa réception à Kiev ou plus tard, mais certainement pas par la chancellerie patriarcale. La forme de la lettre semble donc aller à l'encontre de l'hypothèse de Gerhard Podskalsky. Malgré ces doutes nombreux, aucun historien russe ne semble remettre en cause l'authenticité du document. Pourtant, Mikhail V. Bibikov, dans une étude sur les documents byzantins comme source d'information sur les relations entre la Rus' de Kiev et Byzance, évoque le cas fréquent des documents byzantins connus uniquement en vieux russe. Selon lui, un nombre important de ces documents sont inauthentiques. Il en dresse même une liste. Toutefois, il n'inclut pas notre lettre de Germain II à Cyrille de Kiev.[21]

Force est de constater que la forme, le fond et les modalités de conservation de ce document nécessitent de le relire avec un regard nouveau et de réévaluer son authenticité. L'objectif de cette courte étude est de se concentrer uniquement sur la deuxième partie de la lettre, en particulier sur les affirmations attribuées à Germain II concernant l'étendue de la juridiction des évêques. À mon sens, le patriarche de Constantinople Germain II et sa chancellerie ne peuvent avoir formulé cette définition. Ainsi les paragraphes ajoutés après la date du document ne sont pas d'origine byzantine, mais constituent plus probablement des ajouts russes postérieurs effectués entre le milieu du XIIIe siècle et la fin du XVe siècle.

Pour étayer cette hypothèse, nous remettrons d'abord en contexte la lettre de Germain II au sein de la correspondance patriarcale. Dans un second temps, nous évaluerons le contenu même de l'affirmation de Germain II, avant d'essayer d'expliquer enfin pourquoi un Kiévien ou un Moscovite aurait ajouté ces paragraphes à un document byzantin attribué au patriarche de Constantinople, Germain II.

---

19 Ščapov (2003) 257–258; Bibikov (2018) 126–129.

20 Podskalsky (1996) 466; Fennell (1995) 50–51; Trepanier (2007) 46.

21 Bibikov (1985) 208–209.

La correspondance des patriarches de Constantinople avec les métropolites du monde slave

Afin d'évaluer l'authenticité de cette lettre, il convient d'étudier le caractère plausible de la rédaction d'un tel document par le patriarche de Constantinople, et sa chancellerie, lorsqu'il s'adresse aux hiérarques orthodoxes dont les sièges se situent en dehors du territoire byzantin, en particulier ceux du monde slave. Le patriarche s'intéresse-t-il régulièrement à la répartition des compétences judiciaires au sein d'entités politiques sous influences byzantines, mais tout à fait indépendantes? J'ai ainsi analysé l'ensemble des documents produits par le patriarcat de Constantinople entre le Xe et le XVe siècle à destination de la Bulgarie, de la Serbie, des pays roumains, de la Rus' de Kiev et des principautés qui lui succèdent. Manifestement, les patriarches de Constantinople sont plutôt avares en commentaires sur l'organisation institutionnelle des entités politiques extérieures au territoire impérial byzantin. *A fortiori*, il n'aborde jamais frontalement et de manière abstraite la répartition des compétences juridictionnelles entre la justice séculière et la justice ecclésiastique. Au sein du corpus analysé, seuls deux documents font incidemment référence aux compétences juridictionnelles de l'Église.

Le premier document est une réponse du patriarche Théophylacte (933–956) à Pierre, tsar de Bulgarie (927–969), concernant le traitement qu'il doit réserver aux hérétiques pauliciens.[22] Le patriarche y formule une distinction entre le rôle que doit jouer l'Église et celui réservé au pouvoir civil dans le traitement de cette hérésie. Théophylacte affirme sans détour que les Pauliciens qui refusent de se repentir seront proclamés anathèmes par l'Église. Par ailleurs, il ajoute que les lois des États chrétiens infligent à ceux-ci la peine de mort.[23] Il précise ensuite que le patriarche et l'Église ne sont pas favorables à la peine de mort, lui préférant la guérison de l'âme. Au détour d'une phrase, Théophylacte rappelle également qu'il exprime son opinion sur ce sujet parce que Pierre l'a explicitement demandée.[24] Si le patriarche donne son avis sur l'administration de la justice en Bulgarie, il ne le fait pas comme un enseignant du haut de sa chaire patriarcale, mais sur invitation du pouvoir civil bulgare. Par ailleurs, le patriarche insiste pour renvoyer à l'autorité civile, l'État chrétien, le tsar, la sanction des crimes, ici l'hérésie, au-delà des peines spirituelles. L'Église se limite à ce domaine, la protection de la communauté chrétienne contre les hérétiques persistants dans leur erreur.

Un autre document, plus tardif, daté de 1455–1456, comprend également une définition de la juridiction de l'Église, strictement limitée au domaine spirituel. Il s'agit d'une réponse du patriarche Gennadios II Scholarios (1454–1456) à plusieurs questions litur-

22 Dujčev (1964) 88–91.
23 Dujčev (1964) 89, l. 55–58.
24 Dujčev (1964) 89, l. 56: « [...] ἐπειδὴ καὶ περὶ τούτων, ὡς ἔχουσιν, ἠξίωσας γραφῆναί σοι, ἀνδρῶν συνετώτατε [...]. ».

giques et canoniques du despote de Serbie, Georges Branković (1427–1456).[25] Définissant les missions des évêques, il précise qu'ils peuvent imposer uniquement des peines spirituelles, jamais des peines physiques ou financières. Il ajoute que tout acte ecclésiastique contraire à la loi civile sera puni par le pouvoir séculier. Ainsi Gennadios II insiste, comme Théophylacte, sur la répartition des compétences juridictionnelles entre l'Église et le pouvoir séculier. La première ne peut juger que les affaires ecclésiastiques et spirituelles, laissant au second la capacité à connaître des affaires civiles et pénales et à les sanctionner.

À l'exception de ces deux documents, les lettres et actes patriarcaux consistent essentiellement en des réponses à des questions dogmatiques, liturgiques et canoniques sur le baptême, l'ordination et le mariage. Les querelles de sièges et de juridiction entre les métropolites sont également un sujet récurrent de la correspondance avec le patriarche de Constantinople. À première vue, le patriarche se cantonne largement aux questions purement ecclésiastiques dans ses échanges avec les métropolites du monde slave. Plus spécifiquement, Konstantin Vetochnikov s'est concentré sur la définition des pouvoirs des métropolites de l'Église russe dans les actes du patriarcat et il insiste sur la similarité du rôle de ces métropolites avec ceux agissant au sein de l'Empire byzantin.[26] Leur rôle naturel est celui de détenteur des droits sacerdotaux, d'enseignant, d'administrateur de l'Église, et dans une certaine mesure de représentant de Byzance en terre étrangère. La documentation étudiée par Konstantin Vetochnikov ne révèle rien sur les droits et les compétences judiciaires spécifiques attachés aux ecclésiastiques dans la Rus' de Kiev et au sein des entités politiques qui s'en réclament.

Ainsi, eu égard à la documentation patriarcale, l'extrait de la lettre de Germain II concernant la juridiction des évêques est assez original dans sa forme et un véritable hapax sur le fond. Cela renforce le doute sur l'authenticité du document.

La compétence juridictionnelle des hiérarques orthodoxes au regard du droit et de la pratique byzantine

L'affirmation attribuée à Germain II pose, en elle-même, de nombreuses difficultés au regard du droit et de la pratique judiciaire byzantine. Germain II définit pour Cyrille Ier de Kiev, et les évêques de sa métropole, les cas et les affaires relevant exclusivement de la compétence de l'Église, c'est-à-dire dans lesquels le pouvoir civil, notamment le prince, ne pourrait intervenir. Germain II insiste spécifiquement sur trois types de cas

25 Pour le texte voir, Paizi-Apostolopoulou (2012) 109–110 et 103–104 pour le commentaire. Voir aussi Apostolopoulos/Paizi-Apostolopoulou (2013) no. 12.
26 Vetochnikov (2017).

réservés, les affaires de divorce, de viol d'une vierge et d'enlèvement. Cette affirmation est particulièrement étrange sous la plume du patriarche de Constantinople ou d'un scribe de sa chancellerie tant elle semble aller à l'encontre de la légalité byzantine. Il convient de revenir sur le traitement de chacun de ces cas à Byzance pour mieux démontrer l'invraisemblance de l'extrait.

Sur les trois cas mentionnés, seul le divorce correspond bien à une des compétences de l'Église byzantine. Dès le Xe siècle, à la faveur de nouvelles normes impériales, l'Église s'investit dans la gestion des affaires matrimoniales. Léon VI (886–912), dans sa novelle 89, conditionne ainsi la validité légale d'un mariage à l'obtention d'une bénédiction ecclésiastique.[27] Dès cette date, l'Église et ses évêques devinrent les seules autorités en mesure de définir les conditions à réunir pour pouvoir former une union matrimoniale, en particulier les degrés d'empêchements au mariage par le sang ou par affinité.[28] L'Église devient alors juge pour prononcer les annulations de mariage et les divorces. Cette compétence n'est pas exclusivement ecclésiastique, car elle la partage avec les tribunaux impériaux. Plusieurs affaires conservées dans la *Peira* témoignent de la capacité du tribunal de l'hippodrome à prononcer des divorces sans que l'Église soit impliquée dans le processus judiciaire.[29] Les critères permettant de prononcer un divorce sont en effet établis par le droit civil et non le droit canon, à l'inverse de la définition des empêchements au mariage.[30] Par la suite, à partir du règne d'Alexis Ier Comnène (1081–1118), l'Église byzantine est mentionnée à la fin d'une novelle de l'empereur comme seule autorité compétente généralement pour l'ensemble des affaires matrimoniales. Elle peut ainsi traiter des problèmes concernant la formation des unions et leurs dissolutions ainsi que l'ensemble des litiges immobiliers et financiers afférents.[31] L'Église est dès lors la seule autorité qui permet la formation d'une union des époux indissoluble, elle est aussi la seule autorité qui peut juger de la possibilité d'un divorce allant à l'encontre des liens éternels du mariage. Ici, l'affirmation attribuée à Germain II suit bien le cadre légal byzantin mis en place dès le XIe siècle.

Il n'en est pas de même pour l'attribution à la justice ecclésiastique des cas de viol et d'enlèvement. Ce sont des affaires criminelles nécessitant d'être réprimées par des peines afflictives. En droit canon, l'enlèvement est puni par des peines diverses. Le canon 22 de Basile de Césarée condamne celui qui enlève une jeune fille à quatre ans de pénitence. Dans le même temps, dans son canon 30, il le condamne à l'excommunication. Cette dernière peine est reprise dans le canon 92 du concile *In Trullo*.[32] La peine prévue pour le viol est également l'excommunication si l'on suit le canon 67

---

27 Noailles/Dain (1944) no. 89, 294–297.

28 Pitsakis (2000); Zhisman (1864). Pour une approche moins juridique, voir Laiou (1992); Messis (2014).

29 Voir par exemple *Peira*, XXV, 6; XXV, 23; XXV, 60 dans Zepos (1931c) 94, 97–98, 107.

30 B. 28,7,1 dans Scheltema *et al.* (1955–1988) 1357–1360.

31 Zepos (1931a) 312: « τὰ μέντοι ψυχικὰ ἅπαντα, καὶ αὐτὰ δὴ τὰ συνοικέσια, παρὰ τῶν ἀρχιεπισκόπων καὶ ἐπισκόπων ὀφείλουσι κρίνεισθαί τε καὶ ἐκβιβάζεσθαι. »

32 Joannou (1962a) 227–228; Joannou (1962c) 124 et 130.

des Apôtres.[33] Ces crimes sont également punis par des peines physiques sévères dans le droit civil. En fonction de l'utilisation d'une arme ou de la présence de complice, les peines pour enlèvement s'échelonnent entre la bastonnade, la tonte et l'exil à la peine de mort en passant selon les cas par des mutilations, l'ablation du nez ou de la main.[34] Quant au viol, il est puni par l'ablation du nez et la confiscation d'une partie des biens pour les donner à la victime. En cas d'extrême pauvreté du criminel, il est procédé à l'ablation du nez du violeur après qu'il a été battu, tondu, avant son envoi en exil.[35] Ceux qui enlèvent des jeunes filles, et les violeurs sont par ailleurs exclus de toute forme de miséricorde. L'Église ne peut intervenir en leur faveur auprès de la justice impériale. Ils ne peuvent y trouver asile, afin d'éviter l'application de peines physiques et n'obtiennent aucune atténuation de leur peine à l'occasion de Pâques, comme c'est le cas pour d'autres criminels.[36]

Ces dernières peines ne peuvent être prononcées, encore moins mises en application, par l'Église. D'un point de vue purement pratique d'abord, elle n'en a pas la capacité. Elle ne possède aucun corps d'ecclésiastiques chargé du maintien de l'ordre ou permettant de contraindre ceux qu'elle condamne. Ceux qui se présentent devant le tribunal ecclésiastique le font en toute liberté. Par ailleurs, infliger la peine de mort et des mutilations va à l'encontre même de l'idéologie et de la pratique de l'Église. Au XIIe siècle, le canoniste Théodore Balsamon, répète la doctrine de l'Église dans son commentaire du canon 43 de Basile de Césarée concernant ceux ayant donné un coup mortel. Ce n'est pas à l'Église de réprimer: « Les peines ecclésiastiques ne sont pas punitives, mais sanctifiantes et guérissantes. »[37] Il insiste dans plusieurs de ces commentaires, sur l'importance pour l'Église de s'abstenir d'agir en imposant des peines physiques contre ceux qui la troublent et la nécessité de faire appel au pouvoir séculier.[38] Il commente ainsi une décision du patriarche Michel l'Oxite (1143–1146) appelant à brûler les bogomiles. Il y affirme que les lois ecclésiastiques ne contiennent aucune peine corporelle au contraire du droit civil et que la mission de l'Église est de remettre ceux qui ne se repentent pas à l'autorité civile.[39] Il rejoint ici les idées affirmées par le patriarche Théophylacte à Pierre de Bulgarie. La pénalisation physique des criminels n'est pas du ressort de l'Église et de ses évêques.

---

33 Joannou (1962b) 42.

34 *Eisagoge* 40, 45 dans Zepos (1931b) 363; *Procheiron* 39, 40 dans Zepos (1931b) 220; B. 60, 58, 1 dans Scheltema *et al.* (1955–1988) 3110–3112.

35 *Eisagoge* 40, 53 dans Zepos (1931b) 364; *Procheiron* 39, 66 dans Zepos (1931b) 224; B. 60, 37, 79 dans Scheltema *et al.* (1955–1988) 2997.

36 Voir la Novelle 17, c.7 de Justinien Schöll/Kroll (1895) 121–122, reprise en B. 7,17,1 dans Scheltema *et al.* (1955–1988) 303. Sur l'asile, voir Macridès (1988).

37 Rhallès/Potlès (1854) 190, l.13–14: « Τὰ ἐκκλησιαστικὰ ἐπιτίμια οὐκ εἰσὶ κολαστικά, ἀλλὰ ἁγιαστικὰ καὶ ἰατρευτικά ».

38 Voir notamment le commentaire de Balsamon sur le Canon 9 du synode Prime-Second sur les clercs violents dans Rhallès/Potlès (1852b) 680–682. Macridès (1990) 82–83.

39 Rhallès/Potlès (1852a) 191, l. 6–18.

Ces éléments juridiques, idéologiques et institutionnels correspondent tout à fait aux quelques indices que nous pouvons déceler dans la pratique judiciaire ecclésiastique. Si une large part de la documentation judiciaire byzantine préservée est ecclésiastique, très peu de cas concernent des viols ou des enlèvements. Les rares évocations de ces crimes ne font jamais l'objet d'un jugement épiscopal. Deux exemples du XIIIe siècle renforcent ainsi l'hypothèse de l'absence de compétence judiciaire des évêques pour juger du viol et de l'enlèvement des jeunes filles.

En 1222, Jean Apokaukos, métropolite de Naupacte, rédige une lettre évoquant une plainte qu'il a reçue, en compagnie de l'évêque de Vonitza. Le plaignant, un certain Syméon Sgouropoulos, est le père de Vlasia, une jeune fille qui a été violée à plusieurs reprises par un Valaque, Avrilionis.[40] Vlasia étant tombée enceinte, Sgouropoulos a tenté de trouver un règlement avec le Valaque, pour l'enfant, et peut-être obtenir une compensation des dommages causés par le viol. L'entrevue est un échec et Sgouropoulos, ainsi que ceux qui l'accompagnent sont sévèrement molestés. Il cherche donc une solution judiciaire auprès du métropolite de Naupacte, Apokaukos. Le hiérarque lui répond cependant qu'il doit s'adresser à un dignitaire laïc de la cour épirote, le prôtovestiarite, qui s'occupera de son affaire. La lettre est ainsi rédigée pour lui présenter la plainte. Si le métropolite se défausse sur la cour épirote pour juger l'affaire et sanctionner le Valaque, il ne cherche même pas à imposer des peines spirituelles au violeur. Ni le viol ni les violences qui s'en sont suivis ne préoccupent le métropolite qui délègue la totalité de l'enquête et du jugement à la justice impériale, sans même demander à l'évêque local, présent avec lui, de s'en saisir. L'Église épirote n'a vraisemblablement pas la compétence et l'autorité pour juger cette affaire.

La correspondance du patriarche Grégoire II de Chypre (1283–1289) révèle un comportement similaire à Constantinople. Dans une lettre à Théodore Mouzalôn, grand logothète, le patriarche relate les exactions d'un criminel, un certain Phrangopoulos. À l'aide d'une troupe armée, il est entré de nuit dans la demeure du *chartophylax* de Sainte-Sophie qui assistait à la liturgie, a capturé l'une de ses filles pour la violer.[41] Le patriarche, qui détient le criminel, sans que nous ayons de détail pratique sur sa capture, demande au grand logothète de s'en occuper. Ici aussi, l'affaire ne semble pas ecclésiastique. Le patriarche ne juge pas le criminel en synode ni ne cherche à lui infliger de peines canoniques alors qu'il le détient. Phrangopoulos est déféré devant le logothète, jugé et puni pour enlèvement et viol par la justice impériale.

En droit, comme en pratique, les évêques byzantins ne peuvent juger ni punir les cas de viol et d'enlèvement. En ce sens, il semble très improbable que le patriarche Germain II ait jamais écrit une lettre aux évêques des pays russes pour leur affirmer l'inverse. À plus forte raison quand le patriarcat de Constantinople n'a pas pour habitude de s'immiscer dans l'organisation institutionnelle d'entité étrangère.

---

40 Bees (1971–1974), no.5, 60–62; Laiou (1993) 165–166.

41 Eustratiadès (1909) 126–128.

L'absence du document patriarcal original, le caractère inhabituel du contenu de la lettre au regard de la correspondance patriarcale et la grande distance entre les affirmations attribuées à Germain II et la réalité byzantine forment un faisceau d'indices suffisamment probants pour consolider l'hypothèse de l'inauthenticité de la deuxième partie de lettre. Le caractère très certainement inauthentique d'une telle affirmation nous conduit donc à nous interroger sur l'origine et la raison de l'introduction de cette lettre falsifiée, dans un nomocanon russe de la fin du XVe siècle.

La juridiction des évêques: la lettre de Germain II comme argument au sein d'un débat russe

En inversant les points de vue, en se plaçant non plus du côté byzantin, mais du côté de l'Église russe, ce qu'affirme Germain II reflète la réalité institutionnelle et judiciaire kiévienne ou moscovite.[42] Inna P. Starostina compare ainsi cette lettre avec une disposition présente dans les Statuts pour les tribunaux ecclésiastiques de Vladimir et de Iaroslav datant certainement du XIIe siècle.[43] Cette disposition donne compétence aux évêques exactement sur les types d'affaires que celle mentionnée dans la lettre du patriarche de Constantinople. D'autres statuts, produits aux XIIe et XIIIe siècles, confient aux évêques le soin de juger les cas d'enlèvement et de viol, et de nombreux autres crimes. C'est le cas par exemple de la *Charte des privilèges statutaires du prince de Smolensk, Rostislav Mstislavich,*[44] des *Statuts du prince Vsevolod de Novgorod sur les tribunaux ecclésiastiques*[45] ou encore plus tardivement du *Pravosudie Mitropolich'e*[46], un guide ecclésiastique pour les tribunaux épiscopaux moscovites. Ces textes affirment qu'ils s'appuient sur le nomocanon grec, mais également sur des ordonnances des premiers empereurs chrétiens et les décisions des hiérarques des sept conciles œcuméniques pour légitimer cette dévolution de compétence pénale aux évêques.[47] Pour les dirigeants de la principauté de Kiev, de Smolensk et de la république de Novgorod, cette répartition des compétences juridictionnelles trouve, sans souci de vérité, son origine dans la prestigieuse Byzance.

Aux XIVe et XVe siècles, ce domaine judiciaire réservé à l'Église semble disparaître partiellement au nom d'une volonté de centralisation de l'administration de la justice dans les mains du pouvoir séculier. Ainsi, d'autres textes normatifs attestent d'une volonté des princes de limiter la juridiction des évêques.[48] Dans les *Statuts de l'Église*

42 Ščapov (1972) 302–306; Ščapov (1989) 97–106; Feldbrugge (2017) 663.
43 Ščapov (2003) 257–258; Kaiser (1992) 42, c.9 et 45, c.2.
44 Kaiser (1992) 54, c.11.
45 Kaiser (1992) 69, c.9.
46 Kaiser (1992) 107–110, en particulier c.4 et 7.
47 Kaiser (1992) 43, c.11; 50, c.58 et 61, c.10.
48 Feldbrugge (2017) 666–667.

de Galicie du prince Lev Danilovitch de 1301, les cas réservés aux tribunaux ecclésiastiques sont limités au divorce et aux annulations de mariage.[49] C'est le cas également dans la *Charte judiciaire de Pskov* de 1396,[50] qui limite la compétence des évêques aux jugements des affaires impliquant les clercs, les moines et les moniales. Le tribunal ecclésiastique était ainsi fermé aux laïcs. De même, la *Charte de judiciaire de Novgorod* du milieu XVe siècle ne mentionne plus aucune compétence exclusive attachée aux évêques.[51] Enfin le Code de 1497, promulgué par le grand prince de Vladimir et de Moscou, Ivan III reprend la même disposition que la *Charte judiciaire de Pskov* pour se réserver quasi exclusivement l'exercice de la justice sur les laïcs.[52]

Sachant que la version la plus ancienne de notre lettre se trouve dans un nomocanon russe dont le manuscrit date vraisemblablement de 1499, et qui a été probablement produit au sein du grand-duché de Moscou, nous pouvons former l'hypothèse que la lettre de Germain II a été modifiée à ce moment-là puis insérée dans un nomocanon. Les milieux ecclésiastiques, afin de lutter contre la réduction de l'étendue de leur juridiction et de leurs compétences judiciaires par les princes moscovites de cette période, auraient ainsi cherché à revendiquer le droit de conserver leur domaine judiciaire exclusif sur les divorces, les viols et les enlèvements. Pour appuyer ces revendications, ils les ont associées de nouveau à Byzance et son prestige.

S'il s'agit là d'une attitude courante dans la pratique légale, le choix d'utiliser la figure de Germain II et de Cyrille Ier pour asseoir cette revendication doit être expliqué. Au sein du monde orthodoxe du XIIIe siècle, Germain II incarne la défense de l'orthodoxie, notamment contre les Latins, mais également l'idée de l'Église byzantine comme mère de toutes les autres et du patriarche comme autorité suprême de toutes les Églises d'Orient, malgré la perte d'influence politique de l'Empire byzantin.[53] Au-delà de l'idéologie, le patriarche est aussi connu pour son enseignement, son action pastorale qui a permis au patriarcat de renforcer sa légitimité et son poids institutionnel. Par ailleurs, il est le dernier patriarche byzantin à choisir un Grec comme métropolite de Kiev. Il choisit en effet Cyrille Ier et son successeur Joseph avant que le russe Cyrille II soit proposé par les princes russes comme métropolite de Kiev en 1247. Il est donc le dernier patriarche à imposer l'influence grecque byzantine sur la métropole de Kiev.

La figure de Cyrille Ier n'est pas dénuée d'intérêt du point de vue kiévien et moscovite. Grec, surnommé le philosophe dans certaines chroniques russes, il était lui-même enseignant et théologien.[54] Il a donc également une autorité de lettré, de connaisseur des traditions byzantines, qui peut être mobilisée pour imposer et légitimer une

49 Feldbrugge (2017) 666–667.
50 Kaiser (1992) 87 et 104, c.109.
51 Kaiser (1992) 79, c.1.
52 Feldbrugge (2017) 667; Čerepnin (1955) 355, c.59; Dewey (1966) 7–21.
53 Stavrou (2014) 30–34.
54 Podskalsky (1996) 464–467.

pratique au sein de l'Église russe en la reliant à Byzance. Cyrille Ier jouit aussi du respect des princes russes pour lesquels il a joué, à de nombreuses reprises, le rôle de médiateur pour instaurer un climat de paix entre les nombreuses principautés autour de Kiev. Ce respect lui a permis d'essayer d'imposer une plus grande indépendance de l'Église vis-à-vis des princes. Enfin, Cyrille Ier a également mené une lutte institutionnelle et idéologique afin de faire reconnaître son siège, celui de Kiev, comme autorité suprême au sein de l'Église de la Rus'.

Le choix de modifier une lettre impliquant Germain II et Cyrille Ier par un Moscovite du XVe siècle peut donc se justifier. Les deux figures rappellent le lien fort entre la tradition byzantine et les pratiques ecclésiastiques russes. Ce sont deux figures particulièrement lettrées qui ont pratiqué avec succès l'enseignement, elles sont donc des autorités comme pasteurs de la communauté chrétienne. Par ailleurs, Cyrille Ier comme premier métropolite de Kiev voulant s'imposer sur l'ensemble des diocèses de toutes les Russies est à la fois une figure unificatrice de l'Église, mais un modèle de combat de l'Église pour son indépendance vis-à-vis des princes, particulièrement pertinent dans le contexte moscovite de la fin du XVe siècle.

Conclusion

Malgré les nombreuses questions qui subsistent sur cette lettre du patriarche de Constantinople Germain II au métropolite de Kiev, Cyrille Ier, il semble indubitable que la seconde partie du document placée après la signature-ménologée n'a pas été ajoutée par le patriarche ou sa chancellerie. Les raisons nous amenant à cette conclusion sont liées à la forme du document, mais surtout au contenu des affirmations attribuées à Germain II sur la juridiction épiscopale. Cette affirmation est à la fois tout à fait inhabituelle et complètement déconnectée de la réalité byzantine. Il est bien plus probable qu'il s'agisse d'un ajout postérieur effectué après réception de la lettre. La date de modification de document est impossible à déterminer. Cependant la version la plus ancienne que nous possédons date de la fin du XVe siècle, il est donc envisageable qu'il ait été modifié à ce moment-là à des fins politiques. En mobilisant des figures fortes incarnant à la fois le lien entre l'Église russe et Byzance et son indépendance vis-à-vis du pouvoir séculier, le faussaire en modifiant la lettre et en l'intégrant à un nomocanon russe voulait ainsi démontrer que la juridiction ecclésiastique, que les princes voulaient limiter, était une tradition ancienne et byzantine donc nécessairement légitime. Byzance n'est plus alors qu'un héritage prestigieux, mais lointain et disparu, utilisé comme outil de propagande-politique dans les compilations juridiques. Après tout, en cette fin de XVe siècle alors que l'idée de troisième Rome prenait forme dans les écrits et la pensée du métropolite de Moscou, Zosime, il semble cohérent pour l'Église d'insister sur son indépendance vis-à-vis du pouvoir séculier en reprenant la théorie de la symphonie byzantine des pouvoirs tout en l'acclimatant aux réalités institutionnelles moscovites.

Bibliographie

Antonov (2020): Mikhail Antonov, "Church-State Symphonia: Its Historical Development and its Applications by the Russian Orthodox Church", in: *Journal of Law and Religion* 35/3, 474–493.

Apostolopoulos/Paizi-Apostolopoulou (2013): Dimitris Georgios Apostolopoulos et Machi Paizi-Apostolopoulou, *Οἱ πράξεις τοῦ Πατριαρχείου Κωσταντινουπόλεως. Ἐπιτομή, παράδοση, σχολιασμός* I (1454–1498), Athènes.

Bees (1971–1974): Nikos A. Bees, "Unedierte Schriftstücke aus der Kanzlei des Johannes Apokaukos des Metropoliten von Naupaktos (in Aetolien)", in: *Byzantinisch-Neugriechische Jahrbücher* 21, 57–160.

Bibikov (1985): Michail Vadimovič Bibikov, "Die alte Rus' und die russischbyzantinischen Beziehungen im Spiegel der byzantinischen Quellen", in: *Jahrbuch der Österreichischen Byzantinistik* 35, 197–222.

Bibikov (2018): Michail Vadimovič Bibikov, *Byzantinorossica* III, Moscou.

Dagron (1996): Gilbert Dagron, *Empereur et prêtre. Étude sur le 'césaropapisme' byzantin*, Paris.

Dewey (1966): Horace W. Dewey, *Muscovite Judicial Texts 1488–1556*, Ann Arbor, Michigan.

Dujčev (1964): Ivan Dujčev, "L'epistola sui Bogomili del patriarca costantinopolitano Teofilatto", in: *Mélanges Eugène Tisserant* II, Città del Vaticano, 63–91 [= Ivan Dujčev, *Medioevo bizantino-slavo* I, Rome 1965, 283–315].

Dvornik (1966): Francis Dvornik, *Christian and Byzantine political philosophy: origins and background*, Washington.

Džalto (2021): Davor Džalto, *Anarchy and the Kingdom of God. From Eschatology to Orthodox Political Theology and Back*, New York.

Eustratiadès (1909): Sophronios Eustratiadès, "Ἐπιστολαί Πατριάρχου Γρηγορίου τοῦ Κυπρίου", in: *Ἐκκλησιαστικὸς Φάρος* 4, 5–48 et 98–128.

Feldbrugge (2017): Ferdinand J. M. Feldbrugge, *A History of Russian Law: From Ancient Times to the Council Code (Ulozhenie) of Tsar Aleksei Mikhailovich of 1649*, Leyde/Boston.

Fennell (1995): John Fennell, *A History of the Russian Church to 1448*, Londres/New York.

Filaret (1884): Archevêque Filaret, *Обзор русской духовной литературы*, St.-Pétersbourg.

Gastgeber (2021): Christian Gastgeber, "Diplomatics of the Patriarchate of Constantinople: The State of Research on Byzantine Documents of the Patriarchs of Constantinople", in: Christian Gastgeber, Ekaterini Mitsiou, Johannes Preiser-Kapeller et Vratislav Zervan (eds.), *A Companion to the Patriarchate of Constantinople*, Leyde-Boston, 246–285.

Goudjil (2022): Romain Goudjil, "Appliquer le droit au XIIIe-XIVe siècle: le cas des crimes sexuels devant les tribunaux ecclésiastiques byzantins", in: Béatrice Caseau et Charis Messis (éds.), *Droit et Société à Byzance et dans sa sphère d'influence*, Paris, 87–109.

Goudjil (2024): Romain Goudjil, *Une symphonie des pouvoirs judiciaires à Byzance*, Paris [à paraître]

Hovorun (2016): Cyril Hovorun, "Is the Byzantine 'Symphony' Possible in Our Days?", in: *Journal of Church and State* 59/2, 280–296.

Joannou (1962 a): Périclès-Pierre Joannou, *Discipline générale antique (IVe–IXe siècle)* I, 1: *Les canons des Conciles œcuméniques*, Grottaferrata/Rome.

Joannou (1962b): Périclès-Pierre Joannou, *Discipline générale antique (IVe–IXe siècle)* I, 2: *Les canons des synodes particuliers*, Grottaferrata/Rome.

Joannou (1962c): Périclès-Pierre Joannou, *Discipline générale antique (IVe–IXe siècle)* II: *Les canons des Pères Grecs*, Grottaferrata/Rome.

Kaiser (1992): Daniel H. Kaiser, *The Laws of the Rus'- Tenth to Fifteenth Centuries*, Salt Lake City, Utah.

Kresten (1994): Otto Kresten, "Μηνολόγημα. Anmerkungen zu einem byzantinischen Unterfertigungstyp", in: *Mitteilungen des Instituts für Österreichische Geschichtsforschung* 102/4, 3–52.

Lagopatès (1913): Spyridon N. Lagopatès, *Γερμανός ο Β', πατριάρχης Κωνσταντινουπόλεως-Νικαίας (1222–1240): Βίος, συγγράμματα και διδασκαλία αυτού, ανέκδοτοι ομιλίαι και επιστολαί*, Tripoli.

Laiou (1992): Angeliki Laiou, *Mariage, amour et parenté à Byzance au Xe–XIIe siècle*, Paris.
Laiou (1993): Angeliki Laiou, "Sex, Consent, and Coercion in Byzantium", in: Angeliki Laiou (ed.), *Consent and Coercion to Sex and Marriage in Ancient and Medieval Societies*, Washington DC. 109–221.
Laurent (1971): Vitalien Laurent, *Les Regestes des actes du patriarcat de Constantinople. Fascicule IV: Les Regestes de 1208 à 1309*, Paris.
Lauritzen (2016): Frederick Lauritzen, "Symphonia in the Byzantine Empire. An ecclesiastical problem", in: Joseph Famerée, Pierre Gisel et Hervé Legrand (éds.), *Évangile, moralité et lois civiles. Gospel, Morality, and Civil Law* (Proceedings of the Colloquia at Bologna [2012] and Klingenthal [2014]), Zürich, 103–110.
Leustean (2008): Lucian N. Leustean, "Orthodoxy and Political Myths in Balkan National Identities", in: *National Identities* 10/4, 421–432.
Macaire Ier (1883): Macaire Ier, Métropolite de Moscou, *История Русской Церкви*, Moscou.
Macridès (1988): Ruth Macridès, "Killing, Asylum and the Law in Byzantium", in: *Speculum* 63, 509–538. (= *Kinship and justice in Byzantium, 11th–15th centuries*, Farnham 1999, XI.)
Macridès (1990): Ruth Macridès, "Nomos and Kanon on Paper and in Court", in: Rosemary Morris (ed.), *Church and People in Byzantium*, Birmingham, 61–86. (= *Kinship and justice in Byzantium, 11th–15th centuries*, Farnham 1999, VI.)
Messis (2014): Charis Messis, "Mariage et rapports entre les sexes à Byzance: Aspects généraux", in: Dean Sakel (ed.), *Byzantine Culture* (Papers from the Conference 'Byzantine Days of Istanbul', held on the occasion of Istanbul being European Cultural Capital 2010. Istanbul, May 21–23 2010), Ankara, 453–465.
Meyendorff (1968): John Meyendorff, "Justinian, the Empire and the Church", in: *Dumbarton Oaks Papers* 22, 43–60.
Meyendorff (1974): John Meyendorff, *Byzantine Theology. Historical Trends and Doctrinal Themes*, New York.
Meyendorff (1981): John Meyendorff, *Byzantium and the Rise of Russia: A Study of Byzantino-Russian relations in the 14th century*, Cambridge.
Noailles/Dain (1944): Pierre Noailles et Alphonse Dain (éds.), *Les Novelles de Léon VI le Sage*, Paris.
Paizi-Apostolopoulou (2012): Machi Paizi-Apostolopoulou, "Appealing to the Authority of a Learned Patriarch: New Evidence on Gennadios Scholarios' Responses to the Questions of George Branković", in: *The Historical Review/La Revue Historique* 9, 95–116.
Pitsakis (1994): Konstantinos Pitsakis, "Empire et Église (le modèle de la Nouvelle Rome): la question des ordres juridiques", in: Maria Pia Baccari (ed.), *Diritto e Religione. Da Roma a Costantinopoli a Mosca*, Rome, 107–123.
Pitsakis (2000): Konstantinos Pitsakis, "Législation et stratégies matrimoniales", in: *L'Homme* 154–155, 677–696.
Podskalsky (1996): Gerhard Podskalsky, *Христианство и богословская литература в Киевской Руси*, St-Pétersbourg.
Pavlov (1908): Alexei Stepanovič Pavlov, *Памятники древнерусского канонического права – Ч. 1 – (Памятники XI–XV в.)*, St-Pétersbourg.
Rhallès/Potlès (1852a): Georges Rhallès et Michel Potlès, *Σύνταγμα των θείων και ιερών κανόνων* I, Athènes.
Rhallès/Potlès (1852b): Georges Rhallès et Michel Potlès, *Σύνταγμα τῶν θείων καὶ ἱερῶν κανόνων* II, Athènes.
Rhallès/Potlès (1854): Georges Rhallès et Michel Potlès, *Σύνταγμα τῶν θείων καὶ ἱερῶν κανόνων* IV, Athènes.
Scheltema *et al.* (1955–1988): Herman Jan Scheltema, Nicolaas van der Wal et Douwe Holwerda, *Basilicorum Libri LX, Series A: Textus*, Groningue *et al.*
Schöll/Kroll (1985): Rudolf Schöll et Wilhelm Kroll, *Corpus Iuris Civilis III: Novellae*, Berlin.
Ščapov (1972): Jaroslav Nikolaevič Ščapov, *Княжеские уставы и церковь в Древней Руси. XI–XIV вв.*, Moscou.
Ščapov (1989): Jaroslav Nikolaevič Ščapov, *Государство и церковь Древней Руси, X–XIII вв.*, Moscou.
Ščapov (2003): Jaroslav Nikolaevič Ščapov, *Письменные памятники истории Древней Руси*, St.-Pétersbourg.
Stavrou (2014): Michel Stavrou, "Rassembler et rénover une Église en crise: la politique ecclésiale du patriarche Germain II (1223–1240)", in: Marie-Hélène Blanchet, Marie-Hélène Congourdeau et Dan Ioan Muresan (éds.), *Le patriarcat œcuménique de Constantinople et Byzance hors frontières (1204–1586)* (Actes

de la table ronde organisée dans le cadre du 22e congrès international des études byzantines, Sofia, 23 août 2011), Paris, 23–96.
Čerepnin (1955): Lev Vladimirovič Čerepnin, *Памятники русского права. Вып. 3. Памятники права периода образования русского централизованного государства. XIV–XV вв.*, Moscou.
Trepanier (2007): Lee Trepanier, *Political Symbols in Russian History. Church, State, and the Quest for Order and Justice*, Lanham, Maryland.
Vetochnikov (2017): Konstantin Vetochnikov, "Le pouvoir et les fonctions des métropolites russes d'après les actes patriarcaux", in: Christian Gastgeber, Ekaterini Mitsiou, Johannes Preiser-Kapeller et Vratislav Zervan (éds.), *The Patriarchate of Constantinople in Context and Comparison*, Vienne, 333–350.
Vostokov (1842): Alexandr Christoforovič Vostokov, *Описание русских и словенских рукописей Румянцовскаго музеума*, Moscou.
Zepos (1931a): Ioannes et Panagiotes Zepos, *Jus Graecoromanum* I, Athènes.
Zepos (1931b): Ioannes et Panagiotes Zepos, *Jus Graecoromanum* II, Athènes.
Zepos (1931c): Ioannes et Panagiotes Zepos, *Jus Graecoromanum* IV, Athènes.
Zhisman (1864): Joseph Zhisman, *Das Eherecht der orientalischen Kirche*, Vienne.

Christian Gastgeber

Das *Procheiron kanonikon* von 1378/1379 (London BL Harley 5555)

Der Londoner Codex British Library, Harley 5555 überliefert eine kanonistische Sammlung in 133 Kapiteln, die ein weiteres Dokument der komprimierten Neuordnung und Ergänzung des Nomokanons darstellt. Basis für den anonymen Verfasser des *Procheiron* war das Syntagma des Matthaios Blastares (1334/1335)[1], der die für ihn wesentlichen Bestimmungen des kanonischen Rechtes in alphabetisch geordneten Kapiteln zusammenstellte, wobei er aber auch relevante kaiserliche Entscheidungen zum jeweiligen Thema unter der Rubrik νόμοι am Ende anfügte. Das Syntagma bot somit einen schnellen Zugang zu einem beliebigen Thema, das man einfach unter dem jeweiligen Anfangsbuchstaben nachschlagen konnte. Das Syntagma, das handbuchartig zusammenfasste, was immer Fragen zu Kirche, Klöstern, Klerus, Mönchen und Laien betraf, erfuhr seinerseits wiederum 1526 eine Neuordnung nach thematischer, nicht mehr alphabetischer Gliederung in 236 Kapitel und mit vollständigen Zitaten der bei Blastares epitomierten Quelltexte und gelegentlichen Ergänzungen[2] durch einen Mönchspriester Makarios, der damit Schwachpunkte des Syntagma beheben wollte[3]. Mittlerweile konnte die nur aus einer Beschreibung der Bibliothek von Franz Fürst von Dietrichstein (1570–1636) in Nikolsburg/Mikulov bekannte Handschrift von Olivier Delouis identifiziert werden[4].

Der Anonymus Harleianus hielt sich noch an das alphabetische Schema des Blastares und verteilte seine 133 Kapitel über die 24 Buchstaben des griechischen Alphabets. Dass Blastares auch tatsächlich die Basisvorlage war, zeigen weiters lange wörtliche Zitate aus dem Syntagma (ohne Namensnennung) und fünfmal der Verweis auf das Syntagma: Blastares wird dabei stets als der Priester (θύτης) Matthaios zitiert (Kapitel 76 [IX 76, 1 und 25], 81 [X 81, 4], 85 [XI 85, 3], 98 [XII 98, 72]). Ideologisch ist dieser Anonymus mit Blastares in seiner antilateinischen Kritik auf einer Linie. Blastares nimmt zu den Lateinern mehrfach in seinem Syntagma kritisch Stellung, in einem eigenen Abschnitt Περὶ Λατίνων (Λ 5) werden die Verweise zusammengefasst. Der Anonymus widmet den

1 Zur Datierung siehe Troianos (2018) 330 Anm. 96. Blastares gibt im umfangreichen Kapitel Π 7 (Περὶ τοῦ ἁγίου Πάσχα [414, 415, 416]) seines Syntagma Rechenbeispiele für den Mond- und Sonnenzyklus des laufenden Jahres 6843 (= 1335 für den Ostertermin) und 6845 (= 1337 für den Ostertermin, diese alternative Berechnungsmethode ist möglicherweise Zusatz) mit Hilfe des periodischen 532-Jahrezyklus; siehe dazu auch Delouis (2017) 85–86 mit Anm. 29.

2 Mit aller Kautel, da das Syntagma noch nicht in einer kritischen Ausgabe vorliegt, siehe die Bemerkung bei Delouis (2018) 102–103.

3 Siehe Troianos (2018) 332–333 (der Neufund und die Datierung waren ihm noch nicht bekannt) und Troianos (1995). Zur Kritik des Makarios siehe Delouis (2017) 98–102.

4 Beschreibung in Gollob (1903). Analyse und Identifizierung mit dem autographen Codex Paris, BnF, Suppl. gr. 1394 (Diktyon 42141) in Delouis (2017) 67–108; die exakte Datierung ergibt sich aus dem Kapitel zur Osterberechnung (zum Weltjahr 7034, a. O., 86, das für einen Ostertermin somit 1526 ergibt).

https://doi.org/10.1515/9783111331126-018

Lateinern und ihren kritisierten Gewohnheiten sein Kapitel 88 (XI 88, 1; entsprechend einem Responsum des Demetrios Chomatenos an den Metropoliten Konstantinos Kabasilas von Dyrrhachion[5]).

Es sei nur en passant erwähnt, dass die kanonischen Bestimmungen auch nach dem Prinzip der Hierarchie hätten geordnet sein können, wie dies etwa Konstantinos Armenopoulos in seiner Ἐπιτομὴ τῶν θείων καὶ ἱερῶν κανόνων[6] gemacht hat: Darin sind die Kanones zusammengefasst in den Abteilungen: 1 über die Bischöfe, 2 über die Presbyter, Diakone und Subdiakone, 3 über die Kleriker, 4 über die Laien und 5 über die Frauen. Dimitris G. Apostolopoulos wies auf eine weitere Form der Bearbeitung des Syntagma des Blastares am Ende des 14. Jahrhunderts durch den Metropoliten Isidoros Glabas von Thessalonike oder aus seinem Umfeld hin, das um Kommentare der Kanoniker Ioannes Zonaras und Theodoros Balsamon erweiterte *Syntagma auctum*, das allerdings nur indirekt bezeugt ist[7].

Die handschriftliche Überlieferung

Nach dem angegebenen Wasserzeichen stammt der Hauptteil des Codex London, British Library, Harley 5555 (Diktyon 39520)[8] ca. aus der Mitte des 15. Jahrhunderts[9]; dazu gibt es einen ergänzenden Zusatz ca. aus der Mitte des 16. Jahrhunderts. Da das *Procheiron kanonikon* als Entstehungsdatum das Weltjahr 6887 (Praefatio, f. 53v = 1378/1379) nennt, handelt es sich bei dem Harleianus um eine spätere Abschrift. Dieses *Procheiron* dürfte im Harleianus selbst bereits in einer erweiterten Version vorliegen; dies legt zum Beispiel Kapitel 97 (XII 97, 4) nahe, in dem die Erotapokriseis des Protosynkellos Ioasaph (des späteren Metropoliten von Ephesos[10]) angeführt sind, was in die 30er Jahre des 15. Jahrhunderts führt. Bemerkenswerterweise wird auf dasselbe Werk des Ioasaph (Kapitel 44) auch in Antwort 3 des im Harleianus nachfolgenden Werkes des Neilos Dia-

5 Vgl. Darrouzès (1973) 324 (Nr. 6), 333 (Nr. 12).

6 Siehe Troianos (2017) 334–335. Ediert in PG 150, 45–168 (nach Leunclavius [1596] 1–71; (un)kritische Neuedition Sakarikos [2020], diese „kritische Edition" basiert allerdings einzig auf einem Codex des 17. Jahrhunderts).

7 Siehe Apostolopoulos (2013).

8 Kurzbeschreibung mit Bilddokumentation: https://www.bl.uk/manuscripts/FullDisplay.aspx?ref=Harley_MS_5555 (Stand 24.04.2024); vgl. auch (unzureichend) Catalogue (1808) 276 (das *Procheiron* wird mit dem Jahr 1369 angegeben; das Datum ist korrigiert zu 1378/79 in der online-Präsentation).

9 Wasserzeichen Harlfinger (1974) Cloche 16 (10.3.1445/1.1.1446), Cloche 22 (1450/51) [Hauptteil]; dazu noch Harlfinger (1980) Cloche 20 (1.5.1445), Cloche 21 corr. (1.5.1445) [Hauptteil]; Ancre 40 (1548) [Ergänzung am Ende].

10 PLP IV 8916, als Protosynkellos und Abt des Prodromos-Klosters in Konstantinopel ca. 1431–1433; danach bis 1437 Metropolit von Ephesos.

sorenos (f. 150r) verwiesen. Da Neilos ein Zeitgenosse unseres Anonymus Harleianus war (2. H. des 14. Jh.[11]), muss auch hier der Verweis auf Ioasaph später hinzugefügt worden sein.

Auf einen späteren Zusatz weist sodann ein Zitat aus Simeon von Thessalonike (XII 98, 6) hin, der in der angeführten Funktion (Erzbischof von Thessalonike) von 1416/17 bis 1429 bezeugt ist[12].

Damit stellt sich auch für das *Procheiron* generell die Frage, wie viel Text im Harleianus ein Originalstratum darstellt. Es spricht einiges dafür, jene Kapiteleinheiten, die sich stark einem vernakulären Idiom nähern und im sprachlichen Register von dem übrigen Text stark abweichen, eventuell als spätere Zusätze anzusehen, jedoch mit großer Kautel – denn damit wären freilich auch die konkreten Hinweise auf den Priester Matthaios (Blastares) mit ἀπὸ + Akkusativ diesem Stratum zuzuordnen; es könnte aber erklären, warum das Syntagma des Blastares trotz fortlaufender Benutzung nur ausnahmsweise zitiert ist. Da bislang nur dieser eine spätere Textzeuge zur Verfügung steht, muss diese Frage noch offenbleiben.

Eine sicher spätere Ergänzung zeigt der umfangreiche Abschnitt zum Computus: Als Beispiel werden das Sonnen-, Mond- und Indiktionszyklusjahr für das Weltjahr 6900 (= 1392 für den Ostertermin dieses Weltjahres) gebracht, wobei zur Vereinfachung der Berechnung vom letzten Jahrhundertdatum 6800 ausgegangen wird. Dies ergibt das 12. Sonnenzyklusjahr (28-Jahre-Zyklus), das 3. Mondzyklusjahr (19-Jahre-Zyklus) und das Ende eines Indiktionszyklus (15-Jahre-Zyklus) (VII 70, 1–2, 5–8).

Für die gesamte Handschrift ist ein einziger Schreiber tätig, der sehr bemüht ist, seine Texte in Kalligraphie gut lesbar und mit einem Minimum an (üblichen) Abbreviaturen zu kopieren. Es ist ein typisches Produkt der „zeitlosen" liturgischen Minuskel der Spätzeit, die sich durch eine augenfällig gute Lesbarkeit auszeichnet und einen entfernten Versuch des Archaisierens erkennen lässt, ohne auch nur irgendwie ein früheres klassisches Minuskelmodell stringent nachzuahmen bzw. zu beherrschen. Rottinte kommt zur Markierung von Titel und Initialen zum Einsatz. Der Inhalt der Texte weist auf eine mönchisch(-klerikale) Umgebung; denn abgesehen von Computus (VII 70–72) und Fasten (XIII 102), die generelle Bedeutung haben, sind die umfangreichsten und stark erweiterten Kapitel den Priestern (IX 76) und Mönchen (XII 98, 9–71) gewidmet. An Umfang zwar noch größer, aber vollständig aus Blastares übernommen ist auch das Kapitel der verschiedenen Verwandtschaftsgrade und der erlaubten Ehen (XVIII 116, 1–3).

Zur Qualität der Abschrift bzw. dieses Kopisten ist festzuhalten, dass die Version des *Procheiron* im Harleianus nicht nur sprachlich, sondern auch inhaltlich mangelhaft ist. Teils wurden die Kapitelüberschriften vergessen, diese lassen sich aber zumindest aus dem Index wieder herstellen (und wurden entsprechend im Überblick unten er-

---

11 PLP III 5396 (Diasorenos, Neilos), Metropolit von Rhodos 1357(?)–1369(?), von Patriarch Makarios (1376–1379) abgesetzt.

12 PLP XI 27057; Hawkes-Teeples (2011) 18–23.

gänzt). Mindestens an drei Stellen dürfte der Schreiber Passagen ausgelassen haben (II 29, 2; III 30, 3; XXI 127, 3). Zudem gibt es durchgehend ausgelassene bzw. flüchtig gelesene oder übersprungene Silben und Worte, die immer mit Rücksicht auf das niedere Sprachregister und auf mögliche prägnante Ausdrucksweisen unten wo nötig ergänzt werden. Schließlich haben sich noch viele Fehler aufgrund unachtsamer Lektüre der Vorlage eingeschlichen, hierzu zählt fortwährend die Verwechslung von κανών und κεφάλαιον. In der Wiedergabe des Textes unten ist dies durch *sic* angezeigt.

Inhaltsangabe der Handschrift

Um einen Eindruck der im Harleianus vereinten Texte zu gewinnen, seien hier die Abschnitte aufgelistet:

- ff. 1r–2v: τάξις καὶ ἀκολουθία εἰς σταυροφόρους μοναχούς, ἐκτεθεῖσα παρὰ τῶν ὁσίων πατέρων ἡμῶν Ἀντωνίου τοῦ μεγάλου, Εὐθυμίου Σάβα καὶ ἑτέρων πατέρων.
- ff. 2v–17r: ἀκολουθία τοῦ μικροῦ καὶ ἀγγελικοῦ σχήματος.
- ff. 17r–44v: ἀκολουθία τοῦ μεγάλου καὶ ἀγγελικοῦ σχήματος.
- ff. 44v–45v: ὀνόματα ἀρσενικὰ τῶν μοναχῶν (alphabetisch geordnet).
- ff. 45v–46r: θηλυκὰ ὀνόματα (alphabetisch geordnet).
- ff. 46r–48r: Exomologetarium (ὁ ἐξομολογούμενος ὀφείλει λέγειν πρὸς τὸν πνευματικὸν πατέρα ...).
- ff. 48v–53r: Pinax der 133 Kapitel des *Procheiron kanonikon* (Abb. 1).
- ff. 53v–148r: *Procheiron kanonikon.*
- ff. 148v–149r: Neilos Diasorenos (s. Anm. 11), *Responsa ad quaestiones Ionae*, Pinax zu Kapitel 1–21, dann 10 Titel ἕτερα κεφάλαια ἀπὸ τοῦ κῦρ Ἰωάσαφ numeriert mit 21, 27, 30, 31, 34, 36, 39, 41, 42, 43.
- ff. 149v–154r: Neilos Diasorenos, 21 *Responsa ad quaestiones Ionae* (ff. 151r–154r von späterer Hand ergänzt) (ed. Almazov [1903] 50–83).
- ff. 154r–156v [ergänzt von späterer Hand]: ἕ(τερα) κεφάλαια τοῦ κῦρ Νείλου μητροπολίτου Ῥόδου ἀπὸ τὰς ἐρωταποκρίσεις κῦρ Ἰωάσαφ, Nr. 21, 27, 30, 31, 34, 36, [39], 41, [42], 43 (es handelt sich um die *Responsa* des Metropoliten Ioasaph von Ephesos [s. Anm. 10] an Georgios Drazinos; ed. Korakides [1992] 213–248).

Zur Gestaltung des *Procheiron kanonikon*

Das *Procheiron kanonikon* des Harleianus gibt, wie oben bereits erwähnt, in seinem langen Titel das Datum seiner Entstehung an, nämlich das Weltjahr 6887 der 2. Indiktion (1378/1379 n. Chr.) unter der Herrschaft der Kaiser Ioannes V. Palaiologos und seines Sohnes und Gegenkaisers Andronikos IV. Palaiologos (nach Inhaftierung von Vater und Bruder Krönung zum [Gegen]Kaiser am 18. Oktober 1377; am 1. Juli 1379 wieder gestürzt) und des neuen Patriarchen Makarios (nach der Absetzung des Philotheos Kokkinos, ebenso bis Juli 1379). Bemerkenswerterweise wird der abgesetzte Kaiser Ioannes V. an erster Stelle genannt. Eine entsprechende Initiative zu einer neuen kanonistischen Sammlung ist jedoch weder von den Kaisern noch vom Patriarchen bekannt, die Angabe von Kaiser und Patriarch dürfte daher rein dem Zweck der Zusatzdatierung zum Weltjahr dienen.

In seiner Überarbeitung des Syntagma des Matthaios Blastares zeigt das *Procheiron kanonikon* ein besonderes Interesse an denjenigen Fällen der Alltagspraxis, den Bußkanones, die in den Kanones und im Syntagma nicht im Detail oder zum Teil sogar abweichend abgehandelt sind und erst von späteren „Theologen" überarbeitet und meist aufgrund konkreter Fälle in so genannten Erotapokriseis veröffentlicht worden sind. Diese erhielten dann wiederum geradezu kanonischen Charakter und sind auch im Umfeld kanonischer Sammlungen handschriftlich überliefert; insbesondere gehören hierzu die Bestimmungen, die den Patriarchen Ioannes IV. Nesteutes (582–595[13]) und Nikephoros I. Homologetes (806–815) zugeschrieben wurden[14], und die Antworten des Chartophylax Petros (Ende 11. Jh.), des Patriarchen Nikolaos III. Grammatikos (1084–1111), des Metropoliten Niketas von Herakleia (*ca. 1060)[15] und des Bischofs Johannes von Kitros (auf die Fragen des Konstantinos Kabasilas)[16] (13./14. Jh.). Allerdings sind einige dieser Bestimmungen auch wiederum von den großen Rechtsgelehrten der ersten Hälfte des 14. Jahrhunderts, Konstantinos Armenopulos (Nesteutes in Scholien zu seiner *Epitome canonum*) und Matthaios Blastares in Exzerptsammlungen (Ioannes Nesteutes, Ioannes von Kitros) zusammengestellt worden, die dem Anonymus als Grundlage dienten. Ebenso sind (teils noch nicht identifizierbare) Epitimia-Sammlungen mit Bestimmungen zu jeglicher Form von Vergehen und entsprechender Buße und Strafe herangezogen worden. Der Vorteil solcher komprimierten Sammlungen wird etwa in der langen Liste der Priester- und Mönchsvergehen deutlich: Kurz und prägnant werden das Vergehen und die Strafe (Buße, Absetzung, Exkommunikation) ohne langen juristischen Kommentar festgehalten, und dies in einer recht einfachen Sprache. Es zeigt das *Procheiron kanonikon* daher vielleicht ein identischeres Bild des alltäglichen Umgangs mit dem kanonischen Recht: Es war gut, auch die ausführlichen Erklärungen der Synoden, Konzilien und Kirchenväter zur Hand zu haben, aber der praktische Schnellzugriff der Bußkanones war ebenso beliebt und eben gerade für ein Procheiron ideal; es ist genau dieser Aspekt, den die Praefatio des *Procheiron* mit dem Attribut „εὐσύνοπτον" festhält.

In der Form, wie sie im Harleianus überliefert ist, und wohl auch in der ursprünglichen Version stellt das *Procheiron kanonikon* ein bewusst konzipiertes und aus der

13 Siehe dazu nun van de Paverd (2015).

14 Siehe Troianos (2018) 162–166.

15 Siehe Troianos (2018) 278–280.

16 Siehe Troianos (2018) 337 und Darrouzès (1973) sowie Katsaros (1999) 127–148, bes. 140–141.

Hauptquelle Blastares neu zusammengesetztes Werk dar und keine zufällige Ergänzung eines Syntagma-Nucleus. Aufbauend auf dem alphabetischen Syntagma wird dort ergänzt, wo das Syntagma für die alltägliche Praxis Ergänzungsbedarf hatte, und ausgelassen, was für den Anonymus irrelevant war. Im Werk selbst finden sich immer wieder Querverweise (sogar im Index), in der Regel mit dem Hinweis „vorne" (ἔμπροσθεν [τοῦ φύλλου]) und „hinten" (ὄπισθεν [τοῦ φύλλου]) und dem Kapitel des *Procheiron*. Freilich können diese Verweise auch erst in einer Überarbeitung zur leichteren Auffindbarkeit hinzugefügt worden sein. Allerdings ist der Verweis „vorne" oder „hinten" fast durchgehend falsch, die Kapitelangabe stimmt jedoch in der Regel. Ich vermute daher eher einen Fehler in der Abschrift als eine Änderung eines früheren Konzepts. Bemerkenswert ist u. a. die recht genaue Seitenangabe in Kapitel XII 98, 62 über die Vergewaltigung von Nonnen durch Barbaren auf ff. 111v–112r: Zur Thematik wird weiters auf einen Kanon ἔμπροσθεν ... εἰς τρία φύλλα verwiesen (XII 98, 68) auf f. 114v; dieser Vermerk ist im Haupttext eingefügt, an den der folgende Eintrag XII 98, 63 direkt in der Zeile anschließt. Wenn man f. 112 in die Rechnung mit einbezieht und ἔμπροσθεν als übliches Versehen für ὄπισθεν akzeptiert, würde der Verweis für den Harleianus passen. Da ein solcher Verweis auf eine nachfolgende Seite bereits *in scribendo* kaum möglich ist, dürfte der Text *tale quale* aus einer Vorlage etwa gleichen Formats übernommen worden sein.

Die Quellen des *Procheiron kanonikon*

Wie schon mehrfach angesprochen, ist Blastares' Syntagma die Grundlage in Struktur und Auswahl kanonischer Bestimmungen. Bei der Frage der Verwandtschaftsgrade erlaubter Ehen wurde Blastares sogar über acht Blatt kopiert (Kap. XVIII 116, 1–3). Eindeutig unter dem Einfluss von Blastares steht der Anonymus auch bei seinen Erläuterungen zum Osterfest, indem er neben einigen (adaptierten!) Definitionen der Zyklenberechnung auf f. 85r auch die Tabelle des κανόνιον (*Synt.* Π 7, Περὶ τοῦ ἁγίου Πάσχα [420 mit Einlageblatt]) – allerdings in leicht abgewandelter Form[17] – übernimmt (Abb. 2). Während Blastares keinen Autor überliefert, schreibt das *Procheiron kanonikon* (VIII 72, 1) das πινακίδιον dem σοφώτατος (Nikephoros) Blemmydes (1197/8–1269/72) zu.

Namentlich zitiert wird Blastares als der „Priester Matthaios" mit dem Syntagma nur in fünf Fällen (Kapitel 76 [IX 76, 1 und 25], 81 [X 81, 4], 85 [XI 85, 3], 98 [XII 98, 72]), aber zum Beispiel nicht bei wörtlich übernommen, auch sehr langen Zitaten. Allerdings zeigt der Harleianus generell bei solchen Zitaten auch immer wieder kleinere Ände-

17 Es ist hier allerdings wieder zu betonen, dass die Ausgabe des Syntagma durch Georgios A. Rhalles und Michael Potles auch bei dieser Tabelle mangelhaft ist. Der Computus bei Blastares und die handschriftlichen Änderungen in der Überlieferung (inklusive des Anonymus Harleianus) werden in dieser Arbeit nicht weiter vertieft, sondern sind einer eigenen Studie vorbehalten.

rungen des Textes oder Auslassungen, ganz abgesehen von gewissen Adaptierungen an ein vernakuläres Sprachniveau; mitunter sind auch Zitate aus Blastares ergänzt. Es steht also auch hier die Frage im Raum, ob der Verfasser selbst schon eine überarbeitete Syntagma-Version herangezogen hat oder namentliche Verweise auf Blastares keinem rationalen System folgen (bzw., wie oben vermutet, vielleicht selbst Ergänzungen aus einer folgenden Überarbeitung sind).

Um anhand der oft verwendeten Bußkanones und Erotapokriseis genauere Aussagen zu handschriftlicher Abhängigkeit und Rezeption wagen zu dürfen, bedarf es noch gründlicher Erforschung dieser Texte und ihrer Textversionen. Jean Darrouzès hat bereits die unter dem Namen des Bischofs Ioannes von Kitros überlieferten Bestimmungen untersucht[18]. Für die Zitate daraus im Harleianus ist bemerkenswert, dass auf eine Sammlung zurückgegriffen wurde, die Blastares selbst erstellt und überarbeitet hatte. Sie findet sich so etwa in einer zeitgenössischen Zusammenstellung aus dem Jahr 1342 mit explizitem Hinweis auf Blastares als Kompilator (diese Version wird nach dem zeitgleichen Codex Moskau, Gosudarstvennyj Istoričeskij Musej [GIM], Sinod. gr. 149 [Vlad. 327; Diktyon 43774] zitiert).

Noch nicht identifiziert werden konnte ein Quellenverweis auf einen Ioseph, der sich marginal zu den Kapiteln XIV 104, 1, XXIII 131, 3 und XXIV 133, 4 (hier in Verbindung mit einem Chrysostomos-Zitat) findet. Der Name ist stets in Kreuzform geschrieben Horizontalachse ΣΗΦ, Vertikalachse ΙΗΩ, bei Η kreuzen sich die Achsen.

Bemerkenswert ist weiters die Aufnahme von drei Passagen aus dem *Nomos Georgikos*, allerdings wiederum in sprachlich veränderter Form (VI 68, 2–4). Im 14. Jahrhundert wurde dieser *Nomos* von Konstantinos Armenopoulos einer Revision unterzogen und seiner *Hexabiblos* als Appendix angefügt[19].

Hervorzuheben ist schließlich eine Erzählung im Themenkomplex „Mönche" (XII 98, 67), und zwar das Beispiel eines aus dem Kloster ausgetretenen Mönches, der dann aber wieder in das Kloster eintreten möchte; damit verknüpft war dann die Frage des μνημόσυνον. Zu diesem διήγημα werden einige konkrete Daten geliefert: Der besagte Mönch ist serbischer ἄρχων, die erzwungene Rückkehr in das weltliche Leben erfolgte durch den δεσπότης τῆς Σερβίας. Der Fall wurde dann in der Synode in Konstantinopel behandelt. Berichtet wurde er vom Abt Methodios des Athos-Kloster Docheiariu an den Metropoliten Neilos von Rhodos. Man darf daher annehmen, dass es sich um einen Vorfall im Chilandar-Kloster am Athos handelt. Die beiden genannten Namen deuten auf die 70er Jahre des 14. Jahrhunderts hin.

In dieser ersten Erfassung des *Procheiron kanonikon* konnten zahlreiche Quellen noch nicht eruiert werden (dies mag darin begründet sein, dass Texte auch sprachlich leicht verändert wurden), bzw. wird dies vermutlich erst nach Auswertung der Überlieferung sämtlicher Bußkanones und eventueller Pseudozuweisungen erfolgen kön-

18 Darrouzès (1973).

19 Siehe Koder (2020) 22–23.

nen. Dies würde den Rahmen des Beitrages sprengen. Wenn eine Quelle nicht eruiert werden konnte, wurde zumindest der Text ausführlich wiedergegeben (mit den nötigen Korrekturen der orthographischen und der gröbsten grammatikalischen Versehen).

Sprache

Zwischen dem Handschriftenbefund und einer korrekten Textwiedergabe musste ein pragmatischer Weg gewählt werden, da es sich ja auch nicht um ein Autograph, sondern um einen weiterbearbeiteten Nucleus handelt. Im Harleianus gibt es kaum ein Wort, das in Orthographie und/oder Akzentuierung korrekt geschrieben ist. Typische orthographische Fehler (Itazismus, langes/kurzes o, αι/ε-Verwechslung, θ/t-Verwechslung) wurden daher stillschweigend korrigiert (in Sonderfällen wurde die Version der Handschrift angegeben), auch schon deshalb, um die Textedition nicht durch einen langen Varianten-Apparat unnötig zu überladen. So wurde oft auch ein auslautendes ν (über das Ny ephelkystikon hinaus) – offensichtlich infolge einer Nasalierung des vorangehenden Vokals – nicht mehr ausgesprochen und vom Schreiber ausgelassen. In solchen Fällen wird der Nasal in der Regel stillschweigend ergänzt. Auch Wortsilben, die eher aus Nachlässigkeit ausgelassen wurden, sind ebenso ergänzt worden.

Diese konsequenten orthographischen Fehler erweisen sich in der Textwiedergabe in einigen Fällen als sehr problematisch: Worte mit der Endsilbe -εία, die neben dem Diphthong ει auch die itazistisch gleichklingende Form auf ι aufweisen und als Alternativform auch bei anderen Autoren Aufnahme fanden. In der Regel wurde hier dennoch die korrekte Schreibweise verwendet mit der Kautel einer möglichen Verfälschung des Sprachidioms.

Ein weiteres Problem stellen Konditionalsätze dar: Gelegentlich scheint εἰ gleichbedeutend mit ἐάν verwendet zu werden und dementsprechend den Konjunktiv zu verlangen. Unklar bleibt zudem der intendierte Modus verbi oft in der 3. Person Singular, wenn Indikativ, Optativ und Konjunktiv itazistisch gleich ausgesprochen werden. Die Entscheidung ist hier zusätzlich schwierig, da auch bei weiteren Prädikaten einer Satz(sub)einheit zwischen den Modi variiert wird. In einigen Fällen könnte die Verbalendung auf σ+ι-Laut auch als Futur verstanden worden sein, wenn nicht wiederum eindeutige Aorist(-Konjunktiv)-Formen in genau solchen Sätzen ebenso verwendet werden würden. Es gibt also auch in solchen Sätzen dann eine Präferenz, εἰ einem ἐάν gleichwertig zu verstehen und den Aorist-Konjunktiv zu setzen.

Im Sprachregister gibt es gelegentliche bemerkenswerte Variationen, so dass neben hochsprachlichen Koine-Texten auch dem vernakulären Idiom nahe Formen wie ἀπὸ + Akkusativ oder simplifizierte Verbalformen vorkommen[20]. In solchen Fällen wurde in

20 Darunter fallen ebenso einige Bußkanones, die offensichtlich ganz bewusst in diesem Register die Mönche/Kleriker ansprechen sollten, wie die erwähnte Erzählung über einen serbischen ῥιπτομόναχος

der Regel nicht eingegriffen, sondern der Handschrift als Zeitzeugen gefolgt. Generell wird der Genetiv alleine gerne in Kapitelüberschriften verwendet und entspricht einer Wendung mit περί + Genetiv. Auch hier wurde nicht die Präposition ergänzt, wiewohl sich wiederum einige wenige Überschriften mit περί + Genetiv finden.

Vielfach begegnet ein sehr „assoziativer Stil", d. h. dass Worte und Wortgruppen irgendwie aneinandergereiht werden, ohne die Regeln der Grammatik zu beachten. Nominative (mit Prädikat) und Akkusative (mit Infinitiv, aber auch Prädikat) können sich im selben Satz ablösen, ebenso Infinitive und finite Formen; Sätze können eher angedeutet als ausformuliert sein. Partizipialkonstruktionen müssen nicht immer im Kasus mit dem Bezugswort übereinstimmen, etc. Es treten solche Ausdrucksweisen so oft auf, dass ein ständiger Eingriff bereits eine Änderung des Textes darstellen würde. Es spricht eher dafür, dass das *Procheiron kanonikon* – zumindest in der überarbeiteten Version des Harleianus – tatsächlich einem eher schlichten assoziativen Stil folgt.

Schließlich verschleiern etliche abbrevierte Schreibweisen die Endung, die der Kompilator intendiert hat. Das stellt etwa bei der Einleitung zu den ausgewählten Kanones der einzelnen Kapitel vor ein Problem: der Urheber eines Kanons bzw. die Synode kann als Genetiv zum Nominativ des Kanons stehen oder im selben Kasus asyndetisch zugereiht sein. In der Regel wurde die Position des Akzentes als Hilfe für die entsprechende Schreibweise verwendet (wiewohl die Akzentsetzung bei diesem Schreiber genauso aleatorisch gehandhabt wird).

Präsentationsprinzip

Im ersten Teil der folgenden Texterschließung, im Index, ist das Stichwort des Themas, wie es in alphabetischer Abfolge eingeordnet ist, fett hervorgehoben (dies entspricht nicht immer dem in roter Tinte hervorgehobenen Initialen); allerdings haben einige Kapiteltitel auch kein Stichwort, das zur jeweiligen alphabetischen Rubrik passt.

Im zweiten Teil, in der Erfassung des Textes des *Procheiron kanonikon*, sind die Überschriften stets fett hervorgehoben, die Quellangaben im Text sind in gesperrter Schrift wiedergegeben.

Identifizierte Stellen sind zwischen Klammer hinzugefügt. Wenn die Quelle nicht eruiert werden konnte, ist die gesamte Passage (stillschweigend korrigiert) abgeschrieben. Viele Stellen bedürfen noch einer gründlicheren Recherche, da sie auch durch sprachlich-inhaltliche Modifikationen noch nicht bestimmt werden können. Der Fokus lag hier vor allem auf dem Gebrauch des Syntagma des Blastares.

Diese Präsentation hier beansprucht nicht, den Text zu verbessern, sondern in einer Form wiederzugeben, wie er vermutlich für das *Procheiron kanonikon* an-

---

(XII 98, 67).

genommen werden darf. Daher wurde auch bei syntaktischen und grammatikalischen Verstößen nur bedingt eingegriffen (orthographische Fehler wurden selbstverständlich verbessert). Bei den Casus gestattet die Syntax eines vernakulär anklingenden Registers „unklassische" Kombinationen; manche sehr prägnante Formulierungen etwa im Infinitiv ohne Bezugsprädikat lassen sich eventuell aus dem assoziativen elliptischen Stil erklären (in dieser Gruppe dürften die oft knappen Angaben zu den Bußen [μετάνοιαι] fallen; nur gelegentlich wird das Verb ποιεῖν hinzugefügt [vgl. z. B. I 6,4; I 7,1; X 77,1 etc.], häufiger ist eine elliptische Wendung). Diese Kautel und gewiss zusätzliche Fehler aus der Überlieferung müssen bei weiteren sprachlichen oder textvergleichenden Studien stets mitberücksichtigt werden.

Zur einfacheren Zitierbarkeit des Textes des zweiten Teils wurde eine Kapitelgliederung in eckiger Klammer hinzugefügt, die sich an den Vorgaben der Handschrift orientieren: Die erste (römische) Ziffer bezeichnet den Buchstaben in der alphabetischen Abfolge (daher wird ζ etc. mit VI etc. gezählt); die folgende arabische Ziffer bezeichnet das Kapitel, wie es in der Handschrift als κεφάλαιον ausgewiesen ist. Die durch Komma getrennte zweite arabische Zahl bezeichnet die Subeinheit und folgt grosso modo den durch Rubriken und Subtitel gegliederten Stellen der Handschrift. Allerdings wurde nicht jede handschriftliche Rubrik automatisch als neuer Subparagraph angesetzt, wenn etwa aufgrund von Partikel der vorangehende Abschnitt bloß fortgesetzt ist oder ein sehr enger Bezug gegeben ist; ebenso wenn bloß weitere Referenzen selben Inhalts listenartig ergänzt werden. Im einzelnen Fall ist es zugegebenermaßen eine subjektive Ermessensfrage.

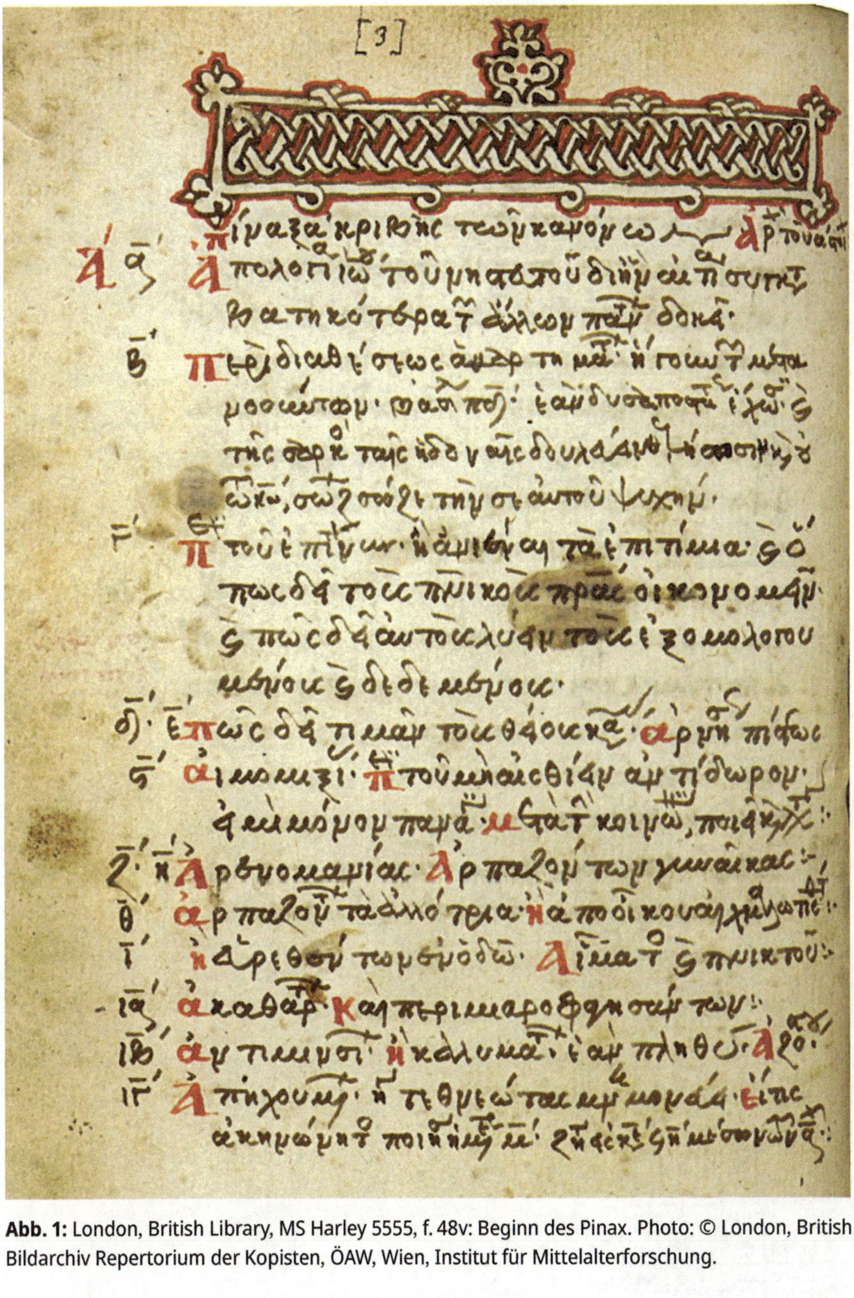

Abb. 1: London, British Library, MS Harley 5555, f. 48v: Beginn des Pinax. Photo: © London, British Library; Bildarchiv Repertorium der Kopisten, ÖAW, Wien, Institut für Mittelalterforschung.

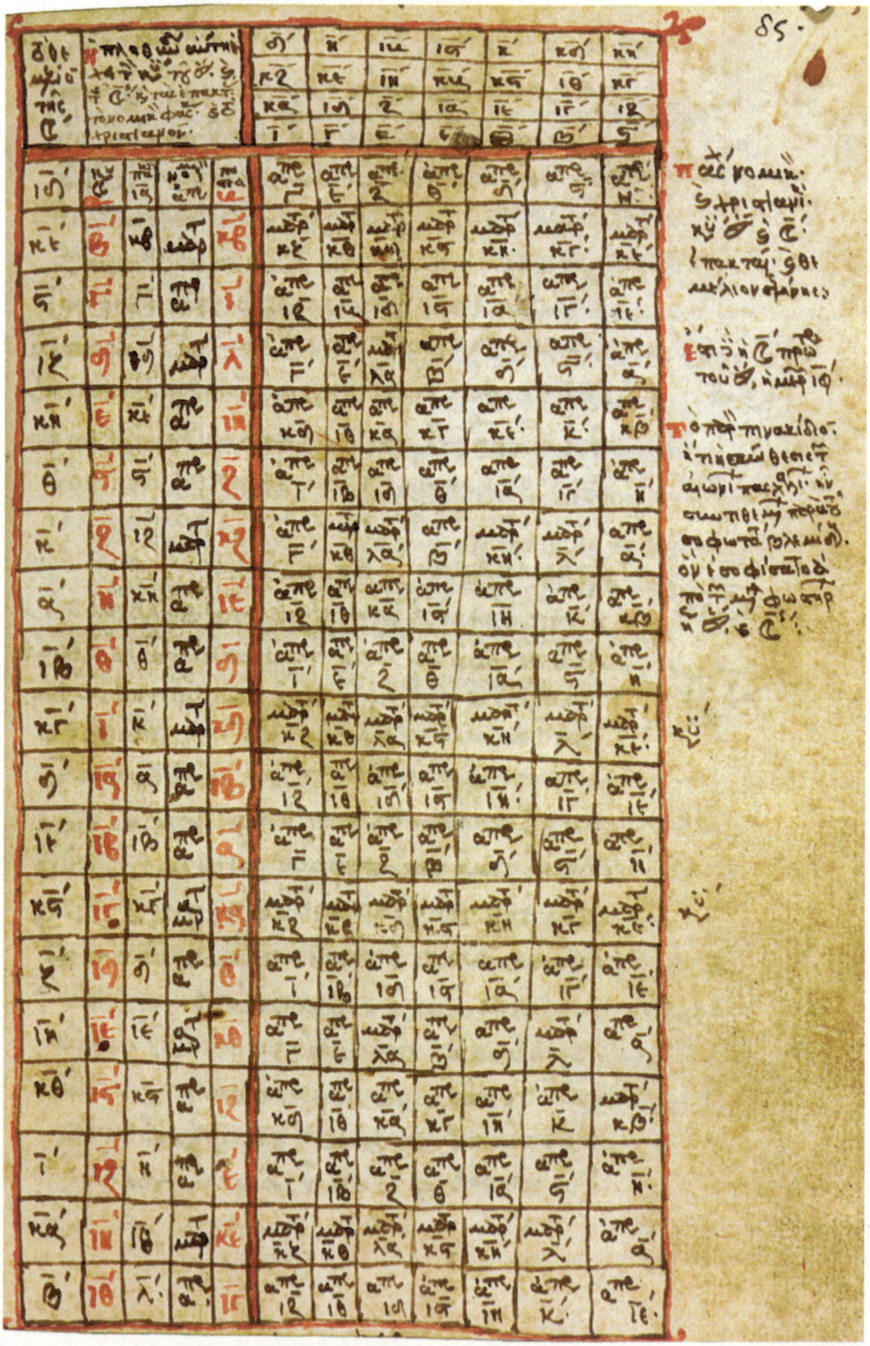

Abb. 2: London, British Library, MS Harley 5555, f. 85r: Tafel zur Berechnung des Pessachfestes und des christlichen Osterfestes im 28jährigen Sonnenzyklus. Photo: © London, British Library; Bildarchiv Repertorium der Kopisten, ÖAW, Wien, Institut für Mittelalterforschung.

[INDEX] (f. 48v) Πίναξ ἀκριβὴς τῶν κανόνων
Ἀρχὴ τοῦ α στοιχείου
Α´
α' **Ἀ**πολογία Ἰωάννου τοῦ Νηστευτοῦ, δι' ἣν αἰτία συγκαταβατικωτέρα τῶν ἄλλων πάντων δοκεῖ.
β' Περὶ διαθέσεως **ἁ**μαρτημάτων ἤγουν τῶν μετανοούντων, Βασιλείου πδ´, ἐὰν δυσαποστάτως ἔχωσιν καὶ τῆς σαρκὸς ταῖς ἡδοναῖς δουλεύειν θελήσωιν καὶ οὐ τῷ κυρίῳ σώζε⟨ιν⟩ (σώζ(ων) σώζε cod.) τὴν σεαυτοῦ ψυχήν.
γ´ Περὶ τοῦ ἐπιτείνειν ἢ **ἀ**νιέναι τὰ ἐπιτίμια καὶ ὅπως δεῖ τοὺς πνευματικοὺς πατέρας οἰκονομεῖν καὶ πῶς δεῖ αὐτοὺς λύειν τοὺς ἐξομολογουμένους καὶ δεδεμένους.
δ´ Πῶς δεῖ τιμᾶν τοὺς θείους κανόνας.
ε´ **Ἀ**ρνήσεως πίστεως.
ς´ **Α**ἱμομιξίας. περὶ τοῦ μὴ ἐσθίειν **ἀ**ντίδωρον, εἰ μὴ μόνον παναγίας· μετὰ τὴν κοινωνίαν ποιεῖ⟨ν⟩ καὶ λειτουργίαν.
ζ´ **Ἀ**ρρενομανίας.
η´ **Ἁ**ρπαζόντων γυναῖκας.
θ´ **Ἁ**ρπαζόντων τὰ ἀλλότρια ἢ (εἰ?, cf. textum supra) ἀπὸ οἴκου αἰχμαλωτισθέντος ἢ εὑρεθέντων ἐν ὁδῷ.
ι´ **Α**ἵματος καὶ πνικτοῦ.
ια´ **Ἀ**καθάρτων καὶ περὶ μιαροφαγησάντων.
ιβ´ **Ἀ**ντιμινσίων ἢ καλυμ⟨μ⟩άτων· ἐὰν πλυθῇ. **ἀ**ζώστου.
ιγ´ **Ἀ**ποιχουμένων, ἤγουν τεθνεῶτας μνημονεύει⟨ν⟩. εἴ τις **ἀ**κοινώνητος ποιήσ(ει) ἡμέρας μ´, ζήτει εἰς κεφάλαιον ϟη´ μέσον τῶν μοναχῶν (XII 98, 64).

(f. 49r)
ιδ´ **Ἁ**μαρτημάτων θανασίων.
ιε´ Οὐ δεῖ ἐν ἐκκλησίᾳ νεκροὺς θάπτειν μηδὲ κοιτῶνα ποιεῖν.
ις´ Περὶ τοῦ ἐλθόντος εἰς ἕτερον συνοικέσιον.
ιζ´ Περὶ τοῦ ἄνδρα ἢ γυναῖκα βεβλημένον ῥάκη, ἤγουν **ἀ**λάσ⟨σειν⟩ (ἀλα^{σ} cod.) τὰς στολάς, ὁ ἀνὴρ γυναικ(εί)ᾳ καὶ ἡ γυνὴ ἀνδρικ(ῇ).
ιη´ **Ἀ**γάπας μὴ καταφρονεῖν μηδὲ ἐσθίειν ἔνδον ἐκκλησίας ἢ κρέα ἢ ποτὰ ἢ στρωμνὰς ποιεῖν. **ἁ**ρμοδίων ἐνδυμάτων ἱερομένων, ἤγουν στολάς. Ἰουδαίων ἰατρεία. **ἀ**ργίαι{ς} Χριστιανῶν, ζήτει κέφαλαιον ρκθ´ (XII 129, 5).
ιθ´ Περὶ τοῦ μὴ πιστεύειν τινὶ χωρὶς **ἀ**ποδείξεων. περὶ **ἀ**φορισμοῦ κεφάλαιον πγ´ (X 83, 1–3). **ἄ**ρτου προηγιασμένου **ἀ**φανισθέντος ἢ ὑπὸ κυνῶν ἢ μυῶν.
κ´ Οὐ κολάζεται ἕτερος **ἀ**νθ' ἑτέρου.

Β΄

κα΄ **Β**λασφήμων. **β**απτίσματ(α, -ος?)[21], ἢ ἐν οἴκῳ ἢ βαστισθέντος δύο φορ(αῖς? φορὲς?) ἢ ὑπὸ ἀνιέρου **β**απτισθέντος. μὴ **β**απτίζειν τῇ μεγάλῃ μ^ῆ ἕως τὸ μέγα σάββατον, καὶ ἕτερα περὶ **β**απτίσματος.

κβ΄ Ὅπως δεῖ δέχεσθαι τοὺς ἐξ αἱρέσεων ἐπιστρέφοντας **β**απτίζ(ειν/εσθαι, vel βαπτιζομένους).

κγ΄ Περὶ ἀ**β**απτίστων παιδίων.

κδ΄ Περὶ ἀμφιβαλ⟨λ⟩ομένων νηπίων, εἰ ἐ**β**απτίσθησαν.

κε΄ Πόσων ἡμερῶν τὸ παιδὶ **β**απτίζεσθαι.

κς΄ Οὐκ ἔξεστι μοναχὸν ἀναδέχεσθαι παιδία ἢ ἀδελφοσύνας ποιεῖν.

κζ΄ Οὐκ ἔξεστι ἱερέα{ν} **β**απτίζειν τὰ ἴδια τέκνα.

κη΄ **Β**ιοθανῶν ἤγουν τῶν αὑτοὺς (αὐ- cod.) ἀναιρούντων. ὁ αὑτὸν (αὐ- cod.) ἀνελὼν ἢ ὁ ἐπιχειρήσας.

κθ΄ **Β**δελυσσομένων τοὺς γάμους καὶ κρέη καὶ οἴνους καὶ τὰ λοιπά.

(f. 49v) **Γ**

λ΄ **Γ**οητείας καὶ κελευόντων ἐν τοῖς εἰκονίσμασιν καὶ μαγίαις, καὶ βοτανῶν.

λα΄ Περὶ διγάμων, ἕως πότε οὐχ ὑψώνεται διγάμ(ου), τριγάμ(ου), πόρν(ου) ἡ προσφορά (sic, cf. III 31, 5).

λβ΄ Περὶ τρι**γ**άμου καὶ διαφόρων **γ**άμων, ποσάκις κοινωνεῖ ὁ τρί**γ**αμος μετὰ τὸ ἐπιτίμιον τῶν θείων μυστηρίων καθὲν χρόνον. **γ**υναῖκα ἐπισκόπου ἢ ἱερέως οὐ δευτερογαμεῖν, κἂν ὁ Κίτρους λέγῃ, ζήτει ος΄ κεφάλαιον (IX 76, 1).

λγ΄ Περὶ πολυ**γ**αμίας καὶ ὀρχησμάτων.

λδ΄ Περὶ αἱρετικῶν συναφίας, καὶ κληρικῶν τέκνα μηδ᾽ ὅλως ἢ μετὰ Ἰουδαίων **γ**άμους συναλλάττει⟨ν⟩.

λε΄ **Γ**άμους μὴ γίνεσθαι κρυφίως.

λς΄ **Γ**υναικὸς καταμήνια, εἰ γεννήσει τῇ μεγάλῃ μ^ῆ.

λζ΄ **Γ**υναῖκα μὴ κωλύειν εἰς ἐκκλησίαν ἢ πρεσβύτερον ἢ διάκονον.

λη΄ Περὶ τοῦ μὴ ἐγκρατεύεσθαι τῶν ἀνδρῶν ἢ ἀνδρὸς τῶν **γ**υναικῶν. **γ**υναῖκα ὁ φιλήσας, εἰ ψηλαφᾷ (sic), ζήτει κεφάλαιον ϟγ΄ (XII 93, 4) καὶ ρλα΄ (XXIII 141, 1). **γ**άμον ἄνηβον οὐκ ἔστιν ἱερολογεῖν, ζήτει κεφάλαιον ϟς΄ (XII 96, 1). **γ**άμους μὴ ποιεῖν τῇ μεγάλῃ μ^ῆ΄, ζήτει κεφάλαιον λγ΄, τῆς Λαοδικείας νς΄ (deest).

λθ΄ **Γ**άμον μὴ καταλιμπάνειν.

μ΄ Περὶ τοῦ μὴ καταλιμπάνειν τὰ τέκνα.

μα΄ Περὶ τοῦ μὴ καταλιμπάνειν τοὺς **γ**ονεῖς.

μβ΄ Περὶ τῆς βουλομένης **γ**υναικός, γαμουμένης ἑτέρῳ, ἀποδημοῦντος τοῦ ἀνδρὸς καὶ μὴ ἀναμεινάσης τὸν ἄνδρα.

μγ΄ **Γ**υναῖκα μὴ καθεύδειν ἐν μοναστηρίῳ ἀνδρείῳ, μηδὲ ἄνδρα γυναικείῳ.

21 Die Themen von βαπτίσματ(ος) bis zum Ende von Kapitel 21 sind im Kommentar zu Kapitel 22 behandelt.

μδ´ Περὶ συνεισάκτους ἐχόντων κληρικῶν.

(f. 50r)
με´ Περὶ συκοφαντικῶν κλερικῶν, ἤγουν ῥίψαι παιδί.
μς´ Περὶ γυναικὸς δειγματισθείσης, ἤγουν τὰς τρίχας κόψαι.
μζ´ Περὶ τοῦ θέλοντος γυναῖκα παιδός.

Δ
μη´ Δώρων ἁγίων, χυθῆναι, ἢ ἀπὸ τοῦ ἁγίου δίσκου.
μθ´ Δώρων ἁγίων ἀφανισμῶν, ἢ ἀρτοφορίῳ σαπῆναι. **δ**ούλων, ζήτει κεφάλαιον πγ´ (X 83, 8).
ν´ Ἱερέως μὴ θέλοντος κοινων(εῖν) τὴν ἑαυτοῦ γυναικός.
να´ Δένδρα τεμνόντων ἀλλότρια ἢ ἀμπέλους.
νβ´ Διδασκόντων προπετῶς, οὐ πρέπει.
νγ´ Δαιμον{ι}ώντων.

Ε
νδ´ Ἐκκλησιῶν κτιζομένων (sic).
νε´ Εὐκτηρίους οἴκους κτίζοντας μοναχούς. **ε**ὑρεθέντων παιδίων (πραγμάτων?), ζήτει ὄπισθεν (sic) θ´ κεφάλαιον (I 9, 3). **ἐ**νδυμάτων ἁρμοδίων τοῖς ἱερωμένοις, ζήτει ὄπισθεν (sic) κεφάλαιον ιη´ (I 18, 4).
νς´ Εὐταξίας εὐχῶν.
νζ´ Ἐμέτοῦ, μεθυσμένου καὶ γαστριμάργων.
νη´ Ἐπισκόπων ἐπιτροπῆς, τοῖς (τῶν cod., cf. V 58, 1) ὑπ᾽ αὐτῶν παρέχειν δέχεσθαι λογισμούς, ἐν ᾧ περὶ τοῦ μὴ καταβαίνειν ἀπὸ ἐπαρχίας εἰς ἑτέραν.
νθ´ Ἐπίσκοπον μὴ χειροτονεῖν ἔξω τῶν ὅρων αὐτοῦ.
ξ´ Ἐπισκόπων χειροτονίας, καὶ περὶ ἱερέων καὶ διακόνων, καὶ συνταγῇ (συνταγὴ cod.) τῶν βουλομένων χειροτονηθῆναι.
ξα´ Μὴ χρᾶσθαι κοσμικοῖς ἄρχουσιν, **ἐ**πίσκοποι.
ξβ´ Ἐπισκόπων καὶ ἱερέων ὑπὸ πόσων καθαιρέσεως.
ξγ´ Ἐπίσκοποι καὶ ἱερεῖς μὴ λαμβάνωσιν κοσμικὴν φροντίδα.
ξδ´ Περὶ τοῦ μὴ ἀμελεῖν τοῦ ἰδίου κλήρου.
ξε´ Περὶ τοῦ μὴ καταφρονεῖν τὸν τοῦ θεοῦ οἶκον.

(f. 50v)
ξς´ Περὶ τοῦ μὴ ἰδίᾳ **ἐ**κκλησιάζειν.
ξζ´ Εἰς πόσα δεῖ **ἐ**τῶν ἐξαγορεύεσθαι τοὺς ἄρρενας καὶ θηλείας, καὶ περὶ χειροτονίας ἀνεξετάστου.

Ζ
ξη´ **Ζ**ωοφθόρων ἤτοι κτηνοβατῶν. ζώων φονευθέντων ἤτοι χοίρων, κυνῶν, προβάτων ἤτοι ($η^τ$ cod. ἢ τῶν?) ἄλλων ἢ εἰς ἀμπελ(ῶνα), εἰ ἕν{α} τὸ ἄλλο{ν} κτείνει ἢ ἄνθρωπος κτείνει αὐτό.

Η

ξθ΄ **Ἡ**μερῶν καὶ ὡρῶν. **ἡ**γουμένων, καὶ πᾶσα ἀρχ**η**γοῦ.

ο΄ **Ἡ**λίου κύκλων καὶ σελήνης καὶ βι(σέκτου) καὶ ἰν(δίκτου, cf. VII 70, 5).

οα΄ **Ἡ**μερῶν εὑρέσεως.

Θ

οβ΄ **Θ**εμελίου σελήνης καὶ περὶ τῶν κύκλων αὐτῆς καὶ πάσχα καὶ ἀποκρ(έου, cf. XIII 102, 7) καὶ ἰνδικτιῶνος καὶ νεομηνίας.

Ι

ογ΄ **Ἱ**εροσυλίας.

οδ΄ **Ἱ**ερέων ἐκλογῆς.

οε΄ Ὅτι οὐ δεῖ τὰ ἐργαλεῖα τῶν **ἱ**ερῶν σκευῶν ἀργεῖν, ἐν ᾧ καὶ περὶ χωνεύσεως τούτων. **Ἰ**ουδαίων ἰατρεία, καὶ μὴ συνεσθίειν ἢ συ⟨λ⟩λούεσθαι τούτων (sic?, τού in corr.), ζήτει κεφάλαιον ιθ΄ (recte: ιη΄; I 18, 3). **ἱ**ερέων συκοφαντίας, ζήτει κεφάλαιον με΄ (III 45, 1). καὶ ἕτερα πρὸς φωνὴν (an φονικὸν, cf. textum) ζήτει μέσον τῶν ος΄ (IX 76, 19).

ος΄ **Ἱ**ερέων διάφορα, καὶ περὶ ἐπισκόπων, γυνή, καὶ **ἱ**ερεώς, {δι}γαμεῖν δὶς οὐ δεῖ. **ἱ**ερεὺς κοσμικὸς μὴ ὑποτάσσῃ μοναχούς. **ἱ**ερέα τύψαι τινάς, ζήτει κεφάλαιον ⟨ρ⟩κ΄ (XX 120, 3).

Κ

οζ΄ **Κ**λεπτῶν καὶ **κ**λεπτοαποδό{υ}χων. **κ**λέπτης δοῦλος. ὁ φονεύσας μέλισσα⟨ν⟩.

(f. 51r)

οη΄ **Κ**οινωνίας ἀταξίας. οὐ μεταδίδωσι τὶς τὰ θεῖα εἰ μὴ ἐπίσκοπος ἢ πρεσβύτερος.

οθ΄ Περὶ τοῦ μὴ βουλομένου **κ**οινωνεῖν ἀπὸ ἱερέως γεγαμηκότος.

π΄ Ὅτι τοὺς μετανοοῦντας τῆς θείας ἀξιοῖ **κ**οινωνίας ἐπὶ τῇ τελευτῇ. **κ**οινωνεῖν χρὴ τὰ βαπτιζόμενα βρέφα.

πα΄ Ὅτι οὐ δεῖ{ν} κρατεῖν τῆς **κ**οινωνίας τοὺς πρὸς θάνατον, εἰ νήστι⟨δε⟩ς μὴ εἶεν, μηδὲ σχήματος.

πβ΄ Εἰ χρὴ τὸν ἀκούσιον (an -σίως?) γευσάμενον τι **κ**οινωνεῖ⟨ν⟩.

πγ΄ **Κ**ληρικῶν διάφορα πάθη. ἀφορισμῶν πιστῶν καὶ ἀπίστων ἢ ἀλόγως ἀφορίζειν. εἰ ἀπὸ ἐνορίας εἰς ἐνορίαν ἢ ἐγγύας διδοὺς ἢ ἀκρωτηρισθεὶς ἢ χορεύων. εἰ οἰκέτην τινὸς χειροτονεῖν χωρὶς τοῦ ἑαυτοῦ δεσπότου ἢ μονάσαι ἢ ἐν καπηλίῳ πίνει⟨ν⟩ ἢ ἐφάπτεσθαι τῆς γυναικὸς τῇ αὐτοῦ (sic) ἐφημερίᾳ.

Λ

πδ΄ **Λ**ῃστῶν. λειτουργία τῶν προηγιασμένων, πότε ἱερουργεῖται καὶ πότε ῥαντίζεται, ζήτει εἰς κεφάλαιον ϟη΄ (XII 98, 4–8).

πε΄ **Λ**ύσεως γάμου ἀζημίου, καὶ ἐπισκόπου καὶ ἱερέων γυναικῶν.

πς΄ **Λ**υομένων μνηστειῶν καὶ δαιμονιζομένων μνηστειῶν (an μνηστῶν?).

πζ΄ Λειτουργεῖν οὐ χρὴ ἄνευ θερμοῦ. εἰ τεσσαρακοστὰς ποιεῖ δύο ἄνθρωπος (?, ἀνων cod.). εἰ προσφορὰ σώα ζ΄ ἢ ι΄ (η΄cod., sed cf. XI 87, 1) ἡμερῶν. λειτουργεῖν δὶς τῆς ἡμέρας οὐ πρέπει. λειτουργ⟨ίας⟩ τοῦ μεγάλου Βασιλείου, ια΄ τοῦ ἐνιαυτοῦ, ζήτει κεφάλαιον ϟη΄ ἀπὸ τοῦ μέσου (XII 98, 8).

πη΄ Λατίνων περί τινων ἐθῶν, ἀζύμων καὶ σκευῶν.

M

πθ΄ Μοιχείας.

ϟ Περὶ τῆς κατηγορηθείσης ἐπὶ μοιχείᾳ.

(f. 51v)

ϟα΄ Μοιχευθείσης γυναικὸς ἢ καὶ πρεσβυτέρας.

ϟβ΄ Μοναχὴ μοιχεία⟨ν⟩ γνοῦσα.

ϟγ΄ Μαλακίας ἢ ἐπαφῆς (ἐπαφὰς cod.) γυναικὸς ἢ φιλήματος ἢ χύσ(αι?) τὴν ῥεῦσιν ἔξωθεν. μαρτύρων ἐν δικαστηρίῳ, ζήτει ος΄ κεφάλαιον εἰς τὸ μέσον (IX 76, 21–22).

ϟδ΄ Μνηστειῶν καὶ περὶ διακόνων μνηστείας.

ϟε΄ Οὐ δύναται ὁ μνηστευθεὶς λαβεῖν ἑτέραν ἐκ γένους τῆς πρώτης.

ϟς΄ Οὐκ ἔξεστιν ἀνήβων γάμον ἱερολογεῖν.

ϟζ΄ Μνησικακοῦντος τινός, τελευτήσει ἢ καὶ ζῇ. μιαροφαγησάντων, ζήτει ὄπισθεν (sic) ια΄ κεφάλαιον (I 11, 3).

ϟη΄ Μνημόσυνα μὴ ποιεῖν τῇ μεγάλῃ μ^{η} μηδ᾽ ἐν ταῖς δεσποτικαῖς ἑορταῖς. λειτουργία τῶν προηγιασμένων, πότε λειτουργ(εῖται), καὶ πότε ἄρχονται μνημονεύει⟨ν⟩. μοναχῶν διάφορα κεφάλαιον ἔχει. καὶ περὶ ῥιπτομονάχων, εἰ (ἢ cod.) καὶ χωρὶς εὐχῆς (-αῖς cod.).

ϟθ΄ Μητροπολίτην εἰ συμβῇ λειτουργῆσαι ἐν ὁρίοις τοῦ ὑπ᾽ αὐτὸν ἐπισκόπου, τὸ ὄνομα τοῦ πατριάρχου ἐν τοῖς διπτύχοις λέγει⟨ν⟩, ἢ (εἰ?) καθαιρεθείς.

ρ΄ Μύρου σπάνια. ὁ μισθώσας ζῶον ἕως τοῦ τόπου ἐκείνου.

N

ρα΄ Νάρθακι τοῦ μὴ καθεύδειν ἐπὶ χρόνον καὶ τοῦ μὴ ἐσθίειν ἢ κοιμᾶσθαι ἔνδον τοῦ ναοῦ.

ρβ΄ Νηστειῶν καταλύσεις, ἐν ᾧ καὶ περὶ τῆς^{προ} ἀποκρέου (sic) ἑβδομάδος καὶ τῆς τυρινῆς καὶ μεγάλης ε΄ καὶ τετραδοπαρασκευῆς τοῦ χρόνου, καὶ πᾶσαν τὴν πεντηκοστήν, καὶ τῶν δεσποτικῶν ἑορτῶν, καὶ τετραδ(οπαρασκευῆς) πρὸ τῆς ἀναλήψεως, (f. 52r) καὶ σαββατοκυριακοῦ. καὶ ὁ μετανοίας ποιῶν χωρὶς σφραγίδος. καὶ τῶν ἐν ταύταις καὶ ν^{ῆς} γονυκλισιῶν. καὶ περὶ δευτέρας νηστείας. καὶ τετραδοπαρασκευῆς τοῦ χρόνου, ζήτει κεφάλαιον ρδ΄ ἀπὸ τοῦ μέσου (XIV 104). νηστεύειν, τὴν γ΄ ὀμόσαντος, ζήτει ρλβ΄ κεφάλαιον ἀπὸ τοῦ μέσου (XXIII 132, 7).

Ξ

ργ΄ Ξένον μὴ δέχεσθαι ἱερουργεῖν ἢ ἀφορισμένον.

ρδ΄ Νηστείαν τοῦ σταυροῦ. **ξ**ένας νηστείας μὴ ποιεῖν ἢ τὰς διατεταγμένας, β^{ας} νηστείας ὡς τὰς γ΄ τεσσαρακοστῇ. ⟨**ξ**⟩υροῦντας τὸν πώγωνα ἢ νόθους πλοκάμους, ζήτει κεφάλαιον ριη΄ (XIX 118, 1)

O

ρε΄ **O**ἶνον ὕδατι, περὶ τοὺς μίσγοντας (σμίγ- cod.).

ρς΄ Περὶ τοῦ ἐπιθυμητικοῦ τῆς ψυχῆς, τῶν λογισμῶν ὁ συνδιασμός.

ρζ΄ **Ὀ**νειρώξεως (-ρεύξεως cod.), ἐν ᾧ καὶ περὶ τοῦ μολυνθέντος. **ὀ**νειρώξεως (-ρεύξεως cod.) ἱερέων. **ὅ**ρκον, ζήτει κεφάλαιον ρλβ΄ (XXIII 132)

Π

ρη΄ **Π**ορνείας λαϊκῶν, μοναχῶν καὶ κληρικῶν, ἐν ᾧ καὶ περὶ τῶν πρὸς ἀνάγκην γενομένων φθορῶν καὶ μαυλιστῶν, καὶ μὴ δέχεσθαι δῶρα πόρνου.

ρθ΄ Περὶ συναφείας ὀρθοδόξου μετὰ ἀβαπτίστου ἢ αἱρετικῆς. **π**ορνοβοσκῶν[22]. περὶ τοῦ μετὰ τῆς οἰκίας συναφθέντος δούλης.

⟨ρι΄⟩ Εἰ ὁ δοῦλος πορνεύει.

ρια΄ **Π**αλ⟨λ⟩ακὴν ὁ ἔχων.

ριβ΄ **Π**αρθένων γαμουμένων παρὰ γνώμην τῶν οἰκείων γονέων. **π**νευματικὸς ὁ τὴν ἁμαρτίαν τοῦ ἀνθρώπου φανερῶν. **π**νευματικὸς ἑτέρου πνευματικοῦ λύσιν ἢ δέσιν (δύ^{σ} cod.) οὐ δύναται. **π**νευματικὸς μὴ κείρῃ χωρὶς ἀναδόχων, ζήτει κεφάλαιον ϟη΄ μέσον εἰς τῶν μοναχῶν τὰ κεφάλαια (XII 98, 34)

P

ριγ΄ **Ῥ**ιπτόντων τὰ βρέφη. **ῥ**ύσις (-η cod.) αἵματος ἤτοι καταμήνια γυναικός, ζήτει κεφάλαιον λς΄ (III 36, 1–4). **ῥ**εύσεως κοιμωμένου ἢ ἐξύπνου, ζήτει κεφάλαιον ρζ΄ (XV 107, 1–3).

(f. 52v)

Σ

ριδ΄ Στολὰς κοντὰς ἤγουν ἑλληνικάς. **σ**αββάτῳ ἢ κυριακῇ μὴ νηστεύων, ζήτει κεφάλαιον ρβ΄ ἀπὸ τοῦ μέσου (XIII 102).

ριε΄ **Σ**υγγενείας ἀμέσου διαιρέσεως. περὶ ἀδελφοποιΐας.

ρις΄ Περὶ διαιρέσεως τοίνυν καὶ ὑποδιαιρέσεως, φύσει καὶ θέσει, ἐξ αἵματος καὶ ἐξ ἀγχιστείας καὶ περὶ τῶν τούτων βαθμῶν, τῶν τε ἐξ ἑνὸς γένους, διγενείας καὶ τῶν ἐκ πορνείας γενομένων καὶ τριγενείας, θεμιτῶν καὶ ἀθεμίτων. **σ**υκοφαντικῶν κληρικῶν, ζήτει κεφάλαιον με΄ (III 45, 1). **σ**ταυρὸν ποιεῖσθαι ἐν βρώμασι καὶ πόμασι καὶ ἐν παντὶ ἔργῳ.

ριζ΄ **Σ**υμπόσια μὴ γίνεσθαι ἐν ἑορτ(αῖς) καὶ ὀρχήσεις.

---

22 Im Text steht Kapitel 101 erst zur πορνεία des Sklaven. Vermutlich war aber eine neue Einheit bereits mit πορνοβοσκός intendiert.

Τ

ριη΄ Τὰς τρίχας τῆς κεφαλῆς οὐ δεῖ καλλωπίζειν καὶ τὸν (τοῦ cod.) πώγων(α), οὐδὲ νόθους πλοκάμους, οὐδὲ τοῦ σώματος τὴν ὄψιν (τῇ ὄψει cod.) μεταλάττει⟨ν⟩ τοῖς χρώμασιν. **τ**όπος τῶν μετανοούντων, ζήτει κεφάλαιον ρκγ΄ (XXI 123, 2)

ριθ΄ **Τ**υμβωρύχων. **τ**όκων καὶ πόσα ἔδει λαβεῖν. **τ**ύπτων ἱερεὺς τινά, ζήτει ὄπισθεν (sic) κεφάλαιον οδ΄ (recte: ος΄) (IX 76, 11)

Υ

ρκ΄ **Ὕ**βρεων. **υ**ἱοθεσίας.

ρκα΄ Περὶ ἐπιτρόπων καὶ κουρατόρων κεκωλυμένων γάμ(ῳ) χωρὶς συγγενείας.

ρκβ΄ Περὶ τῆς τοῦ ἁγίου βαπτίσματος (ex corr., corr. et in margine cod.) ἀναδοχῆς, ἐν ᾧ καὶ περὶ τοῦ ἀναδεχομένου τὸν **υ**ἱὸν αὐτοῦ.

φ

ρκγ΄ **Φ**όνων ἑκουσίων καὶ ἀκουσίων. τόπος τῶν μετανοούντων εἰς δ΄ τάξεις.

ρκδ΄ Εἰ ἐν πάλῃ τεθνήξει τίς, ἐν ᾧ καὶ περὶ κλεπτόντων. **φ**ονεύσας ἀρχιερεὺς Ἀγαρηνόν, ζήτει κεφάλαιον ος΄ (IX 76, 18). **φ**όνον ἑκούσιον στρατιώτης ἐποίησεν, ἐπίσκοπος τὴν ἀθέωσιν δέδωκεν, ἡ σύνοδος τὸν ἐπίσκοπον δίκας ἀπῄτησεν, ζήτει γ΄ κεφάλαιον ἐπὶ τοῦ πατριάρχου Λουκᾶ.

(f. 53r)

ρκε΄ **Φ**θειρουσῶν τὰ ἔμβρυα ἑκουσίως ἢ ἀκουσίως, καὶ περὶ **φ**εγγαρίων γυναικῶν[23].

ρκς΄ Περὶ τῶν ἀκουσίως πνιγέντων βρεφῶν ἢ καέντων ἢ τυπτομένων, ⟨εἰ vel ἐὰν⟩ τελευτήσωσιν ἢ διὰ οἶστρον ἡ μήτηρ θανατώσει (-ῃ?).

ρκζ΄ **Φ**ονεύσας τὴν ἑαυτοῦ γυναῖκα ἑκουσίως ἢ ἀκουσίως. εἰ μετὰ μοιχοῦ εὑρήσει ⟨καὶ⟩ τοῦτον φονεύσει. ὅτι οὐ χρόνων ποσότητι (-τος cod.), ἀλλὰ διαθέσει ψυχῆς ἡ μετάνοια κρίνεται.

Χ

ρκη΄ **Χ**ριστιανοὺς βαλλίζειν (βλακίζειν cod.) ἐν γάμοις οὐ δεῖ.

ρκθ΄ **Χ**ειρτονί(ας) ἐπισκόπ(ων), ἱερέων καὶ διακόνων, ζήτει κεφάλαιον ξ΄ (V 60). **χ**ειροτονία ἀνεξέταστος, ζήτει κεφάλαιον ξζ΄ (V 67, 1). πότε **χ**ειροτονεῖται (vel χειροτόνητος, χειροτο^ητ΄ cod.) δοῦλος, ζήτει κεφάλαιον πγ΄ (X 83, 8), τῶν ἁγίων ἀποστόλων πβ΄. **χ**είλεσι μιανθέντος πρεσβυτέρου ἢ διακόνου. **χ**ειροτον(ία) ἀναγνωστῶν, εἰ (ἢ cod.) καὶ β΄ γυναῖκα λάβει (-ῃ cod.). **Χ**ριστιανῶν ἀργίαι ἐν ταῖς μνήμαις τῶν ἁγίων χωρὶς τῶν γεωργῶν.

ρλ΄ **Χ**ριστιανὸς πωλήσ(ας?) (πουλη^σ cod.) **Χ**ριστιανόν. **χ**ωρίζονται τὰ ἀνδρόγυνα χωρὶς αἰτιῶν.

---

23 Der Abschnitt über die φεγγάρια ist im Text zu Kapitel 126 gezählt.

ψ

ρλα΄ **Ψ**ηλάφησις ἑαυτοῦ (-τοὺς cod.). ψευδομένου.

⟨ρλβ΄⟩ ἐπιορκίας.

Ω

ρλγ΄ **Ὠ**ράριον ἐκλήθη. συμβουλὴ νόμου πρὸς τοὺς δεσμεῖν καὶ λύειν ἐξουσίαν εἰληφότας. ἑτέρα συμβουλὴ τοῦ Χρυσοστόμου πρὸς αὐτοὺς ὡς ἐκ προσώπου τοῦ Χριστοῦ πρὸς τὸν Πέτρον μετὰ προστάξεως.

[PRAEFATIO] (f. 53v) Πρόχειρον κανονικὸν ἀναγκαῖον εἰς το⟨ὺς⟩ λύειν καὶ δεσμεῖν ἁμαρτίας ἀνθρώπων ἐξουσίαν εἰληφότας, πᾶν ἔχον ἀναγκαῖον εὐσύνοπτον, συλλεγὲν ἀπό τε τῶν κανόνων τῶν ἁγίων ἀποστόλων καὶ τῶν ζ΄ οἰκουμενικῶν συνόδων τοπικῶν καὶ ὁσίων θεοφόρων πατέρων ἰδίως καὶ τῶν κατὰ μέρος ἐκτεθέντων θείων νόμων ὑπὸ τῶν ἀειμνήστων εὐσεβεστάτων βασιλέων ἐν ἔτει ͵ϛωπζ΄ ἰνδικτιῶνος (ἐνδικτιώνης cod.) β΄ ἐπὶ τῆς βασιλείας Ἰωάννου καὶ Ἀνδρονίκου τῶν Παλαιολόγων.

[I] **Ἀρχὴ τοῦ α στοιχείου**

[I 1] **Κεφάλαιον α΄**

[I 1, 1] **Ἀπολογία Ἰωάννου τοῦ Νηστευτοῦ περὶ ἧς αἰτίας συγκαταβατικώτερα τῶν ἄλλων δοκεῖ·** ὁ μὲν Νηστευτὴς Ἰωάννης συγκαταβατικώτερα τῶν ἄλλων ἐν τοῖς ἐγκληματικοῖς δεικνύμενος ὤν, ἵνα μή τις αὐτῷ μέμψιν ἐπάγοιτο, ὡς ἀνεξετάστως καὶ ἀδιακρίτως ἐναντία τῶν πρὸ αὐτοῦ φθέγγεται ἁγίων πατέρων, φησίν· τὸ οὕτω συντέμνειν ἡμᾶς τοὺς μετανοίας χρόνους οὐκ ἂν δόξειε … (f. 54v) προσήκουσαν (Matt. Blast., *Canon. Ioh. Nest.* [RP IV 435–436]).

[I 2] **Κεφάλαιον β΄**

[I 2, 1] **Περὶ διαθέσεως ἁμαρτόντων**· τοῦ Χρυσοστόμου· ὁ δὲ θεῖος Χρυσόστομος … τὴν πτῶσιν (*Synt.* M 7, Ὅτι κατὰ τὴν μετανοούντων διάθεσιν ἔξεστι τῷ ἐπισκόπῳ ἢ ἀνιέναι ἢ ἐπιτεῖναι τούτοις τὰ ἐπιτίμια, τοῦ Χρυσοστόμου, ἐκ τοῦ β΄ λόγου περὶ ἱερωσύνης [367, l. 1–6]).

[I 2, 2] Βασιλείου πδ΄· πάντα δὲ ταῦτα γράφομεν … τὴν σεαυτοῦ ψυχὴν (*Synt.* M 7, Ὅτι κατὰ τὴν μετανοούντων διάθεσιν ἔξεστι τῷ ἐπισκόπῳ ἢ ἀνιέναι ἢ ἐπιτεῖναι τούτοις τὰ ἐπιτίμια, Βασιλείου πδ΄ [368, l. 1–9]).

[I 2, 3] Τὸ ἀγαθὸν ἑκουσίως τὶς (f. 55r) ἐργάζεται, οὐ μὴν ἀναγκαστικῶς διὰ τὸ ἕκαστον καὶ τὴν ἄσκησιν καὶ τὸν χριστιανισμὸν οὐ κατὰ βίαν ἀπαιτηθήσεσθαι (-εται cod.) ἀναδέξασθαι, ἀλλ᾿ αὐτοπροαιρέτῳ γνώμῃ καὶ ἐλευθερίᾳ (cf. *Nomocan. XIV titulorum*, prolog. [Pitra, Hist. II (1868) 446, l. 8–11]).

[I 2, 3] Νύσσης κανὼν γ΄· ἐπὶ τῶν σπουδαιότερα κεχρημένων … κατάστασιν δοκιμάσειεν (*Synt.* M 7, Ὅτι κατὰ τὴν μετανοούντων διάθεσιν ἔξεστι τῷ ἐπισκόπῳ ἢ ἀνιέναι ἢ ἐπιτεῖναι τούτοις τὰ ἐπιτίμια, Γρηγορίου γ΄ [366, l. 1–6]).

[I 2, 4] Βασιλείου πε´ (recte γ´)· καθόλου φησὶν ἀληθέστερον ἴαμα ... τὴν ἀπόδειξιν (*Synt.* M 7, Ὅτι κατὰ τὴν μετανοούντων διάθεσιν ἔξεστι τῷ ἐπισκόπῳ ἢ ἀνιέναι ἢ ἐπιτεῖναι τούτοις τὰ ἐπιτίμια, Βασιλείου γ´ [365, l. 1–366, l. 1]).

[I 3] **Κεφάλαιον γ´**

[I 3, 1] **Περὶ τοῦ ἐπιτείνειν ἢ ἀνιέναι τὰ ἐπιτίμια καὶ ὅπως δεῖ τοὺς πνευματικοὺς πατέρας οἰκονομεῖν τοὺς αὐτοῖς ἐξομολογουμένους**· (continuatio ultimi loci laudati) δεῖ δὲ τοὺς τῶν ψυχῶν οἰκονόμους ... (f. 55v) τῆς συγκαταβάσεως (*Synt.* M 7, Ὅτι κατὰ τὴν μετανοούντων διάθεσιν ἔξεστι τῷ ἐπισκόπῳ ἢ ἀνιέναι ἢ ἐπιτεῖναι τούτοις τὰ ἐπιτίμια, Βασιλείου γ´ [366, l. 1–5]).

[I 3, 2] Τοῦ αὐτοῦ ἀπὸ τοῦ μέσου, κεφάλαιον οδ´ τοῦ μεγάλου Βασιλείου· οἱ δεσμεῖν καὶ λύειν ... καταλαμβάνειν (*Synt.* M 7, Ὅτι κατὰ τὴν μετανοούντων διάθεσιν ἔξεστι τῷ ἐπισκόπῳ ἢ ἀνιέναι ἢ ἐπιτεῖναι τούτοις τὰ ἐπιτίμια, Βασιλείου οδ´ [366, l. 6–12]).

[I 3, 3] **Φόνον ἑκούσιον στρατιώτης**· ἐπὶ δὲ τοῦ πατριάρχου Λουκᾶ ... (f. 56r) τῆς λειτουργίας ἐπίσχεσιν (*Synt.* M 7, Ὅτι κατὰ τὴν μετανοούντων διάθεσιν ἔξεστι τῷ ἐπισκόπῳ ἢ ἀνιέναι ἢ ἐπιτεῖναι τούτοις τὰ ἐπιτίμια, πρᾶξις συνοδική [366, l. 1–9]).

[I 3, 4] Σύνοδος ς´, ρβ´· τὸν ἐξουσίαν φησὶν ... (f. 56v) ὡς ⟨ὁ⟩ ἱερὸς καὶ μέγας διδάσκαλος Βασίλειος (*Synt.* M 7, Ὅτι κατὰ τὴν μετανοούντων διάθεσιν ἔξεστι τῷ ἐπισκόπῳ ἢ ἀνιέναι ἢ ἐπιτεῖναι τούτοις τὰ ἐπιτίμια, συνόδου ἕκτης ρβ´ [365, l. 1–22]).

[I 3, 5] **Πῶς δεῖ λύειν τοὺς ἐξ αὐτοῦ δεδεμένους**· Ἰωάννου τοῦ Νηστευτοῦ· χρὴ γινώσκειν καὶ τοῦτο ὁ δεχόμενος πνευματικὸς πατὴρ τὰς ἐξομολογήσεις τῶν Χριστιανῶν, ἵνα μεταλαμβάνουσιν τὴν ἁγίαν καὶ μεγάλην ε´ καὶ τὴν ἁγίαν καὶ μεγάλην κυριακὴν ἁγίασμα, ἐσθίουν δὲ καὶ κρέας τὴν νέαν ἑβδομάδα ὅλην καὶ τὴν κυριακὴν τῶν ἀρτοκλασιῶν, να ἀποκρεώνουν ἤγουν οἱ ἔχοντες ἐντολὴν καὶ νηστεύουν, ποιῶσιν δὲ καὶ τὰς τετυπωμένας αὐτοῖς μετανοίας ὅλην τὴν ν^ην^ τὸν ἀριθμὸν αὐτῶν κρεμαστάς, ὁμοίως δὲ καὶ τῷ σαββάτῳ καὶ κυριακῇ διὰ τὸ αἰδέσιμον τῶν μερῶν.

[I 3, 6] Τοῦ αὐτοῦ· Τὰ Χριστούγεννα, τὰ φῶτα, τὴν μεγάλην κυριακὴν καὶ τὰς λοιπὰς ἑορτὰς ἀντικοινών(ητος) ὁ ἐπιτιμώμενος, μεταλαμβάν(ειν) ἁγίασμα τῶν ἁγίων θεοφανίων, καὶ οὕτως διαλύειν οἱ μὲν τυρόν, οἱ (εἰ cod.) δὲ κοσμικοὶ καὶ κρέας. ὁμοίως καὶ τὸν ἐπιτιμώμενον διακελευόμεθα μὴ νηστεύειν θ´ τῷ δωδεκαήμερον (sic) τῆς διακινησίμου, τοῦ ἁγίου πνεύματος (f. 57r) τὴν ἑβδομάδα, τὰς ἑορτὰς ὅλας τοῦ Χριστοῦ, τῆς Θεοτόκου, τοῦ Προδρόμου καὶ τῶν ἁγίων ἀποστόλων, μήτε μὴν μετ(ανοίας), ἀλλὰ προσκυνήματα κατὰ τὸν ἀριθμὸν τῶν μετανοιῶν, ζήτει κεφάλαιον ρβ´, τοὺς κεκωλυμένους (XIII 102, 16) (cf. *Ioh. Nest., Excerptum [PG 88, 1935D; Pitra, Spic. IV (1858) 437–438]).

[I 4] **Κεφάλειον δ´**

[I 4, 1] **Πῶς δεὶ τιμᾶν τοὺς θείους κανόνας**· ζ´σύνοδος, α´ κανών· ὁ πρῶτος κανὼν τῆς ἑβδόμης συνόδου ... (f. 57v) ἐπιτιμίαν ὁρίζομεν (*Synt.* K 5 Περὶ κανόνων ἐκκλησιαστικῶν, καὶ πόσους δεῖ κανόνας κρατεῖν, συνόδου ἑβδόμης α´ [315–316]).

[I 4, 2] Τόμος ἑνώσεως· ὁ δὲ τῆς ἑνώσεως ... εὐλάβειαν ἀνάθεμα (*Synt.* K 5 Περὶ κανόνων ἐκκλησιαστικῶν, καὶ πόσους δεῖ κανόνας κρατεῖν, τόμος ἑνώσεως [316]).

[I 4, 3] Ἡ (ὁ cod.) δὲ ρλα´ (ρκα´ cod.) Ἰουστινιάρειος (sic) νεαρά· θεσπίζομεν ... (f. 58r) παρεῖται (*Synt.* Κ 5 Περὶ κανόνων ἐκκλησιαστικῶν, καὶ πόσους δεῖ κανόνας κρατεῖν, νόμος [316, l. 1–3 (βεβαιωθέντας); 317, l. 10 (δόγματα)–11 (φυλάττομεν), 317, l. 13 (πλέον)–21 (παρεῖται)]).

[I 5] **Κεφάλειον ε´**

[I 5, 1] **Περὶ ἀρνήσεως πίστεως**· τοῦ λογικοῦ· ὁ ἑκοντὶ τὸν Χριστὸν ἀρνησάμενος κατὰ τὸν ογ´ τοῦ μεγάλου Βασιλείου ... χωρὶς συγκαταβάσεως (cf. *Synt.* Α 1 Περὶ τῶν διὰ φόβον ἀρνησαμένων κληρικῶν τὴν πίστιν, Βασιλείου ογ´ [54]).

[I 5, 2] Ὁ δὲ Νύσσης Γρηγόριος τὸν μὲν ἑκουσίως οὕτω, τοὺς (τοῖς cod.) δ᾽ ὑπ᾽ ἀνάγκης τῷ τῆς πορνείας κανόνι δίδωσι (cf. Greg. Nyss., *Can.* 2 [Joannou II 209–210]). ὁμ⟨οί⟩ως καὶ ὁ ἱερομάρτυς Πέτρος Ἀλεξανδρείας καὶ αὖθις ὁ μέγας Βασίλειος ἐν τῷ πα´ (πᾶν cod.) κανόνι (cf. *Synt.* Α 1 Περὶ τῶν διὰ φόβον ἀρνησαμένων κληρικῶν τὴν πίστιν, Πέτρου α´, β´, γ´, Βασιλείου πα´, Νύσσης α´ [52–53, 53–54, 54]; Περὶ τῶν ἀναγκασθέντων ἀρνήσασθαι καὶ μὴ ὑποκυψάντων, Πέτρου ιδ´ [56]).

[I 5, 3] Τὸ δὲ νῦν ἡ ἐκκλησία Κωνσταντινουπόλεως σὺν ἄλλοις καὶ ὁ ἁγιώτατος ἀρχιεπίσκοπος τῆς αὐτῆς πόλεως Μεθόδιος φιλανθρώπως τοὺς (τε cod.) τῷ πάθει τούτῳ ἑαλωκότας οἰκοδομεῖ καί, εἰ μὲν παιδία (sic) ἦν, ἐλήφθη δὲ τοῖς ἀσεβέσιν καὶ ἢ φοβῳ ἢ ἀγνοίᾳ ἢ ἀμαθείᾳ τὴν πίστιν ἠρνήσατο, ἐν ἡλικίᾳ δὲ ἐλθὼν εἰς τὰ τῶν Χριστιανῶν ἐπανέκαμψεν, τὰς τεταγμένας τέσσαρας εὐχὰς τῆς βαπτίσεως (f. 58v) ἀκουέτω παρὰ τοῦ ἱερέως καθ᾽ ἑκάστην ἕως ἡμέρας ζ´ καὶ τῇ ζ´ λουέσθω, εἶτα γυμνωθεὶς λεντίῳ περιζωσάμενος τῷ ἁγίῳ χριέσθω μύρῳ ὡς καὶ οἱ βαπτιζόμενοι καὶ οὕτω τῆς ἁγίας μεταλήψεως ἀξιούσθω, εἰθ᾽ οὕτως ἐπὶ ἡμέρας η´ μηδ᾽ ὅλως τῶν συνάξεων τῆς ἐκκλησίας ἀπολιμπανέσθω, καθὼς (καὶ cod.) οἱ βαπτιζόμενοι. εἰ δὲ τέλειος ἦν τῇ ἡλίκιᾳ καὶ βασάνοις ἀναγκασθεὶς τῆς ἰδίας ἐξωμόσατο πίστεως καὶ οὕτω τυγχάνει φιλανθρωπίας, πρῶτον δὲ νηστευέτω τεσσαρακοστὰς δύο, ἀπεχόμενος κρεῶν, τυροῦ καὶ ᾠῶν, τὰς δὲ τρεῖς τῶν ἡμερῶν τῆς ἑβδομάδος ξηροφαγῶν, καὶ μεταν(οείτω) κατὰ τὴν δύναμιν αὐτοῦ, εἶτα κατὰ τὸν πρῶτον γινέσθω ἐν ταῖς εὐχαῖς καὶ τῷ μύρῳ καὶ τοῖς λοιποῖς (cf. Goar [1647] 876, ex Methodio). τῷ ἑκουσίως κανὼν φοβερὸς κεῖται, διὰ δὲ τὴν τοῦ θεοῦ φιλανθρωπίαν συμπαθῶς καὶ τοῦτον (τοῦτω) θεραπευτέον· β´ ἔτη νηστευέτω ὡς ὁ τὰ⟨ς?⟩ δύο τεσσαρακοστὰς καὶ μεταν(οίας) ρ´ ἢ σ´ καθ᾽ ἡμέραν, μετὰ τὴν τούτων συμπλήρωσιν κατὰ τὸν τύπον τὸν πρῶτον (τῶν τύπων τῶν πρώτων cod.) γενέσθω (cf. Method. in Armenop., *Epitome canonum* V 4, scholium ad *Can.* 73 Basilii et *Can.* 1 Nysseni [PG 150, 149C = Sakarikos, Epitome 165]).

[I 6] **Κεφάλαιον ς´**

[I 6, 1] **Περὶ αἱμομιξίας**· ὁ τῆς ἐν Νεοκαισαρείᾳ συνόδου δεύτερος τὴν δυσὶν ἀδελφοῖς γημαμένην ... θανάτου κελεύει (f. 59r) (*Synt.* Γ 9 Περὶ λαϊκῶν ἀθεμιτογαμούντων, Νεοκαισαρείας β´ [167]).

[I 6, 2] Ὁ μὲν εἰς ἀδελφὴν ἰδίαν κατὰ τὸν μέγαν Βασίλειον ἔτη ιε´ τῆς κοινωνίας εἴργεται (cf. *Synt.* Γ 9 Περὶ λαϊκῶν ἀθεμιτογαμούντων, Βασιλείου οε´ [167, sed annos 12]). ὁ δὲ Νηστευτὴς Ἰωάννης μετὰ ἔτη γ´ τῆς κοινωνίας αὐτὸν ἀξιοῖ, εἰ μέχρις ἑσπέρας νηστεύει{ν} ἢ ζηρογαφεῖ{ν}, μεταν(οίας) ω´.

[I 6, 3] Οἱ δὲ ἐν ταῖς μητρυαῖς ἑαυτῶν ἐπιμαινόμενοι ... ἀδελφαῖς ἑπόμενοι (cf. *Synt.* Γ 9 Περὶ λαϊκῶν ἀθεμιτογαμούντων, Βασιλείου οθ´ [167]).

[I 6, 4] Ὁ δὲ εἰς νύμφην κατὰ τὴν μέγαν Βασίλειον εἰς ια´ ἔτη τῆς κοινωνίας ἀπείργεται, ὅδε μετὰ ἔτη γ´ καὶ τοῦτο⟨ν⟩ τῆς κοινωνίας ἀξιοῖ, εἰ μέχρις ἑσπέρας νηστεύει{ν} καὶ μετ(ανοίας) τ´ ποιῶν, εἰδοῦν τὰ ὁρισθέντα τοῖς πατράσιν ἔτη πληρούτω. οὕτως ὁ κανὼν καὶ γόησι καὶ μοιχοῖς καὶ ἀνδροφόνοις ἁρμόδιος, Ἰωάννου τοῦ Νηστευτοῦ.

[I 6, 5] Τοῖς αὐτοῖς ἐπιτιμίοις ὑπόκειται καὶ ὁ τῇ ἰδίᾳ ἐπιμανεὶς πενθέρᾳ τῆς γυναικὸς μὴ χωριζόμενος (-ον cod.) ἤγουν εἰ ἱερολογημένος μετὰ τῆς αὐτῆς ἐστὶ γυναικός. φησὶ γὰρ ὁ νόμος· „τὰ ἐξ ἀρχῆς βέβαια ἐκ τῶν ἐπισυμβαινόντων οὐκ ἀκυροῦνται" (cf. *Synt.* Γ 15 Περὶ τοῦ συμφθαρέντος τῇ ἰδίᾳ πενθερᾷ [182–183]). τούτους εἰς ἑξαετίαν μένειν ἀκοινωνήτους, μεταν(οίας) ρ´ καθ' ἡμέραν ἄνευ σαββάτου καὶ κυριακῆς, ἐκτὸς ἵστασθαι τῆς ἐκκλησίας προσκλαίουντες (sic) (f. 59v) καὶ τὴν τοῦ ἀνομήματος παρὰ θεοῦ αἰτουμένους συγχώρησιν μήτε ἀντίδωρον λαμβάνοντες (sic) μήτε ἁγίασμα πίνοντες (sic), εἰ μή που τῶν φώτων ἐπισταίη παραμονή, μόνον δὲ τὸν εἰς τὸ ὄνομα τῆς παναγίας ἄρτον ὑψοῦντας εὐλαβῶς ἐσθίειν, ἀλλὰ καὶ τὰς ἱερὰς εἰκόνας ἀδεῶς τοῖς χείλεσιν μὴ ἀσπάζεσθαι, ὅτι μὴ τὰ τούτων ὑποπόδια, ἐλεημοσύνην τὸ κατὰ δύναμιν, λειτ(ουρ)γ(ίαν) μίαν, εἰ εὐπορῶσιν, ἑκάστης ἑβδομάδος πέμπτην εἰς τὴν ἐκκλησίαν, ἀφ' ᾧ (sic) ἀξιωθῇ τῆς θείας κοινωνίας.

[I 6, 6] Τὸ αὐτὸ καὶ Νικόλαος πατριάρχης· εὕρομεν ἐν τῷ βιβλίῳ του Σικεώτου[24] μὴ ἐσθίειν ἀντίδωρον τοὺς μὴ μετανοοῦντας, παναγί(αν vel παναγίᾳ sc. ἡμέραν vel ἡμέρᾳ) μόνον ἐσθίειν (cf. Nicol., *Quaest. et resp.* 10 [RP IV 425]).

[I 6, 7] Εἰ δὲ πρὸ τελείας ἱεροτελεστίας ἐστί, μόνης δὲ μνηστείας συνισταμένης ... ἐν εἰδήσει προβῆναι (*Synt.* Γ 15 Περὶ τοῦ συμφθαρέντος τῇ ἰδίᾳ πενθερᾷ [182]).

[I 6, 8] Ὁ τῇ πενθερᾷ συμφθαρεὶς πρὸ τοῦ γνῶναι τὴν κόρην, ἣν ἑαυτῷ συνηρμόσατο, οὐ δύναται ἔχει⟨ν⟩ οὔτε τὴν μητέρα οὔτε τὴν θυγατέρα, ἀλλὰ καλῶς ποιήσει, ἐὰν ἀποκαρῇ, εἰ δὲ μὴ ἄλλη⟨ν⟩ (f. 60r) λάβῃ γυναῖκα. εἰ δὲ συνεγένετο τῇ{ς} κόρῃ{ς} πρὸ τοῦ γνῶναι τὴν πενθερά⟨ν⟩, μακρυνθήσεται διὰ τὴν φαύλην συνήθειαν. τὸ αὐτὸ καὶ Νικόλαος πατριάρχης καὶ Νικήτας μητροπολίτης Σερρῶν, κυροῦ Ἀλεξίου βασιλέως νόμος.

[I 6, 9] Εἰ μέντοι πρὸ τελείας ἱεροτελεστίας ... ἀκυροῦνται (*Synt.* Γ 15 Περὶ τοῦ συμφθαρέντος τῇ ἰδίᾳ πενθερᾷ [182–183]), ζήτει ἔμπροσθεν (sic) εἰς κεφάλαιον ϟς´ (XII 96, 1) ἀπὸ τοῦ μέσον καὶ εὑρίσκεις περὶ τῆς πενθερᾶς κῦρ Νικήτ(α) μητροπολίτου Σερρῶν.

[I 6, 10] Χρυσοστόμου· ὅταν φθασθῇ πατὴρ μετὰ θυγατρὸς εἴτε μήτηρ μετὰ υἱοῦ ἢ ὅταν φθασθῶσιν δύο ἀδέλφια ἢ δύο ἐξάδελφοι ἢ δύο σύντεκνοι ἢ δύο συνπένθεροι ἢ δύο γυναικάδελφοι ἐξ ἀπροσεξίας, ἔχουσιν ἐπιτίμιον ἔτη ιβ´, ποιοῦντες ἐλεημοσύνη κατὰ τὴν ἰδίαν δύναμιν αὐτῶν, μεταν(οίας) μ´ τὸ πρωὶ καὶ ἑσπέρᾳ ὁμοίως, (f. 60v) ξηροφαγῶν (sic) καὶ θρηνῶν (sic) καθ' ἑκάστην.

---

24 Theodoros Sy/ikeotes (6./7. Jh.).

[I 6,11] Εἰ (ὁ cod.) δὲ τὸ παιδίον αὐτῆς γυναικὸς (γυνῆ cod.) ἄρσεν ἢ θῆλυ κοιμήσει μετ᾽ αὐτῆς, ἐχέτω ἐπιτίμιον ἔτη (sic) ἕν, μεταν(οίας) κδʹ καθ᾽ ἡμέραν.

[I 7] **Κεφάλαιον ζʹ**

[I 7,1] **Περὶ ἀρρενομανίας·** ὁ τὴν ἀσχημοσύνην … τῷ δὲ ξβʹ (ξηʹ cod.) τοῦ μεγάλου Βασιλείου ἔτη ιεʹ (cf. *Synt.* A 14 Περὶ ἀρρενομανίας, Βασιλείου ζʹ καὶ ξβʹ [104]), ἡμῖν δὲ γʹ ἔτη τῆς κοινωνίας ἔδοξεν, ὁ Νηστευτὴς φησὶν Ἰωάννης· κλαίοντα καὶ νηστεύοντα καὶ πρὸς ἑσπέραν ξηροφαγοῦντα καὶ μεταν(οίας) σʹ ποιοῦντα, εἰδοῦν τὰ ιεʹ ἔτη πληροῦντα.

[I 7,2] Παιδίον δὲ πρὸς τινὸς … προβῆναι οὐ κωλυθήσεται (cf. *Synt.* A 14 Περὶ ἀρρενομανίας, Ἰωάννου τοῦ Νηστευτοῦ [104–105]).

[I 7,3] Νόμος· οἱ ἀσελγεῖς … ἀπαλλάττει ποινῆς (*Synt.* A 14 Περὶ ἀρρενομανίας, νόμος [105]).

[I 8] **Κεφάλαιον ηʹ**

[I 8,1] **Ἁρπαζόντων γυναῖκας·** τῷ τῶν πόρνων καταδικάζει ἐγκλήματι, ὁμοίως καὶ τοὺς συμπράξαντας ἤγουν μαυλιστάς.

[I 8,2] Νόμ(οι)· ὁ παρθένον ἢ χήρα⟨ν⟩ … τοῦ ταύτης πατρός (*Synt.* A 13 Περὶ τῶν ἁρπαζόντων ἐπὶ γάμῳ γυναῖκας, νόμοι [103, l. 22–23]).

[I 8,3] Ἁρπαγὴ μείζων … (f. 61r) ἐσχάτως τιμωρεῖται (*Synt.* A 13 Περὶ τῶν ἁρπαζόντων ἐπὶ γάμῳ γυναῖκας, νόμοι [104, l. 3–4]).

[I 8,4] Ἀποστόλων (ἀπὸ τῶν cod.) ξζʹ· ὁ βιασάμενος παρθένον … πενεστάτων τυγχάνει (cf. *Synt.* Γ 30 Περὶ τῶν γυναῖκας παρθένους βιαζομένων, ἀποστόλων ξζʹ [201]), ἐπιτίμιον ἔτη γʹ· εἰ δὲ μὴ ἐλεύθερος εἴη, ζημιούσθω νομίσματα λʹ· ἐὰν ἔστιν κἀκεῖνος ἐλεύθερος ἀπὸ γυναικός, ἵνα ἔχῃ αὐτὴν νόμιμον γυναῖκα.

[I 8,5] Ὁ δὲ τοῦ μεγάλου Βασιλείου κανὼν κβʹ τοὺς ἐξ ἁρπαγῆς ἔχοντας γυναῖκα … τὸ τῆς πορνείας ἐπιγνῶναι ἐπιτίμιον (cf. *Synt.* A 13 Περὶ τῶν ἁρπαζόντων ἐπὶ γάμῳ γυναῖκας, Βασιλείου κβʹ [101, sed non verbatim]).

[I 9] **Κεφάλαιον θʹ**

[I 9,1] **Περὶ τῶν ἁρπαζόντων τὰ ἀλλότρια, εἰ ἀπὸ οἴκου αἰχμαλωτισθέντος·** Γρηγορίου τοῦ Θαυματουργοῦ κεφάλειον (sic) ιʹ· τοὺς ἀλλοτρίοις οἴκοις … ἀκροάσεως ἀξιώσῃς (*Synt.* A 12 Περὶ τῶν ἁρπαζόντων ληστρικῶς τὰ ἀλλότρια, Γρηγορίου τοῦ Θαυματουργοῦ ιʹ [100, l. 5–7]), ἐὰν δὲ αὐτοὺς ἐξείπωσιν καὶ ἀποδῶσιν, ἐν τοῖς ἐπιστρέφουσιν τάξεως (sic; ἐν τῇ τῶν ὑποστρεφόντων τάξει ὑποπίπτειν [RP IV 62]) ὑποπίπτειν (Greg. Thaumat., *Can.* „8“ [RP IV 62]).

[I 9,2] (f. 61v) Νόμος· ὁ ἀλλότρια ἁρπάζων … τετραπλοῦν (cf. *Synt.* A 12 Περὶ τῶν ἁρπαζόντων ληστρικῶς τὰ ἀλλότρια, νόμοι [100, l. 1–3]).

[I 9,3] **Εὑρισκομένων πραγμάτων ἢ ἐν ὁδῷ ἢ ἐν πεδίῳ**, Γρηγορίου τοῦ Θαυματουργοῦ ςʹ καὶ ιαʹ· (cf. *Synt.* K 23 Περὶ κλοπῆς, Γρηγορίου τοῦ Θαυματουργοῦ ιαʹ [332–333])· μηδεὶς ἐξαπατάτω ἑαυτὸν … τὰ ἴδια ἐγκαταλείποντος (Greg. Thaumat., *Can.* „4“ [RP IV 55–56]). ἐὰν μὲν κατηγορηθέντες καὶ ἐλεγχθῶσιν, πῶς οὐκ ἐφυλάξαντο ἐν τοῖς ὑποπίπτουσι στήκοντες. ἐὰν δὲ αὐτοὺς ἐξείπωσι καὶ ἀποδῶσι, καὶ τῆς εὐχῆς ἀξιῶσαι.

[I 10] **Κεφάλαιον ι΄**

[I 10, 1] **Περὶ αἵματος καὶ πνικτοῦ**· εἴ τις ἐπίσκοπος ... (f. 62r) ... ἀφοριζέσθω (*Apost., *Can.* 63 [Metzger (1987) 298, l. 293–295]) κατὰ τὸν ζγ΄ κανόνα τῶν ἁγίων ἀποστόλων καὶ ξζ΄ τῆς ς΄ συνόδου (cf. *Synt.* Π 13 Ὅτι οὐ δεῖ πνικτὰ ζῶα ἐσθίειν [431]).

[I 10, 2] Γενέσεως· καὶ πᾶν ἑρπετὸν ... οὐ φάγεσθε. τὸ γὰρ αἷμα τοῦ ζώου ἐστὶν ἡ ψυχὴ αὐτοῦ (Gen. 9, 3–5). τὸ αὐτὸ καὶ ἐπὶ τοῦ Νῶε καὶ ἐπὶ Μωυσέως.

[I 10, 3] Τὸ δὲ ἐν ταῖς πράξεσι τῶν ἁγίων ἀποστόλων (cf. *Synt.* Π 13 Ὅτι οὐ δεῖ πνικτὰ ζῶα ἐσθίειν [431, 11–12])· τῇ β΄ καὶ τῇ ς΄ τῆς δ΄ ἑβδομάδος, ἀναστὰς Πέτρε ... ἐπὶ τρίς (Acta apost. 10, 13–16; 11, 7–10).

[I 10, 4] Ὁ δὲ Ἰάκωβος· μὴ παρενοχλεῖν ... αἵματος (Acta apost. 15, 19–20). καὶ ὅσα ἂν μὴ θέλωσιν αὐτοῖς γίνεσθαι, ἑτέροις μὴ ποιεῖν (regula aurea, cf. Mt. 7, 12; Lc. 6, 31). ὁμοίως καὶ οἱ ἕτεροι ἀπόστολοι τὸ αὐτὸ λέγουσιν, εἰς τὴν ἡμέραν τῶν ἐγκαινίων, εἰς λζ΄ κεφάλαιον (sic, cf. *Apost., *Can.* 63 [Metzger (1987) 298, l. 293–296]). λέγει καὶ Παῦλος εἰς μς΄ τῇ γ΄ τῆς ζ΄ ἑβδομάδος περὶ τῶν πεπιστευκότων ἐθνῶν τὸ εἰδωλόθυτον καὶ αἷμα καὶ τὸ πνικτὸν καὶ πορνείας ἀπέχεσθαι (Acta apost. 21, 25).

[I 10, 5] (f. 62v) Ὁ ἐσθίων πνικτὸν ἢ αἷμα ἐπιτιμάσθω χρόνους γ΄ μεταν(οία[ι?]ς) ρν΄. ἐπεὶ (ἐπὶ cod.) δὲ κατηκολούθησεν ἔθος εὑρίσκειν ἐν βρόχοις ἄγρια ζῶα πνιγέντα καὶ ἐσθίειν, ἀναμαρτήτους νομίζοντες ὡς κυνηγεῖν· εἰ μὲν κατ᾽ αὐτὴν τὴν ὥραν ὁ κυνηγέτης τοῦ βρόχου ἐκβαλὼν ἔτι πνέον καὶ σφάξει, ἐσθιέτω, εἰδοῦν ῥιπτέσθω. τὸ δὲ ἀπὸ τοῦ ἀετοῦ ἢ ἱέρακος κολαφισθὲν καὶ ⟨ἐὰν⟩ θανῇ (θάνει cod.), εἰ μὲν αὐτῇ τῇ ὥρᾳ εὑρεθῇ θερμὸν ὄν, ὀφείλει σφάξαι καὶ φαγεῖν· εἰ δὲ χρονήσει, ῥιπτέσθω. τοὺς δὲ κατὰ ἄγνοιαν μεταλαβόντας (sic) ἐπιτιμάσθωσαν χρόνον ἕν. ὁμοίως δὲ καὶ ἀπὸ τοῦ τόξου σφαξὲν ἐσθίειν κελεύομεν· εἰ δὲ τὸν τοξεύσαντα ἀποδράσῃ (-ει cod.) καὶ ἄλλῳ ἐντύχῃ (-ει cod.), δότω μερίδα ⟨εἰς?⟩ τὸν τοξεύσαντα καὶ οὕτως ἐσθιέσθω, εἰδοῦν ῥιπτέσθω.

[I 11] **Κεφάλαιον ια΄**

[I 11, 1] **Περὶ ἀκαθάρτων**· Κίτρους καὶ Ἰωάννου Νηστευτοῦ· ἐμπεσόντος τινὸς ... κοινωνείτω (*Ioh. Nest. in Armenop., *Epitome canonum* IV 3, scholium ad *Can.* 43 Basilii [PG 150, 145 = PG 88, 1833 = Sakarikos (2020) 165]).

[I 11, 2] Κίτρους· εἰς ἀγγεῖον οἴνου ἢ ἐλαίου μῦς ἐμπεσὼν ... (f. 63r) καὶ τοῦ ἡδέως τὸ ἀηδές (Matth. Blast., *Collectio responsorum Iohannis Citrii* sec. cod. Mosqu. GIM 149, f. 209r, l. 11–13, *Resp.* 14; cf. Darrouzès [1973] 333; v. etiam Ioh. Citr., *Resp.* ad Constantinum Cabasilam 12 [Pitra, Anal. VIII (1891) 645–648 (*Resp.* 15); cf. Darrouzès (1973) 328]).

[I 11, 3] **Περὶ μιαροφαγησάντων ἤγουν εἰδωλοθύτων καὶ μιανθέντων καὶ ἀκαθάρτων βρωμάτων**· ὁ φαγὼν μιαρὸν θυτὸν (μυαρῶν θύτων cod.) κατὰ τῆς ἐν Ἀγκύρᾳ συνόδου κεφάλαιον (sic) {κ}ζ΄ (cf. *Synt.* Μ 10 Περὶ μιαροφαγησάντων, refert ad *Can.* 7 syn. Ancyr. [372])· δύο ἔτη μὴ κοινωνείτω, κατὰ δὲ τὸν μέγαν Βασίλειον ἔτη ς΄ τοὺς ἄκων (sic) γευσαμένους, τοὺς δὲ ἑκὼν (sic) ἔτη η΄, κεφάλαιον πα΄.

[I 12] **⟨Κεφάλαιον ιβ΄⟩**

[I 12, 1] **Περὶ ἀντιμινσίων**· Νικηφόρου πατριάρχου Κωνσταντινουπόλεως· ἐὰν κατὰ ἄγνοιαν ... γίνεται (*Nicephor., *Can.* 1 [RP IV 427]).

[I 12, 2] Τοῦ αὐτοῦ Νικηφόρου· ἐὰν ἀντιμίνσια πλυθῇ ἐν τόπῳ ἀποκρύφῳ ἢ καλ{λ}ύμματα, οὐκ ἔστιν ἁμάρτημα· εἰ δὲ ἐν τόπῳ, ἐν ᾧ πατεῖται, ἁμάρτημα (*Nicephor., *Can.* 16 [Pitra, Spic. IV (1858) 385]).

[I 12, 3] Κίτρους· ὁ μετὰ ἀντιμίνσιον ἐν ἰδίῳ τόπῳ οἰκίσκου ... (f. 63v) ἱερουργοῦσιν, ἐν μόνῳ μέντοι τῷ ἀποτεταγμένῳ εἰς τοῦτο βαμβικίνῳ οἰκίσκῳ (Matth. Blast., *Collectio responsorum Iohannis Citrii* sec. cod. Mosqu. GIM 149, f. 209r, l. 7–11, *Resp.* 13; cf. Darrouzès [1973] 333; v. etiam Ioh. Citr., *Resp.* 11 ad Constantinum Cabasilam [RP V 413–415] et Balsam., *Resp.* 14 ad Marcum [RP IV 459, l. 4–14; cf. Darrouzès (1973) 333]). τὰ ἀντιμίνσια οὐ περιγράφονται ἐν οἷς περιπέμπτονται τόποις, ἀλλὰ ἀκωλύτως ἱερουργοῦσιν (cf. Ioh. Citr., *Resp.* 14 [RP V 413, l. 2–7]; *Nicephor. in Armenop., *Epitome canonum* II tit 6 [PG 150, 97A = Sakarikos (2020) 123]).

[I 12, 4] **Περὶ ἀζώστου**· ὁ προσευχόμενος ἐν ἐκκλησίᾳ ἢ ἑτέρῳ τόπῳ ἄζωστος ἢ ἕτερόν τι ποιῶν, ἐπιτιμάσθω μεταν(οίαις) ρ´ κατὰ τὸν κανόνα Γερμανοῦ πατριάρχου.

[I 13] **Κεφάλαιον ιγ´**

[I 13, 1] **Περὶ τῶν ἀποιχομένων**· Κίτρους· ὅτι δεῖ λύχνους καίειν ἐν τοῖς θείοις ναοῖς ... ἀγαθῆς ἀντιδώσεως (Matth. Blast., *Collectio responsorum Iohannis Citrii* sec. cod. Mosqu. GIM 149, f. 208r, l. 16–22, *Resp.* 8; cf. Darrouzès [1973] 333; v. etiam Ioh. Citr., *Resp.* ad Constantinum Cabasilam 14 [Pitra, Anal. VI (1891) 650, l. 9–651, l. 3 (*Resp.* 17); cf. Darrouzès (1973) 328]).

[I 13, 2] Νικηφόρου πατριάρχου τοῦ Ὁμολογητοῦ· τῶν ἀδιαθέτων ... τελεσθῆναι (*Nicephor., *Can.* 4 [RP IV 427]).

[I 13, 3] Ὁ δὲ ἑαυτὸν θανατώσ(ων/ας), ἐὰν ἔξω φρενῶν ὤν, συγγνώμην ἐχέτω, καθὼς φησὶν ὁ ἅγιος Τιμόθεος εἰς κεφάλαιον (sic) ιδ´ (Tim., *Can.* 14 [Joannou II 249–250]). εἰ δὲ ἀπὸ μικροψυχίας ἢ λύπης ἢ ἐξ ἐπηρείας ἀνθρώπων ἐκρήμνησεν ἢ ἄλλως διέφθει(f. 64r)ρεν, οὐ γενήσεται ὑπὲρ αὐτοῦ δέησις ἢ προσφορά, ζήτει κεφάλαιον κη´ (II 28, 1).

[I 14] **Κεφάλαιον ιδ´**

[I 14, 1] **Περὶ τῶν ζ´ θανασίμων· ὁ ἀποθανὼν ἀμετανοήτως** (ἀμετανόητ° cod.) **οὐ ψάλλεται**· ἐγκλήματα εἰσὶν ζ´, ἃ καὶ θανάσιμα λέγονται. ἔστιν γὰρ ἁμαρτία πρὸς θάνατον, φησὶν ὁ ἀπόστολος, καὶ ἁμαρτία μὴ πρὸς θάνατον (I Ioh. 5, 16)· ἄρνησις πίστεως, ἀπόγνωσις, ὑπερηφανία, ἑκούσιος φόνος, αἱμομιξία, ἀρσενοκοιτία καὶ ἡ παράνομος παιδοφθορία. περὶ τούτων ὁ ἀμετανοήτως τελευτήσας ὥρισται τοῖς πατράσιν μὴ δέχεσθαι τὰς ὑπ᾽ αὐτῶν γινομένας λειτουργίας.

[I 14, 2] Ὁ δέ γε Νικηφόρος πατριάρχης Κωνσταντινουπόλεως λέγει· ἐὰν τις ἀποθάνῃ ἐν ἁμαρτίᾳ τῇ πρὸς θάνατον, οὐ χρὴ δι᾽ αὐτοῦ μνήμας ἐπιτελεῖν, ἤγουν αἱμομιξία, ἀπόγνωσις, ἀρσενοκοιτία, ὑπερηφανία, ἄρνησις πίστεως, βλασφημία τοῦ ἁγίου πνεύματος, τοῦ θανατῶσ(αι) αὐτὸν ἐξ ἰδίας προαιρέσεως ἢ αἱρετικὸν ἀποθανεῖν.

[I 15] **Κεφάλαιον ιε´**

[I 15, 1] Κίτρους θ´ (cf. Apokr. [RP IV 404–405])· οὐ δεῖ ἐν ἐκκλησίᾳ καθιερωμένῃ ... ἔξεστιν θάπτειν (cf. Matth. Blast., *Collectio responsorum Iohannis Citrii* sec. cod. Mosqu. GIM 149, f. 208v, l. 3–6, *Resp.* 9; cf. Darrouzès [1973] 333; v. etiam Balsam., *Resp.* 41 ad Marcum [RP IV 479]). ἐάν τις ὀλίγον καιρὸν διὰ βίαν ποιήσῃ κοιτῶνα τῷ νάρθηκι (τὸν ἄρτικα cod.), οὐ κατα(f. 64v)κρίνεται· ἐὰν δὲ χρονίσῃ, ἐπιτιμάσθω, ἡ δὲ ἐκκλησία ἀπολήψεται (ἀπολείψεται cod.) τὰ οἰκεῖα, ζήτει κεφάλαιον ιη΄ (ι 18, 3) καὶ ρα΄ (XIII 101, 1).

[I 16] **Κεφάλαιον ις΄**

[I 16, 1] **Περὶ τοῦ μὴ ἐλθόντος εἰς ἕτερον συνοικέσιον τελευτήσαντος τοῦ συνεύνου, πόσην μοῖραν λαβεῖν·** εἰ παίδων ὑπόντων … αἰδοῦς καὶ τιμῆς (*Synt.* Ρ 20 Περὶ προικῴων πραγμάτων, νόμοι [441, l. 25–31]).

[I 17] **Κεφάλαιον ιζ΄**

[I 17, 1] **Περὶ τῶν ἀνδρῶν ἢ γυναικῶν ⟨περι?⟩βεβλημένων ῥάκη·** τὸν ἄνδρα ⟨περι?⟩-βεβλημένον ἱμάτιον καὶ βδελυττόμενον τοὺς τῇ συνήθει περιβεβλημένους ἐσθῆτι (-ας cod.) ἢ συρικὰ ἐνδεδυμένους μετὰ εὐλαβείας καὶ μὴ διὰ βλακείαν ἢ ἔπαρσιν τῷ ἀναθέματι δίδωσι (sc. Synod. Gangr., *Can.* 10) (*Synt.* Β 9 Περὶ τῶν βδελυσσομένων τοὺς ἐννόμους γάμους, τὸν οἶνον, τὰ κρέα καὶ ἕτερα, Γάγγρας β΄, ι΄, ε΄, κ΄ [144, l. 5–8]).

[I 17, 2] Γάγγρας συνόδου ια΄ (recte ιγ΄, sed cf. cap. I 18, 1)· εἴ τις ἀνὴρ ἢ γυνὴ … ἀνάθεμα ἔστω (Joannou I 2, 94–95).

[I 18] **Κεφάλαιον ιη΄**

[I 18, 1] **Περὶ τοῦ μὴ καταφρονεῖν τὰς ἀγάπας·** εἴ τις καταφρονοίη … (f. 65r) … γινόμενον, ἀνάθεμα (= Syn. Gangr., *Can.* 11 [Joannou I 2, 93–93]).

[I 18, 2] Λαοδικείας κε΄ (recte Γάγγρας κ΄)· εἴ τις αἰτιᾶται … αὐτῶν, ἀνάθεμα (Joannou I 2, 97).

[I 18, 3] **Περὶ τοῦ μὴ ἐσθίειν καὶ πίνειν καὶ κοιμᾶσθαι ἔνδον τοῦ ναοῦ·** ὁ δὲ οδ΄ τῆς ϛ΄ συνόδου κανὼν … τὸ ἀναπίπτω (*Synt.* Α 3 Πῶς δεῖ τὰς λεγομένας ἀγάπας ποιεῖν, ἤτοι τὰ συμπόσια, συνόδου ἕκτης δ΄, Λαοδικείας κη΄ [76]) (f. 65v) τὰ αὐτὰ καὶ ὁ {ἐν} τῆς Καρθαγέν(ης) μβ΄ … εἰσέλθοι (ibid., Καρθαγένης μβ΄ [76]), ζήτει ρα΄ κεφάλαιον (XIII 101, 1), ἔξω τῆς ἐκκλησίας τὰ κρέη ἀρκείσθωσαν, καὶ θ΄ τῆς ϛ΄ συνόδου. καὶ τοῦτο δὲ ἐν τῇ χώρᾳ τῶν Ἀρμενίων μεμαθήκαμεν, ὡς τινὲς ἔνδον ⟨ἐν⟩ τοῖς ἱεροῖς θυσιαστηρίοις … ἀφοριζέσθω (Con. quinisext., *Can.* 99 [COGD I 290]).

[I 18, 4] **Περὶ ἐνδυμάτων ἁρμοδίων τοῖς ἱερωμένοις·** κεφάλαιον (sic) κζ΄ τῆς ϛ΄ συνόδου· μηδεὶς τῶν ἐν κλήρῳ καταλεγομένων ἀνοίκιον ἐσθῆτα … ἀφοριζέσθω (*Synt.* Ε 9 Περὶ ἐνδυμάτων ἁρμοδίων τοῖς ἱερωμένοις, συνόδου ἕκτης κζ΄ [251]).

[I 18, 5] Συνόδου ζ ις΄· πᾶσα βλακεία καὶ κόσμησις (f. 66r) … τῶν βασιλέων εἰσί (*Synt.* Ε 9 Περὶ ἐνδυμάτων ἁρμοδίων τοῖς ἱερωμένοις, συνόδου ἑβδόμης ις΄ [251–252]), ζήτει κεφάλαιον ριδ΄ περὶ κοντῶν στολῶν (XVIII 114, 1).

[I 18, 6] **Ἰουδαίων ἰατρείαν μὴ δέχεσθαι·** Ἰωάννου Νηστευτοῦ κανὼν καὶ τοῦ Χρυσοστόμου λόγος· μηδεὶς πιστὸς ὑπὸ Ἰουδαίων ἰατρείαν δέχεσθαι (sic, et infinitivi sequentes) ἢ συνεσθίειν αὐτοῖς ἢ ἐν βαλανείῳ συμβαλανίζειν (συνβ- cod.)· εἰ κλερικὸς ᾖ, καθαιρείσθω· εἰ δὲ λαϊκὸς ᾖ, ἀφοριζέσθω (cf. Conc. quinisext., can 100 [COGD I 237]).

[I 19] **Κεφάλαιον ιθ΄**

[I 19, 1] **Περὶ τοῦ μὴ πιστεύειν τινὶ χωρὶς ἀποδείξεως**· οὐ δεῖ πιστεύειν ... τὸν δικαστήν (f. 66v) (*Synt.* Δ 8 Περὶ τῶν ἐν τοῖς δικαστηρίοις κατηγόρων, νόμοι [227]), ζήτει ργ΄ κεφάλαιον (XIV 103).

[I 19, 2] **Περὶ ἄρτου προηγιασμένου ἀφανισθέντος ἢ ὑπὸ κυνῶν ἢ ὑπὸ μυῶν**· Δυρραχίου ἐπισκόπου τοῦ Καβάσιλα[25]· οἱ πταίσαντες οἱ ἱερεῖς οἱ τοὺς προηγιασμένους ἄρτους πεποιηκότες, τοὺς ὑπὸ κυνῶν τῶν παρανοιξάντων τὴν τοῦ ναοῦ πύλην ἀφανισθέντας, τῆς ἱερουργίας πρὸς καιρὸν τὸν παρὰ τὴν διάκρισιν κείμενον τοῦ αὐτῶν ἀρχιερέως παυσάσθωσαν, ὡς μὴ τὴν ἱκανὴν πεποιηκότες (-ας cod.) ἀσφάλειαν· οἱ δ᾽ ἄλλοι οἱ τοὺς ἄρτους ὑπὸ μυῶν ἐν τῇ προσκομιδῇ ὀλέσαντες ἀνεπιτίμητοι διαμεινάτωσαν, ἐπεὶ πλεῖστα τοιαῦτα πολλάκις γίνονται· οἳ καὶ ἑτέροις προσφορὰν ἐν τῇ ἁγίᾳ τραπέζῃ εἰσάξουσι καὶ προσκομιδὴν ποιήσουσιν καὶ τὴν ἱερουργίαν ἐκτελέσουσιν (cf. Patr. Nicol., *Can.* *13/*3 in Armenop., *Epitome canonum* II 3 [PG 150 93B = Sakarikos (2020) 119–120, 265]).

[I 20] **Κεφάλαιον κ΄**

[I 20, 1] **Ὅτι οὐ κολάζεται ἕτερος ἀνθ᾽ ἑτέρου**· οὐ τείσουσιν δίκην γονεῖς παίδων ἕνεκα ὑπὲρ ἐγκληματικῶν ἁμαρτημάτων. ὁ γὰρ νόμος φησίν· „τὰ ἁμαρτήματα τῇ κεφαλῇ ἕπονται“ (cf. *Synt.* Δ 8 νόμοι [227], Π 14 νόμοι [432], Τ 4 νόμοι [456]).

[II] **Ἀρχὴ τοῦ β στοιχείου**

[II 21] **Κεφάλαιον κα΄**

[II 21, 1] **Βλασφήμων**· ὁ βλασφημήσας εἰς τὸν Χριστὸν καὶ ⟨ἐὰν ⟩ εἴπῃ (?), ὅτι οὐκ ἔστιν θεὸς τέλειος καὶ ἄνθρωπος τέλειος, ἐξωσθήτω τῆς ἐκκλησίας, {ἐξωσθήτω τῆς ἐκκλησίας}, ἕως οὗ ὁμο(f. 67r)λογήσας τὴν ὀρθότητα τῆς εὐσεβοῦς πίστεως. τότε γὰρ τὴν κρίσιν δεχέσθω κατὰ τὴν αὐτοῦ διάθεσιν.

[II 21, 2] Γερμανοῦ πατριάρχου Κωνσταντινουπόλεως κανών· ὁ εἰς κύριον ἡμῶν Ἰησοῦν Χριστὸν βλασφημήσας ἢ εἰς τὴν πανάχραντον θεοτόκον ἢ εἰς ἕτερον ἅγιον, τρία ἔτη προσκλαιέτω καὶ προσευχέσθω καὶ μεταν(οίας), ὅσας ὁ πνευματικὸς αὐτοῦ διακρίνει.

[II 21, 3] **⟨Β⟩απτίσματος**, τῶν ἁγίων ἀποστόλων μθ΄ κανὼν καὶ ν΄· εἴ τις ἐπίσκοπος ... καθαιρείσθω (*Apost., *Can.* 49 [Metzger (1987) 290, l. 198–201]).

[II 21, 4] ν΄ κανών· εἴ τις ἐπίσκοπος ... τοῦ ἁγίου πνεύματος (*Apost., *Can.* 50 [Metzger (1987) 290, l. 202–292, l. 208]; add. post ἐπιτελέσῃ [290, l. 203]: ἤγουν τρεῖς καταδύσεις; explicatur in margine: ἤγουν τρὶς κατάγει [κ^τγη cod.] τὸ βρέφος καὶ ἑκάστη τῶν καταδύσεων ἐν ὀνόμα⟨τι⟩ τῆς ἁγίας τριάδος λέγει).

25 Konstantinos Kabasilas (v. 1235 – n. 1259), Erzbischof von Strumica, Metropolit von Dyrrhachion, Erzbischof von Ohrid (PLP V 10097); er stand mit Bischof Ioannes von Kitros und Demetrios Chomatenos zu kanonischen Fragen in Kontakt.

[II 21, 5] **Βαπτισθέντος ἐν οἴκῳ·** μηδαμῶς ἐν εὐκτηρίῳ οἴκῳ ἔνδον οἰκίας τυγχάνοντι ἐπιτελείσθω κατὰ τὸν νθ´ κανόνα τῆς ἁγίας συνόδου (sc. Conc. quinisext.; cf. titulum ad *Can.* 59 [COGD 268]), ἀλλ᾽ ἡ (οἱ cod.) α´ καὶ β´ σύνοδος ἐν κεφαλαίῳ (sic) ιβ´ τῷ αὐτῷ συμφων(εῖ)· ἀλλ᾽ οἱ μέλλοντες ἀξιοῦσθαι … (f. 67v) ἀφοριζέσθω (Syn. primasec., *Can.* 12 [Joannou I 2, 469–470] et Conc. quinisext., *Can.* 59 [COGD I 268–269]).

[II 21, 6] **Εἰ βαπτίζειν τῇ μεγάλῃ μ^ῃ ἕως τῷ μεγάλῳ σαββάτῳ** (sic)· Λαοδικείας με´ (sic, recte μθ´, sed cf. Synt.)· ὅτι οὐ δεῖ … τὸ φώτισμα (Syn. Laod., *Can.* 49 [Joannou I 2, 149]). διότι τὸ βάπτισμα … τῆς ἀναστάσεως (*Synt.* B 1 Περὶ τοῦ ἁγίου βαπτίσματος, συνόδου ἕκτης οη´, Λαοδικείας με´, μς´, μζ´ [114, l. 14–16]).

[II 21, 7] Ἐρώτησις Τιμοθέου πατριάρχου Ἀλεξανδρείας α´ (?, cf. Tim., *Can.* 1 [Joannou II 240–241]), ς´ συνόδου πδ´ (cf. Conc. quinisext., *Can.* 84 [COGD I 282]) καὶ Καρθαγένης οθ´ (sic, ρθ´?)· ἐὰν παιδίον βαπτισθῇ ἐξ οἱασδήποτε περιστάσεως καὶ γένηταί τις ἐπ᾽ αὐτῷ ἀμφιβολία μετὰ ταῦτα, τί ὀφείλει γενέσθαι; βαπτισθῆναι ἢ οὔ; **περὶ τοῦ βαπτίσματος.** ἀπόκρισις· ἐὰν ὑπόνοια κρατήσῃ περὶ τοῦ μέλλοντος βαπτίζεσθαι, ὁ βαπτίζων οὕτως λεγέτω· „ἐὰν μὴ ἐβαπτίσθης (sic), βαπτίζω σε (?) εἰς τὸ ὄνομα τοῦ πατρὸς καὶ τοῦ υἱοῦ καὶ τοῦ ἁγίου πνεύματος". τὸ αὐτὸ καὶ Ἰωάννης πατριάρχης Ἀντιοχείας.

[II 21, 8] Ἐρώτησις τοῦ αὐτοῦ Τιμοθέου· ἐὰν πρεσβύτερος ἀπολειφθῇ μόνος καὶ δεήσῃ αὐτὸν ποιῆσαι (ποιήσει cod.) βάπτισμα, πῶς ὁ τοιοῦτος χρήσει τῷ βαπτίσμα⟨τι⟩ ἤγουν τῇ τάξει διὰ τὴν ἀνάγκην. ἀπόκρισις· ποιείτω πρῶτον τὴν ἀποταγὴν καὶ τότε προσελθὼν τελείτω τὸν ἁγιασμὸν τοῦ ὕδατος καὶ οὕτω βαπτιζέτω.

[II 22] **Κεφάλαιον κβ´**

[II 22, 1] **Ὅπως δεῖ δέχεσθαι τοὺς ἐξ αἱρέσεων ἐπιστρέφοντας·** καὶ τῶν ἁγίων ἀποστόλων κανὼν μθ´ καὶ ν´ ὁμοίως καὶ ὁ ἕβδομος κανὼν τῆς οἰκουμενικῆς β´ συνόδου, ὅπως δεῖ δέχεσθαι τοὺς ἐξ αἱρέσεων ἐπιστρέφοντας, νομοθετεῖ … (f. 68r) πνεύματος ἁγίου ἀμήν (*Synt.* A 2 Τίνες μόνῳ χρίονται μύρῳ, συνόδου β´ ζ´ [59]). Εὐνομιανοὺς δὲ … πατράσιν λογίζονται (*Synt.* A 2 Περὶ Εὐνομιανῶν [59–60]).

[II 22, 2] **Περὶ τοῦ βαπτισθέντος δύο φοραῖς·** γράφει Ἰωάννης ὁ Δαμασκηνὸς εἰς τὸ θεολογικὸν βιβλίον ἐν κεφαλαίῳ πθ´ περὶ πίστεως καὶ βαπτίσματος· ἅπαξ ἐσταυρώθη … (f. 68v) ἀνασταυροῦσι τὸν Χριστόν (cf. Ioan. Damasc., Expositio fidei 82 [Kotter (1973) 182, 5–27])· διὰ τοῦτο καὶ ὁ (οἱ cod.) τῶν ἀποστόλων κανὼν μζ´ καθαίρει καὶ ἀφορίζει τοὺς ἀναβαπτίζοντας τοὺς καλῶς βαπτισθέντας, ὁμοίως καὶ τοὺς μὴ ἀναβαπτίζοντας τοὺς κακῶς βαπτισθέντας (vgl. *Apost., *Can.* 47 [Metzger (1987) 290, l. 191–195]).

[II 22, 3] **Περὶ τῶν βαπτιζομένων ὑπο ἀνιέρων·** εἰ χρὴ δέχεσθαι … τὸ σπάνιον (*Synt.* B 3 Ἔτι περὶ τῶν βαπτιζομένων παρ᾽ ἀνιέρων [120, l. 1–3; 121, l. 1–5; 121, l.–122, l. 4]). ἡ κολυμβήθρα λέγεται μήτρα τῆς παρθένου θεοτόκου, τὸ βρέφος ἀντὶ τοῦ Χριστοῦ, ὁ ἀνάδοχος ἀντὶ τοῦ Συμεών· ταῦτ᾽ ἔφη ὁ ἅγιος Νίφων[26].

26 Die Erklärungen haben keinen Bezug zum vorangehenden Text und dürften wohl als unreflektierte Abschrift aus einer (umfangreicheren?) Vorlage zu erklären sein.

[II 23] **Κεφάλαιον κγ΄**
[II 23, 1] **Περὶ παίδων ἀβαπτίστων·** Ἰωάννου Νηστευτοῦ· παιδίου ἀβαπτίστου ⟨ἀποθανόντος⟩ τῇ τῶν οἰκείων ἀμελείᾳ γονέων εἰς ἔτη γ΄ οἱ γονεῖς τῆς κοινωνίας ἐκβάλλονται (*Ioh. Nest. in Armenop., *Epitome canonum* VI, scholium ad *Can.* 52 Basilii [PG 150, 164C = PG 88, 1933D = Sakarikos (2020) 176]), ξηροφαγοῦντες ἐν αὐτοῖς καὶ γονάτων κλίσεσι τὸ θεῖον ἐξιλεούμενοι κλαυθμῷ τε καὶ τῇ κατὰ (f. 69r) δύναμιν ἐλεημοσύνῃ (cf. *Synt.* Φ 8 Περὶ τῶν φονευουσῶν γυναικῶν διὰ φαρμάκων τὰ ἔμβρυα [493, l. 7–14])· ζ΄ δὲ ὄντος ἡμερῶν τοῦ βρέφους καὶ ἀπελθόντος ἕως ἡμερῶν μ΄ τῆς κοινωνίας ἐκβάλλονται καὶ ξηροφαγεῖν ἐν ταύταις καταδικάζονται (Matth. Blast, *Canon. Ioh. Nest.* [RP IV 443, l. 18–22]; cf. *Ioh. Chrysost., *Epitimia* 16 [Pitra, Spic. IV (1858) 462, l. 27–31]).
[II 23, 2] Πέτρου χαρτοφύλακος· ἐὰν παιδίον ἀβάπτιστον εὑρεθῇ πλησίον τῶν γονέων αὐτοῦ τεθνηκὸς ⟨καὶ⟩ ἡμερῶν ᾖ (ἦν cod.) ζ΄, ἐπιτιμάσθωσαν ἡμέρ(ας) μ΄· οἱ δὲ ἀπὸ οἴνου εὐφρανθέντες καὶ μηδὲν προνοήσαντες περὶ τοῦ παιδίου ἐπιτιμάσθωσαν ἔτη γ΄· εἰ δὲ θηλάζον τῇ μητρὶ αὐτοῦ συννεκρὸν εὑρέθη{ναι} καὶ ἦν ἡμερῶν μ΄ καὶ οὐκ ἐβαπτίσθη, α΄ χρόνον ἐπιτιμ(άσθωσαν). ὁμοίως καὶ ⟨εἰ⟩ ἐν τῷ ἀγκωναρίῳ (?, ἀγγοναρίῳ cod.) αὐτῶν εὑρέθη τεθνηκὸς ἢ καὶ οὐκ ἦν αἰτία παρὰ τῶν γονέων, ἐπιτιμάσθωσαν μῆνας τρεῖς τῶν ἁγίων δώρων. πολλῆς ἐρευνήσεως δεῖ τὸν πνευματικὸν ποιεῖσθαι, εἰ ἐγένετο ἀπὸ καταφρονήσεως τῶν γονέων ἢ θελόντων αὐτῶν ἢ μὴ θελόντων ἢ ἐξ ἄλλης αἰτίας.

[II 24] **Κεφάλαιον κδ΄**
[II 24, 1] **Περὶ τῶν ἀμφιβαλλομένων νηπίων, εἰ ἐβαπτίσθησαν·** τὰ ἀμφιβαλλόμενα χωρὶς ἐπιδοιασμοῦ βαπτίζειν προστάττουσιν (*Synt.* Β 2 Περὶ τῶν ἀμφιβαλλομένων νηπίων, εἰ ἐβαπτίσθησαν [119, l. 4–120, l. 2]). ὁμοίως καὶ τὰ τῶν Ἀγαρηνῶν ἢ ἐθνικῶν τὰ τυχόντα τοῦ βαπτίσματος, εἶτα (εἰ τὰ cod.) περιτμηθέντα ἀναβαπτίζεσθαι (cf. *Synt.* Β 3 Περὶ τῶν βαπτιζομένων νηπίων τῶν Ἀγαρηνῶν [120]). τὸ αὐτὸ καὶ ς΄ σύνοδος εἰς κεφάλαιον (sic) πδ΄ καὶ οβ΄ τῆς ἐν Καρθαγένῃ καὶ Τιμοθέου κεφάλαιον (sic) κ΄, ζήτει ὄπισθεν (sic) τοῦ φύλλου, ἐὰν ὑπόνοια κρατήσῃ (II 21, 7).

[II 25] (f. 69v) **Κεφάλαιον κε΄**
[II 25, 1] **Περὶ πόσων ἡμερῶν τὸ παιδίον βαπτίζεσθαι·** Πέτρου τοῦ τιμιωτάτου χαρτοφύλακος τῆς ἁγιωτάτης τοῦ θεοῦ ἐκκλησίας τῆς μεγάλης πρός τινα μοναχὸν αὐτὸν ἐρωτήσαντα, ἐρώτησις· περὶ πόσων ἡμερῶν τὸ παιδίον βαπτίζεσθαι (cf. Petr. Chartophyl., Quaest. 2 [Beneševič (1909) 4, l. 15–16]). ἀπόκρισις· εἰ μὲν νοσεῖ τὸ παιδίον … μ΄ ἡμέρας (cf. Petr. Chartophyl., *Resp.* 2 [Beneševič (1909) 4, l. 17–20]). τὸ αὐτὸ καὶ Ἰωάννης πατριάρχης Ἀντιοχείας· (signum in marg., vide ad II 27, 2) εἰ μὲν ἀσθενεῖ τὸ βρέφος, παραυτίκα γεννηθὲν εὐθὺς πληθῦναι καὶ βαπτισθῆναι (sc. χρή), κρεῖσσον φωτισθῆναι ἢ ἀβάπτιστον ἀπελθεῖν· εἰ δὲ ὑγιαίνει, μ΄ ἡμερῶν βαπτισθῆναι (cf. Petr. Chartophyl., *Resp.* 2 [Beneševič (1909) 4, l. 17–20]; cf. etiam *Nicephor. in Armenop., *Epitome canonum* VI, scholium ad *Can.* 8 Timothei [PG 150, 165C–D = Sakarikos (2020) 178]).

[II 26] **Κεφάλαιον κς΄**
[II 26, 1] Ἐρώτησις· εἰ ἔξεστιν τῷ μοναχῷ … ἢ ἀδελφοσύνας (cf. Petr. Chartophyl., Quaest. 8 [Beneševič (1909) 5, l. 22–25]). ἀπόκρισις Πέτρου χαρτοφύλακος· ἀποτρόπαια

ταῦτα μοναχοῖς, ἐπειδὴ ὁ μοναχὸς τεθνηκὼς ὑπάρχει (cf. Petr. Chartophyl., *Resp.* 8 [Beneševič (1909) 4, l. 26–27]).

[II 27] **Κεφάλαιον κζʹ**

[II 27, 1] Ἐρώτησις· εἰ ἔστιν ἱερέα βαπτίζειν τὰ ἴδια τέκνα, ἐὰν μὴ εὑρεθῇ ἕτερος ἱερεὺς ἢ ἕτερος ἄνθρωπος (cf. Petr. Chartophyl., Quaest. 10 [Beneševič (1909) 6, l. 4–6]). ἀπόκρισις· πῶς γάρ, εἰ τοῦτο συμβῇ (sic) γενέσθαι; συντέκνισ⟨σ⟩α γὰρ αὐτοῦ ὑπάρχει διὰ τοῦ ἰδίου τέκνου τῇ βαπτίσει.

[II 27, 2] Ὁ δέ γε Νικηφόρος πατριάρχης ἐν ταῖς ἀνταποκρίσεσι λέγει· χρὴ δι' ἐνδεία⟨ν⟩ βαπτίσαι ὁ ἴδιος πατὴρ (sic, casus!) ἢ ἰδία μ(ήτ)ρα τὸ ἴδιον τέκνον εἰς βίαν, ἵνα μὴ θνήξῃ ἀβάπτιστον (cf. *Nicephor. in Armenop., *Epitome canonum* V 1, scholium ad *Can.* 83 Conc. quinisext. et *Can.* 7 syn. Carth. [PG 150, 128C = Sakarikos (2020) 147]), πρόσ(σ)χ(ες), ἵνα ἀναγνῷς ὧδε πατριάρχην Ἀντιοχείας, ζήτει ἄνωθεν (cum signo referente ad II 25, 1) καὶ περὶ ἀναδοχῆς νόμον εἰς κεφάλαιον ρκβʹ (XX 122).

[II 28] **⟨Κεφάλαιον κηʹ⟩**

[II 28, 1] **Περὶ βιοθανῶν τῶν ἑαυτοὺς ἀναιρούντων·** τοὺς βιοθανεῖς ... (f. 70r) διεχειρίσαντο (*Synt.* Β 12 Περὶ τῶν βιοθανῶν ἤτοι τῶν ἑαυτοὺς ἀναιρούντων, Τιμοθέου ιβʹ [149–150, l. 3]), ζήτει ὄπισθεν (sic) κεφάλαιον ιδʹ (I 14, 1). νόμος· ὁ ἑαυτὸν ... δημεύεται (ibid., νόμος [150, l. 4–7]).

[II 29] **Κεφάλαιον κθʹ**

[II 29, 1] **Περὶ τῶν βδελυσσομένων τοὺς γάμους ἐννόμους καὶ κρέη καὶ οἶνον καὶ τὰ λοιπά·** ὁ τῶν ἁγίων ἀποστόλων ναʹ κανὼν ... καθαιρείσθω (*Synt.* Β 9 Περὶ τῶν βδελυσσομένων τοὺς ἐννόμους γάμους, τὸν οἶνον, τὰ κρέα καὶ ἕτερα, ἀποστόλων ναʹ [141, l. 1–10]). Ἀγκύρα⟨ς⟩ συνόδου ιδʹ, Γάγγρας αʹ, δʹ, ιβʹ καὶ θʹ κεφάλαιον (sic) ταὐτά φασιν (vel φησιν, φύου[σ[ι]] cod.)· εἰ δὲ λαϊκός, ἀφοριζέσθω (cf. ibid., Γάγγρας αʹ, δʹ, ιδʹ, θʹ, νγʹ [141–142], Ἀγκύρας ιδʹ [142–143]).

[II 29, 2] Ὁ δὲ Ἰωάννης Νηστευτής· εἴ τις τῶν γυναικῶν διὰ νομι(f. 70v)-ζομένην ἄσκησιν ἐγκρατεύεσθαι {ὑπὸ?} ἀνδρός, εἰς οἵαν οὗτος ἁμαρτίαν ἐμπεσ(εῖται?, ἐμπεσεῖν), ἡ γυνὴ περὶ ταύτης ἀπαιτηθήσ(ε)τ(αι), ὁμοίως καὶ ἀνὴρ τῆς γυναικός. τοὺς δὲ βουλομένους ἐγκρατεύεσθαι μετὰ γνώμης καὶ τῶν δύο ⟨an desit pars sententiae?⟩ (cf. III 38, 1).

[III] **Ἀρχὴ γου γ**

[III 30] **Κεφάλαιον λʹ**

[III 30, 1] **Περὶ γοητείας, μάγων, μάντεων, ἐπαοιδῶν, φαρμακειῶν, περιάπτων, κλυδωνισμῶν, πυρκαϊᾶς· ἢ εἰδωλοποιεῖν κατὰ τὴν αʹ τοῦ μαρτίου· ἢ φυλακτήρια** (-αρ- cod.)**· εἰ** (ἢ cod.) **τὸν ἄρτον τῆς μεγάλης ἐκκλησίας μεταδιδό⟨α⟩σι φαγεῖν ἢ μετὰ ἁγίων εἰκόνων κελεύουσιν·** γόητες εἰσὶν ... ψαλμοὺς ᾄδοντες (*Synt.* Μ 1 περὶ γοήτων [357, l. 2]). τὸ αὐτὸ καὶ ἡ ἐπαοιδή (cf. *Synt.* Μ 1 Περὶ ἐπαοιδῶν [358, l. 2])· μάντεις εἰσὶν οἱ ταῖς (sic) δαίμοσι ... τὰ μέλλοντα (*Synt.* Μ 1 Περὶ μαντείας [356]). Τοὺς γοητείᾳ ἢ φαρμακ⟨εί⟩ᾳ ληφθέντας ὁ θεῖος Βασίλειος ἐν τῷ {ξ}ζʹ κανόνι τῷ τῶν φονέων ἐπάγει κρίματι εἰς κ΄ ἔτη (cf. *Synt.* M 1 Περὶ μαθηματικῶν, Βασιλείου ζ΄ [359, l. 2–3]) καὶ ἐν τῷ οβ΄ κανόνι ὁμοίως (cf. ibid. [360, l. 8–18]). Ὁ δὲ Νύσσης Γρηγόριος ἐν τῷ β΄ κανόνι τούτους διαιρεῖ καὶ τοὺς μὲν ἐπ᾽ ἀθετήσει τῆς ἡμῶν πίστεως, τούτοις προσιὼν τὸν χρόνον τῶν ἑκουσίως ἀρνησαμένων τὸν Χριστὸν ἐπιτρέπει, τοὺς δὲ δι᾽ ἀνάγκην τινὰ ἢ μικροψυχίαν, τούτοις προσελθὼν τῷ τῶν πόρνων (f. 71r) καταδικάζει ἐγκλήματι (cf. ibid. Γρηγορίου Νύσσης β΄ [360–361]). ὁ δὲ ξα΄ κανὼν τῆς ς΄ συνόδου ἐπὶ ἑξαετίαν τοὺς β^ους^ καταδικάζει (cf. *Synt.* M 1, Περὶ μάγων, μαθηματικῶν καὶ μαντέων ..., συνόδου ἕκτης ξα΄ [356]). ὁ δὲ κδ΄ τῆς ἐν Ἀγκύρᾳ μέχρι πενταετίας (cf. *Synt.* M 1 Ἀγκύρας κδ΄ [357–358]), ὁμοίως καὶ τοὺς σύροντας ἄρκτους (cf. *Synt.* M 1, Περὶ γοήτων, συνόδου ἕκτης ξα΄ [356, l. 3]) (τοὺς γοητείᾳ ... πενταετίαν: cf. Matth. Blast., *Canon. Ioh. Nest.*, περὶ γοητείας [RP IV 434–435, l. 2]). ὁ δὲ Νηστευτὴς Ἰωάννης εἰς γ΄ ἔτη τὴν τούτων ἁμαρτίαν συντέμνει, περὶ πλεῖστον τὴν νηστείαν ποιουμένους καὶ μετὰ ὥραν θ΄ σιτίζεσθαι αὐτοσχεδίῳ τροφῇ καὶ μεταν(οίαις) ἐπερείδοντας τῇ γῇ τὸ μέτωπον σν΄ (cf. Matth. Blast., *Canon. Ioh. Nest.*, περὶ γοητείας [RP IV 435, l. 5–12]).

[III 30, 2] Τοιαῦται εἰσὶ καὶ αἱ ταῖς ἐκκλησίαις ἢ ταῖς ἁγίαις εἰκόσι προσεδρεύουσαι γυναῖκες, κἀκ τούτων ἰσχυριζόμενοι (sic) γινώσκειν δῆθεν τὰ μέλλοντα καὶ προλέγειν κατὰ τὰς πάλαι πνευμα⟨το?⟩πύθωνας ἔχουσι⟨ν⟩. ὁμοίως καὶ οἱ ἱερεῖς οἱ διδόντες τῆς μεγάλης ε΄ τὸν ἄρτον ἐκ τοῦ μὴ ῥαδίως καταποιεῖν (sic, an καταπονεῖν?), ἵνα τὰ συληθέντα εὑρεῖν (sic), ὅτι τῇ κυριακῇ ς΄ τοῦ τυφλοῦ ἐν ταῖς πράξεσι τῶν ἀποστόλων λέγει· „πορευομένων τῶν ἀποστόλων ... μαντευομένη“ (Acta 16, 16).

[III 30, 3] Πᾶς ὁ δαίνων (δένων cod.) θηρία ἐν μαγικῇ τέχνῃ καὶ ὁ ἔχων φυλακτήρια (-αρ- cod.) {ἢ?} ἐν τῷ οἴκῳ αὐτοῦ καὶ ἕτερα εἶδη (?, ἤδη cod., an εἰδῇ) μετὰ βοτανῶν καὶ λίθων καὶ ἄλλων ὁποιωνδήτινων πραγμάτων, ⟨pars sententiae deest⟩.

[III 31] (f. 71v) **κεφάλειον λα΄**

[III 31, 1] **Περὶ διγάμων**· Λαοδικείας κανὼν α΄ περὶ διγαμούντων· οἳ οὐκ ἐλαθρογάμησαν, χρόνον ἕν⟨α⟩ ἐπιτιμάσθωσαν· εἰ δέ, δύο ἔτη (cf. *Synt.* Γ 4 Περὶ διγάμων λαϊκῶν, Λαοδικείας α΄ [156]).

[III 31, 2] Τιμοθέου Ἀλεξανδρείας ἑρμηνεία τοῦ ια΄ κεφαλαίου (sic)· ὁ παρθένος ὢν εἰ παρθένον λάβῃ, ἀμφότεροι στεφανοῦνται καὶ τοῦ ἁγίου σώματος μεταλαμβάνουσι. οἱ γὰρ δίγαμοι οὔτε στεφανοῦνται οὔτε τῶν ἁγίων μετέχουσι, εἰ μὴ τὴν διετίαν πληρώσουσιν· καὶ εἰ τυχὸν χηρεῦον τὸ ἓν{ος} πρόσωπον, οὐ στεφανοῦνται, εἰ μὴ εὐχὴ τοῦ ἀρραβῶνος δίδοται αὐτῷ. Τῶν γὰρ παρθένων εἰσὶν καὶ οἱ στέφανοι καὶ αἱ τῆς μνηστείας εὐχαί.

[III 31, 3] Ἐπὶ τῶν διγάμων ἐν τῷ δ΄ κανόνι, φημὶ (sic, φησὶ?) ὁ μέγας Βασίλειος· ἐνιαυτὸν ἕνα μεταν(οίας) ν΄ τινὲς ὥρισαν, ἄλλοι δὲ δύο τὸν ἱερέα μὴ γεύσασθαι μετ᾽ αὐτῶν (cf. *Synt.* Γ 4 Περὶ διγάμων λαϊκῶν, Βασιλείου δ΄ [157]), ἐν τῷ τῆς εὐλογίας καιρῷ μόνον ὡς ἐγκληματικοὺς ὄντας, ἤγουν μὴ κοινωνεῖτε ἁμαρτία⟨ι⟩ς ἀλλοτρίαις (cf. I Tim. 5, 22), οὐ μὴν δὲ ἀεὶ δέχεσθε καὶ τὰς τούτων ἀναφοράς.

[III 31, 4] Νικήτας Ἡρακλείας, ἀπόκρισις πρός τινα ἐπίσκοπον Κωνσταντῖ⟨ν⟩-ον· ἡ μὲν ἀκρίβεια ... (f. 72r) ἐπιτίθησι στεφάνους (Nik. Heracl., Apokrisis 1 [RP V 441]).

[III 31, 5] Νικηφόρου πατριάρχου· οὐκ ἔξεστι τῶν ἐπιτιμίων ὄντων διγάμων ἢ τριγάμων ἢ πόρνων ἢ μοιχῶν καὶ τῶν ἄλλων ἐγκλημάτων προσφορᾷ ὑψωθῆναι, εἰ μὴ τὸ ἐπιτίμιον τελειῶσιν (sic), εἰθ' οὕτως δεχέσθω ἡ εὐποιΐα ἐν τῇ ἁγίᾳ τοῦ θεοῦ ἐκκλησίᾳ.

[III 31, 6] Ὁ δὲ Νηστευτὴς Ἰωάννης λέγει· ὁ δεχόμενος πόρνην καὶ ἀσέμνων τὰ δῶρα πρὸ τοῦ ἐξαγορεῦσαι καθαιρείσθω, ὁμοίως καὶ Πέτρου χαρτοφύλακος, ζήτει ἔμπροσθεν (sic) κεφάλαιον ρη´ (XVI 108, 7).

[III 32] **Κεφάλαιον λβ´**

[III 32, 1] **Περὶ τριγάμων καὶ διαφόρων γάμων**· Βασιλείου τοῦ μεγάλου, οὕτως καὶ Γερμανὸς πατριάρχης· πρῶτος γάμος ὁ ὑπὲρ φύσ(εως) γενόμενος, διότι ἑνοῦται ὁ ἄνθρωπος τῷ θεῷ διὰ τῆς παρθενίας κατὰ τὸ εἰρημένον· „ἡρμοσάμην γὰρ ὑμᾶς ἑνὶ ἀνδρί" (II Cor. 11, 2). | δεύτερος γάμος ὁ κατὰ φύσιν, ὁ νομικὸς καὶ δίκαιος καὶ τίμιος κατὰ τὸ εἰρημένον· „τίμιος ὁ γάμος ἐν πᾶσι" (Hebr. 13, 4). | τρίτος ἄνομος ὁ τῆς δευτερογαμίας. οὐ γὰρ ἐδόθη κατὰ νόμον, ἀλλὰ κατὰ πρᾶξιν. | τέταρτος ὁ τῆς τριτογαμίας παράνομος κατὰ τὸ εἰρημένον· „οὐ μὴ καταμείνῃ τὸ πνεῦμα μου ἐν τοῖς ἀνθρώποις τούτοις" (Gen. 6, 3). | πέμτπος ὁ τῆς πολυγαμίας ὁ κτηνώδης κατὰ τὸ εἰρημένον· „ἵπποι θηλυμανεῖς ἐγεννήθησαν" (Ier. 5, 8).

[III 32, 2] Παρθενία βίος ἀγγελικός (βίον ἀ-όν cod.), μονογαμία{ς} βίος ἔννομος, διγαμία{ς} βίος ἄνομος, τριγαμία{ς} (f. 72v) βίος παράνομος, πολυγαμία{ς} βίος κτηνώδης.

[III 32, 3] Ὁ μέγας Βασίλειος εἰς κεφάλαιον (sic) δ´· συνηθείᾳ ἐλάβομεν ἐπὶ τῶν τριγάμων πενταετίαν ἀφορισμοῦ, οὐχὶ ἀπὸ κανόνος, τριγαμίας νόμος οὐκ ἔστι .... αἱρετώτερον (*Synt.* Γ 4 Περὶ τριγάμων, Βασιλείου δ´, ν´ [158, l. 3–4, 15–18]). τοὺς τριγάμους ἐν τρισὶ καὶ τέσσαρσιν ἔτεσι ἀφορίζουσιν, συνηθείᾳ δέ, φησί, ἐλάβομεν ἐπὶ τῶν τριγάμων πενταετίας ἀφορισμόν, μηδὲ ἀποσπωμένου τοῦ γάμου (repetitum, cf. ibid., Βασιλείου δ´, ν´ [158, l. 3–5]), ὅταν μὴ τέκνα τούτοις ἐκ τῶν προτέρων γάμων παρῇ, καὶ μεταν(οίας) ν´.

[III 32, 4] **Ποσάκις ὀφείλει κοινωνῆσ(αι) τοῦ ἔτους ὁ τρίγαμος μετὰ τὸ πληρῶσαι τὸ ἐπιτίμιον**· νόμος ἑνώσεως· ἐν δὲ τῷ νόμῳ τῆς ἑνώσεως μετὰ τῶν ἄλλων οὕτω περὶ τῶν τριγάμων φησί· τοὺς ἔτει ἐπιβεβηκότας ... (f. 73r) προτέρων γάμων παρῇ (*Synt.* Γ 4 Περὶ τοῦ τόμου τῆς ἑνώσεως [159, l. 20–29]). εἰ δὲ τις τριακοντούτης ... κοινωνίας εἰργόμενος (ibid. [159, l. 30–160, l. 8]).

[III 32, 5] Τὸ δ' αὐτὸ καὶ Σισίνιος πατριάρχης περὶ τῶν τριγάμων· πέντε ἔτη κοινωνίας εἰργέτ(αι?) τοὺς τεσσαρακονταετεῖς ὄντας, ἔκτοτε ἅπαξ τοῦ ἔτους τῆς κοινωνίας καὶ δ´ ἔτη τοὺς τριακονταετεῖς ὄντας (ὢν cod.), καὶ τρὶς τοῦ ἐνιαυτοῦ μεταλαμβανέτω τῶν ἁγίων δώρων. ταῦτα λέγομεν, ὥστε μηδεμίαν ἔχειν πονηρὰν αἰτίαν ἢ ἐξ ἁρπαγῆς ἢ ἐκ προηγιασμένης λαθρίου φθορᾶς, ἀλλὰ νομίμως (-ιμους cod.) καθαρεύον-(f. 73v)τας τῶν τοιούτων μολυσμῶν τῆς πορνικῆς ἀκαθαρσίας. εἴ τις οὖν καταφρονήσ(ει) τῶν τοιούτων, ζ´ ἔτη εἴργεται τῆς κοινωνίας. ὁ δὲ τολμῶν ἱερεὺς κοινωνῆσαι αὐτοὺς πρὸ τοῦ τεταγμένου καιροῦ, παρὰ (sic, περὶ Synt.) τὸν ἴδιον κινδυνεύει βαθμόν (cf. *Synt.* Γ 4 Περὶ τοῦ τόμου τῆς ἑνώσεως [159, l. 20–28]; Nicol. I. Mystic., Τόμος ἑνώσεως [RP V 6, l. 30–9, l. 5; praesertim 7, l. 13–28 et partim verbatim ὥστε μηδεμίαν ... καταφρονήσει: 8, l. 21–24; ὁ δὲ τολμῶν ... βαθμόν 8, l. 31–9, l. 2]).

[III 33] **Κεφάλαιον λγ΄**

[III 33, 1] **Περὶ πολυγαμίας**· πολυγαμία λέγεται ὁ τὸν τρίτον ὑπερβὰς γάμον καὶ μετὰ γυναικῶν ὡς νομίμως συνοικῶν γάμων, ἤγουν δ΄ λαβὼν γυναῖκας ἢ καὶ πλείονας, οὐ μὴν δὲ φθαρέντα (sic) ὡς ἐπὶ πορνείαις πολλαῖς. περὶ τούτων τοίνυν νόμος οὐκ ἔστιν, εἰ καὶ πλεῖστα ὁ κῦρ Λέων ὁ σοφὸς ἐν τῇ αὐτοῦ βασιλείᾳ θήσειν (θήσιν cod.) τῇ ἐκκλησίᾳ ἐβιάσατο νόμον ἐν τούτοις, ἀλλ᾽ οὐκ ἠδυνήθη· ἀλλὰ καὶ ἀφορισμῷ (-μου cod.) ὑπὸ τοῦ πατριάρχου κῦρ Νικολάου καθυποβάλλεται. διὸ καὶ τῆς ἐκκλησίας τοῦτον ἐκβάλλει. ἀντ᾽ ἐκείνου τὸν κῦρ Εὐθύμιον τὸν σύγκελλον προχειρίσας, δοκῶν συγχωρήσει⟨ν⟩ αὐτῷ τὴν τετραγαμίαν – ἐπὶ τετάρτην ἔλαβεν αὐτὸς γαμετήν – καὶ νομοθ⟨ετ⟩ῆσαι (?, νόμον θύσαι cod.) ἐκτείνειν (ἐκτίνειν cod.) μέχρι τετραγαμίας τοὺς βουλομένους· ὃς οὐ μόνον τὴν τετραγαμίαν ἐκώλυσεν, ἀλλὰ καὶ τὴν τριγαμίαν ἀθέμιτον εἶναι μετὰ καὶ ἑτέρων πλειόνων ἀρχιερέων διατεινόμενος (Λέων ὁ σοφὸς ... διατεινόμενος: cf. *Synt.* Γ 4 Περὶ τοῦ τόμου τῆς ἑνώσεως [159, l. 3–12]) {τοῦς}.

⟨**Περὶ ὀρχησμάτων**⟩ (cf. indicem et XXII 128, 1)

[III 33, 2] (f. 74r) Ὁ δὲ ιε΄ τῆς ἐν Καρθαγένῃ τοῖς παισὶ τῶν ἱερέων ἀπείρηκε θεωρία⟨ν⟩ (vel θεώρημα) μὴ ἐκτελεῖν. δεῖ γὰρ αὐτοὺς ἐν παιδίᾳ τρέφεσθαι καὶ νουθεσίᾳ κυρίου, καθὰ δὴ καὶ Παῦλος πρὸς Τίτον ... τελέως τούτων ἀπέχεσθαι (*Synt.* Θ 1 Περὶ τῶν θεάτρων καὶ θυμελικῶν διαφόρων παιγνίων, Καρθαγένης ιε΄, ξ΄, ξα΄ [304, l. 2–3, 7–14]).

[III 33, 3] Εἰς δὲ ξβ΄ κεφάλαιον (sic) τῆς ς΄ συνόδου· τὰς τῶν γυναικῶν δημοσίας ὀρχήσεις πολλὴν λύμην καὶ βλάβην ἐμποιεῖν ἢ ἐξ ἀνδρῶν ἢ γυναικῶν γινομένας ὀρχήσεις καὶ τελετὰς κατά τι ἔθος παλαιὸν καὶ ἀλλότριον τοῦ τῶν Χριστιανῶν βίου. εἰ μὲν κληρικοὶ εἶεν, καθαιρεῖσθαι προστάττομεν (προσάγωμεν cod.)· εἰ δὲ λαϊκοί, ἀφοριζέσθωσαν (cf. *Synt.* Ε 3 Περὶ ἐθῶν ἑλληνικῶν, συνόδου ἕκτης ξβ΄ [243, l. 19–20; 244, l. 8–10]). νόμος, ζήτει κεφάλαιον ος΄ (X 76, 16) καὶ πγ΄ (X 83, 12). νόμος γ΄ ἔτη ἀφορίζει, ζήτει ἔμπροσθεν (sic) καὶ ριζ΄ (XVIII 117, 1) κεφάλαιον.

[III 34] **Κεφάλαιον λδ΄**

[III 34, 1] **Περὶ αἱρετικῶν συναφίας**· αἱρετικῇ εἰ συναφθείη ὀρθόδοξος ἢ τὸ ἀνάπαλιν, ἄκυρον εἶναι τὸν γάμον ς΄ συνόδου οβ΄ κανὼν αὐτοῖς διορίζεται καὶ τὸ ἄθεσμον διαλύεσθαι συνοικέσιον, ἐπιμένοντας (sic) δὲ ἀφοριζέσθω (cf. *Synt.* Γ 12 Ὅτι οὐ δεῖ γάμους συναλλάττειν μετὰ αἱρετικῶν, συνόδου ἕκτης οβ΄ [174, l. 2–4, 5–6, 9]). (f. 74v) τὸ αὐτὸ καὶ δ΄ συνόδου κεφάλαιον (sic) ιδ΄ (cf. ibid., συνόδου ἕκτης ιδ΄ [173, l. 1–3]) καὶ ἡ Καρθαγένης εἰς κα΄ κεφάλαιον (sic), μηδ᾽ ὅλως τέκνα τῶν κληρικῶν ... συνάπτεσθαι (ibid., Καρθαγένης κα΄ [173, l. 2–4]).

[III 34, 2] Μετὰ αἱρετικῶν οὐδεὶς συγχωρεῖ τῶν πατέρων γάμον ποιεῖν, εἰ μὴ πρότερον συμφωνήσει ἀπορραγῆναι τῆς θρησκείας.

[III 34, 3] Συνόδου ς΄ εἰς κεφάλαιον (sic) οβ΄· Μὴ ἐξέστω (ἐξέστη cod.) ὀρθόδοξος ... ὁρισθέντα ἀφοριζέσθω (COGD I 276, l. 2126–2137; cf. etiam *Synt.* Γ 12 Ὅτι οὐ δεῖ γάμους συναλλάττειν μετὰ αἱρετικῶν, περὶ κληρικῶν, συνόδου ἕκτης οβ΄ [174, l. 2–9]).

[III 34, 4] Λαοδικείας ι{α}΄ περὶ τοῦ μὴ δεῖν τοὺς τῆς ἐκκλησίας ἀδιαφόρως πρὸς γάμου κοινωνίαν τὰ ἑαυτῶν τέκνα συνάπτειν αἱρετικοῖς (*Synt.* Γ 12 Ὅτι οὐ δεῖ γάμους συναλλάττειν μετὰ αἱρετικῶν, περὶ κληρικῶν, Λαοδικείας ι′ [173]). τὸ αὐτὸ πάλιν καὶ εἰς λα′ τῆς αὐτῆς συνόδου (cf. ibid., Λαοδικείας λα′ [175]).

[III 34, 5] Νόμος· μὴ λαμβανέτω ... (f. 75r) συναπτέσθω (*Synt.* Γ 12 Ὅτι οὐ δεῖ γάμους συναλλάττειν μετὰ αἱρετικῶν, περὶ κληρικῶν, νόμος [175]).

[III 35] **Κεφάλαιον λε′**

[III 35, 1] **Περὶ τοῦ μὴ γίνεσθαι γάμον κρυφῶς**· οὐ γίνεται γάμος, εἰ μὴ ... ὑπεξούσιος (*Synt.* Γ 2 Περὶ γάμων ἐπιτετραμμένων καὶ κεκωλυμένων, ὅρος γάμου [154, l. 10–11]).

[III 35, 2] Νόμος· μηδεὶς μυστικῶς ... τιμωροῦνται (*Synt.* Γ 2 Περὶ γάμων ἐπιτετραμμένων καὶ κεκωλυμένων, ὅρος γάμου [154, l. 20–21]).

[III 36] **Κεφάλαιον λς′**

[III 36, 1] **Γυναικῶν τῶν ἐν ἀφέδρῳ ἤγουν καταμηνίων ἢ καὶ γεννησάντων (sic) τῇ μεγάλῃ μ^{ῆ}**· τὰς ἐν ἀφέδρῳ γυναῖκας μηδενὸς τῶν ἁγίων ἅπτεσθαι μέχρις ἡμερῶν ζ′ κελεύει ὁ β′ κανὼν τοῦ ἁγίου ἱερομάρτυρος Διονυσίου Ἀλεξανδρείας. οὐδὲ γὰρ ... οὕτω διακειμένας (*Synt.* Α 16 Περὶ τῶν ἐν ἀφέδρῳ γυναικῶν, Διονυσίου β′ [106, l. 4–7]), καὶ ὁ ζ′ Τιμοθέου (cf. ibid. [106, l. 17–18]). τοῦτο καὶ ὁ παλαιὸς παραγγέλ⟨λ⟩ει νόμος, ἀλλ' οὐδὲ ἀνδράσι μίγνυσθαι συγχωρεῖ ... ἀκοινώνητος ἔστω (Matth. Blast., *Canon. Ioh. Nest.* [RP IV 441, l. 2–5, 10–12]), μεταν(οίας) μ′ ποιείτω τῷ νυχθημέρῳ (-ήμερον cod.). εἰ δὲ εἰσελθοῦσα ἐν τῇ ἐκκλησίᾳ καὶ ἐξαίφνης αὐτῇ γένηται καὶ εὐθὺς ἐξέλθῃ, ἀνεύθυνος (ἀνεύθυνη cod.) ἔστω· εἰ δὲ καταφρονήσει (-ῃ cod.) ἢ καὶ δι' αἰσχύνην, ἐπιτιμάσθω ⟨κατὰ⟩ τὸν ὁρισθέντα τοῖς πατράσι κανόνα.

[III 36, 2] Καὶ τῇ λοχευομένῃ, ὥς φησι (f. 75v) Τιμόθεος, ἁρμόζει, ἕως οὗ καθαρισθῶσιν αἱ τῆς καθάρσεως ἡμέραι μ′, ὡς καὶ ἡ νομοθεσία διαγορεύει (cf. *Synt.* Α 16 Περὶ τῶν ἐν ἀφέδρῳ γυναικῶν, Διονυσίου β′ [106, l. 17–18]).

[III 36, 3] Τιμοθέου ζ′· ὁρίζομεν ⟨ὅτι vel ὥς?⟩ τὰς κατὰ συνήθ(ειαν) γυναῖκας ἐχούσας ἔξω τῆς ἐκκλησίας ἵστανται (sic) τῶν η′ ἡμερῶν (sic), ἔξωθεν τοῦ νάρθηκος γ′ καὶ ἔσωθεν τούτου ε′, ἵνα μὴ τὸ θεῖον παρεμποδίζοιτο (cf. Timoth., *Can.* 7 [Joannou II 244]).

[III 36, 4] Νόμος· ἡ δὲ ιζ′ νεαρὰ Λέοντος ... εὐθὺς ἀξιοῦσθαι (ἀξιούσθω cod.) (*Synt.* Α 16 Περὶ τῶν ἐν ἀφέδρῳ γυναικῶν, νόμοι [106]).

[III 36, 5] Τιμοθέου Ἀλεξανδρείας η′· γυνὴ ἐὰν γεννήσῃ τῇ μεγάλῃ μ^{ῆ}, ὀφείλει μεταλαβεῖν οἴνου καὶ μετρίοις βρώμασι (casus sic!), καθὸ βούλεται βαστάξαι, ὅτι ἡ νηστεία ἐπενοήθη διὰ τὸ ταπεινῶσαι τὸ σῶμα, αὕτη (f. 76r) ⟨δ'?⟩ ἀσθενεῖ, οὐκ ὀφείλει νηστεύει⟨ν⟩ (cf. Timoth., *Can.* 8 [Joannou II 244–245]).

[III 37] **Κεφάλαιον λζ′**

[III 37, 1] **Περὶ τοῦ μὴ κωλύειν γυναῖκα ἐν ἐκκλησίᾳ ἢ πρεσβύτερον ἢ διάκονον**· Ἰωάννου τοῦ Νηστευτοῦ· γυνὴ οὔτε λαϊκὴ οὔτε μονάζουσα ... ἐπὶ τὸ αὐτὸ (Matth. Blast., *Canon. Ioh. Nest.* [RP IV 445, l. 3–8]).

[III 38] **Κεφάλαιον λη′**

[III 38, 1] **Περὶ τῶν θελόντων ἐγκρατεύεσθαι τῶν ἰδίων ἀνδρῶν ἢ ἄνδρες τὰς γυναῖκας** (sic)· Ἰωάννου τοῦ Νηστευτοῦ· εἴ τις διὰ νομιζομένην ἄσκησιν ἐγκρατεύεται {ὑπὸ?} τοῦ ἀνδρός, εἰς οἷαν ὁ τοιοῦτος ἁμαρτίαν ἐμπεσ(εῖται), ἡ γυνὴ περὶ ταύτης ἀπαιτηθήσεται. τὰς δὲ βουλομένας ἐγκρατεύεσθαι λέγομεν ποιεῖν τοῦτο μετὰ γνώμης τοῦ ἰδίου ἀνδρός. ὁμοίως καὶ τοὺς ἄνδρας τῇ γνώμῃ τῶν γυναικῶν, ἵνα μὴ ἔγκλημα ἡ ἐγκράτεια γένηται (cf. II 29, 2).

[III 39] **Κεφάλειον λθ΄**
[III 39, 1] Γάγγρας ιβ΄ (recte ιδ΄)· εἴ τις γυνὴ καταλιμπάνοι … γάμον, ἀνάθεμα (Syn. Gangr., *Can.* 14 [Joannou I 2, 95]).

[III 40] **Κεφάλαιον μ΄**
[III 40, 1] ⟨Γάγγρας⟩ ιγ΄ (recte ιε΄)· εἴ τις γυνὴ καταλιμπάνοι … (f. 76v) ἀμελοίη, ἀνάθεμα (Syn. Gangr., *Can.* 15 [Joannou I 2, 95]).

[III 41] **Κεφάλαιον μα΄**
[III 41, 1] ιδ΄ (recte ις΄) τῆς Γάγγρας· ὁμοίως καὶ τὰ καταλιπόντα τέκνα τοὺς ἑαυτῶν γονεῖς (cf. Syn. Gangr., *Can.* 16 [Joannou I 2, 96]).

[III 42] **Κεφάλαιον μβ΄**
[III 42, 1] **Περὶ τῆς βουλομένης γυναικὸς ἀποδημοῦντος τοῦ ἀνδρός**· Βασιλείου τοῦ μεγάλου λα΄· ἀναχωρήσαντος τοῦ ἀνδρὸς … κρίματι (*Synt.* Γ 5 Περὶ τῆς εἰς δεύτερον γάμον ἐλθεῖν βουλομένης γυναικός, ἐν ἀποδημίᾳ ἢ στρατείᾳ τοῦ ἀνδρὸς αὐτῆς ἀφανισθέντος, Βασιλείου λα΄ [161]).

[III 43] **Κεφάλαιον μγ΄** [III 43]
[III 43, 1] **Περὶ τοῦ μὴ καθεύδειν γυναῖκα ἐν μοναστηρίῳ ἀνδρῴῳ**· ὁ μζ΄ τῆς ϛ΄ συνόδου κανὼν φησὶ μήτε ἀνδρῴῳ μοναστηρίῳ γυναῖκα μήτε ἄνδρα … ἀφοριζέσθω (cf. *Synt.* Μ 15 Περὶ μοναστηρίων καὶ μοναχῶν, συνόδου ἕκτης μα΄, μβ΄, μζ΄, περὶ ἐρημιτῶν [386, l. 8–14]). ὁ δὲ κβ΄ τῆς ζ΄ συνόδου ἱερωμένοις … συνεσθίουσιν (ibid., συνόδου ἑβδόμης κβ΄ [386, l. 2–3]). ὁ δὲ λη΄ τῆς Καρθαγένης συνόδου· κληρικοὺς καὶ μοναχοὺς ἀπρόσκοπους δεῖ εἶναι (cf. ibid., Καρθαγένης λη΄ [387]).

[III 43, 2] Ὁ δὲ ιε΄ (sic) τῆς νεαρᾶς Ἰουστινιανοῦ φησίν· οὐκ εἰσελεύσεται … (f. 77r) ζηλώσασι βίον (*Synt.* Μ 15 Περὶ μοναστηρίων καὶ μοναχῶν, νεαρά [sc. 123, cap. 15] [394, l. 6–12]). τὸ δ᾽ αὐτὸ καὶ ζ΄ σύνοδος ἐν κεφαλαίῳ (sic) ιη΄.

[III 44] ⟨**Κεφάλαιον μδ΄**⟩
[III 44, 1] **Περὶ τῶν συνεισάκτους γυναῖκας ἐχόντων κληρικῶν**· ὁ γ΄ τῆς α΄ συνόδου κανών· … διαπέφευγεν ὑποψίαν (*Synt.* Γ 19 Περὶ τῶν γυναῖκας συνεισάκτους ἐχόντων ἐπισκόπων ἢ κληρικῶν, συνόδου πρώτης γ΄ [193, l. 2–5]), καὶ ὁ ε΄ τῆς ϛ΄ συνόδου τοὺς τοιούτους … ἀπείρηκε (ibid., συνόδου ἕκτης ε΄ [193, l. 2–3]). νόμος (sic) ὁ ὀκτακαιδέκατος (sic) τῆς ζ΄ συνόδου· ἐπιτιμάσθω, ἐπιμένων δὲ καθαιρείσθω (cf. ibid., συνόδου ἑβδόμης ιη΄ [193, l. 6–7]). ὁμοίως καὶ εἰς μοναστρίας. τὸ αὐτὸ καὶ ὁ μέγας Βασίλειος (cf. ibid., Βασιλείου πη΄ [194–195]).

[III 45] **Κεφάλαιον με΄**

[III 45, 1] **Νικήτα Σερρῶν καὶ ἑτέρων ⟨περὶ⟩ συκοφαντικῶν κληρικῶν, ἐάν τις γυνὴ τεκοῦσα κληρικῷ ῥίψῃ παιδίον**· ἐάν τις γυνὴ παῖδα τέξηται λάθρα καὶ ῥίψῃ τοῦτο τινὶ τῶν τοῦ κλήρου, εἰ καὶ μεθ' ὅρκου τοῦτο φησίν … τῇ τοῦ θεοῦ κρίσει (Nicet. Heracl., *Quaest. et resp.* 5 [Pavlov (1895) 170]). ἕτερον συκοφαντικὸν ἱερέως πρὸς φονικόν, ζήτει κεφάλαιον ος΄ μέσον (IX 76, 19).

[III 46] ⟨**Κεφάλαιον μς΄**⟩

[III 46, 1] **Γυναικὸς δειγματισθείσης**, Γάγγρας συνόδου ιε΄ (recte ιζ΄)· εἴ τις γυνὴ κολαφισθεῖσα ὑπὸ τοῦ ἰδίου ἀνδρὸς (f. 77v) τὰς ἑαυτῆς κείρει (an -ῃ?) τρίχας ἢ ἑτέρως παραδειγματισθῇ (-θεῖ cod), ἀνάθεμα ἢ ἀφοριζέσθω τῆς ἐκκλησίας καὶ μεταλήψεως χρόνον ἕνα (cf. Syn. Gangr., *Can.* 17 [Joannou I 2, 96]).

[III 47] **Κεφάλειον μζ΄**

[III 47, 1] **Περὶ τοῦ θέλοντος γυναικὶ** (sc. συνοικεῖν vel simile) **παιδός**· Ἰωάννου Νηστευτοῦ· εἰ εἴπῃ τὶς ⟨εἰς?⟩ τοὺς ἑαυτοῦ γονεῖς „γυναῖκ(α) μοι γήματε" (γήμαται cod.) καὶ οὐ παρευθὺς ποιήσωσιν, ὃ ἐργάσηται (sic, an ἐργάσεται), κρίμα ἐπὶ τῇ κεφαλῇ ἔσται τῶν γονέων.

[IV] **Ἀρχὴ τοῦ δ στοιχείου**

[IV 48] **Κεφάλαιον μη΄**

[IV 48, 1] **Περὶ δώρων ἁγίων, χυθῆναι**· Κίτρους· εἰ συμβῇ ἐκ τῶν ἁγίων χυθῆναι δώρων ἤγουν τοῦ ἁγίου δίσκου μερίδα τινὰ πεσεῖν … κολασθήσεται ἢ πρότερον (cf. Matth. Blast., *Collectio responsorum Iohannis Citrii* sec. cod. Mosqu. GIM 149, f. 208v, l. 9–19, *Resp.* 11; cf. Darrouzès [1973] 333; v. etiam Balsam., *Resp.* 20 ad Marcum [RP IV 463–464]; cf. etiam Ioasaph Ephes., *Quaest. et resp.* 50 [Korakides (1992) 242, l. 410–243, l. 418]). ἡ δὲ ⟨ἐν⟩ Ἀγκύρᾳ συνοδος παντελῶς τοῦτον τῆς ἱερωσύνης ἀπείργει.

[IV 49] **Κεφάλαιον μθ΄**

[IV 49, 1] **Ἕτερον Πέτρου χαρτοφύλακος, εἰ συμβῇ δῶρα τίμια ἀφανισθῆναι**· ἐρώτησις· ἐὰν συμβῇ ἀφανισθῆναι τίμια δῶρα, ὥσ(f. 78r)τε μὴ δύνασθαι μεταλαβεῖν, καὶ ἦν ἐν ἀρτοφορίῳ, καίειν ἢ ἐν ποταμῷ ῥίπτειν ἢ ἄλλως πως χρῆσθαι ⟨χρή?⟩; ἀπόκρισις· πρῶτον μὲν προσήκει πολλὴν περὶ τούτων ποεῖσθαι πρόνοιαν· εἰ δὲ συμβῇ, μηδὲν τῶν προλεχθέντων ποιεῖν, ἀλλὰ μετὰ οἴνου ἀρίστου καὶ γλυκέως ἐν τῷ ποτηρίῳ σκευάζειν καὶ ἀναλίσκειν, ποιῶν καὶ ἐπιτίμια τοῦ ἁγίου Ἰωάννου τοῦ Νηστευτοῦ. τὸ αὐτὸ καὶ ὁ ἅγιος Τιμόθεος, κεφάλαιον (sic) κζ΄, ὁμοίως καὶ ὁ ἅγιος Μάξιμος καὶ τῷ ἀρτοφορίῳ ὑποκάτω τῆς ἁγίας τραπέζης τίθησιν.

[IV 50] **Κεφάλαιον ν΄**

[IV 50, 1] **Περὶ ἱερέως τοῦ μὴ θέλοντος τὴν ἑαυτοῦ γυναῖκα κοινωνεῖν**· τοῦ Νηστευτοῦ· εἴ τις ἱερεὺς τὴν ἑαυτοῦ γαμετὴν μὴ ἀνασχόμενος μεταλαμβάνειν ὡς ἀνάξιον κρίνας διὰ τὸ εἶναι μετ' αὐτῆς καὶ οὐ μᾶλλον διδάσκει αὐτὴν ὁμοφρόνως σὺν αὐτῷ εἶναι καὶ ὁμογνωμονεῖν καὶ πρὸς εὐσέβειαν ἐπαλείφειν, ἀλλ' αἰσχυνόμενος τοὺς ἀνθρώπους ἀναγνώστῃ ἐγχειρίζει τὰ ἅγια μεταδιδόναι αὐτῇ, ἀνάθεμα. ὁ κύριος ἐνετείλατο μὴ εἶναι δύο, ἀλλὰ σὰρξ μία (Mt. 19, 6; Mc. 10, 8), ὁμοίως καὶ πνεῦμα ἕν. ὃ οὖν ὁ θεὸς ἔζευξεν, ἄνθρωπος μὴ χωριζέτω.

[IV 50, 2] Ὁ δὲ Νικηφόρος ὁ Ὁμολογητὴς πατριάρχης· οὐχ ἁμαρτάν(ει) ἱερεὺς τὴν ἑαυτῆς γαμετὴν κοινωνήσ(ας), ἐὰν μὴ εὑρεθῇ ἕτερος ἱερεύς.

[IV 51] **Κεφάλαιον να΄**

[IV 51, 1] **Δένδρα τεμνόντων**· νόμος· οἱ δένδρα ἀλλότρια … (f. 78v) τὸ ἁπλοῦν (*Synt.* K 23 Περὶ ληστῶν [334, l. 6–9]). ἐὰν δένδρον τοῦ γείτονος … ἐκτέμνειν (*Synt.* K 3 Περὶ καινοτομιῶν, νόμοι [313, l. 17–19]).

[IV 52] **Κεφάλαιον νβ΄**

[IV 52, 1] **Περὶ τῶν προπετῶς διδασκόντων**· ξδ΄ τῆς ς΄ συνόδου· τῷ δημοσίᾳ διδάσκοντι … κωλυθήσεται (*Synt.* Δ 7 Πῶς δεῖ διδάσκειν τὸν λαὸν τοὺς ἐπισκόπους καὶ πρεσβυτέρους, συνόδου ἕκτης ξδ΄ [213]).

[IV 53] **Κεφάλαιον νγ΄**

[IV 53, 1] **Περὶ τῶν δαιμον{ι}ώντων**· οθ΄ τῶν ἁγίων ἀποστόλων· εἴ τις δαίμονα … γινέσθω (*Apost., *Can.* 79 [Metzger (1987) 304, l. 357–359]; cf. *Synt.* Δ 1 Περὶ δαιμονώντων ἢ δαιμονᾷν ὑποκρινομένων, ἀποστόλων οθ΄ [202–203], sed textum circumloquitur).

[V] **Ἀρχὴ τοῦ ε**

[V 54] **Κεφάλαιον νδ΄**

[V 54, 1] **Ἐκκλησιῶν** (sic) **κτιζομένων**· Καρθαγένης πδ΄· τὰ δι᾽ ἐνυπνίων … (f. 79r) τὸ ἐνθαῦτα θυσιαστήριον (*Synt.* E 12 Περὶ ἐκκλησιῶν οἰκοδομῆς καὶ καθιερώσεως, Καρθαγένης πγ΄ [262, l. 2–263, l. 5]), διά τοι τοῦτο … ἐπιστομίζειν χρὴ (ibid., Περὶ τῶν ἐνθουσιᾷν ὑποκρινομένων [263, l. 2–6]).

[V 55] **Κεφάλαιον νε΄**

[V 55, 1] **Περὶ μοναχῶν, εὐκτηρίους οἴκους κτίζειν**· συνόδου ζ΄ ιζ΄· τῶν μοναχῶν τοὺς φιλαρχία⟨ς⟩ …. ἐπὶ λαϊκῶν καὶ κληρικῶν (*Synt.* E 12 Περὶ ἀντιμινσίων [262, l. 7–11]).

[V 56] **Κεφάλαιον νς΄**

[V 56, 1] **Περὶ εὐταξίας εὐχῶν**· συνόδου ς΄ οε΄· τοὺς εὐχομένους ἐν ἐκκλησίᾳ … (f. 79v) υἱοὺς Ἰσραήλ (Synt E 35 Περὶ εὐχῶν εὐταξίας, συνόδου ἕκτης οε΄ [297, l. 2–8]).

[V 57] **Κεφάλαιον νζ΄**

[V 57, 1] **Περὶ ἐμέτου**· φαγὼν καὶ κοινωνήσας· ὁ μετὰ τὴν θείαν ἐμέσας μετάληψιν … πάντως παρεχωρήθη (Matth. Blast., *Canon. Ioh. Nest.* [RP IV 445, l. 12–17]), ζήτει κεφάλειον οη΄ (X 78, 3).

[IV 57, 2] **Φαγὼν καὶ κοινωνήσας**· ὁ δὲ φαγὼν καὶ κοινωνήσας, χρόνον ἕν⟨α⟩ ἐπιτιμάσθω.

[V 57, 2] **Μεθυσθείς**· ὁ μεθυσθεὶς καὶ ὁ ἀποδιδοὺς τὸν οἶνον ἀκοινώνητος ἡμέρας μ΄ καὶ μεταν(οίας) κδ΄ καθ᾽ ἡμέραν καὶ τὸν οἶνον νηστεύσας ἡμέρας μ΄.

[V 57, 3] **Γαστρίμαργος**· Ὁ δὲ γαστρίμαργος ν΄ ἡμέρας νηστεύων. ἡμεῖς δὲ ἑβδομάδα μίαν λέγομεν ξηροφαγείτω καὶ ἅπαξ τῆς ἡμέρας καὶ μεταν(οίας) π΄.

[V 58] **Κεφάλαιον νη΄**

[V 58, 1] **Περὶ ἐπισκόπων**· Νικηφόρου πατριάρχου Κωνσταντινουπόλεως· ἐπίσκοπος τοῖς ὑπ᾽ αὐτὸν δήπου ἱερεῦσιν τοὺς λογισμοὺς ἐπιτρέπειν (sic, -πει in cod. Mosqu.) δέχεσθαι τῶν προσιόντων, λύειν καὶ δεσμεύειν τὰ ἡμαρτημένα (*Synt.* M 9, tit. [370], v. etiam Matth. Blast., *Canon.* Iohannis Citrii 21, Codex Mosqu. GIM 149, f. 211v).

[V 58, 1] Ἐπίσκοπος μὴ καταβαινέτω ἀπὸ τῆς αὐτοῦ ἐπαρχίας εἰς ἕτεραν, ὁ δὲ τοῦτο ποιήσας καθαι(f. 80r)ρείσθω, ζήτει ἐν τῷ γ΄ κανόνι τῆς Καρθαγένης (re vera ιγ΄ κ. τῆς Ἀντιοχείας, cf. Joannou I 2, 114–115 et *Synt.* A 9 Μετάβασις, Ἀντιοχείας ιγ΄, κβ΄ [85]). καὶ ὁ ιδ΄ τῶν ἁγίων ἀποστόλων· μὴ ἐξεῖναι καταλείψαντα ... παρακλήσει μεγίστῃ (*Apost., *Can.* 14 [Metzger (1987) 278, l. 44–49]; cf. *Synt.* A 9 Μετάθεσις, ἀποστόλων ιδ΄ [84]), ζήτει κεφάλαιον (sic) ιγ΄ Ἀντιοχείας (cf. *Synt.* A 9 Μετάβασις, Ἀντιοχείας ιγ΄, κβ΄ [85]) καὶ ὁ Λαοδικαίας μα΄ καὶ μβ΄ (cf. *Synt.* A 9, Λαοδικείας μα΄, μζ΄ [sic] [93]).

[V 59] **Κεφάλαιον νθ΄**

[V 59, 1] Ἐπίσκοπος μὴ τολμῶν ... ἐχειροτόνησεν (*Apost., *Can.* 35 [Metzger (1987) 284, l. 126–130], cf. *Synt.* X 16 Ὅτι οὐ δεῖ χειροτονίας ποιεῖν ἐπίσκοπον ἐν ταῖς μὴ ὑποκειμέναις αὐτῷ ἐνορίαις [505, l. 2–6])· τῶν ἁγίων ἀποστόλων κανὼν λε΄ καὶ αἱ λοιπαὶ καθολικαὶ συνοδίαι καὶ τοπικαὶ τὸ αὐτὸ προσφωνοῦσι (cf. ibid. [505, l. 10–11]).

[V 60] **Κεφάλαιον ξ΄**

[V 60, 1] **Ἐπισκόπων χειροτονίαι καὶ ἱερέων καὶ διακόνων**· ἐπίσκοπος χειροτονηθεὶς ὑπὸ ... ὑφ᾽ ἑνὸς ἐπισκόπου καὶ ἱερέως καὶ διακόνου (cf. *Synt.* X 5 Ὑπὸ πόσων ἐπισκόπων χειροτονοῦνται οἱ ἐπίσκοποι καὶ οἱ λοιποὶ κληρικοί, ἀποστόλων α΄ καὶ β΄ [501]). καὶ ὁ διὰ χρημάτων ταύτην (sic) χρήσεται τὴν ἀξίαν (sic) καὶ ὁ χειροτονῶν καὶ ὁ χειροτονούμενος καθαιρείσθω καὶ παντελῶν ἐξωθείσθω ὡς ὁ Σίμων μάγος, α΄ καὶ β΄ τῶν ἁγίων ἀποστόλων κανόνες καὶ Καρθαγένης μη΄ (sic, lege μθ΄) (cf. *Apost., *Can.* 29 [Metzger (1987) 282, l. 95–97], *Synt.* X 28 Περὶ τῶν χειροτονουμένων ἐπὶ χρήμασιν, ἀποστόλων κθ΄ [509, l. 3–6] et X 5 Καρθαγένης μθ΄ [501]).

[V 60, 2] (f. 80v) Σύνοδος ζ΄, κανὼν β΄· ὅτι δεῖ τὸν χειροτονούμενον ἀσφαλῶς συντάσσεσθαι (-σεται cod.), ὅ⟨τι⟩ τοὺς κανόνας φυλάττει – εἰ δὲ μή, μὴ χειροτονείσθω, – πάντα τὸν ψαλτῆρα ἀναγιγνώς, τὸ ἅγιον εὐαγγέλιον, τὸν θεῖον ἀπόστολον καὶ πᾶσαν τὴν θείαν γραφὴν καὶ διδάσκων τὸν λαόν. ἔφη γὰρ προφητικῶς ὁ θεός· „σὺ ἐπίγνωσιν ἀπώσω, κἀγὼ ἀπώσομαι ⟨σε⟩ τοῦ μὴ ἱερατεύειν" (Os. 4, 6) (cf. *Synt.* X 4 Ὁποίους εἶναι δεῖ τοὺς χειροτονουμένους ἐπισκόπους καὶ τίνα πρὸ πάντων γινώσκειν χρή, συνόδου ἑβδόμης β΄ [499–500]).

[V 61] **Κεφάλαιον ξα΄**

[V 61, 1] **Ἐπίσκοπος κοσμικοῖς ἄρχουσι μὴ χρᾶσθαι**· ἐπίσκοπος κοσμικοῖς ... ἀφοριζέσθω (*Apost., *Can.* 30 [Metzger (1987) 282, l. 99–101]; cf. *Synt.* E 19 Περὶ ἐπισκόπων, ἐκκλησίας λαμβανόντων διὰ προστασίας ἀρχόντων, ἀποστόλων λ΄ [272, l. 3–4]), λ΄ κανὼν τῶν ἀποστόλων.

[V 62] **Κεφάλαιον ξβ΄**

[V 62, 1] **Ἐπισκόπων καὶ ἱερέων, ὑπὸ πόσων καθαιροῦνται** (-ούντων cod.)· Καρθαγένης ιβ΄· ἐπίσκοπος μὴ καθαιρείσθω, εἰ μὴ ὑπὸ ἐπισκόπων ιβ΄ καὶ ὁ ἱερεὺς ὑπὸ ϛ΄ ἢ ε΄ διὰ σπάνιν καὶ ὑπὸ γ΄ τὸν διάκονον (cf. *Synt.* Κ 1 Περὶ τῶν καθαιρεθέντων ἤδη ἐπισκόπων καὶ κληρικῶν καὶ ὑπὸ πόσων ἐπισκόπων καθαιροῦνται [311]). καὶ ὁ ἅγιος πατριάρχης Λουκᾶς ἄκυρον ἡγήσατο ... ὡς αὐτὸς τῶν λοιπῶν ιβ΄ τὸν ἀριθμὸν ἐκπληρῶν (cf. *Synt.* Δ 8 Περὶ τῶν δικαζομένων δι᾽ οἰκεῖα ἐγκλήματα ἐπισκόπων καὶ κληρικῶν, πρᾶξις συνοδική [222]).

[V 63] **Κεφάλαιον ξγ΄**

[V 63, 1] **Περὶ τοῦ μὴ λαμβάνειν κοσμικὰς φροντίδας**· ἐπίσκοπος ἢ διάκονος ... καθαιρείσθω (*Apost., *Can.* 6 [Metzger (1987) 276, l. 20–21; cf. *Synt.* Κ 32 Ὅτι κοσμικὰς φροντίδας οὐ δεῖ μετιέναι κληρικοὺς ἢ μονάζοντας, εἰ μήπου κατ᾽ ἐπιτροπὴν βασιλέως [342]).

[V 64] **⟨Κεφάλαιον ξδ΄⟩**

[V 64, 1] Εἴ τις ἐπίσκοπος ἢ πρεσβύτερος ἀμελῶν τοῦ κλήρου ... καθαιρείσθω (*Apost., *Can.* 58 [Metzger (1987) 296, l. 277–279]; cf. *Synt.* Β 11 Περὶ βιβλίων τῆς θείας γραφῆς γνησίων καὶ νόθων, ἀποστόλων νη΄ [148]).

[V 65] (f. 81r) **Κεφάλαιον ξε΄**

[V 65, 1] **Περὶ τοῦ μὴ καταφρονεῖν τὸν τοῦ θεοῦ οἶκον**· εἴ τις διδάσκει τὸν οἶκον ... ἀνάθεμα (Syn. Gangr., *Can.* 5 [Joannou I 2, 91]; cf. *Synt.* Β 9 Περὶ τῶν βδελυσσομένων τοὺς ἐννόμους γάμους, τὸν οἶνον, τὰ κρέα καὶ ἕτερα, Γάγγρας β΄, ι΄, ε΄, κ΄ [144, l. 10–14]).

[V 66] **Κεφάλαιον ξϛ΄**

[V 66, 1] **Περὶ τοῦ μὴ ἰδίᾳ ἐκκλησιάζει⟨ν⟩** (ἐγκλ- cod.)· εἴ τις παρὰ τὴν ἐκκλησίαν ἰδίᾳ ... ἀνάθεμα (Syn. Gangr., *Can.* 6 [Joannou I 2, 91–92]; cf. *Synt.* Περὶ σχισματικῶν, Σ 12 Γάγγρας ϛ΄ [453, l. 2–4]).

[V 67] **Κεφάλαιον ξζ΄**

[V 67, 1] **Περὶ ἐξαγορεύσεως, πόσων ἐτῶν ὀφείλει, καὶ περὶ τοῦ χειροτονηθέντος ἀνεξετάστως**· δεῖ ἐξαγορεύεσθαι τοὺς μὲν ἄνδρας ἐτῶν ιδ΄, τὰς δὲ θηλ⟨εί⟩ας (θήλας cod.) ἐτῶν ιβ΄.

[V 67, 2] Κίτρους· οὐ δεῖ τὸν ἐξομολογούμενον τὰ αὐτὰ πάλιν ἐξαγορεῦσαι πατρί, εἰ μή που εἰς τὸ πρώην ὀλισθήσεται ἢ ἐπὶ τῇ πλάνῃ ἑάλω καὶ βούλεται ὁ τούτου ψυχικὸς ἰατρὸς εὑρεῖν τὴν ῥίζαν τῆς πλάνης· ὡσαύτως καὶ τὰ πρὸ τῆς ἱερωσύνης συγχωρηθέντα τῷ ἱερεῖ ἁμαρτήματα ἐπὶ τῷ τῆς ἱερωσύνης χρίσματι οἷα πυρὶ δεδαπανῆσθαι. ταῦτα πιστεύομεν κατὰ τὸν θ΄ καὶ ι΄ κανόνα τῆς α΄ συνόδου. μετὰ γὰρ τὴν διάγνωσιν τῆς ἀθέσμου χειροτονίας καθαιροῦνται. οὐ γὰρ ὥσπερ τὸ θεῖον λουτρὸν τὸν νέον ἄνθρωπον τὸν βαπτισάμενον (sic) ἀποτελεῖ, οὕτως ἡ ἱερωσύνη τὰ πρό γε αὐτῆς ἁμαρτήματα λύει, ὥς τινες οἴονται. τοῦτο γὰρ ὁ κανὼν οὐ προσίεται. τὸ γὰρ ἀνεπίληπτον ἐν πάσῃ {ἐκ} (f. 81v) ἡ ἐκκλησία ἐκζητεῖ καὶ μὴ εὑροῦσα ἐκδικεῖ (cf. Ioh. Citr., *Resp.* 11 [Pitra, Anal. VI (1891) 643–646 (*Resp.* 14)]; cf. Darrouzès [1973] 327–328; cf. etiam Matth. Blast., *Collectio responsorum Iohannis Citrii* sec. cod. Mosqu. GIM 149, f. 207r, l. 13–32, *Resp.* 3; cf. Darrouzès [1973] 333).

[V 67, 3] Νεοκαισαραίας δ΄ καὶ θ΄· ἐὰν πρόθηταί τις … ἐρρύσθη (Syn. Neocaes., *Can.* 4 [Joannou I 2, 77]). πρεσβύτερος ἐὰν προημαρτηκὼς … ποιῆσαι τὴν ἐξουσίαν ἤγουν τὸ αὐτοῦ συνειδός.

[VI] **Ἀρχὴ τοῦ ζ στοιχείου**

[VI 68] **Κεφάλαιον ξη΄**

[VI 68, 1] **Περὶ ζωοφθόρων ἤτοι κτηνοβατῶν·** τὸν ἀλόγοις συμφθαρέντα ζώοις ὁ ις΄ τῆς ἐν Ἀγκύρᾳ κανὼν … (f. 82r) ἐν τῷ καιρῷ τοῦ θανάτου τῆς ἁγίας μεταλήψεως τυ{γ}χέτω (*Synt.* A 5 Περὶ ἀλογευσαμένων ἤτοι ζωοφθόρων, Ἀγκύρας ις΄, ιζ΄ (78–79, l. 10]). ὁ δὲ μέγας Βασίλειος ἐν τῷ ζ΄ κανόνι καὶ ξγ΄ εἰς ιε΄ ἔτη ἐκτείνει (cf. ibid., Βασιλείου ζ΄ καὶ ξγ΄ [79]). ὁ δὲ Νύσσης Γρηγόριος ἐν τῷ γ΄ κανόνι εἰς ιη΄ (cf. ibid., Νύσσης γ΄ [79]). νόμος· ὁ δὲ πολιτικὸς καυλοκοπεῖν αὐτοὺς κελεύει (cf. ibid., νόμος γ΄ [79]).

[VI 68, 2] **Ζώων φονευθέντων·** νόμοι· ἐὰν κτίλοι [in marg. explicatio: κτίλοι ἤγουν οἱ προηγούμενοι τῶν προβάτων κριοί; cf. Homerum, Iliadem 3, 196; 13, 492] ἢ βόες ἢ ἵπποι ἢ χοῖροι ἐπαναστήσωνται καταλλήλων καὶ ὁ μὲν πρῶτος φουνευθῇ, οὐκ ἀνέχεται ὁ τοῦ φονεύσαντος κύριος· εἰ δὲ δεύτερο(ν) ἢ τρίτο(ν) πράξει, ἀνάγεται ὁ τοῦ φονεύσαντος κύριος καὶ δίδωσι τὸ φονευθὲν ζῶον ἢ τὸ τίμημα τοῦ φονευθέντος (cf. Armenop., *Leg. agrar.* VI 7 [Heimbach 844]).

[VI 68, 3] Ἐάν τις κύνα ποιμενικὸν κτείνῃ καὶ ἀπολεσθῇ τὸ ποίμνιον, πᾶσαν τὴν ἀπόλειαν τῆς ποίμνης ἀποδώσει μετὰ τῆς τιμῆς τοῦ κυνός (cf. *Leg. agrar.* 55 et 75 [Koder (2020) 65, 73]; Armenop, *Leg. agrar.* VI 10–11 [844 Heimbach]). ⟨εἰ⟩ δὲ ὁ κύων (ὁ δὲ κύνας cod.) ἐπάνω ἀνθρώπου κατέλθῃ καὶ αὐτὸς μετὰ ξίφους ἢ ἑτέρου ὅπλου κτείνῃ τὸν κύνα χωρὶς τοῦ ῥίψαι {εἰς} (f. 82v) εἰς αὐτὸν ἢ πέτρας ἢ ἕτερον ὅπλον, ἐὰν τὸ ὅπλον κρατῇ καὶ κτείνῃ τὸν κύνα, ἀνεύθυνος ἐστίν, ὅτι ἕκαστος τὴν ἑαυτοῦ ζωὴν φυλασσέτω (cf. *Leg. agrar.* 76 [Koder (2020) 73–74]; Armenop., *Leg. agrar.* VI 8 [Heimbach 844]).

[VI 68, 4] **Ὁ φονεὺς κτείνων εἰς ἀμπελῶνα·** ἐάν τις εὕρῃ βοῦν ἢ ὄνον ἢ ἵππον ἐν ἀμπελῶνι ἢ ἀγρῷ προεδρίαν (lex agrar.: πραῖδα) ποιοῦντα καὶ οὐ παραδῷ{σιν} αὐτὸν τῷ κυρίῳ αὐτοῦ σῶον, ὡς ἀμε{λ}λῶν ἀπαιτεῖν τὴν ζημίαν, ἀλλὰ φονεύσῃ ἢ τυφλώσῃ ἢ ὠτοκοπήσῃ, ὁ κύριος τοῦ κτήνους λάβῃ (an λάβοι?) ἕτερον ἀντ' αὐτοῦ ἢ τὸ τίμημα (cf. *Leg. agrar.* 38 et 48 [Koder (2020) 58, 62]; Armenop., *Leg. agrar.* IV 1 et 3 [Heimbach 838–839]).

[VII] **Ἀρχὴ τοῦ η**

[VII 69] **Κεφάλαιον ξθ΄**

[VII 69, 1] **Περὶ ἡμερῶν καὶ ὡρῶν·** νόμος· ἡ ἡμέρα ἀπὸ ὥραν (sic) ζ΄ τῆς νυκτὸς ὁρίζεται μέχρι τῆς ς΄ ὥρας τῆς ἐπομένης νυκτός … δοκεῖ γίνεσθαι (*Synt.* H 3 Περὶ τοῦ τῆς ἡμέρας διαστήματος, νόμος [302]). περὶ τούτου ἐν τῷ α΄ κεφαλαίῳ (sic) τῆς ε΄ συνόδου εὕρηται, ἔνθα περὶ τῆς πεντηκοστῆς διαλέγεται.

[VII 69, 2] **Περὶ ἡγουμένων ἤγουν πᾶσα ἀρχηγ(οῦ?**, cf. indicem)· Ἰησοῦ υἱοῦ Σιράχ· ἡγούμενόν σε … ἐπιστήμῃ (Eccl. 32, 1–3).

[VII 70] (f. 83r) **Κεφάλαιον ο´**

[VII 70, 1] **Ἡλίου κύκλων· ἥλιος**· ὁ (ἡ cod.) τοῦ ἡλίου κύκλος εὑρίσκεται οὕτως· κράτει τὰ ἄκρη τῶν αἰώνων[27], πρόσθες καὶ κδ´ ἢ ἄφελον δ´ καὶ ἀναβιβάσας ὕφειλον[28] ὑπὸ τῶν κη´ καὶ οὕτως εὑρήσεις τὸν κύκλον ἡλίου (cf. *Synt.* Π 7 Πῶς οἱ τοῦ ἡλίου κύκλοι εὑρίσκονται, ἄλλως [415]). ὁ κύκλος τοῦ ἡλίου ἄρχεται ἀπὸ τὴν α´ τοῦ ὀκτωβρίου καὶ ἀνέρχεται ἕως χρόνων κη´ καὶ πάλιν ἄρχεται.

[VII 70, 2] **Σελήνη**· ὁ (ἡ cod.) τῆς σελήνης κύκλος εὑρίσκεται οὕτως· λάβε τὰ ἄκρη τῶν αἰώνων, πρόσθες καὶ ιζ´ ἢ ἄφελον δύο καὶ ἀναβιβάσας ὕφειλον ὑπὸ τῶν ιθ´ καὶ τὰ καταλειφθέντα ἔστιν ὁ κύκλος τῆς σελήνης (cf. *Synt.* Π 7 Πῶς ὁ τῆς σελήνης εὑρίσκεται κύκλος [414, l. 8–12]). ὁ κύκλος τῆς σελήνης ἄρχεται ἀπὸ τὴν α´ τοῦ ἰ⟨ανν⟩ουαρίου καὶ ἀνέρχεται ἕως τῶν ιθ´ καὶ πάλιν ἄρχεται.

[VII 70, 3] **Βίσεκτον**· γίνωσκε, ὅτι τὰ βίσεκτα ἄρχεται ὁμοῦ με τοὺς κύκλους τοῦ ἡλίου καὶ λέγε εἰς καθὲν δ´ κύκλον τοῦ ἡλίου ἕνα (sic) βίσεκτον καί, ὅταν τελειωθῇ ὁ κύκλος τοῦ ἡλίου, τελειοῦν ὁμοῦ καὶ τὰ βίσεκτα. ἀναβαίνει ὁ κύκλος τοῦ ἡλίου κη´ καὶ τὰ βίσεκτα εἰς ζ´ καὶ πάλιν ἄρχεται ὁ κύκλος τοῦ ἡλίου ἀπὸ τὴν α´ τοῦ ὀκτωβρίου καὶ τὰ βίσεκτα ἀπὸ τὴν α´ τοῦ φεβρουαρίου.

[VII 70, 4] Βίσεκτο(ς) λέγεται διὰ τὸ δὶς ἓξ εἶναι τὰς ὥρας τῆς προ⟨σ⟩τιθεμένης ἡμέρας τοῦ φεβρουαρίου καὶ δὶς ἓξ τῆς νυκτός, ἥτις κατὰ τετραετίαν εἰς μίαν ἡμέραν τηνικαῦτα συντιθεμένου (sic)[29] (*Synt.* Β 13 Περὶ βισέκτου [150, l. 3–8]).

[VII 70, 5] **Ἴνδικτος**· ἡ δὲ ἴνδικτος, λάβε τὰ ἄκρη τῶν αἰώνων, πρόσθες (f. 83v) καὶ ε´ καὶ ἀναβιβάσας ὕφειλον ὑπὸ τῶν ιε´ καὶ τὰ καταλειφθέντα ἔστιν ἡ ἴνδικτος (cf. *Synt.* Π 7 Πῶς εὑρίσκεται ἡ ἴνδικτος [416]).

[VII 70, 6] **Ἑρμηνεία**· τὰ ἄκρη τῶν αἰώνων λέγονται οἱ ὕστεροι ἑκατοντάδες καὶ ἢ πρόσθες διὰ τοῦ ἡλίου τοὺς κύκλους κδ´ ἢ ἄφελον δ´, καὶ γίνονται ϟς´, ἐὰν ἀφείλης δ´· καὶ λέγεις τρὶς κη´, πδ´, καὶ ἀπομένουσιν ἕως τῶν ϟς´ ιβ´, ὅπου ⟨ἔσ⟩χε τότε ὁ ἥλιος ιβ´,

27 Blastares (*Synt.* Π 7, πῶς ὁ τῆς σελήνης εὑρίσκεται κύκλος [414], πῶς οἱ τοῦ ἡλίου κύκλοι εὑρίσκονται, ἄλλως [415]) nimmt die μικρὰ ἔτη τῆς παρούσης ἑκαντονταετηρίδις, also von ͵ςωμγ´ (6843 = für Ostern 1335) μγ´, und fügt 17 bzw. 24 Jahre als Rest bzw. Übertrag an Mond- bzw. Sonnenzyklusjahren der vergangenen Hekatontaeteris (6800) hinzu (6800 mod 19 [Mondzykluseinheit] = 17; 6800 mod 28 [Sonnenzykluseinheit] = 24) hinzu. Die Summe aus 43 + 17 bzw. + 24 (= 60 bzw. 67) wird durch 19 (Mondzykluseinheit) bzw. 28 (Sonnenzykluseinheit) dividiert, der Rest 3 bzw. 11 ergibt für 1335 das 3. Mondzyklusjahr und das 11. Sonnenzyklusjahr.

28 Die Form ὑφειλεῖν ist neben der korrekten Form ὑφελεῖν in den Computus-Traktaten üblich, daher wurde hier nicht eingegriffen, auch wo sie neben der korrekten Form (mit anderen Präfixen) verwendet wird.

29 Verstümmelt aus Blastares *Synt.* Β 13 Περὶ βισέκτου (150, l. 5–8): ἥτις κατὰ τετραετίαν *εἴωθεν ἀπαρτίζεσθαι, τοῦ περιττεύοντος τεταρτημορίου τῆς ἡμέρας καθ' ἕκαστον ἐνιαυτὸν* εἰς μίαν ἡμέραν τηνικαῦτα συντιθεμένου.

ὅταν εἰσέβη{ν} (sic) ἡ ἑκατοντὰς αὕτη[30], καὶ ἡ σελήνη γʹ (sc. 98 mod 19 = 3) καὶ ἡ ἴνδικτος ἀρχήν (sc. 105 mod 15 = 0), καὶ τότε ⟨νὰ?⟩ βάνῃς καὶ τοὺς χρόνους, ὅπου ἐπεράσασιν τῆς ἑκατοντάδος, ἕως οὗ στήκεις (στήκης cod.)· καὶ ὅσοι οὐδὲν σώνουσιν κηʹ, ἔστιν ὁ κύκλος τοῦ ἡλίου ἤτοι{ς} καὶ τῆς σελήνης ἤτοι{ς} καὶ τῆς ἰνδίκτου.

[VII 70, 7] **Ἥλιος**· γίνωσκε, ὅτι εἰς τὴν εἴσοδον τῆς τρεχούσης νῦν ἑκατοντάδος ιβʹ ἦν κύκλον ἔχων τότε ὁ ἥλιος. πρόσθες ἀεὶ καὶ τὰ λεπτὰ ἔτη ἤγουν τοὺς ἔμπροσθεν, ὅπου ἀνέβαινε ἕως ϗςʹ, καὶ ἀνάβαινε ἕως τῶν κηʹ καὶ πάλιν ἄρχου· καὶ ἄρχεται ἀπὸ τὴν αʹ τοῦ ὀκτωβρίου.

[VII 70, 8] **Σελήνη**· ὁμοίως καὶ ἡ σελήνη τρεῖς εἶχεν τότε. πρόσθες ἀεὶ καὶ τὰ λεπτὰ ἔτη καὶ ἀνάβαινε ἕως τῶν ιθʹ καὶ πάλιν ἄρχου· καὶ ἄρχεται ἀπὸ τὴν αʹ τοῦ ἰ⟨ανν⟩ουαρίου.

[VII 70, 9] **Ἰνδικτος**· ὁμοίως καὶ ἡ ἴνδικτος ἀρχὴν (?) ἔσχεν τότε. πρόσθες ἀεὶ καὶ τὰ λεπτὰ ἔτη καὶ ἀνάβαινε ἕως τῶν ιεʹ καὶ πάλιν ἄρχου· καὶ ἄρχεται ἀπὸ τὴν αʹ τοῦ σεπτεμβρίου.

[VII 71] ⟨**Κεφάλαιον οαʹ**⟩

[VII 71, 1] **Νομικὸν φάσκα**· τὸ δὲ νομικὸν φάσκα εὑρίσκεται οὕτως· θεώρησον τὸν κύκλον τῆς σελήνης, ὁποῖος ἐστίν, καὶ πίασον εἰς τ(ὸ) (f. 84r) μία, δύο (sic; ἕνδεκα?)· καί, ἂν ἔχῃ ἕνα κύκλον, λέγεις μία, δύο (sic), καὶ κρατεῖς τὰ δύο (sic; ἕνδεκα?). εἰ δὲ ἔνε δύο κύκλοι, λέγεις βʹ ⟨ιαʹ?⟩, κβʹ. εἰ δὲ ἔχει γʹ κύκλον, λέγεις γʹ ι⟨α⟩ʹ, καὶ κρατεῖς τὰ ιʹ (sic, γʹ?) καὶ καθεξῆς ἕως τῶν ιθʹ. καὶ ἐὰν τύχῃ ὑπὸ τὰς κʹ καὶ πάνω, ἔστιν μάρτιος· εἰ δὲ ὑποκάτω τῶν κʹ τύχῃ, ἔστιν ἀπρίλλιος. καὶ ὅταν τὸ νομικὸν φάσκα καλῶς ψηφίζῃς καὶ εὑρεῖν (sic) εἰς τὰς τόσας τοῦ ὁδεῖνα μηνός, ψηφίζεις καὶ περὶ τῆς ἡμέρας, τὸ τί ἂν ἡμέρα ἔστιν (sic), ἢ δευτέρα ἢ γʹ ἢ ἄλλη. καὶ ἔπειτα μέτρα ἕως τῆς κυριακῆς καὶ αὐτὸ{ν} ἐστὶν τὸ χριστιανικὸν πάσχα. καὶ εἰ μὲν ἐν κυριακῇ τὸ νομικὸν τύχοι πάσχα ... ἐκτρέπεσθαι καὶ ἀποδιίστασθαι (*Synt.* Π 7 Περὶ ἰσημερίας [408, l. 13–16]).

[VII 71, 2] **Ἀπόκρ(εα?)**· γίνωσκε δέ, ὅταν εὕρῃς τὸ πάσχα τῶν Χριστιανῶν κἄν τε εἰς τὸν μάρτι⟨ο⟩ν κἄν τε εἰς τὸν ἀπρίλλιον, πρόσθες ἡμέρας δʹ, καί, ἐὰν εὕρῃς τὸ πάσχα εἰς τὸν μάρτιον, ἡ ἀπόκρ(εα?) τοῦ κρέατος ἔστιν εἰς τὸν ἰαννούαριον· εἰ δὲ τύχῃ εἰς τὸν ἀπρίλλιον ἡ ἀπόκρεα (sic), ἔστιν εἰς τὸν φεβρουάριον (cf. *Synt.* Π 7 Ὅπως εὑρίσκεται ἡ ἀπόκρεως [418, l. 2–6]).

[VII 71, 2] **Τῶν ἁγίων ἀποστόλων, μή**· τῶν δὲ ἁγίων ἀποστόλων ἐκ τῆς βʹ τῆς διακινησίμου ἀρίθμει ἕως τὰς τρεῖς τοῦ μαΐου, καὶ αὕτη ἐστὶν ἡ νηστεία τῶν ἁγίων ἀποστόλων.

[VII 71, 3] (f. 84v) **Μέθοδος τῶν ἐπακτῶν {ἦχος πλάγιος αʹ πρὸς ὡς ἐν ἠπείρῳ}· αἱ ἐπακταί**· μίαν ὀκτώβριος ἔχει τὴν ἐπακτήν, τέσσαρας νοέμβριος, ὁ δικέμβριος τὰς ἕξ,

30 Diese Rechnung stimmt nur für das Grundjahr 6900: 6900 mod 28 = 12 (vgl. auch VII 70, 7); das *Procheiron* ist nach der Praefatio jedoch im Weltjahr 6887 zusammengestellt worden; das Jahr 6800 mod 28 ergibt 24; im Rechenbeispiel wird der Rest auf 28, nämlich 4, abgezogen und mit dem Jahr 96 gearbeitet. Das Ausgangsjahr ist somit das Weljahr 6900. Das stimmt auch mit dem Mondzyklusjahr (3; vgl. auch VII 70, 8) und dem Indiktionsjahr (Rest 0 = Indiktion 15, also ein Letztindiktionsjahr; vgl. auch VII 70, 9) überein.

ἰαννουάρι⟨ο⟩ς δύο σὺν αὐτοῖς, φεβρουάρι⟨ο⟩ς μάρτιος ὁμοῦ ἀνὰ πέντε σὺν αὐτοῖς, μίαν ἀπρίλλιος· μαῖος αὖθις ἔχων τρεῖς ἐπακτάς, ἓξ δὲ ὁ ἰούνιος, ὁ ἰούλιος τὸ ἕν, αὔγουστος τὰς τέσσαρας τὰς καλάς, τὰς ἑπτὰ τὰς περισσὰς ἔχει σεπτέμβριος (media pagina folii 84v textu caret).

[VIII] ⟨**Ἀρχὴ τοῦ θ**⟩

[VIII 72, 1] ⟨**Κεφάλειον οβʹ**⟩
(f. 85r) tabula paschalis (cf. *Synt.* Π 7 [adlig. ad p. 420, sed adaptata]), inscriptiones interiores: **Τὸ θέμελιον τῆς σελήνης**. ἡ πλινθὶς (πληθυν$^{\delta}$ cod.) αὕτη ἔχει τὸν κύκλον τοῦ ἡλίου καὶ τῆς σελήνης καὶ τὰς ἐπακτάς, τὸ νομικὸν φάσκα καὶ τὸ χριστιανόν (-ανικόν?); inscriptions marginales: πάσχα νομικὸν καὶ χριστιανικὸν κύκλου ἡλίου καὶ σελήνης, ἐπακταὶ καὶ θεμέλιον σελήνης. ἔστι δὲ ἡ σελήνη προτέρα τοῦ ἡλίου ἡμερῶν ιαʹ. τὸ παρὸν πινακίδιον ἤτοι ἡ σύνθεσις τῶν αἰωνίων πασχαλίων ἦν συντιθέμενον (συντιθεμένων cod.) παρὰ τοῦ σοφωτάτου Βλε⟨μ⟩μίδους, ὃν ἐσοφίσατο ἀπὸ τῶν μεγάλων φωστήρων ἤγουν ἡλίου καὶ σελήνης.

(f. 85v) [VIII 72, 2] [reliquiae litterarum tituli ut videtur **περὶ (ἀρχιμηνίας/ νεομηνίας**?)] Εἰ βούλει εὑρεῖν ἀρχιμηνίαν ἑνὸς ἑκάστου μηνός, πίασον ἐπὶ χεῖρας σου τὸν κύκλον τοῦ ἡλίου καὶ τὰ βίσεκτα αὐτοῦ καὶ τοῦ μηνὸς τὰς ἐπακτάς, οὗ ζητεῖς εὑρεῖν· καὶ ἑνώσας ἅπαντα, ὕφειλε ὑπὸ τῶν ζʹ ἤγουν τῶν ἑπτὰ ἡμερῶν τῆς ἑβδομάδος, καὶ τὰ ἐναπομείναντα, ἐὰν ᾖ μία, ἔστιν κυριακή· εἰ δὲ δύο, ἔστιν δευτέρα· εἰ δὲ τρεῖς, ἔστιν τρίτη καὶ καθεξῆς ἕως τῶν ἑπτά.

[IX] **Ἀρχὴ τοῦ ι**

[IX 73] **Κεφάλαιον ογʹ**
[IX 73, 1] **Περὶ ἱεροσυλίας**· ὁ ἱερόσυλος ὁμοίως τῇ μοιχείᾳ κολάζεται κατὰ τὸν ἅγιον Γρηρόριον Νύσσης· ἡ ἱεροσυλία οὐδὲν ἔλαττων ἐλογίσθη τοῖς ἀρχαίοις τοῦ φόνου, νῦν δὲ συγκαταβ⟨ατ⟩ικωτέρως (sic, ω ex corr. ut videtur) ἐλαττοῦσιν χρόνον ἕνα.

[IX 74 **Κεφάλαιον οδʹ**
[IX 74, 1] **Περὶ ἐκλογῆς ἱερέων**· Λαοδικείας ⟨ι⟩γʹ· μὴ τοῖς ὄχλοις … ἱερωσύνην (Syn. Laod., *Can.* 13 [Joannou I 2, 136]; cf. *Synt.* Χ 2 Ὅτι τὰς τῶν χειροτονουμένων ψήφους οὔτε παρὰ ἀρχόντων οὔτε παρὰ τοῦ δήμου γίνεσθαι χρή, Λαοδικείας ιβʹ, ιγʹ [498–499]).

[IX 75] **Κεφάλαιον οεʹ**
[IX 75, 1] Κίτρους· ὅτι οὐ δεῖ τὰ ἱερὰ (sic, τὰ εἰς ἀνακαίνισιν τῶν θραυσθέντων ἱερῶν σκευῶν ὑπηρετησάμενα ἐργαλεῖα in cod. Mosqu.) τῶν ἱερῶν σκευῶν ἐργαλεῖα, οὐ δεῖ ἀργεῖν ἢ ῥίπτεσθαι ἐν θαλάσσῃ, ἀλλ' οὐδὲ ὁ τόπος, ἐν ᾧ ἀνανεοῦνται, καταστραφήσεται. ἡ γὰρ δραστικὴ καὶ ἀλλοιωτικὴ τοῦ πυρὸς δύναμις καὶ ἐνέργεια τὴν τοῦ ἁγιασμοῦ μέθεξιν ἀλλοιοῖ (ἀλιεῖ cod.) καὶ μεταβάλλει, ἐπεὶ καὶ ὁ νόμος (Iustinian., *Nov.* 120, 10 [CIC III 589]) μὴ ὅτι ⟨πι⟩πράσκεσθαι, ἀλλὰ καὶ χωνεύεσθαι κελεύει τὰ ἱερὰ σκεύη πρὸς ἀνάρρυσιν τῶν αἰχμαλώτων. τῷ γὰρ χωνεύειν τῇ τοῦ πυρὸς ὁμιλίᾳ κενοῦται τῆς ἁγίας δόξης καὶ ἁγιότητος, διὰ πυρὸς καὶ ὕδατος ἀλλοιοῦται τὸ θεῖον (cf. Matth. Blast., *Collec-*

tio responsorum Iohannis Citrii sec. cod. Mosqu. GIM 149, f. 207v, l. 15–208r, l. 12 *Resp.* 7; cf. Darrouzès [1973] 333; cf. etiam Ioh. Citr., *Resp.* 23 [Pitra, Anal. VI (1891) 676 (*Resp.* 26), l. 5–31]; cf. Darrouzès [1973] 330; *Synt.* Ε 16 Ὅτι τὰ τῶν ἐκκλησιῶν πράγματα ἀνεκποίητα εἶναι δεῖ, καὶ ὅπως δεῖ τοὺς ἐπισκόπους ταῦτα διοικεῖν, νόμοι [270–271]).

[IX 76] (f. 86r) **Κεφάλαιον ος΄**

[IX 76, 1] **Περὶ ἱερέων δίαφορα καὶ γυναικῶν ἐπισκόπων καὶ ἱερέων**· Κίτρους· ἱερεὺς ἢ διάκονος γυναῖκα ἔχων … ἱερωσύνην ἀχθῆναι (Matth. Blast., *Collectio responsorum Iohannis Citrii* sec. cod. Mosqu. GIM 149, f. 207v, l. 8–14, *Resp.* 6; cf. Darrouzès [1973] 333; cf. etiam Ioh. Citr., *Resp.* 6 [RP V 405–406 (*Resp.* 3), cf. Darrouzès (1973) 327]) καὶ ἡ γυνὴ ἑτέρῳ ἀνδρὶ συζευχθῆναι, εἰ βούλεται. ἡ συνήθεια καὶ ὁ νόμος οὐ θέλει οὕτως, ζήτει ἔμπροσθεν (sic) εἰς πε΄ κεφάλαιον ἀπὸ τοῦ μέσου περὶ ἐπισκόπου γυναικός (γυνῆς cod.) (XI 85, 2–4). ὁμοίως καὶ τοῦτο (an τούτῳ sine interpunctione?)· σύνοδος ς΄ μη΄ κεφάλαιον (sic), ἀπὸ τοῦ γ΄ στοιχείου κεφάλαιον ιζ΄, ταῦτα ἐκεῖσε γεγραμμένα, Ματθαίου θύτου σύνταγμα· ἐν δὲ τῷ μη΄ … (f. 86v) δευτερογαμεῖν (*Synt.* Γ 17 Ὅτι δεῖ καὶ ἀποκαρῆναι τὴν χωρισθεῖσαν τοῦ ἐπισκόπου γυναῖκα, τῆς ἕκτης μη΄, λ΄ [190–191, l. 4]) (ad hoc in margine: ἐπίσκόπων καὶ ἱερέων γυναῖκας μὴ δεύτερον γαμεῖν). τὸ αὐτὸ καὶ νόμος Ἰσαακίου τοῦ βασιλέως. τὸν μνηστεύοντα ἱερέα, ἔλαιον καὶ ἰχθὺν ἐν δ^{η} καὶ ς^{η}, ὥς φασιν (φησιν cod.) οἱ ἅγιοι ἀπόστολοι ξθ΄ κανόνι (?), ἄνευ τῶν δεσποτικῶν ἑορτῶν, τῆς ν^{ης} τῶν ἁγίων θεοφανίων, τῆς πρωτοαπόκρεας (sic), τῆς τυρινῆς, οὐ χρὴ ἐξ αὐτοῦ κοινωνεῖν. τὸ γὰρ ἐκ μέρους εὐσεβεῖν καὶ ἐκ μέρους καταφρονεῖν βέβηλον ὑπάρχει ἅμα καὶ ἀνόσιον.

[IX 76, 2] **Κατ᾽ ἐπιταγὴν τοῦ ἐπισκόπου καὶ ἱερέως ποιεῖν σταυροπήγιον**· Νικηφόρου τοῦ Ὁμολογητοῦ πατριάρχου· ἱερεὺς κοσμικὸς μὴ ὑποτάσσῃ μοναχοὺς ἢ ἐνδύῃ σχῆμα, εἰ μὴ ἐξ ἀνάγκης κατ᾽ ἐπιταγὴν ἀρχιερέως ἢ πνευματικοῦ, ἀλλ᾽ ἱερομόναχος ἢ ἡγούμενος. ὃ γὰρ αὐτὸς ⟨οὐκ?⟩ περιβέβληται, πῶς δίδωσι (f. 87r) ἄλλοις; εἰ δὲ τοῦτο ποιήσ(ει) καὶ τελευτήσ(ει), ἡ χάρις τελειοῖ αὐτόν· εἰ δὲ ζήσει, τελειώσει αὐτὸν πάλιν πνευματικὸς πατήρ.

[IX 76, 3] Ἱερεὺς ἀπὸ γαστριμαργίας ξηρανθεὶς (ξερα^{σ} cod.) μὴ ἱερουργείτω ἡμέρας μ΄, μεταν(οίας) φ΄· εἰ δὲ ἀπὸ χολῆς, ἡμέρας γ΄.

[IX 76, 4] Οὐ πρέπει τὸν ἱερέα στολὴν κοντὴν φορεῖν ἐν τῇ θείᾳ λειτουργίᾳ, ἀλλ᾽ ἕως τῶν ἀστραγάλων κάτω καὶ μετὰ φόβου καὶ ἐπιμελείας φυλάττειν πάντα τὰ ἱερὰ τῆς ἐκκλησίας.

[IX 76, 5] Καὶ ἀμνησικακοῦνται πρεσβύτεροι ἀλλήλοις, εἰ καθαρὰν καὶ ὁμολογημένην ἀγάπην ἐνδείξωνται· ἢ καὶ ἀμφότεροι καθαιρεθήσονται.

[IX 76, 6] Ἱερεὺς μονόφθαλμος μὴ ἱερουργεῖν (sic).

[IX 76, 7] Ἱερεὺς ἐξ{ι}υβρίζων ἀλόγως ἢ εὐλόγως ἐπιτιμάσθω χρόνου τὸ ἥμισυ, οἴνου καὶ ἐλαίου ἀπεχόμενος καὶ συγγνώμης αἰτούμενος.

[IX 76, 8] Ἱερεὺς ἀδίκως τινὰ προδώσας (sic) εἰς κρίσιν ἔτη ε΄ τῆς λειτουργίας ἀπείργεται· εἰ δὲ λαϊκός, ὁμοίως ἀφοριζέσθω. ὁ δὲ κληρικὸν προδοὺς λαϊκὸς χειροτομείσθω.

[IX 76, 9] Ἱερεὺς φαρμακὸς ἢ γόης ἢ ἐπαοιδὸς ἢ ποιῶν φυλακτὰ καθαιρείσθω καὶ ὁ ταῦτα βαστάζων ἐπιτιμάσθω ἔτη ε΄ μεταν(οίαις) σ΄.

[IX 76, 10] (f. 87v) Ἱερεὺς μεταδίδων (sic) τὰ ἅγια ⟨ἐὰν⟩ ἐρασθῇ γυναικός, ἐπιτιμάσθω μεταν(οίαις) ρ΄.

[IX 76, 11] Ἱερεὺς τύπτων ἢ τυπτόμενος καθαιρείσθω ἢ ἐξ ἀνάγκης ῥητὸν καιρὸν μετανοῶν καὶ νηστείᾳ ἀκροτάτῃ καὶ μετανοία⟨ι⟩ς χρώμενος.

[IX 76, 12] Ὁ χήραν λαβὼν ἢ ἐκβεβλημένην ἢ ἑταίραν ἢ οἰκέτην (-ιν cod.) ἢ τῶν ἐπὶ σκηνῆς οὐ δύναται ὅλως εἶναι τοῦ ἱεροῦ καταλόγου, εἰ μὴ παρθένος ἐπὶ παρθένον γυνή, ζήτει καὶ εἰς κεφάλαιον πγ΄, οἰκέτην εἰς κλῆρον (X 83, 8; cf. *Synt.* Δ Περὶ διγάμων, τριγάμων καὶ πολυγάμων ἀνδρῶν τε καὶ γυναικῶν καὶ περὶ ἱερωμένων, ἀποστόλων ιη΄ [155]).

[IX 76, 13] Ἱερεὺς ἢ λαϊκὸς ⟨ἐὰν?⟩ σκεῦος ἁγιασθέν, ὀθόνην ἢ ἄλλο τι μηκέτι εἰς ἰδίαν χρῆσιν τὶς (τινὰ?) σφετερίσηται ἤγουν ἴδιον ποιήσῃ, εἰ μὴ φωραθείη ^με^τὰ τὴν ἀπόδοσιν τοῦ{ς} σκεύους, ἀφοριζέσθω ἔτη γ΄ (cf. *Synt.* I 1 Περὶ σκευῶν καὶ ἱεροσυλίας, ἀποστόλων οβ΄, ογ΄ [306]).

[IX 76, 14] ζ΄ συνόδου κεφάλαιον (sic) ιε΄· ἱερεὺς ἀπὸ τοῦ παρόντος … τὸν ἕνα ἀγαπήσει καὶ τὸν ἕτερον μισήσει (Conc. Nic. II, *Can.* 15 [COGD I, 335, l. 711–718]).

[IX 76, 15] Ἱερεὺς ὁ ἕτερον πρεσβύτερον εἰς ⟨δι⟩γαμίαν εὐλογήσας καί, ὃν εὐλόγησε καὶ ἑαυτῷ καθάρσεως ζυγῷ ὑπέβαλε, Σισινίου τοῦ ἁγιωτάτου πατριάρχου (Sisin., *Can.* 17 [Beneševič, (1904) 10]).

[IX 76, 16] Νόμος· ὁ δὲ ρκγ΄ Ἰουστινιάρειος (sic) νεαρά· ἐπίσκοπος … (f. 88r) καὶ μοναστ(η)ρ(ίῳ) ἐμβάλλεται (… μοναστηρίου ἐκβάλλει: *Synt.* Κ 35, Περὶ τῶν κύβοις καὶ μέθαις σχολαζόντων, νόμος [346]; Armenop., *Epitome canonum* II 3, scholium ad *Can.* 42 apostolorum [PG 150, 84B = Sakarikos (2020) 111]).

[IX 76, 17] Ἱερεὺς ἢ διάκονος, ὥς φησιν ὁ ἁγιώτατος Λουκᾶς, καπηλικὰ ἢ μυρεψικὰ … αἰσχροῦ κέρδους (*Synt.* Κ 32 Ὅτι κοσμικὰς φροντίδας οὐ δεῖ μετιέναι κληρικοὺς ἢ μονάζοντας, εἰ μήπου κατ᾽ ἐπιτροπὴν βασιλέως, Καρθαγένης ις΄ [343, l. 8–9]), μὴ ἔκ τινος αἰσχροῦ καὶ ἀτόπου (ἀποτόμου cod.) πράγματος τροφὴν πορίζεσθαι. οὐδεὶς γάρ, φησι, στρατευόμενος ἐμπλέκεται τοῦ βίου πραγματείαις (II Tim. 2, 4), καὶ τὰ ἑξῆς. τὸ αὐτὸ καὶ ἡ Καρθαγένης, ις΄ κεφάλαιον (sic), ὁμοίως α΄ καὶ β΄ σύνοδος, κανὼν ια΄, τοῦτον τοῦ οἰκείου κλήρου διώκεσθαι (cf. Syn. primasec., *Can.* 11 [Joannou I 2, 467–468]).

[IX 76, 18] **Ἀρχιερεὺς Ἀγαρηνὸν φονεύσας**· νόμος· ἱερεὺς ἢ κληρικὸς οἱονδήποτε φόνον πεποιηκότας (sic) εὐθὺς καθαιρείσθω μηδεμιᾶς οὔσης διαφορᾶς πολεμίου ἢ ληστοῦ ἢ ὁποιουδήτινος ἑτέρου, ὡς ἐκ τοῦ σημειώματος· ἀρχιερεὺς … ὑπὸ τῆς συνόδου (*Synt.* Λ 7 Περὶ τῶν λῃστὰς ἀναιρούντων, νόμοι [354, l. 6–7]; cf. Armenop., *Epitome canonum* V 3, scholium ad *Can.* 13 Basilii [PG 150 148B = Sakarikos (2020) 163]).

[IX 76, 19] **Συκοφαντικὸν ἱερέως πρὸς φονικόν**· ἐρώτησις· θεοφιλέστατε δέσποτα, ὁ παρὼν νεανίας διὰ τὸ φονικὸν κατὰ τὸν καιρὸν ἐκεῖνον οὐ συνόδευσεν τῷ ἀδελφῷ, ἀλλ᾽ ἐν τῇ ἐκκλησίᾳ ἐσχόλαζεν, ἐκεῖνος δὲ κατὰ τὴν ὁδὸν τὸν φόνον εἰργάσατο. φαίνεται ὁ νεανίας μὴ εἰδὼς μήτε (μὴ δὲ cod.) μελετήσας μήτε ἐργασάμενος μήτε ὁμιλήσας τὸ ἀτόπημα. (f. 88v) ἀπόκρισις κῦρ Νικήτα μητροπολίτου Σερρῶν· Τοῦτο οὖν ἀκριβώθητι καλῶς, εἰ ἀληθεύει{ν} οὕτως· καὶ ὅτι ἐν τῇ ἐκκλησίᾳ ἦν, οὐ κωλυθήσεται τοῦτο⟨ν⟩ ἱερατεύειν.

[IX 76,20] **Περὶ ἐνδυμάτων**· κζ΄ τῆς ς΄ συνόδου· μηδεὶς τῶν ἐν κλήρῳ … ἀφοριζέσθω (Conc. quinisext., *Can.* 17 [COGD I 248–249]).

[IX 76,21] **Περὶ τῶν ἐν δικαστηρίοις μαρτύρων, τῶν ἁγίων ἀποστόλων οε΄· οὐδὲ εἰς μαρτυρίαν τῶν αἱρετικῶν ἢ τῶν ἀνήβων**· τοῦ δὲ πιστὸν ἕνα … τριῶν μαρτύρων (*Synt.* Δ 8 Περὶ τῶν ἐν τοῖς δικαστηρίοις μαρτύρων, ἀποστόλων οε΄ [227, l. 3–228]).

[IX 76,22] Νόμος· δεῖ τοὺς μάρτυρας … συγκλητικὸς ἢ (*Synt.* Δ 8 Περὶ τῶν ἐν τοῖς δικαστηρίοις μαρτύρων, νόμοι [228, l. 7–9]). ἀρκοῦσιν πρὸς ἀπόδειξιν … (f. 89r) φωνὰς αὐτῶν (ibid., ἐκ τῆς ρκγ΄ Ἰουστινιανοῦ νεαρᾶς [230, l. 9–15]).

[IX 76,23] {ς΄ σύνοδος· τοῦ ἁγιωτάτου} Τοῦ ἁγιωτάτου μητροπολίτου κῦρ Νικήτα Σερρῶν ἐρώτησις· γυνὴ τὶς ἔγγυος γενομένη ⟨εἰ?⟩ τινὰ (sic, lege τινὶ) τῶν ἱερωμένων συμφθαρῆναι, ὡς λέγει, ταύτην μεθ' ὅρκου διατείνοιτο, αὐτοῦ εἶναι λέγει τὸ παιδί. ἀπόκρισις· μὴ τῷ ὅρκῳ προσεκτέον τῆς πόρνης. οὐ γὰρ οὕτω τὰ τοιαῦτα ἐγκλήματα (ἐγκλύονται cod.) λύονται, ἀλλὰ διὰ φωνῆς ἀξιοπίστων μαρτύρων ὅρκῳ πιστουμένων ἀποδείκνυται. ἐατέον τίνειν τὸν ἱερέα τῇ τοῦ θεοῦ κρίσει καὶ αὐτὸς ποιήσει τὴν κρίσιν ἐν τάχει (cf. Nicet. Heracl., *Quaest.* 5 [Pavlov (1895) 170]).

[IX 76,24] **Περὶ τοῦ πορνεῦσαι, ἐπιθυμήσαντος καὶ μὴ ποιήσαντος**· Νεοκασαρείας δ΄· ἐὰν πρόθηταί τις … ἐρρύσθη (Syn. Neocaes., *Can.* 4 [Joannou I 2, 77]).

[IX 76,25] Ὁ δὲ Ματθαῖος θύτης προτίθησι (προθέτη cod.) καὶ τοῦτο εἰς ις΄ κεφάλαιον τοῦ π΄· πλὴν καὶ … (f. 89v) πρὸς τῇ καθαιρέσει (*Synt.* Ρ 16 Περὶ τοῦ πορνεῦσαι ἐπιθυμήσαντος καὶ μὴ πράξαντος, Νεοκαισαρείας δ΄, θ΄, ι΄ [438, l. 5–439, l. 2]).

[IX 76,26] Ὁ δέ γε Νηστευτὴς Ἰωάννης· ἡ πάλη … τῶν ἐπιτιμίων (Matth. Blast., *Canon. Ioh. Nest.* [RP 4, 436, l. 19–20]). ἀλλὰ καὶ τῶν γυναικῶν … δέχεται (ibid. [RP 437, l. 18–20]). ὁ δὲ νόμος φησίν· κρεῖσσον … κολάζεσθαι (*Synt.* Π 16 Περὶ τοῦ πορνεῦσαι ἐπιθυμήσαντος καὶ μὴ πράξαντος, νόμος [439]).

[IX 76,27] Τῶν ἁγίων ἀποστόλων κζ΄· ἐπίσκοπος ἢ ἱερεὺς ἢ διάκονος τύπτων … (f. 90r) οὐκ ἠπείλει (*Synt.* Τ 11 Ὅτι τύπτειν κληρικοῖς οὐκ ἐφεῖται, ἀποστόλων κζ΄ [479, l. 2–7]), παραδιδότω (παρεδίδου cod.) τῷ κρίνοντι δικαίως.

[IX 76,28] Ἱερεὺς ἢ ἕτερος κληρικὸς καπηλικὸν ἐργαστήριον ἔχει. εἰ γὰρ … ἢ καθαιρείσθω (*Synt.* Κ 7 Ὅτι εἰς καπηλεῖον οὐ δεῖ τὸν κληρικὸν εἰσιέναι, συνόδου ἕκτης θ΄ [318, l. 2–6]).

[IX 76,29] Ἱερεύς, ⟨ἐὰν⟩ ἐν καπηλίῳ φωραθείη ἐσθίων, ἀφοριζέσθω πάρεξ τοῦ ἐν πανδοχείῳ ἐν ὁδῷ δι' ἀνάγκης καταλύσαντος (cf. *Synt.* Κ 7 Ὅτι εἰς καπηλεῖον οὐ δεῖ τὸν κληρικὸν εἰσιέναι, ἀποστόλων νδ΄ [317, l. 2–4]).

[IX 76,30] ς΄ συνόδου· ἱερεὺς ἢ κληρικὸς κύβοις σχολάζων ἢ μέθαις ἢ παυσάσθω ἢ καθαιρείσθω· εἰ δὲ λαϊκός, ἀφοριζέσθω (*Synt.* Κ 35 Περὶ τῶν κύβοις καὶ μέθαις σχολαζόντων, ἀποστόλων μβ΄, μγ΄ [345, l. 2–4, *Can.* 50 synodi sextae]).

[IX 76,31] **Ἱερέα καθαιρεθέντα εἰς λαϊκῶν τόπον**· ἀνίερος ἔσται πᾶς διγάμος ἢ παλ⟨λ⟩ακὴν κτώμενος (cf. *Apost., *Can.* 17 [Metzger (1987) 278, l. 60–62]). τὸν γὰρ τοιοῦτον οὐδὲ ἔσωθεν τοῦ βήματος ἀφίησιν ὁ κανὼν ὑπηρετῆσαι τῷ ἱερεῖ. εἰς γὰρ τῶν λαϊκῶν κατανένυκται (-νύνεκται cod.) τόπον οὐδὲ μετὰ θυμιατοῦ θυμιᾶ μὴ παρόντος ἱερέως. τὸ αὐτὸ καὶ Νικόλαος πατριάρχης, τὸν ἐπὶ ἐγκλήματι καθαιρεθέντα, οὐδὲ „εὐλογητὸς“ λεγ(έτω vel λέγε).

[IX 76,32] **Πρεσβυτέρας** (?) **μοιχευθείσης**· Ἰωάννου Νηστευτοῦ· ἐάν τινος γυνὴ μοιχευθῇ, οὐ δύναται εἰς ἱερωσύνην ἐλθεῖν· εἰ δὲ μετὰ τὴν χειροτονίαν, εἰ ἀπολύσει αὐτήν, αὐτῇ τῇ ὥρᾳ (f. 90v), ὥς ἔγνω, ἱερουργείτω· εἰ δὲ μή, παυσάσθω (cf. Matth. Blast., *Canon. Ioh. Nest.* [RP 4, 439, l. 8–12]). τὸ αὐτὸ καὶ Νεοκαισαρείας σύνοδος, η΄ κεφάλαιον (sic).

[IX 76,33] Ὁ δὲ Νικηφόρος πατριάρχης· ἱερεὺς ἐπιγνοὺς τὴν αὐτοῦ σύνοικον μοιχευθεῖσαν, ἀπωσάμενος μέν, ἀκώλυτος· παραδεξάμενος δέ, ἀνίερος. τὴν προῖκα δὲ τῆς τοιαύτης, τὸ μὲν δίμοιρον ἔστω τοῦ παδίου, τὸ δὲ τρίτον δοθησόμενον εἰς τὸ μοναστήριον, ἐν ᾧ ἀποκαρήσεται.

[IX 76,34] **Χειροτονητὸς καὶ νόθος παῖς**· Νικηφόρου πατριάρχου καὶ κῦρ Νικήτα μητροπολίτου Σερρῶν· ἐκ διγάμων καὶ τριγάμων καὶ πολυγάμων ἤγουν ἐκ παλ⟨λ⟩ακίδος, ἐὰν ὀρθῶς κατὰ νόμον βιώσηται, οὐ κωλυθήσεται ἱερουργεῖν. οὐ γὰρ προκριματίζεταί τις διὰ γον(ήν) (cf. *Nicephor., *Can.* 7 [RP IV 427]).

[X] ⟨**Ἀρχὴ τοῦ κ**⟩

[X 77] **Κεφάλαιον οζ΄**

[X 77,1] **Κλεπτῶν καὶ κλεπτοαποδόχων**· τοῦ Νηστευτοῦ (Νύσσης cod.)· ὁ κλέπτης κατὰ τὸν ξα΄ τοῦ μεγάλου Βασιλείου κανόνα, εἰ μὲν … εἰς ἔτη δύο (Basil., *Can.* 61 [Joannou II 147]). ἀλλ᾽ ἡμεῖς τὸν γνησίως μετανοοῦντα ἕως ἡμερῶν μ΄ ἀπείργομεν, τὸν δὲ ἐλεγχθέντα χρόνου τὸ ἥμισυ μετὰ τὴν θ΄ ξηροφαγοῦντα καὶ μεταν(οίας) υ΄ καθ᾽ ἑκάστην (ἕκαστον?) ποιοῦντα τὸ νυχθήμερον (cf. *Ioh. Nest. in Armenop., *Epitome canonum* V 3, scholium ad *Can.* 61 Basilii [PG 150, 148C = Sakarikos (2020) 163–164]). ὁ δὲ δημοσίου κλοπῆς ἑαλωκὼς εἰς ἱερωσύνην οὐκ ἔρχεται … τῶν ἁγίων ἀποστόλων κανόνα (Matth. Blast., *Canon. Ioh. Nest.*, Περὶ κλοπῆς [RP IV 444]). λέγει γάρ· ἐπίσκοπος … (f. 91r) καθαιρείσθω (*Apost., *Can.* 35 [Metzger (1987) 280, l. 79–80]), καὶ ὁ τὰ κλαπέν⟨τα⟩ ὑποδεξάμενος ἴσως (ἴσος?) τοῦ κλέψαντος τιμωρεῖται.

[X 77,2] Νόμος· τὸ αὐτὸ καὶ ὁ νόμος ἴσον τοῦ κλέψαντος τιμωρεῖ τὸν ἀποδεξάμενον κλεπτοαπόδο{υ}χον.

[X 77,3] Νικηφόρου πατριάρχου Ὁμολογητοῦ· ὁ κλέπτης διετίαν ἀπείργοιτο (-γη- cod.) τῶν θείων μυστηρίων, εἰ ἀποδώσει τὸ κλαπέν· εἰ δὲ ἱερὸν ἀνάθημα εἴη τὸ κλαπέν, τριετίαν ἐχέτω τὸ ἐπιτίμιον, ξηροφαγείτω ἡμέρας μ΄.

[X 77,4] **Ὁ φονεύσας μέλισσαν**· ἐάν τις ἀπὸ κλεψίας φονεύσῃ μέλισσαν, ἐπιτιμάσθω ἔτη δ΄ μεταν(οίαις) μ΄ τὸ πρωὶ καὶ ἑσπέρας ὁμοίως· ἀντίδωρον ἅπαξ τῷ μηνί. ὁ γὰρ κηρὸς ἐξ αὐτῶν ὑπάρχει εἰς ὑπουργίαν θεοῦ, τὸ δὲ μέλι εἰς ἰατρείαν τοῦ βροτησίου γένους.

[X 77,5] **Κλέπτης δοῦλος**· νόμος· εἰ μὲν βούλεται … δεσποτείαν (*Synt.* K 23 Περὶ κλοπῆς, νόμοι [333, l. 22–24]).

[X 78] **Κεφάλαιον οη΄**

[X 78,1] **Κοινωνίας ἀταξίας**· συνοδου ς΄ νη΄ κανὼν οὐκ ἐπιτρέπει λαϊκῷ τῶν θείων μυστηρίων μεταδιδόναι (μεταδιδόντο(ς) cod.) ἐπισκόπου παρόντος ἢ πρεσβυτέρου ἢ διακόνου. τὸν (τοῖς cod.) δὲ παρὰ ταῦτα ποιοῦντα (sic) εἰς ἑβδομάδα μίαν ἀφοριζέσθω, ἵνα μάθῃ ταπεινοῦσθαι καὶ μὴ τοῖς ὑπὲρ αὐτὸν ἐγχειρῇ (*Synt.* K 31 Περὶ τῆς ἐν κοινωνίᾳ εὐταξίας πρεσβυτέρων καὶ λαϊκῶν, συνόδου ἕκτης νη΄, ρα΄ [341]).

[X 78, 2] Ὅτι οὐ δεῖ ὑπηρέτην ἄρτον διδόναι ἢ ποτήριον εὐλογεῖν ἤγουν ἑτέρους (sic) μεταλαμβάνων· κε΄ Λαοδικείας κανών (cf. *Synt.* Y 4 Περὶ ὑπηρετῶν ἤτοι ὑποδιακόνων, Λαοδικείας κα΄ [483, l. 5–6]).

[X 78, 3] Ἐάν τις φάγῃ καὶ μετὰ ταῦτα κοινωνήσῃ, ἐπιτιμάσθω (f. 91v) ἔτη γ΄ μεταν(οίαις) ιβ΄ τὸ πρωὶ καὶ ἑσπέρας ὁμοίως. ὁ δὲ Νηστευτὴς Ἰωάννης χρόνον ἕν⟨α⟩, ζήτει ἔμπροσθεν τοῦ φύλλου πα΄ κεφάλαιον (sic, re vera V 57, 1 et 2).

[X 78, 4] Ἐάν τις πνεῦμα ἔχῃ ἀκάθαρτον ἤγουν πονηρόν, μὴ κοινωνείτω ἄχρι τῆς καθάρσεως κατὰ τὸν οθ΄ κανόνα τῶν ἁγίων ἀποστόλων. εἰ δὲ κοινωνήσει, οὐκ ἐλευθερωθήσεται, ὥς φησι Νικόλαος πατριάρχης· ξηροφαγείτω τοίνυν τὸ πρωὶ μεταν(οίαις, vel ⟨καὶ⟩ τὸ πρωὶ μετανοίας …) κδ΄ καὶ ἑσπέρας ὁμοίως.

[X 79] **Κεφάλαιον οθ΄**

[X 79, 1] **Κοινωνεῖν βουλομένου, εἰ διακρινομένου ἀπὸ ἱερέως γεγαμηκότος**· Γάγγρας δ΄· τῷ μὴ διακρινομένῳ … βδελυσσμένῳ (*Synt.* B 9 Περὶ τῶν βδελυσσομένων τοὺς ἐννόμους γάμους, τὸν οἶνον, τὰ κρέα καὶ ἕτερα, Γάγγρας α΄, δ΄, ιδ΄, θ΄, νγ΄ [142, l. 7–10]; cf. *Synt.* K 30 Περὶ τῶν κοινωνεῖν διακρινομένων ἀπὸ ἱερέως γεγαμηκότος [341]) τῷ ἀναθέματι ὑποβάλλει.

[X 80] **Κεφάλαιον π΄**

[X 80, 1] **Ὅτι {οὐ} δεῖ τοὺς μετανοοῦντας τῆς θείας ἀξιοῦσθαι** (ἀξιεῖ cod.) **κοινωνίας ἐφισταμένης τῆς τελευτῆς**· δεῖ τοὺς … πάλιν ἀπέχεσθαι (*Synt.* M 8 tit. [369]). τὸ αὐτὸ καὶ α΄ σύνοδος, ιγ΄ κεφάλαιον (sic), ὁμοίως καὶ ὁ ς΄ κανὼν τῆς ἐν Ἀγκύρᾳ καὶ Γρηγόριος Νύσσης, ε΄ κεφάλαιον (sic) (cf. fontes in *Synt.* M 8 [369–370]).

[X 80, 2] Εἰ μὴ κοινωνεῖ τὸν πιστόν (sic), ἀδύνατον σωθῆναι, ὥς φησιν ὁ Χρυσόστομος καὶ ἐν εὐαγγελίοις ὁ σωθήρ· ὁ τρώγων μου … (f. 92r) ἐν αὐτοῖς (Ioh. 6, 56 + 54 + 53), καθώς φησιν Ἰωάννης ἐν παρασκευῇ τῆς γ΄ ἑβδομάδος.

[X 80, 3] **Κοινωνεῖν χρὴ τὰ βαπτισθέντα νήπια**· Ἰωάννου πατριάρχου Ἀντιοχείας καὶ ς΄ συνόδου πδ΄· τὸ γὰρ τὰ νήπια μετὰ τὴν θείαν σφραγίδα … (f. 92v) ἄγραφον τῷ ἀναθέματι ὑπὸ τῶν πατέρων καθυποβάλλεται (Ioh. III patr. Antioch. [PmbZ #23167], *Epistula ad Theodorum episcopum Eph.* [Kontouma (2011) 200, l. 24–201, l. 44; 201, l. 57–59, 61–63, 65–67 cum variationibus minoribus]). ταὐτ᾽ ἔφη (ἄφη cod.) καὶ Θεόδωρος ὁ Στουδίτης εἰς τὸ περὶ τῶν μοναχῶν περὶ σχήματος· πῶς ὀφείλει ὁ μεγαλόσχημος κοινωνεῖν καὶ αὐτὸς ἀσκεπές (-πέσι?), ὁμοίως Διονύσιος ὁ Ἀρεοπαγίτης εἰς περὶ βαπτίσματος διὰ τί λουόμεθα καὶ τὰ ἑξῆς τοῦ βαπτίσματος.

[X 81] **Κεφάλαιον πα΄**

[X 81, 1] **Ὅτι οὐ δεῖ κρατεῖν τῆς κοινωνίας τοὺς πρὸς θάνατον, εἰ νήστ(εις) μὴ εἶναι** (sic)· Ἰωάννου Νηστευτοῦ· τοῖς πρὸς θάνατον οὖσιν οὐ κωλύεται κοινων(ία vel -εῖν), εἰ νήστεις (-ης cod.) μὴ εἶεν. μετὰ δὲ τὴν ὑγίειαν, νηστευσάντων (f. 93r) κρέας ἡμέρας μ΄, τὴν κοινωνίαν ἔτος ἓν καὶ μεταν(οίας) ν΄.

[X 81, 2] **Εἰς λεχοῦσαν ἢ ἐν τοῖς συνήθεσιν** (-ήθοις cod.) **οὖσα⟨ν⟩ καὶ εἰς μαῖα⟨ν⟩**· ἡ δὲ γυνὴ ἐν τοῖς συνήθεσιν (ἤθοις cod.) οὖσα κοινωνήσει, ὁμοίως νηστευέτω ἡμέρας μ΄ τὸ κρέας, ἡ δὲ λεχὼ πλυθεῖσα ὑπὸ γυναικὸς καὶ ἀλλάξασα τὰ ἱμάτια αὐτῆς τὴν συνήθη λαβοῦσα εὐχὴν κοινωνείτω. μετὰ δὲ τὴν ὑγίειαν ἐπιτιμάσθω ὁμοίως ἡμέρας μ΄ καὶ μεταν(οία[ι?]ς) ν΄. τὸ δ' αὐτὸ καὶ ἐπὶ τῶν μαιῶν.

[X 81, 3] Μηδεὶς τοῖς σώμασι τῶν τελευτώντων ... οὔτε φαγεῖν (*Synt.* K 26 Ὅτι οὐ δεῖ κοινωνίαν διδόναι τοῖς σώμασι τῶν ἤδη τελευτησάντων, συνόδου ἕκτης πγ΄ [337, l. 2–5]), τῆς ς΄ συνόδου πγ΄ κανών.

[X 81, 4] Ἀπὸ τὰ συντάγματα τοῦ Ματθαίου θύτου· με΄ τῆς Καρθαγένης· βαπτίζειν ἀπείρηκα ... βαπτισθήσεται (*Synt.* B 1 Περὶ τοῦ ἁγίου βαπτίσματος, Καρθαγένης με΄ [115, l. 2–7], cf. etiam *Synt.* K 26 Ὅτι οὐ δεῖ κοινωνίαν διδόναι τοῖς σώμασι τῶν ἤδη τελευτησάντων, συνόδου ἕκτης πγ΄ [337, l. 7–8]).

[X 82] **Κεφάλαιον πβ΄**

[X 82, 1] **Εἰ χρὴ κοινωνῆσαι τὸν ἀκουσίως εἰσελθόντα τι εἰς ἑαυτοῦ στόμα**· Ἰωάννου Νηστευτοῦ· ἐάν τις νηστεύω⟨ν⟩ ἐπὶ τῷ κοινωνῆσαι συμβῇ νιπτόμενος ... (f. 93v) κωλύειν αὐτὸν (*Tim., *Can.* 16 [Joannou II 251, l. 2–9]) ὡς καὶ ἐν ταῖς καθ' ὕπνους φαντασίαις.

[X 82, 2] Πᾶς ὁ κοινωνῶν ἐπὶ τὴν ἐκκλησίαν καὶ στραφεὶς (στραφῆ cod.) διὰ κοινὸν πρᾶγμα μὴ κοινωνήσ(η) ἐν τῇ ἡμέρᾳ ἐκείνῃ.

[X 83] **⟨Κεφάλαιον πγ΄⟩**

[X 83, 1] **Κληρικῶν διάφορα. περὶ ἀφορισμοῦ πιστῶν καὶ ἀπίστων**· εἴ τις πρεσβύτερος ... τελευτήσει ὁ ἀφορίσας αὐτόν (cf. *Apost., *Can.* 32 [Metzger (1987) 282, l. 109–284, l. 112]).

[X 83, 2] Ὁ ἀφορίζων τινὰ παραλόγως τῇ {τ}αὐτῇ παθείᾳ ὑπόκειται.

[X 83, 3] Οἱ πρεσβύτεροι ἢ οἱ διάκονοι οὐκ ἔξουσιν ἄδειαν ἀφορίζειν, οὓς βούλονται, ἢ λύειν ἀφορισμόν· εἰ μὴ οὖν, ἐπιτίνειν (ἐπιτίνην cod.), εἰ μὴ παρὰ τοῦ ἐπισκόπου ἐπιτραπῇ (cf. *Synt.* A 18 Περὶ ἀφορισμοῦ, Ἀντιοχείας ς΄ [108]).

[X 83, 4] Εἴ τις πρεσβύτερος ἢ διάκονος ἢ ἕτερος κληρικὸς καταλείψας τὴν ἑαυτοῦ παροικίαν εἰς ἑτέραν ἐνορίαν ἀπέλθῃ παρὰ γνώμην τοῦ ἰδίου ἐπισκόπου, μηκέτι ἱερουργεῖν· ἐπιμένων τῇ ἀταξίᾳ ὡς λαϊκὸς κοινωνείτω. κανὼν ιε΄ τῶν ἁγίων ἀποστόλων καὶ γ΄ τῆς Ἀντιοχείας συνόδου (cf. *Synt.* A 9 Περὶ ἀποδημίας ἐπισκόπων καὶ κληρικῶν, ἀποστόλων ιβ΄, ιγ΄, ιε΄, ις΄ [92, l. 15–95, l. 5], Ἀντιοχείας γ [93]).

[X 83, 5] Κληρικὸς ἐγγύας διδοὺς καθαιρείσθω (*Apost., *Can.* 20 [Metzger (1987) 280, l. 68]; cf. *Synt.* E 1 Περὶ ἐγγύης, ἀποστόλων κ΄ [238]). κ΄ τῶν ἁγίων ἀποστόλων.

[X 83, 6] Ὁ ἀκρωτηριάσας ἑαυτὸν ... ἐχθρός (*Apost., *Can.* 22 [Metzger (1987) 280, l. 72–74]). εἰ δὲ ἐξ ἐπηρείας ἀνθρώπων ... γινέσθω (ibid., *Can.* 21 [280, l. 69–71]. τῶν ἁγίων ἀποστόλων κα΄ καὶ κβ΄ (cf. *Synt.* E 34 Περὶ εὐνούχων, ἀποστόλων κα΄, κβ΄, κγ΄, κδ΄ [295–296]).

[X 83, 7] (f. 94r) Εἴ τις κληρικὸς ... ἔτη γ΄ (*Apost., *Can.* 23, 24 [Metzger (1987) 280, l. 75, 77]), καὶ κληρικὸς μὴ γενέσθω. κγ΄ καὶ κδ΄ τῶν ἁγίων ἀποστόλων (cf. *Synt.* E 34 Περὶ εὐνούχων, ἀποστόλων κα΄, κβ΄, κγ΄, κδ΄ [296]).

[X 83, 8] Οἰκέτας (-αις cod.) εἰς κλῆρον ... γινέσθω (*Apost., *Can.* 82 [Metzger (1987) 306, l. 369–375]).

[X 83, 9] Κληρικὸν οὐ δεῖ ἐπὶ παράνομον γάμον ἐλθεῖν· κοινωνήσει γὰρ ἁμαρτίαις ἀλλοτρίαις (cf. Tim., *Can.* 11 [Joannou II 247, l. 8–12]; *Synt.* Γ 9 Περὶ γάμων παρανόμων καὶ ἀθεμίτων συγγενικῶν, Τιμοθέου ια΄ [168]).

[X 83, 10] Εἴ τις κληρικὸς ἐν καπηλείῳ (-λίω cod.) εἰσέρχεται, ἢ παυσάσθω ἢ καθαιρείσθω (cf. *Apost., *Can.* 54 [Metzger (1987) 296, l. 267–268]; *Synt.* Κ 7 Ὅτι εἰς καπηλεῖον οὐ δεῖ τὸν κληρικὸν εἰσιέναι, ἀποστόλων νδ΄ [317–318]).

[X 83, 11] Ὅτι οὐ δεῖ ἱερωμένους ἢ ἱερωμένας τινὰς θεωρίας ... ἀναχωρεῖν (Syn. Gangr., *Can.* 54 [Joannou I 2, 152, l. 4–8]). νδ΄ Λαοδικείας.

[X 83, 12] **Χορούς·** κληρικὸς ἢ ψάλτης κύβοις σχολάζων ἢ μέθαις ἢ χορεύων καθαιρείσθω· εἰ δὲ λαϊκός, ἀφοριζέτω ἔτη γ΄ (cf. *Apost., *Can.* 42, 43 [Metzger (1987) 288, l. 178–181). τῶν ἁγίων ἀποστόλων μβ΄ καὶ μγ΄ καὶ νόμος Ἰουστινιανοῦ (cf. *Synt.* Κ 35 Περὶ τῶν κύβοις καὶ μέθαις σχολαζόντων, ἀποστόλων μβ΄, μγ΄; νόμος [345–346]).

[X 83, 13] **Μὴ ἐφάπτεσθαι τῶν γυναικῶν ἐν τῇ ἐφημερίᾳ·** οἱ πρεσβύτεροι καὶ οἱ διάκονοι τῷ καιρῷ τῆς ἑβδομάδος αὐτῶν οὐ συγχωροῦνται ἐφάπτεσθαι τῶν γυναικῶν αὐτῶν διὰ τὸ ἔνδοθεν τοῦ θυσιαστηρίου εἰσέρχεσθαι ἢ καὶ ἱερουργεῖν· οὐδὲ λαϊκός, ὅταν μέλλῃ κοινωνεῖν τῶν θείων. Νικηφόρος πατριάρχης καὶ Κίτρους β΄ κανών.

[XI] (f. 94v) **Ἀρχὴ τοῦ λ**

[XI 84] **Κεφάλαιον πδ΄**

[XI 84, 1] **Ληστῶν** (sic, lege ληστὰς) **ἀναιρούντων·** τοῦ μεγάλου Βασιλείου νε΄ κανὼν τοὺς ληστὰς ... τιμωρία (*Synt.* Λ 7 Περὶ τῶν ληστὰς ἀναιρούντων, Βασιλείου νε΄ [353]).

[XI 84, 2] Νόμος· ληστὰς ὑποδεξάμενος ... ὁ δικαστὴς συνίδῃ{σῃ} (*Synt.* Σ 8 Περὶ τῶν συνεπισταμένων κληρικοῖς ἁμαρτήματα καὶ μὴ ὁμολογούντων, νόμοι [446, l. 3–5]).

[XI 84, 3] Νόμος· οἱ λησταὶ τῷ κρίματι τῶν ἀνδροφόνων ἐπάγονται (cf. Greg. Nyss., *Can.* 6 [Joannou II 223, l. 3–9]; *Synt.* Λ 6 Περὶ ληστῶν μετανοούντων, Νύσσης ἕκτος [353]).

[XI 85] **Κεφάλαιον πε΄**

[XI 85, 1] **Λύσεως γάμου ἀζημίου·** λύεται γάμος ἀζημίως ... δωρεᾶς (*Synt.* Γ 13 Λύσις γάμου ἀζήμιος καὶ περὶ τοῦ δι᾽ ἄσκησιν λυομένου γάμου [177, l. 2–178, l. 2]). λύεται γάμος καί, ὅταν ... αἱρούμενον (ibid. [178, l. 3–5]). ἡ γὰρ ἀπόκαρσις ... (f. 95r) συζυγίαν ἐλθεῖν (ibid. [178, l. 13–16]).

[XI 85, 2] **Περὶ ἐπισκόπου γυνῆς** (sic) **καὶ ἱερέως·** ἀλλὰ τῇ τοῦ χειροτονηθέντος ... ἀπόκαρσιν (*Synt.* Γ 13 Λύσις γάμου ἀζήμιος καὶ περὶ τοῦ δι᾽ ἄσκησιν λυομένου γάμου [178, l. 16–19]). τὸ αὐτὸ καὶ ς΄ σύνοδος εἰς μη΄ κεφάλαιον (sic), ζήτει ὄπισθεν (sic) ος΄ κεφάλαιον (IX 76, 1).

[XI 85, 3] Σύνταγμα Ματθαίου θύτου· ἐπισκόπων καὶ ἱερέων γυναῖκας μὴ διγαμεῖν, τοῦ γ΄ στοιχείου ιγ΄ (ις΄ cod.) κεφάλαιον, ἐκεῖ γράφεται· λύεται γάμος καί, ὅταν αἰχμάλωτος ... ζῇ (*Synt.* Γ 13 Λύσις γάμου ἀζήμιος καὶ περὶ τοῦ δι᾽ ἄσκησιν λυομένου γάμου [178, l. 20–21]).

[XI 85, 4] Ἰουστινιανοῦ βασιλέως νόμος· χρὴ τὸν ἐν αἰχμαλωσίᾳ κρατηθέντα μέχρις ἐτῶν ιβʹ ἐκδέχεσθαι, μετὰ δὲ τούτους (sic, sc. χρόνους) ἐπιστολὴν στείλῃ, ἐκδεχέσθω ἄλλους γʹ. ἔκτοτε ἄδειαν ἔχει συνοικισθῆναι ἀνδρὶ ἑτέρῳ, λαμβάνει καὶ τὴν προῖκα αὐτῆς (cf. Iustinian., *Nov.* 22, 7 [CIG III 151], cf. *Synt.* Γ 14 Λύσις γάμου ἀζήμιος καὶ περὶ τοῦ δι' ἄσκησιν λυομένου γάμου [178, l. 20–21]; contra dissolutionem matrimonii nov. 33 Leonis VI, cf. *Synt.* Γ 5 Περὶ τῆς εἰς δεύτερον γάμον ἐλθεῖν βουλομένης γυναικός, ἐν ἀποδημίᾳ ἢ στρατείᾳ τοῦ ἀνδρὸς αὐτῆς ἀφανισθέντος, νόμοι [163, l. 3–8]). ὁ μὴ συγγενόμενος τῇ ἰδίᾳ γαμετῇ ἕως ἑπτὰ ἔτη, δύναται ἡ γυνὴ λύει⟨ν⟩ τὸν γάμον, μόνον ἐὰν οἰκῇ (οἴκοι cod.) ὁμοῦ (cf. Iustinian., *Nov.* 22, 6 [CIG III 150–151]).

[XI 86] **Κεφάλαιον πςʹ**

[XI 86, 1] **Λυομένων μνηστειῶν**· αʹ· λύεται ἡ μνηστεία ... ιʹ ... ζῶντος μοιχᾶται ... (f. 96r) τὴν σύστασιν (*Synt.* Γ 15 Ἐκ ποίων αἰτιῶν αἱ μνηστεῖαι λύονται, νόμοι [183, l. 2–25], cod. causam secundam et tertiam coniungit, et causam decimam in duas dividit; [183, l. 27–184, l. 4; 184, l. 7–8], ad ἡ μανία ἐμποδίζει in marg. add. δαιμονιζομένης).

[XI 86, 2] Ἐρώτησις· Τιμόθεος Ἀλεχανδρείας ἐρωτηθείς· ἐάν τις γυνὴ πνευματιᾷ .... ἀπόκρισις· ... οὐδ' ἐφευρίσκω (Tim., *Can.* 15 [Joannou II 250, l. 9–17]).

[XI 86, 3] Ἡ τὸ γινόμενον δοκοῦσα νοεῖν καλῶς μνηστεύεται ... (f. 96v) ὑποκειμένων κα⟨νό⟩νων (*Synt.* Γ 15 Περὶ μνηστείας, νόμοι [184, l. 24–185, l. 3]).

[XI 86, 4] Πέτρου χαρτοφύλακος· οὐκ ἔστιν δίκαιον τὸν τέλειον γάμον ποιῆσαι ὁ ἱερεὺς (sic) ηʹ ἢ καὶ ιʹ χρόνων ἢ ὀλιγώτερον, διότι ἡ νηπιότης ἀτελὴς (sic) ὑπάρχων, ἀλλ' ὁ ἀνὴρ ιεʹ ἐτῶν εἶν⟨αι⟩, ἡ δὲ γυνὴ ιγʹ, ἀμφοτέρων θελόντων μετὰ τῆς τῶν γονέων παραινέσεως (cf. Petr. Chartophyl., *Quaest.* 14 [Beneševič (1909) 7, l. 11–15]).

[XI 87] **Κεφάλαιον πζʹ**

[XI 87, 1] **Οὐ χρὴ ἄνευ θερμοῦ λειτουργεῖν**· Νικεφόρου τοῦ Ὁμολογητοῦ καὶ τὰ εʹ ταῦτα κεφάλαια· οὐ χρὴ ἄνευ θερμοῦ ... θερμόν (*Nicephor., *Can.* 13 [RP IV 428, l. 10–12]). οὐ ἁμαρτήσει τὶς ... κανδήλα⟨ν⟩ (ibid., *Can.* 11 [428, l. 6–7])· εἴ τις τεσσαρακοστὰς ἐκτελεῖ, δὶς ἢ τρίς – πλὴν γὰρ οὐχ ἁρμόζει – καὶ μίαν εὐλογίαν εἰ θέλει{ν} προσκομίζειν, καὶ μίαν ἅπτων κανδήλα⟨ν⟩ (cf. *Can.* 11). ἐὰν ἔστι (sic) προσφορὰ σώα ἕως ἡμερῶν ζʹ ἢ καὶ ιʹ, προσκομιζέσθω (*Nicephor., *Can.* 4 [Pitra, Spic. IV (1858) 382]). οὐ χρὴ σφραγίδα (f. 97r) ... ποτήριον (ibid., *Can.* 12 [428, l. 8–9]).

[XI 87, 2] **Ἡ ἱερουργία δὶς τὴν ἡμέραν**, Ἰωάννου Νεστευτοῦ κανών· οὐκ ἔστιν ἐπίσκοπ(ος) ἢ πρεσβύτερος λειτουργ(ῶν?) δὶς τῆς ἡμέρας, διότι ἅπαξ ἐτύθη Χριστός. τὸ γὰρ δὶς ἢ τρὶς λειτουργεῖν τῆς ἡμέρας τοῦ Οὐαλεντίνου καὶ Μαρκίωνος ἦν τὸ λήρημα.

[XI 88] **Κεφάλαιον πηʹ**

[XI 88, 1] **Περί τινων ἐθῶν {καὶ**, delendum?} **Λατίνων**· Κίτρους· τὰ μὲν ἔκφυλα τῶν Λατίνων δόγματα ὑποβλέπεσθαι καὶ φεύγειν ὡς γάγ⟨γ⟩ραιναν δεῖ ... (f. 97v) σύμβολον τῆς τοῦ πνεύματος σφραγίδος λαμβάνουσιν (Matth. Blast., *Collectio responsorum Iohannis Citrii* sec. cod. Mosqu. GIM 149, f. 208v, l. 19–209r, l. 7 Resp. 12; cf. Darrouzès [1973] 333; cf. etiam Dem. Chomaten., *Resp.* 6 ad Constantinum Cabasilam multis cum variationibus [RP V 433, l. 12–434, l. 16 (*Resp.* 3); Pitra, Anal. VI (1891), 629, l. 12–630 (*Resp.* 3); cf. Darrouzès (1973) 330]).

[XII] **Ἀρχὴ τοῦ μ**

[XII 89] **Κεφάλαιον πθʹ**

[XII 89, 1] **Περὶ μοιχείας**· τὸν μοιχὸν ὁ τρίτος τοῦ ἁγίου Διονυσίου κανὼν εἰς ιηʹ ἔτη τῆς κοινωνίας ἀπείργει. ὁ δὲ νηʹ τοῦ μεγάλου Βασιλείου εἰς ιεʹ, ὁ δὲ κʹ τῆς ἐν Ἀγκύρᾳ ζʹ (cf. *Synt.* M 14 Περὶ μοιχείας, Βασιλείου νηʹ, Ἀγκύρας κʹ [375]). ὁ δὲ Νηστευτὴς Ἰωάννης μετὰ γʹ ἔτη τῆς κοινωνίας αὐτὸν ἀξιοῖ, μετὰ τὴν θʹ ξηροφαγοῦντα καὶ μεταν(οίας) σνʹ· εἰδοῦν ὁ τῶν πατέρων τηρείσθω κανών (cf. *Ioh. Nest. in Armenop., *Epitome canonum* V 3 [PG 150, 144 = Sakarikos (2020) 160]).

[XII 89, 2] Ἐν δὲ λθʹ τοῦ μεγάλου Βασιλείου· ἡ τῷ μοιχῷ ... ἐπιτιμίων (*Synt.* M 14 Περὶ μοιχείας, Βασιλείου λθʹ [376, l. 21–377, l. 2]).

[XII 89, 3] Δημητρίου μητροπολίτου Κυζίκου· εἴπερ μὴ μοιχείας ὁ ἀνὴρ φωραθείη καὶ ἡ τοιαύτη κατηγορία ἀληθὴς ἀποφανῇ καὶ χωριρσμοῦ (f. 98r) γενομένου, ἔχει τὸν ἄνδρα (sic) τὴν πρὸ τοῦ γάμου δωρεὰν καὶ τὴν προῖκα, εἰ παιδία μὴ ἔχειν (sic). εἰ γὰρ παιδία ἔχει, φυλαττέσθω τὴν προῖκα τοῖς παισὶν καὶ ὁ ἀνὴρ συνοικήσ(ει vel συνοίκησον) ἑτέρᾳ γυναικὶ μετὰ τὸ ἐπιτίμιον τῶν διγάμων. ἡ δὲ μοιχαλὶς οὐκ ἔχει ἄδειαν ἑτέρῳ συνοικῆσαι ἀνδρί, ὥς φησι καὶ ὁ νόμος βασιλέων.

[XII 89, 4] Νικηφόρου πατριάρχου Κωνσταντινουπόλεως. τὸ αὐτὸ καὶ Γερμανοῦ πατριάρχου Κωνσταντινουπόλεως· ἀνδρὸς λαϊκοῦ γυνὴ μοιχευθεῖσα φανερῶς καὶ ἐλεγχθεῖσα, αὐτὴν ἀποβαλέσθω. λέγει ὁ κυριακὸς λόγος· „ὃς ⟨ἂν⟩ ἀπολύσ(ῃ; ὁ ἀπολύσας?) τὴν γυναῖκα αὐτοῦ χωρὶς λόγου πορνείας, ποιεῖ αὐτὴν μοιχᾶσθαι" τὴν χωρὶς λόγου πορνείας. γέγραπται γάρ· „ὁ ἀπολελυμένην γαμήσων μοιχᾶται." (cf. Mt. 5, 32). ὁ δὲ ἀνὴρ ἀναιτίως (-ιος cod.) συνοικήσει ἄλλῃ γυναικὶ μετὰ τὸ ἐπιτίμιον τῶν διγάμων· ἡ δὲ μοιχαλὶς οὐδαμοῦ ἔχει ἐξουσίαν τοῦ συνοικῆσαι ἄλλῳ ἀνδρί. εἰ γὰρ τὰ πρῶτα ἀθετήσας (sic), πολλῷ μᾶλλον εἰς τὰ δεύτερα χείρων (χείρονα cod.) φανεῖται (cf. Syn. Neocaes., *Can.* 8 [Joannou I 2, 78–79]; Basil., *Can.* 34 [Ioannnou II 132]). πλὴν δὲ ὁ παρὼν χωρισμὸς ἔκ τε τῆς ἱερᾶς ἐκκλησίας γενήσεται καὶ ὑπογραφήσεται εἰς τέλειαν ἀπόζευξιν τήν τε τῆς μοιχαλίδος καὶ τοῦ ἀνδρός.

[XII 89, 5] Συνόδου ϛʹ κανὼν πζʹ· ἡ τὸν ἄνδρα ... (f. 98v) μετανοήσωσιν (Conc. quinisext., *Can.* 87 [COGD I 283, l. 2373–284, l. 2397]).

[XII 89, 6] Τῇ ϛʹ τῆς δευτέρας ἑβδομάδος τῶν ἁγίων νηστειῶν ἐν τῇ παροιμίᾳ· ἀποδήσει τὶς πῦρ ἐν κόλπῳ ... (f. 99r) πολλῶν δώρων (cf. Prov. 6, 27–35).

[XII 89, 7] Καὶ ὁ σωτὴρ ἐν εὐαγγελίοις· ὃς ⟨ἂν⟩ ἀπολύσ(ῃ) ... μοιχᾶσθαι (cf. Mt. 5, 32), ζήτει Ματθαῖον τῇ εʹ τῆς αʹ εὐαγγελίου καὶ σα(ββά)τ(ῳ) ιαʹ· μὴ ἀπολύειν τὴν γυναῖκα κατὰ πᾶσαν αἰτίαν. καὶ ὁ Μάρκος τῇ δʹ τῆς λαʹ ἑβδομάδος (Mc. 10, 11). ὁ δὲ Λουκᾶς τῇ ϛʹ τῆς θʹ ἑβδομάδος (Lc. 16, 18).

[XII 89, 8] Νόμος· τὸ μέντοι γραφικὸν ... τοῦ σοφοῦ (*Synt.* Γ 13 Ὁ γάμος ἐκ ποίων αἰτιῶν λύεται, αἱ αἰτίαι τῆς γυναικός [176, l. 18–177, 3]).

[XII 89, 9] Νόμος· κελεύομεν λέγουσαν … (f. 99v) σχῆμα λαμβάνει (*Synt.* Μ 14 Περὶ μοιχείας, νόμοι [sc. Iustinian., *Nov.* 117] [377, l. 10–18]).

[XII 89, 10] Νόμος· οἱ μοιχοὶ τυπτόμενοι … ἐξορίᾳ (*Synt.* Μ 14 Περὶ μοιχείας, νόμοι [378, l. 3–6]).

[XII 89, 11] **Περὶ βασιλέως μοιχοῦ καὶ τῆς βασιλίσσης, βίᾳ ἀποκείρ(αντος?) αὐτήν**· καὶ γὰρ ὁ τῆς ἀειμνήστης Εἰρήνης υἱὸς Κωνσταντῖνος ὁ ἀπαίδευτος καὶ μωρὸς ἀθετήσας τὴν πρώτην γαμετὴν καὶ βίᾳ ἀποκείρας ἑτέραν ἠγάγετο. διὸ ὁ ἁγιώτατος πατριάρχης Ταράσιος καὶ ὁ μέγας Θεόδωρος ὁ Στουδίτης ἀπωθοῦνται αὐτὸν ὡς μοιχόν. ὁ δὲ ἀποστείλας εἰς τὴν μονὴν μάστιξιν σφοδροτάταις ⟨καὶ⟩ αἰκίαις τὸν ἀθλητὴν μεθ' ἑτέρων τριῶν ἐν Θεσσαλονίκῃ ἐξορίζει, ζήτει νοεμβρίῳ ια' εἰς τὸ συναξάριον τοῦ ὁσίου πατρὸς ἡμῶν Θεοδώρου τοῦ Στουδίτου (cf. Delehaye [1902], Mensis November, dies XI [214–216]).

[XII 89, 12] Νόμος· ὁ τὸν μοιχὸν μετὰ τῆς ἰδίας … (f. 100r) ἔστιν καινόν (*Synt.* Μ 14 Περὶ μοιχείας, νόμοι [378, l. 19–379, 4]).

[XII 89, 13] Νόμος· ὁ τὸν μοιχὸν καταλαβὼν μετὰ τῆς ἰδίας γυναικὸς καὶ φονεύσας, οὐκ εὐθύνεται ὡς φονεύς· ὁμοίως καὶ τὴν γυναῖκα (cf. *Cod. Iust.* IX 9, 4 [CIC II 374] = *Basilicorum* lib. LX 37, 47 [Scheltema *et al.* (1988) 2988]; Armenop., *Hexab.* VI 2, 13 [Pitsakis (1971) 345–346]).

[XII 90] **Κεφάλαιον ϟ'**

[XII 90, 1] **Περὶ τῆς κατηγορηθείσης ἐπὶ μοιχείᾳ**· νόμος· ὁ ἐπὶ μοιχείᾳ γυναικὸς κατηγορηθεὶς … ἀγαγέσθαι (*Synt.* Μ 14 Περὶ μοιχείας, νόμοι [377, l. 2–3]). καὶ τὴν ἑτέραν μεμνηστευμένην νόμῳ γάμου ἀγόμενον (f. 100v) ὡς μοιχὸν κατακρίνει, εἰ μὴ λέλυται ἡ μνηστεία δι' ὧν ἔφημεν αἰτιῶν.

[XII 90, 2] Νόμος· οὐδὲ ἀπελεύθερος … μοιχεύων ἦν (*Synt.* Β 8 περὶ τῶν κεκωλυμένων γάμων καὶ χωρὶς συγγενείας [139, l. 5–7]).

[XII 90, 3] **Περὶ δούλης**· ὁ γυναῖκα ἔχων καὶ συγγενόμενος τῇ ἰδίᾳ δούλῃ, ἐλευθερούσθω αὐτὴν καὶ μὴ θέλων (cf. *Ecloga* 17, 21 [Zepoi II (1931) 56]; *Eisagoge* 40, 58 [Zepoi II (1931) 364–365]; *Prochiron* 39, 60 [Zepoi II (1931) 224]; *Basilicorum* lib. LX 37, 82 [Scheltema *et al.* (1988) 2997–2998]; Armenop., *Hexab.* VI 3, 2 [Pitsakis (1971) 349]).

[XII 91] **Κεφάλαιον ϟα'**

[XII 91, 1] **Περὶ μοιχευθείσης γυναικός**· τὴν μοιχευθεῖσαν, εἰ βούλεται ἀναλαβέσθαι αὐτὴν ὁ ἀνὴρ καὶ τὸ ἔγκλημα συγχωρῆσαι, ἀκωλύτως λαμβάνειν χωρὶς τῶν πρεσβυτέρων· ὧν (ὃν cod.) καὶ ζήτει ὄπισθεν (sic) εἰς κεφάλαιον ος' (cf. IX 76, 32–33).

[XII 91, 2] Ὁ δ' ἀπόστολος πρὸς Κορινθίους α' ἐπιστολῇ τῇ γ' τῆς ζ' ἑβδομάδος· γυναῖκα ἀπὸ ἀνδρὸς … χωριζέτω (I Cor. 7, 10–11, 2; 19, 6).

[XII 92] **Κεφάλαιον ϟβ'**

[XII 92, 1] Νηστευτοῦ Ἰωάννου· μοναχὴ ἑτέραις … Βασιλείου (Matth. Blast., *Canon. Ioh. Nest.* [RP IV 443, l. 26–28]).

[XII 93] **Κεφάλαιον ϟγʹ**

[XII 93, 1] **Περὶ μαλακίας**· ὁ μαλακίαν … (f. 101r) ρʹ (Armenop., *Epitome canonum* V 2, scholium ad *Can.* 4 Dionysii Alex. [PG 150, 136, l. 4–6]). εἰ δὲ εἰς ἀλλήλους γέγονεν, ἡμέρας πʹ· διπλοῦν ἐργάζεται τὸ κακόν, ἅτε δύο μολυνομένων ψυχῶν. κανὼν Ἰωάννου Νηστευτοῦ καὶ Νικηφόρου πατριάρχου τοῦ Ὁμολογητοῦ ὁμοίως· εἰ δέ τις τοῦ κλήρου ἐν τούτῳ ἑάλω, οὐ κωλύεται τῆς ἱερωσύνης, εἰ δεξάμενος τὸ ἐπιτίμιον τὸ πάθος κατέλειψε. εἰ δὲ τούτῳ μετὰ τὴν ἱερωσύνην ἑάλω, ἐπὶ ἐνιαυτὸν ἕνα τῆς ἱερωσύνης ἀργείτω καὶ τοῖς εἰωθόσιν ἐπιτιμίοις σωφρον(ιζέσ)θ(ω) (vel σωφρονισθήτω), ἐπʼ αὐτὴν ἐπανίτω. εἰ δὲ δὶς ἢ τρὶς τοῦτο εἰργάσατο, παυσάμενος τῆς ἱερωσύνης εἰς ἀναγνώστου τάξιν ἐρχέσθω. Νηστευτοῦ καὶ Νικηφόρου Ὁμολογητοῦ.

[XII 93, 2] **Καὶ τῶν γυναικῶν**· ἡ ⟨εἰς⟩ ἀσπασμοὺς ἐλθοῦσα καὶ ἐπαφάς, μὴ μέντοι διαφθαρεῖσα τὸ τῆς μαλακίας ἐπιτίμιον δέχεται (Armenop., *Epitome canonum* V tit 2, scholium ad Can. IV Dionysii Alex. [PG 150, 136 A = PG 88 1932 D = Sakarikos (2020) 153]).

[XII 93, 4] **Ὁ φίλων γυναῖκα**· ὅταν οὖν φθάσῃ ἄνθρωπος μετὰ μοναστρίας ἢ καὶ κοσμικῆς καὶ ῥίψῃ τὴν μαλακίαν αὐτοῦ ἔξω πρὸς ἀλλήλας, ἐχέτωσαν ἀμφότεροι ἐπιτίμιον ἔτη δʹ μεταν(οία[ι?]ς) κʹ τὸ πρωὶ καὶ ἑσπέρας ὁμοίως.

[XII 93, 5] Εἰ δὲ δύο γυναῖκες ῥίψουν τὴν μαλακίαν αὐτῶν ἔξω πρὸς ἀλλήλας, ὁμοίως δʹ ἔτη ἐπιτιμάσθωσαν καὶ μεταν(οίας?) κʹ τὸ πρωὶ καὶ ἑσπέρας ὁμοίως.

[XII 94] **Κεφάλαιον ϟδʹ**

[XII 94, 1] **Περὶ τοῦ μετὰ μνηστείαν μόνῃ συναφθῆ⟨ναι⟩ ἤγουν ἀναγνωστῶν ἐὰν πρὸ τῆς εὐλογήσεως συναφθῇ τῇ αὐτῇ γυναικὶ ἢ ἑτέρᾳ**· νόμος· καὶ περὶ κληρικῶν ἐὰν πρὸ τοῦ γάμου ἑτέρᾳ γυναικὶ (f. 101v) ἐμνηστεύθη, ὡς δευτερογαμήσας καθαιρεῖται (cf. *Synt.* Γ 15 Περὶ μνηστείας κληρικῶν, Βαλσαμών [182, l. 3–5]).

[XII 94, 2] Ὁ δὲ ξθʹ τοῦ μεγάλου Βασιλείου· εἰ ἀναγνώστης … ὑπηρεσίας (*Synt.* Γ 15 Περὶ γυναικῶν μεμνηστευμένων, ἐν ᾧ καὶ περὶ μνηστείας, Βασιλείου ξθʹ [179]). ὅπου δὲ … οὐχ ὑπόκειται (ibid., Περὶ μνηστείας, ὅρος μνηστείας [180, l. 15–19]). ὁ δὲ ἑτέρῳ μνηστευομένην λαβὼν μοιχᾶται περιόντος τοῦ μνηστευομένου πάρεξ διʼ ὧν ἔφημεν αἰτιῶν. διʼ ἐκείνων γὰρ καὶ ἡ μνηστεία λύεται καὶ ὁ γάμος (cf. ibid., συνόδου ἕκτης ϟηʹ [179–180]).

[XII 94, 3] Ἕτερον· οὐκ ἐφεῖταί τινι … (f. 102r) βαθμόν (*Synt.* Γ 15 Περὶ μνηστείας κληρικῶν, Βαλσαμών [182, l. 2–6]), ζήτει καὶ ἔμπροσθεν (sic) τοῦ φύλλου τὰς μνηστευθείσας (XII 95, 1).

[XII 94, 4] Εἰ δὲ ἀσύστατος ἐστὶν … τὴν γυναῖκα (*Synt.* Γ 15 Περὶ μνηστείας κληρικῶν, Βαλσαμών [182, l. 7–11]).

[XII 94, 5] Εἰ δὲ ἥττων τῶν ἓξ χρόνων ἦν ἤγουν ἐλάττων τῶν ςʹ χρόνων ἦν … σεμνυμένους (*Synt.* Γ 15 Περὶ μνηστείας κληρικῶν, Βαλσαμών, [182, l. 11–17]).

[XII 94, 6] **Ἐὰν πρὸ τοῦ στεφανώματος συγγίνηται τῇ γυναικὶ αὐτοῦ**· σύνοδος Ἀγκύρας, κεφάλαιον (sic) ι⟨α⟩ʹ (hic canon contextui non convenit)· τὰς μνηστευθείσας κόρας (sic), ἤγουν ἡ ἀθετήσασα τὴν ἐπαγγελίαν τῆς παρθενίας, ἐνιαυτὸν τῆς κοινωνίας ἀργήσασ⟨α⟩ ἢ γνησίως μετανοήσασ⟨α⟩ εἶτα κοινωνείτω τῶν ἁγίων δώρων. τὸ δʼ αὐτὸ λέγει καὶ ὁ μέγας Βασίλειος ξθʹ κανόνι περὶ τῶν ἀναγνωστῶν (f. 102v), ὅταν τῇ αὐτοῦ μνηστῇ μοιχ⟨ευ⟩θῇ πρὸ τοῦ γάμου ἤγουν πρὸ τοῦ στεφανώματος τὶ συγγένηται τῇ αὐτοῦ γυναικί.

[XII 95] **Κεφάλαιον ϟε΄**

[XII 95, 1] **Οὐ δύναται ὁ μνηστευθεὶς λαβεῖν ἑτέραν ἐκ γένους τῆς πρώτης**· τελείας οὔσης … λογίζεσθαι (*Synt.* Γ 15 Περὶ μνηστείας κληρικῶν, Βαλσαμών [182, l. 18–22]).

[XII 96] **Κεφάλαιον ϟς΄**

[XII 96, 1] **Τοῦ μακαριωτάτου μητροπολίτου Σερρῶν κῦρ Νικήτα ἐρώτησις Παμφυλίου ἐπισκόπου περὶ τοῦ „ἔξεστι ἀνήβων γάμον ἱερολογεῖν;"**· χήρα τὶς τῶν ἐνδόξων … (f. 103r) εἰς τὸν αἰῶνα οὐ γενήσεται (Nicet. Heracl., *Quaest. et resp.* 2 [Pavlov (1895) 167–168] multis cum variationibus), ζήτει εἰς τὸ α΄ εἰς κεφάλαιον ς΄ (I 6, 9) καὶ περὶ τούτου εὑρήσεις.

[XII 97] **Κεφάλαιον ϟζ΄**

[XII 97, 1] **Μνησικακίᾳ τελευτήσειν**· ὁ μετά τινος μάχην ποιήσας καὶ μνησικακίᾳ (f. 103v) εἰ πρὸ τῆς διαλλαγῆς ὁ εἷς τελευτήσει, ὀφείλει ὁ ζῶν, ἵνα εὔχηται ὑπὲρ τοῦ κεκοιμημένου χρόνον ἕνα καὶ διαλλαγὴν καθ' ἑκάστην ποιῶν ἐν τῷ τοῦ κεκοιμημένου τάφῳ ἡμέρας μ΄, μεταν(οίας) γ΄ καὶ λειτουργίαν ὑπὲρ ἐκείνου ποιῆσαι, νηστεύειν καὶ ξηροφαγεῖν ἡμέρας μ΄ ἕως ὥρας θ΄, τὴν κοινωνίαν ἔτη ε΄, μεταν(οίας) κε΄ τὸ πρωὶ καὶ ἑσπέρας ὁμοίως (cf. Ioasaph Ephes., *Quaest. et resp.* 58 [Korakides (1992) 248, l. 482–489]).

[XII 97, 2] Χρυσοστόμου· ἐὰν δύο ἔχωσιν ἔχθραν πρὸς ἀλλήλους καὶ συμβῇ τελευτῆσαι ὁ εἷς (sic), ὁ ἐναπομείνας ἐπιτιμάσθω τῆς κοινωνίας ἔτη ε΄ καὶ λειτουργίας διὰ τὸν τεθνεῶτα, ὅσας δόξει τῷ πνευματικῷ, καὶ μεταν(οίας) ρ΄ τὸ πρωὶ καὶ ἑσπέρας ὁμοίως καὶ ἑτέρας μεταν(οίας) γ΄ ἕως μ΄ ἡμερῶν καθ' ἑκάστην ποιῶν ἐπάνω τοῦ μνήματος αἰτεῖ συγχώρησιν καὶ συγχωρεῖ καὶ αὐτὸς τοῦ τεθνεῶτος (sic).

[XII 97, 3] **Εἰ δὲ ζῶσιν**· ὁ {ἀ}μνησίκακος, ὅστις κρατεῖ μῆνιν ἐν τῷ σώματι αὐτοῦ, κατὰ τὸν μέγαν Παῦλον τὸν λεγόντα· „μὴ ἐπιδυέτω ὁ ἥλιος ἐπὶ τῷ παροργισμῷ τοῦ ἀδελφοῦ" (Eph. 3, 26) – καὶ ὁ κύριος „ἐὰν μὴ ἀφῆτε τοῖς ἀνθρώποις τὰ παραπτώματα, οὐδὲ ὁ πατὴρ ἡμῶν ὁ οὐράνιος ἀφήσει τὰ παραπτώματα ὑμῶν" (Mt. 6, 15) – ἐχέτω ἐπιτίμιον τὴν κοινωνίαν ἔτη γ΄ (ex corr.), μεταν(οίας) κε΄ τὸ πρωὶ καὶ ἑσπέρας ὁμοίως, ξηροφαγείτω, ὡς δόξει τῷ πνευματικῷ.

[XII 97, 4] Ὁ δὲ κῦρ Ἰωάσαφ πρωτοσύγκελλος τῆς μεγάλης ἐκκλησίας· ἀ(f. 104r)-πόκρισιν γέγραφε περὶ τούτου εἰς κεφάλαια μθ΄[31]· τὸ περὶ τούτου … τεύξεται (Ioasaph Eph., *Resp.* 49 [Korakides (1992) 242, l. 401–409]).

[XII 98] **Κεφάλαιον ϟη΄**

[XII 98, 1] **Μνημοσύνην μὴ ποιεῖν τῇ μεγάλῃ μ^η, εἰ μὴ σαββάτῳ, μηδὲ δεσποτικῇ ἑορτῇ**· ς΄ συνόδου, πθ΄· λειτουργία τῶν προηγιασμένων πότε ἱερουργ(εῖσθαι) ὀφείλει καὶ

31 Bezeugt im Jahr 1431 als Protosynkellos, 1437 Metropolit von Ephesos. Als Protosynkellos schrieb er 58 Antworten auf Fragen des Priesters Georgios Drazinos; vgl. Troianos (2017) 338–339, Edition: Korakides (1992) 213–248.

πότε ῥαντίζεται, ὄπισθεν τοῦ φύλλου ζήτει (XII 98, 4)· τὰς τοῦ σωτηρίου … ἐπιτελοῦντας (Conc. quinisext., *Can.* 89 [COGD I 284, l. 2425–2427]), ἤγουν καὶ αἱ τῶν νηστειῶν ἡμέραι πένθους εἶναι ἐτάχθησαν κατανύξεως εἰς ἐξίλασμα τῶν ἑκάστου σφαλμάτων. τῷ δὲ θεῷ προσάγειν θυσίας πανηγυρίζειν ἐστίν. πῶς οὖν ἐν ταὐτῷ δύναται καὶ διακεχῦσθαι διὰ τοῦτο. ἐν μὲν ταῖς ἄλλαις τῆς μεγάλης μῆς ἡμέραις ἡ τῶν προηγιασμένων γίνεται λειτουργία καθ' ἡμέραν χωρὶς τῆς πρώτης, β΄ καὶ γ΄ καὶ σαββατοκυριακῆς (-ᾶς cod.). (f. 104v) καὶ εἰ τοῦ εὐαγγελισμοῦ ἡμέρα, καὶ τῇ μεγάλῃ ς΄ κατὰ τὸν νβ΄ κανόνα τῆς αὐτῆς συνόδου (cf. COGD I 265, l. 1756–1761), ἀλλὰ τῆς ἤδη προαχθείσης καὶ τελευτησάσης αὖθις προσαγομένης. κατὰ δὲ τὰ σάββατα καὶ κυριακάς, ἐπεὶ ἐν ταύταις τὸ νηστεύειν ἀπηγόρευται, ἐνδίδοται καὶ θυσίας προσφέρειν καὶ τελείαν λειτουργίαν. ὁμοίως καὶ τοῦ εὐαγγελισμοῦ (sc. τὴν ἡμέραν) τιμῶμεν ὡς μίαν καὶ πρώτην τῶν τοῦ Χριστοῦ ἑορτῶν, μᾶλλον δὲ ὡς ἀρχὴν καὶ κεφάλαιον τῆς σωτηρίας ἡμῶν καὶ πανηγυρίζομεν ἐν αὐτῇ. διὸ οὐδὲ μνήμας ἁγίων ἐπιτελεῖ⟨ν⟩ συγκεχώρισται, εἰ μὴ σαββάτῳ καὶ κυριακῇ. κατὰ τὸν να΄ τῆς ἐν Λαοδικείᾳ{ς} συνόδου καὶ αἱ μνῆμαι τῶν κοιμηθέντων ἐν σαββάτῳ (cf. Joannou I 2, 151) διὰ τὸ „κατάπαυσις ἡμερῶν ἐστί, καὶ αὐτὸς κατέπαυσεν τοῦ ἔργου" (cf. Ex. 35, 2). αἱ γὰρ μνῆμαι τῶν ἁγίων καὶ τῶν κοιμηθέντων χαρμοσύναι εἰσίν, ἐν δὲ τῇ μεγάλῃ μῆ ἡμέρᾳ πενθεῖν, ἀλλ' οὐ χαίρειν.

[XII 98, 2] Ἰωάννου Νηστευτοῦ· οὐ δεῖ μνήμην διὰ κολ⟨λ⟩ύβων ποιεῖν ἔν τε τῇ ἡμέρᾳ τοῦ εὐαγγελισμοῦ, τῇ ἀναλήψει, τῇ γεννήσει τοῦ Προδρόμου, τῇ μεταμορφώσει Χριστοῦ, τῇ γεννήσει τῆς θεοτόκου, τῇ εἰσόδῳ αὐτῆς καὶ τῇ ὑπαπαντῆς καὶ ἁπλῶς εἰπεῖν πάσα⟨ι⟩ς τα⟨ῖ⟩ς ἑορτα⟨ῖ⟩ς τοῦ Χριστοῦ καὶ ταῖς μεγάλαις τῆς Θεοτόκου ἀνάμνησ(ιν) (f. 105r) ἁγίων ἑτέρων ἢ κοινῶς κεκοιμημένων ποιεῖν (ποιῶν cod.) διὰ τὸ τῆς ἀκολουθίας ἀνόμαλον (cf. *Nicephor., *Can.* 131 [Pitra, Spic. IV (1858) 407]).

[XII 98, 3] **Μνημόσυνα πότε ἄρχεται·** ὅτι {δεῖ} (δῆ cod.) τῇ β΄ τῇ ἐπαύριον τῆς τοῦ Θωμᾶ κυριακῆς ἄρχονται μνημονε(ύεσθαι) τοὺς κοιμηθέντας. Νικηφόρου πατριάρχου κανὼν καὶ Θεοδώρου τοῦ Στουδίτου ἐν τῇ χρονικῇ κατηχήσει καὶ τοῦ ὁσίου Ἀναστασίου.

[XII 98, 4] **Πότε ῥαντίζεται ὁ προηγιασμένος ἄρτος·** Νικηφόρου πατριάρχου· ἡ τῶν προηγιασμένων λειτουργία καλῶς ταὐτ' (?) ἔχει{ν} καὶ οὐκ ἐλλιπὴς ὁ ζωοποιὸς ἄρτος, ἐπεὶ καὶ προηγιασμένος ἀνακηρύττεται διὰ τὸ καὶ (abbreviatum, an perperam lectum pro ἐρ⟩ ⟨ἐρ⟩ραντισμένος ὢν (sic) ὑπὸ τοῦ ἡγιασμένου αἵματος, ἀλλ' οὕτως ἔδοξε τοῖς θείοις πατράσιν εὐχαῖς μόναις καὶ ταύταις μετρίαις ἐν τῷ ἁγίῳ θυσιαστηρίῳ τελεσιουργεῖσθαι ποτηρίου μέντοι καὶ τότε παρόντος, ἵνα μὴ τὸ ἄχραντον σῶμα μονομερὲς εἰσοδευόμενον ἔμφασιν παρέχειν (sic) ἐλλείψεως. ῥαντίζεται οὖν ὁ προηγιασμένος ἄρτος ὑπὸ τοῦ εὐώδους (?, ευοοῦ cod.) αἵματος οὐκ ἐπὶ τέλους τῆς τελετῆς, ἀλλ' εὐθὺς μετὰ τὴν ὕψωσιν τοῦ ἄρτου, ἡνίκα ὁ μελισμὸς γίνεται τῆς θείας ἀναφορᾶς οὔπω ἐμβαλλομένης τῆς ζέσεως (cf. Georgios Bardanes, Epist. 8 [440, l. 52–441, l. 66]).

[XII 98, 5] Ὁ μὲν Βουλγαρίας[32] ἐν τῇ ἑρμηνείᾳ τῆς προηγιασμένης ἔφη· ἐν δὲ ταῖς κατὰ νηστείας ἱερουργίαις προηγιασμένος ἄρτος προτίθεται ἔκ τε τῆς (f. 105v)

32 Theophylaktos von Ochrid (ca. 1055–nach 1107).

ἐπιφοιτήσεως τοῦ πνεύματος διὰ τῆς χειρὸς καὶ ἡ ἐκ τοῦ ἡγιασμένου αἵματος ἕνωσις, ζέσις δὲ μόνη ἐᾶται ἐν ἑτέρῳ καιρῷ, ἵν⟨α⟩ ἡ τελείωσις γίνηται (cf. Theophylact. Achrid., Πρὸς τὸν ἑαυτοῦ ἀδελφὸν Δημήτριον περὶ τῆς λειτουργίας [Gautier (1980) 341, 21–27]).

[XII 98, 6] Ὁ δὲ ἁγιώτατος κῦρ Συμεὼν ἀρχιεπίσκοπος Θεσσαλονίκης ἐν τῇ ἑρμηνείᾳ τῆς λειτουργίας λέγει· τὸν μὲν οὖν ἅγιον ἄρτον ... (f. 106r) τῷ ποτηρίῳ (Sym. Thess., *Expositio de divino templo* 95–97 [Hawkes-Teeples (2011) 150–152]).

[XII 98, 7] Εὕρομεν ἐν τοῖς ἁγίοις πατράσιν· ὅτε παρεδίδου τὰ θεῖα μυστήρια τοῖς ἑαυτοῦ μαθηταῖς, ἔλεγεν ὁ Χριστός· „τοῦτο ποιεῖτε (-ται cod.) εἰς τὴν αὐτοῦ ἀνάμνησιν. ὅσακις γὰρ ἂν ... καταγγέλλετε (-έλεται cod.) (I Cor. 11, 25–26), τὴν ἐμὴν ἀνάστασιν ὁμολογεῖτε (-εῖται cod.), καὶ οὐκ εἶπεν· εἰς ἀνάμνησιν τοῦ πατρὸς μου ἢ τοῦ πνεύματος. διὰ τοῦτο ὀφείλει μελίζειν εἰς τέσσαρα, λέγων οὕτως· μελίζεται τὸ σῶμα τοῦ κυρίου ἡμῶν Ἰησοῦ Χριστοῦ, τοῦ τιθέντος ὑπὲρ τῆς τοῦ κόσμου ζωῆς καὶ σωτηρίας, καὶ οὐχὶ πλέον. βλέπε, μὴ ἀμφιβάλῃς πατέρα ἢ πνεῦμα ὧδε. τὸ γὰρ ἅγιον ζέον ὀφείλει κοχλάζειν (-ων cod.) διὰ τοῦ αἵματος τοῦ κυρίου ἡμῶν Ἰησοῦ Χριστοῦ. οὐ γὰρ αἷμα καὶ ὕδωρ ἐξ ἀρχῆς ζέον βάνωμεν (sic) ἐν τῷ ποτηρίῳ, ἀλλὰ μετὰ τὸ πληρῶσαι τὴν θείαν λειτουργίαν, ἵνα οἷον ἐξῆλθεν (f. 106v) ἐκ τῆς πλευρᾶς τοῦ Χριστοῦ, τοιοῦτον ἐσθίωμεν, ζέων τῷ σώματι καὶ ζέων τῷ αἵματι, σαρκὶ παθὼν καὶ θανὼν καὶ θεὸς ἀθάνατος μένων. διὰ τοῦτο ὀφείλει καὶ ἐν τῇ προηγιασμένῃ τὸ ζέον μετὰ τὸν μελισμόν (an infinitivus deest?).

[XII 98, 8] **Τοῦ μεγάλου Βασιλείου λειτουργία ια´ τὸν χρόνον**· ἰστέον, ὅτι Νικηφόρος καὶ Ταράσιος οἱ ἀοίδιμοι πατριάρχαι σὺν τῇ λοιπῇ ἁγίᾳ συνόδῳ ἐν τάξει τὰς ἁγίας ἱερουργίας συνέθηκαν (sic), κοινὴν δὲ πάντοτε τοῦ Χρυσοστόμου, τοῦ δὲ μέγαλου Βασιλείου ια´ τοῦ ἐνιαυτοῦ, ἤγουν τῇ ιδ´ τοῦ σεπτεμβρίου, ἐν ᾗ καὶ πᾶς ὁ χριστώνυμος λαὸς νηστείαν ἐπιτελεῖ, τῇ παραμονῇ τῆς Χριστοῦ γεννήσεως, ἐν τῇ μνήμῃ τοῦ εἰρημένου πατρός, τῇ παραμονῇ τῶν φώτων, ἐν ταῖς ε´ κυριακαῖς τῆς μεγάλης μ^{ῆς}, τῇ μέγαλῃ ε´ καὶ τῷ μεγάλῳ σαββάτῳ. ὁ δὲ Ταράσιος, ὡς ἐμοὶ δοκεῖ, τιμιώτατε πάτερ· οὐδὲν ἓν τὸ κωλύον ἱερουργεῖν τοῦ μεγάλου Βασιλείου λειτουργίαν καὶ τῇ ἡμέρᾳ τῆς ἁγίας ν^{ῆς} καὶ τῆς μεταμορφώσεως καὶ τῇ ὑπαπαντῇ. πρὸς τοῦτο Νικηφορος ἔφη· τὸ κωλύον οὐδέν ἐστιν, ἀλλ᾽ οὖν διὰ τὰς χαρμοσύνας ἡμέρας οὐ δεῖ. περὶ δὲ τῆς προηγιασμένης ὅπερ Γρηγόριος πάπας Ῥώμης τοῦ διαλόγου, ἐν καιρῷ καὶ μόνω τῆς μ^{ῆς} τρεῖς καθ᾽ ἑκάστην ἑβδομάδα διορίζο(f. 107r)μεν (-ζω- cod.). ἰστέον, ὅτι πρὶν τοῦ εἰρημένου πατρὸς καθ᾽ ἑκάστην κυριακὴν τοῦ μεγάλου Βασιλείου, σαββάτῳ, β´, γ´ καὶ ε´ τοῦ Χρυσοστόμου, τὰς τετράδας καὶ παρασκευὰς τοῦ χρόνου ἡ προηγιασμένη, ἀλλ᾽ οὗτος ὁ ἁγιώτατος σὺν ἑτέροις ρο´ ἁγίοις πατράσι τοῦ τότε καιροῦ οὕτως διαμερίσας, ὡς εἴπομεν, καθὼς ἀπεκαλύφθη ὑπὸ τοῦ κυρίου ἡμῶν Ἰησοῦ Χριστοῦ ἐν τῇ ιδ´ τοῦ σεπτεμβρίου μηνός.

[XII 98, 9] **Μοναχῶν διάφορα κεφάλαια· Νικηφόρου πατριάρχου κεφάλαια καὶ ἑτέρων ἁγίων ἐκλογή**· ἄλλο⟨ς⟩ οὐ διώκει τὸν μοναχὸν τῆς μονῆς, εἰ μὴ ἔστιν κλέπτης ἢ ἱερόσυλος ἢ τῆς πίστεως ἀλλότριος.

[XII 98, 10] Ἄλλως (ἄλλος cod.) οὐκ ἐξέρχεται τῆς μονῆς μοναχὸς ἀνεύθυνος, εἰ μὴ γυναῖκες εἰσέρχονται ἐν αὐτῇ ἢ ὁ ἡγούμενος ἔστιν αἱρετικὸς ἢ παιδία κοσμικὰ μανθάνειν ἔρχονται. οὐ δεῖ γὰρ ἐν τῇ μονῇ γινόμενα ταῦτα δημοσιεύειν (cf. *Nicephor., *Can.* 52 [Pitra, Spic. (1891) 392]; *Can.* 17 [PG 100, 857A]).

[XII 98, 11] Ὁ τὸ μοναχικὸν ὑποδὺς σχῆμα … τεσσαρακοστάς (cf. *Nicephor., *Can.* 14 [Pitra, Spic. IV (1858) 384]; *Can.* 22 [PG 100, 857B]).

[XII 98, 12] Μοναχοῦ πρεσβυτέρου … ἐξ αὐτοῦ (*Nicephor., *Can.* 23 [PG 100, 857B]).

[XII 98, 13] Οὐ χρὴ τὸν ἡγούμενον … αὐτόν (*Nicephor., *Can.* 31 [Pitra, Spic. IV (1858) 387]; *Can.* 24 [PG 100, 857C]).

[XII 98, 14] Μοναχὸς ἐκβα{λ}λὼν τὸ κουκούλιον ἀφοριζέσθω τῆς ἐκκλησίας ἡμέρας η΄.

[XII 98, 15] Μοναχὸς τὴν ζώνην (f. 107v) αὐτοῦ λύσας ἐν ἀρίστῳ ἢ ἐν κλίνῃ ἐπτιμάσθω ἡμέρας μ΄.

[XII 98, 16] Μοναχὸς τρίχινα φορῶν (τριχινοφορῶν?), εἰ μετανοήσει, ἐπιτιμάσθω ἡμέρας η΄· εἰ δὲ τούτοις ἐπιμενεῖ, τῷ ἀναθέματι καθυποβληθήσεται κατὰ τὸν ι΄ (?, ιβ΄?) κανόνα τῆς ἐν Γάγγρᾳ συνόδου.

[XII 98, 17] Μοναχὸς ἐσθίων νέον καρπὸν ἄνευ τοῦ ἡγουμένου θελήματος ἢ σταφυλὴν πρὸ τῆς ἑορτῆς ἢ ἕτερα ἐπιτιμάσθω ἡμέρας μ΄ καὶ ἕξει τῆς παρακοῆς τὸ ἐπιτίμιον.

[XII 98, 18] Μοναχὸς καθ' ὕπνους ἐσθίων κρέας ἐπιτιμάσθω μεταν(οίαις) ν΄.

[XII 98, 19] Μοναχὸς ῥίψας τὸ ἀποστολικὸν αὐτοῦ ἐπιτιμάσθω μεταν(οίαις) ρ΄.

[XII 98, 20] Μοναχὸς εἰς γάμους ἢ εἰς κοσμικὰς τραπέζας ἐξερχόμενος ἀργὸν (ἄρκων cod.) λογίζεται αὐτὸν ὁ θεός.

[XII 98, 21] Μοναχὸς περιπατήσας μετὰ γυναικός – οἱ δύο μόνοι τοξόβολον[33] – ἐπιτιμάσθω ἐνιαυτὸν ἕνα μεταν(οίαις) κδ΄ καθ' ἡμέραν.

[XII 98, 22] Μοναχὸς ψάλλων τὸ ἀπόδειπνον, ⟨ἐὰν⟩ καὶ ὁμιλήσῃ μετά τινος ἢ πίῃ, ψάλλε πάλιν τὸ ἀπόδειπνον ἢ μεταν(οίας) ν΄.

[XII 98, 23] Μοναχὸς ἢ ἱερεὺς κοσμικὴν στολὴν ἀμφιασθεὶς καὶ ⟨ἐὰν⟩ ἴδωσιν αὐτὸν οἱ ἄνθρωποι, ἐπιτιμάσθω ἡμέρας ρ΄.

[XII 98, 24] Μοναχὸς ἐξερχόμενος … θεός (*Nicephor., *Can.* 105 [Pitra, Spic. IV (1858) 403]). ὁ γὰρ τῆς ἐπιθυμίας δαίμων οὐκ ἐᾷ αὐτὸν τὰς εἰκόνας ὁρᾶν καὶ δοξάζειν θεόν (θεῷ cod.), ἀλλὰ τὰ τῶν γυναικῶν ἰνδάλματα.

[XII 98, 25] Ὁ μετὰ τὴν ἀπόκαρσιν ἐπι(f. 108r)στρέψας ἐπὶ τὴν αὐτοῦ γαμετήν, ἀμφότεροι καὶ αὖθις ἀποκαρήτωσαν καὶ ἔτη β΄ ἐπιτιμηθήσονται.

[XII 98, 26] Μοναχὸς μεθύων (?, μετριάζων cod.) ἢ κυνηγέτης μοναχὸς ἐπόρνευσε τὸν νοῦν.

[XII 98, 27] Μοναχὸς παραλιπὼν (-εῖν cod.) τὸν ἑξάψαλμον ποιήσ(ει) μεταν(οίας) ρ΄ καὶ εὐχὰς χιλίας.

[XII 98, 28] Μοναχὸς στυλίτης, εἰ κοιμηθῇ, οὐ δεῖ γυναῖκα ἐν αὐτῷ εἰσελθεῖν, ἀλλ' οὐδὲ μοναχὸς εἰς γυναικεῖα στείλῃ (*Nicephor., *Can.* 86–87 [Pitra, Spic. IV (1858) 100]).

[XII 98, 29] Μοναχὸς καθίσ(ας) (καθη^{σ} cod.) εἰς κτῆνος θῆλυ, εἰς καθὲν μυ^{λ} (μιλιαρήσιον?) μεταν(οίας) τ΄.

[XII 98, 30] Οὐ χρὴ τοὺς μοναχοὺς … οἶνον καταλύειν (*Nicephor., *Can.* 16 [PG 100, 856D]).

33 „Ein Pfeilwurf" als Distanz verstanden.

[XII 98, 31] Τὸν ἀθετήσαντα τὸ σχῆμα μοναχικόν, οὐ χρὴ λέγειν εὐχὰς ἐπ' αὐτόν.

[XII 98, 32] Μοναχὸς ἄνευ ἀνάγκης βάλλων φωνήν, ἐπιτιμάσθω ἡμέρας β΄ τοῦ σιωπᾶν.

[XII 98, 33] Τὸν ἀθετήσαντα τὸ σχῆμα μοναχῶν καὶ μὴ διορθούμενος ... αὐτόν (*Nicephor., *Can.* 25 [PG 100, 857C]).

[XII 98, 34] **Πνευματικόν**· οὐ δεῖ πνευματικοὺς ἄνευ ἀναδόχων κείρειν μοναχούς. ὁ δὲ τοῦτο ποιήσας καθαιρείσθω. ὁ γὰρ κανὼν οὐδένα βούλεσθαι (sic) κείρεσθαι χωρὶς ἀναδόχου οὔτε ἐν χωρίῳ δι' ἀνάγκην οὔτε ἐν μοναστηρίῳ, ὅτι οὐδαμοῦ γέγραπται (cf. Nicet. Heracl., *Resp.* 8 [Pavlov (1895) 172]).

[XII 98, 35] Ἄδειαν ἔχει πᾶς ἡγούμενος τοὺς προσερχομένους ἀκωλύτως κουρεύειν.

[XII 98, 36] Νικήτα Σερρῶν· ὁ πνευματικὸς πατὴρ ἐὰν ἔστιν (sic) μικρόσχημος, οὐκ ἔχει ἄδειαν ποιῆσαι (f. 108v) μεγαλόσχημον, εἰ μὴ μόνον μικρόσχημον μοναχόν. ὃ μὴ ἔχων τὶς, οὐ δύναται ἄλλῳ δοῦναι (cf. Nicet. Heracl., *Quaest. et resp.* 6 [Pavlov (1895) 171]; sed cf. Ioasaph Ephes., *Quaest. et resp.* 19 [Korakides (1992) 225, l. 167–170]).

[XII 98, 37] Νικηφόρου τοῦ Ὁμολογητοῦ· ὁ πνευματικὸς πατήρ, ὅ⟨ς⟩ τὴν τοῦ ἀνθρώπου ἁμαρτίαν ἑτέρῳ προσείποι (?, -πει cod.), ἐπιτιμάσθω ἔτη γ΄ καὶ μεταν(οία[ι?]ς) ν΄.

[XII 98, 38] Πνευματικὸς ἑτέρου πνευματικοῦ λύσιν ἢ δέσιν οὐ δύναται λύσειν, ζήτει ἔμπροσθεν (sic) κεφάλαιον ριβ΄ ἀπὸ τοῦ μέσου (XVI 112, 3–5).

[XII 98, 39] **Περὶ μεγάλων σχημάτων ἱερομονάχων**, μητροπολίτου Νικήτα Σερρῶν· περὶ μὲν τῶν ἀρχιερέων ... οὐδαμῶς (Niketas Heracl., *Resp.* 8 [Pavlov (1895) 171–172]).

[XII 98, 40] **Κοσμικὸς ἱερεὺς ἐὰν ἀποκαρῇ**, Ἰωάννου Νηστευτοῦ πατριάρχου Κωνσταντινουπόλεως· ὁ ἀπὸ ἀρχιερατικὴν τάξιν εἰς μοναχικὴν διελθὼν μηκέτι εἰς τὴν πρώτην τάξιν ἔλθῃ. ὁμοίως καὶ κοσμικὸς ἱερεὺς εἰς μοναχικὴν τάξιν ἐλθών, ἱερουργεῖν ἀκώλυτον· μετὰ δὲ τὸ μέγα σχῆμα ἱερουργεῖν οὐ συγχωρεῖται, εἰ μὴ ἦν παρθένος.

[XII 98, 41] Φωτίου πατριάρχου Κωνσταντινουπόλεως· εἴ τις ἐπίσκοπος ἢ πρεσβύτερος ἢ διάκονος, ἐὰν ἀποκαρῇ ἑκουσίως ἢ διά τινος ἄλλης αἰτίας (f. 109r) ὁποιασοῦν ζῶντος (sic) τῆς ἑαυτοῦ συνεύνου, μηκέτι ἱερατικὸν τὶ ποτοῦν ἐνεργήσας, ἕως ὅτου ἐν τοῖς ζῶσιν οὖσα αὐτοῦ ἡ γυνή. φησὶ γὰρ ὁ ε΄ τῶν ἀποστόλων κανών· „ἐάν τις προφάσει εὐλαβείας τὴν ἰδίαν ἐκβάλλῃ σύζυγον, ἀφοριζέσθω, ἱερωμένος δὲ καθαιρείσθω". ὡσαύτως καὶ ὁ α΄ καὶ θ΄ καὶ ιγ΄ (recte ιδ΄) κανὼν τῆς ἐν Γάγγρᾳ συνόδου διαγορεύει, μετὰ δὲ τὴν (τὸν cod.) τῆς συνεύνου ἀποβίωσιν, εἰ βούλεται, ἱερουργεῖν ἢ καθολικῶς ἐν μοναστηρίῳ ἢ μερικῶς ἐν ᾗ ἀπεκάρη μονῇ. ἔτι πρὸς τούτοις καὶ τοὺς τὰς ψυχὰς ἀναδεχομένους πατέρας μὴ ἀναδέχεσθαί τινα, ἕως ὅτου τὸ μέρος αὐτοῦ ὂν ἐν τοῖς ζῶσι διὰ τὴν μέμψιν τῆς ὑποψίας, εἰ μὴ ἐν τῷ τῆς ζωῆς τέλει καὶ οὗτος πάλιν ὑπὸ ἀξιολόγων ἀζύγων τὸ πταῖσμα διορθωθῇ. οἱ δὲ μὴ τοῦτο καταδεχόμενοι τῷ ἀναθέματι καθυποβληθήσονται (-ήσεται cod.), ὡς παραβάται τῶν κανονικῶν ἐντολῶν. τὸ δὲ μετὰ τὴν τοῦ μεγάλου σχήματος ἀμφίασιν ἱερουργεῖν οὐ κεκώλυται, μόνον εἰς μοναστήριον καὶ μὴ ἔχων γυναῖκα καὶ τέκνα ἐν τῷ κόσμῳ καὶ βίον ἐσπιλωμένον. ὁ γὰρ ὑπεράνω γενόμενος τῶν σαρκικῶν ἡδονῶν καὶ τῇ παρθενίᾳ συζῶν ὡς οἷα τὶς ἄγγελος (f. 109v) ἀμέσως λατρεύων θεῷ καὶ δύναταί πως ψυχὰς ἐκ βυθοῦ πταισμάτων ἀνάξαι καὶ ἀφιερῶσαι θεῷ διὰ προσευχῆς καὶ εἰλικρινοῦς καταστάσεως (cf. *Synt.* Ε 29 Ὅτι ὁ ἐπίσκοπος κατὰ μοναχοὺς ἀποκαρεὶς τῆς ἱερωσύνης ἐκπίπτει, συνόδου ἁγίας Σοφίας β΄ [285, l. 8–15]).

[XII 98, 42] Ἐρώτησις Καλλινίκου ἱερομονάχου μονῆς Κουμοδίων (?) καὶ ἀπόκρισις Νικολάου πατριάρχου Κωνσταντινουπόλεως· ἐρώτησις· Δέσποτα ἅγιε, ἐν τῇ ὑπ᾿ ἐμὲ μονῇ χρείαν ἔχω πρεσβυτέρων καὶ διακόνων καὶ μέλλω ἀπὸ τοῦ τῶν ἀναγνωστῶν βαθμοῦ ἀνάγειν τινὰς εἰς τὴν (sc. τάξιν?) τῶν διακόνων, ἀπὸ δὲ τούτων εἰς τὸ⟨ν?⟩ τῶν ἱερέων. κατ᾿ ἀνάγκην ἔσται (καταναγκάσαται cod.) πάντας ὑπεισδ{ο}ῦναι πρότερον τὴν τοῦ μεγάλου καὶ ἀγγελικοῦ σχήματος ἀμφίασιν, ὡς εἶναι τετελειωμένον κατ᾿ ἀμφότερα, οἵδε δυσπειθοῦσιν καθ᾿ ἑκάστερα. τοὺς μὲν γὰρ βαθμοὺς καταδέξασθαι, τὸ δὲ ἅγιον σχῆμα φορέσαι ἀπαναίνονται, φόβῳ δὲ τῆς (τοὺς cod.) δουλείας μετὰ τὴν τούτου περίδυσιν μὴ ἱερᾶσθαι τὸ σύνολον δέξασθαι. ἀπόκρισις· οὐδαμῶς κεκώλυται τὸ μετὰ τὴν τοῦ μεγάλου καὶ ἁγίου σχήματος μεταβολὴν ἱερουργεῖν, οἱ δὲ προβαλλόμενοι τοῦτο (τούτου cod.) μάτην προφασίζονται, μόνον μὴ ἔχον⟨τες⟩ (ἔχων cod.) ἐν τῷ κόσμῳ γυναῖκα καὶ τέκνα καὶ βίον ἐσπιλωμένον.

[XII 98, 43] **Δοῦλον μὴ δέξασθαι·** μηδένα προσδέχεσθαι δοῦλον εἰς τὸ μονάσαι πα(f. 110r)ρὰ γνώμην τοῦ ἰδίου δεσπότου, ἵνα μὴ βλασφημῆται τὸ ὄνομα τοῦ θεοῦ· τὸν δὲ παραβαίνοντα τὸν ὅρον τοῦτον ὅρισεν ἡ ἁγία δ΄ σύνοδος ἐν κεφαλαίῳ (sic) δ΄· ἀκοινώνητος ἔσται (Conc. Chalced., *Can.* 4 [COGD I 140, l. 501–506]; cf. *Synt.* Δ 11 Περὶ δούλων ἐλευθερίας καὶ κληρώσεως, συνόδου τετάρτης δ΄ [236]).

[XII 98, 44] Ὁ δὲ γ΄ τῆς ἐν Γάγγρᾳ· εἴ τις δοῦλος προφάσει θεοσεβείας διδάσκει καταφρονεῖν τοῦ δεσπότου καὶ ἀναχωρεῖν, ἀνάθεμα (Syn. Gangr., *Can.* 3 [Joannou I 2, 90, l. 12–14, 16–17]; cf. *Synt.* Δ 11 Περὶ δούλων ἐλευθερίας καὶ κληρώσεως [235, l. 6–11]), ζήτει ἔμπροσθεν (sic) τοῦ φύλλου νόμον (XII 98, 53).

[XII 98, 45] Μοναχὸς εἰ νέος (νέως?) ἀποκαρείη (vel ἀποκαρῇ, ἀποκαρεῖ cod.), μὴ λάβῃ τὸ σχῆμα μέχρις τῶν λ΄ ἐτῶν· εἰ δὲ μεσῆλιξ (μεσίληξ cod.), μετὰ τριῶν παρέλευσιν χρόνων· εἰ δὲ γέρων, καὶ εἰς μῆνας τρεῖς.

[XII 98, 46] Μοναχὸς ἐξελθὼν τῆς μονῆς κρύφα τοῦ ἡγουμένου ἐπιτιμάσθω ἔτη δύο.

[XII 98, 47] Νόμος· μοναχὸς ἐὰν καταλείψῃ τὸ μοναστήριον καὶ εἰς ἄλλο ἔλθῃ, ἅτινα πράγματα κέκτηται, καταλιμπανέτω τῷ μοναστηρίῳ, ᾧ εἰσῆλθεν ἀρχῆθεν. οἱ τὰ ἴδια μοναστήρια καταλιπόντες μοναχοὶ οὐ λαμβάνουσιν, ἃ προσήγαγον κοιν⟨ων⟩ητά, ὅσης ἂν ποσότητος εἶεν (cf. *Synt.* Μ 15 Περὶ μοναστηρίων καὶ μοναχῶν, νεαρά [395, l. 22–25]).

[XII 98, 48] Νόμος· Ὁ ἀπὸ μοναστηρίου εἰς ἕτερον μετελθὼν τῷ προτέρῳ τὰ οἰκεῖα κληρῶσαι παρασκευάζει (cf. *Synt.* Μ 15 Περὶ μοναστηρίων καὶ μοναχῶν [395, l. 30–396, l. 2]; *Collectio tripartita* III 1, 2, 63 [van der Wal/Stolte (1994) 126]; cf. Iustinian., *Nov.* 123, 42 [CIC III 623]).

[XII 98, 49] Νόμος· μηδεὶς δεχέσθω μοναχὸν τὸν ἀπὸ μοναστηρίου εἰς μοναστήριον ἐπιβαίνοντα. ἡ γὰρ τούτου ὑπόστασις κατὰ νόμους τῷ προτέρῳ δίδοται (Athanasius, *Novell. const.* 1, 13, 8 [Simon/Troianos (1989) 64, l. 19–20 = *Collectio tripartita* III 1, 13, 8 [van der Wal/Stolte (1994) 133, l. 13–14]; cf. Iustinian., *Nov.* 5, 7 [CIC III 33]).

[XII 98,50] Μὴ δεῖν μοναχὸν ἢ μονάστριαν καταλιμπάνειν τὴν (f. 110v) οἰκίαν … πορσήκει. κέφαλαιον (sic) κα΄ τῆς ζ΄ συνόδου (Conc. Nic. II, *Can.* 21 [COGD I, 342, l. 891–896]).

[XII 98,51] Ὁ ἀποκαρεὶς ⟨εἰ⟩ καὶ ἐν τῷ ἑαυτοῦ καὶ αὖθις κάθηται οἴκῳ, χείρων ἐστὶν τῶν κοσμικῶν, ἐπιτιμάσθω ἔτη δύο (cf. *Epitimia Ephrem* II 7 [Pitra, Spic. IV (1858) 459]).

[XII 98,52] Πολύτροπος … στρέψει (cf. Syn. primasec., *Can.* 4 [Joannou I 2, 453, l. 9–10; 453, l. 16–454, l. 1]). δ΄ κανὼν τῆς α΄β΄ συνόδου. οὕτως καὶ ἱερομόναχος χωρὶς ἀνάγκης μὴ ψάλλῃ ⟨εἰς?⟩ κοσμικὴν ἐνορίαν.

[XII 98,53] Νόμος περὶ δούλων· ἡ νεαρὰ τοῦ σοφοῦ Λέοντος … ἀριθμουμένης (*Synt.* Δ 4 Περὶ δούλων ἐλευθερίας καὶ κληρώσεως, νόμοι [236, l. 5–11]), ζήτει ὄπισθεν (sic) τοῦ φύλλου περὶ δούλων (XII 98,43) καὶ ἕτερα περὶ δούλων χειροτονίας εἰς πγ΄ κεφάλαιον (X 83, 8).

[XII 98,54] Οὔτε ἱερομόναχος ὀφείλει εὐλογῆσαι γάμον, ἀλλ᾽ οὔτε ἐν μοναστηρίῳ εὐλόγησις γενέσθω (cf. Ioasaph Ephes., *Quaest. et resp.* 18 [Korakides (1992) 224, l. 161–225, l. 166]; Petr. Chartophyl., *Quaest. et resp.* 6 [Beneševič (1909) 5, l. 10–13]) (f. 111r), ἀπηγόρευσαν τοῦτο οἱ κανόνες. τὸ αὐτὸ καὶ Ἰωάννης Νηστευτὴς μήτε συντεκνίας μήτε ἀδελφοσύνας.

[XII 98,55] Μοναχὸς ⟨εἰ⟩ πλύνει τὸ ἀποστολικὸν αὐτοῦ ἐν ἀποκρύφῳ τόπῳ, οὐχ ἁμαρτάνει· εἰ δὲ πατήσει τὸ ὕδωρ ἐκεῖνο ὡς καταφρονῶν, ἐπιτιμάσθω ἔτη θ΄ τῆς κοινωνίας, μετανοίας κ΄ τὸ πρωὶ καὶ ἑσπέρας ὁμοίως. εἰ δὲ ἐξ ἀγνοίας ποιήσει, ἐλαφρότερον (cf. *Epitimia Ephrem* II 8 [Pitra, Spic. IV (1858) 459]).

[XII 98,56] Νόμος· λαϊκὸς καὶ μάλιστα σκηνικὸς … κατάστασιν (*Synt.* Μ 15 Περὶ μοναστηρίων καὶ μοναχῶν, νεαρά [396, l. 21–25], cf. *Nomocan. XIV titulorum* 11,12 [RP I 259–260]; *Prochiron auctum* 39, 121 [Zepoi VII 292]).

[XII 98,57] Μοναχὸς ⟨ἐὰν⟩ ἀλλάξῃ τὸ ἱμάτιον αὐτοῦ ἢ ἕτερον πρᾶγμα χωρὶς θέλημα (sic) τοῦ ἡγουμένου, ἀφοριζέσθω ἑβδομάδα μίαν καὶ μετανοίας ρ΄.

[XII 98,58] Μοναχὸς ⟨ἐὰν⟩ εἰσέλθῃ εἰς χωρίον χωρὶς θέλημαν (sic) τοῦ ἡγουμένου, ἀφοριζέσθω ἑβδομάδα μίαν καὶ μετανοίας τ΄.

[XII 98,60] Ἐὰν μοναχὸς πιττακώσῃ (πιτακο^σι cod.) ἀδελφόν, ἀφοριζέσθω ἑβδομάδα μίαν καὶ μετανοίας ρ΄.

[XII 98,61] Ἐὰν τὶς ποιῇ διακονίαν χωρὶς εὐχῆς, νεκρὰν λογίζεται αὐτὴν ὁ θεός.

[XII 98,62] Μοναχὸς ἐὰν γελάσῃ ἐν τῇ ἐκκλησίᾳ, ἔχει μετανοίας ν (cf. *Epitimia Ephrem* II 1 [Pitra, Spic. IV (1858) 459]).

[XII 98,63] Ἐὰν περιπατήσῃ μεγαλόσχημος ἄνευ τοῦ κουκουλίου ἢ τοῦ παλλίου ἢ ἐσθίῃ (-ειν cod.) ἢ πίνῃ (ποίνηην cod.) ἢ εἴ τι ἐργάζηται (-εται cod.) ὡς καταφρονῶν, πόρνον λογίζεται αὐτὸν ὁ θεός· εἰ δὲ ἀγνοῶν (f. 111v) ποιήσει, μετανοίας ρ΄, πάσας (πᾶσα cod.) ⟨εἰς τὸ?⟩ βῆμα.

[XII 98,64] **Περὶ κοινωνίας**· εἴ τις μοναχὸς ἢ κοσμικὸς ποιήσει χωρὶς κοινωνίας ἡμέρας μ΄ χωρὶς ἐπιτιμίου, ἐπιτιμάσθω μεταν(οίαις) μ΄, ὅσας ἐπέρασε καθ᾽ ἡμέραν. Γερμανοῦ πατριάρχου κανών.

[XII 98,65] Μοναχὸς ⟨εἰ⟩ ἀφήσει τὴν κοίτην αὐτοῦ χωρὶς ἀνάγκης καὶ κοιμηθήσεται εἰς φίλ(ον) αὐτοῦ, ποιήσει μετανοίας φ΄.

[XII 98, 66] Εἴ τις μοναχὸς καυχήσεσθαι (sic) ἐπὶ τὴν γενεὰν αὐτοῦ, ἣν εἶχε πώποτε, ποιήσει μετανοίας ν΄, ἀφ᾽ οὗ ἀπεκάρθη (sic). γένος οὐκ ἔχει ἐπὶ τῆς γῆς.

[XII 98, 67] Ὅτι οὐ δεῖ ἀπὸ τοῦ παρόντος διπλᾶ γίνεσθαι ... μόνας (cf. Conc. Nic. II., *Can.* 20 [COGD I 340, l. 854–855; 341, l. 871–876]; *Synt.* Μ 15 Περὶ μοναστηρίων καὶ μοναχῶν, συνόδου τετάρτης κδ΄ καὶ συνόδου ἕκτης μθ΄ [380, l. 12–29]), ζ΄ συνόδου κεφάλαιον (sic) κ΄, ζήτει καὶ μγ΄ κεφάλαιον ὄπισθεν (sic) (III 43, 1)

[XII 98, 68] Νόμος· μήτε ἄνδρα ... κατορύττεσθαι (cf. *Synt.* Μ 15 Περὶ μοναστηρίων καὶ μοναχῶν, νεαρά [394, l. 12–14]).

[XII 98, 69] Εἴ τις μοναχὸς φιλήσει γυναῖκα, ἀφοριζέσθω ἡμέρας μ΄. οὐκ ἔξεστι μοναχὸν ἀσπάσασθαι τὴν ἰδίαν μητέρα.

[XII 98, 70] Μονάστρια ἐὰν ὑπὸ βαρβάρων φθαρῇ, καὶ ἦν ὁ πρῴην βίος αὐτῆς σεμνός, ἡμέρας μ΄ ἐπιτιμάσθω. εἰ δὲ ὁ πρῴην βίος αὐτῆς ἦν ἄσεμνος, τὸ τῆς μοιχείας ἐπιτίμιον ἐκπληροῖ (cf. *Nicephor., *Typici can.* 15 [Pitra, Spic. IV (1858) 384–385]; *Synt.* Π 15 Περὶ πορνείας, Γρηγορίου τοῦ Θαυματουργοῦ α΄ [434–435]; Armenop., *Epitome canonum* VI, scholium ad *Can.* 15 syn. Ancyr. [PG 150, 168C = Sakarikos (2020) 179]), ζήτει (f. 112r) ἔμπροσθεν (sic) περὶ τούτου καὶ τὸν μδ΄ κανόνα τῆς ς΄ συνόδου εἰς τρία φύλλα (cf. XII 98, 68).

[XII 98, 71] Ὁ ἁρπάζων μονάζουσα⟨ν⟩ καὶ φθείρων αὐτὴν μὴ κοινωνείτω ἔτη κ΄. ὁμοίως καὶ ἡ μονάζουσα, ἐὰν ὁ πρῴην βίος αὐτῆς ἦν (ᾖ?) ἄσεμνος.

[XII 98, 72] **Περὶ μοναχῶν, φορῶν μόνον τὸ ῥάκος χωρὶς ὁμολογίας εἰς γάμον ἐλθεῖν οὐ δύναται·** ἀπὸ κῦρ Ματθαίου θύτου σύνταγμα, κεφάλαιον ιε΄ τοῦ μ΄ στοιχείου· ἐν δὲ τῷ ιθ΄ κανόνι τοῦ μεγάλου Βασιλείου· ἀνδρῶν δέ, φησί, ... (f. 112v) αὐτῶν κύριοι (*Synt.* Μ 15 Περὶ μοναζουσῶν, Βασιλείου ς΄, ιη΄ [392, l. 11–30]).

[XII 98, 73] Ἕτερον τοῦ Χρυσοστόμου, κεφάλαιον ιγ΄· ἐὰν καὶ βρέφος (-φη cod.) ἐνεδύσατο, ὕστερον ἐκδυθήσεται (?, ἐκδύθη^{στ} cod. u. v.) τὸ ῥάκος, τὸ μοναχικὸν σχῆμα ἀποδυσάμενος καὶ γάμῳ κοσμικῷ προσομιλήσας, ὑπάρχει ὁ βίος αὐτοῦ κατάκριμα ὡς διαβολικὸς ὢν καὶ ἡ κοινωνία τῆς γυναικὸς αἵρεσις καὶ τὰ τέκνα νόθα καὶ ὁ γάμος παράνομος. ἐν γὰρ συγκρίσει κακῶν ἐλαφρότερον ἐστὶν ἐν παραπτώμασι μολύνεσθαι καὶ μὴ ἀθετῆσαι τὰς πρὸς θεὸν συνθήκας. ὁ γὰρ ἁμαρτάνων ποτὲ μὲν ἀναισχυντῶν πλημμελεῖ, ποτὲ δὲ οὔ. κατέχεται γὰρ φόβῳ καὶ αἰσχύνῃ, μήποτε φανερωθεὶς ἐκπέσῃ ἐκ τῆς ἀτόπου πράξεως. εὐκόλως ἔρχεται εἰς μετάνοιαν καὶ σωτηρίαν. ὁ δὲ καταλιπὼν τὸ μοναχικὸν σχῆμα καὶ συνα(f. 113r)φθεὶς τὸν ἀναίσχυντον γάμον (sic), συνδέδεται καὶ οὐ δύναται ἀφεῖναι (ἀφεῖσαι cod.) τὴν γυναῖκα καὶ τὰ τέκνα, καὶ οὕτως κακῶς τελευτᾶ τῇ ἁμαρτίᾳ. εἰ δὲ καὶ ποιῶν ἐντολὰς νομίζει καλῶς διάγειν ἐν τῷ κόσμῳ, τὸ κρῖμα τῆς ἀθετήσεως τοῦ Χριστοῦ ἐν τῷ ἁγίῳ σχήματι καὶ οὐ μὴ ἐκφύγῃ ποτέ, ὥσπερ δὲ ἀσεβὴς (-ες cod.) ὑπάρχων διὰ τὸ ἁμαρτάνειν τοῖς ἐν κόσμῳ ἀπαρνήσασθαι τὴν πίστιν καὶ τὸ βάπτισμα, ὅτι συμφερώτερον ἔστιν τὸ ἁμαρτάνειν καὶ μὴ τοῦτο ποιῆσαι· οὕτως καὶ ὁ τὸ σχῆμα τῆς μοναχικῆς τάξεως ἔχων, κάλλιον ἐστὶν ἁμαρτάνων (-ειν?) καὶ μὴ τοῦτο ἀπεκδύσασθαι. ὁ γὰρ τὸ σχῆμα τῶν μοναχῶν ἀπορριψάμενος οὐκ ἔχει μέρος μετὰ τῶν πιστῶν, ἀλλ᾽ εἰ⟨ς⟩ (ἢ cod.) τὴν τῶν ἀρνησαμένων τὴν πίστιν καὶ τὸ ἅγιον βάπτισμα κατατάσσεται {εἲς} τε τάξιν καὶ τιμωρίαν. πολλάκις γὰρ τινὲς φιλόχριστοι κατανυγέντες τὰ ἴδια τέκνα προσήγαγον τῷ θεῷ, ἐν τοῖς μοναστηρίοις καθιερώσαντες· ὅτε δὲ ἔφθασαν εἰς μέτρον ἡλικίας, οὐκ ἄνδριον φρόνημα ἀνελάβοντο, ἀλλὰ κατ᾿ ἐνεργείαν τοῦ διαβόλου ματαίῳ ἐχρήσαντο λογισμῷ λέγοντες· „οὐκ οἴδαμεν, πῶς ἐξεδόθημεν εἰς αὐτὴν τῆς ἀσκήσεως διαγωγὴν (f. 113v), ἔτι νηπίων ὄντων ἡμῶν, καὶ οὐκ ἔχομεν κρῖμα παρὰ τῷ θεῷ, ἐὰν εἰς τὸν κοσμικὸν ὑποστρέψωμεν βίον." οἱ γὰρ τοῦτο ποιοῦντες κύνες καὶ χοῖροι καὶ τέκνα τοῦ διαβόλου ὀνομάζονται παρὰ τῇ θείᾳ γραφῇ. ὁ μὲν ἐπίγειος γάμος κατὰ δύο τρόπους γίνεται· κἂν τελεία ᾖ τῇ ἡλικίᾳ κἂν ἔτι παιδίον θελήσει δὲ τῶν γονέων ζεύγνυηται (?, ζεύγνη$^{\tau}$ cod.) ἀνδρί, ᾧ⟨ς⟩ ἂν θέλωσιν, οὐχὶ δὲ ὅπου βούλεται τὸ παιδίον. ἐὰν δὲ ἔστιν (sic) ὀρφανή, ὅπου ἐὰν θέλῃ, ζεύγνυται ἀνδρὶ καὶ ζῶντος αὐτοῦ δέδεται τῷ νόμῳ τοῦ μὴ συναφθῆναι ἀνδρὶ ἑτέρῳ. ἐὰν δὲ τοῦτο μὴ ποιήσωσι, καὶ οἱ δύο ἀρχοντικαῖς παραπέμπτονται τιμωρίαις καὶ ἡ ἐκδοθεῖσα παρὰ τῶν γονέων ἀνδρὶ οὐ δύναται λέγειν· „νηπίας οὔσης μου παρεδόθην τῷ ἀνδρὶ τούτῳ, ἁρμόζει μοι καταλιπεῖν τοῦτο⟨ν⟩ καὶ ἀνδρὶ συναφθῆναι", ἀλλὰ πᾶσα{ν} περὶ τούτου ἀκυροῦται δικαιολογία. αἱ γὰρ τῶν γονέων ὁμολογίαι παρασκευάζουσιν αὐτὴν ὑποκεῖσθαι καὶ τοῖς υἱοῖς τοῖς μόνοις αὐτῶν ὑποκεῖσθαι. καὶ πάλιν· **βρέφος ὂν βαπτίζεται·** ὅταν τέλειος γένηται τῇ ἡλικίᾳ, δύναται εἰπεῖν· „ἀρνήσομαι τὴν πίστιν (f. 114r), ὅτι οὐκ εἶδον, πῶς ἐβαπτίσθην." οὐ κατακρίνεται ὡς τὸν τριακονταετῆ βαπτισθέντα.

[XII 98, 74] Ὁ δὲ Νικηφόρος πατριάρχης· ο⟨ἱ⟩ τὸ μοναχικὸν σχῆμα ἐνδυσάμενοι καὶ μετὰ καιρὸν ῥίψαντες, ἐξω⟨σ⟩θῶσι τῆς ἐκκλησίας τέλειον καὶ ἀπὸ τῶν πιστῶν, μὴ τὸ χαίρειν ἀκούσωσι, ἕως ἂν ἐνδύσοιτο, ὃ συνέταξεν (cf. *Nicephor., *Typic. can.* 33 [Pitra, Spic. IV (1858) 388]).

[XII 98, 75] **Διήγημα φοβερὸν καὶ ἀληθινὸν εἰς τὴν αὐτὴν ὑπόθεσιν·** εἰς τὴν Σερβίαν ἄρχων τὶς ἔβαλεν μόνος τὸ{υ} ῥάκος μοναχικὸν ἐξ ἰδίας προαιρέσεως καὶ εἰς ἡμέρας ὀλίγας ἔστρεψεν πάλιν ἐπὶ τὸ κοσμικὸν σχῆμα χάριν τοῦ αὐθεντὸς (sic) τῆς Σερβίας, διότι πολλὰ αὐτὸν ἐφίλει. ἔκτοτε ἐνήστευεν τὸ κρέας, καὶ παρθενία{ν} δι᾿ ὅλης αὐτοῦ τῆς ζωῆς καί, ὅσον ἦν δυνατὸν αὐτοῦ, τῆς μοναδικῆς. εἰς τὸν θάνατον αὐτοῦ ἐζήτησεν τοῦ γενέσθαι μοναχός. ὥσπερ χρή, ἐκώλυσεν αὐτὸν ὁ αὐθέντης Σερβίας ὡς φίλον γνησιώτατον καὶ ἐχθρὸν τῆς ψυχῆς αὐτοῦ. ὡς τεθνήκει κοσμικός, ἔκρινεν ὁ πατριάρχης Κωνσταντινουπόλεως, μηδὲ μνημόσυνον ποιήσωσι αὐτοῦ. μετὰ πολλῆς παρακλήσεως δεσπότου Σερβίας πρὸς τὸν πατριάρχην καὶ πρὸς Ἁγιορίτας ἔκριναν διὰ τὴν φιλανθρωπίαν τοῦ θεοῦ, ὅσον ἔμελλεν πράγματος τοῦ ἔχειν αὐτός τε ὁ ῥιπτομόναχος (ὁριπτωα$^{\chi}$ cod., cf. indicem ad cap. 98), να διδῶται (δίδετε cod.) πάντα εἰς αἰχμαλώτους ἐλεημοσύνην, λειτουργία μηδ᾿ ὅλως. καὶ ἐπώμνυεν (f. 114v) εἰς τὴν φιλανθρωπίαν τοῦ θεοῦ. ὁ μὲν Ἱεροσολύμων πατριάρχης ἔκρινεν, μηδ᾿ ὅλως ποιήσωσιν συγγνώμην. ὁ δὲ πατριάρχης Κωνσταντινουπόλεως, διότι ζῶντος τὸ ἐζήτησεν καὶ πικρῶς ἔκλαυσεν διὰ τὸ ῥάσ(ον)[34], ποιήσωσι τὴν ἐλεημοσύνην, ἣν προέφημεν, διότι εἰς τὴν ζωήν του οὐδεὶς πνευματικὸς αὐτὸν ἐπαρεδέχετο. εἰς τοῦτο ἐγόρασεν (sic) πνευματικὸν πατέρα αἰχμάλωτον διὰ συγχώρησιν τῶν λογισμῶν, ἐξαιρέτως ἂν φθάσῃ αἰφνιδίως τὸν θάνατος τὸν ἄρχοντα, ποιῆσαι αὐτὸν πάλιν μοναχόν. ὁ δὲ δεσπότης τῆς Σερβίας, ὡς ἦν καὶ αὐτὸς ὁ ῥιπτομόχανος (ὁ ριπτοα$^{\chi\prime}$ cod., v. supra) μέγας ὡς τῶν δεσποτῶν (τὸν δεσπό$^{\tau}$

34 Zur Bedeutung „Mönchskutte" vgl. LBG VII 1496.

cod.) ἔν τε πλούτῳ καὶ φύτλῃ, οὐκ ἀφῆκεν αὐτόν. ταῦτα μὲν ἐξηγήσατο κῦρ Μεθόδιος, ἡγούμενος τοῦ Ἁγίου Ὄρους μονῆς τοῦ Δοχειαρίου ἔμπροσθεν κῦρ Νείλου, μητροπολίτου Ῥόδου τοῦ ἁγιωτάτου.[35]

[XII 98, 76] Ὁ δὲ μδʹ τῆς ςʹ συνόδου· τὸν ἁλόντα πορνείᾳ{ν} ... μεταγενέστερον (*Synt.* Μ 15 Περὶ μοναχῶν ἀρρένων καὶ θηλειῶν ἐκπιπτόντων, συνόδου ἕκτης μδʹ [392–393, l. 3]).

[XII 98, 77] Νόμος· ἐκποίησις μοναστηρίου ... (f. 115r) σχῆμα (*Synt.* Μ 15 Περὶ μοναχῶν ἀρρένων καὶ θηλειῶν ἐκπιπτόντων, νόμοι [393, l. 2–5]).

[XII 98, 78] Ὁ γʹ τῆς λεγομένης αʹ καὶ βʹ συνόδου ἀφορισμῷ (-ον cod.) τὸν ἡγούμενον ... σηκόν (*Synt.* Μ 15 Περὶ μεταβάσεως ἀπὸ μοναστηρίου εἰς μοναστήριον, συνόδου ΑΒʹ γʹ, δʹ [387, l. 2–5]).

[XII 98, 79] Ὁ δὲ δʹ τῆς αὐτῆς συνόδου τὸν ἀποδράσαντα ... κελεύει (*Synt.* Μ 15 Περὶ μεταβάσεως ἀπὸ μοναστηρίου εἰς μοναστήριον, συνόδου ΑΒʹ γʹ, δʹ [387, l. 12–388, l. 3]).

[XII 99] **Κεφάλαιον ϟθʹ**

[XII 99, 1] **Μητροπολιτῶν· τὸ ὄνομα τοῦ πατριάρχου ἐν τοῖς διπτύχοις λέγειν·** εἰ συμβῇ μητροπολίτην λειτουργῆσαι ⟨ἐν⟩ ἐνορίᾳ (ἐνορίοις cod.) τοῦ ὑπ᾽ αὐτῶν ἐπισκόπου, κατ᾽ ἐπιτροπὴν μὲν ἐκείνου δὴ γενέσθω, ἀναφορὰν τοῦ ἐπισκόπου ἐν τοῖς διπτύχοις οὐ ποιητέον, ἀλλὰ τοῦ πατριάρχου κατὰ τὸ ἔθος (Matth. Blast., *Collectio responsorum Iohannis Citrii* sec. cod. Mosqu. GIM 149, f. 207v, l. 3–6, *Resp.* 5; cf. Ioh. Citr., *Resp.* 1 [Pitra, Anal. VI (1891) 695–696 (*Resp.* 7), cf. Darrouzès (1973) 325–326, 333]; v. etiam Armenop., *Epitome canonum* I 4, scholium τοῦ Κίτρους ad can 5 Cyrilli [PG 150, 69B–C = Sakarikos (2020) 99]).

[XII 100] **Κεφάλαιον ρʹ**

[XII 100, 1] Κίτρους· Εἰ σπάνις εἴη μύρου, τῷ εὑρισκομένῳ ὀλίγῳ καταμίγνυσθαι ἔλαιον συγκεχώρηται (Matth. Blast., *Collectio responsorum Iohannis Citrii* sec. cod. Mosqu. GIM 149, f. 209r, l. 26–29, *Resp.* 15; cf. Darrouzès [1973] 333; cf. etiam Ioh. Citr., *Resp.* 18 ad Constantinum Cabasilam [RP V 415, l. 1–4 (Resp. 11); Pitra, Anal. VI (1891) 662 (*Resp.* 21), l. 20–24; cf. Darrouzès (1973) 329]).

[XII 100, 2] Νόμοι· ὁ μισθωσάμενος ζῷον ἢ τόπον ἢ ἀγρὸν ἕως τοῦ τόπου χρή, ὃ ἐμίσθωσεν, ὑπάγει⟨ν⟩.

[XII 100, 3] Ἐὰν χωρὶς αἰτίας καταλίπῃ τὸν ἀγρὸν ... (f. 115v) τοῦ χρόνου τὸν μισθόν (cf. Michael Attaleiata, *Ponema nomikon* 12, 5 [Zepoi VII (1931) 428]; *Prochiron auctum* 18, 23 [ibid. 137]; *Synt.* Μ 12 Περὶ μισθώσεως, νόμοι [373, l. 3–5]).

[XII 100, 4] Ὁ μισθωσάμενος ἵππον ... δοῦναι μίσθωμα (*Synt.* Μ 12, Περὶ μισθώσεως, νόμοι [373, l. 6–15]).

---

35 Der Abt Methodios des Athosklosters Docheiariou könnte der Anonymus M…ios sein (Oikonomidès [1984] 27; belegt für Juli 1378). Sonst käme noch ein späterer Abt Methodios (bezeugt von Mai 1423 und Juli 1424) in Frage (a. O., 28). Allerdings ist die Liste nicht lückenlos rekonstruierbar. Ein Metropolit Neilos von Rhodos (als Proedros, eigentlich Metropolit von Sozopolis) ist für 1372 bezeugt (s. PLP VIII 20045).

[XIII] **Ἀρχὴ τοῦ ν**

[XIII 101] **Κεφάλαιον ρα΄**

[XIII 101, 1] **Νάρθηκι τοῦ μὴ καθεύδειν ἐπὶ χρόνον**· ὁ ἐξ ἀνάγκης … τὰ οἰκεῖα (*Nicephor., *Can.* 3 [PG 100, 856A]). ὁ δὲ ἐντὸς τοῦ ναοῦ κοιμηθεὶς ἢ ἀριστήσας ἐπιτιμάσθω μεταν(οίαις) ρ΄, ζήτει ὄπισθεν (sic) κεφάλαιον ιε΄ (I 15, 1) καὶ ιη΄ (I 18, 1).

[XIII 102] ⟨**Κεφάλαιον ρβ΄**⟩

[XIII 102, 1] **Νηστειῶν καὶ καταλύσεων**· Νικολάου πατριάρχου καὶ Κίτρους μητροπολίτου Ἰωάννου· ἐν ταῖς νηστίμοις τῶν ἡμερῶν … (f. 116r) καὶ τὰ ἑξῆς (Matth. Blast., *Collectio responsorum Iohannis Citrii* sec. cod. Mosqu. GIM 149, f. 209r, l. 30–209v, l. 15, *Resp.* 16, cf. Darrouzès [1973] 334; cf. Ioh. Citr., *Resp.* 22 [Pitra, Anal. VI (1891) 667–670, l. 1 (*Resp.* 25)], cf. Darrouzès [1973] 329).

[XIII 102, 2] Τοῦτο γὰρ οὐκ ἐφυλάσσετο ἐν τῇ μεγάλῃ ἐκκλησίᾳ ἤγουν τῆς Κωνσταντινουπόλεως καὶ τοῦ Ἁγίου Ὄρους. καὶ γὰρ τῇ ἑσπέρᾳ ἤγουν τῇ παραμονῇ ἐσθίομεν ἔλαιον καὶ οἶνον (cf. Ioasaph Ephes., *Quaest. et resp.* 58 [Korakides (1992) 248. l. 482–489])· ἐπὶ δὲ τὴν αὔριον, οἵα δ᾽ ἂν ἡμέρα (οἵᾳ … ἡμέρᾳ?, cf. XIII 102, 3 et 31) τύχῃ, πάντα ἐσθίομεν, τυρὸν καὶ ᾠά, οἱ δὲ λαϊκοὶ καὶ κρέας. καὶ μὴ θαυμάσῃς, ἐπεὶ οὐ φυλάσσεται, ⟨ὅ⟩πως γράφεται. καὶ γὰρ ὁ ἐν Νεοκαισαρείᾳ{ς} ιε΄ κανὼν οὐ φυλάσσεται παρὰ τῆς ἐκκλησίας, ἀλλ᾽ ὅμως γράφεται. ὁμοίως καὶ ὁ μα΄ τῆς ἐν Καρθαγένῃ συνόδου.

[XIII 102, 3] Ὁ δὲ Στουδίτης καὶ ὁ ἅγιος Ἀναστάσιος Σινᾶ ὄρους, Γερμανὸς πατριάρχης Κωνσταντινουπόλεως καὶ Γρηγόριος πατριάρχης Ἀλεξανδρείας, ἕκαστος γράφει· ς΄ ἡμέρας λυόμεν μετὰ τὴν Χριστοῦ γέννησιν· τῇ δ΄ ἐπαύριον τῶν φώτων, (f. 116v) οἱᾳδητοῦν ἡμέρᾳ ἐπισταίη τῶν φώτων ἡμέρα, διαλύομεν εἰς πᾶν χάριν τοῦ βαπτισθέντος Χριστοῦ.

[XIII 102, 4] Ἡ δὲ συνήθεια τῆς μεγάλης ἐκκλησίας Κωνσταντινουπόλεως καὶ τοῦ Ἁγίου Ὄρους· δώδεκα ἥμερας λύουν (sic, cf. verbum sequens λύομεν) εἰς πᾶν, μετὰ κ΄ τῇ τῶν φώτων, ἣ δ᾽ ἂν ἡμέρα (ᾗ … ἡμέρᾳ?, cf. XIII 102, 3 et 31) τύχῃ, λύομεν εἰς πᾶν ὥσπερ τῶν Χριστουγέννων.

[XIII 102, 5] **Εἰ τύχῃ κυριακῇ τῶν ἁγίων θεοφανίων**· Θεόφιλος Ἀλεξανδρείας κεφάλαιον (sic) α΄· εἰ γὰρ τῆς ἡμέρας ταύτης τῆς παραμονῆς τῶν θεοφανίων ἡμέρᾳ κυριακῇ συνελθούσης, ἰσχάδων ἢ φοινίκων μεταλαμβάνωμεν, περιμένοντες τὴν ἑσπερινὴν σύναξιν. φησὶ γάρ· „καὶ τὸ ἔθος … τοῦ κυρίου ἡμέραν τιμῶμεν“ (cf. Matth. Blast., *Collectio responsorum Iohannis Citrii* sec. cod. Mosqu. GIM 149, f. 209v, l. 4–9, *Resp.* 16, cf. Darrouzès [1973] 334; cf. etiam Jo. Citr., *Resp.* 22 [Pitra, Anal. VI (1891) 668, l. 13–669, l. 14 (*Resp.* 25)], cf. Darrouzès [1973] 329; Theophil., *Can.* 1 [Joannou II 262, l. 11–13; 262, l. 19–263, l. 1; 263, l. 6–9]).

[XIII 102, 6] **ιβ΄ ἡμέρα**· Νικολάου καὶ Κίτρους· καταλύομεν δὲ καὶ τὸ δωδεκαήμερον ὅλον … (f. 117r) γενέσθαι (Matth. Blast., *Collectio responsorum Iohannis Citrii* sec. cod. Mosqu. GIM 149, f. 209v, l. 15–20, *Resp.* 16, cf. Darrouzès [1973] 334; cf. etiam Ioh. Citr., *Resp.* 22 [Pitra, Anal. VI (1891) 670 (*Resp.* 25), l. 13–21], cf. Darrouzès [1973] 329).

[XIII 102, 7] **Ἀρτζιβούρτζης**· καταλύομεν καὶ τὴν πρὸ τῆς ἀποκρέου (sic) … τούτοις ἐκήρυξε (cf. Matth. Blast., *Collectio responsorum Iohannis Citrii* sec. cod. Mosqu. GIM

149, f. 209v, l. 27–210r, l. 5, *Resp.* 16; cf. Darrouzès [1973] 334; cf. etiam Ioh. Citr., *Resp.* 22 [Pitra, Anal. VI (1891) 670 (*Resp.* 25), l. 21–40], cf. Darrouzès [1973] 329).

[XIII 102, 8] **Τυροφάγου ἑβδομάδος**· καταλύομεν καὶ τὴν τυροφάγον ... τὸ τοιοῦτον ἀνατρέποντες δόγμα (cf. Matth. Blast., *Collectio responsorum Iohannis Citrii* sec. cod. Mosqu. GIM 149, f. 210r, l. 5–7, *Resp.* 16, cf. Darrouzès [1973] 334; cf. etiam Ioh. Citr., *Resp.* 22 [Pitra, Anal. VI (1891) 670 (*Resp.* 25), l. 41–671, l. 10], cf. Darrouzès [1973] 329).

[XIII 102, 9] **Νέα ἑβδομάς**· καταλύομεν δὲ πᾶσαν τὴν διακ{α}ινήσιμον ἑβδομάδα ... καὶ ὅστις οὐ τιμᾷ αὐτὴν ὡς μίαν οὖσαν ἡμέραν ἢ ἅψεται ἐργοχείρου (f. 117v), ἐπικατάρατος καὶ ἡ μερὶς αὐτοῦ μετὰ τοῦ προδότου (cf. Matth. Blast., *Collectio responsorum Iohannis Citrii* sec. cod. Mosqu. GIM 149, f. 210r, l. 8–14, *Resp.* 16; cf. Darrouzès [1973] 334; cf. etiam Ioh. Citr., *Resp.* 22 [Pitra, Anal. VI (1891) 671 (*Resp.* 25), l. 11–25]).

[XIII 102, 10] ϛ΄ συνόδου ξϛ΄· ἀπὸ τῆς ἁγίας ... ἑορτάζοντας (Conc. quinisext., *Can.* 66 [COGD I 273, l. 2035–2042]).

[XIII 102, 11] **Περὶ δ΄ καὶ παρασκευῆς τῆς ν**ῆς· Ὁ Ζωναρᾶς (-ὰς cod.) ἔφη· οὐκ εἰλήφαμεν νηστεύειν ἐνάτ(η) ἐν δ΄ καὶ παρασκευῇ ἀπὸ τῆς μεγάλης ἡμέρας ἕως τοῦ ἁγίου πνεύματος, ἀλλὰ λύειν ταύτην ἐν ἐλαίῳ καὶ ἰχθύσι (ἰχθύας cod.), εἰ μὴ κατὰ μόνας τὶς πολιτεύεται.

[XIII 102, 12] Νικολάου καὶ Κίτρους· μετὰ τὴν διακ{α}ινήσιμον ... τυροῦ καὶ ᾠῶν ἀπεχόμενοι (cf. Matth. Blast., *Collectio responsorum Iohannis Citrii* sec. cod. Mosqu. GIM 149, f. 210r, l. 8–14, *Resp.* 16; cf. Darrouzès [1973] 334; cf. etiam Ioh. Citr., *Resp.* 22 [Pitra, Anal. VI (1891) 671 (*Resp.* 25), l. 11–25]).

[XIII 102, 13] **Ἑτέρας ἑορτῆς**· τὸ αὐτὸ ποιοῦντες καὶ ἐν τῇ τῆς μεταμορφώσεως ἑορτῇ ... καὶ περιφανοῦς (Matth. Blast., *Collectio responsorum Iohannis Citrii* sec. cod. Mosqu. GIM 149, f. 210r, l. 14–19, *Resp.* 16; cf. Darrouzès [1973] 334; cf. etiam Ioh. Citr., *Resp.* 22 [Pitra, Anal. VI (1891) 671 (*Resp.* 25), l. 26–32]).

[XIII 102, 14] Ἐν δὲ τῇ δ΄ τῆς μεσοπεντηκοστῆς ἀναστάσιμα ... (f. 118r) ἐν τοῖς τοιούτοις χρωμένους (cf. Matth. Blast., *Collectio responsorum Iohannis Citrii* sec. cod. Mosqu. GIM 149, f. 210r, l. 19–31, *Resp.* 16; cf. Darrouzès [1973] 334; cf. etiam Ioh. Citr., *Resp.* 22 [Pitra, Anal. VI (1891) 671, l. 34–672, l. 2 (*Resp.* 25); cf. Darrouzès (1973) 329]).

[XIII 102, 15] **Τοῦ ἁγίου πνεύματος ἑβδομάδος**· καταλύομεν ἅπασαν τὴν ἑβδομάδα τοῦ ἁγίου ... ἐπιοῦσαν ἑορτήν (cf. Matth. Blast., *Collectio responsorum Iohannis Citrii* sec. cod. Mosqu. GIM 149, f. 210r, l. 31–210v, l. 6, *Resp.* 16; cf. Darrouzès [1973] 334). Ὁ σαββάτῳ νηστεύων πλὴν τοῦ μεγάλου σαββάτου ἢ κυριακῇ ἀφοριζέσθω· εἰ δὲ κλρικός, καθαιρείσθω. ξθ΄ (ξϛ΄ cod.) τῶν ἁγίων ἀποστόλων καὶ Γάγγρας ιη΄. μετανοήσει δὲ ἐπιτιμάσθω ἡμέρας μ΄ μεταν(οίαις) σ΄.

[XIII 102, 16] (f. 118v) **Τοὺς κεκωλυμένους**· τοὺς μετανοοῦντας καὶ μήπω κεκωλυμένους ὁρίζομεν νηστεύειν καὶ γόνυ κλίνειν κατὰ τὸν κανόνα τοῦ πνευματικοῦ πατρὸς αὐτῶν β΄, δ΄ καὶ ϛ΄ καί, εἰ βούλεται ὁ πνευματικὸς πατήρ, καὶ πᾶσαν τὴν ἑβδομάδα, σαββάτῳ καὶ κυριακῇ μετέχειν μὲν πάντων τῶν πρὸς τροφὴν ἐπιτηδείων, γόνυ δὲ μὴ κλίνειν, εὐχὰς δὲ καὶ προσκυνήσεις εἰς τὸν τῶν μετανοιῶν ἀριθμὸν ποιεῖν παρακελευόμεθα, ὡς ἐπὶ λιμένα φθάσαντες ἐκ τοῦ τῆς ἑβδομάδος κλύδωνος, ζήτει ὄπισθεν (sic) κεφάλαιον γ´ Ἰωάννου τοῦ Νηστευτοῦ, πῶς λύειν τοὺς δεδεμένους (I 3, 5).

[XIII 102, 17] Χρὴ χάριν ἀσπασμοῦ ... γονυκλισίας ποιεῖν (*Nicephor., *Can.* II 10 [PG 100, 856C]).

[XIII 102, 18] Ὁ μετάνοιαν ποιῶν πρὸς τὸν κύριον καὶ σφραγίδα μὴ ποιῶν τοῦ σταυροῦ, μισὴν διακονίαν ποιεῖ.

[XIII 102, 19] Σαββάτῳ καὶ κυριακῇ ... προσκυνήσεις μόνον (Protokanonarion VII [Arranz (1993) 118]). ὁμοίως καὶ τὸ δωδεκαήμερον καὶ τὴν ν^{ήν}.

[XIII 102, 20] **Νηστ(εύειν) δ´ καὶ παρασκευῇ τοῦ χρόνου**· λάθος β^{ος} (cum signo referente ad XIII 102, 21)· εἴ τις ἐπίσκοπος ... ἀφο(f. 119r)ριζέσθω κατὰ τὸν ξθ´ κανόνα τῶν ἁγίων ἀποστόλων (*Apost., *Can.* 69 [Metzger (1987) 300, l. 313–318]).

[XIII 102, 21] **Μεγάλη ε´**, Λαοδικείας ν´ α^{ος} (cum signo referente ad XIII 102, 20, λάθ$^{ο(ς)}$ β^{ος})· οὐ δεῖ ἐν τῇ μ^{ῇ}´ ... ξηροφαγοῦντας (Syn. Laod., *Can.* 50 [Joannou I 2, 150, l. 16–20]).

[XIII 102, 22] Πέτρου Ἀλεξανδρείας ιε´· οὐκ ἐγκαλέσει τὶς ἡμῖν ... παρειλήφαμεν (Petr. Alex., *Can.* 15 [Joannou II 57–58]). τὸ δ᾽ αὐτὸ καὶ Γρηγόριος πατριάρχης Ἀλεξανδρείας. ὁ δὲ μέγας Ἀθανάσιος· ὁ καταλύων δ´ ἢ παρασκευῇ εἰς ἔλαιον ἢ ἰχθύας ἐκτὸς τὰς ἑορτασίμους, συνσταυροῖ τὸν Χριστόν (cf. Nic. Nigri Montis, *Canonarium* VI 1 [Hannick (2014) I 266, l. 10–18]). καὶ ὁ μέγας Τιμόθεος, ὁ διὰ μεγάλην ἀσθένειαν, ἐσθίειν δ´ καὶ ς´ δίκαιον ἐστὶν ἔλαιον καὶ οἶνον (cf. *Synt.* N 4 Περὶ νηστείας, Τιμοθέου ι´ [398]). ὁ δὲ τῆς Γάγγρας συνόδου ιη´ (sic, sed cf. Blast., Synt.)· εἴ τις χωρὶς ... ἀνάθεμα ἔστω (Syn. Gangr., *Can.* 19 [Joannou I 2, 97, l. 4–6, 9–10]; cf. *Synt.* N 4 Περὶ νηστείας, Γάγγρας ιη´ [399]). ὁ καταλύων δ´ ἢ παρασκευῇ (-ην cod.) νηστείαν, δίκην δίδωσι, ἀλλὰ καὶ δι᾽ ἀσθένειαν μεγάλην ἀναγκασθεὶς δι᾽ ἐλαίου καὶ ἰχθύων τὸ σῶμα (f. 119v) παραμυθήσεται. κρέως δὲ ἢ τυροῦ οὔτε τῇ μεγάλῃ μ^{ῇ} ἅψεσθαι συγχωρηθήσεται, κἂν πνέῃ τὰ λοίσθια, οὔτε ἐν οἱᾳδηποτοῦν δ´ ἢ παρασκευῇ. καὶ γὰρ ὅτε ταύτας καταλύομεν, τοῦ (an τῷ?) μὴ δόξαι τοῖς ἑτεροδόξοις ὁμοφρονεῖν μὴ οὖν τῇ προφάσει τῇ γαστρὶ χαριζώμεθα.

[XIII 102, 23] **Νηστεία τῆς β´**, ζήτει ἔμπροσθεν (sic) κεφάλαιον ρδ´ ἀπὸ τοῦ μέσου· „ξένον ἡγοῦμαι (ἥγημαι cod.) καὶ ...“ (XIV 104, 1).

[XIII 102, 24] **Νηστεία τῆς γ´**· ζήτει κεφάλειον ρλβ´ ἀπὸ τοῦ μέσου, περί τινος ὀμόσαντος.

[XIII 102, 25] Ἐὰν διὰ θελήματος πνευματικοῦ πατρὸς καταλύσῃ (-ει cod.) τὶς ἐν δ´ ἢ ς´ τὴν θ^{ην} ἢ ἐν τῇ μεγάλῃ μ^{ῇ}, οὐχ ἁμαρτάνει, μόνον ἵνα ἔστιν (sic) ὁ πνευματικὸς ἐκεῖνος τῶν κανόνων γνωστικὸν ἔχων καὶ ἀρετήν. Νικηφόρου τοῦ Ὁμολογητοῦ πατριάρχου.

[XIII 102, 26] **Νηστεία τοῦ σταυροῦ ἤτοι τῆς ὑψώσεως**, τοῦ ἐν ἁγίοις πατρὸς ἡμῶν Γερμανοῦ πατριάρχου Κωνσταντινουπόλεως, κατὰ στίχους δ᾽ ἰάμβων[36]·

36 Wohl Patriarch Germanos II. Nicht enthalten in Vassis (2005) und Vassis (2011) sowie unter den edierten Epigrammen des Patriarchen Germanos II. bei Horna (1905), 31–35.

πᾶσα ψυχὴ ἀνθρώπου βεβαπτισμένου
εἰς τύπον βαπτίζετεναὶ (sic, -τίζεσθαι, -τισθῆναι, -τισθεῖσα; -ιζομένη [metri causa]?)
τῆς τριάδος
τὰς τρεῖς προσέχειν (-ει?) νηστείας εὐγνωμόνως,
αἳ καὶ δηλοῦσι τῆς τριάδος τὸν τύπον.

[XIII 102, 27] Ἀλλ᾽ οὖν ἡμεῖς, ἄνθρωπε, οἱ σταυρὸν φέροντες ἐν ὤμοις εἰλήφαμεν Χριστῷ σταυροῦσθαι, δέον ἔνεστιν νηστεύειν, καθὼς ἔφη, ἐν μηνὶ τῷ ἑβδόμῳ δυσὶν (sic) ἑπτάκις ἡμέρας ἁγνὰς τοῦ σταυροῦ τοῦ κυρίου, ἵνα τὸν ζωοποιὸν σταυρὸν εἰκότως τιμᾶν, ἀνυμνεῖν, δοξάζειν (sic) τὸν (f. 120r) δεσπότην, τὸν δόντα ἡμῖν ὅπλον εἰς σωτηρίαν, ὅπως τὸ τετραμερὲς ὅλον τοῦ χρόνου (σταυροῦ?, cf. XIII 102, 28) τῷ Χριστῷ ἀεὶ ἀφιερῶμεν (-ώνην cod.) πᾶσαν (sic). ἄκουσον τὸν νοῦν καὶ τὸν τρόπον θεώρ(ησον?)· ὁ τοῖς βρωτοῖς πρώτιστος Ἀδὰμ ἐκεῖνος γευσάμενος τοῦ ξύλου {τε}κατεκρίθη, ὅλῳ τῷ γένει μετέδωκε τὴ⟨ν⟩ λύμη⟨ν⟩, ἀλλ᾽ ὁ σταυρὸς τούμπαλιν ἐπανορθώσας δυνάμει τοῦ παθόντος τῷ σαρκὶ σωτῆρος. ταύτην Μωυσῆς προυπογράφων πάλαι – λέγων γὰρ αὐτὴν ἐξιλασμοῦ ἡμέραν (Lev. 23, 27–28) σκηνοπηγίαν ἐν μηνὶ τῷ ἑβδόμῳ καὶ τῇ ἡμέρᾳ νῦν ὑψωθέντος τοῦ ξύλου τοῦ ζωηφόρου καὶ σταυρικοῦ σημείου, δεικνύει τρανῶς τὸ πάθος τοῦ κυρίου καὶ τὴν κτίσιν σύμπασαν ὑμνεῖ⟨ν⟩ προτρέπει, τὸ πάθος, τὴν σταύρωσιν ⟨καὶ τὴν⟩ ταφὴν κυρίου· διά τοι τοῦτο καὶ ἡ ξύμπασα κτίσις, τὸ τῶν πιστῶν ἄθροισμα τῶν ὀρθοδόξων νηστείαν ἐκτελοῦμεν ἁγνὰν τιμίαν. ὁ γὰρ μὴ νηστεύων τὴν ἡμέραν νήστιμον (νηστίμως cod.), ἣ (ᾗ?) δ᾽ ἂν ἡμέρα (-ᾳ?, cf. XII 102, 3 et 31) τύχῃ τὲ (δὲ cod.) καὶ μηνί (?, μ,οι cod.), πλάνος καὶ φὼρ ἤγουν κλέπτης πέφυκε τῆς εὐσεβείας, ἐξοστρακίσθ⟨ητ⟩ω που τῶν καταλόγων.

[XIII 102, 28] Ἀναστασίου Σινᾶ ὄρους· πάντη καὶ πανταχοῦ ὁρῶμεν νηστεύοντας καὶ τὸ πλεῖστον ἐν Κωνσταντινουπόλει. οἱ μὲν οὖν δ´ ἡμέρας σὺν αὐτῇ τῇ ἡμέρᾳ τῆς ἑορτῆς διὰ τὸ τετραμερὲς τοῦ σταυροῦ, οἱ δὲ ἡμέραν μίαν (f. 120v), ἐν ᾗ προσκυνοῦσιν, ἄλλοι ιδ´, ἕτεροι δύο, ἄλλοι ς´ καὶ οἱ μονάζοντες ιδ´.

[XIII 102, 29] Ἰωάννου Ζωναρᾶ (ρὰ cod.) μακαρίου ἡγουμένου τῆς μεγάλης ἐκκλησίας· ἰστέον, ὅτι ἐπαρελάβομεν (sic) ἀπὸ τοῦ ὁσίου πατρὸς ἡμῶν Νείλου καὶ ἑτέρων πολλῶν ἁγίων πατέρων νηστεύειν τῷ σεπτεμβρίῳ διὰ τὸν σταυρὸν ἡμέρας ιδ´, ἄλλοι δύο, ἕτεροι τρεῖς, ἄλλοι ιδ´, ἅπας ὁ λαὸς αὐτὴν τὴν ἡμέραν τῆς ὑψώσεως, ὅτι τῆς μεγάλης ςης ἡ πᾶσα ἀκολουθία γίνεται σχεδόν, ὅτι πάσῃ (-α cod.) δ´ καὶ παρασκευῇ νηστείαν νομοθετοῦσιν οἱ ἅγιοι ἀπόστολοι.

[XIII 102, 30] Γρηγόριος πατριάρχης Ἀλεξανδρείας συμφωνεῖ κατὰ στίχου⟨ς⟩ μετὰ Θεοδώρου τοῦ Στουδίτου καὶ προτίθησι (?, προθέτουσι cod. ut videtur) σαββάτῳ καὶ κυριακῇ, ἂν τύχῃ.

[XIII 102, 31] Τοῦ Στουδίτου εἰς τὴν ὁλοχρονικὴν διάταξιν· οἱ μὲν οὖν μονάζοντες εἰς δόξαν καὶ ἔπαινον τοῦ σταυρικοῦ ξύλου καὶ διὰ τὸν ἐν αὐτῷ παγέντα σαρκὶ Χριστὸν τὸν θεὸν ἡμῶν ι´ καὶ δ´ ἡμέρας διαφυλάττουσιν, ἄλλοι ιβ´, ἄλλοι ις´, ὁ σύμπας δὲ λαὸς τοῦ Χριστοῦ ἁγνοὶ πάντες διατηροῦσιν (-ρω- cod.) αὐτὴν τὴν ἡμέραν τῆς ὑψώσεως ἤτοι τῇ (an τὴν?) ιδ´ τοῦ σεπτεμβρίου μηνός. ἐν ᾗ ἂν οὖν ἡμέρᾳ τύχῃ, οὐκ ἐσθίομεν κρέας οὔτε τυρὸν οὔτε ἰχθύας πάρεξ σαββάτου καὶ κυριακῆς. τότε καὶ μόνον ἐσθίομεν ἔλαιον καὶ ἰχθύας διὰ τὸν ἀποστολικὸν κανόνα· μὴ νηστεύειν σαββάτῳ καὶ κυριακῇ πάρεξ τοῦ ἑνὸς μόνου (cf. *Apostol., *Can.* 64 [Metzger (1987) 298, l. 297–299]).

[XIV] (f. 121r) **Ἀρχὴ τοῦ ξ**

[XIV 103] **Κεφάλαιον ργʹ**

[XIV 103, 1] **Ξένον μὴ δέχεσθαι ἱερουργεῖ⟨ν⟩ μηδὲ ἀφωρισμένον**· μηδένα τῶν ξένων ἐπισκόπων … μὴ προσδέξησθε (*Apost., *Can.* 33 [Metzer III 284, l. 113–118]). τὸ αὐτὸ καὶ τῶν ἁγίων ἀποστόλων λγʹ καὶ ἡ αʹ σύνοδος ιγʹ καὶ Γάγγρας ζʹ, ζήτει ὄπισθεν (sic) καὶ ιθʹ κεφάλαιον (I 19, 1).

[XIV 103, 2] Εἴ τις κληρικὸς ἢ λαϊκὸς ἀφωρισμένος … ὁ δεχθείς (*Apost., *Can.* 12 [Metzer III 278, l. 39–41]), κατὰ τὸν ιβʹ κανόνα τῶν ἁγίων ἀποστόλων.

[XIV 104] **Κεφάλαιον ρδʹ**

[XIV 104, 1] **Ξένας νηστείας μὴ ποιεῖν, εἰ μὴ τὰς διατεταγμένας, καὶ βʹ νηστείας καὶ τετραδοπαρασκευὰς καὶ τἄ⟨λ⟩λας γʹ τεσσαρακοστάς**· Ἰωσήφ· ξένον ἡγοῦμαι καὶ πάντη ἀπόβλητον τὸ παραβαίνειν τοὺς τῶν ἁγίων ἀποστόλων ὅρους καὶ τῶν μετ᾽ αὐτοὺς ἁγίων πατέρων, καὶ λύει⟨ν⟩ μὲν τινὰς ἐκ τῶν νηστίμων ἡμερῶν, ἑαυτοῖς (-οὺς cod.) δὲ ἰδίας τεσσαρακοστὰς παρεισάγειν καὶ τὴν ἐν ὁμονοίᾳ καὶ ἰσότητι κηρυχθεῖσαν καὶ βεβαιωθεῖσαν κατατέμνειν καὶ ἀναστατεῖν ἐκκλησίαν, δι᾽ ἧς ὁ Χριστὸς τὸ αἷμα ἐξέχεεν, καὶ ἄνισα τά τε αὐτῶν καὶ ἡμῶν (f. 121v) ὡς ἀλλότριοι θέμενοι. ὁ μὲν Γεώργιον (-ος cod.), ὁ δὲ Δημήτριον, ὁ δὲ Μαρίναν, ὁ δ᾽ ἂν Ἀντώνιον καὶ ἄλλος ἄλλον τάχα τιμῶν τὴν τοῦ θεοῦ ἐκκλησίαν ἀναστατεῖ. τίς γὰρ ἡμῖν συμφωνία· ὁ μὲν νηστεύων, ὁ δὲ καταλύων, καὶ αὖθις τὸ ἔμπαλιν, ἀλλὰ δὴ καὶ τοῖς ἐθνικοῖς διὰ τούτων (τοῦτων cod., τοῦτο?) αἰτίαν κατηγορίας ἐπάγομεν, ὡς ἐκείνῳ (-οις?) μὲν ἡ κακία πᾶσιν ἐπίσης, ἄνισος δ᾽ ἡμῶν ἡ ἀλήθεια. ἕτερον δέ τι χείριστον διὰ τοῦτο ἡμῖν ἐπεισέρχεται, ὡς ἐν ἰδίοις {δοκεῖν} μὴ ἀκριβῶς τὴν ἀλήθειαν καὶ τὸ φῶς βλέποντες πλανόμεθα τῆς ὁδοῦ καὶ ὡς ψηλαφῶντες ὁδεύομεν, ὃ τῶν πεπηρωμένων τὰς ὄψεις τυγχάνει τε⟨κ⟩μήριον, καὶ ταῦτα τοῦ ἀποστόλου Παύλου διαρρήδην βοῶντος· „εἰ ἄγγελος εὐαγγελίσεται … ἀνάθεμα ἔστω“ (Gal. 1, 8), καὶ τῶν μετὰ ταῦτα ἐν τούτοις βεβαιωσάντων· „οὐκ ἔστιν προσθεῖναι καὶ οὐκ ἔστιν ἀπ᾽ αὐτῶν ἀφελεῖν“ (Eccl. 14, 3). διά τοι τοῦτο λέγομεν πάντας ἡμᾶς ἐν ὁμονοίᾳ ἐπὶ τὸ αὐτὸ εἶναι ἔν τε τῇ νηστείᾳ καὶ καταλύσει. ἐκ τούτων γάρ τοι καὶ αἱ αἱρέσεις τῇ καθολικῇ εἰσέδυσαν ἐκκλησίᾳ, καὶ νηστεύειν μὲν (f. 122r) τὰς τρεῖς τεσσαρακοστάς, καθὼς παρὰ τῶν ἁγίων παρελάβομεν ἀποστόλων, καὶ τῆς θεοτόκου καὶ δʹ καὶ παρασκευήν, ἀλλὰ δὴ καὶ τὰς βʹ κατὰ τοὺς θεσμοὺς τῶν ἁγίων πατέρων, οἳ καλῶς ποιοῦντες τοῦτ᾽ ἔθεντο, περὶ ὧν οὐκ ἔστιν νῦν τὰς αἰτίας λέγειν. πολλάκις δέ τινες αὖθις, ἵνα τὴν κατηγορίαν ἴσως ἐκφύγωσιν, καὶ ταύτας μὲν καὶ τὰς ἑαυτῶν παρεισάγουσι μὴ εἰδότες, ὡς μὴ καταφελεῖν μήτε προσθεῖναι τούτοις ἐκύρωσαν. εἰ δέ τινες βούλονται μεγαλωτέραν ἐγκράτειαν ἢ τῶν πατέρων ἐργάσασθαι (-σεντο cod.), μονοσιτίαν καθ᾽ ἡμέραν ἐνιαυτὸν τὸν ἅπαν⟨τα⟩, κυριακῇ καὶ σαββάτῳ πλὴν μὴ νηστευέτωσαν. τοῦτο γὰρ ἀπόβλητον τῇ ἐκκλησίᾳ καὶ τοῖς πατράσι.

[XV] **Ἀρχὴ τοῦ ο**

[XV 105] **Κεφάλαιον ρε΄**

[XV 105, 1] **Οἶνον ὕδατι ὁ μίσγων** (σμίγων cod.)· Ἰωάννου Νηστευτοῦ· ὁ τὸν οἶνον μίσγων (σμίγων cod.) ὕδατι, ἐπικατάρατος ἔν τε τῇ παλαιᾷ καὶ νέᾳ διαθήκῃ. ἐπιτιμάσθω ἔτη δύο μεταν(οίαις) ρ΄ καθ' ἑκάστην.

[XV 106] **Κεφάλαιον ρς΄**

[XV 106, 1] **Περὶ τοῦ ἐπιθυμητικοῦ τῆς ψυχῆς**· Τοῦ Νηστευτοῦ· ὅσα δὴ τοῦ ἐπιθυμητικοῦ τῆς ψυχῆς εἴρηται ... (f. 122v) ἐπιτιμίων (Matth. Blast., *Canon. Ioh. Nest.* [RP IV 435, l. 13–20]).

[XV 107] **Κεφάλαιον ρζ΄**

[XV 107, 1] **Ὀνειρώξεως** (ὀνειρεύξεως cod.)· ὁ μολυνθεὶς ... τὸν ν΄ ᾄδων (Matth. Blast., *Canon. Ioh. Nest.* [RP IV 436, l. 21–28]).

[XV 107, 2] Ὁ δὲ ἅγιος Τιμόθεος εἰς ιβ΄ κεφάλαιον (sic) λέγει, ὁμοίως καὶ Πέτρος χαρτοφύλαξ (-ακας cod.)· εἰ μὲν ὑπόκειται ... ὀφείλει κοινωνεῖν (cf. Timoth., *Can.* 12 [Joannou II 247–248]).

[XV 107, 3] **Ἱερέων ὀνειρώξεως** (ὀνειρεύξεως cod.)· Κίτρους ιθ΄· ἱερεῦσιν ἢ λαϊκοῖς ... (f. 123r) ἡ δύναμις (Matth. Blast., *Collectio responsorum Iohannis Citrii* sec. cod. Mosqu. GIM 149, f. 210v, l. 15–20, *Resp.* 19; cf. Darrouzès [1973] 334; cf. Balsam., *Resp.* 10 ad Marcum [RP IV 455]). τὸ αὐτὸ καὶ ὁ ἅγιος Διονύσιος Ἀλεξανδρείας ἐν τῷ δ΄ κανόνι. τὰ αὐτὰ καὶ ὁ μέγας Ἀθανάσιος πρὸς Ἀμοῦν τινὰ ἐπιστέλλει, δι' ἐπιχειρημάτων πλείστων διέξεισι (cf. *Synt.* Κ 28, Πότε κοινωνεῖ ὁ ὀνειρασθείς, Διονυσίου δ΄ [337–338] et Ἀθανασίου [338, l. 2–3]).

[XV 107, 4] **Ὅρκον**, ζήτει κεφάλαιον ρλβ΄ (XXIII 132, 4 et 6).

[XVI] **Ἀρχὴ τοῦ π**

[XVI 108] **Κεφάλαιον ρη΄**

[XVI 108, 1] **Πορνείας**· τὸν πόρνον ὁ γ΄ κανὼν τοῦ ἁγίου Γρηγορίου Νύσσης θ΄ χρόνους τῆς κοινωνίας ἀπείργει. εἰς δὲ νθ΄ τοῦ μεγάλου Βασιλείου ζ΄ ἔτη, ὁ δὲ κα΄ αὐτοῦ τὸν γυναικὶ συνοικοῦντα καὶ πορνεύσαντα πλέον εὐθύνεσθαι ἀξιοῖ. μοναχὸν πορνεύσαντα εἰς κανονικὰς ὁ ξ΄ αὐτοῦ κανὼν τῷ τῆς μοιχείας καθυποβάλλει ἐγκλήματι. τὸ αὐτὸ καὶ ὁ Χρυσόστομος ἐν τῇ πρὸς Θεόδωρον δευτέρᾳ ἐπιστολῇ (Ioh. Chrysost., Epistula ad Theodorum monachum [= ad Theodorum lapsum, liber 2] 3 [Dumortier [1966] 60, l. 23–64, l. 55). ὁ δὲ μδ΄ τῆς ς΄ συνόδου καὶ τὸν πορνεύσαντα μοναχὸν οὐδὲν πλέον τῶν κοσμικῶν ἐπιτιμᾶσθαι κελεύει. ὁμοίως καὶ ⟨ἡ⟩ εἰς ἱερωμένον πεσοῦσα πρόσωπον, ὅδε μόνον τοῦ ἀξιώματος ἐκπίπτει. γέγραπται γάρ· „μὴ ἐκδικήσῃς δὶς ἐπὶ τὸ αὐτό" (Nah. 9, 2) (cf. *Synt.* Δ 9 Ὅτι δὶς ἐπὶ τὸ αὐτὸ ἐκδικεῖν οὐ χρή [233]).

[XVI 108, 2] Τοῦ Νηστευτοῦ· ἡμεῖς δέ, φησίν, ἕνα χρόνον ... (f. 123v) τελέσει χρόνον (cf. Matth. Blast., *Canon. Ioh. Nest.* [RP IV 438, l. 8–12]).

[XVI 108, 3] **Δούλη(ς?)**· τοῦ Νηστευτοῦ· τὰς δὲ πρὸς ἀνάγκην ... διορίζεται (Matth. Blast., *Canon. Ioh. Nest.* [RP IV 438, l. 13–18]).

[XVI 108, 4] Ὅστις πολεμεῖται εἰς πορνείαν, ξηροφαγείτω ἡμέρας μ΄· εἰ δὲ οὐ παύεται ὁ πόλεμος ἕως οὗ ξηροφαγεῖ, ποιείτω τὸ νυχθήμερον καὶ μετανοίας τ΄.

[XVI 108, 5] **Μαυλιστ(οῦ)**· ὁ μαυλίζων τινὰ εἰς πορνείαν προξενεῖ αὐτὸν τοῦ ἐκτελέσαι· ἔνοχος θανάτου ἔσται, ἐπιτιμάσθω τῆς κοινωνίας ἔτη η΄ μεταν(οίαις) λ΄ τὸ πρωὶ καὶ ἑσπέρας ὁμοίως, ξηροφα{γω}γῶν καὶ τὰς τρεῖς τῆς ἑβδομάδος. Χρυσοστόμου.

[XVI 108, 6] Νικηφόρου τοῦ Ὁμολογητοῦ πατριάρχου· ὁ ἀπόστολος λέγει … ἐφέλκεται (*Nicephor., *Can.* 37 [Pitra, Spic. IV (1858) 397]).

[XVI 108, 7] Τῶν πόρνων καὶ ἀσέμνων ἀνθρώπων αἱ πορφύραι ἢ ἕτερα δῶρα οὐ προ⟨σ⟩δέχονται (f. 124r) ἐν τῇ ἐκκλησίᾳ ἕως τοῦ ἐξαγορεῦσαι αὐτοὺς καὶ διορθῶσαι τὰ ἁμαρτήματα αὐτῶν. Πέτρου χαρτοφύλακος· τὸ αὐτὸ καὶ Ἰωάννης Νηστευτής, ζήτει ὄπισθεν (sic) λα΄ κεφάλαιον (III 31, 6).

[XVI 109] **Κεφάλαιον ρθ΄**

[XVI 109, 1] **Ὀρθοδόξου συναφείας μετὰ ἀβαπτίστου ἢ αἱρετικῆς**· Πέτρου χαρτοφύλακος· ἐὰν πέσῃ τὶς εἰς ἀβάπτιστον σῶμα, θ΄ ἔτη μὴ κοινωνείτω, μετανοίας λ΄ τὸ πρωὶ καὶ ἑσπέρας ὁμοίως καὶ νηστείαν, οἷα τῷ πνευματικῷ δόξει.

[XVI 109, 2] Κίτρους· ὁ συναφθεὶς ὀρθόδοξος … σατανικῆς ἀσχημοσύνης (cf. Matth. Blast., *Collectio responsorum Iohannis Citrii* sec. cod. Mosqu. GIM 149, f. 211v, l. 16–18, *Resp.* 23; cf. Darrouzès [1973] 334; cf. Balsam., *Resp.* 49 ad Marcum [RP IV 484]).

[XVI 109, 3] **Πορνοβοσκῶν**· ὁ πς΄ τῆς ς΄ συνόδου … πορνοβοσκός ἐστιν (*Synt.* Π 17 Περὶ πορνοβοσκῶν, συνόδου ἕκτης πς΄, νόμοι [439, l. 1–9]).

[XVI 109, 4] **Περὶ τοῦ συναφθέντος τῇ{ν} δούλῃ ἢ ὁ δοῦλος πορνοβοσκός**· ὁ τῇ{ν} οἰκείᾳ{ν} συναφθεὶς δούλῃ{ν} ἐλευθεροῦν αὐτὴν δεῖ, ζήτει εἰς τὸ ἕτερον φύλλον ὄπισθεν (sic), δούλ(ης) (XVI 108, 3).

[XVI 110] **Κεφάλαιον ρι΄**

[XVI 110, 1] Ἐὰν ὁ δοῦλος πορνεύῃ, εἰδὼς ὁ κύριος αὐτοῦ, καὶ οὐ διδῷ (δίδη cod.) τῷ δούλῳ γυναῖκα νόμιμον ἢ τῇ γυναικὶ ἄνδρα, ἀφοριζέσθω ὁ κύριος τῶν δούλων.

[XVI 111] **Κεφάλαιον ρια΄**

[XVI 111, 1] **Παλ⟨λ⟩ακίδα ἐχόντων**· Νικηφόρου πατριάρχου· εἴ τις παλ⟨λ⟩ακὴν … (f. 124v) τῇ ἐκκλησίᾳ (*Nicephor., *Can.* II 34 [PG 100, 860A–B]), ἐὰν ἐλεύθεροι εἰσὶν ἀπὸ συνεύνου καὶ ἀπὸ μοιχείας αὐτοί.

[XVI 112] **Κεφάλαιον ριβ΄**

[XVI 112, 1] **Παρθένων γαμουμένων παρὰ γνώμην τῶν γονέων**· ὁ λη΄ τοῦ μεγάλου Βασιλείου τὰς ὑπεξουσίας … ἱερολογίας (*Synt.* Γ 8 Περὶ τῶν γαμουμένων παρθένων γυναικῶν παρὰ γνώμην τῶν οἰκείων γονέων, Βασιλείου λη΄, μ΄, μβ΄ [164, l. 2–11]).

[XVI 112, 2] Νόμος Ἰουστινιανοῦ βασιλέως· ἐὰν θυγάτηρ ἔσωθεν τῶν κε΄ ἐτῶν πορνεύσῃ παρὰ γνώμην τῶν γονέων, ἐκπιπτέτω τῆς πατρικῆς κληρονομίας· εἰ δὲ ἄνωθεν, ὡς μὴ θελόντων συνοικῆσαι ἀνδρί, ἐχέτω τὴν κληρονομίαν (cf. Iustin., *Nov.* 115, 3, 11 [CIC III 538]).

[XVI 112, 3] Πνευματικὸς ἑτέρου πνευματικοῦ λύσιν ἢ δέσιν οὐ δύναται.

[XVI 112, 4] Πνευματικὸς πατὴρ ὁ τὴν ἀνθρώπου ἁμαρτίαν προσειπών, ζήτει ὄπισθεν (sic) κεφάλαιον ϟη΄ εἰς μοναχούς (XII 98, 37).

[XVI 112, 5] Πνευματικὸς ὁ τὴν ἐξαγορευθεῖσαν (f. 125r) τοῦ ἀνθρώπου ἁμαρτίαν ἑτέρῳ φανερώσας τὴν φατριά⟨σα⟩σαν γλῶττην ἀνασπασάτω, ἵνα μὴ πλέον προσείπῃ.

[XVII] **Ἀρχὴ τοῦ ρ**

[XVII 113] **Κεφάλαιον ριγ΄**

[XVII 113, 1] **Ῥιπτόντων τὰ βρέφη·** Νηστευτοῦ· τὰς ἐκτιθεμένας τὰ οἰκεῖα βρέφη πρὸς τὰς εἰσόδους τῶν ἐκκλησιῶν ἢ ἀλλαχοῦ ὡς φονευτρίας ὁ νόμος κολάζει, κἄν τινες ἀλλόμενοι ταῦτα περιποιήσωνται (cf. *Synt.* Γ 29 Περὶ γυναικὸς τῆς ἀμελῶς ἐχούσης περὶ τὸ κύημα ἢ ἐκτιθεμένης, Βασιλείου λγ΄, νβ΄ [201, l. 10–13]; *Ioh. Nest. in Armenop., *Epitome canonum* VI, scholium ad *Can.* 52 Basilii [PG 150, 164C = Sakarikos (2020) 176]).

[XVII 113, 2] Νόμος· φονεύει τὸ τικτόμενον … ἔσχεν (*Synt.* Γ 29 Περὶ γυναικὸς τῆς ἀμελῶς ἐχούσης περὶ τὸ κύημα ἢ ἐκτιθεμένης, νόμος [201, l. 15–17]).

[XVIII] **Ἀρχὴ τοῦ σ**

[XVIII 114] **Κεφάλαιον ριδ΄**

[XVIII 114, 1] **Στολὰς ἑλληνικὰς ἤγουν κοντάς·** σύνοδος ς΄, οα΄· τοὺς διδασκομένους … ἀφοριζέσθω (Conc. quinisext., *Can.* 71 [COGD I 275, l. 2111–2122]). στολὰς ἱερωμένων, ζήτει ὄπισθεν (sic) κεφάλαιον ιθ΄ (I 18, 4). περιβεβλημένων ῥάκη, γυνὴ ἢ ἀνήρ, ἀλλάσ(σειν) τὰς στολάς, ζήτει ὄπισθεν (sic) κεφάλαιον ιζ΄ (I 17, 1).

[XVIII 114, 2] **Περὶ διαιρέσεως συγγενείας ἀμέσου·** ἡ συγγένεια γενικὸν ὄνομα οὖσα διαιρεῖται (f. 125v) κατὰ τὴν πρώτην … συναφείας υἱοθεσία (*Synt.* Β 8 Περὶ τῶν τοῦ γάμου βαθμῶν, διαίρεσις τῆς συγγενείας, διαίρεσις τῆς συγγενείας [126]).

[XVIII 115] **Κεφάλαιον ριε΄**

[XVIII 115, 1] **Ἀδελφοποίησις διαμέσου·** ἡ μέντοι ἀδελφοποιΐα … οὐ παρεδέξατο (*Synt.* Β 8 Περὶ τῶν τοῦ γάμου βαθμῶν, διαίρεσις τῆς συγγενείας, περὶ ἀδελφοποιΐας [126–127, l. 4]).

[XVIII 115, 2] Ὁ μὲν Δημήτριος μητροπολίτης Κυζίκου· ἡ ἀδελφοποιΐα ἐπεὶ κατὰ πνεῦμα ἐστὶν ἡ ἀγάπη αὕτη, δεῖ φυλάττεσθαι καὶ κατὰ πνεῦμα. ἀδελφοποιηταὶ καὶ οἱ παῖδες (f. 126r) τούτων καὶ οἱ ἀδελφοὶ ἑκατέρων ἀδελφοποιηταὶ ὁμοίως, καὶ τηρείτω τὸ ἐκκλησιαστικὸν ἔθος. τὸ αὐτὸ καὶ Νικόλαος πατριάρχης Κωνσταντινουπόλεως. ὁ δὲ Σισίνιος πατριάρχης περὶ συντέκνων καὶ ἀδελφοποιητῶν ἔφη· „κωλύεται ὁ ἀνάδοχος ἐκ τῆς συντέκνου καὶ θυγατρὸς καὶ τὰ τούτων τέκνα καὶ οἱ ἀδελφοὶ ἑκάστων, οἱ ἄλλοι δὲ συγγενεῖς πρὸς τὰ τούτων τέκνα οὐ κωλύονται." πάλιν καθ' ὑποδιαίρεσιν … ἀκώλυτα (*Synt.* Β 8 Περὶ ἀδελφοποιΐας [127, l. 5–10]).

[XVIII 115, 3] Σχόλιον· οὐ ποιεῖται καλὴν τὴν ὑποδιαίρεσιν, τὴν μὲν πρώτην καλῶς, τὴν δὲ δευτέραν πάλιν ὁμοίως ποιεῖται τῆς α^{ης}. ἔστι μὲν ἡ α^{η} οὕτως ἢ δευτέρα, ὡς ἐγὼ λάβοιμι (λάβοιμε cod.) τὴν θυγατέρα τοῦ τρίτου μου ἐξαδέλφου, καὶ ἔστιν ἐξ ἑνὸς γένους.

[XVIII 115, 4] Ἡ δὲ θέσις ... (f. 126v) ἐξ αἵματος (*Synt.* Β 8 Περὶ ἀδελφοποιΐας [127, l. 12–19]).

[XVIII 116] **Κεφάλαιον ρις΄**
[XVIII 116, 1] **Περὶ διαιρέσεως τοίνυν καὶ ὑποδιαιρέσεως φύσει καὶ θέσει, ἐξ αἵματος καὶ ἐξ ἀγχιστείας καὶ περὶ τῶν τούτων βαθμῶν τῶν τε ἐξ ἑνὸς γένους διγενείας τε καὶ τριγενείας, θεμιτῶν τε καὶ ἀθεμίτων. περὶ τῶν ἐξ αἵματος συγγενείας·** ἀνιόντες· πρόπαππος, πάππος, πατήρ. διαιρεῖται τοίνυν ... (f. 127r) **περὶ ἀνιόντων καὶ κατιόντων, περὶ τῶν ἐξ αἵματος, ζ΄ βαθμοῦ** (add. inter ἐκωλύετο μὲν et ἐπετιμᾶτο δὲ [128, l. 5]: τοῦτο γὰρ ὁ π α τ ρ ι ά ρ χ η ς Ἀ λ έ ξ ι ο ς συνοδικῶς ἀπεφήνατο τόμῳ κατὰ τὸ{ν} ͵ςφμς΄ ἔτος [6546 = 1037/1038] = Grumel/Darrouzès [1989] Reg. 844[37]), **⟨περὶ⟩ βαθμῶν τῶν ἐξ αἵματος** (f. 127v) **περὶ η΄ βαθμοῦ ἐξ αἵματος** (f. 128r) **περὶ τῶν ἐκ πορνείας γενομένων** (f. 128v) ... τὴν δισεξαδέλφην αὐτῆς (*Synt.* Β 8 Περὶ τῆς ἐξ αἵματος συγγενείας, περὶ ἀνιόντων καὶ κατιόντων, περὶ τοῦ ἐξ αἵματος ἑβδόμου βαθμοῦ, νόμος, περὶ τοῦ η΄ βαθμοῦ ἐξ αἵματος, περὶ τῶν ἐκ πορνείας γεννωμένων, νόμος [127, l. 20–129, l. 24]).

[XVIII 116, 2] Ν ό μ ο ς· νόθος παῖς γενόμενος γνήσιος ... διαθήκης (*Synt.* Κ 12 Περὶ κληρονομίας καὶ ἀποκλήρων υἱῶν ἢ γονέων, νόμοι [325, l. 14–17] = Armenop., *Hexab.* V 67 [Pitsakis (1971) 306]).

[XVIII 116, 3] **Περὶ τῶν ἐξ ἀγχιστείας ἤγουν ἐκ διγενείας ἢ τριγενείας, γάμος, ἡ συγγένεια·** καὶ αὕτη μὲν ἡ τῶν ἐξ αἵματος ... (f. 129r) **Σισινίου ἐν ἔτει ͵ςυϟθ΄** (6499 = 991!, recte ͵ςφε΄ = [21. 2.] 997, Grumel/Darrouzès [1989] Reg. 804[38]) (f. 129v) **βαθμὸς ς΄ ἀκώλυτος, γεγονότα** (sic) **τῷ ͵ςχλς΄ ἔτει** (6636 = 1127/1128[39]), **ς΄ ἀκώλυτος, ς΄ κωλύμενος, ς΄ ἀκώλυτος** (f. 130r) **ς΄ ἀκώλυτος, ς΄ κωλύμενος** (f. 130v) **ζ΄ κωλύμενος, ζ΄ ἀκώλυτος, ζ΄ ἀκώλυτος** (f. 131r) **ὅτι οὐ δεῖ τὸν αὐτὸν δύο δευτέρας ἐξαδέλφας λαβεῖν, ἐξ ἀγχιστείας, διγενείας** (f. 131v) **ἐκ τριγενείας** (f. 132r) **δ΄ ἀκώλυτος, νόμος** (f. 132v) (f. 133r) **γ΄ ἀκώλυτος, δ΄ ἀκώλυτος** (f. 133v) **δ΄ ἀκώλυτος, κωλύμενος** (f. 134r) **κωλύμενος, ἀκώλυτος, ἀκώλυτος, ἀκώλυτος, ἀκώλυτος** (f. 134v) **νομος** ... ζητοῦμεν (*Synt.* Β 8 Περὶ τῶν ἐξ ἀγχιστείας, νόμος, βαθμὸς ἕκτος ἀκώλυτος, ἕκτος κεκωλυμένος, ἕκτος ἀκώλυτος, ἕκτος ἀκώλυτος, ἕκτος κεκωλυμένος, ἕβδομος κεκωλυμένος, ἕβδομος ἀκώλυτος, ἕβδομος ἀκώλυτος, ἕβδομος κεκωλυμένος, ὅτι οὐ δεῖ τὸν αὐτὸν δύο δευτέρας ἐξαδέλφας λαβεῖν, περὶ τῶν ἐκ τριγενείας, τέταρτος βαθμὸς ἀκώλυτος, νόμος, τρίτος ἀκώλυτος, τέταρτος, τέταρτος, τέταρτος, νόμος [129, l. 1–136, l. 2]).

[XVIII 116, 4] **Σταυρὸν ἐν παντὶ ἔργῳ ποιεῖσθαι·** τοῦ ζωοποιοῦ σταυροῦ τὸν τύπον (sic) δεῖ ἀεὶ τοὺς πιστοὺς ἑαυτοὺς σφραγίζειν καὶ ἐν βρώμασι καὶ πόμασιν καὶ ἐν ἤπατι (?, ὕπαρ cod.) καὶ ἐν προσευχῇ καὶ ἐν ὁδῷ καὶ ἐν παντὶ ἔργῳ, σημειούμενος δὲ οὗτος ὁ τύπος μετὰ τῆς δεξιᾶς χειρὸς τῶν τριῶν ἀνωτάτων δακτυλίων ἰσοπαλής (?), ἵνα μὴ

37 Vgl. ebenso in der *Collectio canonica* des Makarios (aufbauend auf dem Syntagma des Blastares), s. Delouis (2017).
38 Siehe auch Delouis (2017) 103.
39 Siehe auch Delouis (2017) 103–104; die Datierung ist damit nicht mehr auf Makarios zurückzuführen.

τῷ τύπῳ καὶ τῷ δόγματι τῶν μονοθελητῶν ἐμπέσοιεν οἱ ὀρθόδοξοι καὶ ἐκβλήθωσιν ἐκ βιβλίου ζώντων.

[XVIII 117] **Κεφάλαιον ριζ΄**

[XVIII 117, 1] **Συμπόσια μὴ γίνεσθαι ἐν ἑορτ(ῇ** vel -αῖς)· ὁ ἐκτελῶν ἁγίων μνήμην καὶ τὴν ἡμέραν ἐκείνην ⟨εἰ?⟩ χορεύσει ἢ τραγῳδήσει, ἄδεκ{ασ}τος ἐστὶν ὁ κόπος αὐτοῦ, ὁμοίως καὶ τῶν ἑτέρων, καὶ χαίρει ἐπ' αὐτοὺς ὁ διάβολος.

[XVIII 117, 2] Ὁ Καρθαγένης ξ΄ κανὼν τὰ ἐν ταῖς μνήμαις τῶν ἁγίων κωλύει συμπόσια γίνεσθαι (f. 135r) καὶ τὰς ἐν τούτοις μυσαρὰς ὀρχήσεις. συμβαίνει γὰρ καὶ τὰς εὐσχήμονας τῶν γυναικῶν διὰ τοῦτο εἰς τὰς ἐκκλησίας μὴ ἀφικνεῖσθαι (cf. Syn. Carth., *Can.* 60 [Joannou I 2, 297–298]), ζήτει ὄπισθεν (sic) λγ΄ κεφάλαιον (III 33, 3).

[XIX] **Ἀρχὴ τοῦ τ**

[XIX 118] **Κεφάλαιον ριη΄**

[XIX 118, 1] **Τὰς τρίχας τῆς κεφαλῆς καὶ τὸν** (τοῦ cod.) **πώγωνα οὐ δεῖ καλλωπίζειν οὐδὲ τοῦ σώματος μεταλλάττει⟨ν⟩**· ὁ (ἡ cod.) ϟς΄ τῆς ς΄ συνόδου κανών· οἱ τὸν Χριστὸν ... (f. 135v) ἐνέσκηψεν (*Synt.* T 9 Ὅτι τὰς τρίχας τῆς κεφαλῆς οὐ δεῖ καλλωπίζειν, συνόδου ἕκτης ϟς΄ [476, l. 3–477]).

[XIX 119] **Κεφάλαιον ριθ΄**

[XIX 119, 1] **Τυμβωρύχων**· τὸν τυμβωρύχον εἰς ι΄ ἔτη ἀκοινώνητον εἶναι δεῖ ὁ ξε΄ τοῦ μεγάλου Βασιλείου κανών. ἡμεῖς δὲ εἰς ἔτος ἓν μετὰ τὴν θ΄ ζηροφαγοῦντα καὶ μετανοίας σ΄ (*Ioh. Nest. in Armenop., *Epitome canonum* V 3, scholium ad *Can.* 66 Basilii [PG 150, 149A = Sakarikos (2020) 164]). ὁ δὲ μέγας Γρηγόριος ... τὴν ἀσχημοσύνην τῆς φύσεως ... οὐδέν ἐστιν (*Synt.* T 10 Περὶ τυμβωρύχων, Γρηγορίου Νύσσης ζ΄ [477, l. 2–478, l. 2, 3–4]). τῷ δὲ ἀφεῖναι ἄταφον τὸ σῶμα ἢ κερδᾶναι τὶ ἐκ τῆς ὕλης θ΄ ἔτη τῆς κοινωνίας εἴργεσθαι.

[XIX 119, 2] Νόμος· οἱ τοὺς νεκροὺς ἐν τάφοις ἐκδύνοντες ἢ ὕλας ἀφαιροῦντες, χειροκοπείσθωσαν (cf. *Synt.* T 10, Περὶ τυμβωρύχων, νόμοι [478, l. 2–3]).

[XIX 119, 3] **Περὶ τόκων**· Βασιλείου ιδ΄· ὁ τόκους λαμβάνων ... ἱερωσύνην (Basil., *Can.* 14 [Joannou II 113]).

[XIX 119, 4] Ὁ δὲ μδ΄ τῶν ἁγίων ἀποστόλων· εἴ τις ἐπίσκοπος ... καθαιρείσθω (*Apostol., *Can.* 44 [Metzger (1987) 288, l. 182–183]). τὸ αὐτὸ καὶ ιζ΄ κανὼν τῆς α΄ συνόδου καὶ ς΄ συνόδου κανὼν ι΄, Λαοδικείας δ΄, Καρθαγένης ε΄ (cf. *Synt.* T 7 Ὅτι τόκους λαμβάνειν ἀπείρηται παντὶ κληρικῷ καὶ περὶ τόκων, ἀποστόλων μδ΄, συνόδου πρώτης ιζ΄, συνόδου ἕκτης ι΄, Λαοδικείας δ΄, Καρθαγένης ε΄ [473–475]).

[XIX 119, 5] Ὁ δὲ Ἰεζεκιὴλ ἐν τοῖς μεγίστοις τῶν κακῶν ... (f. 136v) δεσπότου φιλότιμον, καὶ ὁ Μωυσῆς ἐν τῷ δευτερονομίῳ οὐκ ἐκτοκιεῖς ... ἀδελφῷ σου (*Synt.* T 7 Ὅτι τόκους λαμβάνειν ἀπείρηται παντὶ κληρικῷ καὶ περὶ τόκων, ἀποστόλων μδ΄ [473, l. 8–17, 7–8]).

[XIX 119, 6] Ὁ δὲ Νικηφόρος ὁ πατριάρχης· οὐ χρὴ κοινωνεῖν τοῖς λαμβάνουσιν ... τῇ παρανομίᾳ (cf. *Nicephor., *Can.* 22 [Pitra, Spic. IV (1858) 386]). εἰ ταῦτα ἀφελόμενος

(-μενα cod.) διανέμει{ν} πτωχοῖς καὶ ἐν θείοις ναοῖς, δεχέσθω καὶ κανωνιζέσθω· εἰδοῦν ἕως θανάτου ποιεῖ, οὐδαμῶς εἰς τάφον καλύπτειν μηδὲ μνήμην ποιεῖν αὐτοῦ.

[XIX 119, 7] **Τὸ δὲ περὶ καπηλοποιῶν** (περιμαπηλοποιῶν cod. [μ in cor.?, πη ex λο cor.]) **καὶ ὠνῇ κτωμένων** (?, ὠνοκτήμων cod.) **τῶν ἐνούντων** (?, ἐν- cod.) **καὶ πιπρασκόντων, διότι καὶ κοπιῶσιν ἐν τούτοις καὶ μοχθοῦσιν**· εἰ κοσμικοὶ καὶ ἀγράμματοι εἶεν, συγκεχώρισται διὰ τὸ ἄστατον τοῦ καιροῦ ἤτοι ι΄ νομίσματα, α΄ περιττόν, εἰς (sic) τε οἴνου καὶ ἐλαίου (f. 137r), σίτου καὶ τῶν λοιπῶν. εἰ δὲ περιττὸν ἢ εἰς διπλοῦν κέρδος ἢ ἄνωθεν πολλαπλοῦν, τὸ (τῶ cod.) ὅμοιον (ὁμοίω cod.) παθεῖν τῷ (τὸ cod.) ἄνωθεν τοκιστήν.

[XIX 119, 8] Νόμος· ὁ δὲ πολιτικὸς νόμος ἐπιγινώσκει τόκους ἑκατοστιαίους καὶ ἀπὸ τρίτης ἑκατοστῆς ἤγουν ὑπὲρ ἑκάστης λίτρας νομίσματα ϛ΄, εἰς δὲ τὸ διαπόντιον δάνειον (cf. *Basilicorum* lib. LIII, tit. 5 restitutus, Περὶ δανεισαμάτων διαποντίων [Scheltema/van der Wal [1974] 2455–2457]) ὑπὲρ ἑκάστης λίτρας νομίσματα ιβ΄. τοῖς δὲ θείοις κανόσι τοὺς ἱερωμένους τοκίζειν ἀπείρηται παντελῶς (cf. *Synt.* T 7 Ὅτι τόκους λαμβάνειν ἀπείρηται παντὶ κληρικῷ καὶ περὶ τόκων, νόμοι [475–476]).

[XX] **Ἀρχὴ τοῦ υ**

[XX 120] **Κεφάλαιον ρκ΄**

[XX 120, 1] **Ὕβρεων**· ὁ νε΄ τῶν ἁγίων ἀποστόλων κανών, ἔτι δὲ καὶ νϛ΄· ἐπίσκοπον ὑβρίσας κληρικὸς … ἐλάττονας (*Synt.* Υ 1 Περὶ ὕβρεων, ἀποστόλων νε΄, νϛ΄ [481, l. 2–7]). ὁ δὲ πδ΄· ὁ ὑβρίζων βασιλέα … ἀφοριζέσθω. καὶ Πέτρος ἡ κορυφὴ … πάντων (*Synt.* Β 7 Ὅτι βασιλέα ὑβρίζειν οὐ δεῖ [124, l. 2–4, 5–8]). (f. 137v) ὁ δὲ νζ΄· καὶ ὁ χωλὸν … ὑπόθεσιν (*Synt.* Υ 1 ἀποστόλων νε΄, νϛ΄ [481, l. 10–13]).

[XX 120, 2] Νόμοι· ὁ τὸν βασιλέα ὑβρίζων … ὑποκείσθω τιμωρίᾳ (*Synt.* Β 7 Περὶ βασιλέως, νόμοι [123, l. 2–12]; Armenop., *Epitome canonum* III 3, scholium ad *Can.* 84 apostolorum [PG 150, 113B = Sakarikos (2020) 136]).

[XX 120, 3] **Ἱερέα τύψας**· ἐάν τις τύψῃ ἱερέα ἀναιτίως, χειροκοπείσθω· εἰ δὲ ἐν ἐκκλησίᾳ ἢ ἑορτῇ ἐπιχειρῶν τύψας (sic), ἐξοριζέσθω. εἴ τις τῶν θείων μυστηρίων … ὑπομείνῃ (*Synt.* Υ 1 Περὶ ὕβρεων, νόμοι [481, l. 10–482, l. 8]).

[XX 120, 4] **Υἱοθεσίας**· καὶ οὕτω μὲν τὰ ἐκ τριγενείας … τῶν γονέων κληρονομίαν (*Synt.* Β 8 Περὶ υἱοθεσίας [136, l. 2–6]). τῷ αὐτῷ συμφωνεῖ καὶ Νικόλαος πατριάρχης Κωνσταντινουπόλεως.

[XX 120, 5] Νόμος· φησὶ γὰρ ὁ νόμος … (f. 138v) ἐγγόνην (*Synt.* Β 8 Περὶ υἱοθεσίας, νόμος [137, l. 2–8]).

[XX 121] **Κεφάλαιον ρκα΄**

[XX 121, 1] **Περὶ ἐπιτρόπων καὶ κουρατόρων**· ἐὰν δὲ ὁ ἐπίτροπος … εἰσποιήσαιτο (*Synt.* Β 8 Περὶ υἱοθεσίας, νόμος [137, l. 9–12]). ἡ (ὁ cod.) δὲ κδ΄ νεαρὰ τοῦ βασιλέως Λέοντος … (f. 139r) καλεῖσθαι (ibid., νεαρά [137, l. 2–11]).

[XX 121, 2] **Περὶ ἐπιτρόπου καὶ ⟨ἀ⟩φηλίκων**· οὐδὲ ὁ ἐπίτροπος τὴν ὀρφανὴν … τῆς θυγατρὸς αὐτῆς γαμηθῆναι (*Synt.* Β 8 Περὶ ἐπιτρόπου καὶ ἀφηλίκων [139, l. 2–9]).

[XX 121, 3] Νόμοι· οἷον ὁ κατηγορηθεὶς μοιχὸς ... ταύτην μοιχεύειν ἦν (*Synt.* Β 8 Περὶ τῶν κεκωλυμένων γάμων καὶ χωρὶς συγγενείας [139, l. 3–7]). ἐπὶ μὲν γὰρ τῶν ἐξ αἵματος καὶ ... τὸ εὐπρεπές (*Synt.* Β 8 Περὶ ἐπιτρόπων καὶ ἀφηλίκων, νόμος [140, l. 4–8]).

[XX 122] **Κεφάλαιον ρκβ΄**

[XX 122, 1] **Περὶ τοῦ ἁγίου βαπτίσματος ἀναδοχῆς, ἐν ᾧ καὶ περὶ ἀναδεχομένου·** σύνοδος ς΄, κανὼν νγ΄· ἡ δὲ ἀπὸ τοῦ ἁγίου βαπτίσματος ... κρίνεται (*Synt.* Β 8 Περὶ τῆς ἀπὸ τοῦ ἁγίου βαπτίσματος ἀναδοχῆς, συνόδου ἕκτης νγ΄ [138, l. 3–13]).

[XX 122, 2] Νόμος· ὁ δὲ νόμος φησίν· ὁ μέντοι ... (f. 140r)(f. 140v) τῆς γυναικὸς αὐτοῦ διαζεύγνυται (*Synt.* Β 8 Περὶ τῆς ἀπὸ τοῦ ἁγίου βαπτίσματος ἀναδοχῆς, νόμος [138, l. 2–139, l. 12]).

[XXI] **Ἀρχὴ τοῦ φ**

[XXI 123] **Κεφάλαιον ρκγ΄**

[XXI 123, 1] **Φόνων ἑκουσίων καὶ ἀκουσίων, τοῦ θυμικοῦ τῆς ψυχῆς·** Ἰωάννου Νηστευτοῦ· τὸν ἀνδροφόνον ὁ μέγας ... ἐξοστρακίζει (cf. Matth. Blast., *Canon. Ioh. Nest.*, Περὶ τοῦ θυμικοῦ τῆς ψυχῆς μέρους, περὶ φόνου [RP IV 442, l. 3–5]) δ΄ ἔτη ἔξω τῆς θύρας ἑστὼς καὶ προσκλαίων ... ι΄ ἔτη (*Synt.* Φ 5 Περὶ φόνων ἑκουσίων καὶ ἀκουσίων, Βασιλείου [487, l. 26–488, l. 1]). ἡμεῖς δέ, φησί, τριετῆ χρόνον, εἴ γε μέχρις ἑσπέρας νηστεύει{ν}, μετὰ ξηροφαγίας καὶ μετανοίας. ὁ δὲ αὐτόχειρ ἀκροτάτῃ χρῆται ξηροφαγίᾳ καὶ μεταν(οίαις) τ΄ καθ' ἑκάστην (cf. Matth. Blast., *Canon. Ioh. Nest.*, Canon., Περὶ τοῦ θυμικοῦ τῆς ψυχῆς μέρους, περὶ φόνου [RP IV 442, l. 6–9]). ὁ δὲ κγ΄ τῆς Νεοκαισαρείας (sic) τοὺς ἑκουσίως (f. 141r) ⟨ἐν τῷ τέλει τοῦ βίου: Synt.⟩ τῆς κοινωνίας ἀξιοῖ (cf. *Synt.* Φ 5, Ἀγκύρας κβ΄, κγ΄ [488, l. 6–7]). τοὺς δὲ ἀκουσίως ἐν κβ΄ κεφαλαίῳ (sic) ζ΄ ἔτη. ὁ δὲ ἐν Ἀγκύρᾳ κβ΄ τὸν ἑκούσιον φόνον ζ΄ ἔτη κελεύει, τὸν δὲ ἀκούσιον ε΄ ἔτη (cf. ibid. [488, l. 2–5], sed explicatio haec illi decreto non convenit). ἐν δὲ τῷ μγ΄ τοῦ μεγάλου Βασιλείου, ὅστις ... ἠμύνατο (ibid., Βασιλείου [487, l. 23–24]).

[XXI 123, 2] **Τόπος τῶν μετανοούντων·** τόπος τῶν μετανοούντων εἰς δ΄ τάξεις εἰσίν· ... ἐκδέξηται κοινωνίας (Syn. Μ 6 Περὶ τῶν τῆς μετανοίας τόπων [363, l. 2; 363, l. 4–6; 363, l. 7–364, l. 2; 364, l. 3–6]).

[XXI 123, 3] (f. 141v) Τοὺς ἐν πολέμῳ φονεύσαντας τριῶν ἐτῶν (sic) τῆς {ἐν} κοινων(ίας) ἀπείργει ἐν τῷ ιγ΄ κανόνι ὁ μέγας Βασίλειος (*Synt.* Λ 7 Περὶ τῶν λῃστὰς ἀναιρούντων, Βασιλείου νε΄ [353, l. 3–4]).

[XXI 123, 4] Νόμος· ὁ τὸν ἐπελθόντα ... ἀναμένειν βοήθειαν (*Synt.* Λ 7 Περὶ τῶν λῃστὰς ἀναιρούντων, νόμοι [354, l. 2–4]).

[XXI 124] **Κεφάλαιον ρκδ΄**

[XXI 124, 1] **Εἰ ἐν πάλῃ τεθνήξει τὶς·** τὸν δὲ παλαίοντα καὶ πεσόντα, εἰ θάνῃ, ἢ φεύγοντα μὴ εἶναι φόνον ὁρίζομεν.

[XXI 124, 2] **Περὶ τοῦ κλέπτοντος καὶ ἀποθανόντος, ἤγουν ⟨ἐὰν?⟩ πιασθῇ καὶ συμπλακῇ μετ᾽ ἄ⟨λ⟩λου·** εἰ δὲ κλέπτων τὶς, εἰ μὲν συλληφθεὶς ὑπὸ τῶν συλληφθέντων (sic) φονευθῇ, ἑκούσιος ἐστὶ φόνος· εἰ δὲ φεύγων, ἀκούσιος λέγεται· εἰ δὲ ῥάπισμα μόνον λάβῃ καὶ μεθ' ἡμέρας ς΄ τελευτήσῃ, τὰ ἡμίση τῶν ἀκουσίως ἐπιτιμάσθω· εἰ δὲ καὶ αὐτὸ⟨ς⟩ ἀντιμάχηται (-εται cod.) καὶ βάλλῃ (-λλει cod., sed cf. coniunctivos sequentes) κατὰ τοῦ φερομένου τὰ ἴδια ἢ καὶ πληγὰς ἐπιθῇ καὶ αὐτὸς ἀντιτυπόμενος θάνῃ, οὐκ ἔστι (f. 142r) φόνος, ἀλλ' οὐδὲ χρὴ ὀνομάζεσθαι.

[XXI 125] **Κεφάλαιον ρκε΄**

[XXI 125, 1] **Περὶ τῶν φθειρουσῶν γυναικῶν τὰ ἔμβρυα κατ' ἐπιτήδευσιν**· τὴν οὕτω ποιήσασαν φόνου δίκην ἐπέχειν ἐν τῷ β΄ καὶ η΄ κεφαλαίῳ (sic) φησὶν ὁ μέγας Βασίλειος. ἡμεῖς δὲ μέχρις ἐτῶν ε΄ ἢ γ΄ τὸ πλεῖστον οἰκονομεῖσθαι ταύτας ὁρίζομεν. ἡ δὲ ποτὸν ποιοῦσα ἔτη β΄, μετανοίας π΄ (cf. *Synt.* Φ 8 Περὶ τῶν φονευουσῶν γυναικῶν διὰ φαρμάκων τὰ ἔμβρυα, Βασιλείου β΄ [493, l. 199–200]). ὁ ͵κα΄ τῆς ς΄ συνόδου κανὼν φόνου δίκας ... προσαπολλύουσιν (ibid., συνόδου ἕκτης ͵κα΄ [199, l. 2–9]). ὁ δὲ κα΄ τῆς ἐν Ἀγκύρᾳ ... μετάνοιαν (ibid., Ἀγκύρας κα΄ [199, l. 2, 3–5]) (ad totum cf. etiam Matth. Blast., *Canon. Ioh. Nest.*, Περὶ τοῦ θυμικοῦ τῆς ψυχῆς μέρους, περὶ φόνου [443, l. 1–6]). Νηστευτοῦ· ἡ δὲ ἀκουσίως ... δέχεται (ibid., [443, l. 6–7]) τὰς τρεῖς νηστεύων (sic) τῆς ἑβδομάδος.

[XXI 126] (f. 142v) **Κεφάλαιον ρκς΄**

[XXI 126, 1] Ἐὰν γυνὴ φεγγαρίων τριῶν ἀποβάλληται, να στήκ(ῃ) ἐν φόβῳ, νηστεύων (sic) κρέας καὶ τυρὸν μῆνας δ΄, τὰς γ΄ τῆς ἑβδομάδος ξηροφαγῶν (sic) καὶ τότε μεταλαμβάνει ἀκωλύτως. ἐὰν γένηται ἐξεπίτηδες τίποτε καὶ φανῇ, ὅτι προσέκρουσεν ἡ γυνὴ καὶ ἔνι φεγγαρίων δ΄ ἢ ε΄ καὶ ἀποβάλλεται, νηστεύει κρέας καὶ τυρὸν ἡμέρας κε΄· εἰ δὲ ἔστιν ζ΄ φεγγαρίων, νηστεύει ἡμέρας μ΄ καὶ τὰς γ΄ τῆς ἑβδομάδος ξηροφαγείτω· εἰ δὲ ἔνι πλέον φεγγαρίων καὶ πλεόνων ἡμερῶν, μετανοίας, ὅσας δόξει τῷ πνευματικῷ κατὰ δύναμιν αὐτῆς, τὴν κοινωνίαν ἔτος ἓν καὶ λειτουργίας β΄.

[XXI 126, 2] Νηστευτοῦ· ἡ δὲ τῷ βρέφει κοιμωμένη ... δίδωσι δίκην (Matth. Blast., *Canon. Ioh. Nest.*, Περὶ τοῦ θυμικοῦ τῆς ψυχῆς μέρους, περὶ φόνου [443, l. 8–17]; *Ioh. Nest. in Armenop., *Epitome canonum* VI, scholium ad *Can.* 52 Basilii [PG 150, 164C = Sakarikos (2020) 176]).

[XXI 126, 3] (f. 143r) Εἰ δὲ καύσει αὐτὸ ἐξ ἀπροσεξίας, ἔτος ἓν μετανοίας ν.

[XXI 126, 4] Εἰ δὲ τύπτουσα τοῦτο τελευτήσει, τὸ τῶν φονέων ἐπιτίμιον ἐπιτιμάσθω.

[XXI 126, 5] Εἰ δὲ διὰ οἶστρον τὰ ἑαυτῆς θανατώσει τέκνα, ἤγουν διὰ μανίας καύσει, ὥρισεν ἡ ἁγία σύνοδος εἰς τῶν κατηχουμένων ἵστασθαι τόπον, αἰτοῦσα συγγνώμην καὶ πᾶσι τὸ αὐτῆς ἁμάρτημα ποιοῦσα κατάδηλον.

[XXI 126, 6] Ὁ δὲ λγ΄ τοῦ μεγάλου Βασιλείου ... ἐπηρείας (*Synt.* Γ 29 Περὶ γυναικὸς τῆς ἀμελῶς ἐχούσης περὶ τὸ κύημα ἢ ἐκτιθεμένης, Βασιλείου λγ΄, νβ΄ (200, l. 2–201, l. 9]).

[XXI 126, 7] Νόμος· φονεύει τὸ τικτόμενον ... τρέφων (*Synt.* Γ 29 Περὶ γυναικὸς τῆς ἀμελῶς ἐχούσης περὶ τὸ κύημα ἢ ἐκτιθεμένης, νόμος [201, l. 2–3]).

[XXI 126, 8] Πέτρου χαρτοφύλακος· περὶ τῶν θανέντων βρεφῶν πολλῆς ἐρευνήσεως δεῖ (δὴ cod.) τῷ πνευματικῷ (τὸν πνευματικὸν cod.), εἰ καὶ ἐγένετο ἀπὸ καταφρονήσεως τῶν γονέων ἢ ἐξ ἄλλης τινὸς αἰτίας ἢ θελόντων τῶν αὐτῶν ἢ μὴ θελόντων (f. 143v) ἢ ἀσθενούντων καὶ μὴ περιποιεῖσθαι αὐτὸ δυναμένων ἢ ἀπὸ ἀμελείας τῶν ὑποχειρίων ἢ τοῦ νηπίου ἀσθενοῦντος καὶ εἰ ἐκκλησιασμένον ἦν ἢ βαπτισμένον ἢ τυχὸν ἀβάπτιστον· καθὼς εὕροι (?, εὕρη cod.) ὁ πνευματικὸς πατήρ, οὕτως καὶ δικρινάτω, ἀλλὰ καὶ τὴν δύναμιν καὶ τὴν προαίρεσιν τῶν προσερχομένων σκοπείτω, εἰ δύνα⟨ν⟩ται τέλειον δέξασθαι τὸ ἐπιτίμιον καὶ οὐ ἀ⟨πο⟩δυσπετοῦσιν. τοῖς γὰρ μικροψύχοις δέον ἐστὶν ἐπιμετρεῖν τὸ ἔλεον, ἵνα μὴ χεῖρον τὸ σχίσμα γένοιτο. τὰ γὰρ κρίματα τοῦ θεοῦ ἄβυσσος πολλή (Ps. 35, 7), ἡμῖν δὲ ἀπαιτεῖται προνοεῖν τὸ ἐν τοῖς νηπίοις τὸ ὀφειλόμενον.

[XXI 127] **Κεφάλαιον ρκζ΄**

[XXI 127, 1] **Φονεύσας τὴν ἑαυτοῦ γυναῖκα, ἐκ σου ἢ ἀκουσίως ἢ μετὰ μοιχοῦ**· εἴ τις τὴν ἑαυτοῦ γυναῖκα φονεύσει, ἑτέραν μὴ λαμβανέτω, ποιῶν καὶ τοῦ φονέως ἐπιτίμια.

[XXI 127, 2] Εἰ δὲ διά τινα αἰτίαν τύψας αὐτὴν ἀκουσίως τελευτήσει – πολλακὶς γὰρ καὶ διὰ πυγμῆς ἢ ἀκοντίσματος συμβαίνει –, τὰ τρίτα τῶν φονέων ἐτάξαμεν.

[XXI 127, 3] Εἰ δέ τις μεθ᾽ ὅρκον μοιχευομένην τὴν ἑαυτοῦ εὑρήσει γυναῖκα καὶ τοὺς δύο ἀναιρεῖ⟨ν⟩ ἅμα, ν ό μ ο ς αὐτὸν (-τῷ cod.) οὐ κρίνει. (f. 144r) (an deest pars sententiae, quae deinde explicatur?) ἐπικατάρατος γὰρ ὁ θυμὸς αὐτοῦ (cf. Gen. 49, 7; Macc. 2, 19).

[XXI 127, 4] ⟨Χ ρ υ σ ο σ τ ό μ ο υ⟩· ἐν τῇ πρὸς Θεόδωρον ἐπιστολῇ· ὅτι οὐ χρόνων ποσότητι … κρίνατε (Ioh. Chrysost., *Ad Theodorum lapsum*, lib. I 6 [Dumortier (1966) 108, l. 60–110, l. 61]).

[XXII] **Ἀρχὴ τοῦ χ**

[XXII 128] **Κεφάλαιον ρκη΄**

[XXII 128, 1] **Χριστιανοὺς οὐ δεῖ βαλλίζειν** (βλακίζειν cod.) … ἀριστᾶν (Syn. Laod., *Can.* 53 [Joannou I 2, 151, l. 16–18]; cf. *Synt.* Γ 7 Ὅτι τοὺς εἰς γάμον ἀπιόντας Χριστιανοὺς οὐ δεῖ παιγνίοις προσέχειν, Λαοδικείας νγ΄ [163]) καὶ ἐξέρχεσθαι, ζήτει ὄπισθεν (sic) κεφάλαιον ριζ΄ (XVIII 117) καὶ λγ΄ (III 33, 2–3) κεφάλαιον περὶ ὀρχησμάτων.

[XXII 129] **Κεφάλαιον ρκθ΄**

[XXII 129, 1] **Χειροτονία ἐπισκόπων, ἱερέων καὶ διακόνων**, ζήτει κεφάλαιον ξ΄ (V 60). **χειροτονία ἀνεξέταστος**, ζήτει κεφάλαιον ξζ΄ (V 67). **πότε χειροτονεῖται δοῦλος**, ζήτει κεφάλαιον πγ΄ τῶν ἁγίων ἀ π ο σ τ ό λ ω ν πβ΄ (X 83, 8). **χειροτονία ἀναγνωστῶν, εἰ καὶ δύο γυναῖκας λάβῃ**· ὁ λγ΄ τῆς ς΄ σ υ ν ό δ ο υ, μηδείς, φησιν, κουρᾶς … ὑποβάλλεσθαι (*Synt.* Α 6 Περὶ ἀναγνωστῶν, συνόδου ἕκτης λγ΄ [80, l. 2–5]), ζήτει ὄπισθεν (sic) ϟδ΄ κεφάλαιον (XII 94).

[XXII 129, 2] Ἀναγώστης χειροτονείσθω … βαθμόν (*Synt.* Χ 21 Περὶ χειροτονίας ἀναγνωστῶν, νόμος [506, l. 2–507, l. 4]).

[XXII 129, 3] (f. 144v) Ν ό μ ο ς· ἡ δὲ Ἰ ο υ σ τ ι ν ι ά ν ε ι ο ς ν ε α ρ ὰ κελεύει … γένοιτο (*Synt.* Α 6 Περὶ ἀναγνωστῶν, νόμος [80, l. 2–3]; Armenop., *Epitome canonum* III 2, scholium ad Can. 26 apostolorum [PG 150, 104A = Sakarikos (2020) 127]).

[XXII 129, 4] Λ α ο δ ι κ ε ί α ς κθ΄· ὅτι οὐ δεῖ Χριστιανοὺς ἰουδαΐζειν … παρὰ Χριστῷ (Syn. Laod., *Can.* 29 [Joannou I 2, 142]; cf. etiam *Synt.* Κ 37 Ὅτι ἐν κυριακῇ οὐ δεῖ ἐργάζεσθαι [348], referens ad cap. 3 [recte 4] litterae I [310]).

[XXII 129, 5] **Χριστιανῶν ἀργίαι{ς} πότε**· ν ό μ ο ς· χρὴ πάντας ἀργεῖν ἀπὸ τῶν ἔργων τῇ ἡμέρᾳ τῆς κυριακῆς, καθὼς οἱ Ἰουδαῖοι τῷ σαββάτῳ. ἀργῶσι (sic) δὲ καὶ αἱ τέχναι πᾶσαι τῶν μεγάλων ἁγίων (sc. ταῖς ἡμέραις) ἄνευ τῶν γεωργῶν [in marg. manus posterior add.: ἤγουν ἡμέρας ἀργὰς τῶν γεωργῶν, ἅπασαι ἡμέραι ὅλου τοῦ ἐνιαυτοῦ ⟨τ⟩ξδʹ]. οἱ γὰρ γεωργοὶ οὐκ ἀργ(οῦσι) πάρεξ τοῦ Χριστοῦ καὶ τῆς θεοτόκου σὺν ταῖς κυριακαῖς (cf. *Synt.* Κ 37 Ὅτι ἐν κυριακῇ οὐ δεῖ ἐργάζεσθαι, νόμοι [349, l. 6–9]).

[XXII 129, 6] **Χείλεσι μιανθέντος πρεσβυτέρου ἢ διακόνου**· διάκονος χείλεσιν μιανθεὶς … καθαιρεθήσεται (cf. *Synt.* Π 16 Περὶ τοῦ πορνεῦσαι ἐπιθυμήσαντος καὶ μὴ πράξαντος, Νεοκαισαρείας δʹ, θʹ, ιʹ [438, l. 7–12]).

[XXII 130] **Κεφάλαιον ρλʹ**

[XXII 130, 1] **Χριστιανὸς** (-ον cod.) **μὴ πωλήσῃ** (πουλ- cod.) **Χριστιανόν**· Χρυσοστόμου· ὁ ψυχοπράτ{τ}ης ὅπου πωλῶν (πολῶν cod) [in marg. manus posterior add.: ὅπου πολ[ή]σ[η?] Χριστιανὸς Σκλάβον] καὶ ὁμοφύλους εἴτε εἰς (f. 145r) βαρβάρους ἢ εἰς ἐθνικοὺς ἀλλοφύλους, ἔστω ἀκοινώνητος ιεʹ ἔτη, μετανοίας μʹ τὸ πρωὶ καὶ ἑσπέρας ὁμοίως, ἀντίδωρον λαμβανέτω ἀπὸ πάσχα εἰς πάσχα.

[XXII 130, 2] **Χωρίζονται τὰ ἀδρόγυνα, ⟨ἐκ ποί⟩ων** (ὡν cod.) **αἰτιῶν** [in marg.: χωρισμ(ὸς?) ἀνδρογύνων]· νόμος· αἱ αἰτίαι τῆς γυναικός· καὶ ὁ μὲν ἀνὴρ πέμπει ῥεπούδι⟨ον⟩ … (f. 145v) τοῦ σοφοῦ. αἱ αἰτίαι τοῦ ἀνδρός· ἡ δὲ γυνὴ πέμπει ῥεπούδιον … (f. 146r) … ἀπολυθεῖσαν μοιχᾶται (*Synt.* Γ 13 Ὁ γάμος ἐκ ποίων αἰτιῶν λύεται, νόμος, αἱ αἰτίαι τῆς γυναικός, αἱ αἰτίαι τοῦ ἀνδρός [176, l. 2–177, l. 24]).

[XXIII] **Ἀρχὴ τοῦ ψ**

[XXIII 131] **Κεφάλαιον ρλαʹ**

[XXIII 131, 1] **Ψηλαφούμενοι ἑαυτούς, Γερμανοῦ πατρίαρχου**· Οἱ (ὑ cod.) ἰδίᾳ ψηλαφούμενοι ἑαυτούς, μʹ ἡμέρας λειπέτωσαν τῆς κοινωνίας καὶ μεταν(οίας) ρʹ.

[XXIII 131, 2] **Περὶ ψευδομένου**· Πέτρου χαρτοφύλακος· τὸν ψεύστην (sic) εἰ μὲν ἑκουσίως ἐψεύσατο, ἐπιτιμάσθω μεταν(οίας) ρνʹ, ἵνα τῆς κακῆς (f. 146v) παύσηται συνηθείας καὶ ὅτι γέγραπται· „καὶ περὶ ἀργοῦ λόγου λόγον δώσεις" (cf. Mt. 12, 36). εἰ δὲ ἄκων, ἀνεύθυνος, ἐπεὶ (ἐπί cod.) τινες προστασ⟨σ⟩όμενοι {δέ, εἰ (δεῖ?)} τοῦτο ποιοῦσιν.

[XXIII 131, 3] Ἰωσήφ· εἰ δὲ ἐπί τε ῥαδιουργίᾳ, ὡς καταψεύσηταί τινος, ἢ κατακρίνῃ (?, κατακρίνην cod.) ἢ μέμψιν ἐπάξει (?, ἐπάξῃ?) ἢ τὶ τῶν σωματικῶν κερδανεῖ (?, κερδάνῃ?), ἐπιτιμάσθω τῶν ἐπιόρκων τὸ ἥμισυ. εἰ δὲ σὺν ὅρκῳ ἐψεύσατο, τῷ τῆς ἐπιορκίας ἐκπίπτει (sic) ἐγκλήματι.

[XXIII 132] **Κεφάλαιον ρλβʹ**

[XXIII 132, 1] **Ἐπιορκίας**· τοὺς δ' ἐξ ἀνάγκης ἐπιορκήσαντας … ἀφίστασθαι ταύτης (cf. *Synt.* Ε 32 Περὶ ἐπιορκίας, Βασιλείου ιʹ [290, l. 6–10]).

[XXIII 132, 2] Ἰωάννου Νηστευτοῦ· ἡμεῖς δὲ ἕνα χρόνον δεῖν ᾠήθημεν (ἠώθημεν cod.) τὴν κοινωνίαν αὐτοὺς ὑπερτίθεσθαι, μετὰ τὴν θʹ ξηροφαγοῦντας καὶ μετανοίας σνʹ καθ' ἑκάστην ποιοῦντας (*Ioh. Nest. in Armenop., *Epitome canonum* V 3, scholium ad *Can.* 64 Basilii [PG 150, 148C–D = Sakarikos (2020) 164]).

[XXIII 132, 3] Ἐρώτησις τοῦ Ἀντιόχου πρὸς τὸν μέγαν Ἀθανάσιον, ρβ´ (sic ex corr., ρκ´ a. c. ut videtur) κεφάλαιον· ἐρώτησις· ἐάν τις ἄρχων φανῇ ἀπὸ θυμοῦ ... (f. 147r) κολάζεται (*Athanasios, *Quaest. 130 ad Antiochum ducem* [PG 28, 680A–B]).

[XXIII 132, 4] Νόμος· ὅρκος ἐστὶν ... τὴν ἀλήθειαν (*Synt.* E 32 Περὶ ἐπιορκίας, νόμοι [293, l. 19]).

[XXIII 132, 5] Ὁ δὲ ἐπίορκος γλωσσοκοπείσθω (cf. Leon III. und Konstantinos V., *Ecloga* 17, 2 [Burgmann (1983) 226, l. 772]).

[XXIII 132, 6] Τοῦ θεολόγου· ὅρκον ⟨δὲ⟩ {ἔκ}φευγε, κἂν δικαίως {δὲ} ὀμνύῃς (Menander, *Sententia* 592 [Jäkel (1964) 67]). ἄρνησις δὲ θεοῦ ἡ ψευδορκία. ὁ νόμος φησίν, οὐκ ἐπιορκήσεις (Mt. 5, 33). σὺ δὲ ὀμη (sic, μὴ vel μὴ ὄμνυε?) τὴν ἀρχήν, οὐ μικρόν, οὐ μεῖζον, ὡς τοῦ ὅρκου τὴν ἐπιορκίαν τίκτονος (Gregor. Naz., Orat. 45, in sanctum pascha 17 [PG 36, 648B]).

[XXIII 132, 7] Τρίτ(η vel -την) νηστ(εύειν)· περί τινος ὀμόσαντος τὴν τρίτην νηστεύειν ... (f. 147v) καὶ πνευματικῆς σωφροσύνης (*Synt.* E 32 Περί τινος ὀμόσαντος τὴν τρίτην νηστεύειν [292, l. 2–13]).

[XXIV] **Ἀρχὴ τοῦ ω μεγάλου**

[XXIV 133] **Κεφάλαιον ρλγ´**

[XXIV 133, 1] Ὡράριον ἐκλήθη ... ἐπιτηροῦντες εὐχάς (*Synt.* E 9 Περὶ ἐνδυμάτων ἁρμοδίων τοῖς ἱερωμένοις, Λαοδικείας κβ', κγ' [252, l. 14–17]).

[XXIV 133, 2] **Συμβουλὴ νόμου πρὸς τοὺς δεσμεῖν καὶ λύειν**· ὥρισεν ὁ νόμος καὶ οἱ πατέρες ἐκύρωσαν· κρεῖσσον ... κολάζεσθαι (*Synt.* Δ 8 Περὶ τῶν ἐν τοῖς δικαστηρίοις κατηγόρων, νόμοι [227, l. 2–3]).

[XXIV 133, 3] Πέτρος πρὸς Κλήμεντα· διὸ μεταδίδωμι αὐτῷ ... οὖν ἀκούσατε (Clementina, *Epistula Clementis ad Jacobum* 2, 4 [Rehm/Strecker [³1992] 7, l. 1–4]).

[XXIV 133, 4] Ἕτερον τοῦ Χρυσοστόμου πρὸς αὐτοὺς ὡς ἀπὸ προσώπου τοῦ Χριστοῦ πρὸς τὸν Πέτρον μετὰ προστάξεως· Ἰωσήφ· ὡραῖον πάνυ ῥησίδιον ὡς ἐκ προσώπου τοῦ Χριστοῦ πρὸς τὸν τῶν ἀποστόλων πρώτιστον Πέτρον ὁ μέγας ἔφη Χρυσόστομος· τοὺς λύειν καὶ δεσμεύειν ἐξουσίαν λαβόντας δια(f. 148r)φωνούμενος, ὅπως τὰ πρὸς αὐτοὺς ἐρχόμενα μεγάλῃ κρίσει καὶ νίψει τοῦ νοὸς κρίνωσι καὶ ὡς δόκιμοι ψυχῶν ἰατροὶ τοὺς προσερχομένους εὖ μά{λ}λιστα θεραπεύωσιν, ὡς μήτε τὰς οὐλὰς τῶν θραυμάτων ἀνιατρεύτους ἐᾶν μήτε μὴν τοῖς νοσοῦσι λυπεῖν τῇ αὐτῶν αὐστηρότητι, καὶ φησίν· (in marg.: Χρυσοστόμ[ου]) βλέπε, Πέτρε, πῶς ἐκπαιδεύεις· ἐννοῶν τὰ πταίσματα συμπενθεῖν [συμπάθει Rom. Mel.] τὰ πάντα, μὴ καταβαρύνῃς (cf. Roman. Melod., *Cant.* 47, 5, l. 4–6 [Grosdidier de Matons [1981] 94–96]) τὸ πνεῦμα διὰ πλῆθος ἁμαρτιῶν καὶ στερήσῃς τὸν μισθὸν τοῦ κυρίου. μετὰ σοφίας γὰρ οἰκοδομεῖται οἶκος καὶ λυπήσεις τὸν πρὸς σὲ ἐρχόμενον καὶ λυπήσεις τὸ πνεῦμα, ὅτι ὁ κύριος εἶπε· „τὸν ἐρχόμενον πρός με, οὐ μὴ ἐκβάλλω ἔξω“ (Ioh. 6, 37), ἤγουν τὸν ἐξ ἀπορίας ἐρχόμενον.

[XXIV 133, 5] Ἰωάννου Ἱεροσολύμων· βλέπε, ἵνα μὴ συγκαταβαίνῃς πολλὰ ὡς πατήρ. ἐρώτα, ὦ πνευματικέ, τὸν ἄνθρωπον λεπτομερῶς καὶ τὴν δύναμιν καὶ τὴν παραδύ(ναμιν?) αὐτοῦ καὶ οὕτως δίδε (sic) τὸν κα(θ)α(ρισμὸν) καὶ κατὰ τὴν ἡλικίαν πράττε, ᾧ πρέπει πᾶσα δόξα, τιμὴ καὶ προσκύνησις, σὺν τῷ ἀνάρχῳ αὐτοῦ πατρὶ καὶ τῷ συνάρχῳ {αὐτοῦ υἱῷ σὺν} ἁγίῳ πνεύματι νῦν καὶ ἀεὶ καὶ εἰς τὰς αἰῶνας τῶν αἰώνων, ἀμήν.

Abkürzungen

COGD: Giuseppe Alberigo (Hg.), *Conciliorum Oecumenicorum Generaliumque Decreta I, The Oecumenical Councils from Nicaea I to Nicaea II (325–787)*, Turnhout 2006.

Joannou I 2: Périclès-Pierre Joannou, *Fonti*, fascicolo IX, *Discipline générale antique (IVe–IXe s.)*, t. I, 2, *Les canons des Synodes Particuliers*, Grottaferrata 1963.

Joannou II: Périclès-Pierre Joannou, *Fonti*, fascicolo IX, *Discipline générale antique (IVe–IXe s.)*, t. II, *Les canons des Pières Grecs*, Grottaferrata 1963.

LBG: Erich Trapp *et al.* (Hgg.), *Lexikon zur Byzantinischen Gräzität*, Bd. I–VIII, Wien 1994–2017.

PG: Patrologia Graeca.

PLP: Erich Trapp und Hans Veit Bayer (Hgg.), *Prosopographisches Lexikon der Palaiologenzeit*, 12 Bde. (teilweise aktualisierte CD ROM-Version Wien 2001).

PmbZ: Ralph-Johannes Lilie *et al.*, *Prosopographie der Mittelbyzantinischen Zeit*, Berlin 1998–2013, online-Version: https://doi.org/10.1515/pmbz. (Stand 11.03.2024)

RP: Georgios A. Rhalles und Michael Potles, *Σύνταγμα τῶν θείων καὶ ἱερῶν κανόνων*, tom. I–VI, Athen 1852–1859 (Nachdr. 1966).

Synt.: Matthaios Blastares, Σύνταγμα κατὰ στοιχεῖον, in: RP VI.

Literaturverzeichnis

Almazov (1903): Aleksandr Ivanovich Almazov, *Neizdannye kanoničeskie otvěty Konstantinopol'skago patriarcha Luki Chriszoverga i mitropolita Rodosskago Nila*, Odessa.

Apostolopoulos (2013): Dimitris G. Apostolopoulos, „‚Σύνταγμα κατὰ στοιχεῖον auctum' (1400 ci.). Ἕνα χειρόγραφο ἀντίγραφο στὴν Κωνσταντινούπολη στὸ δεύτερο μισὸ τοῦ 16ου αἰώνα", in: Vassiliki A. Leontaritou, Kalliopi A. Bourdara und Eleftheria Sp. Papagianni (Hgg.), *Anticessor. Festschrift für Spyros N. Troianos zum 80. Geburtstag*, Athen, 71–81.

Arranz (1993): Miguel Arranz S. J., *I Penitenziali Bizantini. Il Protokanonarion o Kanonarion Primitivo di Giovanni Monaco e Diacono e il Deuterokanonarion o „Secondo Kanonarion" di Basilio Monaco* (Kanonika 3), Rom.

Beneševič (1904): Vladimir Nikolajevič Beneševič, „Svěděnïja o grečeskich rukopisjach kanoničeskago soderžanïja v bibliotekach monastyrej Vatopeda i Lavry Sv. Athanasïja na Athoně", in: *Vizantijksij Vremennik* 11/2 (1904) 8–13 (Epitimia des Sisinios).

Beneševič (1909): Vladimir Nikolaevič Beneševič, *Otvěty Petra Chartofilaksa (konca XI věka)* (Mémoires de l'Académie Impériale des Sciences de St.-Pétersbourg 8, 14), St.-Petersburg.

Burgmann (1982): Ludwig Burgmann, *Ecloga. Das Gesetzbuch Leons III. und Konstantinos' V.* (Forschungen zur byzantinischen Rechtsgeschichte 10), Frankfurt a. Main.

Catalogue (1808): *A Catalogue of the Harleian Manuscripts in the British Museum*, vol. III, London.

Darrouzès (1973): Jean Darrouzès, „Les réponses canoniques de Jean de Kitros", in: *Revue des Études Byzantines* 31, 319–334.

Delehaye (1902): Hippolyte Delehaye, *Synaxarium Ecclesiae Constantinopolitanae e codice Simondiano* (Propylaeum ad Acta Sanctorum Novembris), Brüssel.

Delouis (2017): Olivier Delouis, „La Collection canonique du hiéromoine Macaire retrouvée à Orléans (olim Mikulov I 136, nunc Parisinus Suppl. gr. 1394)“, in: Béatrice Caseau, Vivien Prigent, und Alessio Sopracasa (Hgg.), *Οὗ δῶρόν εἰμι τὰς γραφὰς βλέπων νόει. Mélanges Jean-Claude Cheynet* (Travaux et Mémoires 21/1), 67–108.
Dumortier (1966): Jean Dumortier, *Jean Chrysostome, À Théodore* (Sources Chrétiennes 117), Paris.
Gautier (1980): Paul Gautier, *Theophylacte d'Achrida. Discours, Traités, Poésies* (Corpus Fontium Historiae Byzantinae 16/1), Thessalonike.
Goar (1647): Jacob Goar, *Euchologion sive Rituale Graecorum complectens ritus et ordines divinae liturgiae* etc., Paris.
Gollob (1903): Eduard Gollob, *Verzeichnis der griechischen Handschriften in Österreich außerhalb Wiens* (Sitzungsberichte der kaiserlichen Akademie der Wissenschaften, Philosophisch-historische Klasse 146/7), Wien.
Grosdidier de Matons (1981): Jean Grosdidier de Matons, *Romanos le Mélode. Hymnes, tome* 5 (Sources Chrétiennes 283), Paris.
Grumel/Darrouzès (1989): Venance Grumel und Jean Darrouzès, *Les regestes des actes du patriarcat de Constantinople*, vol. 1, *Les actes des patriarches*, fasc. 2 et 3, *Les regestes de 715 à 1206*, Paris.
Hannick (2014): Christian Hannick, *Das Taktikon des Nikon vom Schwarzen Berge: Griechischer Text und kirchenslavische Übersetzung des 14. Jahrhunderts*, 2 Bde. (Monumenta linguae slavicae dialecti veteris. Fontes et dissertationes 62/1–2), Freiburg i. Breisgau.
Harlfinger (1974): Dieter und Johanna Harlfinger, *Wasserzeichen aus griechischen Handschriften* I, Berlin.
Harlfinger (1980): Dieter und Johanna Harlfinger, *Wasserzeichen aus griechischen Handschriften* II, Berlin.
Hawkes-Teeples (2011): Steven Hawkes-Teeples, *St. Symeon of Thessalonika, The Liturgical Commentaries* (Studies and Texts 168), Toronto.
Horna (1905): Konstantin Horna, *Analekten zur byzantinischen Literatur*, Wien.
Jäkel (1964): Siegfried Jäkel, *Menandri Sententiae*, Leipzig.
Katsaros (1999): Vassilis Katsaros, Ο επίσκοπος Κίτρους Ιωάννης, Η Πιερία στα βυζαντινά και νεώτερα χρόνια, Thessalonike.
Koder (2020): Johannes Koder, *Nomos Georgikos, Das byzantinische Landwirtschaftsgesetz, Überlegungen zur inhaltlichen und zeitlichen Einordnung, deutsche Übersetzung* (Wiener Byzantinistische Studien 32), Wien.
Kontouma (2011): Vassa Kontouma, „Baptême et communion des jeunes enfants. La lettre de Jean d'Antioche à Théodore d'Éphèse (998/999)“, in: *Revue des Études Byzantines* 69, 185–204.
Korakides (1992): Alexandros Korakides, *Ἰωάσαφ Ἐφέσου († 1437) (Ἰωάννης Βλαδύντερος). Βίος – ἔργα – διδασκαλία*, Athen.
Kotter (1973): Bonifatius Kotter, *Die Schriften des Johannes von Damaskos II, Ἔκδοσις ἀκριβὴς τῆς ὀρθοδόξου πίστεως, Expositio fidei* (Patristische Texte und Studien 12), Berlin/New York.
Leunclavius (1598): Johannes Leunclavius, *Iuris Graeco-Romani tam canonici quam civilis tomi duo*, Frankfurt a. Main.
Metzger (1987): Marcel Metzger, *Les constitutions apostoliques, tome III, livres VII et VIII, introduction, texte, critique, traduction et notes* (Sources Chrétiennes 336), Paris.
Oikonomidès (1984): Nicolas Oikonomidès, *Actes de Docheiariou* (Archives de l'Athos 13), Paris.
Pavlov (1895): A. Pavlov, „Kanoničeskïe otvěty Nikity mitropolita Iraklïjskago (XI–XII věka) v ich pervonačal'nom vidě i v pozdnějšej pererabotkě Matfeja Vlastarja (XIV v.)“, in: *Vizantijksij Vremennik* 2, 167–172.
Pitra, Anal. VI (1891): Joannes Baptista Pitra, *Analecta sacra et classica spicilegio Solesmensi parata*, tom. VI, *Juris ecclesiastici Graecorum selecta paralipomena*, Paris/Rom 1891 (Nachdr. Farnborough 1967).
Pitra, Hist. II (1868): Joannes Baptista Pitra, *Iuris ecclesiastici Graecorum historia et monumenta*, tom. II, Rom (Nachdr. 1963).
Pitra, Spic. IV (1858): Joannes Baptista Pitra, *Spicilegium Solesmense complectens sanctorum patrum scriptorumque ecclesiasticorum anecdota hactenus opera*, tom. 4, Paris (Nachdr. Graz 1963).

Pitsakis (1971): Konstantinos Pitsakis, *Κωνσταντίνου Ἀρμενοπούλου Πρόχειρον νόμων ἢ Ἑξάβιβλος* (Βυζαντινὰ καὶ Νεοελληνικὰ Κείμενα 1), Athen.
Rehm/Strecker (³1992): Bernhard Rehm und Georg Strecker, *Die Pseudoklementinen* I, *Homilien*, Berlin.
Sakarikos (2020): Basiles Pant. Sakarikos, *Κωνσταντίνου Ἀρμενοπούλου ἐπιτομὴ τῶν ἱερῶν καὶ θείων κανόνων. Κριτική έκδοση κατά το χφ. του κώδικα 34 της Ι. Μ. Αγίου Στεφάνου των Μετεώρων*, Thessalonike.
Scheltema/van der Wal (1974): Herman Jan Scheltema und Nicolaas van der Wal, *Basilicorum libri LX, series A, volumen VII, textus librorum LIII–LIX*, Groningen.
Scheltema *et al.* (1988): Herman Jan Scheltema, Douwe Holwerda und Nicolaas van der Wal, *Basilicorum libri LX, series A, volumen VIII, textus libri LX*, Groningen.
Simon/Troianos (1989): Dieter Simon und Spyros Troianos, *Das Novellensytagma des Athanasios von Emesa* (Forschungen zur byzantinischen Rechtsgeschichte 16), Frankfurt a. Main.
Troianos (1995): Spyros Troianos, „Περί το ‚Σύνταγμα' του ιερομονάχου Μακαρίου", in: *Byzantiaka* 15, 48–56.
Troianos (2017): Spyros Troianos, *Die Quellen des Byzantinischen Rechts*, übersetzt von Dieter Simon und Silvia Neye, Berlin/Boston.
Vassis (2005): Ioannis Vassis, *Initia Carminum Byzantinorum* (Supplementa Byzantina, Texte und Untersuchungen 8), Berlin/New York.
Vassis (2011): Ioannis Vassis, „Initia Carminum Byzantinorum: Supplementum I", in: *Parekbolai* 1, 187–285.
van de Paverd (2015): Frans van de Paverd, „The Kanonikon by John the Faster", in: *Orientalia Christiana Periodica* 81, 83–137.
van der Wal/Stolte (1994): Nicolaas van der Wal und Bernard H. Stolte, *Collectio Tripartita. Justinian on Religious and Ecclesiastical Affairs*, Groningen.
Zepoi (1931): Ioannes und Panagiotes Zepos, *Jus Graecoromanum*, tom. I–VIII, Athen (Nachdr. 1962).

Carolina Cupane

Recht und Gerichtsverfahren in der fiktionalen Literatur des späten Byzanz

Das antike Modell

Es gehört zum Wesen der fiktiven Erzählungen der Antike, dass ihre Helden die Heimat verlassen (müssen), Angriffe auf Leben, Freiheit und vor allem Keuschheit zu erdulden haben, um am Schluss nach bestandenen Prüfungen den ursprünglichen sozialen Status zurückzuerhalten und ihre Liebe in den sicheren Bahnen einer legitimen und sozial anerkannten Ehe ungehindert auszuleben. Eine entscheidende, für die Handlung unverzichtbare Etappe auf dem Leidensweg der Helden sind dabei falsche Anschuldigungen seitens eines oder mehrerer böswilliger Gegner. Opfer der Willkür von Mächtigen sind sie als angebliche Verbrecher mit den Härten des Gesetzes konfrontiert und müssen um ihr Leben zittern: Kurzfristig allerdings, denn das gegen sie geführte Gerichtsverfahren vermag stets ihre Unschuld zu erweisen. Szenen von Prozess und Urteil, dann Durchführung der Strafe, meistens der Todesstrafe, die unweigerlich durch die wunderbare Errettung der Unschuldigen verhindert wird, sind ein stets wiederkehrender Romantopos, den kaum ein Autor aussparte, war dies doch nicht nur im höchsten Maße dazu geeignet, Spannung zu erzeugen, sondern bot darüber hinaus Gelegenheit, die eigene rhetorische Brillanz zur Schau zu stellen.[1] Nicht von ungefähr entsteht die Lehre der Rhetorik in der Antike aus der Praxis der Rechtsprechung, die darauf abzielte, Argumente für die Richtigkeit der eigenen Ansichten vorzutragen und die Richter davon zu überzeugen: „Das Recht ereignete sich als Rede, und wer überzeugender redete oder reden ließ, der war im Recht und bekam Recht".[2] Recht und Rhetorik waren ursprünglich derart aufeinander angewiesen, dass sie in Isolation voneinander nicht vorstellbar sind. Die Verdrängung der justiziellen durch die epideiktische Rhetorik ist eine politisch bedingte Entwicklung der späteren Kaiserzeit, die auch in der fiktionalen Literatur seinen Niederschlag findet und in Byzanz, wie man sehen wird, zu voller Geltung kommen sollte.

Chariton (1. Jh.), einer der ältesten Vertreter der Gattung, ist hierfür der erste Kronzeuge. Der große Prozess um den ehelichen Status seiner Heldin Kallirhoe, die von zwei Ehemännern beansprucht und von vielen Freiern begehrt wird, ist das Kernstück seines Romans *Chaireas und Kallirhoe*.[3] Drei der insgesamt acht Bücher des Werkes sind der vor dem Gericht des persischen Großkönigs debattierten Streitfrage gewidmet, wer der rechtmäßige Ehemann der Protagonistin, Tochter des berühmten syrakusa-

1 Zu solchen Episoden s. Fucecchi (2014); Schwartz (2016).

2 Zur Thematik s. die brillanten Überlegungen von Simon (2015) 204.

3 Ed. Reardon (2004).

https://doi.org/10.1515/9783111331126-019

nischen Feldherrn Hermokrates, sei[4]. Die Kontrahenten sind der von ihr totgeglaubte erste Ehemann Chaireas, ebenfalls aus Syrakus, der sie als Jungfrau geehelicht, aber aus unbegründeter Eifersucht ihren scheinbaren Tod verursacht hatte,[5] und Dionysios, Statthalter von Milet, der sie als Sklavin gekauft, dann befreit und geheiratet hatte, nicht wissend, dass sie von Chaireas bereits schwanger war. Der Prozess findet unter reger Anteilnahme der Öffentlichkeit in Babylon statt. Höchster Richter ist der Großkönig Artaxerxes, dessen Untertan Dionysios ist. Zu einer Urteilsverkündung kommt es aber nicht, da der Richter, selbst in plötzlicher Leidenschaft für die schöne Kallirhoe entbrannt, die Entscheidung auf die lange Bank schiebt.[6] Für die Leser/Hörer der spannenden Geschichte waren freilich der glückliche Ausgang des Rechtstreits, gefolgt von der Wiedervereinigung der Helden und ihrer Rückkehr in die Heimat gewiss, versicherte doch der Autor selbst am Anfang des achten und letzten Buches, dass es darin „nicht um Räuber, Sklaverei, Suizidgedanken, Prozesse, Kämpfe, Krieg und Gefangenschaft, sondern um gerechte Liebe und legitime Ehe“ (8, 1, 4) gehen wird.

Schilderungen von Prozessen gehörten offensichtlich vom Anbeginn zum Standardrepertoire der Gattung. Ihre strukturellen Merkmale waren schon früh festgelegt. Stets handelte es sich dabei um „Massenveranstaltungen“, an denen eine breite Öffentlichkeit, ja, wie etwa bei Chariton, die gesamte Einwohnerschaft einer Stadt teilnahm, weil die private Liebesgeschichte der Helden alle fesselte und allgemeine Gültigkeit besaß. Der Schauplatz ist dabei stets der öffentliche Raum, die *agorà*, wo das städtische Leben stattfindet, der Prozess selbst ein großes Spektakel, fast mag man sagen ein Volksfest, das starke Emotionen aufweckte. Der rhetorische Schlagabtausch zwischen Kläger und Verteidiger war am Anfang, so etwa für Chariton, nur ein Element unter vielen in der Gesamtchoreographie. Im Laufe der Zeit und mit dem fortschreitenden Einfluss der Rhetorik auf die literarische Prosa nahmen ausgefeilte Reden und Gegenreden einen immer größeren Raum ein, wurden zu regelrechten kleinen *logoi dikanikoi* in der Tradition der großen attischen Redekunst der Antike.

Die Entwicklung ist im Roman des Achilleus Tatios (2. Jh.), *Leukippe und Kleitophon* bereits abgeschlossen.[7] Hier wird der Protagonist in Ephesos des Ehebruchs mit Melite, der Ehefrau des Klägers Tersander, sowie des Mordes an seiner eigenen Verlobten Leukippe angeklagt. Im Glauben sie sei tot, verzichtet er auf die Verteidigung, bekennt sich

4 Analysiert in Schwartz (2016) 62–88.

5 Chariton 1, 5, 2; Chaireas stellt sich freiwillig der Justiz und reklamiert die für Mörder vorgesehene Todesstrafe (in der fingierten klassischen Antike der Erzählung die Steinigung) für sich, wird aber, weil die Tat nicht vorsätzlich war, von der Volksversammlung freigesprochen; dafür wird in einer späteren Gerichtsverhandlung der Räuber Theron, der die noch lebende Kallirhoe aus dem Grab entführt und als Sklavin verkauft, zur Kreuzigung verurteilt, dazu s. Schwartz (2016) 35–60.

6 Es kommt aber zur Beilegung der im gleichen Verfahren vorgebrachten Klage gegen einen weiteren Freier der Heldin, der, wegen versuchten Ehebruchs zu Schaden von Dionysios von diesem angeklagt, seine Unschuld erfolgreich beweisen kann und daher freigesprochen wird (5, 6–8).

7 Ed. Vilborg (1955).

schuldig an beiden Verbrechen und wird daraufhin zum Tode verurteilt (7, 7–12). Die Vollstreckung des Urteils unterbleibt jedoch wegen des plötzlichen Erscheinens der Totgeglaubten, die Zuflucht im Tempel der Artemis gesucht hatte – womit die Mordklage hinfällig wird – und ihres Vaters. Der Kläger, gestützt auf das Schuldbekenntnis des Angeklagten, das „mehr Kraft als die Festnahme auf frischer Tat besitzt" (7, 11, 2) verlangt die Fortsetzung des Prozesses und erwirkt die Keuschheitsprobe für seine Gattin und zugleich für Leukippe, deren Jungfräulichkeit die rechtliche Voraussetzung für die Inanspruchnahme des Asylrechts im Tempel ist. Die Verteidigung wird vom Artemispriester übernommen, der den Sieg davonträgt: In völliger Umkehrung der Ausgangssituation wird nun der Kläger derselben Verbrechen beschuldigt, die er den Helden anlasten wollte, und kann sich nur durch Flucht der gerechten Strafe entziehen, während beide Frauen die Keuschheitsprobe bestehen und somit den Triumph der Unschuld glanzvoll besiegeln (8, 8–14)[8]. Die lange Episode bezieht ihre erzählerische Eindringlichkeit aus den rhetorisch ausgefeilten Reden und Gegenreden – Selbstanklage des Helden (7, 7, 2–6); Verteidigungsrede des besten Freundes des Angeklagten, Kleinias (7, 9); Anklagerede des Tersander (7, 11); zweite Anklagerede des Tersander (8, 8); Verteidigungsrede des Artemispriesters (8, 9); Erwiderung des Anwalts von Tersander (8, 10) – die allesamt den Autor als echten Vertreter jener literarischen Strömung erweisen, die die ersten drei nachchristlichen Jahrhunderte prägte und als zweite Sophistik bezeichnet wird.[9]

Heliodor (4. Jh.), Autor der in Byzanz beliebten und breit rezipierten *Äthiopischen Geschichten (Aithiopika)*, benutzt ebenfalls das Motiv des Prozesses, geht jedoch wesentlich sparsamer damit um und verzichtet so gut wie gänzlich auf rhetorisch ausgearbeitete Gerichtsreden, die den Erzählstil seines Vorgängers Achilleus Tatios charakterisieren. Auch Heliodor, der vorangehenden Romantradition folgend, lässt die Heldin Charikleia fälschlich des (Gift)mordes angeklagt und zum Feuertod verurteilt werden. Die Klägerin ist hier ihre Herrin Arsake, Gemahlin des persischen Satrapen Oroondates, die sich in den Helden verliebt hat und die Gegnerin aus dem Weg räumen will. Wieder wird der Prozess vor einer breiten Öffentlichkeit unter der Leitung von persischen Fürsten geführt, die „die Macht haben über Angelegenheiten von öffentlichem Interesse Recht zu sprechen und das Strafmaß festzusetzen" (8, 9, 5). Auch Charikleia, wie vor ihr Chaireas und Kleitophon, bekennt sich schuldig, um zusammen mit ihrem Geliebten sterben zu können. Die Todesstrafe wird vollstreckt, bleibt aber wirkungslos, denn die Heldin trägt bei sich einen Edelstein, der die Macht besitzt, das Feuer abzuwehren. Die Menge versteht das Wunder als Zeichen der Unschuld und verlangt eine sofortige Freilassung. Daraufhin beschuldigt Arsake die so errettete Charikleia der Magie. Unter Hinweis auf die Tatsache, dass sie auf frischer Tat ertappt wurde und geständig ist (8, 9, 17:

8 All diese Prozessszenen sind analysiert in Schwartz (2016) 99–142.

9 Noch immer unübertroffen ist die diesbezügliche Studie von Reardon (1971); für eine rezentere Darstellung s. Whitmarsh (2005).

ἐπ' αὐτοφόρῳ ληφθεῖσαν καὶ ὁμολογήσασαν), strebt sie einen zweiten Prozess an, der jedoch wegen ihres plötzlichen Todes nicht stattfinden kann[10].

Bleibt hierbei der Autor trotz Straffung und Kürzungen den traditionellen Vorgaben treu, so gestaltet er hingegen die ebenso kanonische Prozessszene, mit der etwa Achilleus Tatios und Chariton die Erzählung zum erwarteten happy end überleiten, gänzlich um. Er behält zwar den breiten urbanen Schauplatz, in diesem Fall Meroe, die Hauptstadt Äthiopiens und den religiös-sakralen Kontext – dort der Tempel der Artemis, hier die Altäre zu Ehren von Helios, Selene und Dionysos (10, 6, 5). Ebenfalls vorhanden ist die Keuschheitsprobe, hier durch Stehen auf einem glühenden Eisenrost (10, 8–9: ἐσχάρα), bei Tatios durch das Erklingen der Panflöte und durch Eintauchen ins Wasser der Quelle Styx (8, 13–14). Der erwartete Prozess weicht jedoch einem großangelegten Ritual, im Laufe dessen jungfräuliche menschliche Opfer den Göttern geopfert werden sollen. Diese komplexe Inszenierung dient schließlich nicht dazu, die Unschuld der angeklagten Heldin zu erweisen, sondern ihre wahre Identität als Tochter des äthiopischen Königs zu enthüllen. Anstelle eines Prozesses erlebt der Leser eine beindruckend dramatische Szene von *anagnorismos*, welche zugleich das Heranbrechen einer neuen, von überlegenem griechischen Geist geprägten Ära im barbarischen Äthiopien markiert: Von nun an werden der Gottheit nicht willkommene Menschenopfer abgeschafft und durch reine, gottgefällige Gaben ersetzt (19, 39, 2)[11].

Die Straffung und Umgestaltung der Gerichtsszenen in Heliodor ist im breiteren Kontext des politisch bedingten Niederganges der Gerichtsrede in der späteren Kaiserzeit zugunsten der Prunkrede – Klagereden (Monodie und Epitaphioi), Trostreden, Begrüßungsreden, Hochzeitsreden – und vor allem des Enkomions zu sehen. Dieser Trend setzte sich in Byzanz fort, vertiefte sich sogar[12] und verdrängte alles, was von der *parresia*, der Redefreiheit, lebte, im alltäglichen rhetorischen Betrieb, aber eben auch in der fiktionalen Literatur.

Byzantinische Modulationen

Der bekannte Rhetor, Lehrer und Gelehrte Theodoros Prodromos ist aller Wahrscheinlichkeit nach der erste Schriftsteller, der in den dreißiger Jahren des 12. Jahrhunderts die seit dem 4. Jh. stillgelegte Gattung des Liebesromans wiederbelebte. Er sollte bald in Eumathios Makrembolites, Konstantinos Manasses und Niketas Eugenianos eifrige Imitatoren finden.[13] Bis auf Makrembolites ist der neue Roman der Komnenenzeit in

10 Zum Prozess s. Schwartz (2016) 187–200.

11 Analyse in Schwartz (2016) 201–214.

12 Zur Rhetorik und ihrer Dominanz im kulturellen Leben von Byzanz s. Hunger (1978) I, 65–196.

13 Die interne Chronologie der vier Autoren ist umstritten, zur Priorität von Prodromos s. Jeffreys (2000); eine knappe Darstellung der verschiedenen Sichtweisen bietet Nilsson (2014) 57–60.

Versen verfasst (Zwölfsilber bei Prodromos und Eugenianos, Fünfzehnsilber bei Manasses). Bei allen sind Handlungsführung, Schauplätze und Motivik durchwegs dem hellenistisch-spätantiken Roman entnommen und gekonnt dem byzantinischen Geschmack angepasst. Zeichen dessen sind unter anderem die Versform sowie die überwältigende Dominanz der Rhetorik in der Ausformung von Reden, Klagen, Monologen und Beschreibungen auf Kosten von Narrativität und Spannung. Das gesprochene und gesungene Wort, meistens im Gewand der Klage und des Liebeslieds, zusammen mit dem ekphrastischen Gestus verdrängt die dramatische Aktion fast vollends. Umso auffallend ist dabei die Absenz der einst so beliebten Gerichtsrede, ja überhaupt des Motivs des Prozesses.

Die einzige Ausnahme, der ich mich nun zuwenden möchte, findet sich im Roman des erwähnten Theodoros Prodromos, *Rodanthe und Dosikles.*[14] Die Szene ist in enger Anlehnung an Heliodor aufgebaut, aber in die Nebenhandlung verlegt. Der Leidensgenosse des Helden, Kratandros, hat sich, von ihr erwidert, in die schöne Chrysochroe verliebt. In Einverständnis mit ihr versucht er, sich Zugang zu ihren Gemächern zu verschaffen, wird aber von den Dienern ertappt, die den Hausherren und Vater des Mädchens alarmieren. Im darauffolgenden Handgemenge kommt Chrysochroe versehentlich durch die Hand des Haussklaven Lestias zu Tode. Um sich selbst zu schützen, beschuldigt dieser Kratandros der Tat, worauf der Vater des getöteten Mädchens, nachdem die vorgeschriebene Trauerwoche vergangen ist, den lebensunwilligen Kratandros vor Gericht verklagt (I 164–316). Obwohl Prodromos sonst jede Gelegenheit nützt, lange und bombastische Ansprachen in die Romanhandlung einzubauen, ist die Anklagerede verglichen mit dem Modell, Achilleus Tatios (7, 12), nüchtern und knapp gehalten (I 320–346): Gerichtsrhetorik gehört nicht zu seinen Schwerpunkten und wohl auch nicht zu denen seines Publikums.[15] Es wundert jedoch, dass der Kläger die Aussage des Belastungszeugens Lestias nicht durch die im alten Griechenland realiter und literarisch übliche Folterung der Diener überprüfen und bestätigen lässt. Aufsehenerregend ist hingegen die emotionsgeladene Ansprache des Vaters des Angeklagten, der, anstatt die unterlassene Überprüfung der Anklage zu verlangen, fordert, dass die Schuld durch ein Gottesurteil erwiesen werde: Der Angeklagte solle auf einen Scheiterhaufen steigen: Bleibt er unversehrt, so ist er unschuldig, andernfalls wird er den Feuertod erleiden (I 351–383). Der Ausgang der Prozedur ist leicht vorstellbar: Kratandros besteht mühelos die Probe und wird unter tosendem Beifall des anwesenden Volkes (I 402: ὁ συμπαρεστὼς ὄχλος) *unisono* freigesprochen. Vorlage dieser Szene ist zweifellos Helio-

14 Ed. Marcovich (1991), engl. Übersetzung in Jeffreys (2012).

15 Autor und Rezipienten waren offensichtlich eher für hochtrabende Kriegsrhetorik empfänglich, was gut zu den Interessen der zeitgenössischen Militäraristokratie passte, zu der die Komnenenkaiser gehörten, s. etwa die Ansprache des Barbarenführers Mistylos in Form eines Briefes an den Barbarenkönig Briaxes: 4, 423–504, oder die lange Demegorie desselben Briaxes an seine Truppen vor der Schlacht: 5, 115–414.

dor. Dort wird die Heldin, wie oben gesagt (S. 377) fälschlich des Mordes angeklagt, zum Feuertod verurteilt und dank des wunderbaren Edelsteins, den sie trägt, der Pantarbe, vor den Flammen gerettet. Unübersehbar ist jedoch ebenso die vorgenommene Umkehrung und Variation des Modells. War dort der Scheiterhaufen als Strafe verhängt, ist er in Prodromos ein allseits anerkanntes und vom Gericht ohne Widerrede akzeptiertes Beweismittel. Während Heliodor die wunderbare Errettung der Unschuldigen der Zauberwirkung des Edelsteins zuschreibt (8, 9, 6–15), macht Prodromos hingegen Gott selbst – in der antikisierenden Inszenierung ist dies die Göttin Selene – dafür verantwortlich (I 393: τῆς θεοῦ δὲ τὸ δράμα).

Der Glaube, dass man unter gewissen Umständen und durch bestimmte Rituale das Urteil Gottes zur Klärung menschlicher Streitfragen erzwingen kann, ist in allen primitiven Gesellschaften vorhanden, nicht zuletzt im alten Griechenland, wie man aus den bekannten Versen der *Antigone* von Sophokles ersehen kann (264–267). Die Diener, die über den verschwundenen Leichnam des Polyneikes zu wachen hatten, erklären sich dazu bereit, brennendes Eisen in die Hände zu nehmen und durchs Feuer zu gehen, um ihre Unschuld an dessen Verschwinden zu beweisen.[16] Ein in einer Handschrift des 10. Jh. überliefertes Scholion zu dieser Stelle bezeugt die Weiterexistenz solcher Sitten: „bis zum heutigen Tag handeln die Romäer in dieser Weise und irren dabei in heidnischer Manier“ (μέχρι τὴν σήμερον οἱ Ῥωμαῖοι ποιοῦσιν Ἑλληνικῶς πλανώμενοι). Das Scholion ist allerdings nicht datierbar und könnte, wie auch Einiges mehr aus dem im Kodex enthaltenen Material, aus hellenistischer Zeit stammen.[17] Da die Quellenbasis zur Unterstützung der Annahme, die antike Praxis des Gottesurteils hätte in ungebrochener Kontinuität in der byzantinischen Zeit überlebt, überaus schmal ist, scheint mir die Hypothese einer Übernahme westlicher Rechtsvorstellungen – und Praktiken[18] – in einer Zeit vermehrter Kontakte mit dem Okzident, wie das 12. Jahrhundert eine war, mehr für sich zu haben.[19]

Die Überzeugung, dass Gott zu gewissen Anlässen – vor allem in Fragen der Rechtgläubigkeit – in die menschlichen Angelegenheiten eingreifen und die Wahrheit ans Licht bringen konnte, war freilich auch in Byzanz verbreitet, wie Beispiele aus der Hagiographie bezeugen.[20] In all den überlieferten Fällen erfolgt das Zeichen Gottes jedoch nie im Rahmen eines gerichtlichen Verfahrens, so wie dies im Roman des Prodromos geschieht. Der Gedanke liegt also nahe, dass der gelehrte Hofdichter die entsprechende Episode aus seiner antiken Vorlage im Lichte des Zeitgeistes derart umschrieb im Vertrauen, dass sein aristokratisches Publikum die zweifache Anspielung – an Heliodor, aber auch an die zeitgenössische Realität, vielleicht sogar an ganz konkrete Geschehnisse[21] – durchschauen würde.

---

16 S. Cupane (1974) 153–154 u. Anm. 78–83 (mit Angabe der diesbezüglichen Literatur).

17 Macrides (2013) 44–45 u. Anm. 78–83.

18 Zum Gottesurteil in der Rechtspraxis des Westens s. die informative Darstellung von Bartlett (1986).

19 S. dazu Troianos (2005) bes. 486–490 (mit weiterführender Literatur); vgl. Cupane (1974).

20 Troianos (2005) 470–472.

21 Siehe Cupane (1974) 159–163.

Aufs Ganze gesehen sind jedoch Rechtsdenken und gerichtliche Praxis, anders als im antiken Roman, nur Nebenthema in der fiktionalen Welt des byzantinischen Romans der Komnenenzeit. Die weiteren Vertreter der Gattung sparen, wie gesagt, sogar das Motiv des Prozesses ganz aus. Niketas Eugenianos, der Prodromos sonst getreu imitiert, zieht es in *Drosilla und Charikles* vor, lyrische Töne anzuschlagen und setzt ganz auf die bukolische Dichtung des Hellenismus und auf die erotische Epigrammatik der *Anthologia*. Eumathios Makrembolites legt wiederum sein Hauptinteresse auf die von starker erotischer Eindringlichkeit geprägte Schilderung von Liebesentstehung und Erwachen jugendlicher Sexualität sowie auf die Beschreibung von Ortschaften und Kunstwerken. Keiner der beiden Autoren thematisiert Schuld und Sühne, Gericht und Bestrafung. Der fragmentarische Zustand, in dem der Roman von Konstantinos Manasses überliefert ist, verbietet es zwar, das Vorkommen des Motivs zu verneinen, man kann jedoch vermuten, dass auch er eine ähnliche Gleichgültigkeit rechtlichen Fragen gegenüber an den Tag legte.[22]

Überhaupt ist die Rechtmäßigkeit im Handeln der Protagonisten für keinen der Autoren ein Thema, obwohl ihre Helden, zumindest aus byzantinischer Sicht, in einem gesellschaftlich sehr empfindlichen Bereich gegen das Gesetz gravierend verstoßen. Die Entführung einer Jungfrau wurde von alters her mit schweren Strafen geahndet, unabhängig davon, ob die entführte Frau der Tat zustimmte und keine sexuellen Handlungen stattfanden – wiewohl Letzteres einen Milderungsgrund darstellte.[23] Die Flucht der Liebenden andererseits war ein traditionelles Romanmotiv, wobei es die Gattungsgesetze verlangten, dass sie stets im gegenseitigen Einverständnis und ohne Gewaltanwendung zu erfolgen hatte.[24] Davon wichen die byzantinischen Autoren ab, obwohl ihnen wohl bewusst war, dass die ἁρπαγή, zumal mit Komplizen und unter Einsatz von Waffen (ἐνόπλῳ βίᾳ), zumindest nach den Buchstaben des Gesetzes mit der Todesstrafe durch das Schwert (ξίφει) geahndet werden konnte.[25]

Genau diese Straftat begeht Dosikles bei Theodoros Prodromos, als er Rodanthe, die einem anderen versprochen ist, mit Hilfe seiner Jagdgenossen (2, 415: συγκυνηγέται) unter Gewaltanwendung (2, 445: γυμναῖς μαχαίραις) entführt, ohne vorher auch nur ein Wort mit ihr gewechselt zu haben. Wenn sich auch Rodanthe in der Folge als durchaus williges Opfer zeigt und ihren Entführer als „Erfüller ihrer heißesten Wünsche" (2, 476) bezeichnet, ändert das nichts an der Tatsache, dass Dosikles Waffengewalt nicht scheut, um ans Ziel seiner Wünsche zu kommen und dies am Schluss vor dem Vater des Mädchens auch offen zugibt.[26] Anders als in der zeitgenössischen Realität

22 Alle vier Romane sind leicht zugänglich in der Ausgabe von Conca (1994) (mit italienischer Übersetzung); englische Übersetzung in Jeffreys (2012).

23 Für die Entwicklung der diesbezüglichen rechtlichen Lage s. Laiou (1993) 113–155.

24 Analysiert in Burton (2002) 385–390.

25 S. dazu Laiou (1993) 156–174 mit Angabe (162 mit Anm. 8) der entsprechenden Gesetzesstellen.

26 Theod. Prod. 9, 288–291: ἐγὼ τὸ θυγάτριον ἐξέκλεψά σου / καὶ τῆς ποθεινῆς παιδὸς ἐστέρησά σε· / νῦν δ' ἀλλ' ἱλήκοις, κἂν πεπαρώνηκά σε (ich habe deine Tochter entführt und dich deines geliebten Kindes

des Schriftstellers sind Gewalt und Entführung kein Hindernis für die Hochzeit des Paares. Höhere Gewalt, des Eros Allmacht, die der feurige Liebhaber unmittelbar vor der Tat gepriesen hatte (2, 421–431), zwang ihn so zu handeln, wie er es tat: Da sein legitimes und gesellschaftlich korrektes Liebeswerben von den Eltern des Mädchens zurückgewiesen worden war, blieb ihm nur die Entführung, und sei denn mit Gewalt, übrig. Im Reich des Eros herrschen schließlich andere Gesetze als jene, die im byzantinischen Reich Eheschließungen und Ehedelikte streng regelten.[27] Als Literat darf sich Prodromos erlauben, diese im Zeichen der Literatur außer Kraft zu setzen und Ehe als einen bloßen narrativen Schlusspunkt zu betrachten.

Dies gilt, mit unterschiedlichen Nuancen auch für den Roman des Eugenianos, wo der Protagonist Charikles zunächst mit der Möglichkeit einer gewaltsamen Entführung liebäugelt, bevor er sich eines Besseren besinnt und die geliebte Drosilla um ihr Einverständnis zur Flucht bittet, das er erwartungsgemäß sofort erhält.[28] Auch hier bildet die prachtvolle Hochzeitsfeier das happy end der Erzählung. Die Tradition des antiken Romans ist in jeder Hinsicht ausschlaggebend, auch wenn die narrativen Rahmenbedingungen nicht mehr die gleichen sind, der Konsens der Frau nicht mehr zwingend und Gewalt seitens des Mannes eine Option ist. Wenn noch Eumathios Makrembolites den Vater der aus Liebe entflohenen Hysmine der wiedergefundenen Tochter eine Rüge ob ihres ungehörigen Benehmens erteilen lässt, wird die Entführung selbst auch bei ihm mit keinem Wort als strafwürdige Tat geahndet und die Hochzeit mit allgemeiner Freude nach bestandener Keuschheitsprobe am Schluss gefeiert.[29] Es kann also kein Zweifel bestehen, dass die in den Romanen der Komnenenzeit geschilderten Verhältnisse ein rein literarisches Konstrukt darstellen, das nichts mit der Realität zu tun hat und die Fiktionalität des Geschilderten umso mehr betont.[30]

Erste literarische Lebenszeichen der Volkssprache

Nicht immer jedoch zeigt sich die Welt der zeitgenössischen Fiktion derart indifferent der juridischen Realität ihrer Zeit gegenüber. Das episch-romantische Poem um das Leben und die Taten des Helden der byzantinischen Grenzen (ἄκραι) zum Kalifat, Basileios Digenis Akritas[31] zeigt sich der Gesetzeslage in Sachen Entführung sehr wohl bewusst, wenn auch der anonyme Autor, der wohl in Konstantinopel in der ersten Hälf-

---

beraubt; sei mir nun trotzdem gnädig, obwohl ich dich beleidigt habe).

27 Zu diesem Fragenkomplex s. Laiou (1992) bes. 21–58.

28 Nik. Eug. 3, 373–398.

29 Nik. Eug. 11, 12, 3–4; 19–20.

30 Laiou (1993) 211–213.

31 Ed. der ältesten Versionen G und E: Jeffreys (1998) (mit englischer Übersetzung und umfangreicher Einleitung).

te des 12. Jh. tätig war, weder Gerichte und Prozesse inszeniert noch Gesetze erwähnt. Auffällig ist vor allem die Sorgfalt, mit der die Flucht des Liebespaares als eine freiwillige, auf Konsens basierende und auf die Schließung einer Ehe gerichtete Tat dargestellt ist.[32] Der Dichter legt Wert darauf zu betonen, dass Digenis die Tat allein und ohne Komplizen ausführt,[33] die Angebetete keineswegs sexuell bedrängt – was die Helden der Romane stets, freilich erfolgslos, tun[34] –, sofort von Eheschließung redet und dafür vom Mädchen einen Ring als Symbol ihrer legitimen, wiewohl unkonventionellen Verlobung erhält. Kein Blutsvergießen schließlich besudelt eine Entführung, die im Grunde trotz Anwendung des entsprechenden Vokabulars (ἁρπαγή, ἀφαρπάζω: G 4, 294; 301; 603) eher eine Flucht denn eine Entführung ist; sie stellt daher eine geringfügige Verfehlung dar, die durch die Ehe leicht sanierbar ist. Die Eheschließung ist denn auch die triumphale und öffentliche Krönung einer Liebesgeschichte, die *expressis verbis* auf die strikte Einhaltung der gesellschaftlichen τάξις ausgerichtet ist:[35] Nicht von ungefähr ist eine lange Passage der Aufzählung der prachtvollen Mitgift des Mädchens und den Gaben des Bräutigams (G 4, 915: θεώρετρον) gewidmet, welche den hohen sozialen Status beider widerspiegelt und über den deskriptiven Wert hinaus eine implizite Bestätigung der damals geltenden gesellschaftlichen und rechtlichen Normen leistet.[36]

Die hybride Welt des volkssprachlichen Romans

Nach der Wiedergewinnung der 1204 von den Kreuzfahrern eroberten Hauptstadt sah sich Byzanz mit einer neuen Welt konfrontiert, in der sich die Machtverhältnisse endgültig zugunsten fremder Mächte verschoben hatten, der Osmanen im Osten, verschiedener westlicher Mächte – allen voran die Venezianer und die französischen Dynastien der Villehardouin, der Anjou und der Lusignan – im Westen. Das politische, ökonomische und nicht zuletzt demographische Gleichgewicht des Reiches geriet in einen Zustand permanenten Aufruhrs, von dem Byzanz sich nicht mehr erholen sollte. Byzantinische Literatur und Gelehrsamkeit hörten jedoch deswegen nicht auf zu existieren, wurden vielmehr intensiv weitergepflegt, stiegen sogar in dieser Zeit der Unruhe und der Verunsicherung zum Inbegriff der eigenen Identität und kulturellen Überlegenheit auf. Obwohl die sprachliche Anbindung an die antike Tradition umso prägender ist, artikuliert sich die Literatur der Zeit nunmehr mit zwei stilistischen Registern, dem attizistischen und dem volkssprachlichen. Diese Doppelgleisigkeit, die ihren ersten wahrnehmbaren Anfang bereits im 12 Jh. genommen hatte, verkörpert

32 Dig. G 4, 304–305; 317; 364; 471; 478; 511; 514; 551–552; 570; 575; 580–581.
33 Dig. G 4, 374: ἐπειδὴ γὰρ μονώτατος βούλομαι πορευθῆναι.
34 Cupane (2021) 412–426.
35 Dig. G 4, 499; 526; 528; vgl. Laiou (1993) 198–209; Cupane (2021) 426–430.
36 Dig. G 4, 705–720; 893–930.

in paradigmatischer Weise die Ambivalenz einer Kultur und einer Gesellschaft, die zugleich zurück in die glorreiche Vergangenheit und nach vorne, in eine verwirrende Vielfalt verschiedener kultureller Angebote schauen und sich gut darin zurecht finden. Es entsteht mitunter eine neuartige Literatur in der Volkssprache, die als Ausdruck einer „Mischkultur" bezeichnet wurde.[37]

Eines der früheren Beispiele dieser hybriden Kultur ist der anonyme Roman *Libistros und Rodamne*, dessen erste Fassung aller Wahrscheinlichkeit nach im letzten Viertel des 13. Jh. im konstantinopolitanischen Hofmilieu entstanden ist. Der Originaltext des Romans ist nicht überliefert; erhalten sind mehrere Versionen in Handschriften des 15. und 16. Jahrhunderts.[38] Der anonyme Autor, zweifellos ein Literat mit guten Kenntnissen der früheren antiken und byzantinischen Romanliteratur, war zugleich mit dem byzantinischen Hofleben und -zeremoniell vertraut, ließ sich in seinem Werk von verschiedenen Seiten anregen und schuf aus disparaten Einflüssen ein originelles Ganzes. Am besten ist seine außerordentliche Kombinationsgabe in der langen Episode am Anfang des Romans greifbar, in der „Bekehrung" und Unterwerfung des Protagonisten unter die Macht des Eros dargestellt werden.

Die beschriebene Handlung findet dabei nicht in der wirklichen Welt (in diesem Fall dem imaginären Land Libandros, dessen König Libistros ist) statt, sondern im Reich des Kaisers Eros, das der Held im Traum betritt. Während einer Wanderung durch eine liebliche Frühlingslandschaft wird Libistros von bewaffneten und geflügelten Männern gefangengenommen und gefesselt; ihm wird ein Seil um den Hals gebunden:[39] Die Anklage lautet Widerstand gegen das universelle Gesetz der Liebe. Er wird sodann zum Palast des βασιλεύς Eros geführt, um vor Gericht zu erscheinen und das gerechte Urteil des Gottes zu erhalten (203–284). Bereits beim Tor warnen Inschriften alle, die versuchen sollten, sich Eingang zu verschaffen, ohne sich vorher als Diener (δοῦλοι) des Eros zu erklären, was Libistros sich zu tun beeilt (306: ἀπεδὰ δουλώνομαι εἰς τοῦ Ἔρωτος τὸ τόξον), und kündigen ihnen den Tod an (298: ἂν δὲ μουρτεύσῃ ... δήμιός τοῦ γίνεται τὸ σπαθίν μου). Weitere Inschriften im Inneren des Palastes stempeln ihn als Rebellen (337: τοῦ πόθου εἶσαι ἀντιστάτης) und treulos (338: τῆς ἀπιστίας ὁ δοῦλος) ab und schüchtern ihn mit Todesdrohungen ein (338: νὰ σφαγῇ). Auf dem Weg zum Gerichtsaal kommen ihm zwei allegorische Gestalten entgegen, *Pothos* (Verlangen) und *Agape* (Liebe). Libistros bittet sie um Hilfe und erklärt sich bereit, sich dem Herrscher zu unterwerfen, war

37 Kahane/Kahane (1983) 199–201.

38 S. Cupane (2016) 101–110; für eine frühere Datierung in die nikänische Zeit s. Agapitos (2006) 51–53 und Agapitos (2013) 409–415; zu den Fassungen und den sie überliefernde Handschriften s. Agapitos (2006) 67–89; 198–227.

39 Der Dichter von *Belthandros und Chrysantza*, 340–341 wird dieses Detail übernehmen: bei ihm sind die gefangengenommenen Rebellen gegen die Liebe als Reliefs auf den Wänden des Erotokastron in ähnlicher Weise dargestellt: τὸ μὲν ὡς σχῆμα γυναικὸς τραχηλοδεσμωμένον / καὶ ἐρωτοσύρτην τύραννον τὰ ζώδια νὰ σύρνῃ (eines stellte eine Frau dar, um deren Hals ein Seil gebunden war, sowie den sie schleppenden Tyrann, jenen, der zur Liebe zwingt).

doch seine anfängliche Weigerung nur Unerfahrenheit und Ignoranz geschuldet. Beide versprechen ihm, als Mittler zu fungieren und Bürgschaft für ihn vor Gericht abzulegen (519–520: μεσιτεία του Πόθου ... ἐγγύησιν ἐκ τὴν Ἀγάπην). Nach langer Wartezeit wird Libistros endlich aufgerufen und die Anwesenden, die ihrerseits auf ihren Urteilspruch warten (476–477: πλῆθος πολύν ... μυριάδες ἄνθρωποι καὶ ἡ δίκη τους τοιαύτη δι' ἀγάπην ...), machen ihm rechts und links den Weg zum Richterthron frei (501: γίνεται τάξις μερισμὸς ἀπέδω μου καὶ ἀπέκει). Er wirft sich sofort vor dem Thron zu Boden, wie seine Wächter ihm zuvor befohlen hatten,[40] und richtet an den Herrscher – den er als αὐθέντης βασιλεύς, δεσπότης, ἀρχηγός, κατάρχης, δικαιοκρίτης tituliert – unter Tränen die flehentliche Bitte, sich seiner zu erbarmen und ihm Gnade zu gewähren. Dank der Bürgschaft von *Pothos* und *Agape* begnadigt ihn Eros und befiehlt ihm, ab sofort die Liebe zu der ihm noch unbekannten Rodamne in sein Herz einzulassen (506–525).

Diese vielschichtige Szene verarbeitet literarische Anregungen unterschiedlich in Ursprung und Natur. Ganz offensichtlich hat der anonyme Autor eine Passage aus dem Roman des Eumathios Makrembolites vor Augen, in der die Bekehrung des liebesunkundigen Helden zur Liebe geschildert ist. Nach zahlreichen gescheiterten Versuchen seitens der Heldin, die Aufmerksamkeit des jungen Mannes auf sich zu lenken, erscheint ihm dort in einem Traum, zornig ob seiner Gleichgültigkeit der verliebten Hysmine gegenüber, der Herrscher (βασιλεύς) Eros und versetzt ihn in Angst und Schrecken. Durch die Vermittlung des Mädchens selbst lässt er sich aber doch erweichen, verzeiht dem Törichten und verbindet die Hände beider im Bund ewiger Liebe.[41] Der Dichter von Libistros hat die knappe Regieanweisung des Makrembolites in eine komplexe und dynamische Szene umgearbeitet und die Handlung an einen dem byzantinischen Kaiserhof ähnlichen Schauplatz versetzt. Der Leser/Hörer erlebt somit eine *lege artis* gestaltete Gerichtsszene, die in einem Freispruch gipfelt. Es gibt dabei Kläger und Verteidiger, oder besser Bürgen, die für den Sinneswandel des Angeklagten garantieren und zwischen ihm und dem Richter vermitteln, und es gibt einen Gerichtssaal, in dem mehrere Verfahren gleichzeitig abgehandelt werden.[42] Diese Prozesskulisse wird allerdings rasch durch ein Ritual des Bittens, mit geregelten Gesten der Unterwerfung abgelöst,[43] eine Verhandlung im eigentlichen Sinne mit Klage- und Verteidigungsreden findet nicht statt. Ein Treueeid, womit Libistros Eros als seinen Feudalherrn anerkennt und sich selbst zum Untertan und Lehensmann erklärt, schließt das Procedere ab: Alles, was folgt, wird im Zeichen der Liebe und in deren Dienst erfolgen.[44]

---

40 Lib. 275–278: ἔμπα κλιτὸς τὸν τράχηλον καὶ χαμηλὸς τὸ σχῆμα /... / δέσε τὰ χέριά σου σφικτὰ καὶ πέσε εἰς γῆν ἔμπρός του / καὶ ἀπὸ καρδία σου στρίγγισε καὶ παρεκάλεσέ τον (geh hinein gesenkten Hauptes, mit bescheidener Haltung, die Hände eng gefaltet; werfe dich vor ihm auf den Boden, wehklage aus tiefsten Herzen und flehe ihn an).

41 Eust. Makr. 3, 1, 1–6.

42 S. dazu Pieler (1971) 208–209.

43 S. Macrides (2004) 365; Agapitos (2013) 395.

44 Lib. 604–606: καὶ εἶπα: „Μὰ τοῦτο τὸ πτερόν, μὰ τὸ εὔστοχόν σου τόξον, δουλώνομαι εἰς τὸν Ἔρωτα,

Das im Roman entworfene Bild spiegelt aber über seine literarischen Anklänge hinaus reelle byzantinische Verhältnisse wider. Barfuß und mit einem Strick um den Hals wie ein Büßer erschien Raynaud de Châtillon 1159 vor Manuel I. Komnenos, nach dem farbenfrohen Bericht des Wilhelm von Tyrus,[45] und eine ganz ähnliche Inszenierung arrangierte laut Niketas Choniates der πολυμήχανος (trickreiche) Andronikos, um die Verzeihung Kaiser Manuels I. 1180 zu erwirken: Er wickelte um seinen Hals eine schwere Kette, die er unter der Kleidung versteckt hielt, und nachdem er Einlass in den Thronsaal erhalten hatte, warf er sich vor dem kaiserlichen Thron auf den Boden, zeigte dem Kaiser die Kette und erflehte tränenreich Erbarmen und Verzeihung für das begangene Unrecht und seine Verfehlungen ihm gegenüber.[46]

Byzantinische Literatur und Realität sind aber nicht die einzigen Referenzen im vielschichtigen Kosmos des Romans. Wie byzantinisch Aussehen und Handlungen am Hofe des Eros auch sein mögen, so handelt es sich doch um eine allegorische Konstruktion. Das Reich des Liebesgottes ist ein Traumreich, die handelnden Personen sind allegorische Gestalten, die Eigenschaften der Liebe verkörpern – so, neben *Pothos* und *Agape*, die eine aktive Rolle spielen, auch (259) Κρεμασμός (Liebessorge), Ἀσχόλησις (Sehnsucht), Ἀλήθεια (Wahrheit) und Δικαιοσύνη (Gerechtigkeit). Gegenstand des Prozesses sind schließlich Verfehlungen gegen das universelle Gesetz der Liebe, Zweck des Verfahrens ist nicht die Bestrafung, sondern die Bekehrung des Angeklagten. Diese gedankliche Konstruktion ist byzantinischem (und auch antikem) Denken völlig fremd, war aber überaus verbreitet in der allegorischen Dichtung der westlichen Welt, zunächst von Frankreich, dann auch von Italien und in den germanischen Ländern – wo zwischen dem 13. und 15. Jahrhundert über unzählige Verstöße gegen die Liebe vor dem Gericht des Liebesgottes verhandelt wurde.[47]

Der Roman *Belthandros und Chrysantza*[48] ist wahrscheinlich in chronologischer Nähe zu *Libistros* verfasst worden, den er vielfach vereinfachend imitiert. Auch hier spielt eine wichtige Episode am Hofe des Eros, die Rolle des Helden ist jedoch diametral unterschiedlich. Obwohl auch er die Liebe nicht kennt und daher, wie eine Inschrift am Eingangstor besagt, im Reich des Eros Gefahr läuft, von seinen Geschossen getroffen zu werden,[49] ist die Wanderung durch die Anlage insgesamt gefahrlos. Keine Bewaff-

λιζιώνομαι εἰς τὸν Πόθον, πιστός της νὰ εἶμαι ἀποτουνῦν τῆς Ἐρωτοκρατίας" (ich sagte: "Auf deine Flügel, auf deinen treffsichern Bogen schwöre ich, mich Eros zu unterwerfen, Lehensmann des Pothos zu werden und getreuer Untertan vom Eros Reich zu sein"); Pieler (1971) 209, Anm. 120 hebt terminologische und inhaltliche Änlichkeiten mit dem von Bohemund mit Alexios I. geschlossenen Vertrag hervor.

45 Wilhelm von Tyrus, Historia XVIII, 23, 845, vgl. Drocourt (2022) 129–130.

46 Nik. Chon. 227, 91–94: μέγας μεγαλωστὶ κατὰ τοῦ δαπέδου ἐκτείνεται προτείνας τὴν ἅλυσιν καὶ δακρύοις τέγγων τοὺς ὀφθαλμοὺς ἐδεῖτο θερμότερον καὶ περιπαθῶς καθικέτευε συγγνώμην εὑρεῖν ἐφ᾽ οἷς δῆθεν παραλελύπηκεν.

47 Dazu Cupane (1992) 292–305; zur Mischung byzantinischer und westlichen Elemente im *Libistros* s. auch Agapitos (2012) 286–287 mit unterschiedlicher Akzentsetzung.

48 Ed. Cupane (1995) 227–305.

49 Inschrift: Belth. 259–261.

neten ergreifen ihn, keine Strafen werden angedroht, vielmehr erfährt Belthandros durch weitere Inschriften Einiges über sein künftiges Leben: Er werde die Liebespein kennenlernen und sich in Chrysantza, die Tochter des Königs von Antiochia, verlieben, die Eros ihm als Frau bestimmt habe.[50] Vorher aber wird auch er, wie Libistros, vor den Herrscher Eros geführt, der ihn allerdings weder beschuldigt noch ihm Unterwerfung und Treueid abverlangt. Stattdessen wird Belthandros als Richter in einer Schönheitskonkurrenz eingesetzt, mit der Aufgabe, die Schönste auszuwählen und ihr ein Szepter (βεργί) auszuhändigen.[51] Der Prinz erfüllt gewissenhaft den Auftrag und erweist sich als strenger aber gerechter Richter. Erst später wird er erfahren, dass die Siegerin jene Chrysantza ist, die ihm im Reich des Eros (Erotokastron) als Frau bestimmt worden war (810–818). Der Urteilsspruch, worüber Belthandros dem Herrscher Eros berichtet (662–719) und das plötzliche Verschwinden des Hofes beschließen die Episode, die den Leser in Zweifel darüber lässt, ob das Gesehene Traum oder Wirklichkeit gewesen sei. Der Held kehrt jedenfalls in die Realität zurück und macht sich, wie Libistros vor ihm, auf die Suche nach seiner Zukünftigen, denn „unmöglich ist für den Menschen, dem Schicksal zu entkommen" (738–739). In Antiochia angekommen, tritt er als Lehensmann in den Dienst des Königs, sieht dessen Tochter und erkennt in ihr die Siegerin der Schönheitskonkurrenz. Die jungen Leute verlieben sich ineinander, müssen jedoch ganze zwei Jahre auf eine passende Gelegenheit warten, um sich nahe zu kommen. Endlich verschafft sich Belthandros nachts Eintritt zum Palastgarten und verbringt dort mit Chrysantza eine leidenschaftliche Liebesnacht. Als die Morgenröte anbricht, verlässt er den Garten, wird jedoch von den Wächtern festgenommen und in den Kerker geworfen (806–879). Die listenreiche Chrysantza klagt nun Belthandros vor ihrem Vater an, lässt ihm aber vorher ausrichten, er solle aussagen, dass er den Garten ihrer Dienerin Phaidrokatza wegen betreten habe. Ein Gericht, gebildet aus der Nobilität des Reiches (943: ἄρχοντες, κριταὶ καὶ μεγιστάνοι), die als Beisitzer des Königs fungieren, wird sofort gebildet.[52] Belthandros befolgt Chrysantzas Anweisungen und die getrennt befragte Dienerin bestätigt seine Aussage. Da die Richter sich weigern, zur Frage Stel-

50 Belth. 384–388, 419–423.

51 Belth. 525–661; zu dieser Szene s. Hunger (1965), Cupane (1983); über die thematischen Umkehrungen gegenüber der Vorlage siehe Cupane (2016) 111–112. Pieler (1975) 235–236 sieht in den geschilderten Begebenheiten – kaiserlicher Auftrag an eine als Richter bestimmte Person zur Feststellung einer Tatsache und Übergabe (oder Wegnahme) eines Gegenstandes – Ähnlichkeiten zur Erteilung eines Judikationsbefehls durch den Kaiser an einen beauftragten Richter, ein Verfahrenstyp, der bis zum Ende des byzantinischen Reiches angewendet wurde.

52 Pieler (1975) 235 erwägt an dieser Stelle die Möglichkeit einer Beeinflussung von germanischen Rechtsgepflogenheiten, hält dies jedoch letztlich nicht für zwingend und entscheidet für die Dominanz von „genuin byzantinische[m] Gedankengut". In der Tat ist die Vorstellung eines Kaisergerichts mit Teilnahme von Würdenträgern auch anderswo in der fiktionalen Literatur vorhanden, wie es in der Folge zu zeigen sein wird. Darüber hinaus kennt in der Palaiologenzeit auch das Synodalgericht, dem der Patriarch vorstand, Beisitzer, meistens Bischöfe, aber auch Patriarchatsbeamte, s. beispielsweise Hunger/Kresten (1981) Nr. 25, 16–20 (a. 1315); Nr. 70, 3–12 (a. 1324) et *passim*.

lung zu nehmen, trifft der König allein die Entscheidung: Der Angeklagte wird begnadigt und nimmt Phaidrokatza zur Frau, die von ihrer Herrin eine ansehnliche Mitgift erhält. Die Verhandlung geht mit der Akklamation des Königs zu Ende (972: Oἱ πάντες δὲ ἀνέστησαν, τὸν ρήγαν εὐφημῆσαν).[53] Wir erfahren nicht, wessen Belthandros ohne Chrysantzas kühnen Einfall angeklagt worden wäre, am Wahrscheinlichsten scheint aber das *crimen laesae maiestatis* (καθοσίωσις) zu sein, bei dem die Bestrafung dem Herrscher vorbehalten war, und wofür nach byzantinischem Recht kein Strafmaß festgelegt war.[54] So aber konnte er nur der Verführung einer jungfräulichen aber willigen Partnerin[55] sowie des gesetzeswidrigen Sexualverkehrs beschuldigt werden, beides geringere Verfehlungen, die sich leicht mit der Eheschließung reparieren ließen.[56]

Dem antiken Modell strukturell verpflichtet ist der Roman *Kallimachos und Chrysorrhoe*, dessen Autorschaft mit hoher Wahrscheinlichkeit Andronikos Palaiologos, dem Sohn des Sebastokrators Konstantinos, Bruder von Michael VIII und Vetter von Andronikos II., zuzuschreiben ist.[57] Obwohl der Autor zahlreiche Motive aus dem (wohl mündlich tradierten) Märchen- und Folklorebestand seiner Zeit entnimmt,[58] sind sein hohes Kulturniveau und insbesondere die guten Kenntnisse der vorausgehenden byzantinischen und antiken Romantradition nicht anzuzweifeln. Es verwundert also nicht, dass er in klassischer Manier die abenteuerliche Geschichte mit einer großangelegten Gerichtsszene abschließt. Die Geliebte des Helden, die schöne Chrysorrhoe, wird von einem fremden König entführt, der sie zur Frau begehrt und in seinem Palast gefangen hält, ihr jedoch alle einer Königin zustehenden Ehren erweist. Nach langem Herumirren kommt Kallimachos in diese Stadt und während einer Abwesenheit seines in kriegerischen Handlungen verwickelten Rivalen, verschafft er sich als Gärtner verkleidet Zugang zum Palast, gibt sich Chrysorrhoe zu erkennen und verbringt mit ihr in der Abgeschiedenheit eines Gartenpavillons mehrere glückliche Liebesnächte. Drei Palasteunuchen ertappen jedoch die Liebenden auf frischer Tat und informieren den König, der daraufhin die Kampagne unterbricht und sich überstürzt auf den Weg

53 Ähnlich preist in Kall. die Menge den Kaiser wegen seines gerechten Urteils: 2474–2475: Τὸ πλῆθος ἀνεβόησεν, τὸν ἄνακτα κροτοῦντες, / κροτοῦντες, εὐφημίζοντες χάριν τὴν τοῦ δικαίου. Zu beiden Verfahren und deren Lösung s. Pieler (1971) 204–205.

54 Pieler (1971) 198.

55 Die Zustimmung Phaidrokatzas wird in einer separaten Befragung festgestellt (957–958), ihre Jungfräulichkeit beweist das blutbefleckte Gewand, das Chrysantza bei ihrer Liebesnacht mit Belthandros getragen hatte und das sie nun ihrer Dienerin als Beweis ihrer Unversehrtheit zuvor und zugleich für den Vollzug der Ehe zur Verfügung stellt (1041–1046); dass dies nur eine Scheinehe ist, wird *expressis verbis* betont: (987–989) „Ἐγὼ μέν, τὸ φαινόμενον, δέσποινα, νά τόν ἔχω / καὶ τάχα τὸ λεγόμενον ἄνδρα νὰ τὸν ἐπάρω, / ἡ βασιλεία δὲ ἡ σὴ ἔχεις τὴν ἐξουσίαν („Ich werde nur dem Schein halber ihn besitzen, und nur dem Namen nach als Mann nehmen, deine Majestät wird über ihn verfügen").

56 Quellenangabe und Interpretation der sich häufig widersprechenden Aussagen der Rechtstexte in Laiou (1993) 139–155.

57 Dazu Cupane (2016) 114–115 mit diesbezüglicher Literatur.

58 Zu dem folkloristischen Hintergrund des Romans s. Cupane (2019) 54–58; vgl. Diller (1977).

zurück in die Heimat macht. Zuvor schon befiehlt er den Eunuchen, Kallimachos in Ketten zu legen und an einem sicheren Ort gefangen zu halten, Chrysorrhoe aber bis zu seiner Rückkehr weiterhin als Herrin zu behandeln: Sobald er die Tat mit eigenen Augen festgestellt habe, werde er beide des Ehebruchs (μοιχεία) vor Gericht anklagen und die Verurteilung persönlich aussprechen.[59] Wie Peter Pieler zu Recht anmerkt, dürfte hier μοιχεία, wie bei Belthandros πορνεία, nicht der einzige Gegenstand des Verfahrens gewesen sein. Im Verhalten der beiden Liebenden dem König gegenüber soll man vielmehr wieder einmal ein *crimen laesae maiestatis* vermuten, wie die Reaktion des Beleidigten selbst nahelegt.[60] Die darauffolgende Prozedur entspricht byzantinischen Gepflogenheiten. Die Eunuchen werden als Augenzeugen der Tat getrennt vernommen (2396–2397), danach werden die Angeklagten in Fesseln vor Gericht geführt. Ebenfalls anwesend sind die drei Zeugen, die sich zur Gegenüberstellung bereit halten, unter ihnen auch die persönliche Magd der Chrysorrhoe, die als erste das Vergehen entdeckt hatte (2442–2445). Den Angeklagten wird sodann das Wort erteilt. In ihrer Verteidigungsrede schildert die Heldin den gegenwärtigen Rechtsfall in verklausulierter Form als Fabel und lässt zunächst den König das Urteil, einen Freispruch, sprechen, um dann die Parallele zum eigentlichen Fall aufzudecken und somit vom Richter für sie und den Geliebten ebenfalls das Gleiche zu erwirken.[61]

Völlig unterschiedlich ist hingegen die im Roman *Florios und Platziaflore* dargestellte Rechtauffassung sowie die Art der Wahrheitsfindung. Der Roman, der in zwei Fassungen überliefert ist, adaptiert in der griechischen Volkssprache ein in der ersten Hälfte des 14. Jh. verfasstes *Cantare*, das seinerseits auf den altfranzösischen Roman *Floire et Blancheflor* (erste Hälfte 12. Jh.) zurückgeht.[62] Es ist möglich, wenn auch nicht beweisbar, dass eine Handschrift des *Cantare* von einem Mitglied der mächtigen Familie Acciaiuoli gegen Ende des 14. oder Anfang des 15. Jh. in die fränkische Morea gebracht und dort adaptiert wurde.[63] Wie dem auch sei, es handelt sich dabei um eine getreue Adaption, jedoch nicht um eine Übersetzung der Vorlage, die keine Änderungen in der Handlungsführung, aber einige „tonale Variationen" – etwa die Verdrängung des aristokratischen Kontextes – aufweist, die sich alle als Strategie der Anpassung an ein neues Publikum erklären lassen.[64]

Keine auch immer gearteten Änderungen nahm hingegen der Bearbeiter vor bei der zentralen Episode des Hochverratsprozesses zu Schaden der Heldin, einer Schlüs-

59 Kall. 2316–2317: Αὐτόπτης γὰρ τοῦ πράγματος γενόμενος, ὡς ἔλθω, / τὴν κρίσιν, τὴν ἐκδίκησιν αὐτὸς ἀποπληρώσω; der gesamte Inhalt des πρόσταγμα 2302–2319.

60 Pieler (1971) 197; Pieler (1975) 233–234.

61 Kall. 2451–2483; über den Inhalt der Fabel s. Diller (1977) 33–35; Cupane (1995) 205 Anm. 154.

62 Zu den Beziehungen zwischen dem italienischen und dem griechischen *Florios*, s. Cupane (1995) 447–449 samt Edition des griechischen Textes der wahrscheinlich älteren Fassung L mit systematischem Vergleich des italienischen und griechischen Textes.

63 S. Spadaro (1966).

64 Dazu Yiavis (2016) 144–148 sowie Constantinou (2013).

selszene im Hauptzweig der verwickelten literarischen Tradition des Stoffes.[65] Hier die Fakten: die unschuldige Platziaflore wird vom König und Vater ihres geliebten Florios, der die Liebe beider verhindern will, in dessen Abwesenheit des Giftmordes beschuldigt. Der Seneschall des Königs unterstützt dabei nach Kräften seinen Herrn und lässt ihm in Namen Platziaflores während eines Banketts ein vergiftetes Huhn als Gabe zukommen. Als der Hund des Königs ein Stück Fleisch davon isst, fällt er tot um, worauf der König alle anwesenden μεγιστάνοι als Zeugen des Anschlags aufruft. Mit Trompeten wird die gesamte Bevölkerung des Landes zusammengerufen, damit alle, auch die Geringen und Armen, das Urteil sprechen (395: οἱ πένητες καὶ οἱ πτωχοὶ τὴν δίκην νὰ δικάσουν). Das Mädchen wird sofort in Ketten vor die Menge gebracht, der König schildert daraufhin wortreich die angebliche Tat und fordert die Anwesenden dazu auf, das Urteil an seiner Statt zu fällen (406–426). Einstimmig wird Platziaflore zum Feuertod verurteilt.[66] Während man die Exekution des richterlichen Spruchs vorbereitet, lässt der Seneschall das Mädchen ins Gefängnis bringen, wo sie Misshandlungen und Folter erleiden muss. Nach wenigen Tagen wird die Verurteilung nochmals bestätigt und der Scheiterhaufen vorbereitet. Dieser narrative Trick macht das Eingreifen des Florios möglich, den ein Zauberring von dem Geschehen unterrichtet hat. Er kommt gerade noch rechtzeitig, um die Hinrichtung zu verhindern, ficht das Urteil an und verlangt, die Schuldfrage mit einem gerichtlichen Zweikampf zu klären. Der König erkennt die Richtigkeit der Forderung an und stimmt dem Duell mit dem Seneschall zu, der als Vertreter der Anklage auftritt. Der Kampf endet erwartungsgemäß mit dem Sieg des Florios und bringt somit unter dem Jubel der Menge die Wahrheit an den Tag.[67]

Schon vor langem hat Peter Pieler auf die rein westlichen Modalitäten in der Durchführung des Gerichtsverfahrens hingewiesen, das von vornherein auf die in Byzanz übliche Methodik der Wahrheitsfindung verzichtet.[68] Der König übt hier keine richterliche Funktion aus, vielmehr ist er der Kläger. Seine Funktion übernimmt kein Richter, sondern die Volksmenge spricht das Urteil. Zeugenbefragung und Gegenüberstellung von Zeugen, welche die Stichhaltigkeit der Beschuldigung zu erweisen hätten, sind ebenfalls überflüssig in einer Welt, in der das letzte Wort ohnehin Gott dem Allmächtigen zukommt. Unfähig sich zu verteidigen ist ja die Beschuldigte selbst, die es Gott überlässt, die Wahrheit an den Tag zu bringen und das rechte Urteil zu sprechen

65 S. unten, Anm. 67.

66 Flor. 406–409; 439–440; 443: ... δικάζετε δι᾽ ἐμέναν, / ἄρχοντες ὅλοι πλούσιοι, τοπάρχες, μεγιστάνοι,/ καὶ πάντες, ὅλοι πένητες, μικροί τε καὶ μεγάλοι,/ τὴν δίκην τὴν δικάζομαι, κρίνετέ την δικαίως, /.../. Δι᾽ αὐτὸν οἱ πάντες, ἄρχοντες, πλούσιοι, μεγιστάνοι, / πτωχοὶ ὡς ἐν μιᾷ φωνῇ ἤρξαντο νὰ στριγγίζουν / καὶ δολερὰν ἀπόφασιν κρίνουν την τοῦ θανάτου /.../ τὴν κόρην τὴν ἀναίτιον θανάτῳ πυρπολῆσαι.

67 Die gesamte Episode umfasst an die 400 Verse (344–730), was in etwa ein Viertel des Romans ausmacht. Sie ist in der ersten Version der Geschichte nicht vorhanden und wurde erst Ende des 12 Jahrhunderts von einem Bearbeiter hinzugefügt, der dem ursprünglich eher idyllischen Text ritterliches Flair verleihen wollte, vgl. Pelan (1975) 23–25 mit einer Liste der thematischen Unterschiede der Versionen.

68 Pieler (1975) 237.

(404: ὁ Θεὸς ὁ παντοδύναμος τὸ δίκαιον νὰ κρίνῃ). Diese Ansicht teilt aber auch der Kläger, der ohne Weiteres bereit ist, das schon einstimmig gefällte Todesurteil zu widerrufen, die Unwägbarkeit des Zweikampfes in Kauf zu nehmen und somit die menschliche Entscheidung dem höheren und unanfechtbaren Urteil Gottes zu unterstellen.[69]

Der gerichtliche Zweikampf war in Westen eine sehr verbreitete Praxis, die in vielfältigen Fällen, insbesondere bei Hochverrat, Anwendung fand.[70] Eine in fränkisch dominierten Gebieten des byzantinischen Raums ansässige Hörerschaft, bestehend aus der nativen griechischen Bevölkerung, aber auch aus fränkischen Rittern und italienischen Handelsleuten, wie sie für den volkssprachlichen *Florios* zu vermuten ist, hätte die im Roman beschriebene Szene als Teil einer erlebten – wenn auch wohl eher nur literarischen – Wirklichkeit rezipiert. Aber auch im Reich selbst, in Konstantinopel, waren Gottesurteile als Mittel gerichtlicher Entscheidungen, wie oben gezeigt, mindestens seit Anfang des 12. Jh. bekannt und als exotisches Detail in die literarische Produktion der Zeit eingegangen. Im Laufe der Zeit, befördert durch die wachsende westliche Präsenz in allen Bevölkerungsschichten, nicht zuletzt am Kaiserhof, machten etliche Sitten, darunter das Gottesurteil, den Sprung von der Literatur zur Realität und wurden somit Teil des byzantinischen Alltags. Hatte noch Anna Komnene in ihrer Alexias das Duell als Mittel zur Schlichtung eines Rechtsstreits als eine fremdartige Sitte bezeichnet,[71] so stand der Hochverratsprozess zu Lasten des künftigen Kaisers Michael VIII. Palaiologos von Anfang an im Zeichen von Gottesurteilsdenken. Bevor der Beschuldigte selbst vor Gericht auftrat, wurden zwei nicht namentlich genannte Bürger der Stadt Melenikon über den Wahrheitsgehalt von Gerüchten, die ihm ein Bündnis mit den Bulgaren anlasteten, befragt, wobei der eine als Ankläger, der andere als Verteidiger fungierte. Da keine Zeugen vorhanden waren, wurde beiden eine Prüfung im Zweikampf auferlegt, aus dem der Ankläger als Sieger hervorging. Danach richtete sich die Untersuchung direkt gegen Michael Palaiologos, den die Richter dazu aufforderten, die belastenden Gerüchte durch eine Wundertat (θαυματοποιίας) zu widerlegen, und zwar dadurch, dass er sich der Probe des glühenden Eisens (ἡ διὰ μύδρου ἀπόδειξις) unterzöge. Er verweigerte eine solche Prozedur, die nur eine Statue, nicht aber ein lebender Mensch unbeschadet hätte überstehen können, erklärte sich aber dazu bereit, gegen einen Ankläger, sollte es einen solchen geben „zu kämpfen und ihn als Lügner zu entlarven".[72] Dem Beklagten gelang es schließlich, den Kaiser (Theodoros II. Laskaris)

69 Flor. 600–601: „Δίκαια λέγει ὁ εὐγενὴς αὐτὸς ὁ καβαλλάρης. Θέλω τὸ καβαλλίκευμα νὰ γένῃ τοῦ πολέμου" (Richtig hat dieser Ritter gesprochen. Ich will, dass der ritterliche Zweikampf stattfindet).

70 Zum gerichtlichen Zweikampf grundlegend Bartlett (1986) 103–126.

71 Alexias V 5, 1: οἱ δὲ λοιποὶ δύο κατεσχέθησαν καὶ ἀπελύθησαν κατὰ τὸν νόμον τῶν Κελτῶν πρὸς πόλεμον (die beiden anderen wurden festgenommen und nach der Sitte der Kelten in den Zweikampf geschickt).

72 Akropol. 96, 12–13: εἰ μέν τις ἦν … ὁ κ' ἐμοῦ κατηγορῶν, πρὸς ἐκεῖνον ἂν ἐμαχησάμην καὶ ἀπέδειξα ψεύδεσθαι; der Bericht des Akropolites ist analysiert bei Troianos (2005) 482–484; s. Macrides (2013) 42–43; s. auch Prinzing (1998) 182–188 (mit Analyse weiterer zeitgenössischer Quellen).

durch das bewährte, im byzantinischen Recht fest verankerte Mittel des Treueeides von seiner Loyalität zu überzeugen. Es verwundert aber nicht, dass, laut dem Historiker Pachymeres, der gerichtliche Zweikampf und die Probe durch das glühende Eisen zu den Praktiken gehörten, deren Abschaffung er nach der Machtübernahme in Erwägung zog.[73]

Kehren wir nun von der Realität zur Geschichte von Florios und Platziaflore zurück. Ein weiterer Prozess markiert den dornigen Weg der beiden Liebenden, dessen Ausgang das ersehnte gemeinsame Glück einleitet. Auch dieses Verfahren mündet vorerst in ein Todesurteil auf dem Scheiterhaufen für Florios und Platziaflore, die der Emir von Babylon, Herr des als Sklavin verkauften Mädchens und in heftiger Liebe für die Schöne entbrannt, zusammen im Bett ertappt hatte. Verletzt in seiner Ehre und seiner Liebe will der Emir zunächst die Liebenden auf der Stelle erschlagen, besinnt sich jedoch eines Besseren, verzichtet auf Selbstjustiz und beschließt, sie stattdessen vor Gericht zu stellen. Dabei berät er sich mit seinen Baronen (ἄρχοντες), die einstimmig die Todesstrafe wegen Majestätsbeleidigung verlangen (1697–1698: λοιπὸν ἂς λάβῃ θάνατον ὁ πράξας τὰ τοιαῦτα, τὴν τόλμην, τὴν ἐπιβουλίαν, τὴν ἀφοβίαν, τὴν ὕβριν). Der Emir folgt diesem Rat und verurteilt das Liebespaar vor versammeltem Volk zum Tod durch Verbrennen (1705: δικάζει, ἐκατεδίκασεν πυρὶ πυρπολη θῆναι). Das Urteil wird sofort vollstreckt, das Paar ins Feuer geworfen. Die Flammen aber weichen dank der Wirkung eines Zauberringes, den Florios von seiner Mutter erhalten hatte, zurück und berühren sie nicht. Das Volk, das nichts davon weiß, erblickt im Misslingen der Urteilsvollstreckung das Urteil Gottes und fordert die Freilassung der Unschuldigen.

Was hier geschieht, ist jedoch kein Gottesurteil,[74] vielmehr handelt es sich um die Wiederaufnahme eines alten Erzähltopos, der in vollendeter Form im spätantiken Roman des Heliodor anzutreffen ist. Wie oben dargelegt (S. 377), wird die Heldin Chariklea, des Giftmordes fälschlich beschuldigt, zum Tod durch Verbrennen verurteilt und durch die wunderbare Wirkung der Pantarbe, eines magischen Edelsteins, der ihren Ring schmückt, gerettet, was die Anwesenden ebenfalls als göttliches Zeichen interpretieren. Direkte Imitation ist hier zweifellos auszuschließen, evident ist jedoch das Weiterwirken eines beliebten literarischen Motivs, das in unzähligen Variationen und in zahllosen unterschiedlichen Kontexten bis in die moderne Trivialliteratur hinein weiterlebt. Die Behandlung des Themas im griechischen *Florios*- Roman ist allerdings ambivalent, denn obwohl der Held – und mit ihm der Leser/Hörer – sehr wohl weiß, dass nicht Gott, sondern Zauberei bei der wunderbaren Errettung im Spiel war, unternimmt der anonyme Bearbeiter, anders als der ebenfalls anonyme Bänkelsänger, der das *Cantare* der Toskana auf einem offenen Platz zum Besten gab, alles, um dem Zaubertrick die ominöse Würde eines Gottesurteils zu verleihen. Die Flammen weichen zwar wegen der Zaubermacht des Ringes, es ist aber der Allmächtige – so der

73 Pachymeres I, 131, 21–24, s. Troianos (2005) 486 und Anm. 43; Macrides (2013) 43 und Anm. 77.
74 So Pieler (1975) 237–238.

Bearbeiter – der das Feuer frisch wie Tau macht (1733: ἡ φλόγα δρόσος δείκνυται ὑπὸ τοῦ Παντουργέτου), sodass die Liebenden zu Recht „sicher und unversehrt standen und Gott den Allmächtigen, den Schöpfer von allen Dingen, lobpriesen strahlend mitten im Feuer wie die Sonne."[75] Die Trennlinie zwischen Wunder und Zauberei sowie diejenige zwischen literarischer Tradition und juridischer Realität verschwimmt somit.

Parodistische Travestien

Ein Prozess, zumal einer wegen Mordes oder Hochverrats, konnte, wie gesehen, schwerwiegende, ja tödliche Folgen haben. Als literarisches Motiv war er zusammen mit jenem der wunderbaren Errettung des stets unschuldigen Helden ein wirkungsvolles und daher beliebtes Mittel der Spannungssteigerung. Nicht unbedingt zu erwarten wäre aber, dass eine Gerichtsszene ebenfalls zu humoristischen, ja satirischen Zwecken umgeformt werden kann. Genau dies ist jedoch der Fall bei zwei kurzen volkssprachlichen Prosastücken, auf die abschließen eingegangen werden soll.

Unter dem Titel *Porikologos* (Obstbuch) ist eines der wenigen Prosawerke in der Volkssprache bekannt, das noch aus byzantinischer Zeit stammt. Darin wird nach Art eines Gerichtsprotokolls ein Prozess beschrieben, dessen *personae dramatis* der Pflanzenwelt angehören. Der kurze Text erfreute sich nachhaltiger Beliebtheit, wie die zahlreichen handschriftlichen Versionen[76] sowie venezianische Drucke[77] und die noch im 20. Jh. zirkulierenden mündlichen Fassungen bezeugen.[78] Die Ausstrahlung des Textes blieb darüber hinaus nicht auf den griechischen Sprachraum beschränkt und erfuhr Übersetzungen ins Türkische, Serbische und Rumänische, die allesamt jeweils im ausgehenden 17., 16., 17. und 18. Jahrhundert angefertigt wurden.[79] Das nicht erhaltene Original wurde wohl am Anfang des 14. Jh. verfasst, wahrscheinlich zu gleicher Zeit wie andere Tiergeschichten (allerdings in metrischer Form), etwa der *Pulologos* (Vogelbuch) und die *Vierfüßlergeschichte*.[80] Noch im 14. Jh. fand schließlich der *Porikologos*

---

75 Flor. 1734–1736: καὶ σῶοι καὶ ἀκέραιοι στέκουνται ἀνυμνοῦντες / Θεὸν τὸ παντοδύναμον καὶ πλάστην τῶν ἁπάντων / καὶ μέσον τῆσδε τῆς φλογὸς ἔστραπτον ὡς ὁ ἥλιος.

76 Die handschriftliche Überlieferung setzt im 15. Jh. ein und hält bis ins 17. Jh. an.

77 Sie lösen die handschriftliche Überlieferung ab 1644 ab und erstrecken sich bis ins frühe 20. Jh. hinein (1905).

78 Beschreibung der Handschriften und Drucke sowie der zwei mündlichen Versionen in Winterwerb (1992) 84–125, wo auch eine Gruppierung in unterschiedlichen Versionen (von A bis E) zu finden ist; Grundlage folgender Analyse ist die ältere und vollständigere Fassung A, die von den ältesten Handschriften überliefert wird.

79 Winterwerb (1992) 239–249.

80 Zu diesen, unter der Etikette „Fabeldichtung" laufenden Texten s. allgemein Beck (1971) 173–179; *Pulologos* und *Vierfüßlergeschichte* sind neu ediert worden mit ausführlicher literarhistorischer Einleitung und Kommentar von Eideneier (2016).

einen unmittelbaren Nachahmer im *Opsarologos* (Fischbuch),[81] welches Handlung und Kontext wiederaufnahm, beides aber in die Fischwelt transponierte.[82]

Gegenstand der Handlung ist ein Hochverratsprozess. Vor Gericht erscheint die Weintraube und erhebt Klage gegen den *Protosebastos*[83] Pfeffer, den *Komes* Kümmel, den *Protospatharios* Bohnenkraut, den *Megas Archon* Hanfsamen, den *Praktor* Kornelkirsche, sowie gegen die Maulbeere, Schlehe, Brombeere, Brustbeere, die Zürgelbaumfrucht, Kriechen-Pflaume, Sandbeere, Kornelkirsche, den *epi ton anamniseon* Eichel, zusammen mit Dill und Fenchel, Koriander und Rosmarin, Narde und Nelkenpfeffer, Safran und Pfeffer. Sie alle hätten sich gegen Kaiser Quitte verschworen, der jetzt dem Gericht vorsteht. Beisitzer der Verhandlung sind der *Hegemon* Zitrone, der *Pinkernes* (Mundschenk) Granatapfel, der *Logothetes* Apfel, der *Protovestiarios* Pomeranze, der *Protostrator* Pfirsich, der *Protonobelissimos* Pflaume, der *Kaisar* Pistazie, der *Megas Droungarios* Limone, der *Pinkernes* Piniennuss, der *Megas Archon* Muskatnuss, sowie die γραμματικοί (Sekretäre) Mispel, Feige, Brombeere, Brustbeere und Kirsche.[84] Als Zeugen der Anklage führt der Kläger drei Ordensschwestern an, die Äbtissin Olive, die Klosterverwalterin Linse und die Nonne Rosine, sowie drei verschiedene Sorten von Hülsenfrüchten, Kichererbse, Bohne und Platterbse. Diese Zeugenaussage ficht jedoch die Zwiebel an. Sie bezichtigt unter Eid und beim Leben zahlreicher mit ihr verschwägerter Pflanzenarten – Senf, Rettich, Lauch, Kresse, Estragon, Kohlrübe, Dille – die Traube der Falschaussage. Daraufhin beauftragt Kaiser Quitte die beisitzenden Würdenträger, darunter den *Protospatharios* Kohl, den *Prokathemenos des Vestiariums* (Vorsitzender der kaiserlichen Garderobe) Endivie, den *Eparchos* Gartenmelde, den *Kuropalates* Spinat, denen die Gesetzesbücher anvertraut sind (83: οἱ καὶ τὰς βίβλους κρατεῖτε), darüber zu entscheiden, welche Aussage der Wahrheit entspricht. Zu diesem Zweck werden die Archonten beigezogen, die von der Warägergarde, bestehend unter anderem aus Walnuss, Kastanie, Haselnuss, Dattel und Pistazie, eskortiert auftreten. Nach eingehender Untersuchung (113, 122: καὶ ἐξέταξαν ἀκριβῶς) befinden die beigezogenen Archonten die Traube der falschen Aussage für schuldig. Vergeblich versucht diese, den Spieß umzudrehen und dem Pfirsich einen versuchten Mord am Kaiser anzudichten; sie wird dazu verurteilt: „am krummen Holze zu hängen, von Messern abgeschnitten, von Männern mit Füßen getreten zu werden. Ihr Blut sollen die Männer trinken, um sich zu berauschen, so dass sie nicht wissen, was sie tun".[85] Mit der Urteils-

81 Ediert wurde der Text von Krumbacher (1903) 351–355, der ihn systematisch mit seiner Vorlage verglich; diese Ausgabe, ist mit geringfügigen Änderungen abgedruckt in Winterwerb (1992) 252–253, die ebenfalls beide Texte miteinander vergleicht, 259–271.

82 Nur der Ausgang des Prozesses ist abgeändert worden: Während im *Porikologos* der Kläger der Lüge überführt wird, behalten hier die Kläger Recht und erwirken den Schuldspruch und die Bestrafung des Angeklagten.

83 Für alle hier genannten Titel s. den Kommentar in Winterwerb (1992) 64–84, sowie Gaul (2007) 94–96.

84 Porikol. 1–19.

85 Porikol. 153–158.

verkündung und dem *Polychronion* endet die Gerichtsverhandlung: „Εἰς πολλὰ τὰ ἔτη, δέσποτα βασιλεῦ Κυδώνιε, εἰς πολλὰ τὰ ἔτη, ὅτι ἐσὲν πρέπει τὸ βασίλειον“.[86]

Wer auch immer der Verfasser des *Porikologos* gewesen sein mag, er muss einige Vertrautheit mit dem byzantinischen Gerichts- und Titelwesen gehabt haben, ohne deswegen ein Fachmann gewesen zu sein. Seine Vorstellungen von der hierarchischen Stellung der einzelnen Titelträger sind jedenfalls mehr als verschwommen, was allerdings der parodistischen Intention des Werkes entsprochen haben mag. Festzuhalten ist jedenfalls, dass die Zahl der erwähnten Ämter in den jüngeren Fassungen um die Hälfte reduziert ist. Die *Formalia* eines Gerichtsprotokolls sind aber in allen Fassungen bemerkenswert korrekt eingehalten; der stets vorhandene Abschluss mit Akklamation des Kaisers erinnert an den viel schematischeren Prozessbericht in *Belthandros und Chrysantza*, der ebenfalls auf diese Art zu Ende geht (s. oben, S. 388).

Obwohl kein Konsens über Gattungszugehörigkeit und Intention des *Porikologos* herrscht, ist m. E. die, wenn auch nicht allzu bissige, satirische Absicht überall spürbar.[87] Man kann sogar vermuten, dass einige Pflanzensorten – genauso wie im *Pulologos* einige Vogelarten[88] – konkrete, heute nicht mehr fassbare historische Persönlichkeiten repräsentieren sollten. Persifliert wird jedenfalls das Gerichtswesen, das sich gerade in der ersten Hälfte des 14. Jh. durch Korruption und Bestechlichkeit „auszeichnete“, was wiederholt, jedoch ohne durchschlagenden Erfolg, kaiserliche Interventionen hervorrief. Der von Kaiser Quitte an spezielle Würdenträger innerhalb des beisitzenden Gremiums (75–86, bes. 83–84: οἱ καὶ τὰς βίβλους κρατεῖτε, κρίνατε πρὸς ἑαυτούς) erteilte Untersuchungsauftrag und die explizite Hervorhebung der Notwendigkeit eines „gerechten Urteils“ (89: δίκαιαν κρίσιν), das jene sprechen sollen, könnte sogar eine (versteckte) ironische Anspielung an das von Andronikos III. 1329 ins Leben gerufene Kollegium der *katholikoi kritai* (universelle Richter) sein, die bereits wenige Jahre später selbst als Angeklagte in ein Gerichtsverfahren wegen Korruption involviert waren.[89] Mag sich die Wirkung der Satire im Laufe der Rezeption durch das Schwinden des historischen Kontextes verloren haben, der Reiz der Parodie, die auf universelle menschliche Verhaltensformen abzielt, blieb trotzdem bestehen, was den fortdauernden Erfolg des Textes und seine Drucklegung erklärt.

Diesen Rundgang durch die fiktionale Literatur der spätantiken und spätbyzantinischen Zeit abschließend, der verschiedene Facetten des Gerichtsmotivs vor Augen

---

86 Porikol. 177–179.

87 Zweifellos hätte der Text zumindest eine Erwähnung im rezent erschienenen Sammelband zur byzantinischen Satire, Marciniak/Nilsson (2021), verdient, obgleich er jenseits des von den Herausgebern fixierten chronologischen Rahmens entstanden ist.

88 S. dazu Makris (1993) 397–411.

89 S. dazu Lemerle (1978). Anders als Winterwerb (1992) 54–55 betrachte ich die Tatsache, dass eine Nennung der καθολικοὶ κριταί fehlt, nicht als stichhaltiges Argument für eine Datierung des Textes vor die Gründung des Kollegiums; im Gegenteil, es könnte gerade ihr klägliches Scheitern den Anlass für die Persiflage geboten haben.

geführt und sowohl literarisch als auch diskursanalytisch erörtert hat, ist es nun an der Zeit, Bilanz zu ziehen.

Gerichtsszenen sind in der fiktionalen Erzählliteratur des späten Hellenismus ein probates Mittel zur Erzeugung von Spannung, welches darüber hinaus in höchstem Maß dazu geeignet war, Gefühle der Identifikation mit dem Schicksal der Verfolgten im Publikum auszulösen. Zugleich waren sie ein wichtiger Bestandteil der rhetorischen Ausgestaltung der Handlung, erlaubten sie doch die Zurschaustellung ausgeklügelter Redekunst. Am besten lässt sich diese Entwicklung in der Art und Weise verfolgen, wie jeweils Chariton (1. Jh.) und Achilleus Tatios (2. Jh.) das Motiv behandeln. Die rhetorische Dimension der Gerichtsrede verlor jedoch im Laufe der Zeit an Kraft und Attraktivität, was wohl den geänderten soziopolitischen Bedingungen und der damit einhergehenden Einengung der Redefreiheit in der Kaiserzeit anzulasten ist. Als typisches Beispiel dafür kann der in Byzanz überaus beliebte Roman des Heliodor (4. Jh.) gelten, der zwar das Motiv des Prozesses beibehält, juristische Oratorik jedoch zugunsten epideiktischer Rhetorik – vor allem Klagereden – zur Gänze verdrängt. Dieser Trend setzt sich in der byzantinischen fiktionalen Literatur des 12. Jh. fort. Von den Romanciers dieser Zeit inszeniert nur Theodoros Prodromos, wohl der belesenste von den vieren, deren Werke auf uns gekommen sind, einen Prozess und rundet die Szenerie mit nach klassischem Muster gestalteten Gerichtsreden ab. Die sorgfältig ausgearbeitete Episode wird darüber hinaus zum Kristallisationspunkt verschiedener literarischer Diskurse, wobei sich zusätzlich zu den überall spürbaren Achilleus Tatios und Heliodor auch Anklänge an zeitgenössische „barbarische" Sitten, wie das Gottesurteil als Mittel der Rechtsprechung, finden lassen. In den volkssprachlichen, im Umkreis des Palaiologen-Hofes verfassten Romanen sind Prozessszenen häufig vertreten, sie spiegeln strukturell die byzantinische Realität ihrer Zeit wider und kommen meist ohne Gerichtsreden aus. Wenn eine solche ausnahmsweise anzutreffen ist – etwa die große Verteidigungsrede der Heldin, die *Kallimachos und Chrysorrhoe* beschließt –, so ist sie in die Form einer lehrhaften Fabel gekleidet, die dem gegenwärtigen Fall universelle Bedeutung und Gültigkeit verleiht. Das Prozessmotiv kann schließlich alleiniger Träger der Handlung, Gegenstand parodistischer Verkleidung und Mittel der Satire werden. Der *Porikologos* und der nach ihm gestaltete *Opsarologos* wählen ihre Akteure jeweils unter Pflanzen und Fischen, die ebenfalls die Gesellschaft der Palaiologenzeit mit ihren sinnentleerten Titeln und Ritualen, vor allem aber das korrupte Gerichtswesen ihrer Epoche verschleiert widerspiegeln. Die ursprünglich in der rhetorischen Argumentation beheimateten Darstellungen von Recht und Gerichtbarkeit, in der die Grenzen zwischen literarischer und sachlicher Schilderung von Anfang an verwischt waren, wandelten sich rasch, sobald sie in die Welt fiktionalen Erzählens aufgenommen wurden, zu narrativer Strategie, um in Zeiten von Aufruhr und sozialen Spannungen zum Gegenstand von Parodie und Satire zu werden.

Literaturverzeichnis

Agapitos (2012): Panagiotis A. Agapitos, „In Rhomaian, Frankish and Persian Lands: Fiction and Fictionality in Byzantium and Beyond", in: Panagiotis A. Agapitos und Lars Boje Mortensen (Hgg.), *Medieval Narratives between History and Fiction. From the Center to the Periphery of Europe, ca. 1100–1400*, Kopenhagen, 235–368.

Agapitos (2013): Panagiotis A. Agapitos, „The "Court of amorous Dominion" and the "Gate of Love": Rituals of Empire in a Byzantine Romance of the Thirteenth century", in: Alexander Beihammer, Stavroula Constantinou und Maria Parani (Hgg.), *Court Ceremonies and Rituals of Power in Byzantium and the Medieval Mediterranean. Comparative Perspectives*, Leiden/Boston, 389–416.

Akropol.: August Heisenberg und Peter Wirth (eds.), *Georgii Acropolitae Opera* I (Bibliotheca scriptorum Graecorum et Romanorum Teubneriana), Stuttgart 1978.

Alexias: Diether Roderich Reinsch und Athanasios Kambylis (eds.), *Annae Comnenae Alexias* (Corpus Fontium Historiae Byzantinae XL/1–2), Berlin 2001.

Bartlett (1986): Robert Bartlett, *Trial by Fire and Water. The Medieval Judicial Ordeal*, Oxford.

Belth.: Carolina Cupane (ed.), *Romanzi cavallereschi bizantini: Callimaco e Crisorroe, Beltandro e Crisanza, Storia di Achille Florio e Plaziaflore, Storia di Apolllonio di Tiro, Favola consolatoria sulla Cattiva e la Buona Sorte*, Torino 1995, 227–305.

Beck (1971): Hans-Georg Beck, *Geschichte der byzantinischen Volksliteratur* (Byzantinisches Handbuch. Handbuch der Altertumswissenschaft II/3), München.

Burton (2000): Joan B. Burton, „Abduction and Elopement in the Byzantine Novel", in: *Byzantine and Modern Greek Studies* 41, 377–409.

Chariton: Bryan P. Reardon (ed.), *De Callirhoe narrationes amatoriae*, München 2004.

Conca (1994): Fabrizio Conca (ed.), *Il Romanzo bizantino del XII secolo. Teodoro Prodromo – Niceta Eugeniano – Eustazio Macrembolita – Costantino Manasse*, Torino.

Constantinou (2013): Stavroula Constantinou, „Retelling the Tale: The Byzantine Rewriting of Floire et Blancheflor", in: Martin Baisch und Jutta Eming (Hgg.), *Hybridität und Spiel. Der europäische Liebes-und Abenteuerroman von der Antike bis zur Frühen Neuzeit*, Berlin/New York, 227–242.

Cupane (1974): Carolina Cupane, „Un caso di giudizio di Dio nel romanzo di Teodoro Prodromo (I 372–404)", in: *Rivista di Studi Bizantini e Neoellenici n. s.* 10–11, 147–168.

Cupane (1983): Carolina Cupane, „Il ‚concorso di bellezza' in Beltandro e Crisanza sulla via fra Bisanzio e l'Occidente medievale", in: *Jahrbuch der Österreichischen Byzantinistik* 33, 221–248.

Cupane (1992): Carolina Cupane, „Concezione e rappresentazione dell'amore nella narrativa tardo-bizantina. Un tentativo di analisi comparata", in: Anna Maria Babbi, Antonio Pioletti *et al.* (Hgg.), *Medioevo Romanzo e Orientale. Testi e prospettive storiografiche* (Atti del Colloquio Internazionale Verona, 4–6 aprile 1990), Rubbettino, 283–305.

Cupane (1995), Carolina Cupane (ed.), *Romanzi cavallereschi bizantini: Callimaco e Crisorroe, Beltandro e Crisanza, Storia di Achille Florio e Plaziaflore, Storia di Apolllonio di Tiro, Favola consolatoria sulla Cattiva e la Buona Sorte*, Torino.

Cupane (2016), Carolina Cupane, „In the Realm of Eros: The Late Byzantine Vernacular Romances – Original Texts", in: Carolina Cupane und Bettina Krönung (Hgg.), *Fictional Storytelling in the Medieval Eastern Mediterranean and Beyond*, Leiden/Boston, 95–126.

Cupane (2019): Carolina Cupane, „Intercultural Encounters in Late-Byzantine Vernacular Romance", in: Ingela Nilsson und Adam Goldwyn (Hgg.), *Reading the Late Byzantine Romance. A Handbook*, Cambridge, 40–68.

Cupane (2021): Carolina Cupane, „Impigliato nelle reti intricate di Eros. Amore e sessualità nella letteratura tardo-bizantina di finzione", in: *La sessualità nel Basso Medioevo* (Centro Italiano di Studi sul Basso Medioevo – Accademia Tudertina Todi), Spoleto, 405–457.

Dig. G: Elizabeth Jeffreys (ed.), *Digenis Akritis. The Grottaferrata and Escorial Versions*, Cambridge 1998.

Diller (1977): Ines Diller, „Märchenmotiove in Kallimachos und Chrysorrhoe“, in: *Folia Neohellenica* 2, 25–40.
Drocourt (2022): Nicolas Drocourt, „Les gestes de la diplomatie à la cour des Comnènes“, in: Agostino Paravicini Bagliani (Hg.), *Les gestes à la cour* (Micrologus 30), Firenze, 113–133.
Eideneier (2016): Hans Eideneier (ed.), *Διήγησις των Τετραπόδων Ζώων & Πουλολόγος*, Iraklio.
Eust. Makr.: Fabrizio Conca (ed.), *Il Romanzo bizantino del XII secolo. Teodoro Prodromo – Niceta Eugeniano – Eustazio Macrembolita – Costantino Manasse*, Torino 1994, 499–687.
Flor.: Carolina Cupane (ed.), *Romanzi cavallereschi bizantini: Callimaco e Crisorroe, Beltandro e Crisanza, Storia di Achille Florio e Plaziaflore, Storia di Apolllonio di Tiro, Favola consolatoria sulla Cattiva e la Buona Sorte*, Torino 1995, 445–565.
Fucecchi (2014): Marco Fucecchi, „Il processo nel romanzo greco-latino: analisi di alcune situazioni narrative e delle loro funzioni“, in: *Studi italiani di Filologia classica* 107, 190–214.
Gaul (2007): Niels Gaul, „The Partridge's Purple Stockings: Observations on the Historical, Literary and Manuscript Context of Pseudo-Codinos Handbook on Court Ceremonial“, in: Michael Grünbart (Hg.), *Theatron. Rhetorische Kultur in Spätantike und Mittelalter*, Berlin, 69–103.
Heliodor: Robert M. Rattenbury und Thomas W. Lumb (eds.), Jean Maillon (Übers.), *Héliodore Les Étiopiques (Théagène et Chariclée)*, 3 vols, Paris ²1960.
Hunger (1965): Herbert Hunger, „Die Schönheitskonkurrenz in «Belthandros und Chrysantza» und die Brautschau am Byzantinischen Kaiserhof“, in: *Byzantion* 35, 150–158.
Hunger (1978): Herbert Hunger, *Die hochsprachliche profane Literatur der Byzantiner* I–II (Byzantinisches Handbuch. Handbuch der Altertumswissenschaft V.1–2), München.
Hunger/Kresten (1981): Herbert Hunger und Otto Kresten, *Das Register des Patriarchats von Konstantinopel. 1. Teil: Edition und Übersetzung der Urkunden aus den Jahren 1315–1331* (Corpus Fontium Historiae Byzantinae XIX/1), Wien.
Jeffreys (2000): Elizabeth Jeffreys, „A Date for Rhodanthe and Dosikles?“, in: Panagiotis A. Agapitos und Diether R. Reinsch (Hgg.), *Der Roman in Byzanz der Komnenenzeit* (Meletemata 8), Frankfurt a. Main, 127–136.
Jeffreys (2012): Elizabeth Jeffreys (Übers.), *Four Byzantine Novels: Theodore Prodromos, Rodanthe and Dosikles; Eumathios Makrembolites, Hysmine and Hysminias; Constantine Manasses, Aristandros and Kallithea; Niketas Eugenianos, Drosilla and Charikles*, Liverpool.
Kahane/Kahane (1983): Henry R. und Renée Kahane, „The Hidden Narcissus in the Byzantine Romance of Belthandros und Chrysantza“, in: *Jahrbuch der österreichischen Byzantinistik* 33, 189–219.
Krumbacher (1903): Karl Krumbacher, „Das mittelgriechische Fischbuch“, in: *Sitzungsberichte der Bayerischen Akademie der Wissenschaften, philos.-philol. u. hist. Kl.* 1903/8, 345–379.
Laiou (1992): Angeliki Laiou, *Mariage, amour et parenté à Byzance aux 11ᵉ–13ᵉ siècles*, Paris.
Laiou (1993): Angeliki Laiou, „Sex, Consent and Coercion in Byzantium“, in: Angeliki Laiou (Hg.), *Consent and Coercion to Sex and Marriage in Ancient and Medieval Societies*, Washington DC, 109–221.
Lemerle (1978): Paul Lemerle, „Le juge général des Grecs et la reforme judiciaire d'Andronic III“, in: Paul Lemerle, *Le monde de Byzance. Histoire et Institutions* (Variorum Collected Studies Series 86), London, 292–316 (zuerst erschienen in: *Mémorial L. Petit: Mélanges d'Histoire et d'Archéologie Byzantines*, Bucuresti 1948).
Lib.: Panagiotis A. Agapitos (ed.), *Αφήγησις Λιβίστρου καὶ Ροδάμνης. Κριτική έκδοση της διασκευής α* (Βυζαντινὴ καὶ Νεοελληνικὴ Βιβλιοθήκη 9), Athen 2006.
Macrides (2004): Ruth Macrides, „The Ritual of Petition“, in: Demetrios Yatromanolakis und Panagiotis Roilos (Hgg.), *Greek Ritual Poetics*, Washington DC, 356–370.
Macrides (2013): Ruth Macrides, „Trial by Ordeal in Byzantium: On whose Autorithy?“, in: Pamela Armstrong (Hg.), *Authority in Byzantium*, Farnham, 31–46.
Makris (1993): Georgios Makris, „Zum literarischen Genus des Pulologos“, in: Nikolaos Panagiotakis (Hg.), *Le Origini della letteratura neogreca* I, 395–416.

Marciniak/Nilsson (2021): Przemyslav Marciniak und Ingela Nilsson (Hgg.), *Satire in the Middle Byzantine Period: The Golden Age of Laughter?*, Leiden/Boston.
Nik. Chon.: Ioannes Aloysius van Dieten (ed.), *Nicetae Choniatae Historia* (Corpus Fontium Historiae Byzantinae XI/1–2), Berlin/New York 1975.
Nik. Eug.: Fabrizio Conca (ed.), *Il Romanzo bizantino del XII secolo. Teodoro Prodromo – Niceta Eugeniano – Eustazio Macrembolita – Costantino Manasse*, Torino 1994, 305–497.
Nilsson (2014): Ingela Nilsson, *Raconter Byzance: la littérature au XIIe siècle*, Paris.
Pachymeres: Albert Failler (ed.), *Georges Pachymerès Rélations Historiques* (Corpus Fontium Historiae Byzantinae XXIV/1–5), Paris 1984.
Pelan (1975): Margaret M. Pelan (ed.), *Floire et Blancheflor: Seconde Version*, Paris.
Pieler (1971): Peter E. Pieler, „Recht, Gesellschaft und Staat im byzantinischen Roman der Palaiologenzeit", in: *Jahrbuch der österreichischen Byzantinistik* 20, 189–221.
Pieler (1975): Peter E. Pieler, „Gerichtsszenen im Roman der Palaiologenzeit", in: Mihai Berza und Eugen Stănescu (Hgg.), *Actes du XIVe Congrès International des Études Byzantines* (Bucarest, 6–12 Septembre 1971), Bukarest, 233–238.
Porikol.: Helma Winterwerb (ed.), *Porikologos* (Neograeca Medii Aevi 7), Köln 1992.
Prinzing (1998): Günter Prinzing, „Ein Mann τυράννιδος ἄξιος. Zur Darstellung der rebellischen Vergangenheit Michaels VIII. Palaiologos", in: Ioannis Vassis, Günther S. Henrich und Diether R. Reinsch (Hgg.), *Lesarten. Festschrift für Athanasios Kambylis zum 70. Geburtstag*, Berlin/New York, 180–197.
Reardon (1971): Bryan P. Reardon, *Courants littéraires grecs des IIe et IIIe siècles après J.-Ch.*, Paris.
Schwartz (2016): Saundra Schwartz, *From Bedroom to courtroom: Law and Justice in the Greek Novel*, Groningen.
Simon (2015): Dieter Simon, „Recht als Rhetorik, Rhetorik als Recht", in: Dieter Grimm, Alexandra Kemmerer und Christoph Möllers (Hgg.), *Gerüchte vom Recht. Vorträge und Diskussionen aus dem Berliner Seminar*, Berlin, 201–226.
Spadaro (1966): Giuseppe Spadaro, *Contributo sulle fonti del romanzo greco medievale „Florio e Platzaflore"*, Athen.
Theod. Prod.: Miroslav Marcovich (ed.), *Theodorus Prodromus Rhodanthe et Dosikles*, Stuttgart/Leipzig 1991.
Troianos (2005): Spyros Troianos, „Das Gottesurteil im Prozessrecht der byzantinischen Kirche", in: Lars Hoffmann (Hg.), *Zwischen Polis, Provinz und Peripherie: Beiträge zur byzantinischen Geschichte und Kultur* (Mainzer Veröffentlichungen zur Byzantinistik 7), Mainz, 471–490.
Vilborg (1955): Ebbe Vilborg (ed.), *Achilles Tatius, Leucippe and Clitophon*, Stockholm.
Wilhelm von Tyrus, Historia: Robert B. C. Huygens (ed.), *Wilhelmi Tyrensis Archiepiscopi Chronicon/Guillaume de Tyre Chronique* (Corpus Christianorum. Continuatio Medievali 63–63A), Turnholt 1986.
Winterwerb (1992): Helma Winterwerb (ed.), *Porikologos* (Neograeca Medii Aevi 7), Köln.
Whitmarsh (2005): Tim Withmarsh, *The Second Sophistic*, Oxford.
Yiavis (2016): Kostas Yiavis, „Adaptations of Western Sources by Byzantine Vernacular Romances", in: Carolina Cupane und Bettina Krönung (Hgg.), *Fictional Storytelling in the Medieval Eastern Mediterranean and Beyond*, Leiden/Boston, 127–155.

Index of Legal Sources

This index was compiled by Peter Schreiner and covers only *specific* indications of sources referred to in the volume.

https://doi.org/10.1515/9783111331126-020

Index of Manuscripts and Archive Documents

This index was compiled by Peter Schreiner.

https://doi.org/10.1515/9783111331126-021

Notes on Contributors

Ivan Alexandrov Biliarsky
is Professor at the Institute of Historical Studies, Bulgarian Academy of Sciences (since 2011). He has a diploma in Law of the Faculty of Law at the Sofia University "Saint Clement of Ochrid" (1984) and also studied cultural anthropology at the Sofia University (diploma in 1985). During 1986–1989 he was doctoral student at the Institute of Historical Studies of the Bulgarian Academy of Sciences and defended his PhD thesis *summa cum laude* on the institutions of the Second Bulgarian Empire and became Dr. habil. (2009) with a study on the juridical terminology of mediaeval Bulgaria. His main fields of interest are legal and historical sources, institutions, political theology and hagiography. Ivan Biliarsky published more than 300 articles and books in almost all countries of Europe as well as in the USA and Japan.

Azat Bozoyan
is Professor and head of the department "Orientale Sources and historiography" at the Institute of Oriental Studies, National Academy of Sciences of the Republic of Armenia. His fields of research cover the History of Byzantium, Armenia and medieval Cilicia, sources of legal history and the reception of Byzantine law in Armenia, ecclesiastical relations between the Eastern Churches, diplomatics of medieval Armenia as well as editing and commenting on Armenian texts. He has extensively published on the mentioned topics and his most recent publications include the critical edition of *Nerses Snorhali, Lettre ecumeniche all'Imperatore Manuelo Comneno. Testo critico: Azat Bozoyan, Intr., Trad. e Note: Riccardo Pane* (Bologna 2023) and the co-authorship (together with G. Danielyan and M.-A. Chevalier) of *Cilician Armenia in Documents of Political and Ecclesiastical Interrelations in the Near East: Issues of Diplomatic* (Yerevan 2023, in Armenian).

Wolfram Brandes
studied medieval and Byzantine history at the Humboldt-Universität zu Berlin (1974–1979) and later he became a research assistant at the Academy of Sciences of the GDR (until 1990). From 1990 to 2021 he was a research associate in the project "Byzantine Legal Sources" (of the Göttingen Academy of Sciences) at the Max Planck Institute for European Legal History in Frankfurt. In 2002 he finished his habilitation in Cologne on the financial administration in times of crisis. Since 2006 he was Professor at the Department of History at Goethe University Frankfurt and from 2019 to 2021 he functioned as the head of the project "Byzantine Legal Sources". His research interests focus on Byzantine legal history, administrative history and apocalypticism – esp. from the 5th to the 10th century. Since 2021 he works as an independent scholar.

Carolina Cupane
was born in Palermo/Italy. She studied Classical and Byzantine Philology at the University of Palermo where she got her PhD. In 1976 she moved to Vienna for her post-doctoral studies at the Department of Byzantine Studies / University of Vienna (Austria). Since 1994 she was a lecturer at the Department of Byzantine and Modern Greek Studies at the University of Vienna and became a Senior Research Fellow at the Austrian Academy of Sciences (Institute of Medieval Studies / Division of Byzantine research, 1999–2013). She has been retired since 2014. Her research focuses on Byzantine Vernacular Literature, Byzantine Narrative, Comparative Literature, Cultural Studies, Cultural Mobility and Migration of Narrative Motifs between East and West.

https://doi.org/10.1515/9783111331126-022

Christian Gastgeber
is Dozent, Ph.D. (2001), and research group leader at the Department of Byzantine Studies of the Institute for Medieval Studies (IMAFO) of the Austrian Academy of Sciences (ÖAW) in Vienna. His research is focusing on Byzantine and Renaissance manuscripts, documents, text tradition, translations as well as on sociolinguistics and text pragmatics. He is editor of the *Register of the Patriarchate of Constantinople*. His recent work trilogy interprets Byzantine paleography, diplomatics and literature as social phenomena which are influenced by and react on the contemporary society within the triangle actor – work – society (target audience). The first volume has been published in 2023 (*Byzantinische Soziographik. Der griechische Schreiber und seine Handschrift*).

Lora Gerd
has graduated from St. Petersburg State University (Classics, 1992), where she finished her PhD with a thesis on *Questions of Canon Law in the Tacticon of Nikon of Black Mount (XIth century)* and got her Dr. habil. with a habilitation on *Constantinople and Petersburg: Russian ecclesiastical policy in the Orthodox East (1878–1898)* (2006). Lora Gerd is a specialist in Russian policy in the Ottoman Empire and Greek-Russian relations in the 19th and early 20th century (Russian church policy in the Near East and the Balkans, history of Byzantine studies, confessional and cultural relations). She was a participant in several projects ("Open Jerusalem"; "The church of England and its relations to the Orthodox East"; director of the project "Russia and Mount Athos in the 19th and 20th centuries") and is author of more than 100 articles, several monographs and editor of primary sources. She regularly participates in international conferences and is invited as a lecturer at the EHESS (Paris), the Cyprus University (Nikosia), the Lund University (Sweden), the Panteion University (Athens) and the Institute for Mediterranean Studies (Rethymno, Greece). She is also a foreign correspondent of the CéSoR (Centre d' études en sciences sociales et religieux) at the EHESS, Paris. During the last years she worked on projects concerning the Russian policy in the Patriarchates of Alexandria and Antioch (19th and 20th centuries). Currently she particpates in the EU project RICONTRANS (Russian Icons in Transition. Visual Culture, Piety and Propaganda: Transfer and reception of Russian religious art in the Balkans and the Eastern Mediterranean (16th to the early 20th century)).

Romain Goudjil
is a historian and associate member of the team "Monde byzantin" (UMR 8167 Orient & Méditerranée – Paris). He holds a PhD in Medieval Studies at the Sorbonne Université in Paris (2021). He taught medieval and Byzantine History in various French universities (Sorbonne Université, Aix-Marseille Université) and worked as a research fellow at Dumbarton Oaks and the Palermo University. His work focuses on Byzantine law, its enforcement in the law courts and more broadly its understanding within Byzantine society. His first monograph will be published in autumn 2024 under the title *Une symphonie des pouvoirs judiciaires à Byzance. Le rôle de l'Église dans l'administration de la justice (Xe – Xe siècle).*

Isabel Grimm-Stadelmann
is Privatdozentin at the Ludwig-Maximilians-University (LMU) in Munich and works also as research fellow at the Bavarian Academy of Sciences. She is also the founder and chair of the Commission for the Investigation of Byzantine Medical Studies (CIBMS) of the Association Internationale des Études Byzantines (AIEB). Her research interests include Byzantine medicine, medical manuscripts, critical editions of Byzantine medical sources (e. g. *Theophilos Protospatharios: The structure of the human body in five books.* Munich 2008), transcultural traditions and the influence of iatromagical motifs in Byzantine medicine. She has extensively published on various topics of Byzantine medicine, her most recent monograph is *Untersuchungen zur Iatromagie in der byzantinischen Zeit* (Berlin/Boston: de Gruyter, Byzantinisches Archiv – Series medica, vol. 1, 2020).

Frederick Lauritzen
read Greats at New College, Oxford (1996–2000, BA, MA) and obtained a doctorate in Classics from Columbia University in New York (2000–2005 MA, Mphil, PhD) with a thesis on Michael Psellos (published in 2013). From 2008 to 2014 he was a postdoctoral researcher in Bologna. Since 2017 he is historian at the Scuola Grande di San Marco in Venice.

Jens Peter Laut
studied Science of Religion, Turkology, Indology and the History of Eastern Christianity at the universities of Marburg and Giessen. He received his doctorate in 1986 with a thesis on early Uyghur Buddhism and completed his habilitation in 1993 with a study on modern Turkish language reform. From 1996–2008 he was Professor of Islamic Studies/Turkology at the University of Freiburg and thereafter Professor of Turkology in the Department of Turkology and Central Asian Studies at the University of Göttingen until 2022. His research interests include pre-Islamic Central Asian Turkic religions and the Old Uyghur language, Kemalism, Turkish Language Reform, and Modern Turkish Literature. He is the author of *Das Türkische als Ursprache? Sprachwissenschaftliche Theorien in der Zeit des erwachenden türkischen Nationalismus* (2000) and the editor (in collaboration with Jens Wilkens) of *Alttürkische Handschriften. Teil 3: Die Handschriftenfragmente der Maitrisimit aus Sängim und Murtuk in der Berliner Turfansammlung* (2017). His publications have appeared in *Zeitschrift der Deutschen Morgenländischen Gesellschaft, Ural-Altaische Jahrbücher, Türk Dilleri Araştırmaları Dizisi, Studies on the Inner Asian Languages, Materialia Turcica,* and *Studia Etymologica Cracoviensia.* He was the Vice President of the Göttingen Academy of Sciences and Humanities in Lower Saxony from 2016 to 2020 and has held the same position again since 2022.

Kirill A. Maksimovič
completed, after studying Classical Philology at the Lomonosov Moscow State University, a doctorate at the Russian Academy of Sciences in Moscow in 1996 on *The Legal Terminology in the Old Russian Translation of the Pandects of Nikon of the Black Mountain (11. Century).* He finished his *habilitation* at the same institution with a study on *The Oldest Slavic Translations of the Byzantine Lawbooks of the Ecloga and Collectio L Titulorum and Their Reception in Old Russia* in 2008. Since 1989 he has been a contributing member of the Institute for the Russian Language at the Russian Academy of Sciences in Moscow. Kirill A. Maksimovič has been a fellow of the George Soros Foundation, the INTAS Foundation (EU) and the Alexander von Humboldt Foundation (Germany). From 1992 to 2003 he was a regular guest researcher and fellow of the Göttingen Academy of Sciences at the Max Planck Institute for Legal History in Frankfurt, as part of the research group on the edition and analysis of Byzantine legal texts, and it was there that he was employed as a full-time researcher from March 2014 to December 2020. From January of 2021 to December 2023 he was a post-doctoral researcher for sources related to Mount Athos in Slavic languages. His research interests include the legal history of Byzantium and Rus as well as medieval Greek and Slavonic philology and codicology.

Georgi Parpulov
comes from Plovdiv. He studied History at the University of Sofia and Art History at the University of Chicago. His doctoral thesis *Toward a History of Byzantine Psalters* was published in 2014. More recently he wrote *Catena Manuscripts of the Greek New Testament* (2021), *Magnificent Icons in Bulgaria* (2021), *Middle-Byzantine Evangelist Portraits* (2022), and a forthcoming *Catalogue of the Greek Manuscripts at Lincoln College.* He taught at the University of Oxford, did curatorial work at the Walters Art Museum and the British Museum, and worked as a researcher at the University of Birmingham and the Academy of Sciences and Humanities in Göttingen. This semester (Summer 2024), he teaches part-time at the University of Munich.

Daphne Penna
is Assistant Professor in Legal History at the University of Groningen. She studied law at the University of Athens in Greece where she completed her Masters in Legal History *cum laude* (2003). In 2012 she defended and published her thesis (University of Groningen) on *The Byzantine Imperial Acts to Venice, Pisa and Genoa, 10th–12th Centuries. A Comparative Legal Study* (Eleven International Publishing). In 2022 together with Roos Meijering, she published *A Sourcebook on Byzantine Law. Illustrating Byzantine Law through the Sources* (Brill). Her research interests lie in Roman and Byzantine law and especially in their influence on the European legal tradition; she has published extensively on this area. Some of her publications deal with comparisons of Byzantine documents to Crusader charters, Maritime law in the European legal tradition, Byzantine law and the humanists, religious influences in Medieval Law, slaves in Byzantium, Byzantine legal education, Byzantine legal commentaries and studies related to the *Basilica cum scholiis*. She has taught seminars and has given lectures on Byzantine law within several Universities and Research Centres in Europe and the U. S. A. In 2020 she was honoured by the Academy of Athens with an annual award for one of her publications.

Ulrich Rebstock
studied Islamic Studies, Ethnology and Comparative Linguistics in Tübingen (Germany) and London. From 1993 to 2017, he held the professorship for Arabic Islamic Studies at the Albert-Ludwigs-University in Freiburg i.Br. His teaching areas range from early Islamic religious and legal history to the cultural and literary history of Western Sahara and Mauritania, and to the history of Islamic mathematics – with an emphasis on its practical applications – and the edition and commentary of numerous Arabic manuscript introductions to the art of arithmetic. Right from the beginning of his academic career, he included Islamic Africa as a special focus in his research and teaching for all these thematic areas.

Andreas Rhoby
works at the Austrian Academy of Sciences, Institute for Medieval Research, where he serves as head of the Department of Byzantine Research. In addition, he is Privatdozent at the University of Vienna. He is also the chair of the commission *Corpus Fontium Historiae Byzantinae* of the Association Internationale des Études Byzantines. His research interests include Byzantine literature, epigraphy, lexicography, and cultural history. He has extensively published on various Byzantine and post-Byzantine topics. His major publication is the four-volume corpus of Byzantine epigrams dating between 600 A. D. and 1500 A.D (Vienna 2009–2018). Recent publications are *La letteratura bizantina. Un profilo storico* (Rome 2022) and volume 1 of the series *Studies in Byzantine Epigraphy* (Turnhout 2022, together with Ida Toth).

Peter Schreiner
is Dr. phil., Dr. phil.habil., Dr. h. c.mult. (Tarnovo, Sofia, Belgrad, Galatz, Komotini), Scriptor Bibl. Apostolica Vaticana (1968–1972), Lecturer at Freie Universität Berlin (1972–1979), full professorship for Byzantine Studies at the University of Cologne (1979–2005), Fellow of the Academy of Sciences of Göttingen, Vienna, Istituto Veneto di Scienze, Lettere ed Arti (Venice), Istituto Siciliano di Studi Bizantini (Palermo), Editor of the Byzantinische Zeitschrift (1992–2004) and president of the Association Internationale des Études Byzantines (2001–2011). Some relevant publications are: *Die byzantinischen Kleinchroniken*, 3 vols. (Vienna 1975–1979), *Theophylaktos Simokates, Geschichte* (Stuttgart 1985), *Codices Vaticani Graeci 867–932* (Città del Vaticano 1988), *Texte zur spätbyzantinischen Finanz- und Wirtschaftsgeschichte in den Handschriften der Bibliotheca Vaticana* (Città del Vaticano 1991), *Byzanz 565–1453* (4th ed., Munich 2011), *Versuch einer historischen Volkskunde von Byzanz* (Göttingen 2001), *Byzantinische Tinten-, Tuschen- und Farbrezepte*, in cooperation with D. Oltrogge (Vienna 2011), *Byzantinische Kultur. Eine Aufsatzsammlung*, 4 vols. (Rome 2006–2013), *Orbis Byzantinus. Byzanz und seine Nachbarn, Gesammelte Aufsätze 1970–2011* (Bucureşti/Braila 2013).

Konstantin Tanev

has the *Master Legum* (1994) and the *Doctor Iuris* (2002) from Sofia University, Juridical Faculty, has a habilitation and holds the position of Associate Professor at the University of National and World Economy, Juridical Faculty, where he is Vice-Dean on Quality and International Cooperation (since 2023). Tanev is Director Interuniversity Centre for Studies of Roman law and Romanistic Science with the UNWE (since 2012). He is Scientifical Secretary of Business and Law review and Editor in Chief of *Aurea iuris romani* (edited by UNWE, since 2018). His academic occupation is in the fields of Roman Private Law, Ecclesiastical Law, Institutions of Law for Students of Economics, Legal Technique. He takes part and manages international and national scientific fora, management of scientific and educational projects. Tanev's scientific interests focus on Roman Law, History of Law, and Civil Law. He defended his doctoral thesis on the History of Ancient Roman Maritime Loan and his habilitation of *Anonyma Synalagmata* in Roman law (published as monograph). His publications cover the fields of the Roman Law of obligations, of Persons, Sources of Law, Public law, Ancient Slavic legal documents, dogmatic development of Romanistic science etc.

Marios Th. Tantalos

Dr., is a lecturer at the Department of Legal History of the University of Athens. He studied History and Law at the University of Athens, where he defended his thesis on *Possessio and its Protection in the Late Roman and Byzantine Law*. He has been an external Research Assistant at the research program run by the Academy of Göttingen entitled "Edition und Bearbeitung byzantinischer Rechtsquellen" and directed by Professor D. Simon. In 2019 he was granted a scholarship of the Gerda Henkel Stiftung for a post-doc research at the University of Groningen (2019–2021). In 2020 he won the L. Sgoutas – Th. Petousis Prize for the best doctoral thesis in History of Greek Law submitted at the University of Athens. His research focuses on byzantine and post byzantine law.

Mariyana Tsibranska-Kostova

is professor at the Department of History of the Bulgarian Language at the Institute of Bulgarian Language "Prof. L. Anderychin", Bulgarian Academy of Sciences. She is a graduate of the French Language Colleage in Sofia and of the Department of Slavic Philology at Sofia University "St. Climent Ohridksi". She has a PhD degree with a dissertation on the language of the first 16th century Cyrillic printed books from Venice. She defended the degree of Doctor of Science in 2010 with the work *The Penitential Literature of the Bulgarian Middle Ages. Linguistic and Cultural Aspects*. The main thematic areas of her research are: Slavonic legal texts and manuscripts; the Venetian Cyrillic paleotypes and the activity of the first Bulgarian printer Yakov Kraykov; edition and linguistic description of Cyrillic manuscripts; Bulgarian historical lexicology and lexicography. She is the author of 12 monographs and over 250 articles and studies. She was a lecturer in Bulgarian language and culture at the University of Aix-Marseille I in France. She has specialised in Romania, Hungary, Greece, Italy, the Netherlands, the USA, etc. She is currently the Head of the Department of the History of the Bulgarian Language at the Institute of the Bulgarian Language at the Bulgarian Academy of Sciences at Sofia.